chevaux d'aventure

Illustration de couverture :
Anne Mariage et des Cavaliers de l'Aventure
vus par Philippe Meyrier (dessin original).
Quatrième :
Anne Mariage et sa jument Habiba.

ISBN 978-2-330-01618-0
Réalisation : Mireille Lejeune

Anne Mariage

chevaux d'aventure

rencontres autour du monde

Arts équestres
ACTES SUD

sommaire

Et que mettant mon âme à côté du papier,
Je n'ai tout simplement qu'à la recopier.
EDMOND ROSTAND (*Cyrano de Bergerac*)

avant-propos

Il fallait bien qu'un jour je raconte, que je dise à quel point c'était unique. J'avais accumulé les carnets de route, des montagnes de photos et des films, les cartes topographiques, itinéraires et listes de départs. J'y ai retrouvé les visages, des noms et parfois, en regard, celui d'un cheval. Tous les cavaliers qui m'avaient un jour confié leurs rêves étaient là, autour de moi.

Un siècle différent est en marche, des bouleversements rapides changent la donne dans tous les domaines. Alors j'ai pensé que c'était le moment de raconter, de dire que ces aventures partagées avec tant de cavaliers ont vraiment existé, qu'elles sont encore possibles dans le monde qui est en train de naître, parce que leur secret est dans le cœur de chacun.

Ce n'est pas une histoire, plutôt des miettes de souvenirs autour des chevaux qui nous ont introduits au cœur de leur pays : la Lozère et la Mongolie, la Patagonie et la Laponie, le Tibet et l'île de Pâques, mais aussi l'Australie, le Canada, le Mexique, le Mali, le Kenya, dans les déserts, les steppes et les montagnes, à travers le Haut Atlas, les Andes et l'Himalaya.

« J'ai vu une herbe folle, quand j'ai su son nom je l'ai trouvée plus belle », dit un haïku. Nommer une chose la fait exister davantage : il y aura des noms de rivières et de sommets, de fleurs, d'étoiles et d'oiseaux de passage, des bribes d'histoire et de légendes, quelques mésaventures, des ambiances, de modestes réflexions et des rencontres vraies. C'est une chevauchée à bâtons rompus dans un temps où il n'y avait ni téléphone portable ni Internet, un temps où il était possible, partout, de passer une veillée autour d'un feu de bois et de dormir à la belle étoile, un temps en dehors du temps, par la grâce des chevaux. C'était il y a à peine quelques années, quelques décennies.

Le plus difficile était de dire « je ». Il fallait bien raconter le début, et puis très vite j'ai dit « nous » parce que rien n'aurait été possible sans les amis qui ont bien voulu m'accompagner. Le « nous » n'est pas un rempart impersonnel, il contient en filigrane des personnalités multiples, unies par un élan et un vécu partagés. Ce récit est le mien et celui d'une multitude de cavaliers pour dire nos rencontres avec les habitants des plus beaux espaces naturels de la planète.

Imaginez. Nous sommes autour d'un feu de bois. Nous avons chevauché toute la journée, les chevaux se reposent, le ciel est étoilé. Nous avons la nuit devant nous. Quelqu'un demande : « Comment cela a-t-il commencé ? »

Wyoming, États-Unis, automne 1963

Yellowstone

Un voyage de mille lieues commence toujours par un premier pas.
Lao Tseu

« La saison est terminée, nous allons fermer le parc. Je suis vraiment désolé, il n'y a plus de promenades à cheval. »

La sentence du ranger en chef du parc national de Yellowstone est claire. Pourtant, j'ai la certitude que tout est encore possible.

« J'ignorais que la saison était tellement courte. Depuis si longtemps je rêve de découvrir Yellowstone à cheval... Ne me faites pas renoncer près du but, il doit bien y avoir une solution !

– *Wait a minute.* »

Il s'éloigne vers des rangers qui discutent autour d'une carte déployée sur une table. Le vaste hall d'accueil du parc en gros rondins est chaleureux, intemporel ; des braises se consument dans une large cheminée. Je suis invitée auprès du petit groupe : « Si vous voulez vous joindre à nous, demain nous partons à cheval pour plusieurs jours. Nous allons contrôler quelques sites éloignés avant la fermeture hivernale. »

J'accepte sans hésiter, je n'espérais plus réaliser ce rêve. Mieux encore : à cheval avec des rangers ! Même si je ne suis jamais vraiment montée à cheval.

Dehors, les feuilles des trembles ont viré au jaune d'or et les érables s'enflamment. Je passe l'après-midi en lévitation à parcourir les passerelles de bois qui serpentent entre les geysers, impressionnée par la puissance inouïe de l'eau jaillie des entrailles de la terre, les couleurs phosphorescentes des dépôts minéraux qui irisent les rives, les bouillonnements de boue, les fumerolles, le mystère de bassins bleus sans fond. Je suis au cœur des pulsations secrètes de la nature. Une veillée d'armes.

Rendez-vous à l'aube. Trois chevaux sont sellés ; les deux rangers rencontrés la veille achèvent d'arrimer le paquetage d'une mule : trois *bedrolls* (des sacs de bivouac), un minimum de matériel, quelques vivres. Petit-déjeuner rapide, brèves consignes. En selle ! Je n'ai pas la moindre appréhension, comme dans un rêve où tout est possible. La petite caravane s'ébranle. Dans l'air frileux, les geysers dégagent d'épaisses volutes, la piste forestière est délaissée pour un sentier qui grimpe à flanc de montagne. Nous sommes enveloppés par la forêt.

Confiance immédiate dans mon cheval, Djiggs, calme, sûr, infatigable grimpeur. Il enjambe rochers et troncs, franchit les torrents, voit avant moi les wapitis à la lisière de la forêt. En selle j'ai une vision panoramique et la sensation nouvelle d'évoluer, l'esprit libre, pour observer et ressentir.

John et Bud m'apprennent à seller, à entraver, à choisir où attacher mon cheval. Djiggs est vite devenu le pôle de toute mon attention. Je comprends quand les gestes sont justes. J'aime la douceur de son poil doré, son odeur, sa chaleur sous la crinière.

Il arrive que John et Bud convoient la mule ; le plus souvent elle suit en liberté. Le rythme est lent. Ils écoutent, observent, ont l'œil à tout : la hauteur d'un barrage de castors, l'état d'une prairie naturelle surpâturée, un cadavre d'orignal mort sans doute de vieillesse, des détritus abandonnés qu'il faut enterrer, les traces d'un couguar, les piétinements d'un grizzly autour d'un massif d'airelles, les grues et les merles bleus qui se préparent à migrer vers le Mexique. Ils relèvent les interventions à effectuer : remise en état de sentiers, de panneaux d'information, d'abris temporaires. Tout est discuté et consigné. Nous mettons souvent pied à terre, une rêne au sol ; les chevaux restent immobiles.

Plutôt que de s'agacer de mes questions, John et Bud semblent heureux de me dire les noms des plantes et des oiseaux. Ils parlent de la vie de la forêt et des animaux, expliquent la caldeira du vieux volcan qui sommeille sous les geysers, la couleur jaune-orange de la roche due aux oxydes de fer. Ils ont réponse à tout.

En fin d'après-midi, nous nous arrêtons près d'une cabane proche d'un ruisseau. Décharger et soigner les animaux, vérifier si les harnachements n'ont pas irrité la peau, puis ramasser du bois. J'observe comment allumer un feu quand le bois est humide. Parfum de la première fumée dans la clairière. Une grande cafetière est posée sur la braise : corsé, le café *cow-boy style* ! Après le repas, selles et ravitaillement sont rangés dans la cabane, à l'abri des ours. Nous resterons près des chevaux et du feu ; de gros rondins l'entretiendront toute la nuit pour écarter les rôdeurs.

Les rangers commentent les observations du jour et le programme du lendemain. Entre de longs silences, ils évoquent la vie avant le parc : les Indiens Shoshone, les premiers explorateurs. Le deuxième soir, Bud, le plus buriné, le plus timide, un ancien cowboy, évoque les convois de troupeaux, l'hiver et les blizzards, les incendies de l'été. Ils me parlent de leur métier, rude parfois, mais qu'ils ne changeraient pour rien au monde.

L'étendue de leurs connaissances me fascine autant que leurs gestes précis d'hommes de cheval, jamais pris au dépourvu dans la nature. Il est donc possible de concilier autant d'endurance physique et de savoir-faire manuel avec une réelle culture dans les domaines les plus variés.

J'ai aimé, la nuit, le piétinement paisible des chevaux et les étoiles qui brillent au-dessus de la clairière. Le dernier soir, un croissant de lune est apparu et les coyotes ont poussé des gémissements. Bientôt l'automne et les premières neiges.

Voilà comment j'ai vécu, dans le parc national de Yellowstone, mes premières journées à cheval et mes premiers bivouacs.

Je pensais : « Et si toute une vie pouvait être comme cela ? »

J'ai appris à monter à cheval. Il a fallu dix ans pour assembler toutes les pièces du puzzle, et ma vie a été « comme cela ». Les gestes ébauchés à Yellowstone ont été ma vie pendant trente-cinq ans, celle de Cheval d'Aventure.

Belgique et États-Unis

Où naît le goût de la nature et du voyage

« But I have promises to keep
And miles to go before I sleep. »
Mais j'ai des promesses à tenir
Et des miles à parcourir avant de me reposer.
Robert Frost (*Poésie*)

Petite, j'aimais l'odeur des feux allumés pour brûler le bois mort, et la fumée qui s'attardait quand on allait, au crépuscule, s'assurer que les braises étaient inoffensives.

Deuxième d'une famille de six enfants – trois garçons et trois filles –, je vivais près de Tournai, en Belgique. Mon père, ingénieur, était apprécié pour sa culture et sa vivacité d'esprit; il savait écouter sans juger, conseiller et aider. Ma mère, toute douceur, discrète, secrète même, avait fort à faire pour gérer la maisonnée. Institutrice, elle avait enseigné avant son mariage et, aux dires de ses sœurs, était très indépendante. J'ai retrouvé des photos d'elle jeune fille, à cheval, dans la puszta hongroise.

Plusieurs ancêtres, médecins de campagne effectuant leurs visites à cheval et un grand-père, officier de réserve et médecin militaire pendant la guerre de 14-18, sont les seuls « cavaliers » dans mes ascendants.

Dès l'enfance, j'ai dû composer entre l'autorité et mes propres désirs car notre éducation, à l'ancienne, ne laissait pas beaucoup de place à la fantaisie: on filait doux sous l'autorité d'un père aux décisions sans appel. Comme beaucoup d'adolescents, j'étais avide d'indépendance, Antigone et Rimbaud étaient mes héros. J'ai appris la patience en me répétant: « Un jour, je ferai ce que je veux. »

Je pourrais dessiner de mémoire chaque détail de notre jardin et de celui de ma grand-mère, où nous nous retrouvions avec de nombreux cousins ; beaucoup d'arbres, de fleurs, de légumes et de fruits. Très jeune, j'ai ressenti que les grandes personnes étaient plus joyeuses, plus insouciantes, plus jeunes, comme « en vacances », dès qu'elles étaient au jardin, même si c'était pour y travailler.

Un espace de jeux qui semblait illimité, et où chacun avait son territoire ; un lieu de paix où je me consolais de mes chagrins d'enfant. L'univers des plantes et des animaux était hospitalier, mystérieux et foisonnant de vies imaginées, de senteurs, de délices, de territoires inviolés. Il me suffit d'y penser pour que reviennent les odeurs et la douceur des soirs d'été ou les jeux de neige en hiver.

Les jardins de mon enfance m'ont appris la complicité avec la nature, les émotions et les joies qu'elle procure.

Passé le cap des six années d'« humanités », l'équivalent du bac en Belgique (belle appellation pour un cycle d'études qui doit vous préparer à la vie), j'opte pour des études littéraires, mon inclination naturelle. Diplôme en poche, j'avais rempli mon contrat face aux exigences familiales et acquis mon indépendance. À une époque où les médias avaient une portée et un contenu très limités, l'Exposition universelle de Bruxelles, en 1958, avait été en mon adolescence une vitrine extraordinaire ouverte sur d'innombrables cultures. Ce monde entrevu, je voulais le découvrir.

En Europe, c'était l'ère de croissance triomphante des Trente Glorieuses, années d'effervescence et de renouveau, vibrantes d'une soif de progrès et de changement dont le point de mire était les États-Unis. On n'imagine pas aujourd'hui ce que représentait au début des années 1960 l'Amérique de Kennedy. Les images se bousculent : le berceau du rock et du rythm and blues, où Pete Seeger et Ray Charles annoncent Dylan, la jeunesse libérée de Jack Kerouac, *La Fureur de vivre* de James Dean. L'Amérique invincible d'avant la guerre du Vietnam incarnait le rêve absolu du progrès et de la modernité, une société en avance d'au moins vingt ans sur l'Europe. *L'Amérique insolite*, de François Reichenbach, euphorie en technicolor d'un pays à l'esprit pionnier, à l'énergie communicative, où tout semblait possible… Je voulais vivre cette expérience.

J'ai trouvé un job au pair à Washington : enseigner le français aux enfants d'une famille de diplomates, proche de celle de Robert Kennedy, et dont le père exerçait de hautes fonctions au sein du département d'État. Comme l'apprentissage du français se faisait à la maison, j'étais libre pendant les heures d'école des enfants et je me suis inscrite à l'université George Washington. À l'occasion des vacances, je m'échappais vers New York ou la Floride, quand je n'accompagnais pas la famille à Cape Cod, dans le Massachusetts.

Arrivée à Washington en septembre 1962, j'ai vécu, au plus près, en octobre, les journées dramatiques où la terre a failli basculer dans l'apocalypse nucléaire. Lorsque les Américains ont découvert, à Cuba, l'existence de fusées nucléaires soviétiques pointées sur les États-Unis et que, prêts à répliquer, des bombardiers américains, chargés de bombes thermonucléaires, survolaient l'Europe. Khrouchtchev et Kennedy ont orienté *in extremis* les commandes vers l'apaisement.

La famille Coon, où j'étais accueillie, échappait aux clichés réducteurs de la vie « à l'américaine » : pas une télévision dans la maison, mais une collection de disques classiques et une bibliothèque impressionnante, des objets ramenés de postes diplomatiques, beaucoup d'activités culturelles et sportives et, en même temps, une ouverture d'esprit, une curiosité, une envie de découverte auxquelles j'adhérais tellement. J'étais comblée par cette première expérience de vie cosmopolite, sans compter la joie de m'exprimer au quotidien en anglais. Au cours de l'été, je pris congé de la famille Coon et me lançai dans un périple en bus Greyhound.

J'avais longuement peaufiné l'itinéraire afin de découvrir la plus grande variété possible de contrées : chutes du Niagara, Chicago et les Grands Lacs, le pays des cow-boys à Cheyenne, la côte Ouest et la Californie de San Francisco à Los Angeles, les déserts du Sud-Ouest, l'Utah, l'Arizona et le Grand Canyon, les communautés indiennes du Nouveau-Mexique autour de Santa Fé puis le Sud, la Louisiane, le Mississippi. Et bien sûr le Wyoming et le parc national de Yellowstone.

Il m'arrivait de parcourir de longs trajets de nuit pour économiser une chambre d'hôtel. Je me suis réveillée à l'aube à Buffalo, j'ai vu les plaines infinies du Midwest s'enflammer dans le crépuscule. Les grands bus argentés, marqués du sigle du lévrier, glissaient dans la nuit à travers des bourgades désertes. Arrêts dans les gares routières, défilé hypnotique des éclairages publics. Puis à nouveau le velours de la nuit, le ronronnement du moteur et le réveil, des centaines de miles plus loin, dans la gloire des montagnes Rocheuses, l'aube rose du désert du Nevada ou les puissantes senteurs fluviales du Mississippi à Saint Louis. Jamais déçue, jamais rassasiée, fascinée, je m'enivrais de découvertes, grands espaces, couleurs, musiques, je multipliais rencontres et partages. J'aimais définitivement cette vie-là.

Après cette année aux États-Unis, je choisis de rentrer en bateau : embarquer à bord du *France*, le paquebot le plus grand et le plus rapide de son temps, un autre rêve. Même en classe touriste, je découvrais le luxe des restaurants et des salons, le labyrinthe des coursives et des escaliers, une ambiance chic, ouatée et festive. Les passagers, captifs de cette parenthèse dans le temps et dans l'espace, conversaient volontiers, mais je passais le plus clair de mes journées sur les ponts, avide d'air et de soleil, berçée par les remous de l'étrave et l'écume du sillon, enivrée par l'immensité de l'océan et du ciel. Au soir du quatrième jour de navigation, nous arrivions à Southampton ; le lendemain, le *France* accostait au Havre.

Cette année américaine me conforta dans le choix d'une vie indépendante et d'une attitude positive et confiante : « Si je le veux, je le peux. » J'ai persisté dans l'envie de découvrir d'autres modes de vie, de comprendre et d'échanger avec des êtres différents.

J'ai réalisé qu'en toutes circonstances, c'est une force de pouvoir faire bon ménage avec la solitude, d'accepter d'être seule pour affronter les situations les plus difficiles. Dès lors, s'ils ne sont pas attendus, les moments de partage, d'amitié et d'amour sont de purs cadeaux de la vie.

Ces instants vécus et aussi vite envolés, ces personnes rencontrées que je ne verrais plus, je ne voulais pas m'en affliger, c'était dans l'ordre des choses. Admettre cette fugacité m'a évité de vains regrets. J'ai su plus tard qu'on appelait cela l'« impermanence ».

J'avais conscience que je pouvais être la créatrice de ma propre vie, que je n'avais à suivre les traces de personne.

Ce séjour m'a tellement construite que j'ai tenu à faciliter pour mes dix-huit nièces et neveux une expérience semblable bien que plus brève, leur permettant de vivre en immersion totale dans un pays lointain. Pour beaucoup, ce fut également important. Plus tard, à l'automne 1989, j'ai emmené les aînés participer aux premiers coups de pioche dans le mur de Berlin, un autre moment riche de sens.

À peine rentrée en Belgique, j'exerçai mon métier de professeur de lettres, à Leuze, une petite ville du Hainaut, campagne wallonne paisible, entre Bruxelles et Lille. J'ai aimé l'enseignement, où il est possible de communiquer une passion et d'intéresser de jeunes personnalités curieuses et de bonne volonté. En même temps, je souhaitais plus d'action ; je restais tous sens en éveil, prête à enfourcher un cheval qui passerait au galop, si c'était le bon cheval.

Dès le retour en Belgique, j'ai suivi assidûment les cours d'équitation d'un maître de la gendarmerie à cheval, intransigeant et excellent pédagogue. J'y découvrais ce qu'on appelle l'« équitation » : tourner dans la sciure, mordre la poussière et, progressivement, communiquer avec le cheval, acquérir des techniques, gagner de l'assiette, passer des obstacles, aborder de nombreux chevaux et « faire des promenades »… Mais cela n'avait rien à voir avec Yellowstone, dont l'empreinte restait vivace. Était-il possible de retrouver cette intensité d'aventure, un contact aussi authentique avec la nature, les chevaux, des cavaliers ?

C'est à cette époque que Françoise, une amie, me dit : « Ariane a participé l'été dernier en Lozère à une randonnée qui m'a rappelé ce que tu me racontais de Yellowstone : plusieurs jours à cheval dans une nature sauvage, dormir à la belle étoile, cuisiner sur des feux de bois. Si tu veux, je lui demande l'adresse. »

J'ai contacté Louis Chardon à l'Habitarelle en Lozère, il m'a envoyé son programme. En juillet 1964, j'étais en selle pour une randonnée de quatre jours.

Lozère, France, de 1964 à 1971

Le pied à l'étrier

La plus instructive des écoles est l'école buissonnière.
Théodore Monod

Juillet 1964. Domaine de l'Habitarelle à Châteauneuf-de-Randon.

Trente chevaux, descendus en troupeau des vastes pâturages du Chapelas, mangent leur ration dans la grande écurie basse aux épais murs de granite. Une quinzaine d'entre eux va partir pour quatre jours de randonnée. Excitation des chevaux et d'une fourmilière de cavaliers qui vont et viennent entre les écuries et la cour. On transporte des sacs marins, du matériel de pansage, de lourdes selles d'armes, des filets. Une camionnette, lieu de toutes les convergences, est chargée à ras bord.

Les anciens commencent à seller la monture qui leur a été attribuée. Je fais partie des « nouveaux ». La voix forte de Louis Chardon m'interpelle : « Vous montez depuis combien de temps ? » Impressionnée par le ton péremptoire je réponds timidement : « Cela ne fait qu'un an. » Je saurai plus tard que Louis Chardon et Pierrette, sa jeune collaboratrice, avaient compris : « Cela fait *quinze* ans. »

« Vous monterez Mistral, on va vous aider à seller. »

Émue et aussitôt séduite, je découvre Mistral, un bel arabe-barbe : robe baie brillante, jambes de coursier, mèche gavroche et regard curieux vers cette cavalière nouvelle venue.

Mise en selle rapide dans la cour, réglage des étriers, brèves consignes – ne pas trop ajuster les rênes. Trop tard pour les états d'âme, déjà nous sommes partis. Jamais je n'ai vu de chevaux avec un pas aussi alerte. Ils semblent plus impatients encore que les cavaliers de se jeter dans l'aventure.

Un sentier herbeux à flanc de colline bordé de hauts genêts conduit au hameau de Roussials. Je suis pleinement heureuse : les chevaux, une nature sauvage, un pays et des compagnons à découvrir. J'attendais tellement ce départ ! Je me décontracte et respire profondément, lorsqu'un message rapide passe de proche en proche : « Galop. » Avant que j'aie eu le temps de comprendre, Mistral se détend tel un ressort, et un roulé-boulé me fait atterrir dans les genêts en contrebas. Mortifiée d'avoir interrompu le mouvement, je remets en selle, prudente, j'ajuste les rênes et me concentre. Le galop repart et je comprends : jamais je n'ai monté un cheval aussi vif, spontané et généreux, sans la moindre malice. Rien à voir avec les montures que j'ai connues en manège. Mistral semble si heureux de boire l'air vif de la Lozère qu'il effleure à peine le sol : il négocie avec agilité le passage d'un rocher, d'un buisson, d'un filet d'eau, il se joue du terrain accidenté. J'ai les larmes aux yeux. Est-ce le vent ? le bonheur ?

Un autre galop nous fait zigzaguer dans un bois clair. Je soupçonne Louis Chardon, en tête, d'avoir forcé l'allure dans un virage à angle aigu que Mistral aborde au plus serré. Je me retrouve à mordre le tapis de bruyère. On ne m'y reprendra plus.

Le sentier devient un chemin qui frôle des hameaux aux solides maisons de granite défendues par des aboiements furieux. Les habitants nous saluent avec sympathie et échangent quelques mots avec Louis Chardon sur les foins prometteurs. Les chevaux se désaltèrent à de grands abreuvoirs, près d'un calvaire, d'un travail à ferrer les bœufs et du four à pain communal, patrimoine d'un mode de vie à peine disparu.

La matinée se termine par un long galop cadencé dans la plaine de Montbel ; chevaux et cavaliers sont à l'unisson. Je me sens en totale confiance avec Mistral, le sol est moelleux, l'air embaume, le temps pourrait s'arrêter.

Rendez-vous avec la voiture d'intendance pour la halte de midi au lieu-dit le Menhir, sur la montagne du Goulet. Les chevaux sont dessellés et abreuvés ; à peine lâchés dans un enclos, ils se roulent avec volupté, effectuent des roulades complètes, se relèvent pour arracher quelques bouchées d'herbe puis s'agenouillent pour se rouler encore : pas de doute, ces chevaux sont heureux.

Salades, charcuteries et fromages de pays accompagnés de vin (apprécié dans la région) issu d'un raisin récolté dans l'Hérault puis vinifié en Lozère, à la Trappe de Notre-Dame-des-Neiges. La conversation animée commente cette première matinée et les impressions sur les chevaux. Une réelle sympathie naît dans le groupe. Quelques « anciens », en se retrouvant, donnent l'impression d'être des amis de toujours.

Les chevaux sont couchés au soleil, les yeux mi-clos ; les cavaliers vont s'accorder une courte sieste. Auparavant, Louis Chardon, s'approche et m'interroge à nouveau sur mon « expérience équestre », car mes deux chutes spectaculaires ont inquiété Pierrette. Le malentendu est vite dissipé : je suis bien « débutante » et pas la cavalière expérimentée qu'ils imaginaient. « Si vous voulez, on va vous donner un autre cheval ? »

Il n'en est pas question, Mistral est « mon » cheval. Je le garderai pour cette randonnée… et tellement d'autres.

Rarement quatre journées auront été aussi fulgurantes que cette première randonnée. J'étais subjuguée comme si je reconnaissais une manière de vivre à laquelle j'étais prédestinée ; tout me parlait et en même temps semblait présager une infinité d'autres bonheurs insoupçonnés.

J'étais fascinée par le foisonnement de la flore sauvage, et voilà que Mme Julien, une « ancienne », m'apprend patiemment à identifier ces fleurs de montagne. Je m'intéresse à la géologie, et en une journée nous passons du granite de la Margeride à une haute plaine calcaire, avant de dégringoler dans les schistes de la vallée du Lot (le fleuve déroule ici ses premiers méandres) et de retrouver plus haut le granite du mont Lozère.

Depuis le village du Bleymard, pour grimper au plus court vers les sommets, nous empruntons une « draille », belle voie herbeuse, large d'une vingtaine de mètres et bordée de murets : c'est un chemin de transhumance pour les troupeaux des Cévennes méridionales qui viennent estiver dans la montagne. À nouveau cette sensation d'un monde inconnu, de traditions à découvrir.

Le premier soir, nous faisons halte au « chalet du mont Lozère ». En ces années-là, c'est un simple chalet de bois desservi par une route étroite et bucolique, dans un herbage truffé de fleurs, avec une source pour abreuver les chevaux et faire un brin de toilette.

Voilà qu'on allume un feu pour la cuisine et Pierrette explique comment donner les musettes aux chevaux. Je gratifie Mistral d'un bon picotin et je vais dormir près des chevaux, moi qui depuis un an ne monte que des chevaux de manège, fournis sellés et bridés.

Quel que soit l'âge, l'ancienneté en randonnée ou le caractère de chacun, les échanges entre cavaliers sont directs et chaleureux, bienveillants pour les plus timides et les nouveaux, la bonne humeur est générale. Seul semble compter le présent de notre aventure..

Pendant la veillée autour du feu, Louis Chardon raconte le pays et ses légendes. Sous le ciel étincelant, un silence profond et, pour horizon, la longue crête sauvage du mont Lozère. Une nuit à la belle étoile comme j'en rêvais depuis Yellowstone... Je suis comblée.

Le lendemain, nous gagnons le sommet du mont Lozère (1702 m), suivant toujours la draille balisée par un alignement de « menhirs », pierres plantées destinées à faciliter la traversée de la montagne en cas de brouillard ou de tempête de neige.

Chaque jour, d'autres paysages, des sensations nouvelles, des courbatures et de la fatigue aussi. Peu habituée aux longues chevauchées, aux nuits inconfortables, à l'altitude, je les accepte comme un défi. Peu m'importent ces efforts si c'est pour accéder à une telle plénitude, à la certitude que je suis faite pour cette vie.

Après la révélation de cette première randonnée, je reviens tous les étés à l'Habitarelle, pour les deux mois de vacances que m'accorde mon activité de prof. Avec Pierrette, Hervé, Gilles, Jacques et quelques autres, nous formons une petite bande de jeunes qui secondent Louis Chardon, attirés par une vie buissonnière et bohème autour des chevaux. Entre nous, tout est prétexte à de franches rigolades et aux élans d'amitié. En même temps le travail ne manque pas : les randonnées se succèdent et se multiplient, les groupes s'étoffent. Il y a toujours des chevaux à changer de pâturage, des tendons à doucher, des musettes à distribuer, des étapes à reconnaître, des autorisations de campement à négocier, des clôtures à vérifier ou implanter (combien de piquets enfoncés à la barre à mine et à la masse, de kilomètres de barbelés déroulés, de crampillons enfoncés !). Que dire des mémorables séances de ferrage de vingt chevaux par jour, avec M. Nègre, le maréchal de Châteauneuf-de-Randon ?

Au début, j'aide surtout à l'intendance, puis les chevaux me deviennent familiers. J'aime les côtoyer, comprendre leur comportement, déceler leurs problèmes, les soigner, les ferrer. Je suis des cours de maréchalerie et de bourrellerie, passe les examens de l'époque, premier et second degrés, et fais des stages de préparation au monitorat. Rapidement je guide des demi-étapes, puis des journées et enfin des randonnées entières. C'est que l'Habitarelle connaît en quelques années un succès rapide. L'offre de chevaux de qualité pour des randonnées sans confort dans une nature sauvage était, dans les années 1960, un concept entièrement nouveau, qui devait répondre à une attente. Les cavaliers affluent.

En même temps, la vocation d'éleveur de Louis Chardon se concrétise en 1965 par l'arrivée de Mouradallah, étalon pur-sang arabe de quatre ans, né chez Robert Mauvy d'une lignée orientale. Louis Chardon fera naître et éduquera ses chevaux de randonnée, des pur-sang arabes, en liberté dans la montagne lozérienne. Cette splendide cavalerie faisait notre fierté et le bonheur des cavaliers.

La personnalité non conventionnelle, rugueuse, riche et attachante de Louis Chardon intrigue et séduit. Il est, au début des années 1960, sans doute le précurseur de ce qu'on appellera le « tourisme équestre » [1]. Sec et nerveux, tout en muscles et concentré d'énergie, il a un regard acéré plein de malice dans un visage presque ascétique. Tous l'appellent « monsieur Chardon » et le vouvoient. Pendant ces premières années, j'assiste au subtil jeu relationnel du *big chief*, au charisme indéniable, avec les cavaliers : toujours à la tâche lui-même, il est exigeant, intransigeant. Provocateur, manipulateur selon certains, il galvanise, pousse les gens à leurs limites. Parfois injuste, sévère, voire sarcastique avec les arrogants, il sait être à l'écoute, soucieux d'encourager et de valoriser

1. L'ANTE (Association nationale pour le tourisme équestre), créée par Raymond Henry, voit le jour en 1963.

les plus modestes. Paradoxal, il est à la fois intéressé et généreux. Il partage un large savoir et une expérience multiple. Conteur dans l'âme, Louis Chardon rallie tous les suffrages. La moindre anecdote devient une épopée à rebondissements et fait rire aux larmes le cercle de cavaliers autour du feu.

Beaucoup disent devoir aux randonnées les moments les plus intenses et parfois charnières de leur vie. Je dois à Louis Chardon de m'avoir fait découvrir un mode de vie auquel j'aspirais sans le connaître, de m'avoir mis le pied à l'étrier pour choisir cette voie sans l'avoir jamais regretté.

Très vite il faut dédoubler les départs des randonnées. Je me vois confier un piquet de chevaux, et suis seule responsable de mes chevaux et de mes groupes de cavaliers pour tout l'été. Louis Chardon insiste pour que je renonce à l'enseignement et me consacre entièrement aux randonnées.

La tentation est réelle mais j'hésite : Louis Chardon me fait confiance et me laisse « les rênes sur l'encolure » mais qu'en sera-t-il si, soudain, je ne dépends plus que de l'Habitarelle et de lui ? Je connais les « hommes de cheval en général », fascinants et charismatiques, mais volontiers autoritaires, voire tyranniques... Et ma liberté dans tout cela ?

Un projet ambitieux de longue randonnée se met en place pour novembre 1971. Quatorze chevaux de l'Habitarelle partiront d'Oloron-Sainte-Marie, au pied des Pyrénées, pour rallier un mois plus tard la cathédrale de Saint-Jacques-de-Compostelle. Novembre est en pleine année scolaire.

Vers Saint-Jacques-de-Compostelle, Espagne,
novembre 1971

Pèlerins à cheval

Le destin bat les cartes mais c'est nous qui les jouerons.
Bernard Moitessier

Bientôt j'aurai trente ans et je suis libre comme l'air.

J'ai bien eu des amoureux et des « presque fiancés » mais, dès qu'un engagement se profile, les voyants se mettent au rouge : « Garde ta liberté ! » Quelles que soient la force et la sincérité de mes sentiments, parfois douloureusement, je choisis toujours la liberté, comme un besoin vital. Ne pas s'engager encore, garder ouvertes toutes les portes, être seule à décider où je vis, comment je vis, n'avoir de comptes à rendre à personne et assumer.

Il est temps d'utiliser enfin cette liberté et d'élargir l'horizon. Je prends congé de l'enseignement pour une année que je consacrerai à deux projets : l'un à cheval, l'autre en bateau.

1971 est une année sainte compostellane : la Saint-Jacques tombe un dimanche. Louis Chardon décide de lancer ses chevaux sur les chemins de Navarre, de Castille et de León vers Saint-Jacques-de-Compostelle. Je vais le seconder. Un mois entier à cheval, par un itinéraire non reconnu, au début des années 1970, c'est une gageure, la promesse d'imprévus, un test aussi.

Aux derniers jours d'octobre, quatorze chevaux, parmi les plus endurants des écuries de l'Habitarelle et au mieux de leur condition après toute une saison de randonnées, sont embarqués dans deux wagons SNCF abondamment paillés. Louis Chardon est dans un des wagons, je veille sur l'autre ; la partie centrale, réservée au convoyeur, est meublée de cantines, jerricanes d'eau, selles, bottes de foin et sacs d'avoine. Ça fleure bon le cuir graissé et le fourrage.

Départ de Langogne, en Lozère, à destination d'Oloron-Sainte-Marie, au pied des Pyrénées. Après un léger affolement, les chevaux s'accommodent bien vite de ce transport inédit. Avertis de la présence des animaux, les conducteurs aux manœuvres dans les gares de triage agissent en douceur ; les arrêts permettent d'abreuver et de nourrir les futurs pèlerins. Merci la SNCF.

Après quarante-deux heures de voyage, la cavalerie est débarquée à Oloron-Sainte-Marie, à l'heure de la sortie des bureaux. Nous ne sommes pas assez nombreux et, surtout, les chevaux ont trop besoin de se défouler : en manade sauvage, ils s'élancent avec fougue dans une rue à sens unique, heureusement dans le bon sens ! Lionel, un ami cow-boy venu de Californie assister au départ de notre expédition, reprend la main en capturant le cheval de tête, et nous les menons, sous contrôle, au campement prévu. La camionnette d'intendance nous rejoint, arrivent aussi les cavaliers qui participent à cette ouverture d'itinéraire – des fidèles parmi les fidèles. Tout s'organise.

Nous mettons en selle le 31 octobre, décidés à arriver sur la place de l'Obradoiro, devant la cathédrale de Saint-Jacques-de-Compostelle, le 28 novembre. Quête spirituelle ou personnelle ? Aventure équestre, exploit sportif, simple curiosité ? Rien n'est convenu au départ ; chacun vivra la chevauchée selon son attente, mais les chevaux donnent à ce défi une allure d'épopée. Oui, c'est surtout pour les chevaux et la découverte que tous nous sommes là.

Saint Jacques n'était-il pas ce cavalier d'une beauté et d'une force surhumaines, mystérieusement surgi au plus fort de la mêlée en 844, dans la bataille de Clavijo ? Monté sur un cheval blanc, il charge les Maures et donne la victoire à l'armée chrétienne. À la même époque, la découverte du tombeau de saint Jacques en Galice s'accompagne de miracles, de signes divins et de prodiges. Elle donne naissance au célèbre pèlerinage, encouragé par les abbés de Cluny et les ordres hospitaliers, dans le cadre de la reconquête des terres chrétiennes d'Espagne sur les musulmans. Au XVe siècle, 500 000 pèlerins cheminent chaque année vers Saint-Jacques. Après une période de déclin, les pèlerinages reprennent dans la seconde moitié du XXe siècle.

Trois journées paradisiaques à musarder dans les contreforts des Pyrénées ; c'est la Toussaint et le temps est estival. Nous passons du Béarn au pays Basque. Éblouissement de couleurs automnales dans la forêt d'Irati, troupeaux de chevaux et de moutons mérinos dans la montagne, cols d'herbe rase, champs de fougères fauves, plateaux de bruyères et d'ajoncs. Au bivouac du col d'Arthé, entre les vallées profondes et les crêtes ciselées, une ombre bleue se déploie à perte de vue : la Navarre nous attend.

Nous passons la frontière à Arnéguy et recevons, à Valcarlos, le feu vert des vétérinaires. À nous le col d'Ibañeta et le célèbre défilé de Roncevaux, nous sommes en Navarre. C'est au grand trot et bannières au vent que nos chevaux des montagnes de Lozère traversent fièrement la cité de Pampelune, derrière deux motards municipaux dépêchés par le chef de la police, sécurité pour tous.

Un soir, depuis la crête de la Sierra del Perdón, apparaît une enfilade de villages et, dans la lumière dorée du couchant, les clochers de Puente la Reina. Les quatre grands itinéraires de la France vers Saint-Jacques-de-Compostelle convergent à Puente la Reina, sur le pont qui enjambe le Rio Arga, pour former un seul *camino francès*.

Nous avons compris rapidement que le tracé historique, imposé de tout temps par le relief, est devenu un enchaînement de routes nationales. Très peu pour les chevaux, très peu pour nous : nous nous évertuons à louvoyer sur les circuits secondaires qui desservent chapelles, églises, monastères ou hôpitaux, érigés à proximité du parcours grâce aux dons des pèlerins. Pour nous renseigner auprès de la population sur la meilleure façon de rallier un village, notre leitmotiv sera : *Camino, no carretera* (« Le chemin, pas la route »). Les cartes au 1/50 000e, les seules disponibles, peu lisibles et incomplètes, nous vaudront maintes mésaventures.

La chevauchée n'est pas cet élan rêvé vers le finistère de la péninsule Ibérique, guidé par le *campo stellae,* le « champ d'étoiles » de la Voie lactée. Il devient plutôt une habile serpentine pour rester le plus possible à l'écart des grandes routes omniprésentes.

Les cavaliers disposent d'un « marabout » (une grande tente militaire), et les chevaux, d'une clôture électrique. Autonomes grâce à l'intendance, qui assure le ravitaillement, nous n'avons besoin que d'un bout de pâture un peu à l'écart des habitations et un lieu où allumer notre feu. Pour beaucoup de villageois, le passage des chevaux est un événement, souvent les personnes âgées nous chargent de prières et de bénédictions, quand ils ne chantent pas des cantiques. Souvent aussi, au lendemain d'une veillée partagée avec les habitants, comme à Cizur Menor, les enfants font l'école buissonnière pour rester avec nous jusqu'au départ des chevaux. C'est auprès de ces hameaux où nous passons la nuit que nous aurons les rencontres les plus sincères et les plus émouvantes ; l'hospitalité de ces humbles communautés heureuses de nous accueillir avec nos chevaux était un vrai échange. En 1971 les pèlerins sont rares, les gîtes et le balisage inexistants. En un mois nous n'avons rencontré aucun autre pèlerin et, si nous avons la *compostela*, qui certifie le passage aux différentes étapes, le plus souvent nous ne la faisons pas tamponner.

À Puente la Reina, nous entrons dans le pays des oliviers, des amandiers, des vignes du Rioja et des grandes plaines argileuses où les chevaux galopent avec bonheur ; ils savent aussi patienter et grignoter l'herbe des pelouses lorsque nous visitons le palais des ducs de Grenade à Estella ou le monastère d'Irache, et se résignent à patauger dans la boue lorsque la pluie et la neige nous rejoignent vers Logroño. Je suis en alternance à cheval, montant mon cher Mistral, et à l'intendance, responsable de la logistique.

Un jour d'intendance, après quarante-huit heures de pluie et de neige, j'offre aux cavaliers le luxe du parador de Santo Domingo de la Calzada. Personne ne s'en plaint : ni les cavaliers, ravis de profiter d'une salle de bains, ni les chevaux, qui bénéficient d'écuries royales.

Neige profonde le lendemain. On tente de nous dissuader de partir : « Dans les Montes de Oca, la neige sera plus abondante encore. » Plusieurs chevaux accusent les changements de nourriture, les journées de pluie et de neige. Mandarine a des coliques et Bayard de la fièvre. À la nuit tombante, nous arrivons épuisés à Villafranca Montes de Oca. Les chevaux ont une écurie et les cavaliers dorment dans l'austère hôpital des pèlerins, inchangé sans doute depuis des siècles. Un couple âgé, gardien des lieux, nous accueille dans sa cuisine pour préparer le repas. Leur hospitalité réconfortante et la soirée chaleureuse effacent les vicissitudes du jour.

La neige et l'état des chevaux nous obligent à changer de stratégie : il faudra dorénavant trouver des écuries tous les soirs. Or, en cette saison avancée, les villageois ont eux-mêmes rentré leurs animaux dans les étables. Restent des écuries désaffectées, remplies à ras bord de bric-à-brac. Que d'heures passées par l'intendance à dégager les lieux pour y abriter les chevaux dès leur arrivée le soir ! Heureusement, chaque matin offre une page blanche où sont effacés les soucis de la veille. *Ultreïa !* (« En avant ! ») Tel était le salut de ralliement des pèlerins de Saint-Jacques au Moyen Âge, invitation à se dépasser physiquement et spirituellement.

Pour traverser Burgos, ancienne capitale de la Castille, nous voici de nouveau accompagnés par des motards. Sous le soleil retrouvé, nous saluons l'impressionnante statue équestre du Cid Campeador avant un fougueux galop sur les berges sablées du rio Arlanzón. À nous la Tierra de Campos et la belle Castille : la Meseta, un plateau sans fin, des champs moissonnés à perte de vue, un espace de liberté pour de longs galops cadencés. De loin en loin, une église monumentale écrase un minuscule village. Les silhouettes guerrières de châteaux imprenables, tel Castrogeriz, apparaissent au sommet d'une *hamada*, dans des couchers de soleil couleur de miel. Les maisons à galeries en torchis et les pigeonniers circulaires scintillent de mille paillettes au soleil. Les aires à battre le blé s'entourent de gros tas de paille hachée, les arches de vieux ponts de pierre enjambent les rivières bordées de peupliers. C'est le pays des lavandières, des fileuses de laine et des bergers.

S'égrènent au long du *camino* d'innombrables témoignages de foi : à Fromista, l'église San Martin est une épure d'art roman, à Sahagún, la brique chante le style mudéjar.

Nous croisons des ânes philosophes, des troupeaux de moutons cherchant pitance dans les champs moissonnés et plusieurs petites troupes de gitans avec roulottes et chevaux. À l'approche de la bien nommée Mansilla de las Mulas, un énorme troupeau de mules en liberté s'intéresse beaucoup à nos chevaux.

Honey boite, Roure a de légères coliques. Nous confions à des villageois Bayard, puis Alham, qui a de la fièvre : ils ne peuvent pas continuer. Les cavaliers font contre mauvaise fortune bon cœur et faute de monture, ils se relaient pour tenir compagnie à l'intendant.

L'Hospital de Orbigo et son pont à vingt-deux arches, puis Astorga et sa cathédrale nous rappellent que nous sommes dans la province de León depuis plusieurs jours. La crête enneigée de la cordillère Cantabrique, parallèle à notre chemin, s'incurve vers le sud et nous barre la route, il va falloir franchir les Montes de León.

Pour avoir parcouru de longues étapes de 50 à 60 km en Castille, nous avons un peu d'avance. Nous nous accordons une journée de repos dans un village aux chaumières de légende : El Ganso. À l'aube, les cloches de la minuscule église sonnent à la volée, non pour la messe, mais pour annoncer aux habitants qu'il est l'heure d'ouvrir les étables et de libérer moutons et vaches. Les troupeaux du village sont emmenés dans la montagne par un jeune berger, monté à cru sur un cheval, son chien sur les talons.

La journée bucolique et ensoleillée est propice à une révision générale des ferrures. Elles ont bien résisté ; le tungstène, dont on a garni les fers, leur a donné une excellente tenue. Les cavaliers apprécient la pause pour rencontrer longuement les villageois ; quelques bouteilles de Jerez animent très tard une bonne veillée.

Les Montes de León sont finalement une belle parenthèse : sauvage et peu habité, ce pays de terre rouge et de villages ocre, est traversé de chemins muletiers aux parfums de montagne. Dommage que tout le *camino* n'ait pas été aussi agreste.

Après Molinaseca, nous atteignons, à Ponferrada, la forteresse des Templiers et, à Caracedo, les ruines admirables du monastère. À Villafranca del Bierzo, nous quittons la province de León pour nous approcher du but. Reste un dernier obstacle, et non des moindres : El Cebrero, encore un chaînon détaché de la cordillère Cantabrique. La montée par un vieux chemin dans la lande de genêts et de bruyère est rude et sauvage. Au col de Piedrafita et au Cebrero, le vent souffle et la tempête de neige se déchaîne. Aucun signe de vie autour des maisons de pierre tapies au sol et couvertes d'étranges toitures de paille tressée : les *pallozas*, reproductions exactes des toits de l'époque celte. Étrange sensation : tout un village fait le gros dos sous les assauts du mauvais temps, y compris l'église, où sont conservées les reliques d'une mystérieuse transmutation opérée un jour de tempête comme aujourd'hui. Comme le prêtre avait douté de Dieu, l'hostie et le vin se sont bel et bien transformés en chair et en sang.

Un pique-nique rapide avait été prévu à El Cebrero, mais les chevaux, qui ont transpiré dans la montée, risquent de prendre mal si nous nous arrêtons. Les cavaliers emportent les sandwichs à cheval et plongent vers l'ouest.

Les nuages s'effilochent. À l'approche de Tricastela apparaît la terre promise : la province de Santiago, une Galice verdoyante de haies et de bosquets, fière de ses greniers à maïs sur pilotis, de ses forêts de châtaigniers et d'eucalyptus. Dans les collines de granite couvertes de chênes, nous atteignons Portomarin, reconstruite, sauvée des eaux d'un barrage ; puis Palas de Rey, Arzúa et Monte del Gozo (Montjoie), d'où les pèlerins peuvent apercevoir au loin les flèches des sanctuaires de Saint-Jacques-de-Compostelle, la Jérusalem occidentale.

Le 28 novembre à 11 heures du matin, fendant la foule des dimanches, après 1 100 km de Gaule en Galice, les chevaux de l'Habitarelle font fièrement résonner les pavés de la place de l'Obradoiro devant la façade principale de la cathédrale de Saint-Jacques-de-Compostelle. Devinent-ils que c'est la fin de la longue route ou sont-ils gagnés par l'émotion qui étreint les cavaliers ? Ils s'alignent, parfaitement immobiles pendant l'allocution de bienvenue d'un chanoine francophone.

Une messe est célébrée pour nous dans la chapelle des rois de France et, en notre honneur, on apporte solennellement le *botafumeiro* d'argent, l'encensoir géant de 80 kilos. Actionné par huit hommes, il est suspendu à la clé de voûte de la croisée des transepts. L'officiant jette de l'encens sur les braises. Les hommes empoignent chacun une corde, hissent l'encensoir à quatre mètres du sol et lui impriment un mouvement de balancier qui prend de plus en plus d'ampleur. L'encensoir finit par se déplacer à une vitesse impressionnante d'un transept à l'autre, jusqu'à presque toucher les voûtes et les rosaces ; il repasse en trombe à quelques mètres du sol de la nef, d'épaisses volutes d'encens se répandent et les braises ranimées par le mouvement laissent échapper de grandes flammes.

Le voyage est terminé. Plutôt qu'une impression d'accomplissement, j'éprouve le bonheur et le soulagement d'avoir surmonté de multiples difficultés. Un sentiment de vacuité aussi, car depuis un mois nous n'étions plus que des « pèlerins en route vers Saint-Jacques » ; tout le reste devenait accessoire, seuls comptaient la marche, les obstacles à franchir et la destination. Subitement, tout a disparu : marche, destination, compagnons de route. C'est le réveil à la réalité quotidienne.

Sans doute, après cette longue parenthèse et le décapage par l'effort, chacun a pu retrouver sa vie avec un regard neuf, clarifier ses priorités, mieux se connaître. Sans doute avons-nous connu de grands bonheurs avec les chevaux et resserré les liens entre amis cavaliers, parcouru des paysages de caractère et eu le privilège de vraies rencontres. Je garde, quant à moi, un souvenir doux-amer de ce pèlerinage. La proximité constante de routes, les problèmes d'intendance et de chevaux ne m'ont pas accordé de temps de silence, ni permis d'éprouver toute la ferveur et l'élan auxquels j'aspirais.

Et maintenant, il faut rapatrier les chevaux. Le lundi 29 novembre dans la soirée, ils sont embarqués dans deux wagons de la Renfe (la Société espagnole de chemins de fer). Comme on refusait de nous vendre la *paja* (paille hachée après les moissons), la seule provision de route des chevaux, nous sommes allés nous servir la nuit dans la campagne… Saint Jacques nous le pardonnera.

Mardi 30 novembre, le train part à l'heure. Louis Chardon et Babeth, une cavalière de la randonnée, sont dans les wagons avec les chevaux. Je conduis la camionnette et les rejoindrai chaque fois que possible pour ravitailler animaux et passagers. Le convoi doit arriver ce soir à León et dans deux jours les chevaux seront à Hendaye, la frontière française.

Ils y arriveront cinq jours plus tard, et encore, par miracle !

Le parcours est des plus chaotiques : long détour, arrêts imprévus, et une attente prolongée à 100 km de la frontière, car la locomotive est réquisitionnée pour un train d'oranges et de mandarines, « denrées périssables et prioritaires » ! Comment ravitailler les passagers et coordonner le rapatriement des chevaux confiés en route, avec de tels imprévus ? Pour couronner le tout, ma camionnette s'enlise dans la neige au passage du redoutable Cebrero.

Ultime épisode : samedi 4 décembre, les chevaux arrivent avec trois jours de retard à la frontière espagnole d'Irún. Pour rallier la gare française d'Hendaye, où les spacieux wagons SNCF sont remplis de foin et de paille fraîche, il suffit de faire viser les documents de douane. Impossible, me dit-on à Irún : c'est samedi, il est 11 h 30, les bureaux ferment à 14 heures, il faut attendre lundi ! Mon sang ne fait qu'un tour : impossible d'attendre, cela fait douze heures que les chevaux n'ont plus mangé. J'essaie de contenir ma rage et brandis le nom d'un haut responsable de la Renfe que m'avait donné à tout hasard Santonja, un ami espagnol. J'annonce à l'employé que ce personnage, un « ami » évidemment, sera informé de la situation. En une heure, tout est résolu. Délivrés de leurs wagons espagnols, les chevaux vont occuper ceux de la SNCF. Départ vers Bordeaux, Toulouse, Montpellier, Sète, Nîmes. Arrivée à Montélimar. Ponctualité rigoureuse, triages en douceur.

Quelques heures en selle avec Louis Chardon et des amis cavaliers pour traverser le Rhône et rallier les pâturages d'hiver à Lichières, en Ardèche méridionale. Les chevaux sont enfin libérés en pleine nature. Parmi le reste du troupeau, les quatorze pèlerins paissent tranquillement dans la garrigue givrée comme s'ils y étaient depuis toujours. La nuit est glaciale. Dans le ciel saturé d'étoiles, la Voie lactée se perd vers l'ouest.

Amérique latine, février 1972

Navigation et premiers pas en Amérique latine

Il faut toujours un coup de folie pour bâtir un destin.
Marguerite Yourcenar

I. À bord de l'*Antarès*

Des quelques navigations et régates partagées avec un ami en mer du Nord, je garde le souvenir d'un mal de mer incoercible. Mais j'ai entrevu un monde marin fascinant où se mêlent engagement physique et bonheur de se frotter à un élément puissant et généreux qui ne tolère pas la demi-mesure. Passionnée par les récits de navigateurs, je suis prête à larguer les amarres pour une grande traversée, comme un rêve de *Bateau ivre*.

Pour réaliser mon projet de traversée du Pacifique à la voile, j'ai trouvé un embarquement à bord de l'*Antarès*, un solide ketch norvégien de haut bord destiné à la navigation hauturière. Son capitaine, Michel B., interrompant une carrière d'homme d'affaires, se lance dans une circumnavigation. L'équipier qui l'avait accompagné pour la traversée de l'Atlantique a décidé de rester à la Martinique comme correspondant de Radio Caraïbes. Je prends le relais pour les Antilles et, surtout, après Panamá, pour la grande traversée du Pacifique jusqu'à Tahiti.

Rejoignant le bateau et son capitaine à Fort-de-France, je m'associe aux travaux de nettoyage méticuleux de la coque de l'*Antarès*. Immédiatement, j'aime l'atmosphère active des chantiers Grant où se retrouvent les navigateurs de tous bords dans un parfum d'aventure et de départs. Autour de bonnes rasades de punch, j'écoute avidement leurs récits qui parlent de vent et de liberté.

Le 8 février 1972, l'*Antarès* largue les amarres à l'aube, cap au sud. Ciel maussade, vent d'est plutôt frais. Dans la baie des

Flamands, nous hissons la grand-voile et le foc. Sentinelle de la Martinique, le rocher du Diamant s'estompe dans la grisaille.

Au passage du canal de Sainte-Lucie, le courant traversier creuse la houle, l'alizé gonfle les voiles. Le ciel est miraculeusement lavé et la mer devient bleu marine. Doux froissement d'eau sur la coque, l'*Antarès* gîte pour mieux caresser la mer, les embruns éclaboussent, les voiles prennent le vent et la lumière ; la bonne humeur règne à bord, le capitaine et son moussaillon sont heureux.

En fin d'après-midi nous approchons de Sainte-Lucie, la plus sauvage des Antilles anglaises, hérissée de hauts pitons volcaniques et couverte de forêts. Toutes voiles affalées, nous nous faufilons dans la passe étroite de Marigot Bay, lagon de rêve, ancien repaire de pirates, sous l'abri d'une presqu'île parée de cocotiers. Mais l'heure est au mouillage. Pour guider la manœuvre je dois, à l'avant du bateau, apprécier les hauts-fonds dans la transparence de l'eau, puis, toute affaire cessante, être à l'arrière pour libérer l'ancre, contrôler sa chute, bloquer à la bonne longueur. Long cliquetis de la chaîne sur l'écubier, puis le silence. Mettre de l'ordre sur le pont, ferler les voiles, relever la bôme, raidir les écoutes et les drisses – le rituel du navigateur.

Enfin, le temps de se laisser éblouir par le chatoiement de bleus et de verts, de sentir s'emmêler les parfums de terre et d'eau.

Quatre autres voiliers dansent sur les rides du lagon turquoise.

Le lendemain, appareiller et chercher le vent. Il vient de travers bâbord, force 3. Il a molli depuis hier. Nous hissons aussi la trinquette et la voile d'artimon et larguons généreusement les voiles. L'*Antarès* est devenu un bel oiseau blanc toutes ailes déployées dans le ciel bleu. Il est vivant, la mer est vert-bleu, phosphorescente.

Grand beau et sérénité à bord pour une navigation régulière et lumineuse jusqu'à la baie des deux Pitons ; petite anse coincée entre deux énormes cônes volcaniques, le long de la côte sous le vent de Sainte-Lucie.

L'*Antarès* et le *Maria Pia*, notre voisin des chantiers Grant, sont ancrés côte à côte, seuls dans la baie, à un quart d'encablure de la plage, comme échoués au bout du monde. Heureuses retrouvailles.

Les jeunes gens du *Maria Pia* partagent leurs prises de chasse sous-marine et j'allume un feu sur la plage de galets. Le poisson grille doucement. Le soleil embrase l'horizon et aussitôt la nuit tropicale nous enveloppe, claire et étoilée. Des parfums de terre et de fleurs rencontrent la brise marine, le ressac répond au frémissement des haubans. À chaque brassée de palmes jetées sur le feu, la coque blanche des bateaux sort de l'ombre et se reflète sur l'eau. Une guitare débarquée du *Maria Pia* accompagne notre rêverie ; corps au repos autour du feu, chacun à sa place dans l'univers. Je les écoute parler à mots sobres, ils ont tous tant navigué.

L'*Antarès* poursuit sa route au sud. La navigation au large de la côte Caraïbe, sous le vent des îles, est sans histoire. La brise, régulière, souffle généreusement dans les voiles. Elle fraîchit entre les îles. Il faut parfois réduire la voilure et des grains violents éclatent. Le capitaine gère toutes les situations.

Au cours d'une escale de deux jours dans l'île Saint-Vincent, enveloppée de végétation tropicale, je cherche en vain les légendaires chevaux sauvages, hôtes de l'île.

La baie de l'Amirauté, à Bequia, est notre première halte dans l'archipel des Grenadines, pléiade d'îles basses protégées du large par un récif de corail, promesse de mouillages paradisiaques. Sous le vent de Moustique, il faut tirer des bords, jeter l'ancre parmi des voiliers dignes d'escorter le *Britannia*. Nous sommes sur l'île privée de lord Tenant. Les relations du capitaine nous permettent de rencontrer le jeune aristocrate, qui nous convie à un somptueux barbecue dans l'ambiance caraïbe d'un orchestre débarqué de Grenade. Ce rendez-vous décalé et saugrenu avec la jet-set nous amuse. Nous savourons davantage l'atmosphère plus paisible des plages blanches ombragées de mancenilliers et les anses paisibles de Canouan et Carriacou.

J'ai aimé les poissons volants, éclairs bleu argent, ailes transparentes, qui jaillissent d'une vague parfois en bancs entiers, planent en zigzaguant et replongent dans l'écume d'une autre vague. À la barre, j'ai aimé sentir le bateau qui épousait la houle, bien appuyé sur ses voiles et le vent, en pleine impulsion, frémissant comme un cheval impatient. J'ai aimé les paysages marins toujours mouvants, les ricochets du soleil sur l'eau, le souffle tiède de l'alizé.

La cohabitation à bord est franche et très amicale mais, pour une longue traversée en huis clos, il faudrait plus d'intimité et de complicité. Tentée de remettre à plus tard la grande aventure océanique, je me laisse gagner par une envie grandissante d'Amérique du Sud. J'ai toujours rêvé de la cordillère des Andes[2].

J'en fais part à Michel B., qui me rassure : cela l'arrange de rentrer en France pour quelques semaines. Il trouvera un autre équipage au retour. Je quitterai le bord à Grenade. Adieux à l'*Antarès* dans l'île aux parfums de muscade, de girofle et de cannelle qui résonne des préparatifs bouillonnants du carnaval. Toute la ville de Saint-George's est gagnée par le tempo des orchestres de *steel band*.

II. Terre ! Amérique du Sud, un nouvel ailleurs

Envol pour le Venezuela et long trajet en bus pour rejoindre des amis, à Bogotá, en Colombie. Leur maison devient un havre d'où j'organise les six derniers mois de mon année de liberté à la découverte de l'Amérique du Sud. J'achète des chaussures de marche et le précieux *South American Handbook*, la bible du globe-trotter en Amérique du Sud.

Tout de suite j'aime Bogotá, la grande artère centrale, la Septima, et Santa Fe, les vieux quartiers coloniaux intemporels aux maisons colorées. Au Musée de l'or, retranché derrière des portes blindées de la Banco de la República, je découvre, mieux que la caverne d'Ali Baba, les richesses de l'Eldorado : des objets d'orfèvrerie tayronas, chibchas, muisca, quimbayas... Depuis ce premier contact, l'art précolombien ne cessera de me fasciner.

2. C'est en 1994, en prélude à un voyage de reconnaissance en Équateur et aux Galapagos, que se réalisera le rêve d'une traversée dans l'océan Pacifique. Ce sera à bord du ketch Alibi, depuis Bora Bora à Tahiti jusqu'à Pago-Pago, dans les îles Samoa.

Quelques jours après mon arrivée, à l'occasion d'un dîner chez mes amis, je raconte mon aventure à Joaquin. « Et maintenant, qu'allez-vous faire ? » me demande-t-il.

Sans prendre le temps de réfléchir, je m'entends formuler une réponse que je n'avais jamais imaginée : « J'aimerais rencontrer des cavaliers qui vivent et travaillent encore réellement à cheval et partager un peu de leur vie.

– Je peux vous aider. Mon meilleur ami, Adolfo Reyes, est un grand éleveur de bovins dans les Llanos. Il emploie de nombreux *vaqueros*. Je vais le contacter. »

Mais communiquer avec les lointains Llanos n'est pas facile. Il faudra attendre huit jours pour établir le contact par radio téléphone. Enfin Joaquin m'annonce : « C'est bon ! Le pilote d'Adolfo Reyes t'attendra lundi midi à l'hôtel Porvenir, à Villavicencio. »

C'était dans quarante-huit heures.

Le jour dit, à l'aube, je prends un taxi. Quelques heures de route, mais quelle route ! Bogotá est nichée à 2 650 m d'altitude dans une haute vallée, la *sabana* de Bogotá, enserrée entre deux bras de la cordillère des Andes. Il faut d'abord s'en extraire par une montée vers les nuages du *páramo*, puis, par une route très dégradée et bordée de précipices, dégringoler en une vertigineuse descente le long du rio Negro. Au confluent avec le rio Manzanares, la vallée s'élargit et subitement, telle une falaise au bord de la mer, la montagne s'arrête devant une plaine infinie, un océan d'herbe : les Llanos.

Midi dans la petite bourgade de Villavicencio. Pas âme qui vive, soleil au zénith, chaleur accablante, air immobile, un décor à la Macondo de García Márquez, dans *Cent ans de solitude*. Le minuscule hôtel semble désert. Je m'aventure dans une arrière-salle et découvre, autour d'une table, trois gaillards barbus à la longue chevelure noire. C'est le début des années 1970, le look guérillero cubain est à la mode. Les regards sombres se tournent vers moi.

Je hasarde : « *¿Está el piloto de Adolfo Reyes ?* » (« Le pilote d'Adolfo Reyes est-il ici ? ») L'un d'eux se lève, jovial ; il vient vers moi les bras tendus : non pas le pilote mais Adolfo lui-même. Les autres barbus se révèlent être un cousin, Fernando et un ami, Luis. Tous grands propriétaires des Llanos, ils ont la bonne trentaine athlétique, des visages ouverts et souriants. Ils sont venus dans leur petit avion personnel à Villavicencio, où ils ont coutume de faire leur marché, pour connaître cette curieuse visiteuse qui s'intéresse à la vie des *vaqueros*. Les distractions sont rares dans les grandes estancias, ou *hatos* ; les épouses sont à Bogotá avec les enfants scolarisés et rejoignent les Llanos uniquement pour les vacances.

Les *avionetas* décollent. Sensation de vivre un rêve éveillé. Le minuscule avion d'Adolfo découvre une savane sans fin où paresse un réseau de ruisseaux et d'étangs collectés par de larges rivières. Les entrelacs aquatiques brillent au soleil, découpant une mosaïque de verts, tels des lichens tapissant une roche : l'émeraude des forêts galeries, le bronze des marécages, l'absinthe des savanes sèches. Nous levons des nuées de hérons rouge feu. Quel pays incroyable !

Virage sur l'aile. Adolfo descend vers les grands troupeaux de bovins paisibles. Semis de vaches et de cavaliers perdus dans l'immensité : la savane leur appartient. Les *avionetas* atterrissent en douceur sur une piste herbeuse et nous nous retrouvons tous à San Pablo.

Un grand toit de palmes abrite la maison principale : une construction de brique entourée d'une galerie ouverte, avec carrelage de terre cuite, fauteuils en osier et hamacs. J'entrevois une piscine, un tennis, d'autres toits de palmes. L'arrivée de limonades fraîches interrompt la rêverie. Je ne peux contenir une avalanche de questions sur leur vie, leurs chevaux, le travail des troupeaux. Mon intérêt les remplit de joie et de fierté. Ils me décrivent avec ferveur leur attachement à cette vie de *ganadero* (éleveur) et ses traditions. Adolfo Reyes a trois *hatos* : La Victoria, Santana et San Pablo, soit 70 000 hectares pour 25 000 têtes de bétail.

Le lendemain, dans la fraîcheur de l'aube. Sous le toit de palmes de la *caballeriza*, à la fois dortoir des *vaqueros* et sellerie, des hommes préparent une mule et cinq chevaux, petits et gris, très équilibrés, à la tête expressive, et puis un splendide *caballo de paso* à la robe palomino, le cheval d'Adolfo.

Bercés par un petit trot régulier, nous progressons sans fatigue dans la savane humide de rosée, tandis qu'un soleil rouge s'extrait lentement de l'horizon et illumine au loin la crête de la cordillère des Andes. J'ai une sensation de premier matin du monde, d'espace sans limite, le bonheur à l'état pur.

Les selles, sortes de Mc Lellan couvertes d'un coussin, sont légères et confortables. Les cavaliers locaux montent pieds nus. Le chef des *vaqueros*, l'*encargado,* donne le cap vers un bosquet de palmiers royaux. Il sait où est le troupeau que nous cherchons. De longues minutes encore avant de distinguer des croupes fauves, des cornes qui se multiplient jusqu'à plusieurs centaines lorsque nous arrivons à leur hauteur. Nous les dépassons pour rejoindre le *parador*, une plate-forme de terre piétinée, autour de longues mangeoires faites de troncs évidés. Alerté, le troupeau se rassemble, nous emboîte le pas et converge vers le *parador* Carisales. La mule est délestée de sacs de sel, versés dans les mangeoires. Un concert de meuglements salue la friandise, l'agitation est grande dans le troupeau de près de huit cents têtes.

Séance tenante, les *vaqueros* s'ouvrent des voies dans la masse mouvante, la sillonnent en tous sens; aucun animal n'échappe à l'inspection. À nouveau réunis, les hommes confrontent leurs observations: tant d'animaux à vendre dans trois mois, tant de taurillons à castrer, de veaux à marquer, de bêtes à soigner.

D'un geste sec, ils détachent le grand lasso qui pend au flanc droit de leur cheval; l'autre extrémité du lasso est nouée dans la queue de leur monture. Avec une précision infaillible, un premier lasso capture un jeune taureau par les cornes, un second lui enserre les pattes et le couche au sol. Les *vaqueros* ont déjà mis pied à terre, couteau et onguent en main: ils percent un abcès, soignent, désinfectent. Pendant l'opération, leurs montures, la queue à l'horizontale, veillent à garder les lassos tendus pour empêcher l'animal de se relever. Cela n'a duré que quelques minutes, et déjà c'est le tour d'un veau, puis d'une génisse. En moins d'une heure, tout le troupeau est « révisé ». Il faut agir prestement car le sel, vite consommé, maintient le bétail à demi-sauvage rassemblé pendant très peu de temps. Dispersé dans les hautes herbes, il est beaucoup plus difficile à capturer. Le travail terminé, les chevaux sont abreuvés dans la rivière. La rosée a disparu, le soleil est brûlant.

Pendant le retour vers San Pablo, les conversations sont sobres. La savane, si vibrante ce matin, semble gagnée par la torpeur. Insectes et oiseaux se font discrets.

Le jour suivant, nous nous rendons à La Victoria, chez Fernando. Même départ avant l'aube pour rassembler deux cents chevaux et les ramener au galop vers les corrals. Il s'agit d'en choisir une trentaine à débourrer pour les grands rodéos du mois de mai.

Chaque jour et chaque estancia apportent une nouvelle découverte. Ces moments très forts me bouleversent, me semblent presque irréels. C'est un monde parfois violent, plein de démesure, hors du temps et fascinant. J'aimerais partager cette aventure avec des amis qui ressentiraient le même étourdissement que moi.

Devant mon enthousiasme pour ces simples travaux de routine, Adolfo, Fernando, Luis et jusqu'aux *vaqueros*, tous n'ont à la bouche qu'une promesse : *rodeo*. Rien à voir avec les rodéos de l'Ouest américain où d'intrépides cow-boys tentent de rester en selle sur des chevaux indomptés. Dans les Llanos, les *rodeos* (de l'espagnol *rodear*, « entourer ») sont les grands rassemblements de tous les troupeaux qui ont lieu deux fois par an, en mai et en janvier. Huit mille à quinze mille têtes de bétail sont ramenées vers les corrals de chaque estancia, par troupeaux quotidiens de huit cents à mille têtes environ. L'après-midi, les animaux passent dans des bains désinfectants, sont vaccinés, triés, marqués, castrés... un travail énorme qui nécessite beaucoup de personnel saisonnier. Un groupe de quarante à cinquante *vaqueros*, au bas mot, est alors engagé dans les grandes estancias, qui grouillent d'activité : intendance à assurer dans les cuisines, chaque matin quarante chevaux à rentrer et capturer dans les corrals, à seller dans la *caballeriza*. Une quinzaine de jours sont nécessaires pour passer en revue la totalité du bétail d'une estancia. Pas de doute, je reviendrai pour les rodéos de mai, dans moins de deux mois.

Je quitte Adolfo et ses amis pour rentrer à Bogotá et deviens globe-trotter sur le fil de la Panaméricaine. En 1972, cette route était encore bien souvent une dangereuse piste de terre. Je téléphonerai de temps à autre à Joaquin pour garder le contact avec Adolfo. Pas question de manquer les rodéos, dont la date fluctue au gré des conditions météo. Je mets le cap vers le sud de la Colombie et la haute vallée du fleuve Magdalena, dans la cordillère, où s'est développée la mystérieuse civilisation précolombienne de San Augustin.

En Équateur, je rencontre les Indiens d'Otavalo. Vêtements blancs, natte dans le dos pour les hommes, colliers de perles dorées pour les femmes, poncho réversible marine et écossais. Habiles tisserands, ils se sont intégrés à l'économie mondiale : on les rencontre sur tous les marchés d'artisanat de New York, à Bruxelles ou Moscou.

Avec mes amis baroudeurs, un pied dans l'hémisphère Nord, l'autre dans l'hémisphère Sud, nous chevauchons la ligne équatoriale matérialisée sur la route par un gros trait blanc : latitude 0°. À Quito, nous cédons sans frémir à l'invitation d'amis qui s'entraînent à gravir le Cotopaxi (5 897 m) ; pas de difficulté technique, sinon l'adaptation à l'altitude. Nous laissons la voiture à 4 000 m. En dépit de notre acharnement, des crampons et du piolet, nous abandonnons peu après 5 000 m ; la neige, devenue mélasse sous le soleil, était impraticable mais, surtout, nous étions vraiment à bout de souffle. On n'improvise pas une telle ascension.

Le compagnonnage des voyageurs au long cours, les groupes qui se font, se défont et se retrouvent, à pied, en bus, en train, en camion, est une société mouvante et solidaire où chacun partage son expérience, ses rencontres et surtout la passion du voyage et l'amitié.

Au Pérou, voyageurs et émotions convergent vers les constructions cyclopéennes de Sacsahuamán et le creuset de Cuzco, le « nombril du monde ». Quand les Incas érigeaient ces forteresses, l'Europe construisait des cathédrales. Que serait devenue cette civilisation sans l'irruption des conquistadores ?

Inoubliable nuit de pleine lune, passée clandestinement avec des complices de voyage, à l'insu des gardiens, dans les ruines du Machu Picchu. Quand l'aube a inondé de chaleur les vieilles murailles et les terrasses, j'ai compris la vénération du peuple quechua pour le soleil.

Sur l'altiplano péruvien, c'est la pleine saison du quinoa. La récolte, battue au fléau, est chargée sur les flancs de lamas hiératiques qui ramènent la précieuse graine jusqu'aux villages. C'est là, sur les hauteurs de Puno, que des inspecteurs de la réforme agraire me font découvrir les tours évasées de Sillustani et récitent en quechua une invocation rituelle… Tintin et le temple du Soleil !

J'abandonne la pureté bleue du lac Titicaca pour la Bolivie. Exaltation à l'aube, sur le site solitaire de Tiahuanaco, devant la porte monumentale du dieu Soleil créateur, Viracocha, dans toute sa gloire.

Plongée vers la cuvette de La Paz, où, téléphonant à Joaquin, je reçois le signal attendu : « Rendez-vous à Yopal dès que possible, les grands rodéos de mai ont commencé. »

L'échappée vers le sud s'interrompt. Ayant précieusement gardé l'argent du billet d'avion, je m'envole pour Bogotá et me retrouve dans les Llanos.

C'est le milieu de l'après-midi, l'effervescence est à son comble dans les grands corrals. J'entends d'abord un étourdissant concert de meuglements inquiets qui s'échappent d'un énorme nuage de poussière. Un troupeau de près de neuf cents têtes a été ramené en fin de matinée et piétine, tourne en rond, se bouscule. Habitué à une vie paisible et sauvage dans la savane, le bétail proteste, les mères appellent leurs veaux, des animaux s'affrontent, les hommes crient des ordres. Toutes les bêtes sont d'abord dirigées vers un étroit couloir et précipitées dans un profond bassin qu'elles passent à la nage, bain désinfectant pour les débarrasser des parasites. Plus loin, des portails s'ouvrent sur différents corrals et les vaches sont triées par les hommes qui actionnent les portails au bon moment : les taurillons à castrer, les veaux à marquer, les animaux à soigner, le bétail destiné à la vente et le gros du troupeau qui ne demande aucune intervention. Le travail se fait pieds nus dans la poussière ou du haut des barrières des corrals. Des fers rougissent sur un feu de bambou et les lassos ne chôment pas. Les animaux sont capturés, immobilisés au sol par une nuée de *vaqueros*. On marque, castre, soigne en un tour de main.

Le bétail criollo est croisé de zébus, achetés à grand prix; le sang zébu est réputé s'adapter au climat tropical, résister aux maladies et aux parasites.

Le soleil, déjà bas sur l'horizon, s'enflamme derrière la bananeraie. Un *vaquero* fait coulisser les longues barres de bambou des corrals. Sans demander leur reste, les bêtes s'échappent vers la liberté. Émergeant de la poussière, une houle de croupes et de cornes trottinent vers le pâturage natal. Seuls sont retenus les animaux réservés à la vente.

Chaque soir un bœuf est sacrifié. Pendant les rodéos, c'est près de quatre-vingts personnes qu'il faut nourrir chaque jour: le propriétaire et sa famille, une cinquantaine de *vaqueros*, le personnel des cuisines, etc. Viandes savoureuses, longuement grillées autour d'un feu de braises, mais aussi marmites de *topocho* (bananes cuites) et de manioc... roboratif.

Le lendemain, je vais comprendre comment se décide la « propriété » des terres dans la savane ouverte où les clôtures de séparation sont encore rares. Comme le ferait une horde d'animaux sauvages, les troupeaux de bovins s'attribuent un « territoire » dont ils chassent les intrus. Si le bétail porte le fer de San Pablo, le coin de savane où il séjourne appartient à San Pablo.

Une *avioneta* est arrivée aux aurores, celle du propriétaire de San Miguel, l'estancia voisine; il est accompagné de son régisseur, l'*encargado*, et de deux hommes. Des chevaux leur ont été préparés et nous partons, une petite dizaine de cavaliers, avec Adolfo Reyes et ses propres hommes. Au bout de deux bonnes heures d'un trot soutenu, nous rejoignons une zone limitrophe, entre les deux propriétés, occupée par un petit troupeau d'une centaine de têtes. Il est rassemblé et le constat est établi: les adultes sont marqués du fer de San Pablo, ce territoire appartient donc à Adolfo Reyes.

Retour au *hato* et, après le déjeuner, départ en *avioneta* des deux propriétaires avec leur *encargado*. Nous survolons les Llanos presque en rase-mottes. Il s'agit de décider du tracé de la future clôture de séparation des propriétés: de l'angle du bois à tel méandre du rio, puis de ce palmier solitaire jusqu'à un grand étang; un second survol à basse altitude vient apporter quelques corrections. Les deux *encargados* notent les repères, mémorisent le tracé. Quand ils se quittent, rendez-vous est pris pour les travaux de clôture, après les rodéos.

Mais c'est parfois encore le Far West. Deux années plus tard, je suis témoin d'une situation plus dramatique : deux cousins d'Adolfo se sont entretués à bout portant pour un désaccord sur des limites de propriété.

Chaque jour les chevaux sont au cœur de l'action. Petits et volontaires, endurants et doux, ils ne paient pas de mine mais sont vraiment attachants. Les chevaux criollos sont infaillibles sur tous leurs terrains : la savane rase et les herbes hautes, les maquis de buissons ou la forêt-galerie, les rivières et étangs et, gageure suprême, les *zural*. On appelle ainsi, dans les Llanos, les terrains, marécageux à certaines saisons, que le piétinement des animaux bosselle en une multitude de buttes herbeuses. Autant d'îlots cernés de sentiers profondément creusés, un labyrinthe infernal où les chevaux, lancés à la poursuite d'une vache fugitive, arrivent à galoper à vive allure en un slalom vertigineux, changeant de pied au temps avec une dextérité stupéfiante.

Depuis bientôt un an je vis sans horaires et sans autres obligations que celles que je m'impose. Je savoure chaque jour et chaque instant de cette vie. Et si cela pouvait continuer ? Mon goût pour les horizons lointains, les rencontres et l'indépendance professionnelle ne se dément pas. Je me prends à rêver : parmi les cavaliers que j'accompagne à cheval à travers les plateaux sauvages de Lozère, beaucoup, j'en suis sûre, aimeraient tenter l'aventure des Llanos et participer à ces incroyables rassemblements de bétail.

Un soir, je demande à Adolfo s'il lui semble possible d'accueillir quelques amis cavaliers pour les grands rodéos de janvier. Il accepte sans hésiter. En deux longues soirées, tout est organisé. Un guide nous accompagnera d'une estancia à l'autre, où nous partagerons chaque fois une activité différente. Je jubile ! Je suis certaine de trouver des volontaires pour venir dès janvier prochain, dans six mois.

Décider, en ce mois de mai 1972, d'emmener des cavaliers en Colombie est un choix que je fais sans hésiter. Je ne sais pas encore que ce sera la première foulée de Cheval d'Aventure, initiée par mon expérience à Yellowstone, dix ans auparavant, et confortée par les randonnées sauvages de l'Habitarelle, en Lozère.

« Mais il n'est pas tard, faisons encore quelque chose. »

J'aime cette invitation que l'héroïne renouvelle dans *Le Dit de Tianyi* de François Cheng. Il me reste quelques semaines de congé sabbatique, je décide avec Joaquin une expédition dont nous avions souvent parlé : aller à la découverte de vieux villages taironas et kogis, dans La Guajira, un véritable paradis terrestre où la Sierra Nevada de Santa Marta, tapissée de forêt tropicale, vient s'échouer sur la côte sauvage de la mer des Caraïbes. C'est aussi la région la plus dangereuse de Colombie. On y produit la meilleure cocaïne et la meilleure marijuana du pays. Sa situation de presqu'île, entourée par la mer et frontalière avec le Venezuela, facilite l'écoulement des marchandises illicites.

Enfant du pays, Joaquin en connaît les dangers et organise notre équipée au mieux. Il trouve un pick-up à toute épreuve pour parcourir les pistes forestières et prévoit de recourir le soir à l'hospitalité d'amis. À l'aube nous quittons San Marta.

Au bout de longs kilomètres de pistes boueuses dans la jungle humide, nous rejoignons la côte à Punta Cañaveral, un véritable Éden : la forêt qui culbute dans la mer turquoise, les plages de sable blanc désertes, les chaos de rochers polis, les criques paisibles... Tout cela est trop beau pour rester méconnu. Un chantier de quelques paillotes est l'ébauche du futur parc national de Tairona.

Le rêve tourne au cauchemar. Au terme de cette première journée, nous sommes victimes d'une double embuscade, sans doute pour voler notre pick-up, car nous n'avons vu aucun véhicule dans les parages. Joaquin est armé et réplique, les balles pleuvent. Phares au plus bas, nous fuyons dans la nuit tropicale. Je crois ma dernière heure venue et pense qu'il est bien dommage de mourir si loin de chez moi. Pourtant le moteur ronronne, les pneus mordent la piste, tout s'apaise, la forêt redevient rassurante.

À nouveau des lumières, on nous fait signe de nous arrêter. Est-ce une nouvelle embuscade ? Sans réfléchir, nous fonçons...

et forçons un barrage de douane pour le contrôle de la contrebande avec le Venezuela voisin. Un feu nourri accompagne notre fuite. Le gros pick-up tient bon, avale les kilomètres de fondrières, dans la nuit sans lune. Au bout d'un long moment, enfin, nous retrouvons la route et retournons à Santa Marta. Nous relevons quatorze impacts de balles dans le pick-up Ford rangé au garage.

Je n'oublierai jamais les bureaux de la police de Santa Marta, où nous allons rendre compte de l'agression. Les murs jaune sale donnent sur un patio, une épaisse verdure laisse à peine filtrer la lumière, les crépis suintent l'humidité. Gros insectes poussifs accrochés aux plafonds, des ventilateurs brassent un air irrémédiablement moite. On m'a séparée de Joaquin. Toute la matinée s'écoule dans le cliquetis des machines à écrire prenant ma déposition. Nonchalance impénétrable des interrogateurs, airs soupçonneux, sourires méprisants, rédaction d'un interminable document. Un commissaire nous accompagne pour le remettre au tribunal, où nous découvrons le contenu du document : nous sommes de dangereux malfaiteurs enfin capturés, il faut emprisonner Joaquin et je dois rester à la disposition de la police ! Nos agresseurs, les gardiens du chantier du futur parc de Tairona, avaient acheté les policiers. Après avoir échappé à la mort, allons-nous croupir dans les prisons humides de Santa Marta ?

Connaissant les pratiques de son pays, Joaquin avait téléphoné à Bogotá, exposant la situation à des amis influents et des avocats. Ils interviennent. Nos dépositions sont miraculeusement « retrouvées ». L'affaire sera jugée au tribunal, nous repartons libres.

Colombie, décembre 1972-janvier 1973

Partager la vie des cavaliers aux pieds nus

Au loin on entend un chant
Là, au-dessus de l'horizon, le soleil va bientôt apparaître
Les hérons matinaux tissent en manteau
vivant d'une beauté multicolore,
Je monte un cheval clair avec vue sur le monde.
Joropo (chant traditionnel des Llanos)

Les dés sont jetés, je vais organiser des expéditions équestres dans les Llanos de Colombie. J'annonce à Louis Chardon que j'assurerai la totalité de la saison de randonnées en Lozère et donne ma démission de prof dans l'Institution où j'étais titulaire. Ma décision est irrévocable.

Je prolonge et savoure la saison estivale en Lozère, lis tout ce qui s'écrit sur la Colombie, étudie les cartes topographiques de l'Institut géographique de Bogotá, peaufine ma connaissance de l'espagnol et prépare ma première brochure avec cette unique destination : la Colombie.

Aussi invraisemblable que cela puisse paraître aujourd'hui, où les voyages d'aventure sont devenus monnaie courante, je ne trouve, en 1972, aucune agence qui accepte de chapeauter mon projet. Toutes refusent la responsabilité d'un voyage sans itinéraire défini, ni hôtels ou services traditionnels. A-t-on idée de voyager à cheval et de dormir dans la nature ? Les pionniers en la matière que sont Terres d'Aventure, Explorator ou Nouvelles Frontières faisaient alors leurs toutes premières armes.

Seule une agence lyonnaise, la Compagnie de navigation mixte, accepte le défi et me fait confiance. Cette agence venait de s'engager avec Odette et Jean-Louis Bernezat, initiateurs de méharées sahariennes, sous le nom « Hommes et Montagnes ».

Le 17 décembre 1972, j'accueille à l'aéroport El Dorado de Bogotá Monique, Lili, Guy et Jacqueline, « mon premier groupe ». Deux journées sont consacrées à évacuer le décalage horaire, à nous familiariser avec le climat, l'ambiance et la langue, tout en découvrant ce qui m'avait le plus séduite. À Bogotá, les vieux quartiers coloniaux et le Musée de l'or. À Villa de Leyva, le village colonial, siège de la vice-royauté d'Espagne, quasi inchangé depuis le XVIe siècle. Et enfin la laguna de Guatavita, un lac de cratère dans un site grandiose où le chef des Indiens Chibchas se baignait nu, couvert de poussière d'or et de bijoux qu'il offrait aux dieux. Ce rite est à l'origine de la légende de l'Eldorado, qui a fait miroiter tout un continent aux yeux des conquistadores.

Fins prêts, nous nous présentons à l'aéroport le 19 décembre, avant l'aube, pour le vol Bogotá-Yopal. Yopal est une minuscule bourgade au pied de la cordillère des Andes, à l'orée des Llanos, la savane qui s'étend à l'infini jusqu'à l'Amazonie.

« *No hay vuelo hoy, señorita.* » (« Il n'y a pas de vol aujourd'hui, mademoiselle. »)

Je montre les billets : hier encore, on m'a confirmé le vol !

« Oui, le vol a été annulé il y a une demi-heure.

– Le prochain ?

– Dans une semaine, *señorita* ! »

Il faut prendre une décision, et vite.

« Où y a-t-il des avions-taxis ?

– À Villavicencio, de l'autre côté de la cordillère. »

Je demande à l'employé de nous réserver à Villavicencio un avion-taxi pour Yopal. Nous bondissons dans un taxi « terrestre » pour rallier le petit aéroport. À l'assaut des Andes dans l'aube déjà naissante, nous passons dans le brouillard le col de Quetame pour plonger dans la vallée du rio Negro. Par chance, cette piste fréquemment coupée de glissements de terrains est ouverte. Après mille frayeurs, elle nous offre à perte de vue les grandes plaines de l'Est, aussi vastes que la France, le tiers du territoire colombien, les Llanos.

Dans l'ambiance western des rues poussiéreuses de Villavicencio, on trouve en vrac : sombreros, crèmes glacées et eau-de-vie, selles et lassos, banques et fritures, chevaux en goguette et, à revendre, du soleil et encore du soleil. Nous achetons les hamacs en grosse toile bayadère, des sombreros, des *ruanas* (les ponchos colombiens) et quelques bouteilles d'*aguardiente*, l'eau-de-vie locale.

Miracle : l'avion-taxi nous attend ! Je demande au pilote de prévenir par radio La Victoria, l'estancia où nous sommes attendus, et nous nous entassons dans la carlingue du Cessna. L'appareil se ramasse comme un fauve, les moteurs rugissent à plein régime et nous voilà dans le ciel. Un ronronnement de bon aloi nous isole chacun dans notre rêverie. La savane se déploie en camaïeu de verts cloisonnés par les rivières dévalant des Andes. Ici on est passé du cheval à l'avion et des signaux de fumée au radio-téléphone.

Une heure de vol, La Victoria est en vue. Passage à basse altitude pour s'assurer qu'aucun animal ne pâture sur la piste d'atterrissage. Le pilote pose l'avion, nous débarque et repart d'un coup d'aile. Nous voilà seuls, au bout du monde, dans les herbes froissées par la brise.

Depuis La Victoria, on vient à notre rencontre. Adolfo et Toña Reyes nous souhaitent la bienvenue. Les chevaux sont prêts, notre guide s'appelle Campo.

Nous sommes entraînés vers les corrals, où l'agitation est à son maximum : les *vaqueros* trient, marquent, castrent, soignent le troupeau ramené en début d'après-midi. Nous grimpons à califourchon sur les barrières : les cornes nous frôlent, les *vaqueros* sont pieds nus, les lassos s'ouvrent en corolles, les ponchos s'agitent, cris et rires fusent au milieu des meuglements, voix caverneuse des vieux taureaux, plainte des veaux marqués au fer, la poussière se mêle aux odeurs de cuir brûlé et à la fumée des feux de bambou où les fers rougissent. Monique, Lili, Guy et Jacqueline retiennent leur souffle ; cela dépasse tout ce qu'ils imaginaient.

Dans les dernières lueurs du jour, nous apprenons à accrocher nos hamacs sous la grande galerie ou entre les arbres. Pas évident le nœud, fous rires quand la corde lâche… Nous découvrirons qu'en suspension entre ciel et terre, on rejoint vite le pays des rêves.

Il est 5 h 30, l'aube rosit à peine l'horizon. Une jeune femme nous réveille et nous propose au saut du hamac un *tinto*, le café *suave* de Colombie. L'air est doux, l'herbe encore humide de rosée, mais une grande excitation règne déjà dans la *caballeriza* : une fois les hamacs des *vaqueros* noués au plafond, ce sont maintenant les chevaux qui occupent les lieux. On arrime sur les selles, à droite du pommeau, le *rejo*, lasso à tout faire d'une quinzaine de mètres, et, à l'arrière, la *soga*, qui atteint facilement soixante mètres. L'autre extrémité de la *soga* est nouée dans la queue du cheval ; c'est le lasso de travail pour capturer le bétail dans la savane. Par petits groupes, les cavaliers disparaissent au trot.

Nous découvrons nos chevaux : petits (environ 1,30 m au garrot), ils ont le regard franc, des membres secs et de bons aplombs, un poil brillant, la robe grise pour la plupart ; ici, aucun cheval n'est ferré. Sans l'avoir espéré, je retrouve Santana, le petit cheval gris fer que j'avais monté au printemps : je me sens à nouveau « chez moi ».

À peine le temps de régler les étriers, nous sommes en selle, emportés au trot par la dernière vague de cavaliers qui sifflent, chantent, plaisantent, visiblement ravis de notre présence.

La selle est posée au milieu du dos et la sangle au milieu du ventre. Il est inutile d'attendre des chevaux un pas allongé, leur allure de croisière est le petit trot qu'on peut tenir des heures, assis dans la selle, le rein souple, les jambes légèrement vers l'avant… Il est préférable d'oublier la monte académique et d'adopter les usages du pays.

Carlos, le « caporal », le chef des *vaqueros*, est avec nous. Les herbes sèches frôlent nos jambes, l'air est tiède. Étonnante liberté, saveur de vie sauvage. Le soleil colore de rose les lointains glaciers des Andes, la clarté commence à gagner la savane. Nous trottons depuis une heure, mais où allons-nous ? Carlos explique que nous devons rassembler un troupeau au *parador* d'El Chaparral et le ramener à La Victoria. Il nous suffira de ne pas gêner le travail des *vaqueros* et de pousser le bétail dans la bonne direction.

« Et si nous avons une hésitation ?

– Laisser faire le cheval… »

Le soleil frôle l'horizon, il va apparaître. Carlos marque une pause, nous met en cercle autour de lui, fait le point pour la petite équipe d'une dizaine de *vaqueros* qui nous accompagne et ils partent par deux ou trois dans un mouvement d'éventail, presque instantanément dissous dans le paysage.

Notre espace visuel tout entier est occupé par un ciel immense et un tapis de savane à l'infini, balisé de loin en loin par des bouquets de palmiers et à l'horizon par le moutonnement d'une forêt. Seule une zone étroite où ciel et horizon se rejoignent est l'espace dans lequel se meuvent hommes et bétail. Il faudra plusieurs jours pour exercer notre œil à repérer les mouvements de cavaliers et de bétail à plusieurs kilomètres.

Délogé des hautes herbes, un petit troupeau cherche à s'échapper. Nous lui donnons la chasse, l'allure s'accélère bien que le terrain soit difficile. Extraordinaires petits chevaux ! Ils travaillent tout seuls, préviennent chaque changement de direction des bêtes poursuivies. Ils sont souples, agiles et d'une sûreté de pied étonnante malgré les irrégularités du terrain, comme s'ils avaient un œil sur chaque sabot ; ils contournent les buissons, sautent les termitières, ont des accélérations fulgurantes.

Une marée bruyante, grise et fauve, de cornes et de croupes converge vers le *parador* de Chaparral. Du sel a été versé dans les mangeoires, le bétail se calme. C'est la pause.

La plupart des *vaqueros* conduisent leurs chevaux à la rivière, le *caño*, leur retirent les sévères mors à palette pour qu'ils s'abreuvent, les dessellent et douchent abondamment dos, tête et encolure à l'aide d'une calebasse ; ils se désaltèrent eux-mêmes d'*agua de panela*, un sirop de sucre de canne. Quelques-uns restent en selle, prêts à intervenir.

Nous ne voyons pas les heures passer. Je sais que Monique et Lili, Guy et Jacqueline, sont au comble du bonheur, en plein rêve. Pas besoin de paroles, la joie dans leurs yeux, leurs sourires heureux sont pour moi un grand cadeau.

Bientôt le troupeau s'ébranle vers La Victoria, mené par le cavalier de tête, le *cabrestrero*. Nous prenons place parmi les cavaliers qui encadrent le flot mugissant. Quelle allure et quels visages typés ont ces *vaqueros* en sombreros fatigués, dieux du lasso, centaures aux pieds nus ! Nous sommes près de cinquante cavaliers au total. Les hommes sifflent, chantent pour rassurer le troupeau de huit cents têtes, échangent des plaisanteries, se lancent des appels pour signaler un animal qui s'échappe. Rusés, les *novillos* (les jeunes taureaux) jaillissent des rangs sans prévenir, obligeant chaque fois deux hommes à bondir au galop pour les rabattre ou les récupérer au lasso.

Le passage du *caño* El Caimán, peu avant La Victoria, est un moment critique : c'est un gué d'une centaine de mètres de large, aménagé dans la rivière et débroussaillé, alors que partout ailleurs une végétation dense et buissonnante invite à l'escapade.

Avant d'atteindre l'eau, le troupeau est immobilisé. Le *cabrestrero* et quelques *vaqueros* passent le *caño* avec leurs chevaux et se positionnent à bonne distance sur l'autre rive. Sur un signe du caporal, le troupeau est remis énergiquement en mouvement, avec des cris et claquements de lassos. On active l'allure, et c'est au galop que les vaches sont précipitées dans la rivière. Poussées par le mouvement, elles nagent vers l'autre rive, encadrées par les cavaliers de l'eau jusqu'à la selle. Emportés par le mouvement, éclaboussés, les fesses mouillées, nous participons avec ardeur, surveillons, poussons des cris et stimulons nos chevaux. Surtout ne pas ralentir, traverser, maintenir le troupeau rassemblé dans les remous de l'eau brassée. En dix minutes, l'opération est terminée… et réussie. Aucune bête échappée ou noyée, pas d'attaque de piranhas, qui abondent ici. Il faut dire que, pour la population aquatique, notre passage devait ressembler à un raz-de-marée !

Le troupeau mouillé brille sous le soleil et pénètre bientôt au trot dans les grands corrals de La Victoria. C'est le milieu de l'après-midi. Brève pause déjeuner et travail des corrals jusqu'à la nuit. Nouveau départ demain avant l'aube.

Si les *vaqueros* n'ont pas le temps de souffler pendant les rodéos, les chevaux de travail ont des jours de repos : trois à quatre chevaux au moins sont mis à la disposition de chaque *vaquero* pendant ces grands rassemblements.

Quand le soleil empourpre le ciel, nous rejoignons Adolfo et les siens autour de la table familiale. Menu simple et copieux : riz, manioc, œufs, viande grillée et gâteau de bananes. Chacun a des questions à poser et on en vient à parler de la *manigua*, l'envoûtement qu'exercent les Llanos. Aventuriers, intellectuels, médecins et autres voyageurs arrivés par hasard dans les Llanos, bientôt ensorcelés par le mode de vie, la liberté, la beauté des grands espaces, sont incapables de repartir et s'installent comme éleveurs. À l'est existent encore des territoires libres, il est toujours possible d'obtenir des concessions... Il faut aimer la solitude.

Nous rejoignons nos hamacs. Le générateur s'éteint, seules brillent les étoiles. La Croix du Sud caracole entre les pattes du Centaure et la nuit s'éveille : cantates de grenouilles et de crapauds, envols soyeux, ébrouements, cris lointains.

Après deux journées à La Victoria, nous profitons d'un départ de troupeau en direction d'un autre *hato* à cinq jours de marche, El Boral, proche du rio Meta, le grand rio de cette région du Casanaré. Affluent de l'Orénoque, il est navigable. Les bêtes vendues vont rejoindre leur acquéreur en bateau.

Hamac roulé derrière la selle, tronçons de canne à sucre dans les sacoches pour nous désaltérer, nous chargeons les bagages sur une mule. En avant avec ce troupeau de six cents têtes.

Le *cabrestrero* ouvre la marche. Manchego, le caporal, est à l'arrière ; le manche du fouet en appui sur la cuisse, il pose la main sur l'autre extrémité, la cravache devient sceptre et affirme son autorité.

Au début, nous avons beaucoup de mal à contenir le troupeau, mais peu à peu l'allure devient plus régulière. De brèves haltes permettent aux animaux de pâturer et boire. Pied à terre silencieux, nous nous reposons à l'ombre de nos chevaux. Il fait une chaleur de forge, un soleil blanc se cramponne au zénith pendant un temps infini et enfin bascule. La savane se couvre de poussière d'or, les chevaux s'habillent de lumière, une brise fraîche fait renaître les conversations.

Nous avons chevauché pendant plus de sept heures jusqu'à l'estancia La Virgen. Le caporal prend les devants ; la halte est convenue mais il y a des coutumes à respecter : « Bétail de La Victoria, nous allons à El Boral. Pouvons-nous passer la nuit ici ¿ » Fernando Alvira, le propriétaire, est venu à notre rencontre à cheval et nous guide vers le corral destiné au bétail de passage. Gloria, son épouse, nous convie à la fête qu'ils organisent pour toute l'estancia à l'occasion de Noël, qui est proche. Les *vaqueros,* leurs épouses et leurs enfants sont accueillis devant la grande maison et reçoivent des cadeaux, puis un vieux tourne-disques émet des airs traditionnels. Tout de suite, les Colombiens se mettent à danser au rythme lancinant du *pasaje* et celui, plus endiablé, du *joropo*. L'*aguardiente* est dispensé généreusement. Les cavaliers de La Victoria qui accompagnent le troupeau transhumant rejoignent la fête.

Des accords nouveaux font écho au tourne-disques. Des *vaqueros* arrivent avec leurs instruments : les *tiples,* guitare locale à deux cordes, des guitares, maracas et *cuatro*. D'une voix haut perchée et nasillarde, ils chantent la savane, les chevaux et le bétail, les filles et les oiseaux, l'aurore... et même la politique !

Épuisés, nous nous retirons discrètement vers nos hamacs. La fête continue. La pleine lune glisse entre les branches des manguiers, le bruissement de la savane vient jusqu'à nous, des couples se promènent sous la bananeraie, dans le corral le troupeau s'agite sourdement.

À peine sommes-nous endormis que des cris d'alerte et une agitation frénétique nous réveillent en sursaut dans un immense piétinement : le troupeau s'est échappé ! Dégrisés, les *vaqueros* sont en selle, des ombres partent au galop dans la nuit. À l'aveuglette, ils ramènent une énorme quantité de bétail. Les barrières des corrals sont fermées et, cette fois, Manchego, responsable du convoi, n'oublie pas d'organiser un tour de garde, la traditionnelle *vela redonda* : des sentinelles sifflent, chantent et jouent de la guitare pour calmer le troupeau. Ce soir, pendant que tout le monde était à la fête, le troupeau livré à lui-même s'est laissé gagner par la panique d'un *stampede*.

Dès l'aube, le bétail est trié. Beaucoup de bêtes de La Virgen ont été ramenées par erreur avec les fugitives ; du troupeau que nous avons convoyé hier, il manque près de deux cents têtes ! Inutile de les poursuivre : dans la nuit elles ont retrouvé les pâturages de La Victoria. Beaucoup de travail inutile et une perte sèche pour Adolfo, qui les destinait à la vente.

Nous escortons le troupeau réduit qui poursuit sa route et sommes secondés par les *vaqueros* de La Virgen pour la traversée du rio Cravo Sur, gros affluent du rio Meta. Large d'au moins 500 m, il est heureusement peu profond. Une luxuriante forêt tropicale ourle les rives. La tension est palpable, plus un seul animal ne peut être perdu. Le *cabrestrero* montre la voie et, comme un seul vaisseau, le troupeau se jette à l'eau. Chaque homme, chaque cheval est vigilant. Dans le cours principal, l'eau monte jusqu'au poitrail de nos montures. Le rythme est soutenu, sans affolement. Il faut franchir des bancs de sable et plusieurs branches secondaires mais le courant est paisible. Vingt minutes plus tard, les chevaux s'ébrouent sur une plage paradisiaque. Le troupeau va poursuivre. Nous prenons congé : « *Qué le vaya bien !* »

Avec Campo, notre guide, nous allons à La Macarena.

Les jours se succèdent les pieds dans les étriers et la tête en plein rêve, naviguant dans ces Llanos sans route ni clôtures, ralliant les estancias séparées par quatre à cinq heures à cheval. Sans l'agitation des *rodeos*, la savane est un univers paisible. Les multiples points d'eau attirent une population d'oiseaux innombrables ; les hérons rouge feu par nuées entières sont les plus spectaculaires, les hérons roses ont le vol pesant, aigrettes immaculées, jabirus bariolés… une palette inouïe ; perchés sur les hautes fourmilières les *chirriguares,* rapaces à l'œil d'or cerclé de rouge, de petits hiboux terrestres, par paires, près de leur trou, pluviers criards, canards et paons d'eau. Le passage des chevaux déloge des tatous tortillant leurs carapaces annelées de terrier en terrier, des cervidés étonnés, des cochons sauvages, les élégants tamanoirs vêtus de longues soies grises et aussi les colonies de *carpinchos,* ou cabiaïs, le plus gros des rongeurs, qui a la taille d'un petit cochon avec une lourde tête ronde de castor.

Les *monte,* forêts qui bordent les rios, sont le royaume de perroquets bariolés, ours arboricoles au pelage blond, iguanes paresseux et singes hurleurs. Avant l'aube, ces singes roux poussent des hurlements puissants et prolongés qui résonnent dans la forêt comme un train en folie ou un gargarisme de volcan près de régurgiter la lave.

Après avoir rassemblé, trié, convoyé des troupeaux avec les *vaqueros* d'El Algarrobo et de Flor Amarillo, nous commençons à bien nous débrouiller. Au terme d'une très longue étape, nous arrivons de nuit à La Macoya, escortés par des nuages de lucioles comme un reflet du ciel constellé. L'accueil de Fernando et Maria Isabel est royal. Ah ! la fraîcheur d'une limonade de citrons verts et le civet de tatou !

Un autre soir nous longeons un incendie de brousse, dû à un écobuage volontaire. La chaleur de la savane ébouillantée, les flammes menaçantes et la fumée âcre rendent encore plus appréciables, à Santana, la fraîcheur des frondaisons de manguiers, les bosquets d'hibiscus et de bougainvillées, les oranges et pamplemousses à portée de hamac. La fournaise du jour cède toujours aux couchers de soleil fastueux et aux nuits de saphir.

Et puis nous avons rallié San Pablo, le but de notre expédition. La haute berge domine les entrelacs paresseux du rio Cravo. Proche de sa confluence avec le rio Meta, il est devenu très large, et le soleil couchant le transforme en coulée de bronze incandescent. Les pirogues amarrées m'ont donné l'envie, comme à Lili et Monique, d'aller bivouaquer au milieu de la rivière, sur un banc de sable ; nuit de rêve sur notre radeau entre ciel et eau, épiées par des iguanes dont nous avons trouvé les multiples traces autour des cendres de notre feu.

Adolfo et Toña Reyes nous ont rejoints à San Pablo, une de leurs trois estancias. Nous serons en selle avant l'aube pour le premier jour des rodéos : le rassemblement des chevaux. Adolfo a prévu pour nous des montures fraîches car l'allure sera très soutenue.

À peine en selle, la quarantaine de *vaqueros* part dans toutes les directions. Nous accompagnons Marcos et Alvar ; ils adoptent un galop souple qui pourrait durer des heures.

Une demi-heure peut-être s'est écoulée lorsque, au-dessus des herbes, des têtes se dressent, oreilles pointées : une troupe de chevaux, une *madrina*, nous observe. Ils sont une petite trentaine : juments, poulains et un étalon. Nous les contournons puis revenons vers eux pour les diriger vers San Pablo. Ils décampent instantanément et nous entraînent. Soudain arrive à vive allure une autre *madrina* poursuivie par des *vaqueros*, les chevaux se regroupent, d'autres encore et de plus en plus à l'approche de San Pablo, jusqu'à former un seul grand troupeau, mené en tête par deux *vaqueros* qui forcent l'allure. Martèlement sourd des sabots, hennissements noyés dans un nuage de poussière, manège étourdissant, spectacle sauvage dont nous faisons partie, retenant notre souffle. San Pablo est proche. Les *vaqueros* accélèrent encore de part et d'autre du troupeau pour le canaliser vers les corrals grands ouverts. Les barrières se referment : en moins d'une heure, près de quatre cents chevaux ont été rassemblés. Le soleil n'est pas encore levé.

Il faut maintenant reconnaître, dans cette masse en pleine agitation, les chevaux dressés à la selle depuis plusieurs années et ceux qui ont été débourrés récemment en vue des rodéos. Il s'agit de faire vite, car déjà les étalons s'affrontent. Les lassos tournoient, les chevaux sont triés, toute la cavalerie passe dans des bains antiparasites, on soigne les blessures, on capture les poulains pour les marquer. Ils ont aussi la crinière tondue « pour qu'elle repousse plus drue ». Rapidité et efficacité. Près de cent cinquante montures doivent être sélectionnées.

Au fur et à mesure du travail effectué, juments, poulains et vieux chevaux sont libérés et vont vers leurs pâturages sans se retourner. Voyant repartir leur *atajo*, leur troupeau, de fiers étalons, souvent retenus, se jettent violemment sur les hautes traverses de bois des corrals, hennissant de rage, le désespoir dans les yeux.

Quand le soleil est au zénith, le tri est terminé. Le reste de la journée est consacré à la reprise en main par les cavaliers les plus hardis. Un *vaquero* met en selle. Le large frontal a été baissé, masquant les yeux du cheval, qui reste immobile, parfois prostré. Lorsqu'il a chaussé les étriers, le cavalier relève le frontal avec douceur et souvent tout se passe bien : un peu de trot, de galop, accélérations et changements de direction, mouvements de lasso, de cravache, cris et bousculades de cavaliers qui les entourent. Parfois aussi, le cheval explose, se cabre, fait des sauts-de-mouton, cherche à se rouler. C'est souvent un animal fraîchement débourré, qui n'a qu'un licol. Dans les Llanos, les chevaux n'ont rien dans la bouche la première année de travail. Le cavalier cravache et lance alors sa monture dans un galop éperdu ; deux ou trois compagnons l'encadrent puis l'entraînent dans la savane, où ils disparaissent. Lorsqu'ils reviennent, parfois au bout d'une demi-heure, les chevaux n'ont pas un poil de sec et tous marchent paisiblement, rênes longues, fourbus.

Le lendemain, Adolfo nous dépose en *avioneta* à Orocué au bord du rio Meta. La chevauchée est terminée. Pendant dix jours, nous nous sommes éloignés de la cordillère des Andes vers des zones de plus en plus sauvages. Il faut maintenant retourner à la « civilisation ». Un avion-taxi viendra nous rechercher à 14 heures. Nous avons toute la matinée pour découvrir cette bourgade improbable du « Far East » colombien. Fondée par des Français en 1850, elle a connu son heure de gloire avec la chasse aux crocodiles, dont les peaux étaient commercialisées. Les crocodiles ont disparu et le village s'est assoupi autour de ses rues de terre battue où errent des chevaux en liberté. Caserne désertée, hôpital inachevé, rares petites épiceries. Seul à rester très actif : un poste de policiers à cheval, chargés de dépister les voleurs de bétail et la contrebande avec le Venezuela.

Souhaitant faire déjeuner notre petit groupe chez Victoria, l'unique « restaurant » d'Orocué, j'ai dû régler l'addition au préalable pour que Victoria puisse acheter les denrées nécessaires.

L'avion-taxi n'est jamais venu. Prudent, Adolfo était resté avec nous. C'est lui et son pilote qui nous ont ramenés à Villavicencio en *avioneta*.

De nombreuses expéditions dans les Llanos ont suivi cette grande première. Le retour en avion-taxi d'Orocué à Villavicencio a souvent posé problème. Si je payais le transport à l'avance, l'argent était encaissé et l'avion ne venait pas. Si je ne payais rien, il ne venait pas non plus, dans l'incertitude de nous trouver à Orocué. La bonne solution, adoptée la troisième année, était de payer la moitié et d'avoir enfin un correspondant fiable.

Une année, nous arrivons dans la bourgade le jour de l'élection de Miss Orocué. Ambiance joyeuse et foule bariolée venue, souvent à cheval, de très loin à la ronde. Notre groupe compte beaucoup de jeunes gens prêts à la fête ; ils regrettent que l'avion-taxi, un DC3, vienne nous chercher dans l'après-midi pour nous ramener à Bogotá ; nous devons nous envoler vers Paris le lendemain.

Le DC3 n'arrive pas à l'heure convenue. Lorsque le soleil disparaît, tout espoir est perdu : ici, les pistes et les avions ne sont pas équipés pour les vols de nuit. Pendant l'attente, craignant le pire, j'avais cherché une solution alternative. Louer une pirogue pour traverser – de nuit – le tumultueux rio Meta jusqu'à El Porvenir. Là, trouver un camion pour nous emmener (au moins trois à quatre heures de piste) jusqu'à Gaitán, où il y aurait peut-être un bus pour Villavicencio. Nous y arriverions, au mieux, en début de matinée, juste le temps de prendre un taxi pour Bogotá...

Grâce à un dernier sursaut des batteries de radio de la police, je réussis à joindre la compagnie d'avions-taxis. Ils ont eu un problème de moteur, ils réparent et le DC 3 sera à Orocué le lendemain à 6 h 30. La conversation se termine abruptement, batteries à plat.

Je réunis ma petite équipe chez Victoria et leur expose la situation, mettant aux voix la solution à choisir. Pas une seule hésitation : on attend l'avion de demain et on fait la fête !

L'*aguardiente* échauffe les cœurs et les corps, les Latinos sont les champions des atmosphères festives. La musique est irrésistible et sans doute aussi Miss Orocué, car tous les jeunes gens de notre équipe multiplient les danses avec la charmante élue. Ils se rengorgent d'entendre chaque fois la proclamation de leur nom au micro, annonce suivie d'applaudissements nourris de la foule... Tout à la fête, ils n'ont pas compris que chaque danse avec Miss Orocué se payait d'un don de 200 pesos au village d'Orocué !

La fête se prolonge la nuit durant mais tous respectent ma consigne de tendre les hamacs dans le petit hangar de l'aéroport, prêts au départ. Le jour se lève. À 7 heures pas d'avion, pas plus qu'à 8 heures. Aucun moyen de communication : les batteries du poste de police sont définitivement mortes et la radio de la municipalité est sous clé, les responsables sont introuvables, certainement en train de cuver l'*aguardiente*. Impossible même de joindre Adolfo. Sans véhicule, nous pouvons rester ici des jours...

La plupart des cavaliers continuent à somnoler dans les hamacs. J'éprouve un lourd sentiment d'impuissance et d'abandon, je ne sais à quel saint me vouer quand j'entends sonner la messe de 9 heures. Le curé, lui au moins, aura été sobre ! Je me précipite vers l'église et pénètre sous la grande arcade à ciel ouvert. À chaque retour de cloche, le prêtre, agrippé à la corde, est soulevé de terre. Dans l'ombre de l'arche j'observe cet homme de Dieu emporté vers les cieux... et je vois apparaître sur le bleu immuable un gros insecte bourdonnant, notre DC3, qui bientôt atterrit. Alléluia, les miracles existent !

Je m'en prends au pilote. Je le connais bien, c'est le patron de la compagnie venu en personne : « À cause de ce retard, nous n'aurons plus le temps d'aller de Villavicenco à Bogota en taxi et... »

Il m'interrompt : « *Tranquila, señorita*, j'ai rempli les réservoirs. Je vous emmène jusqu'à Bogotá. Vous aurez votre vol pour Paris. »

Consultation générale : il est périlleux de survoler la cordillère des Andes avec ces avions vieillissants qui volent plus à vue qu'aux instruments. S'ils peuvent atterrir sans risque en terrain plat dans la savane, ce n'est pas le cas dans les Andes. Je propose d'aller d'abord jusqu'à Villavicencio, où nous prendrons des taxis pour Bogotá ; si certains veulent courir le risque, libre à eux de continuer en avion jusqu'à Bogotá.

À l'unanimité, ils décident de franchir les Andes. Les inconscients ! Nous retenons notre souffle quand l'avion gagne de l'altitude, moteurs à régime maximal au bord de l'asphyxie, gravissant les hautes vallées, se faufilant au ras des cols. Enfin, soulagement, c'est la descente sur la *sabana*, le haut plateau de Bogotá.

Alors que tous étaient rentrés à Paris, je suis restée une semaine encore afin de mettre au point une extension pour le prochain voyage : trois jours dans la forêt amazonienne et sur l'Amazone à Leticia, à l'extrême sud de la Colombie, frontalier avec le Brésil et le Pérou. Cette semaine-là, les journaux ont rapporté le crash d'un petit avion dans les Andes, qui n'a laissé aucun survivant.

À mon retour en France, j'écris des articles illustrés de photos et monte le film 16 mm que j'avais pu réaliser grâce à la caméra que m'a prêtée un ami bruxellois, Jean Philippot. Professeur de faculté, sportif et passionné de chevaux arabes, Jean est aussi un excellent cinéaste.

J'ai toujours été attirée par l'image. Lors de notre chevauchée vers Saint-Jacques-de-Compostelle, un cameraman de l'ORTF a filmé notre départ et les premiers jours à cheval, puis m'a confié une caméra 16 mm et une provision de bobines, afin que je boucle son sujet. Il m'invite à me faire la main pendant la randonnée mais, surtout, à réussir de bonnes séquences sur l'arrivée à Saint-Jacques-de-Compostelle. À la veille de partir en Colombie, je parle de l'expédition à Jean et à son épouse, Nelly, tous deux cavaliers fidèles à la Lozère. Jean me prête sa Paillard Bolex, équipée de tourelle pivotante à trois focales, identique à celle que j'avais utilisée en Espagne. Je ne le remercierai jamais assez. Ces images, montées et sonorisées avec les moyens du bord, ont prouvé la réalité de ce que nous avions vécu en Colombie.

Au début des années 1970, les professionnels du tourisme équestre étaient rares. À côté de Louis Chardon, une autre figure de proue, dans un style très différent, se faisait le chantre de la discipline. Henri Roque, installé à Eygalières dans les Alpilles, était un personnage. Il parlait d'abondance du tourisme équestre avec une joyeuse faconde provençale. On l'entendait à la radio, on le voyait à la télévision, maints articles parlaient de ses multiples aventures à cheval. En 1973, il monte une randonnée équestre en Argentine, dont il ramène un film. Une soirée est organisée dans les salons du siège de l'ANTE (Association nationale pour le tourisme équestre), un bel hôtel du Marais, pour montrer ce film à un aréopage exclusivement masculin de maîtres randonneurs et autorités du tourisme équestre. Le commissaire national m'avait invitée à montrer également mon film, réalisé un an plus tôt en Colombie. C'est un triomphe ! Les maîtres randonneurs en sont restés médusés : la petite guide de tourisme équestre avait fait ses preuves.

La Colombie a été un sésame.

Lozère, France, 1972 à 1996
Un âge d'or

La Lozère peut devenir ce refuge, ce paradis dont nous avons tous tellement besoin pour rester ou redevenir de véritables hommes.
Jean Lartéguy (*Les baladins de la Margeride*)

Les randonnées sauvages de l'Habitarelle, ce pourrait être un secret à garder comme un moment trop précieux pour le livrer à une oreille peu compréhensive, trop personnel aussi, chacun l'ayant vécu à sa façon. Je raconte ma version de cette aventure parce que c'est une période fondatrice où j'ai façonné les bases de Cheval d'Aventure. Parce que « La-Lozère » est le lieu où, parcourant le monde, j'ai choisi de vivre.

À partir de 1972, je renonce à l'enseignement et installe mes pénates au mas de Loubeyrac, à une étape à cheval de l'Habitarelle, dans le village de Chams, sur la montagne de la Margeride. Isolé, le village est une petite communauté d'agriculteurs où règne l'entraide. Je découvre la vie rurale profonde et tente de m'inscrire dans le paysage ; les enfants m'aident à emmener vers les pâturages les chevaux de randonnées qui vont et viennent.

Pendant une dizaine d'années, je cumule beaucoup de randonnées en Lozère et l'exploration de nouvelles expéditions hors frontières. Avec Louis Chardon j'assure, chaque année, trente à quarante randonnées d'une bonne quinzaine de cavaliers. À cette époque, soixante-dix chevaux caracolent dans les pâturages de l'Habitarelle, et ce n'est pas « l'usine ». Sans cesse sur la brèche et disponibles, nous connaissons chaque cavalier et essayons de lui trouver le meilleur cheval ; nous partageons intensément notre passion pour les chevaux et ce pays exceptionnel. En même temps, des équipes d'intendance complices sont une aide irremplaçable et un réel soutien moral. Parmi les nombreux cavaliers qui reviennent chaque année en randonnée, beaucoup diront y avoir trouvé une famille.

Pour l'Habitarelle, je multiplie les contacts avec la presse, écris des articles, projette des films de nos randonnées, participe aux reconnaissances d'itinéraires. Un petit croquis que j'avais esquissé pour symboliser les randonnées : « cheval, feu, montagne, étoile », est adopté comme sigle dans les brochures. Ma suggestion faite aux cavaliers d'abandonner les montres « pour vivre hors du temps » est devenue un credo.

Parallèlement, je mets sur pied de nouvelles expéditions à l'étranger : Kenya, Mexique, Ouest américain, Espagne, Islande, Chine, etc. « Cheval d'Aventure » s'affirme. Les voyages lointains me prennent plus de temps et j'accompagne moins de randonnées en Lozère, sans que cela pose de problème, car l'équipe de l'Habitarelle s'étoffe de nouveaux guides : Geneviève, Ghislaine, et (bon sang ne saurait mentir) Dominique, la fille de Louis Chardon.

Dominique prend ses marques, assure de plus en plus de départs et de responsabilités. Très proche des chevaux, elle devient sans doute la plus experte de nous tous et, en 1990, prend en main le devenir de l'Habitarelle.

Quand je dis « La-Lozère », la locution ne désigne pas le département, ni une montagne, plutôt une vaste région qui embrasse aussi les confins du département : Aveyron, Gard, Ardèche, Haute-Loire, un territoire de nature sauvage préservée, peu habité, méconnu. C'était, au siècle dernier (peut-être encore un peu maintenant), le paradis du randonneur à cheval.

Plus qu'un lieu géographique, La-Lozère, pour tous ceux qui y ont chevauché, est une tranche de vie, un âge d'or où nous vivions à cheval en pleine nature, respectueux et libres, insouciants et heureux. Un bastion à 1 000 m d'altitude, un haut pays qui ne s'abaisse pas, peu d'industries, de routes et d'habitants, un concentré de nature, crêtes et plateaux, landes, prairies et forêts pour s'enivrer d'air pur. Ici naissent dans un mouchoir de poche Allier, Ardèche, Loire, Lot, Tarn, sans oublier Truyère, Chassezac, quantité de Gardons et autres rivières, un vrai château d'eau.

Une plaque tournante géologique que se partagent en se chevauchant : basaltes, granites, calcaires et schistes. Chaque roche décline son climat, sa flore, des paysages, un habitat, un mode vie et même une mentalité ; au détour d'une nouvelle vallée, le cavalier bascule dans un autre univers, comme s'il changeait de fuseau horaire.

Pourquoi si peu de monde dans tant d'espace ? La terre exige un dur labeur et l'hiver est rude. Mais elle arrive toujours, la saison miraculeuse où se mêlent printemps, été et début d'automne, la bénédiction d'un ciel clair, d'un soleil radieux et chaud, tempéré de brise légère et de nuits fraîches.

Nous voilà, petite bande de cavaliers livrés aux grands espaces, seuls au monde immergés dans la nature cinq ou huit jours durant, nous entrons dans un autre espace-temps.

Pour des jours et des nuits chacun a « son cheval à lui », avec lequel il apprend à dialoguer, auquel il s'attache, qu'il va reconnaître immédiatement au milieu du troupeau.

Communauté de hasard, de tous âges et horizons sociaux, les cavaliers ont de bonnes raisons de s'entendre : en plus de l'amour des chevaux, ils ont choisi des vacances rustiques, sans confort. Tous sont logés à la même enseigne : que le soleil cogne ou que la pluie se prolonge, chacun participe aux tâches du camp, met la main à la pâte, donne le meilleur de lui-même et reçoit le meilleur des autres, une vraie fratrie. On ne se reverra peut-être plus, mais pendant la randonnée chacun a une famille et des amis.

En même temps que le hâle sur la peau, la patine et l'odeur de fumée sur les vêtements, naît une symbiose palpable entre humains, chevaux et nature, Les sentiments sont vrais : joie, camaraderie, amitié, tendresse ; j'ose dire « bonheur ».

Chaque matin, les premiers levés remplissent les bassines d'eau s'il n'y a pas de ruisseau dans l'enclos des chevaux, et vont distribuer les musettes préparées la veille. Pour les chevaux, l'attente est insoutenable : discret frémissement modulé de la gorge aux naseaux, corps tendus, têtes dressées, oreilles pointées, regards avides, à l'affût du premier signe de vie dans le camp noyé de rosée.

Dès que les musettes apparaissent, le moment de grâce vole en éclats. On croirait les chevaux affamés : bagarres, bousculades, torsions d'encolure menaçantes, oreilles couchées. Il est prudent de respecter la hiérarchie et d'ajuster le nœud d'attache des musettes car la gourmandise pousse les chevaux à les secouer énergiquement. On n'entend bientôt qu'un mâchonnement appliqué, parfois un grattement d'antérieur excité. Me croirez-vous si je vous dis que les plus voraces, leur musette terminée, arrivent à détacher celles de ceux qui mangent lentement pour s'emparer de leur ration ?

Une fumée odorante plane sur le camp et joue dans les rayons du soleil ; le feu a été rallumé. L'eau du ruisseau est glacée, il serpente suffisamment pour offrir des salles de bains privées, du gazon pour les pieds nus, entre rochers ou branchages pour poser objets et vêtements. Tonique, la toilette à la rivière !

Sur la grille du trépied, l'eau commence à bouillir. Effluves de café et de chocolat, odeur de pain grillé. Jamais tartines n'auront été aussi croustillantes et si bien beurrées. Peu à peu les visages émergent, la tribu se reconstitue autour du feu, les sacs de bivouac roulés s'empilent derrière la camionnette. Les chevaux somnolent, presque tous couchés, certains de tout leur long. C'est au dernier moment, avant de seller, qu'ils seront pris en main pour le pansage. Le responsable des selles retire la bâche protectrice qu'il avait mise en place la veille et étale soigneusement au soleil les tapis de selles et les lourdes selles d'armes.

Les cartes au 1/25 000e sont déployées sur le capot de la camionnette d'intendance pour réunion au sommet entre guide, intendants et cavaliers intéressés. Le parcours de la journée est passé en revue, les rendez-vous de midi et du soir précisés, complétés par des topos. Nous sommes les champions des topos dans des cahiers d'intendance.

Parfois il faut réveiller les gros dormeurs (ils n'ont pas de montre) et parfois aussi, lorsque les journées s'annoncent très chaudes, un réveil matinal est décidé pour rejoindre au plus vite une baignade sauvage dans la Liche-Chaude ou la Borne, avec une préférence pour le Chassezac et le Tarn, où la profondeur permet de se baigner avec les chevaux.

Le chargement de la camionnette est une tâche d'importance. Le préposé est dispensé de vaisselle, quand on ne lui prépare pas son cheval, c'est dire ! Pour cette fonction, il faut être minutieux et costaud, même si tous donnent un coup de main pour avancer le matériel. Au fond : la grande tente marabout et ses lourds piquets pour les soirs de pluie. Viennent ensuite, roulés très serrés, les sacs de bivouac contenant les duvets, puis les bagages, les jerricanes, selon que les intendants auront ou non à les remplir pour le soir. Tout doit être arrimé pour affronter les cahots des chemins ; chaque chose a son emplacement, longes, entraves, musettes mangeoires, valise bibliothèque, cantines de cuisine, casiers à bouteilles, lourd trépied, grill et outils à feu, seaux, bassines. Doivent être toujours accessibles : clôture électrique, scie, hache, massette, harnachements de secours, bâche de protection des selles, pharmacies, trousses de bourrellerie et de maréchalerie, fers de secours, clôture volante et eau potable… Cette précieuse camionnette, vraie figure de la randonnée, est le gage d'une autonomie en tous lieux et par tous les temps.

Je ne peux l'évoquer sans parler des intendants qui la pilotent et accomplissent un travail prodigieux. J'ai une reconnaissance infinie envers tous les intendants qui m'ont secondée de façon tellement proche et chaleureuse contribuant énormément à la réussite des randonnées : Lili et Monique, Jacques et Véronique, Henri et Popol, Thérèse et Manou, Samantha et Guillaume, Marc, Caroline, Réginald, Stéphane, Jean-Louis, Mouly, Yann, Ghislaine et Joëlle, Bénédicte, Chantal et tant d'autres !

« Tous les sacs sont à la voiture ? » Au dernier moment arrive le matériel de pansage. Feu soigneusement éteint, surplus de bois rangé dans un taillis, camp passé au peigne fin… il ne restera de notre passage que des cendres et du crottin.

Chevaux sellés et paquetages arrimés, nous partons à pied (un peu de marche dérouille genoux et boulets). Puis : « En selle ! » Des jours durant, nous chevauchons vers le soleil, dans le vent, la brume ou la pluie, l'orage ou les nuages ; rênes souples, les chevaux sont heureux. Ils aiment avaler l'espace et auront leur content d'eau, de granulés, d'herbe ou de foin. Les cavaliers auront de longues marches au pas, le « galop de toujours » ; quand la descente est trop raide ou le sentier encombré de rochers, le cavalier devient piéton, à son tour de chercher où poser le pied, d'avoir le souffle court, poussé dans le dos à grands coups de chanfrein. Le trot est réservé aux rares passages fastidieux ou à se réchauffer par temps froid ou pluvieux.

Et puis il y a les galops, sages, longs et cadencés dans des chemins ombragés ; sportifs, en serpentine ou en zigzags serrés, autour des pins dans les landes de bruyères ; tous de front pour sauter ensemble les murets sous Bellecoste ou Fretma. Dans la plaine de Montbel, que nous appelons le « petit Far West », faire mine de charger le train Mende-La Bastide et s'arrêter pile à la voie ferrée, salués par le sifflet de l'autorail, sous les regards éberlués des passagers. (Ce train, que nous appelons TLE, « trans-Lozère-express », est la ligne ferroviaire la plus haute de France. Il pouvait improviser des arrêts à la demande des passagers. Ses voies ont la particularité d'avoir de longs tronçons recouverts d'un tunnel pour les protéger des congères.)

Que dire des galops sur les pelouses à nard du mont Lozère ? Ceux-là, on ne les raconte pas, on les déguste en retenant son souffle, quand les chevaux, nez au vent, se prennent pour des coursiers célestes dans des prairies infinies.

Les ciels immenses sont libres d'empreinte humaine, les villages et les mas sont couleur de la roche d'où ils sont nés. Le visiteur est rare, alors on vient bavarder avec lui quand les chevaux s'arrêtent aux abreuvoirs. Les rencontres sont de vrais échanges. En huit jours de randonnée, nous rencontrons peut-être trois ou quatre villages et parcourons au maximum 5 km de route goudronnée : quel succès, la traversée du Bleymard ou de Barre-des-Cévennes au grand trot ! Nous chevauchons chaque jour cinq à six heures, parfois plus, sur les chemins muletiers, les voies romaines et les drailles. Souvent nous prenons un cap à travers les landes et pelouses ouvertes. Le siècle dernier est le temps des bergers qui gardent les troupeaux ; les clôtures sont rares sur les plateaux.

Le rendez-vous avec la voiture d'intendance pour la halte de la mi-journée est variable, on ne parle jamais d'heure. Moment de repos pour les chevaux, de détente, de baignade parfois. On se restaure, les uns discutent, d'autres rêvent, herborisent, observent.

Chaque soir, c'est l'événement de l'étape, la découverte d'un havre de nature qui sera une auberge à l'enseigne des plus belles constellations. Il faut un espace pour les chevaux et les bivouacs, de l'eau, du bois et, de préférence, l'ouverture sur un grand paysage. Les intendants savent que la camionnette doit être rangée le plus discrètement possible, sans gêner la vue et toujours prête à partir.

Avant la saison, nous avons négocié les lieux de halte, organisé des enclos, déposé fourrage et aliment pour les chevaux.

Chacun s'active à la responsabilité qu'il a choisie le matin du départ : réceptionner les selles, distribuer les musettes, « joie » de l'eau, collecte du bois, entretien du feu...

Petit bois, genêt, genévrier pour la mise à feu, puis différents calibres de bouleau, alisier, frêne et surtout le hêtre, le noble « fayard », pour la chaleur, la braise et le parfum ; le pin faute de mieux (il ne fait pas de braise), et attention au châtaignier, qui explose en escarbilles. La maîtrise du feu est une science et une jouissance : l'allumer, l'entretenir pour la cuisine selon la demande du « chef » du jour, le contenir, puis le nourrir et l'aider à s'exprimer en belles flammes pour la veillée, le laisser devenir braises.

Les chevaux soignés, le camp établi, c'est le moment de la toilette et de la quête du bivouac. Ce n'est pas une mince affaire d'organiser son lit à même le sol ; en dépit des conseils, le débutant s'initie souvent à ses dépens. Le terrain doit être le plus plat possible. Qu'il soit herbeux ou moussu, il faut enlever toute branche ou caillou, parfois le tapisser de fougère ou de feuilles mortes. Trop près du feu, le dormeur est dérangé par les plus matinaux ; trop éloigné, il échappe aux bruits du camp, avec le risque de se réveiller tardivement ; trop près des chevaux, ceux-ci peuvent confondre la bâche du bivouac et celle des musettes, d'une matière identique. Jacques aimait dormir près des chevaux ; il ne compte plus les matins où les chevaux l'ont arraché au sommeil, mordillant son sac de bivouac ! Il est conseillé de s'abriter près d'un rocher, d'un bosquet ou sous un arbre pour se protéger du vent et éviter le coup de froid qui précède l'aube, mais alors, les étoiles ? Il faut choisir ou couper la poire en deux. Orienté à l'est, on bénéficie du soleil levant ; à l'ouest, on restera dans l'ombre pour une grasse matinée. J'en connais qui choisissaient un tapis de myrtilles ou de fraises des bois à grignoter au saut du lit, certains le bord de la rivière pour le chant de l'eau et le plongeon matinal, d'autres encore un point haut et éloigné pour voir sans être vu.

Combien, ayant enfin déniché « le » lieu rêvé, y ont déposé leur couchage et n'ont jamais pu le retrouver la nuit venue !

À considérer aussi, le choix d'un « dortoir » pour une bande de copains ou l'intimité si vous êtes en duo. Le bivouac est une aventure dans l'aventure. Regrettant Fanny, Robert Louis Stevenson écrit : « Vivre à la belle étoile avec la femme que l'on aime est de toutes les vies la plus totale et la plus libre [3]. » Les nuits de randonnées gardent tous leurs secrets et tous leurs bonheurs.

Le potage mijote, les larges omelettes grésillent, le gigot tourne lentement à la broche, les pommes de terre cuisent sous la cendre ou à l'étouffée avec des herbes et du lard dans le *dutch oven* ; la grosse gamelle de fonte, indispensable à la cuisine du cow-boy nomade, dans laquelle on peut aussi cuire tourtes, pain, brioche… Paëlla, beignets, bananes flambées, poires au roquefort, tout est possible !

Le vin éclaircit les voix et libère l'imagination : c'est l'heure des légendes et des chants. On se resserre autour du feu, confortablement installé, enveloppé d'une veste chaude ou d'un poncho pour écouter l'histoire des lieux, les proverbes sur les chevaux arabes, les légendes.

Nous sommes sur la montagne du Bougès, dans les bois d'Altefage où se tenaient clandestinement les mystiques Assemblées du Désert qui célébraient le culte protestant, depuis que la révocation

3. Robert Louis Stevenson, *Voyage avec un âne à travers les Cévennes*, 1879.

de l'édit de Nantes avait rendu cette religion hors la loi. C'est d'ici qu'en 1702, prophètes et fidèles, chantant des cantiques, sont descendus au Pont-de-Montvert assassiner l'abbé du Chayla, faisant éclater la guerre des Camisards, qui embrasa les Cévennes durant quatre années.

Au pied des rochers des Sagnes, sur le mont Lozère, nous partageons le bivouac avec des bergers transhumants qui sont montés avec leurs troupeaux depuis les basses Cévennes ; ils nous racontent l'impatience des brebis dès qu'on leur attache les pompons de laine multicolores dans la toison et les colliers de châtaignier garnis d'une cloche. Elles ne pensent qu'à prendre la draille pour rejoindre les herbages de montagne[4].

Les bergers restaient tout l'été sur le mont Lozère, de longues journées par tous les temps dans les étendues solitaires. Le soir, ils s'endormaient à même le sol, sous un surplomb rocheux, enveloppés dans leur cape de grosse bâche verte.

C'est ici, dans la grande tourbière des Sagnes, qu'ont été engloutis avec leurs chevaux, au terme d'une chasse à courre, Anne de Montmirat et Melchior de Miral, les amants maudits.

Quelques pierres ruinées au sommet de la Margeride, le Signal de Randon, racontent l'histoire de Foulque de Randon, qui fit du château de son père, parti en croisade, un repère de vauriens et de sorciers sanguinaires.

À la petite bergerie de Tonnas, sur la rive sud du causse de Sauveterre, au-dessus des gorges du Tarn, on voit incrusté, au bas de la falaise, le château de Castelbouc : je raconterai l'histoire du sire de Castelbouc qui refusa de partir en croisade mais « consola » les veuves jusqu'à en rendre l'âme.

4. Un printemps j'ai accompagné cette transhumance de Colognac, au pied des Cévennes, jusqu'à l'Aigoual, avec les bergers et les chiens, par la grande draille du Languedoc. Marée de milliers de moutons couverts de pompons de couleurs vives qui ruisselle au milieu des genêts en fleur, concert de bêlements et de sonnailles sur les hautes crêtes, à mille mètres, dominant des paysages époustouflants des serres cévenoles. Sensation de participer à un mouvement inscrit dans le subconscient du vivant, quand les animaux sauvages migraient au rythme des saisons, en quête de nourriture.

Le Gévaudan est un pays de légendes, il en existe pour tous les lieux, et s'il n'en existe pas je me plais à les inventer. Celle que j'ai imaginée pour notre étape à la Bégude Blanche, une grande ferme inhabitée au milieu du causse Méjean, parlait de revenants ; j'ai vu des cavaliers rapprocher discrètement leur sac de bivouac du parc des chevaux. Craignaient-ils le fantôme de Germain Praillon ?

Il arrive que des bouteilles circulent – un anniversaire à fêter, une chute de cheval à arroser, une bêtise à se faire pardonner. On est bien, dans la chaleur du feu, on est bien ensemble à parler de choses graves ou futiles, à refaire le monde, à jouer de la guitare et chanter ; ou à écouter dans le silence les craquements infimes du feu, les bruits des chevaux qui se couchent avec un soupir, se relèvent en s'ébrouant, mâchent le foin.

La fatigue l'emporte, des ombres s'éloignent vers un coin de bivouac pour plonger dans un sommeil ouvert à tous les rêves. Le feu tient éveillés quelques irréductibles. Les braises rougeoient, hypnotisent, révèlent des mondes incandescents et toujours changeants. Quelqu'un regarde vers l'est : « Les Pléiades sont haut dans le ciel, on voit même déjà Aldébaran ! » Il est vraiment tard, les derniers éteignent le feu.

Je me glisse alors dans l'enclos des chevaux pour vérifier l'eau et le foin. Odeurs chaudes et familières. Le grand dortoir est paisible, ils ne bronchent pas, je leur parle doucement et dis leurs noms à voix basse, effleure une encolure douce comme la soie. Parfois des naseaux tièdes et veloutés viennent me frôler, je peux rejoindre mon bivouac.

Une ombre m'escorte dans la nuit, Masaï, mon fidèle briard noir. Il connaît tous les itinéraires et tous les campements. Discret, il monte la garde un peu à l'écart, ne quémande jamais les caresses des cavaliers, s'approche du feu pour que je le cajole au moment de la veillée. Il ne me quitte pas, c'est un « cœur avec des poils autour ». Il partage les bons et les mauvais moments. Les cavaliers s'en vont, s'en viennent, il est toujours là. Sous sa mèche, de grands yeux noirs limpides pleins de tendresse. Lorsque je cherche un lieu où dormir, si tout à coup il se couche comme pour s'installer, je sais que c'est un bon endroit. Masaï ne se trompe jamais.

Ce territoire magnifique qui ourle le versant sud du Massif Central, il faut l'imaginer rayonnant autour du mont Lozère. Dans l'ombre du seigneur, des milliers de sources d'eau pure naissent et s'écoulent vers tous les points cardinaux. Au nord-ouest l'Aubrac et la Margeride, au nord-est les volcans du Haut Vivarais, au sud-est les Cévennes, et au sud-ouest les Grands Causses et l'Aigoual. Nos itinéraires à cheval ont tout exploré.

L'Aubrac et la Margeride font partie d'un des plus importants massifs granitiques d'Europe, vestige de la vieille chaîne hercynienne qui traversait toute l'Europe. En une demi-étape, les chevaux rejoignent la splendeur du lac de Charpal, sur le plateau du Palais du Roi, que dominent les plus hauts sommets de la Margeride. Le miroir indigo s'étale dans une vaste lande de bruyère, de myrtille et d'herbe drue déchirée de gros blocs de granite.

Pistes forestières et coupe-feu mènent au col des Trois Sœurs, à la baraque des Bouviers ou au trou de Louve par-delà Saint-Paul-le-Froid. Les fermes solitaires de Montagnac ou du Sauvage ont des allures de forteresse et des granges aux charpentes de cathédrale sous de pesants toits de lauze. J'aime faire étape à la chapelle de Saint-Roch-en-Margeride, où le chemin de Saint-Jacques-de-Compostelle, venant du Puy, franchit la montagne.

Au printemps, la Margeride est submergée par le jaune d'or et le parfum puissant des genêts, les prés sont envahis de jonquilles et nappés de la houle parfumée des narcisses.

Ici plane le mystère de la bête du Gévaudan. Les loups étaient nombreux dans ce pays. On savait vivre avec eux, les chasser d'un bâton armé d'un couteau. Mais voilà qu'en juillet 1764, dans la haute vallée de l'Allier, un loup dévore une fille de Saint-Étienne de Lugdarès, une autre en forêt de Mercoire, plus tard à Arzenc-de-Randon et jusqu'à Saint-Chély-d'Apcher. La « Bête », aussi insaisissable qu'omniprésente, fait plus de cent victimes consignées dans les registres paroissiaux.

Autour du feu, je raconte des épisodes. Nous sommes dans les pas de la Bête, et puis un soir où nous avons établi le bivouac à Bugeac, le mont Mouchet se dessine sur le couchant : fin du suspense, la Bête a été tuée là, dans les bois de la Tenézère, par Jean Chastel.

J'aime revenir par les gorges de l'Allier. La rivière est sauvage, au fond de gorges peu accessibles. À cheval nous pouvons parfois la longer jusqu'à des orgues basaltiques qui nous obligent à grimper dans un jardin vertical de pins tourmentés, de bouleaux nains, de hêtres torsadés, accrochés à des vires aériennes : un paysage imaginaire d'estampe chinoise.

Le souvenir le plus ancien que je garde de la Margeride est une descente depuis le lac de Charpal et le plateau du Palais du Roi. C'était avant que la draille ne soit goudronnée. Un jour gris, peut-être même froid, nous étions pressés d'arriver à l'Habitarelle et Louis Chardon me dit : « Essayez Petit-Prince », son cheval, une légende. Cela ne se refuse pas. Je n'ai pas réfléchi. C'était après la combe des Ânes, dans le bois du Plot de La Fage.

À peine suis-je en selle que le cheval ailé bondit dans un galop fulgurant. Plus rapide que l'éclair, il dévale la draille au triple galop. Je panique. Impossible de le ralentir. Sauter ? suicidaire ! Si je n'entendais ses sabots marteler le caillou, je pourrais croire qu'il vole. Je reprends mes esprits et renonce à agir, laissant Petit-Prince filer comme le vent. Il se calme, il est léger, tellement léger, la peur devient enchantement, euphorie, volupté. Si ce galop pouvait ne plus s'arrêter... C'est lui qui décide de ralentir au carrefour du village de La Fage et de se mettre au passage (après un galop, il ignorait le pas), queue relevée, encolure enroulée, son épaisse crinière poivre et sel marquant la cadence. Je mets pied à terre. Sa peau est sombre sous la robe grise mouillée, il n'a pas un poil de sec. Ses veines sont saillantes, les naseaux dilatés comme ceux des coursiers du Parthénon... J'ai les jambes flageolantes. Nous marchons côte à côte, les autres cavaliers mettent un bon moment avant de nous rejoindre. Pas question pour eux de galoper dans une descente aussi raide et caillouteuse. Avec Petit-Prince, j'ai survolé près de 5 km.

Pendant plusieurs étés, je « promène » Petit-Prince haut-le-pied. Il a les tendons ruinés par trop de fougue et de générosité, il ne peut plus être monté, mais la randonnée est sa vie, alors il accompagne les groupes de cavaliers. Il caracole et fanfaronne en liberté, heureux de parcourir son grand domaine, lui qui a si longtemps été le cheval de tête de Louis Chardon, le chef de file des premières randonnées.

Au nord-est de La-Lozère, la montagne ardéchoise fait défiler, entre Velay et Haut-Vivarais, une crête spectaculaire de sucs et autres sommets volcaniques jusqu'au point culminant, le mont Mézenc (1753 m). Le Gerbier-de-Jonc, le suc le plus célèbre, est entouré de bistrots qui annoncent : « Ici la source de la Loire », et un peu plus loin un autre : « Ici la vraie source de la Loire. » En vérité, l'eau sourd de partout autour du Gerbier-de-Jonc, et les multiples ruisselets convergent en une rivière sauvage aux ambitions de fleuve.

C'est un jour de fin de printemps et j'ouvre l'itinéraire de l'été vers le pays des volcans. Le sentier de cet après-midi n'est pas net sur la carte mais « ça passe », le repérage a été fait par des amis cavaliers.

Il fait très chaud. La pause de midi se prolonge dans le plus beau cratère d'Europe, la Vestide du Pal (1600 m de diamètre et 150 m de profondeur) ; c'est comme une vallée perdue coupée du monde, un site fantastique où jaillit la Fontolière (« source du lièvre »), un paradis pour les chevaux car l'herbe est savoureuse, et pour les cavaliers, qui ne se lassent pas de baignades dans le lac Ferrand, lové au creux d'un autre cratère tout proche.

Nous y avons fait des galops à cru et des bivouacs mémorables. Je me souviens de cette veillée avec toute une bande de jeunes. Nous avions quitté le feu à regret pour rejoindre nos bivouacs, lorsque des gerbes d'étoiles filantes des Perséides ont pris le relais des étincelles du feu et ont illuminé le ciel du cratère pendant une bonne partie de la nuit, raccord avec le cosmos.

Nous mettons en selle en fin d'après midi pour grimper jusqu'au Cros du Loup, le rebord du cratère. Bons galops dans les chemins de la forêt de Goudoulet. Les chevaux sont fringants, ils aiment la fraîcheur des fins de journée. Nous arriverons bien avant la nuit. Mistral, mon cheval, ouvre la marche, très attentif. Il ne connaît pas ces parages. Nous sommes toujours à plus de 1200 m et bientôt il faudra trouver le sentier qui plonge dans la vallée pour rejoindre notre camp à Chastagnas, 600 m en contrebas. D'abord bien marqué, le sentier est soudain fermé par un énorme roncier. Pied à terre général. Je cherche un passage, nous arrivons à contourner pour retrouver le sentier qui descend en forte pente. Surgit un autre roncier. À la machette nous nous frayons un passage. Tout retour en arrière est impossible. Je suis en tête, occupée avec quelques-uns à dégager. Un message m'arrive : « Mistral et Petit-Prince ont fait demi-tour au galop. » Que faire ? Pas de temps à perdre. Ils reviendront. Il faut absolument descendre, le soleil se couche. La situation empire, le roncier s'épaissit, la pente se raidit encore.

Quand je trouve un îlot herbeux où tous les chevaux peuvent être rassemblés, je décide que nous allons nous arrêter là, il serait dangereux de forcer le passage dans la nuit. Le camp est en vue, j'y descends par un éboulis rocheux, impraticable pour les chevaux. Mon intention est de prévenir les intendants et de venir garder les chevaux avec eux. Les cavaliers descendront au camp pour la nuit et demain nous aviserons.

Je remonte avec les intendants. Les cavaliers, eux, veulent rester près des chevaux. Il faut s'organiser, desseller et empiler selles et brides. Les chevaux ne cherchent même pas à bouger, résignés. Les cavaliers s'installent tant bien que mal. L'espace est insuffisant pour s'étendre, certains doivent finir par s'assoupir.

Je pense à Mistral. Il ne m'a pas fait confiance, il est reparti avec Petit-Prince. Où sont-ils ? Peu avant la descente nous avions refermé une clôture qui barrait le passage. L'auraient-ils sautée pour retourner à la Vestide du Pal ? Les animaux échappés retournent toujours au camp précédent.

Aux premières lueurs de l'aube, nous sellons, taillons énergiquement dans les ronciers, pour découvrir sous la végétation de hautes murettes de pierre sèche, de plus deux mètres parfois. Ainsi est fait le pays cévenol, aménagé au cours des siècles en terrasses qui sculptent la montagne, comme en d'autres contrées les rizières. Les ancêtres cévenols nous pardonneront, nous démontons pierre à pierre ces murettes abandonnées pour ouvrir la voie. Je me félicite de ne pas avoir « forcé » le passage la nuit, un vrai casse-pipe ! À peine en mouvement, les chevaux, qui n'ont pas bronché de toute la nuit, arrachent avidement toute végétation qui leur tombe sous la dent.

À l'approche des maisons, le sentier est là, innocent et bien tracé. Toits de lauzes et murs de schiste scintillent au soleil levant, treilles accueillantes, potagers opulents, bruissements d'eau. Nous arrivons au camp comme on rejoint le port après la tempête.

Les chevaux dévorent leur musette, les cavaliers leur casse-croûte, et dans le soleil qui commence à chauffer à travers le feuillage tendre des châtaigniers, chacun cherche un coin d'ombre pour sommeiller. Nous repartirons cet après-midi. L'étape est courte, nous la ferons d'une traite.

Les intendants m'accompagnent en camionnette à la recherche de Mistral et de Petit-Prince. Nous refaisons les chemins de la veille jusqu'à la clôture. Mon cœur bondit, ils sont là : Mistral sellé, bridé, oreilles dressées, naseaux tremblants, œil de velours. Il n'a pas un regard de reproche, il hennit doucement et frotte sa tête contre mon épaule comme il fait pour que je lui enlève sa bride. Je m'exécute, il secoue la tête, ébouriffe toupet et crinière, et nous repartons à pied pour rejoindre le camp.

C'est la seule fois où Mistral ne m'a pas fait confiance, la seule fois aussi, je pense, de toute ma vie de guide, où j'ai été contrainte d'improviser à ce point une halte de nuit. Où était l'erreur ? Les « amis cavaliers » n'avaient pas reconnu le fameux passage. Ne plus confier à la légère un repérage d'itinéraire !

La crête du Tanargue et le rocher de Coucoulude, sa sentinelle, soulignent la fin du pays des volcans et l'entrée dans les Cévennes. Un pays intermédiaire où, jusqu'au début du XIXe siècle, on fait profession de muletier pour transporter, en convois d'une vingtaine de mulets, le vin et l'huile du Midi vers la montagne et en redescendre céréales et fromages. La plupart des voies muletières tombées en désuétude, offrent pour les chevaux une assise empierrée et des coupes d'eau bien conservées pour franchir des gorges impressionnantes : la Borne entre Fustugères et Montselgues ou la profonde balafre du Chassezac sous le village fortifié de la Garde-Guérin.

Un chemin prestigieux, la Régordane, traverse tout ce pays. Son tracé suit des failles géologiques qui relient le Languedoc à l'Auvergne. Empruntée de tout temps par marchands et muletiers, soldats, pèlerins et charrois, la Régordane favorise le développement de Génolhac, Villefort et, plus particulièrement, Langogne, où elle croisait un chemin reliant le Puy à Toulouse. On voit toujours à Langogne, bordant la rue du Pont-Vieux et le vieil enclos fortifié du prieuré, de larges porches qui accueillaient pour la nuit mulets et chevaux, tandis que s'opéraient des transactions avec les producteurs locaux d'étoffes de laine.

Dans ce pays de muletiers, nous faisons l'étape de midi à Conches, près de la Borne, un torrent magnifique à l'eau toujours glaciale. Nous emportons le pique-nique sur les chevaux. Le hameau, presque abandonné, n'est accessible par aucune route. Seul un sentier y mène, vingt minutes en descente, depuis le village de Borne.

La dernière habitante, la Finou, nous accueille, œil coquin et rides souriantes, visage auréolé d'une abondante chevelure blanche. La Finou est toujours coiffée d'un chapeau noir : elle a gardé de sa jeunesse laborieuse dans des restaurants parisiens qu'il ne convient pas de sortir « en cheveux ». Bien qu'elle vive sobrement, qu'elle ait une chèvre, quelques poules et un carré de jardin, elle doit se procurer sucre, café et autres « nécessités » que nous lui apportons de temps à autre.

La Finou nous explique qu'elle s'est abonnée à un journal hebdomadaire pour que le facteur lui apporte une fois par semaine ces petites choses dont elle a besoin (elle n'est pas la seule dans la montagne à recourir à ce prétexte pour avoir de la visite), mais son visage devient sévère : « Ils ont changé le facteur et le nouveau ne veut plus faire mes courses. S'il n'accepte pas, je m'abonnerai à un quotidien ! »

Comme le berger passait parfois, elle fermait sa porte à clé. Cependant il arrivait que sa chèvre ait besoin de rencontrer le bouc du « voisin »... qui habitait sur le pan de vallée en face.

Un hiver de neige épaisse, un hélicoptère de l'aide civile est venu lui apporter du pain, comme en d'autres lieux très isolés, mais avec l'intention d'emmener la Finou vers un lieu plus sûr. Elle a protesté qu'avant de partir il fallait nourrir ses chèvres, qui bêlaient famine dans l'étable. Alors les gendarmes lui ont creusé une tranchée dans la neige jusqu'aux chèvres. « Et puis, dit-elle, avant de partir je veux vous faire un café mais je ne peux plus arriver à mon tas de bois. » Deuxième tranchée jusqu'au tas de bois. La Finou n'est jamais repartie en hélicoptère : elle pouvait nourrir ses chèvres et aller jusqu'à son tas de bois.

Les plus grands plateaux calcaires sont au cœur de la France : Sauveterre, Méjean, causse Noir et le causse du Larzac. Ils sont entourés par des gorges profondes qui en font des îles en plein ciel, des forteresses imprenables hérissées de corniches dolomitiques.

Nous galopons sur les chemins de terre rouge et les champs moissonnés, mais le sol est caillouteux, les galops sont sages, alors l'ivresse vient de l'espace, d'un sentiment de liberté et d'une grandiose solitude.

Dans l'immensité minérale, des îlots de buis, églantiers et genévriers, émergent d'une maigre steppe de graminées, parfois une touffe de lavande, un tapis de serpolet et les carlines, gros chardons plats à feuilles d'acanthe et cœur d'or qui se referment pour annoncer la pluie.

Vers le milieu de l'été, la discrète stipa pennée explose en bouquets de plumes végétales ; elles couvrent l'étendue caillouteuse d'une houle argentée de cheveux d'ange qui donne l'impression de chevaucher dans l'écume.

Aussi insolites que des greens au milieu du désert, les dolines fertiles où le ruissellement a rassemblé toute la terre arable. D'autres cuvettes à fond argileux retiennent l'eau de pluie : les lavognes, une bénédiction pour nos chevaux assoiffés et pour les troupeaux de moutons. L'économie pastorale est ici traditionnellement orientée vers la production de lait pour le fromage de Roquefort. Les villages sont rares : cette région reste la moins peuplée de France, un peu plus d'un habitant au kilomètre carré sur le causse Méjean.

L'absence de bois et l'abondance de pierres ont conditionné l'architecture : les constructions aux murs épais sont couvertes en voûtes souvent superposées sur deux étages, bâtiments de toutes tailles dont voûtes et toits de lauzes s'entrecroisent.

Le Méjean, le seigneur des causses, est mon préféré, ceinturé par les gorges du Tarnon, du Tarn et de la Jonte. Seul le très étroit isthme de Perjuret (de la largeur de la route) le rattache au massif de l'Aigoual. Grandiose, épuré, il ensorcelle par le charme étrange de tant de nudité et de solitude.

Il me tarde d'arriver à Tonnas, la halte du soir, un petit hameau abandonné sur le rebord sud du causse de Sauveterre, face au causse Méjean. Caroline à l'intendance m'y attend.

Le soleil commence à baisser la garde. Il est à l'aplomb de la faille sinueuse du Tarn, au-dessus de Saint-Énimie, et fait rougeoyer la robe alezan brûlé de Camisard, mon cheval. Comme tous les autres Béluge, Farah, Bougès, El Golea, Inch'Allah, Imani, Ghora… il sait que la grande traversée se termine, que là-bas c'est le repos, l'eau fraîche, la musette. Il sait aussi qu'avant d'arriver il y aura ce beau galop en slalom à travers des terres abandonnées, des murets et petits contre-hauts à sauter, qui séparaient autrefois les parcelles. Je sais où je vais découvrir au loin un coin de bâche bleue, la camionnette et Caroline, une présence si précieuse.

Quand le camp est installé et que le soleil embrase l'horizon, nous allons jusqu'au promontoire au-dessus des Gorges. Trois cents mètres plus bas, le Tarn étale des flaques émeraude qui scintillent au soleil : la baignade de demain.

Longtemps nous avons fait étape à Fretma, abandonnée et en ruine, la plus grande ferme du Méjean, adossée à une haute paroi calcaire face à une immense doline. Le site était majestueux, une vraie scène de théâtre : les pentes caillouteuses en hémicycle entouraient la doline en contrebas, le parterre où se jouait le spectacle. Une fois les foins coupés, c'était l'enclos des chevaux. Ils y piquaient de folles galopades, la queue en chandelle, simulaient des affrontements et des croupades, tellement heureux sur cette grande pelouse.

Ensuite nous avons émigré vers la Bégude Blanche, moins solennelle mais bien amarrée au causse. À proximité, depuis 1990, l'association Takh élève des chevaux de Przewalski, cette ultime race de chevaux sauvages. Le climat rude du causse Méjean ne les prépare pas complètement aux amplitudes thermiques de la Mongolie, vers laquelle on les rapatrie, mais le stupéfiant instinct de survie de ces chevaux primitifs l'a emporté : ils se sont adaptés, surtout à la deuxième génération.

Il nous est arrivé, toute une saison, de dîner dans une auberge près de Saint-Pierre-des-Tripiers et de rallier le bivouac de Cassagnes dans la fraîcheur de la nuit, au galop. Le chemin sablonneux ondoyait en montagnes russes : grimpait brusquement, descendait, virevoltait... Les chevaux connaissaient, les sabots s'ancraient bien dans le sable et le cavalier ne pouvait que faire confiance : il sentait le sol se dérober, sa monture amorcer un virage serré ou une courte grimpette avant une autre plongée. Ce long galop était toujours trop court.

Cassagnes est un village suspendu à l'extrémité du causse Méjean, au-dessus des gorges de la Jonte. Sous les dernières maisons, c'est le vide bleu des gorges et, en face, la muraille du causse Noir, un espace de haut vol où planent les grands vautours réintroduits dans les années 1980.

Ce hameau est la quatrième étape d'une randonnée de huit jours sur les Grands Causses. Au plus fort de la saison, deux groupes de cavaliers de l'Habitarelle découvrent cet itinéraire, chacun dans un sens différent, de sorte qu'au milieu de la randonnée, chevaux, cavaliers, guides et intendants se croisent à Cassagnes. La fête ! Même si deux camps distincts et deux enclos de chevaux sont implantés afin de faciliter l'organisation, tous se croisent, se retrouvent pour l'eau, le bois ou la quête d'un bivouac. Bénédicte échange des tuyaux d'intendance avec Ghislaine et Joëlle, Dominique, qui vient de passer à flanc de falaise sur un étroit sentier dans le cirque Saint-Marcellin et le village troglodyte d'Églazines, m'indique les bons passages.

Aujourd'hui, les ruines ne sont plus : Fretma, la Bégude, Cassagnes sont restaurés et vivent surtout l'été, c'est mieux que de disparaître. Le chemin de sable de nos galops nocturnes est goudronné.

La-Lozère n'est plus un secret.

Au départ de l'Habitarelle, quand on chevauche vers le sud, il faut franchir le mont Lozère, longue crête granitique polie par le temps et le vent, couverte d'herbe drue, de landes à callune et myrtilles, de tourbières, de moraines et de toundra, reliquats de glaciers depuis longtemps disparus. Marquée de spectaculaires hérissements rocheux, elle culmine à 1702 m. C'est un haut-lieu magnétique où l'air est plus pur, les espaces plus vastes. Les chevaux, galvanisés, ne se retiennent plus. Dans la combe où le Tarn prend sa source, une grande pelouse souple nous permet de galoper tous de front. Les chutes sont parfois spectaculaires mais on en redemande. Que se passe-t-il donc là-haut ?

J'ai entendu Jean-Pierre Chabrol, le chantre des Cévennes, raconter : « Il y a sur le mont Lozère un démon qui vient le soir dans les écuries détacher les juments, il les chevauche à cru toute la nuit sur les crêtes. Le matin, les paysans retrouvent les juments à nouveau attachées, épuisées, trempées et écumantes. »

Un fait avéré, les chevaux se sont souvent échappés la nuit de leurs enclos sur le mont Lozère, cap sur l'Habitarelle. Ils suivent le même parcours qu'à l'aller et entrent dans la cour intérieure de la ferme de Montlatour pour s'abreuver à la grande fontaine circulaire. Réveillé par le piétinement, M. Berbon fermait les portes et nous n'avions qu'à y cueillir les fuyards.

Stevenson lui-même rapporte que Modestine, la très placide ânesse qui l'accompagnait dans son périple à travers les Cévennes, se sent transportée en abordant le mont Lozère : « Modestine, elle-même toute excitée, partit dans un trottinement cahotant qui faisait valser l'avoine dans les poches de mon paletot. C'était bien la première fois que cela arrivait. »

Sur le versant sud, de petits hameaux aux puissantes maisons de granite, cheminées monumentales et aires à battre le blé de grandes dalles lisses. Désertés, les villages restent bien campés sur leurs fondations, les morts veillent, les tombes des huguenots sont là dans les jardins à Bellecoste et les pierres de bornage gravées d'une croix de Malte signalent encore, autour de l'Hôpital, les limites de la commanderie des Hospitaliers de Saint-Jean-de-Jérusalem. Peu à peu des ruines sont relevées, des habitants saisonniers redonnent vie à la montagne.

À l'extrémité est, les hameaux de Gourdouze et des Bouzèdes, véritables belvédères d'où l'on embrasse ce que Chabrol appellera, après Stevenson, les « Cévennes des Cévennes ». Une succession de crêtes schisteuses acérées, cloisonnant des vallées profondes et secrètes. Pays protestant par excellence, c'est ici que la guerre des Camisards fut la plus âpre. Les refuges ne manquaient pas pour les guerriers de Dieu.

Une randonnée dans les valats cévenols, c'est s'enfoncer vers des lieux mystérieux chargés d'un passé sombre et héroïque : vallée Obscure, pont des Ombres, Saint-André de Valborgne, montagne de la Vieille-Morte, plan de Fontmort, mais aussi Saint-Étienne-Vallée-Française et Sainte-Croix-Vallée-Française.

On peut y vivre en autarcie avec les chèvres et le châtaignier, l'« arbre à pain » qui fournit bois et nourriture. Mais on sait être poète : je me souviens de cet homme de Saint-Martin de Lansuscle, déjà âgé et le regard malicieux, qui se plaisait à aller dans les bois greffer des rosiers sur les églantiers sauvages.

Dans les basses vallées, les mûriers et les magnaneries racontent l'épopée du ver à soie, il y flotte une tiédeur du Sud, des parfums de vigne et de figue, de menthe et de romarin.

Le parc national des Cévennes est créé en 1970[5]. Je me réjouis de ce pare-feu institutionnel à la dégradation débutante de sites emblématiques de nos plus beaux parcours. En même temps, je redoute les règlements draconiens : l'interdiction de circuler en voiture sur les pistes paralysera les véhicules d'intendance, sans compter l'interdiction, en dehors des lieux habités, de camper, bivouaquer, allumer des feux...

Me revient alors ce coup de cœur pour un endroit secret de la haute vallée du Tarn, Gasbiel, isolé, loin de la route, un vrai paradis autour d'une bergerie en ruine. Et si cette bergerie était restaurée,

5. Il deviendra Réserve de la biosphère et sera inscrit au Patrimoine mondial de l'Unesco.

ce serait un « lieu habité », feu et bivouac autorisés ? À force de persuasion, j'achète la construction à la famille Felgerolles et le terrain qui la relie à la berge du Tarn, une jolie tourbière avec drosères, orchis et linaigrettes. Pour une ruine, c'est une ruine ! Ne restent que les murs et deux pignons ; le toit a brûlé, un hêtre à quatre troncs pousse au milieu de la bergerie, mon futur lit à baldaquin… Je remplace le linteau qui menaçait de s'écrouler sur l'ouverture de la porte. Voilà un début d'aménagement.

À cet endroit le Tarn, né quelques kilomètres en amont, a déjà reçu des affluents. Il est un beau torrent d'eau limpide ; juste au-dessus de la bergerie, contraint de s'écouler entre deux mamelons et soumis à un important dénivelé, il file en une succession de cascades sauvages entre de grandes piscines paisibles bordées de dalles de granite lisse.

Les murs de la bergerie encadrent le feu et protègent du froid. Le plafond aux millions d'étoiles vaut tous les palaces de la terre. Les chevaux aussi aiment Gasbiel, le « vieux gué ». Le Tarn marquait ici la frontière entre le royaume franc et le territoire des Wisigoths.

J'y ai une de mes plus belles chambres à coucher : deux monolithes de granite encadrent un espace confortable, couvert d'un épais tapis de feuilles mortes ; un toit de branches de fayard bien étalées coupe le vent et le froid, et laisse dégagée la moitié du ciel ; l'eau courante d'un ruisseau s'empresse de rejoindre le Tarn, des remparts de genêts et de bruyères achèvent d'isoler ce lieu très privé.

Je devais rencontrer le directeur du parc national pour envisager la réfection du toit de la bergerie et lui avais indiqué le jour où je serais à Gasbiel. L'eau du café matinal chauffe sur le feu de bois quand je vois approcher deux cavaliers sur des chevaux gris : le directeur du parc national, Gérard Moulinas, accompagné du garde en charge du secteur du Pont-de-Montvert.

Le premier directeur du parc national, Alexis Monjauze, avait décrété que tous les gardes seraient à cheval, montés sur des chevaux gris pommelé, couleur discrète dans la nature ; ignorait-il que les chevaux gris deviennent blancs, couleur rare dans un paysage naturel ?

La discussion est sans issue. La bergerie est toujours à ciel ouvert mais le directeur et le garde ont ce matin-là partagé notre café, préparé sur un feu de bois. Ma ruine était bien reconnue comme « lieu habité » où feux et bivouac sont autorisés.

Certains soirs, nous attendons que les étoiles pâlissent sous la pleine lune pour nous offrir le cadeau d'une étape de nuit. Il est impératif de choisir un terrain facile et ouvert, où l'on peut voir presque comme en plein jour. Nous entrons alors dans un monde féerique. L'espace n'est plus limité que par l'imagination, les chevaux sont sages et attentifs, les galops étouffés et moelleux nous font appartenir à l'univers plus qu'à la terre.

Parfois des étapes de nuit s'invitent inopinément.

C'était en 1969, le rallye national de Tourisme équestre a lieu à Mende en Lozère. À l'Habitarelle, nous ne sommes pas friands de grands rassemblements et de festivités officielles mais nous nous devons de participer à ce rallye qui se termine, chez nous, à Mende le 20 juillet.

Après la retraite aux flambeaux, nous étions impatients de retrouver nos marques et un bivouac sauvage. Nous sommes partis dans la nuit. Louis Chardon et moi emmenons chacun, à quelque distance, un groupe de cavaliers, vers Font Bernard, par-delà la crête du mont Lozère. Croisant le causse de Mende et celui du Masseguin, nous nous hissons vers notre montagne fétiche. À peine sortis des lumières de la ville, les chevaux se retrouvent dans leur élément, nous respirons. La nuit est fraîche, un timide quartier de lune glisse entre les cimes des grands arbres au col de la Loubière puis nous accueille sur les landes ouvertes et les pelouses du mont Lozère. Je sens le pas énergique des chevaux derrière Mistral. La troupe est compacte, les mots échangés sont rares. Nous sommes seuls, loin de tout, en pleine nuit, dans de vastes espaces déserts. Il faut faire diversion. J'annonce un galop. Les chevaux sont prudents et suivent sagement la cadence. À la clarté froide de la lune naissante nous glissons dans la nuit au petit galop. Je connais les pistes d'arène granitique, les chevaux aussi, aucun danger. Plus personne ne parle. Chacun savoure ce long moment d'émotion. On n'entend que le souffle régulier des chevaux et le bruit feutré des sabots. Nous allons bientôt atteindre la crête, au lieu-dit La Croix de Maître Vidal.

Revenus au pas, nous nous comptons. Tout le monde est là. Les conversations reprennent, animées, excitées même, disparue l'inquiétude. Soudain nous entendons tous, très nettement, un sabbat d'aboiements de chiens ; les cavaliers doivent penser à quelque ferme ou hameau… Je frissonne. Je sais, moi, que nous sommes à des kilomètres de toute habitation. Je suis souvent passée en ce lieu solitaire en plein jour, sans rien entendre, sans voir le moindre chien. Est-ce uniquement la nuit que les bêtes aboient autour de ce chaos de rochers signalé sur la carte « rocs des Chiens-Fous » ? Et s'il y a vraiment des chiens, d'où peuvent-ils venir ? Un autre sortilège du mont Lozère. Le mystère reste entier.

Nous approchons de l'abri forestier de Font Bernard. Un grand feu nous attend, les musettes sont prêtes pour les chevaux, on sent l'odeur de cannelle d'un vin chaud.

Cette nuit-là, Neil Armstrong faisait ses premiers pas sur la lune.

Camisard, fils de Mouradallah et de Star, étoile au front et trois balzanes, est un alezan brûlé, comme Ourasi, la légende des hippodromes.

À l'Habitarelle, les jeunes chevaux font leurs premières randonnées à quatre ans. Les volontaires ne manquent pas pour monter les poulains ; il faut des cavaliers légers et expérimentés, capables de les stimuler, les monter en douceur, « sans mains sans jambes », et les garder en tête du troupeau pour leur donner confiance.

Jeune cheval, Camisard est le champion des écarts spectaculaires et des refus catégoriques. Il accumule les chutes de cavaliers. Mais il est beau, déborde d'énergie et me paraît franc.

Un jour, découragée après une seconde chute, Monique me l'échange contre mon cheval du moment, El Goléa. Mistral est à la retraite et je n'ai plus vraiment de cheval de tête.

Sans tarder, à l'envol d'un oiseau, j'ai droit à un grand écart de danseur, tout en souplesse, sans aucune malice – il avait seulement eu peur. Je garde Camisard pour le reste de la randonnée et téléguide Monique sur El Goléa ; impossible de faire passer Camisard en tête, il a peur de tout, en particulier des rivières et des ponts.

Je fais un bref séjour avec lui chez Annie, une amie monitrice d'équitation. Il ne connaît ni le box ni la sciure, mais il est bon élève et Annie certainement un bon maître. Avec douceur, fermeté et persévérance, elle lui enseigne l'épaule en dedans, « exercice clé » selon Nuno Oliveira, qui fait se déplacer le cheval latéralement, en oblique par rapport à sa direction.

Il est malin, Camisard. Il a vite compris que, dès qu'il cède et obéit, c'est félicitations, caresses et repos. En trois jours, la leçon est assimilée.

Je le prends comme cheval de tête pour la fin de l'été. Au moindre filet d'eau, je lui demande une épaule en dedans ; il accepte et s'infléchit. Puis arrive un pont, un vrai avec des parapets, et l'Allier qui coule dessous. Devançant le refus, je le stimule et, sans lui laisser le temps de réfléchir, je l'incurve. Il se déplace latéralement sur le pont tant redouté. Peut-être que, attentif à ce que je lui demande, il oublie sa peur ? L'exercice n'est pas parfait. Il fouaille de la queue, garde l'encolure haute, respire bruyamment et franchit le pont ; il ne refusera plus jamais. Pour les écarts, c'est moi qui ai appris à prévenir ses peurs et à le rassurer. En quelques randonnées il a pris confiance en lui et moi en lui. Camisard est devenu mon cheval de tête pour de nombreuses randonnées.

Plus tard j'adopterai sa jeune sœur, Habiba. C'est Bénédicte (ma fidèle intendante pendant tout son cursus d'études de vétérinaire) qui a repéré les multiples qualités de cette jeune jument alezane à la crinière de gitane. Toujours un peu distante en liberté, elle est, en action, franche et docile, un rêve de confort. Habiba et son grand frère ont un pas énergique et un galop rapide, entraînant avec assurance tous les chevaux dans leur sillage.

À la fin de l'été, les chevaux de l'Habitarelle quittent la montagne pour passer la mauvaise saison à la bergerie des Courbons, dans le massif du Luberon, et à Lichières, en basse Ardèche, où ils sont libérés dans près de 900 ha de garrigue, confiés à la garde de la famille Lux. Ces passionnés de chevaux ont fait naître, élevé et monté de nombreux champions de courses d'endurance.

L'itinéraire le plus court vers Lichières, par la montagne du Tanargue, est une randonnée de quatre jours à laquelle les poulains participent en liberté, printemps et automne, dès l'âge d'un an. De cette manière, à quatre ans, quand ils sont montés pour leurs premières randonnées, ils ont déjà effectué en liberté cinq transhumances, un écolage unique.

C'est la première transhumance de Camisard comme cheval de tête, une transhumance d'automne avec les poulains. Nous sommes huit cavaliers montés et nous convoyons huit poulains de dix-huit et trente mois vers les garrigues des plateaux des Gras, où ils passeront l'hiver.

Octobre est lumineux sous un ciel bleu profond, les épilobes sèment leurs graines duveteuses, les feuilles de bouleaux s'agitent comme des pampilles d'or, les sorbiers croulent sous les grappes de fruits orange vif, les fayards se colorent de reflets cuivrés.

Nous sommes partis hier et, au sortir de la forêt de Mercoire, lorsque le paysage s'est ouvert sur les landes du Moure de la Gardille, soudain enivrés, les poulains se sont égaillés en ruades ; s'excitant les uns les autres, ils ont pris le large au galop dans la callune et les taillis de hêtres. Surtout ne pas les poursuivre mais calmement contourner l'espace où ils évoluent, les pousser à se regrouper, les ramener au sein de notre petit groupe de chevaux. Chaque situation est différente : parfois il faut s'arrêter, aller à pied rabattre les fuyards (évidemment, ils s'échappent toujours dans des terrains impossibles, très ouverts ou encombrés de hauts genêts) ; parfois il faut accélérer le train pour entraîner la jeune classe à notre suite, en conservant des chevaux expérimentés, en arrière-garde, au cas où l'un ou l'autre chercherait à s'écarter. Camisard a tout compris ; quel que soit son poste, il assure.

Le soir, bien calmés, les poulains ont apprécié le pâturage de la Felgère, l'ancienne bergerie de la Trappe de Notre-Dame-des-Neiges.

Aujourd'hui, sur le plateau du Tanargue, ils sont plus disciplinés et trottinent allègrement. Soudain, une échappée en file indienne, menée par Jonquille (une pouliche palomino), les écarte légèrement vers la rive nord du plateau. Ils prennent 500 m d'avance et subitement s'arrêtent d'un commun accord en demi-cercle, le nez au sol : Jonquille se souvenait de l'existence d'un point d'eau. Nous les rejoignons pour abreuver nos chevaux devant un paysage absolument grandiose : au premier plan, le profond ravin de la vallée de l'Ardèche, qui prend sa source près d'ici, puis la crête déchiquetée du rocher d'Abraham et, en ligne d'horizon, découpés sur le ciel clair, tous les volcans du Haut Vivarais.

Les poulains repartent. Il faut impérativement rester groupés et gérer le train. Déjà ils ont compris qu'ils forment avec nos chevaux un seul troupeau. Mais bientôt les dix-huit mois accuseront la fatigue, vont chercher à s'arrêter, à se cacher parfois. Il faudra les débusquer, les pousser, les stimuler.

Ce soir, au ruisseau de Sémoline, nous serons au bout de la montagne, demain nous descendrons vers les vallées et, quand les chevaux boiront l'eau de l'Ibie, l'arrivée sera proche.

Le moment de la transhumance d'automne que je préfère est, après l'ultime pied à terre, celui où je déferre les chevaux : au terme d'un long été de randonnées, ils vont courir pieds nus, en totale liberté pendant six mois, les grandes vacances !

Kenya, octobre 1976

Galops avec les girafes en pays masaï

Chevauchées au cœur de l'Afrique,
face à face avec les animaux sauvages, campements
de brousse, saveur des origines ;
toujours séduit j'y retourne encore et encore.
Dominique Lapierre [à l'auteur]

Une clairière au milieu de la nuit. Dans un halo de lumière orange, des sièges de toile entourent le feu, les visages sont éclairés par la danse des flammes. À l'extérieur, une couronne de lampes tempête protège le campement, les chevaux et les tentes. Drapée de rouge, une ombre veille. La grande vie nocturne palpite, traversée de cris étranges qui font frissonner – des vies sont en sursis. La brise mêle au parfum de fumée de fortes senteurs végétales et animales.

Dans la tiédeur, nous parlons à voix rassurées des chevaux, des galops, du troupeau de girafes.

« SIMBA ! SIMBA… » Le cri d'Ole Mengoru, le gardien masaï, déchire la nuit. Il arrive, affolé, près du feu. Tony Church se lève, s'empare du fusil toujours à portée de main, se précipite vers les chevaux. Terrorisés, ils respirent bruyamment, naseaux dilatés, yeux exorbités, oreilles dressées vers l'ombre, tournant comme des toupies au bout de leur longe. Ole Mengoru vient de voir un lion, là, dans ces buissons ! Au volant de la Land Cruiser, Tony patrouille, les phares balaient, quadrillent, éblouissent les fourrés, le moteur étouffe les autres bruits. Nous nous sommes levés et rapprochés du feu. Tony revient. « S'il y avait un lion, il est parti. »

Un troisième grand feu s'ajoute aux autres. Il brûlera toute la nuit. La ceinture de lampes tempête est renforcée. Ole Mengoru drape sa tunique sur l'épaule, empoigne sa lance et retourne à sa garde.

Les chevaux mettent longtemps à se calmer. Les sinistres ricanements d'hyènes nous paraissent proches, apportés par un vent d'est qui pousse dans le ciel de légers nuages et fait craquer la cime des grands acacias. La lune est à son troisième quartier. Les chiens d'une manyatta, un village de Masaïs, aboient avec insistance.

Ce soir-là, nous avons ressenti que tout était vrai. Nous entendions palpiter l'âme sauvage de la savane.

Enfant, Tony Church poursuivait les zèbres à cheval dans la brousse pour leur attraper la queue. Son père était pasteur au Kenya. Après l'indépendance du pays, en 1963, alors que beaucoup de colons plient bagages, Tony choisit la nationalité kenyane. Il est le premier, dans les années 1970, à lancer des randonnées équestres dans la Rift Valley et les hauts plateaux. Il nous accueille à l'automne 1976. Grand gaillard dégingandé, la peau tannée, visage généreux coiffé d'un chapeau de feutre cabossé, sûr de lui, il inspire confiance.

À bord de solides 4x4, nous traversons le territoire des Kikuyus, l'ethnie dominante du pays qui occupe, autour de Nairobi, les riches terres rouges au climat idéal, à 1 660 m d'altitude. Subitement un à-pic vertigineux de 1 500 m, un gigantesque effondrement d'où jaillissent les volcans Longonot et Susua : la faille de la Rift Valley, grande balafre de l'écorce terrestre, de 40 à 120 km de large. Jalonnée de lacs et de volcans, elle lacère toute l'Afrique, du Zambèze à la mer Morte.

La route plonge vers un paysage lunaire et désertique, piqueté des silhouettes étranges d'euphorbes candélabres. Les chevaux nous attendent sur l'autre versant du Rift, près du Uaso Nyiro, où un vaste campement de tentes couleurs lichen est installé sous des acacias parasols. Nos futures montures, Watamu, Kipsigi, Tuga, Selou, Nanyuki… sont des « arabes-somalis » pour la plupart. Ils sont en état, robustes et ont de bons aplombs. Quelques pur-sang anglais, des chevaux de polo destinés aux plus grands gabarits, complètent la cavalerie.

Les chevaux ont été introduits au Kenya par les premiers explorateurs, puis les fermiers britanniques ayant combattu en Éthiopie pendant la Seconde Guerre mondiale. Croisés de sang sud-africain, ils se sont répandus dans toutes les fermes des hauts plateaux et se sont habitués à la présence d'animaux sauvages.

Dès la fin de l'après-midi nous sommes en selle, très excités et ravis du pas décidé qu'adoptent nos montures. Tony m'a attribué Bunduki, un hongre alezan, plutôt petit et débordant d'énergie. Tout de suite, c'est l'entente parfaite et, pendant longtemps, à chaque retour au Kenya, le généreux Bunduki fera partie des rendez-vous que je ne voudrais pas manquer. Bien des années plus tard, j'aurai un coup de cœur pour Flame, une jeune jument bai cerise, excellent cheval de tête, aussi vive qu'une antilope.

Le Uaso Nyiro serpente sous une forêt-galerie. Le feuillage léger des acacias parasols tamise la lumière, les eaux sont très basses en cette fin de saison sèche. De minuscules antilopes, trente centimètres tout au plus, les diks-diks, jaillissent des fourrés et bondissent comme des balles de ping-pong vers un autre refuge.

L'ombrage des acacias et l'herbe tendre attirent aussi les gazelles de Thompson et de Grant ; les « thompson » ou *tommies*, aux flancs couleur sable rayés d'un trait noir, ont de fines cornes annelées ; plus élancées, les gazelles de Grant ont une robe fauve clair et de très longues cornes légèrement en forme de lyre. On ne peut que s'émerveiller devant tant de grâce et la délicatesse des marques noires qui soulignent leurs traits. Des fuites caquetantes de pintades vulturines et les jeux facétieux des singes grivets dans les branchages complètent le festival de vie sauvage. À chaque irruption d'animaux les chevaux ont un tressaillement, vite maîtrisé ; ils ont développé une aptitude à identifier rapidement les présences les plus subtiles.

Nous rejoignons le campement au crépuscule : de grands feux illuminent la pénombre d'une cathédrale d'acacias. Une nombreuse équipe s'active en cuisine, à la conduite des véhicules et aux soins des chevaux. Cette logistique, indispensable à la sécurité, est le fruit d'une longue tradition de vie en brousse. À la veillée, Tony explique l'approche des animaux, comment se comporter, porter des vêtements couleur brousse, parler à voix basse. Par sécurité, ne jamais passer devant le guide, ne jamais s'écarter du groupe ; ensemble, nous inquiétons les prédateurs, mais un cavalier isolé devient une proie… À bon entendeur !

Nous apprenons tout sur l'organisation des campements et des journées, les soins aux chevaux, les repas, etc. Et les toilettes ? Ce sont des feuillées sèches, soit une tranchée surmontée d'un siège, sous une tente de toile verte, signalée la nuit par une lampe tempête. On a tellement parlé de lions ce soir qu'un cavalier hasarde :

« Et que fait-on si les lieux sont occupés par un lion ?

– Eh bien, vous attendez votre tour. »

Kenyan sans doute, mais humour british.

Avant les premières lueurs de l'aube, les oiseaux chantent à tue-tête, un concert extraordinaire où s'entrecroisent lignes mélodieuses et notes obsédantes, appels graves et cris stridents, plaintes et trilles joyeuses : un grand éclaboussement sonore qui réveille à coup sûr et efface les inquiétudes nocturnes. Un *jumbo, jumbo,* « bonjour » en swahili, traverse le camp. Il précède le thé ou le café servi dans la tente. Puis *maji moto* annonce l'eau tiède dans la cuvette style *Out of Africa*. On croit rêver !

Repas des chevaux, pansage, et bagages bouclés dans l'attente d'un copieux petit-déjeuner britannique où ne sont oubliés ni le porridge, ni les œufs au bacon. Mise en selle vers 7 heures, un soleil timide rougeoie, bas sur l'horizon.

Journée à découvert dans les plaines, le domaine des grands troupeaux de zèbres et de gnous, celui des buffles et aussi des girafes.

Nous risquons un galop tranquille pour nous habituer au terrain et, subitement, toute la savane se met en mouvement : dix espèces différentes, plus peut-être, une multitude d'animaux que nous n'avions même pas vus et qui cohabitent, se mettent à courir à l'unisson, dans une harmonie de paradis terrestre.

Au fil des jours, notre connaissance du terrain semé d'embûches s'affine : il faut passer au large de bosquets qui pourraient cacher quelques dangereux buffles solitaires, se méfier des termitières qui camouflent un trou creusé la nuit par les oryctéropes – de gros mammifères à l'allure de cochon, friands de termites. Les terriers en tous genres abondent et servent parfois de refuge à des phacochères ; ils y restent terrés quand passent les premiers cavaliers puis, n'y tenant plus, jaillissent de leur trou au beau milieu des chevaux et détalent ventre à terre, la queue dressée comme une antenne. Les chevaux connaissent les dangers et sont sur le qui-vive : un petit rongeur, un lapin, un oiseau, une ombre, un bruit, tout est prétexte aux écarts.

Les zèbres grassouillets ne sont pas du tout rassurés par nos équidés apprivoisés ; si nous approchons, ils détalent des quatre sabots en poussant des cris comme de petits braiements secs. Ils opèrent des mouvements d'ensemble en parfaite synchronisation, tel un banc de poissons. Les rayures, noires et argentées, si marquées et régulières, sont un camouflage parfait : à courte distance déjà, ils se fondent dans la savane.

Les plus nombreux sont les gnous, de vrais clowns : un corps grêle, gris fer, une tête un peu lourde prolongée d'une barbe blanche, ils caracolent la tête entre les antérieurs, comme des chevaux à bascule, tous en cadence. Avec eux nous partageons d'inoubliables parties de galop : ils accélèrent simulant la panique, s'arrêtent brusquement pour nous observer, font volte-face et repartent en ruant avec la même frénésie. Pris au jeu nos montures allongent, nous ne touchons plus terre, plus rien n'existe que cette chorégraphie de chevaux et gnous. Lorsque nous reprenons le pas, les gnous reviennent vers nous balançant leur tête barbue comme pour nous inviter à continuer le manège. Dans ces folles poursuites les chevaux prennent autant plaisir que les cavaliers, juste le bonheur de courir encore, de courir vite.

Dans la région de Masaï-Mara, les troupeaux de girafes comptent aisément jusqu'à cinquante têtes ; les rencontrer est toujours un moment intense. Dignes et altières, elles évoluent à l'amble chaloupé, en gracieux balancements de leur long cou. Ces grandes aristocrates ont une curiosité de concierges. Se croyant camouflées par des acacias, dont seules émergent leurs têtes cabossées de petites cornes veloutées, les yeux frangés de longs cils, elles oscillent la tête de droite à gauche pour mieux voir : les chevaux les intriguent. Les mâles gardent une distance vigilante et les girafons, en nurseries de cinq à huit petits gardés par de jeunes mères, sont désarmants de drôlerie à tenter des cabrioles maladroites. Nous nous faisons discrets pour ne pas les perturber mais, dans les espaces ouverts où rien n'entrave leur progression, il nous arrive, exceptionnellement, de nous approcher au galop. Les girafes alors prennent aussi le galop, croisant leurs longues jambes, projetant leur cou et fouettant de la queue. C'est un galop comme dans un rêve, au ralenti tant le mouvement est ample ; nous les rattrapons vite et nous nous retrouvons au milieu du troupeau, entraînés dans un même mouvement soyeux et aérien, sensation exacerbée de flotter entre rêve et réalité.

Nous n'insistons jamais ; aussitôt les girafes s'arrêtent à leur tour, nous jetant des regards offensés. Impossible pourtant de regretter ces moments de grâce.

À l'approche du camp de Lemek, de grands troupeaux de vaches sont convoyés par des Masaïs qui viennent les faire boire dans ce fond de vallée où poussent de grands acacias parasols et une herbe fraîche. Nous les laissons passer ; ils ont un inépuisable registre de sifflements pour accompagner leur bétail, des vaches croisées de zébu aux longues cornes et portant tatouage du clan pour les plus nobles, mais aussi de petites chèvres bêlantes et d'innombrables moutons. Nullement intimidés, les Masaïs s'approchent et nous interrogent, veulent toucher les chevaux, commentent la couleur des robes, les observent sous le ventre pour identifier mâles et femelles, demandent si on peut traire les juments… Les échanges sont bon enfant et ils rient à tout propos. Pour la plupart, ce sont des jeunes hommes et des adolescents, cheveux rasés, pieds nus, vêtus d'une tunique rouge, la *chuka* ; armés d'une lance et d'un casse-tête, ils ont aussi à la ceinture un glaive dans un fourreau de cuir rouge, portent des bijoux de perles de couleurs aux poignets, au cou et aux oreilles, une tabatière en sautoir ou coincée dans un trou percé dans le lobe de l'oreille. Ce qui frappe surtout est leur taille élancée, la finesse des traits, les longs visages ovales, la grâce des gestes, leur dignité. Il y a quelque chose de hiératique dans leur position favorite : en appui sur la lance, debout sur une jambe, l'autre repliée, le pied reposant sur l'articulation du genou.

La lance et le glaive des Masaïs sont très semblables à ceux des légionnaires romains qui occupaient le Nord de l'Afrique : la coiffure des guerriers reproduit les découpes du casque romain. On dit qu'ils auraient remonté le cours du Nil jusqu'au lac Turkana. Considérant que le bétail a été créé par Engaï (Dieu) spécialement pour eux, les Masaïs, lorsqu'ils volent des bêtes à d'autres tribus, jugent qu'ils ne font que récupérer leur bien.

Nous les laissons à leurs troupeaux pour rejoindre l'ombrage du campement, tradition oblige, à l'heure du thé.

En fin d'après-midi, c'est à pied que nous gravissons une colline, jumelles en bandoulière, escortés par Ole Mengoru, armé de sa lance. En contrebas, un troupeau de girafes s'attaque à un bosquet de jeunes acacias. Lèvres tendues, elles atteignent les pousses appétissantes et évitent les redoutables épines grâce à leur très longue langue. Tony nous explique que les acacias produisent, pour se défendre des girafes et autres brouteurs, un tanin très amer qui les rend impropres à la consommation. Le plus étonnant est que les acacias voisins, et tous ceux qui sont « sous le vent », reçoivent le message d'alerte par des substances volatiles ; ils secrètent à leur tour un surplus de tanin et les feuilles deviennent immangeables. Nous sommes tellement médusés par cette incroyable stratégie végétale que Tony enchaîne avec la belle fable des « acacias siffleurs ».

Ce petit arbre à l'allure rabougrie semble avoir conclu un pacte avec les fourmis. Il élabore des excroissances à la base de ses piquants, des pseudo-galles. Ces sphères, de la taille d'une noix, sont colonisées par des fourmis qui se nourrissent des sécrétions de l'arbre. Quand le feuillage de l'arbre est grignoté par un animal, des centaines de fourmis se précipitent sur le museau de l'agresseur, effet répulsif immédiat qui évite à l'arbre d'être ravagé par les brouteurs.

Le vent balayant la savane pénètre par les petits orifices des fourmis dans les sphères évidées ; celles-ci deviennent autant de sifflets qui s'additionnent en un concert de longs chuintements à l'origine de leur nom *whistling thorns* (« acacias siffleurs »).

Sur la route du camp, nous commentons ces étonnantes associations lorsque les bergers que nous avions vus au point d'eau nous invitent à leur *manyatta* (ou *kraal*).

Nous acceptons, curieux d'aller voir de plus près le village. L'enclos, circulaire, est fait de branchages et d'entassements d'épineux. À l'intérieur, les cases ovales au toit arrondi, tapissées de terre et de bouse séchée sur une armature de branchages, sont construites par les femmes. Chaque épouse a sa case disposée en fonction de sa hiérarchie dans la famille ; la polygamie, courante chez les Masaïs, est un signe de richesse.

L'intérieur est très simple : foyer au ras du sol, ouvertures minuscules, aucune cheminée par laquelle les mauvais esprits risqueraient d'entrer. La fumée rend l'air irrespirable. S'y mêlent senteurs animales, de fumier sec, de poussière, de fumée et de lait caillé. De rares étagères reçoivent les objets usuels ; une ou deux alcôves de branchages, tapissées de peaux, servent de lits. Un espace délimité par un couloir est l'étable de quelques mètres carrés, où sont gardés les animaux nouveau-nés, car les nuits peuvent être très froides et humides. Femmes et enfants nous entourent, nous prennent par la main, touchent nos cheveux, vêtements et lunettes. On nous observe avec une curiosité ponctuée d'éclats de rire.

Le jour décline, c'est l'heure de rentrer les troupeaux à l'intérieur de l'enclos d'épineux, la *boma*. Les cases disposées le long de la paroi intérieure de l'enceinte, forment une couronne réservée aux humains, aux chiens et aux ânes, premières victimes d'un éventuel prédateur. Le bétail est sacré et doublement protégé au centre de la *manyatta* par un second enclos.

La traite des troupeaux s'organise dans la poussière ambrée de la fin du jour. Un jeune homme capture une vache et lui serre une courroie autour du cou, faisant gonfler la jugulaire. Son compagnon, armé d'un arc et d'une flèche à pointe très courte, vise la jugulaire à bout portant. Le sang jaillit, récolté dans une calebasse par une femme. Environ un litre est prélevé, la coupure est saupoudrée de terre et l'animal relâché. Toutes les vaches adultes sont soumises à tour de rôle à ce traitement. La femme s'éloigne en agitant la calebasse, elle y ajoutera du lait et le mélange sera consommé au repas du soir. Nous rejoignons nos tentes au crépuscule.

C'est ce soir-là qu'Ole Mengoru a vu le lion près des chevaux ; nous frémissons rétrospectivement à l'idée d'avoir marché sur son territoire avec pour seule défense la lance du Masaï.

À l'aube, alors que nous démontons le camp, une délégation de vieillards, de femmes et de quelques enfants (les hommes sont partis garder les troupeaux), conduite par un ancien, arrive et nous annonce : « Nous venons visiter votre *manyatta* ! » C'est de bonne guerre ; nous leur faisons voir nos tentes. Ils sont sceptiques sur le peu d'épaisseur des toiles, apprécient la souplesse des matelas, goûtent du bout des lèvres au thé que nous leur offrons. Les femmes s'assoient dans l'herbe et ouvrent des sacs contenant bijoux, calebasses et menus objets qu'elles se proposent de nous vendre !

Chaque étape réserve de nouvelles aventures auxquelles la présence des chevaux autant que la personnalité de Tony Church, sa connaissance du terrain, des traditions masaïs et de la vie animale apportent une saveur d'exception. Le pari est gagné, je reviendrai à raison de trois et parfois quatre fois par an.

L'itinéraire s'est affiné : départ de Morijo dans les Loïta Hills, hautes collines herbeuses, jusqu'à 3 000 m d'altitude à Olsupugo, où, dans la brume, les arbres se couvrent de longs lichens, de fougères et d'orchidées. Ces zones boisées nous permettent d'admirer les splendides singes colobes au long pelage noir de jais et blanc pur.

Le pâturage abondant y attire beaucoup de Masaïs, les villages sont nombreux et je commence à y compter beaucoup d'amis, à mieux comprendre leur mode de vie et leurs traditions. Les femmes connaissent désormais nos préférences en « joaillerie » locale et je vois leurs enfants grandir.

J'ai appris quelques rudiments de leur langue, et à demander en premier lieu : « Comment va le bétail », puis « Comment vont les enfants », avant de s'extasier : « Vous avez beaucoup de vaches » et « Vous avez de beaux bijoux ».

Les jeunes gens sont toujours très fiers d'enseigner aux cavaliers le jet de lance ou comment allumer un feu en échauffant un bois dur dans un bois tendre. Nous disputons avec eux des parties endiablées de *mbao*, l'universel *awele*, où il faut faire circuler des petits cailloux sur une planche creusée d'alvéoles et en récolter le maximum.

Un jour, à l'approche d'une *manyatta*, nous devinons un nouvel enclos ovale de grande taille, tout à fait inhabituel. Tony nous arrête et fait signe de se taire : là, sous nos yeux, se déroule une cérémonie exceptionnelle d'*eunoto*, célébration secrète qui marque la fin de l'âge guerrier pour un groupe de *moranes*. Nous avançons juste un peu pour signaler notre présence mais la cérémonie se poursuit. Il y a là plusieurs centaines de Masaïs en tenues rouge bordeaux et parés de bijoux. Des jeunes filles chantent, bombent le torse et font rebondir les lourds colliers de perles qui couvrent leur poitrine. Leur chant est accompagné de sonneries de cornes de *kudu*. Les mères des guerriers et quelques anciens sont assis en cercle. Tous les regards sont tournés vers le groupe de guerriers, les *moranes*, aux longs cheveux tressés avec soin et enduits de rouge, maquillés d'ocre, les jambes zébrées de peinture. Certains ont de grandes coiffes de plumes d'autruche et deux guerriers arborent des crinières de lion ; beaucoup ont des boucliers de peau de buffle. Ils forment une serpentine qui s'enroule et se déroule ; à l'unisson avec le chœur des femmes, ils poussent des cris gutturaux, se projetant sur place en hauteur, armes à la main – c'est à qui sautera le plus haut. Ils sont athlétiques et magnifiques.

Les cris des *moranes* résonnent sourdement, dégageant une énergie perceptible dans l'enceinte initiatique et jusqu'à nous ; les jeunes femmes atteignent le paroxysme de leur danse, toute l'assemblée communie avec ferveur… et ils acceptent notre présence. Peut-être parce que nous sommes à cheval ?

Nous n'avons pris aucune photo. La danse terminée, nous nous éclipsons sur la pointe des sabots de nos chevaux.

Le soir, rassemblés autour du feu, nous sommes encore sous le coup de l'émotion. Tony est assailli de questions. Les *moranes* que nous avons vus peuvent avoir entre vingt-trois et trente ans. Autrefois, on leur imposait de tuer un lion pour montrer leur courage, mais, depuis 1977, cette chasse est interdite au Kenya.

Pendant les dix années de leur âge guerrier, ils se consacrent essentiellement à être beaux et s'exercent assidûment aux armes : ils peuvent tuer avec précision d'un lancer de massue ou d'un jet de lance. Ils vivent entre eux, tout leur est permis, y compris la compagnie de jeunes filles. Ils sont brillants, arrogants, sages, ils doivent aider la communauté dans les tâches difficiles et la protéger contre tous les dangers, attaques de fauves ou razzias de bétail. Les femmes ont un cri particulier, puissant, prolongé et répété, qui est un appel aux *moranes*. Nous l'avons entendu une seule fois, en de pénibles circonstances : en plein midi, un jeune berger avait été emporté par un lion. Les *moranes* accourus avaient rapidement exécuté le lion, qui avait une patte infectée et ne pouvait plus chasser les animaux sauvages. Il était trop tard pour l'enfant.

Eunoto, la cérémonie que nous avons entrevue, dure plusieurs jours et marque pour tout un groupe d'âge la fin de leur service de *morane*. Le lendemain de ce jour, les mères auront la fierté de couper les longues tresses de leurs fils, qui recevront la bénédiction de parrains et entreront dans l'âge des aînés. Ils pourront prendre une première épouse et, sans doute, avec leurs compagnons, voler du bétail pour s'établir.

Nous allons traverser l'étendue uniformément plate et presque aride des plaines Loïta pour rejoindre les collines d'Ol Kinyie. Quand je réveille les cavaliers, il fait encore nuit et je peux leur montrer ce prodige : la constellation de la Grande Ourse couchée sur l'horizon nord et la Croix du Sud penchée sur l'horizon sud. Nous sommes à quelques degrés de la ligne équatoriale.

Partis dans une aube bleue, nous chevauchons six heures pour rallier la seule silhouette qui se profile à l'horizon : un figuier géant et miraculeux dans l'environnement aride. Ses racines ont trouvé une eau souterraine, emprisonnée dans un filon de quartz. Nous y arrivons pour le pique-nique, avides d'ombre et assoiffés.

Venant du même horizon que nous, deux silhouettes apparaissent et se rapprochent insensiblement, tunique rouge au vent. Nous les détaillons aux jumelles d'abord puis les accueillons sous le figuier. Ce sont deux *moranes*, apollons d'ébène, altiers, sûrs de leur prestance et peu loquaces. Ils acceptent un peu d'eau, nous observent, examinent les chevaux, répondent à peine à quelques questions en swahili. Ils s'assoient, silencieux, immobiles. Après plus d'une heure, l'un d'eux se lève brusquement et demande en anglais : « *What time is it?* » Tony répond. Ils se concertent et annoncent en swahili : « Il faut que nous partions, sinon nous allons être en retard pour la cérémonie de mariage », et ils poursuivent leur marche d'un long pas élastique vers un improbable rendez-vous au-delà de l'horizon.

Souvent nous croisons des adolescents, par petit groupe de deux à quatre. Ils vont faire partie d'un prochain « contingent » de *moranes*, ont subi la circoncision et, pendant les mois où s'achève la cicatrisation, ils doivent subsister dans la brousse du seul produit de leur chasse. À l'issue de cette épreuve, ils seront promus *moranes* pour une dizaine d'années.

Depuis ces expéditions des années 1980, en quelques décennies les traditions ont été balayées, aujourd'hui les jeunes gens en âge d'être moranes sont scolarisés, un autre apprentissage pour une autre vie.

Après les camps d'Olare Orok et de Barkitabu, nous approchons de la rivière Mara, affluent du lac Victoria. La végétation plus dense attire des animaux de plus en plus nombreux et nous approchons de nouvelles antilopes : damalisques et leurs vigies perchées sur les termitières, puissants élands du cap (ils pèsent une tonne et bondissent à 1,50 m) et, surtout, de grands troupeaux d'impalas au pelage d'or foncé et aux cornes en forme de lyre qui jaillissent en fontaine d'éclairs fauves à l'approche des chevaux.

Expédition d'octobre. Les nuages noirs s'amoncellent sur le Serengeti et des éclairs zèbrent le ciel. À cheval nous nous heurtons à une multitude de zèbres et de gnous en proie à une agitation proche de la panique. L'instinct leur commande de suivre les nuages de pluie pour migrer vers les pâturages bientôt reverdis de Tanzanie. Ils hésitent devant le flux puissant de la rivière Mara. Tout à coup, comme une décharge, un galop tourbillonnant s'ouvre en spirale et le flot des animaux répond à l'irrésistible instinct, se jette à l'eau désespérément, s'étire en un ruban vivant à travers les flots et gonfle le troupeau qui se reforme sur l'autre rive ; quelques noyés, rançon de la panique, seront la proie des crocodiles.

Il nous arrive d'effectuer des incursions en véhicule 4x4 dans la réserve de Masaï Mara, où nous ne pouvons pas pénétrer avec les chevaux. Nous partons alors avant l'aube pour voir la savane s'éveiller et assister à la course des guépards ou l'affût d'un léopard, observer les jeux d'une famille de lions, des affrontements d'hyènes ou la chasse d'une horde de lycaons. Détailler aux jumelles les couleurs chatoyantes des guêpiers ou des nectarins, les acrobaties des aigles bateleurs et l'audace de l'aigle ravisseur.

On a beau avoir vu mille reportages exceptionnels, vivre une fois seulement de tels moments dans les senteurs et polyphonies de la brousse au lever du jour reste extraordinaire.

Une fin d'après-midi, nous approchons d'un troupeau de plusieurs centaines de buffles paisibles : « Ils ne sont pas dangereux, nous assure Tony, ce ne sont pas de vieux mâles solitaires mais un simple troupeau de vaches. » Il maintient son cap, qui nous dirige droit vers les buffles. Nous pouvons détailler les petits yeux curieux qui nous observent sous l'épais bandeau des cornes, tous maintenant sont debout et nous regardent la tête basse, menaçants. À moins de cent mètres, Tony lance un galop. Pendant quelques secondes, nous nous rapprochons à toute vitesse d'une mer de cornes noires qui nous font face, immobiles, de longues secondes… Soudain les buffles les plus proches pivotent sur les postérieurs et prennent la fuite. Tout le troupeau s'ébranle comme un énorme *stampede*, on se croirait dans *Tintin en Amérique*. Nous nous regardons, soulagés, et relâchons un peu les rênes. Le petit groupe des buffles qui nous précèdent accélère le galop. Nous sommes sur leurs talons quand nous comprenons tout à coup que les ailes du très large troupeau sont moins rapides et vont bientôt se refermer derrière nous ! Juste à temps, nous nous extrayons de la masse galopante et nos trajectoires se séparent.

L'itinéraire atteint la rivière Mara ; camp magnifique près d'un méandre du fleuve, non loin de Kiboko Pool, le « bassin des hippopotames ». Une soixantaine de pachydermes batifolent dans les eaux profondes. Les chevaux ont été attachés à distance et nous approchons en catimini derrière les buissons du rivage. Tout à leurs ébats, ils ne nous détectent pas : ébrouements et remous tumultueux. Immergés quelques instants, ils jaillissent soudain à la surface, tels des bouchons, rejettent bruyamment l'eau par leurs énormes naseaux et font frétiller leurs oreilles ridiculement petites, poussent d'amples grognements répétés, ouvrent parfois la gueule, laissant apparaître des canines acérées comme des sabres.

Lorsque nous repassons avec les chevaux, ils se réfugient entre deux eaux, et seuls quelques tourbillons en surface ou une paire de narines au ras de l'eau trahissent leur présence.

Les incroyables récits de Tony Church nous tiennent en haleine des veillées entières autour du feu. Un soir nous en avons oublié de mettre à l'attache pour la nuit, les chevaux qui pâturaient dans un enclos électrifié. Des remous gigantesques et un bruit de tornade nous font sursauter. Un raz-de-marée agite la rivière Mara : un hippopotame mâle poursuit sa belle avec des grognements retentissants. Saisis de panique, les chevaux emportent la clôture électrique et disparaissent dans la nuit. Branle-bas : armés de lampes tempête, nous cherchons dans les abords immédiats, les voitures patrouillent aussi sans trop s'éloigner car nous sommes très justes en carburant. Nous retrouvons cinq ou six chevaux, il en manque une quinzaine.

À la pointe de l'aube, deux véhicules partent en quête avec longes, brides, selles et quelques volontaires. Tony embarque Ndundo, membre de la tribu des Wakambas, réputés pour leur vue perçante.

Nous retrouvons un bon lot de fugitifs en parcourant le chemin de la veille ; les chevaux échappés retournent souvent au camp précédent.

Depuis les points hauts, tous les troupeaux sont scrutés aux jumelles. Après deux heures de recherche infructueuse, Ndundo fait arrêter la voiture, plisse les yeux et s'écrie, la mine réjouie : « *Farassi*, les chevaux ! » Même avec les jumelles, nous ne voyons qu'un grand troupeau de gnous et de zèbres dispersés, paissant tranquillement. Ndundo insiste tant que nous descendons vers la plaine. Après vingt minutes d'approche, à moins d'un kilomètre des premiers animaux, les jumelles révèlent trois zèbres portant licol ! Ce sont bien les chevaux. Époustouflante, la capacité du Wakamba à discerner les chevaux à une telle distance.

Des musettes et granulés ont vite fait de les attirer. Puis ils sont sellés pour un retour au bercail au galop de chasse.

Avec son abondante végétation, Masaï Mara est la salle à manger de nombreux troupeaux d'éléphants – ceux-ci consomment 200 kilos de végétaux par jour. Leur passage est signalé par la destruction et l'arrachage d'arbres et de branchages et des déjections imposantes. Ils ont une vue peu performante mais un odorat très aiguisé : dès qu'un troupeau sent notre présence, il détale. Et pourtant l'éléphant est un animal fascinant à observer : cette taille énorme, cette peau fripée, la façon dont il utilise ses défenses et sa trompe, les scènes de baignade, les attentions pour les petits et leur éducation, leur démarche tellement souple et le poser de pied tout en élasticité, les combats d'intimidation entre mâles où ils ne se blessent pas mais mesurent qui est le plus fort... on ne se lasse jamais.

Les approcher à cheval est un challenge que nous aimons relever. Il faut les aborder sous le vent et se montrer, surtout ne pas les surprendre, avancer calmement. Aux premiers signes d'inquiétude – ils arrêtent de se nourrir ou un adulte se tourne vers nous, la trompe dressée, cherchant des odeurs et battant des oreilles –, nous immobilisons les chevaux. Sans relâcher la vigilance, nous laissons les rênes s'allonger pour que nos montures pâturent, cela rassure les pachydermes. Lorsque le troupeau reprend ses activités, nous progressons un peu plus pour nous arrêter à nouveau, et ainsi de suite. Parfois, exaspérée, la troupe s'éloigne et disparaît dans un fracas de branches brisées. Nous avons aussi connu, au terme d'une patiente approche, des tête-à-tête tout à fait paisibles : quinze chevaux, vingt éléphants, les uns pâturent rênes longues, les autres somnolent, trompe basse, yeux mi-clos, à une vingtaine de mètres les uns des autres. Les éléphanteaux sont toujours regroupés à l'intérieur d'un cercle d'adultes, et ce sont les femelles qui sont les plus proches de nous. Chaque seconde est une part d'éternité.

Tony nous arrête brusquement, fait signe de se taire et indique une direction ; il nous faut de longues secondes pour découvrir, figés dans les buissons poussiéreux, deux rhinocéros couleur tronc d'acacia. Attendre sans un geste, attendre encore jusqu'à ce que les animaux décident de s'éloigner en slalom entre les acacias siffleurs avec une souplesse et des grâces inattendues pour des masses aussi imposantes. Les rhinocéros, très myopes et craintifs, foncent aveuglément s'ils se sentent menacés.

Le visage grave, Tony nous signifie un arrêt. Les chevaux aussi ont compris, oreilles attentives, une odeur peut-être ? Nous cherchons l'objet de leur alarme… Rien, sinon deux chacals assis, immobiles ; quelques damalisques, également figées, nous ignorent bien que nous soyons très proches, la tête tournée vers un *lugger,* petit ravin envahi de buissons ; quelque chose les inquiète plus que nous… Dans le ciel, un vol de vautours. Tout est clair : là, dans ces buissons, un fauve dévore sa proie.

Approchant doucement, chacun retient sa respiration, assure son assiette, prêt à un départ soudain. Nous marquons un arrêt à cent mètres des fourrés. Deux chevaux soufflent bruyamment… Comme un éclair, deux lionnes jaillissent du couvert et fuient. Nous approchons davantage, les chevaux avancent à contrecœur, une autre lionne s'échappe. De plus en plus intrigués nous y allons franco, le bosquet est certainement vide… Une dernière lionne détale, à regret. Nous ne retrouvons dans le fourré que le squelette et la tête d'un phacochère.

Des aventures de lions, nous en avons à chaque randonnée mais ce qui est arrivé à Jolly Roger, un bel alezan « sans peur et sans reproche », est unique dans les annales des safaris. À la pointe du jour, Ole Menguru est venu saluer l'équipe d'intendance qui s'active autour des feux de la cuisine pour chauffer l'eau du thé. Alors qu'il s'en retourne auprès des chevaux, il voit Jolly Roger, le dernier au bout de la corde d'attache, prostré, le regard paniqué, qui tremble de tous ses membres en fouaillant de la queue. Derrière lui, un lionceau donne des coups de patte dans les crins de sa queue comme un chat qui s'amuse d'un jouet. Approchant encore, le gardien découvre dans les fourrés une lionne tapie… Elle n'a pas eu le temps de bondir. Ole Menguru a poussé son hurlement de *morane,* brandi sa lance et déployé sa *chuka*. Les fauves ont disparu.

Le moment est venu de franchir la rivière Mara. Le courant est puissant. Monté sur Bounty, le cheval le plus grand, Jean s'avance en éclaireur ; très vite le cheval a de l'eau jusqu'au poitrail mais résiste au courant. Nous emboîtons le pas, l'eau tiède et limoneuse s'écoule le long de nos mollets. Pierre et Sikuku tombent dans un trou. Sans s'affoler, la jument nage et reprend pied avec les autres chevaux sur les berges glissantes. Nous découvrons en amont, à fleur d'eau, les naseaux et les yeux d'un hippopotame.

L'expédition se termine en plein ciel sur l'escarpement Soït Oloolol. Haute de 400 m et bordant le plateau de Siria, étirée en parallèle de la rivière Mara, la falaise domine toute la réserve de Masaï Mara et une partie du parc national de Serengeti, en Tanzanie. La vue s'étend jusqu'aux Loïta Hills et au-delà ; nous pouvons retracer tout notre itinéraire. Le campement est un promontoire qui s'avance en balcon au-dessus des grandes plaines. Prodigieux : les chevaux et le feu se découpent sur ce décor infini, parfait pour un générique de fin. C'est précisément ici, dans le film *Out of Africa,* qu'est enterré Robert Redford, *alias* Denys Finch Hatton.

Beaucoup de nos campements auraient pu être des lieux de tournage de ce film culte dans lequel ont joué les chevaux de Tony. Les cavaliers qui ont monté Nanyuki ont apprécié le confort et la douceur de la jument montée par Meryl Streep. Quant au cheval King-Kong, fringant et caracoleur, c'est celui qu'avait retenu Robert Redford.

C'était une des premières années. Une nuit, deux chevaux, récemment intégrés au troupeau, ont pris la clé des champs. Inquiétude d'Alan et Mara, des amis de Tony qui gardaient la cavalerie le jour précédant la randonnée. Ils se font accompagner d'un Masaï pour aller, de *manyatta* en *manyatta*, interroger les bergers, en vain. En fin d'après-midi, les chevaux sont signalés : ils ont été vus par deux jeunes gens à l'allure athlétique. Alan les embarque dans son 4x4. Ils repèrent la trace des chevaux et les aperçoivent sur la crête d'un escarpement rocheux, inaccessible pour la voiture. Descendant du véhicule, les deux Masaïs grimpent à toute vitesse vers les chevaux, qui ont pris le trot. Alan et Mara suivent en parallèle et voient se dessiner sur la crête les deux Masaïs, pieds nus, mettant autour du cou la tunique rouge qui gênait leur course. Les silhouettes nues accélèrent, gagnent du terrain sur les chevaux, qui passent au galop mais sont rattrapés en quelques foulées fulgurantes par les Masaïs, qui les prennent au licol ! Alan et Mara sont ébahis. Une piste leur permet enfin de rejoindre les fugitifs. Ils cherchent leurs meilleurs mots de swahili pour féliciter et remercier les incroyables pisteurs. Un peu essoufflé quand même, l'un d'eux leur répond dans un anglais irréprochable mâtiné d'un très net accent américain : « *Jesus Christ ! These horses can really run fast !* » (« Bon Dieu ! Ces chevaux courent sacrément vite ! »)

Les deux Masaïs, des athlètes bénéficiaires d'une bourse pour parfaire leur entraînement à Washington, étaient en vacances dans la *manyatta* familiale !

Les levers avant l'aube, quand la Croix du Sud est couchée sur l'horizon, l'odeur du pain cuit dans la braise, la complicité avec les Africains qui nous accompagnent, les départs à cheval dans une savane bruissante de vies qui s'éveillent, parfum de mimosa des acacias en fleurs, douceur des alizés, ciels immenses, générosité des chevaux, chaleur plombante du soleil au zénith, spectacle de tant d'animaux qui vaquent à leur quotidien en totale harmonie et nous acceptent dans leur univers, regard d'or des guépards, promenades du soir, couchers de soleil flamboyants, éveil des vies nocturnes – le cri déchirant des galagos –, veillées qui se prolongent autour du feu, alertes au lion, dernier bonsoir aux chevaux tandis que montent dans le ciel les étoiles australes : Fomalhaut, Phénix, Al-Naïr.

Vision biblique des Masaïs ramenant leurs troupeaux dans la poussière dorée du soir… une Afrique à portée de cœur grâce aux chevaux.

Californie, Nevada, Utah,
Arizona, États-Unis, 1978-1980

La chevauchée fantastique

J'ai la nostalgie de ces vieilles routes sinueuses
et inhabitées qui mènent hors des villes…
une route qui conduise aux confins de la terre…
où l'esprit est libre.
Henry David Thoreau (*Walden ou La Vie dans les bois*)

Froide matinée d'avril 1978 au nord-est de la Californie. Cette nuit il a neigé sur la montagne Warner. Accourus de la Sierra Nevada, les nuages galopent sur la lande d'armoise. Des oies sauvages en route vers le Canada font escale sur le lac Alcali. Les peupliers de Virginie risquent quelques bourgeons.

Avec Lionel, mon ami cow-boy, j'essaie des chevaux. Nous devons les avoir bien en main pour la journée de demain à Susanville, où nous allons participer à la capture de mustangs destinés à un programme d'adoption.

Se matérialisant de la brume et du silence, ils sont apparus de nulle part : une petite troupe de mustangs, une femelle décidée en tête, suivie d'autres juments et de poulains. À l'écart, l'étalon nous regarde. Naseaux dilatés, il interroge le vent, qui lui apporte notre odeur de cheval et d'homme mêlés. Subitement il bondit et rejoint au galop l'ondoiement de crinières et de queues à l'horizontale qui courent sur le tapis d'armoise, grimpent sur une colline et disparaissent. La poussière de leur fuite hésite longtemps, en suspension dans l'air froid du matin.

Protégés par une loi 1971, ils seraient encore 50 000 à 100 000 mustangs à vivre en totale liberté dans l'Ouest des États-Unis ; le Nevada à lui seul en compte la moitié. C'est ce pays de chevaux libres que je veux faire découvrir à mes amis cavaliers. Lionel va m'aider.

Au cours de son enfance versaillaise, Lionel de Franchessin a reçu un livre sur les lassos. Depuis, il n'a eu de cesse de *devenir cow-boy*. Il raconte, comme s'il évoquait des banalités, les aventures les plus rocambolesques qui l'ont mené des entraînements au Club du lasso de Joe Hamman, à la participation aux spectacles de la vallée des Peaux-Rouges dans la Mer de Sable et aux animations d'ouvertures de night-clubs tels que le Crazy Horse Saloon.

Il prend le large vers des chantiers dans l'Arctique canadien, devient équipier sur un voilier en perdition dans le Pacifique, fait cap sur les Galapagos et les Marquises, embarque à bord d'un cargo norvégien pour l'Australie et Samoa, retrouve la terre ferme à Vancouver. Engagé comme barman à San Fransisco pendant la vague hippie, il réalise enfin son rêve et devient cow-boy au ranch Weber, aux confins de la Californie et du Nevada. Il rejoint ensuite le Dalton Ranch, le plus grand ranch privé des États-Unis, à Monticello, à la frontière entre l'Utah et l'Arizona. À la fin des années 1970, ce ranch couvrait une superficie de 560 000 ha et comptait 40 000 têtes de bétail.

Dans les années 1980, Cheval d'Aventure a proposé des séjours de travail avec les cow-boys de ce ranch mythique.

Sympathique en diable et pince-sans-rire, Lionel aime partager sa passion pour les traditions de l'Ouest. Il me fait rencontrer Pete Weber, le jeune patron du ranch YY, timide et laconique, un prince à cheval.

C'était à Alturas, en Californie.

Dans la rue principale, une vieille locomotive de la Southern Pacific accueille le voyageur qui vient du sud et se dirige vers l'Oregon. Nous entrons au Niles, le vieux saloon. Éclairage discret, bar imposant, cuivres, miroir, poêle, tout est d'époque. Aux murs, des photos jaunies évoquent des temps révolus, mais au bar on est en jeans, bottes à talons hauts, chapeaux à larges bords, revolvers aux ceintures, et on boit de la bière. Conversation « de saloon » où j'explique à Pete Weber que j'ai convoyé des troupeaux dans les Llanos de Colombie. Il comprend qu'au moins je ne gênerai pas et m'admet dans l'équipe qui encadrera le *cattle drive*, la transhumance de printemps. Il me propose même son cheval personnel.

De la Californie au Nevada, nous avons convoyé huit cents vaches Hereford entre coulées de lave et l'infini bleuté de la steppe d'armoise, d'éolienne en éolienne, sous le soleil brûlant des midis et nuit de blizzard, ne rencontrant que des troupeaux de mustangs ivres de liberté. J'aime ce pays où les mustangs ont le droit de vivre.

Il est temps de mettre sur pied une expédition pour partager la découverte de ce fascinant Ouest américain.

Mon exploration commence au sud de l'Arizona, près de Tucson, le pays des Apaches et de Geronimo, où ont été filmés les grands westerns des années 1950 : Tombstone, ville-champignon de la ruée vers l'argent, celle du film-culte *Règlement de comptes à OK Corral* et des mythiques Superstition Mountains. Montagnes étranges, certes, mais désertiques, piquetées de *saguaros* (les cactus candélabres géants), pas d'eau, pas un brin de verdure, un paysage uniforme… peu hospitalier, peu équestre.

Cap sur Santa Fe et le Nouveau-Mexique. À vingt ans, j'avais eu un coup de foudre pour Santa Fe, un de ces nombrils du monde où l'on se sent en osmose avec l'univers, une sorte de matrice où se sont forgées depuis mille cinq cents ans les plus anciennes civilisations amérindiennes : Anasazis, Hopis et autres Pueblos. Mexicaine jusqu'en 1848, Santa Fe est la plus vieille ville des États-Unis. Toutes les constructions sont en adobe, des briques d'argile séchées au soleil. Je tombe à nouveau sous le charme de Santa Fe écrasée de soleil et nonchalante, où flotte un parfum de désert et d'encens. Parcourant les paysages qui rejoignent la vallée du Rio Grande, je comprends qu'il est illusoire de chercher des chevaux dans cette steppe vouée aux chèvres et aux moutons, aux coyotes et aux serpents à sonnettes.

La terre promise sera celle des mustangs : je rejoins Lionel au Dalton Ranch, près de Monticello, dans l'Utah. Sous-peuplé et sauvage, le plateau du Colorado, en amont du Grand Canyon, offre des paysages spectaculaires. On y pratique l'élevage extensif. C'est un pays de cow-boys et de bons chevaux.

Lionel me fait rencontrer Pete Steele, un cow-boy qui connaît chaque recoin du parc national des Canyonlands et propose des *pack-trips*, des randonnées à cheval avec animaux de bât. Une chevauchée a vite fait de me convaincre : les chevaux sont aguerris, les paysages de grès multicolores aux formes insolites sont époustouflants. Histoire indienne, récits du vieil Ouest, vie animale, botanique, survie en pleine nature semblent n'avoir aucun secret pour Pete. Rendez-vous est pris pour une expédition en avril 1979.

C'est à Deer Spring Ranch que notre groupe de quinze cavaliers est accueilli par Pete, entouré de ses acolytes : Bill, un jeune wrangler athlétique, Howard, un cow-boy de soixante-dix ans au regard bleu et au sourire de jeune premier, et bien sûr Lionel. Dans le corral, vingt-six animaux, chevaux et mules. Cette solide équipe va nous faire découvrir la beauté sauvage du parc national des Canyonlands : nous entrons de plain-pied dans le film de la conquête de l'Ouest.

Les cavaliers qui ne l'ont jamais expérimentée découvrent la monte imposée par la selle américaine : une assise large et confortable comme les étriers ; les étrivières épaisses ne permettent pas le contact avec le flanc du cheval, le pommeau proéminent empêche le trot enlevé et rend malaisé le galop en suspension. En revanche, les chevaux sont francs, souples et très en avant. Dociles et réactifs, ils répondent instantanément à la rêne d'appui et aux demandes de changements d'allure.

Dix jours durant, défilent en cinémascope les paysages grandioses du plateau du Colorado. Millefeuille de grès où les couleurs violentes, rouge sanglant, fauve flamboyant, ocre orange, alternent avec les nuances délicates : crème, rose tendre ou parme.

Le gel, le vent, la pluie ont explosé, fouillé, dilué, raviné, effondré le socle rocheux, sculptant des formes extravagantes : majestueuses mesas tabulaires de Bridger Jack ou de Salt Creek, falaises abruptes d'Indian Creek, cathédrales et châteaux pétrifiés aux crêtes hérissées de Cathedral Butte ou d'Island in the Sky, escarpements de Cottonwood Creek, silhouettes d'un bestiaire fantasmagorique à Elephant Butte.

Notre troupe s'engage dans les paysages minéraux, se faufile entre agaves et yuccas, se réjouit des fourrés de tamaris et de l'ample ramure vert tendre des peupliers de Virginie qui accompagnent les rivières.

Chaque jour nous nous fondons un peu plus dans le paysage, le long des pistes chaotiques empruntées par les chariots des pionniers, sur les *trails* de convoyage des troupeaux, au fil d'un ruisseau, par des sentiers en corniche, mais, le plus souvent, nous chevauchons librement hors piste vers le camp du soir, grisés d'espace sauvage, brûlés de soleil et de vent, fouettés parfois de sable et de pluie.

Quand le soleil bascule vers l'horizon nous arrivons à un corral, souvent proche d'une vieille cabane en rondins. Il y a toujours un ruisseau.

Le camp s'organise pour nourrir les chevaux et installer le bivouac. Près du feu, la batterie de cuisine des cow-boys est en service : la grande cafetière d'un gallon (près de quatre litres), noircie par un long service, commence à fumer ; un lit de braises aménagé à l'écart servira pour la préparation du repas. De lourdes gamelles de fonte, les *dutch oven*, sont idéalement adaptées à la cuisine de campagne. Posées sur les braises et dotées d'un couvercle creux rempli de braises, elles garantissent une cuisson lente et régulière, à l'étouffée. Outils indispensables au cuisinier : une pelle pour répartir les braises et des tenailles pour soulever le couvercle brûlant au moment de vérifier la cuisson.

La cuisine « façon cow-boy » a vite trouvé des adeptes pour la préparation du bacon ou des pancakes ruisselantes de sirop d'érable au petit-déjeuner, ou celle des *sourdoughs,* biscuits au levain, cuits au *dutch oven*.

Les cavaliers sont au cœur de l'action. Chacun maîtrise maintenant la juste tension du sanglage en nœud de cravate. C'est à qui aidera au chargement des mules jusqu'à réaliser le fameux nœud en diamant qui finalise le paquetage. Tous ont voulu convoyer un jour au moins le train de mules, une sacrée expérience surtout dans les sentiers en corniche ou les dénivelés acrobatiques, des gestes qui n'autorisent pas l'erreur, exigent une communication totale avec son propre cheval.

Bright Angel Trail était un moment de bravoure. Un parcours vertigineux sur sentier en corniche et encorbellements, plongée dans des chaos rocheux, véritables pièges pour les pieds des chevaux. Nous avons plus d'une fois mis pied à terre pour les faire passer un à un à bout de longe. Comment imaginer que d'innombrables troupeaux ont été convoyés ici entre ces rochers abrupts près de basculer dans le vide ? Soulagement à l'arrivée dans l'ample vallée herbeuse de Lavender Canyon. À peine dessellés, les chevaux se roulent avec délectation, effaçant transpiration et fatigue.

Si les animaux qui peuplent ces demi-déserts sont silencieux, la brillante livrée bleu azuré du geai de Steller le trahit autant que son incroyable répertoire de cris rauques ou plaintifs. En altitude, domaine des pins et des genévriers géants, quand le pas de nos chevaux est étouffé par le sable, nous surprenons souvent de petites hardes de cerfs-mulets aux grandes oreilles et au pelage fauve. Ils signent leur passage sur le sable humide qui borde les ruisseaux, où leurs traces se mêlent à celles de coyotes et de pumas, les « lions de montagne », venus s'abreuver.

Émouvant bivouac à proximité d'un grand surplomb qui abrite, à mi-falaise, les vestiges d'un village *pueblo.* Une vingtaine de maisons, aux toits plats en adobe ocre, sont imbriquées les unes dans les autres et superposées avec leurs greniers autour de la *kiva* souterraine et circulaire : le domaine du chamane qui présidait aux rituels et invoquait les esprits. Les Anasazis, chasseurs et cultivateurs qui habitaient ici jusqu'au XIIIe siècle, connaissaient la poterie, la vannerie, l'irrigation et maîtrisaient le tissage du coton. Dans le sable, au pied du surplomb, nous trouvons des débris de poterie colorée et d'outils de silex, des bouts de cordelettes en plumes d'oie tressées, des fragments de vannerie et même de minuscules trognons d'épis de maïs... On a le sentiment que la vie, ici, c'était hier. Le temps écoulé est une illusion.

À la veillée, Pete et Howard font revivre ces lieux désormais solitaires. Ils racontent les convois de troupeaux d'antan, avant l'apparition des barbelés qui ont quadrillé l'espace ouvert, l'*open range*.

Venus de l'est au début des années 1800, trappeurs, marchands, aventuriers solitaires, *desperados* de tout bord, les premiers Blancs vivent en bonne intelligence avec les Navajos, chasseurs-éleveurs venus du Nord.

De longues files de chariots déferlent, les pionniers construisent des fermes, les marchands fondent les premières villes.

Les terres ingrates des Canyonlands attiraient surtout des pionniers et des cow-boys en rupture de ban ; ils se volaient mutuellement du bétail avant de s'associer pour piller d'autres vallées. Les hors-la-loi étaient nombreux. En bande, il était facile de dévaliser les banques ou d'attaquer les diligences quand elles ralentissaient dans les côtes. Et ensuite on se faisait oublier dans le dédale des canyons quand les têtes étaient mises à prix. Le labyrinthe de défilés où nous évoluons a servi de refuge à Robert Leroy Parker, *alias* Butch Cassidy et son Wild Bunch, des enfants du pays, presque des héros, réputés très courtois avec les dames. Entre deux attaques de banque ou de train, dans leur planque, au fond des canyons, ils organisaient des courses de chevaux et des tournois de poker.

Au camp de Bobby's Hole, Pete nous raconte l'aventure de Jim Gadlock, qui campait non loin de là en solitaire. Un soir de pleine lune, réveillé en sursaut, il voit sa mule comme folle galoper en tous sens à travers la clairière, et comprend qu'elle est chevauchée par le diable. Depuis, ce lieu s'appelle Devil's Kitchen, la « cuisine du diable ».

Le lendemain, nous mettons en selle sous la pluie. Très vite les nuages se déchirent sur un ciel bleu délavé, le soleil illumine les Needles, le sanctuaire du parc national : une forêt de totems, pinacles, colonnades, flèches, échauguettes et vaisseaux de pierre ; les couleurs des concrétions avivées et vernies par la pluie sont éclatantes, irréelles comme un décor de théâtre.

Soudain une jument se cabre. Sa cavalière mord la poussière. La jument continue en sauts de mouton puis fonce au grand galop vers la falaise pour s'arrêter, tremblante, au bord du précipice.

« La "cuisine du diable", c'est ici… », nous dit Pete en réparant la sangle de la selle.

Au fil des jours nous avons appris à vivre avec ce que la nature offrait : nous remplissons nos gourdes aux sources, faisons notre toilette dans l'eau des rivières, ramassons le bois du feu qui nous réchauffe, évoluons en toute aisance dans cette vie de plein air au milieu des chevaux et des mules, savons trouver « notre » coin de bivouac.

À caresser les chevaux, à se frotter aux buissons d'armoise, à nous attarder autour des feux de genévrier ou de pin piñon, les bottes, les vêtements et jusqu'aux cheveux s'imprègnent de cette odeur indéfinissable qui raconte les grands espaces et la liberté. Les regards sont clairs et sereins.

C'était une bonne expédition.

Nous sommes retournés l'année suivante. Le premier jour, dans le corral de Deer Spring, Pete m'a annoncé que c'était son dernier *pack trip* ; il venait d'accepter un job de ranger pour le parc national des Canyonlands.

Il faudra trouver un nouveau contact mais nous continuerons à chevaucher dans les fantastiques espaces du plateau du Colorado.

J'ai fait confiance à un autre cow-boy de l'Utah, Mel Heaton. Dès 1981, nous inaugurons avec Mel et son équipe un itinéraire exceptionnel, toujours parcouru trois décennies plus tard.

Depuis Las Vegas, au Nevada, il faut deux jours pour rallier le village fantôme de Pareah, point de départ de l'expédition, le temps d'entrevoir le parc national de Zion et de naviguer sur le lac Powell. Explorateur du fleuve Colorado et grand admirateur de nature sauvage, le major Powell aurait-il apprécié que son nom soit donné à cette retenue artificielle de 300 km qui a englouti Glen Canyon, un Éden vivant irremplaçable ?

Il faut reconnaître que l'immensité bleu marine, nuancée d'émeraude ou de turquoise en faible profondeur, déployée dans un écrin de grès ocre aux formes extravagantes, est aussi une merveille. Le jeu des contrastes entre l'élément liquide et le minéral devient enchantement et mystère à l'exploration des défilés les plus encaissés. Le Redbud Canyon se termine en apothéose à la plus haute arche naturelle du monde, Rainbow Bridge, site sacré pour les Indiens Navajos.

Repus de couleurs, d'embruns et de baignades, nous rallions Monument Valley à l'heure où le soleil enflamme le désert. Les gigantesques monolithes, irradiant comme du fer rouge, se profilent sur un crépuscule majestueux. L'air est immobile, saturé de paix et de silence. Bivouac dans le sable cuivré, face aux mesas escarpées où John Ford a tourné les premiers westerns.

Dès l'aube nous explorons les décors légendaires. Pour donner vie aux forteresses vertigineuses jaillies des dunes corail, il suffirait d'une diligence lancée au galop et d'Indiens embusqués derrière les totems de pierre.

Ce soir nous rencontrons les chevaux. J'appellerai notre expédition la « Chevauchée fantastique ».

Quand la chaleur relâche son étreinte, c'est le moment de rejoindre par une longue piste sinueuse la vallée de la rivière Paria, départ de notre aventure.

Dans le sable, de nombreuses traces de chevaux. Au détour d'un dernier lacet : Pahreah, un vrai village fantôme. Il ne manque ni le *general store,* ni le saloon, des baraques en planches un peu déglinguées… tellement conformes à notre imaginaire. Nous y sommes, pour de vrai. À nous l'aventure, émules de Gary Cooper ou de Calamity Jane !

Lionel vient à notre rencontre avec Mel Heaton. La quarantaine, visage accueillant, réservé et timide, à la façon de l'homme de l'Ouest, Mel devine notre curiosité pour les chevaux attachés à des pins dans la lande alentour. Il nous présente sa cavalerie. Un festival de modèles et de robes : palomino, appaloosa, pie, bai brun, gris, rouan… Gipsy, Jasper, Apache, Painted, Tucker, Stardust, Sandy, Big Red… Chevaux et mules se soucient peu des présentations, ils terminent leur ration de granulés. N'est-ce pas le moment d'aller les faire boire ? Chacun de nous se retrouve avec un ou deux chevaux en longe pour les mener à la rivière Paria, au large du village. Un pas qui s'accorde, un dialogue sans parole… déjà des connivences.

Le soleil va disparaître. Les derniers rayons embrasent les strates roses, violacées, chamois ou ivoire des parois rocheuses autour du campement : irréel comme du carton peint.

Les pick-up repartis, nous sommes entre nous, avec les chevaux et l'équipe de cow-boys et wranglers qui secondent Mel.

Après avoir installé au mieux nos sacs de bivouac sur le sable encore tiède, nous venons vers le feu. Sur des foyers de braises, le repas mijote dans les *dutch oven*. Mel évoque sobrement l'organisation de l'expédition, parle des chevaux, donne de rares consignes, évoque le programme du lendemain, essaie de répondre au feu des questions. Oui, Pahreah a vraiment été fondé par des pionniers vers 1870. Oui, Mel a figuré dans de nombreux westerns tournés dans ce site spectaculaire. Il raconte comment, déguisé en Indien avec toute une bande de comparses et cachés derrière la crête, ils devaient attaquer le village. Le réalisateur attendait désespérément une éclaircie qui donnerait toute l'ampleur au décor naturel mais le temps est resté couvert. En fin de journée, n'y tenant plus et dans la nécessité de faire boire leurs chevaux, les « Indiens » ont déferlé vers la rivière dans un déluge de cris et de rires, projetant sur le village le feu nourri de flèches postiches, au grand dam de l'accessoiriste, effrayé par ce gâchis ! Chaque flèche coûtait deux dollars.

On entend quelques ébrouements. Les chevaux mâchent leur luzerne, le feu rougeoie à peine sous la braise, la fraîcheur de la nuit ranime des senteurs de terre. Nous nous endormons sous les étoiles.

À la pointe de l'aube, nous sommes réveillés par les jappements plaintifs de coyotes, répétés à l'envi par les parois des canyons.

Dans un décor à la Lucky Luke, sous un soleil radieux et au cœur d'un paysage somptueux, chacun panse le cheval qui lui a été attribué, selle avec l'aide des wranglers, accroche au pommeau l'indispensable gourde ronde, arrime sacoches et paquetage grâce aux nombreux *latigos*, les courroies de cuir souples qui équipent la selle.

Doug Bauer, un jeune cow-boy vigoureux au visage poupon et rieur, explique la légèreté de main indispensable aux cavaliers qui découvrent l'usage du *hackamore*, ce mors particulier où le cheval n'a rien dans la bouche mais où la main exerce une action de levier qui comprime le chanfrein. Les recommandations sont accompagnées de gestes et de mimiques explicites car, évidemment, tout se passe dans un anglais non seulement américanisé mais très « terroir » !

Vard, cuisinier hors pair, a la sérénité bienveillante d'un grand-père et le savoir-faire d'une longue expérience. Il s'occupera des chevaux de bât et, plus tard, de mener les chariots. Doug et Vard sont originaires de Kanab où, dans le petit aéroport, un avertissement juge utile de préciser : « Les pilotes ne peuvent pas porter d'éperons en vol »...

Lionel de Franchessin, le plus français des cow-boys du Nevada, aura la responsabilité de l'intendance et nous racontera mille et une péripéties savoureuses de la grande épopée de l'Ouest.

Si Mel, Vard et Lionel restent les piliers, les équipes se compléteront différemment au fil des expéditions, mais tous sont des personnages hauts en couleurs, dignes de figurer dans les peintures de Charles Russell. La plupart, nés dans l'Utah, sont de fervents mormons. Nous découvrirons peu à peu ce que signifie « être mormon ».

Les premiers jours, la caravane remonte la rivière Paria et ses confluents. Les grands aplats rouge orange des falaises semblent taillés à la hache. La chaude lumière du soleil rebondit d'une falaise à l'autre et change au gré des nombreux méandres. Aux défilés étroits succèdent des plages où poussent saules et tamaris, buissons jaunes du « thé des mormons » et bouquets écarlates des gilias.

Les chevaux, dociles et sûrs, inspirent confiance. Chacun a adopté la monte western et les étriers très longs. Mel m'a confié un jeune hongre rouan, Jasper. Parfois craintif, il engage bien le pas, est à l'écoute et ne demande qu'à apprendre.

Prenant de l'altitude, nous traversons des couches sédimentaires plus récentes, roses puis carrément blanches. Genévriers et pins tordus aux allures de bonsaï s'agrippent aux vires en minuscules jardins suspendus. Le soleil vertical cogne et fait rechercher la fraîcheur des hautes parois en surplomb.

Quand les ombres s'allongent, Mel met pied à terre dans un large méandre de la rivière, sur une haute rive où s'est enraciné un bosquet de saules et de peupliers de Virginie. Il faut décharger les bâts, choisir un endroit où attacher son cheval. Les gestes reviennent vite : soigner les chevaux, ramasser le bois, se débarbouiller à la rivière dans le cliquetis des rougequeues, que notre présence perturbe. Puis c'est l'heure des engoulevents ; j'aime leur nom anglais *nighthawks*, « faucons de nuit ». Ils sortent de leur cachette au crépuscule et chassent les insectes en piqué avec des cris féroces.

Quelques années plus tard, à ce campement de Rock Spring, Jean et Claudette croient trouver le bivouac idéal sur une plage de sable fin au pied de la paroi rocheuse, mais Vard les en dissuade fort à propos. Des nuages menaçants s'accumulent, nous n'échapperons pas à l'orage. Un vent brutal se lève, des cataractes de pluie s'abattent sur le camp, fouettent arbres et falaises. L'eau dévale de partout, la rivière grossit, devient boueuse. Soudain une cascade tombe à pic de la falaise sur la jolie plage de sable fin. L'eau collectée sur le plateau se précipite de plus en plus violemment, devient un torrent qui coupe le camp en deux pour rejoindre la Paria, dont les eaux charrient mottes de terre, troncs et cailloux. L'apocalypse. Stoïques dans leurs longs imperméables jaunes, les cow-boys tendent une bâche au-dessus du feu, qui dégage un parfum acide de saule et de peuplier.

En une demi-heure le ciel s'est vidé. Le soleil réapparu et le feu abondamment nourri permettent de sécher tout le campement avant la nuit.

Une nouvelle étape spectaculaire nous conduit au canyon de Sheep Creek. Les parois se resserrent. Nous progressons en file indienne sur le sable humide jusqu'à Willis Creek, plus étroit encore, de véritables gorges. Polies par de puissants écoulements, les parois sont des vagues pétrifiées qui se referment en surplomb au-dessus de nos têtes, cachant le ciel. Un tronçon est si étroit que nous nous râpons les genoux ; il faut décharger les animaux de bât, porter les paquetages et rebâter plus loin.

À la tête du défilé, nous nous extrayons avec soulagement du goulot spectaculaire. Quelques foulées d'effort puissant pour les chevaux et nous retrouvons la lumière, le sable rouge et bientôt le camp.

Après deux jours de canyons, nous savourons le spectacle d'un paysage dégagé, un grand déploiement de végétation et, à l'horizon, une lumineuse draperie de roche rose : Bryce Canyon. Nous y serons demain.

Un camion d'intendance nous a rejoints dans cette haute vallée de Willis Creek, apportant fourrage et vivres. Tous les deux ou trois jours, selon les possibilités d'accès, ces rendez-vous évitent de trop charger les animaux de bât. Plus tard nous opterons pour le camion d'intendance à toutes les étapes : charger chaque matin le paquetage de quinze cavaliers est une lourde tâche, et convoyer les animaux de bât réduit notre mobilité.

Profitant de la vaste clairière, Lionel et Doug proposent les premières leçons de lancer de lasso ; à la fin de la chevauchée, le « champion » repartira avec le lasso !

Les *dutch ovens* sont déjà recouverts de braise et la grosse cafetière fume. Nos mormons ne boivent aucune boisson excitante, thé, café ou coca, ils ne fument pas, ne consomment pas d'alcool, mais ils ne sont pas « intégristes » : à notre demande, du vin de Californie apparaîtra dans les caisses d'intendance.

Les guides mormons nous expliquent qu'ils se réfèrent à la Bible et au Nouveau Testament, mais aussi au « livre de Mormon », découvert au début du XIXe siècle par le prophète fondateur de leur église, Joseph Smith. Pour eux, le Christ viendra rendre le Jugement dernier au grand temple de Salt Lake City, le jour de la résurrection des morts. Ils croient à l'éternité d'une vie sans fin où se confondent passé, présent et avenir. Pour eux, les liens familiaux ont une valeur sacrée : chacun connaît son lignage officiel à partir d'Israël et peut faire baptiser ses ancêtres pour qu'ils soient sauvés.

Sont-ils toujours polygames ? Ils se récrient : cette pratique est bannie depuis 1890. (Sur la route de retour, à la fin de l'expédition, nous verrons pourtant les grandes maisons de Colorado City, le dernier village, « hors la loi et hérétique », où se regroupent les familles adeptes de la polygamie.)

Pour les deux longues étapes à venir, changement de décor : Dixie National Forest, la grande forêt de pins ponderosas. Ces géants magnifiques peuvent atteindre 70 m de haut et vivre plusieurs siècles. Nous frôlons leur belle écorce brun rouge à grosses écailles et leurs longues aiguilles souples dans le sous-bois clair ou règne une odeur d'agrumes et de résine fraîche. La *manzanita*, une bruyère aux feuilles rondes vernissées et branches rouge sang, couvre le sol. Les hautes falaises roses de Bryce Canyon, entrevues au loin ce matin, éclairées par le soleil levant, surgissent soudain juste au-dessus de nos têtes, lumineuses entre les cimes des arbres. Plus nous montons, plus le paysage s'élargit : les gradins du gigantesque amphithéâtre s'étagent sur une hauteur de 1 000 m. À l'arrivée sur le plateau, on est ébloui par l'amplitude du panorama et ses couleurs de conte de fées, domaine des Esprits pour les Indiens Païutes. Des millénaires d'érosion ont ciselé la roche tendre, façonnant un labyrinthe de draperies et de dentelles minérales de toutes les nuances de rose.

En contrebas du cirque, le paysage se déploie en majesté, à la rencontre du Grand Canyon : toute notre chevauchée à venir est là, sous nos yeux.

Le sommet du plateau est un vallonnement de prairies alpines, agrémentées de lupins, d'ancolies et de valérianes, où folâtrent des vaches en estive. Depuis le départ, nous n'avions rencontré aucun signe de vie humaine ni animal domestique !

Une rivière égrène de paisibles étangs retenus par des barrages de branches et de troncs emmêlés, signature des colonies de castors. De larges espaces herbeux invitent au galop. Je propose à Mel un *canter*, un « galop cadencé et contenu ». Doug s'étonne : « Un *canter* ? nos chevaux ne connaissent que trois allures : le pas, le trot et le galop ventre à terre… » Qu'à cela ne tienne ! Les chevaux s'élancent à bride abattue… C'est presque la débandade mais la cadence trouve un bon rythme. Le sol est excellent, chevaux et cavaliers se défoulent longuement, affolant au passage une harde de cerfs-mulets en lisière de forêt. Prudents, Mel et Vard tenaient les animaux de bât en longe. Ils nous rejoignent au grand trot, sans dommage pour les paquetages.

Aux campements de Pink Cliff et de Cougar Hollow, à près de 3 000 m d'altitude, sur un humus épais et humide, la végétation triomphe. Odeurs de sève, de mousse et de champignons envahissent la forêt d'altitude où douglas, sapins et épicéas se mêlent aux trembles, aux bouleaux et aux chênes. Après la végétation spartiate et coriace des canyons, les chevaux se goinfrent d'herbe grasse agrémentée de gentianes.

Grand confort autour du feu le soir : des arbres morts font office de bancs ; on se rapproche volontiers les uns des autres près des hautes flammes. Des journées de vie sans artifice ont tissé des liens : seul importe de vivre intensément le présent, d'en savourer chaque gorgée. Dans les intervalles de silence, on n'entend que le crépitement du feu et parfois, au loin, le glapissement de renards. Si les ours et pumas sont plus discrets, la prudence impose une corvée de vaisselle le soir pour ne laisser aucun relief de repas et la nourriture est rassemblée dans les caisses de bât hissées dans les arbres, hors de portée des ours bruns.

La nuit est fraîche en altitude. Les tentes prendront le relais des sacs de bivouac.

Arrachée au demi-sommeil qui précède l'aube par de lointains appels de coyotes, je suis définitivement réveillée par le concert des oiseaux et les cris stridents des écureuils qui se poursuivent dans les arbres. D'autres dormeurs émergent, nous allons donner leur ration aux chevaux. Une odeur de café et de bacon qui grésille. Le mélange de fumets gourmands est l'ultime signal pour un réveil impératif. Les petits-déjeuners, repas complets où apparaissent œufs, pommes de terre, viande et fruits, ne sont jamais boudés. Le pique-nique de sandwichs et de fruits, emporté dans les sacoches, est plus succinct ; le repas du soir est un autre festival, une vraie gageure à réaliser sur un feu de bois.

La nouvelle étape, longue de neuf heures, plonge au sud, vers les plaines et d'autres canyons, en une descente abrupte et hasardeuse, sous un couvert touffu. Avec la perte d'altitude, les ponderosas disparaissent, remplacés, le long d'East Fork Creek et de Swapp Canyon, par les pins pignons et les genévriers géants. Ceux-ci à leur tour se rabougrissent, et apparaissent l'armoise, le lys et la verveine des sables. Bryce Canyon est à nouveau une simple frange rose à l'horizon nord.

Nous approchons de l'ample vallée de Kanab Creek. La rivière s'expose en cascade au camp du soir. Les chevaux ont un grand corral où ils peuvent se détendre. L'air est plus doux et nous nous attardons près du feu. Mel nous raconte quelques bribes de sa vie :

ranger dans le parc national du Grand Canyon, gérant de ranch, figurant de western ou, avec ses chariots, filmé pour des pubs de Marlboro. Il a aussi consacré deux ans à diffuser sa religion, comme le recommandent les préceptes mormons. Ayant choisi de vivre parmi Indiens Navajos, il nous parle de leurs croyances, des peintures sur sable, du chamane qui peut voyager avec le vent, les rayons de soleil ou les éclairs, des rituels qui permettent de vivre en harmonie avec les autres êtres vivants et les forces de la nature. Il raconte aussi la malédiction jetée sur lui par un chamane lorsque, avec l'accord de la maman, il a soustrait un enfant mourant aux incantations du sorcier pour le faire hospitaliser et le sauver. Il évoque plusieurs expériences qu'il a vécues d'hommes changés en loups-garous…

Sous la lune grossissante qui double arbres et buissons d'ombres mystérieuses, nous prenons les chevaux en longe pour les mener boire au torrent. Encore habités par les histoires de loups-garous, nous sommes sur le qui-vive, oreilles aux aguets : craquements de branches, froissement de feuilles, ombres mouvantes. Les chevaux boivent à longs traits, ils sont paisibles, nous nous laissons gagner par leur sérénité.

Au départ de Kanab Creek, la progression est pénible, dans une épaisse coulée de lave disloquée comme une débâcle, repaire d'une multitude de *jack rabbits*, les lapins aux longues oreilles. Le sable enfin, dans les larges méandres du Fourmile Canyon, paraît doux comme la soie

Traverser Red Canyon, profond et encaissé, est un défi. Assis sur les talons, les chevaux se laissent glisser dans le sable fluide comme sur un toboggan. La remontée à quarante-cinq degrés est impossible en selle. Quelques cavaliers se hissent à pied au sommet de la pente pour réceptionner les chevaux. Nos montures sont lâchées calmement du fond du canyon, les unes après les autres, rênes nouées et encolure libre pour pouvoir grimper à leur tour dans le sable profond ou accrocher le grès râpeux. Sans affolement elles progressent par bonds, s'arrêtent pour reprendre leur souffle et poursuivent. Tout se passe à merveille.

Émergeant d'une forêt claire de thuyas et de genévriers aromatiques parmi les sables rouges, les mesas blanches de White Tower et de Diana's Throne annoncent la vallée de la Virgin River. Nous y descendons, aimantés par la promesse d'une baignade.

Les chevaux ont un corral abandonné, herbeux et fleuri, pourtant, avant de déposer les selles, la vigilance s'impose : les planches vétustes tombées sur le sol sont des abris de prédilection pour les serpents à sonnette. Ces reptiles ne sont pas vraiment redoutables ; ils signalent leur mécontentement par le bruit de grelot des derniers anneaux de la queue, des segments desséchés qu'ils font vibrer comme un hochet. Plus ils sont vieux, plus ils sont bruyants, car un nouveau segment « à sonnette » s'ajoute à chaque mue. On les entend d'assez loin pour prendre des dispositions.

La vallée de la Virgin River est bien l'oasis attendue : une large prairie alluviale fleure bon l'armoise, ombragée de tamaris et de peupliers. Même si l'eau est chargée de limon, elle est fraîche et la baignade appréciée ; il reste de longues journées de chevauchée, et c'est la dernière « eau courante ».

Affluence ce soir autour du feu. Nous sommes proches des lieux d'habitation de nos guides. Parents, épouses, enfants et quelques amis nous rejoignent avec un copieux repas de fête. Guitares et banjo accompagnent des ballades traditionnelles. Nous reprenons les refrains en chœur : *Country Road, Home on the Range, I'm a Poor Lonesome Cow-Boy*... La musique country, mélancolique, gaie, voire gaillarde, s'accorde bien aux ambiances de veillées. Sympathiques échanges avec les familles, curieuses de rencontrer ces fous de Français qui refusent le confort et veulent vivre, le temps de l'expédition, au plus près de la nature.

Je m'endors bercée par le chant de la rivière mêlé à celui des constellations.

Comme autrefois les pionniers, nous suivons le cours de la Virgin River, affluent majeur du Colorado, entre de hautes falaises tantôt rouges, tantôt ocre clair. Parfois le lit est très large, bordé d'arbres et de pâturages ; parfois il devient si étroit que nous marchons les pieds dans l'eau, évitant les sables mouvants qui se créent autour des rochers. La rivière finit par s'encaisser, nous obligeant à gravir une rampe escarpée pour gagner le plateau.

En cet endroit délicat, une colonne de pionniers réorganisait ses attelages de bœufs pour pouvoir s'extraire du canyon. Profitant de leur vulnérabilité, un groupe de Navajos les a tous massacrés.

Ces temps sont révolus. Après de sanglantes péripéties et un douloureux exode, les Navajos sont devenus citoyens américains. Ils ont retrouvé progressivement la propriété d'une grande partie du territoire de leurs ancêtres. Ils exploitent charbon, pétrole, uranium et les sites touristiques de Monument Valley et de Canyon de Chelly. Au nombre d'environ 300 000, ils représentent actuellement la population indienne la plus importante des États-Unis. Si certains vivent en assistés, sombrent dans l'alcoolisme ou la drogue, d'autres sont parfaitement intégrés à la société américaine. Beaucoup continuent à se battre pour la survie de leur culture.

Nous laissons la Virgin River à ses profonds méandres. Le paysage s'apaise, quelques mesas montent encore la garde : Sandstone Butte, Elephant Butte. Des pistes sablonneuses et de longs galops en slalom conduisent à Pine Spring, le point d'eau et le corral de la halte du soir.

Nous les attendions mais ils ont vraiment de la gueule et dépassent de loin notre attente : deux chariots bâchés ont été déposés dans les sables de Pine Spring à notre intention. Je suis médusée ; impossible d'être plus authentique. L'un est gris, couleur de vieux bois patiné, et aurait cent quarante ans. C'est le *chuck wagon*, le « chariot cuisine », une cantine ambulante. À l'arrière, sur toute la hauteur, un placard à casiers pour ranger ravitaillement et ustensiles. En déplacement, il est fermé par un grand panneau de bois. Au campement, le panneau s'ouvre de haut en bas et devient une table soutenue par un pied. Astucieux ! J'en avais vu dans les peintures de Remington ou de Russel ; me voilà devant une légende vivante. Les deux chariots sont couverts d'une bâche de grosse toile blanche tendue sur des arceaux en arc outrepassé.

Ces chariots d'époque ont été utilisés par les ancêtres de Mel, pionniers dans les années 1850-1870, pour rejoindre dans l'Utah la communauté des mormons. Dès demain, mules et chevaux de bât seront attelés aux chariots pour assurer l'intendance des prochaines étapes dans les grandes plaines de la Prairie.

Pour l'instant, le problème est le feu : dans la steppe le bois est rare. Mel et Doug, partis à cheval, reviennent bientôt, traînant à bout de lassos des troncs entiers de genévriers morts.

L'odeur de genévrier qui brûle est un des parfums les plus ensorcelants au monde, un encens mystérieux qui fait surgir les sortilèges des espaces sauvages, ceux des déserts du Sud-Ouest américain. Il m'arrive d'en brûler chez moi, dans la cheminée, après les tailles annuelles du jardin, et immanquablement se réveillent les images de ces veillées.

Ce soir à Pine Springs, Mel, toujours discret et volontiers taciturne, ne résiste pas aux interrogations suscitées par les chariots. Il évoque le long exode des mormons, persécutés dans les États de l'Est, où cette religion nouvelle s'est développée à partir de 1830. Joseph Smith, le fondateur, emmène ses ouailles vers l'Ouest. Partis des rives du Mississippi, ils arrivent, vingt ans plus tard, dans la vallée désertique du Grand Lac Salé, dans l'Utah, où leur nouveau guide, Brigham Young, fonde Salt Lake City.

Mel a toujours eu le hobby de collectionner les vieux chariots et l'idée lui est venue de proposer des randonnées avec chevaux de bât, accompagnés de chariots. C'est peu après que je l'ai rencontré.

Un nouveau rituel intervient lorsque tout est prêt pour le départ : feu éteint, chariots chargés, chevaux sellés. Il s'agit d'habiller de leurs harnais les deux appaloosas et les mules, ajuster le collier, les avaloires et les barres de fesses, adosser les chevaux en paires à leur chariot respectif et les atteler. Le premier matin, le réglage précis des harnais demande du temps. Peu importe : nos montres sont aux oubliettes.

Wagons roll ! (« Roulez chariots ») était au temps de la conquête de l'Ouest l'ordre de départ pour les longues colonnes d'attelages. Les chevaux arrachent les chariots du sable et trouvent rapidement une vitesse de croisière sur une piste de terre. Nous les escortons dans la lande d'armoise, sur les flancs, derrière ou loin devant : la consigne est de laisser beaucoup d'espace autour des chariots pour ne pas gêner leur progression. Vard et Lionel mènent ce matin. Au fil des jours nous nous succéderons sur la banquette, à côté des meneurs qui nous passeront les guides. « Ce n'est pas compliqué, explique Lionel, surtout avec les mules. Il faut connaître les bons jurons et les proférer au bon moment, elles comprennent. »

Dit-on aussi chez les cow-boys « jurer comme un charretier » ?

Le roulis des chariots excite nos chevaux : eux aussi semblent heureux de retrouver un terrain ferme et régulier. Les genévriers et les pins sont plus rares, l'armoise domine, éclairée par les bouquets jaunes des séneçons, les éclairs pourpres des *castilléjies,* les trompettes blanches des daturas sacrés, l'herbe du diable.

Devant nous, au pied d'une éolienne à palettes, un panneau rouillé annonce que nous quittons l'Utah pour entrer en Arizona. C'est ici l'Arizona Strip, un petit bout d'Arizona isolé du reste de l'État par la balafre infranchissable du Grand Canyon. Doug cite la sentence d'un vieux cow-boy : « Pour garder du bétail, à choisir entre l'Arizona Strip et l'enfer, je choisirais l'enfer ! »

Eh bien, nous y voici ! La végétation se fait plus rare. Derrière nous les reliefs tabulaires s'amenuisent, l'espace s'ouvre comme une mer sans limite : la Prairie ! Nous cheminons deux longues journées à travers ces espaces immenses sous des ciels infinis. Depuis les chariots, le regard domine la plaine, la rêverie est bercée par le grincement des roues et le vent qui gonfle la toile blanche. À cheval, tant d'espace fait naître une envie de liberté totale, la tentation de chevaucher seul ou à deux, peut-être chanter ou dire des poèmes, gravir une colline, poursuivre un lièvre ou simplement rêver en solitaire. Ces jours-là, je propose aux cavaliers de choisir à leur gré leurs allures et leur terrain. Ils partent, ici et là, parfois très loin, avec le repère rassurant des voiles blanches des chariots dans la Prairie.

Au milieu du jour, le soleil est implacable. De loin en loin, des éoliennes paresseuses alimentent de grands abreuvoirs pour le bétail qui occupe cette steppe ; nous y faisons boire les chevaux. Parfois passe un coyote ou une troupe d'antilopes pronghorn, aussi évanescentes que les *tumbleweeds,* les buissons secs, déracinés et roulés par le vent.

Aux camps de Yellowstone Mesa et d'Antelope Valley, l'horizon est dégagé à 360 degrés. Rien n'arrête le regard dans un espace à donner le vertige. Nous y trouvons une réserve d'eau de pluie, de vieux corrals, pas le moindre arbre ou arbuste. Le bois chargé le matin dans les chariots sera utile.

Sue Bader apparaissait parfois dans l'équipe de Mel. C'est à Yellowstone Mesa que je l'ai vue ferrer plusieurs chevaux, seule, avec une dextérité renversante. Svelte et décidée, toujours un sourire attendri aux lèvres, cavalière hors pair, imbattable au lasso, elle monte Jack, un splendide mulet qu'elle invective de grossièretés affectueuses. Force de caractère, humour décapant, gouaille et cœur d'or : Sue est notre Calamity Jane.

Le cramoisi des couchers de soleil inonde le ciel et la Prairie, puis dépose lentement ses pigments le long de l'horizon. Ombres chinoises des chariots et des chevaux bientôt diluées dans le bleu de la nuit. La flamme dansante du feu devient le seul repère. Puis les étoiles apparaissent, les plus brillantes d'abord, les alphas des constellations. On se prend à deviner : ce doit être Vega dans la Lyre ? et puis peut-être la blanche Altaïr ? Dans le prolongement de l'arc de cercle de la Grande Ourse, un peu orangée, voici Arcturus. Peu à peu elles clignotent ici et là, s'affirment, le puzzle se complète, les grands alignements des constellations remplissent toute la voûte céleste, un ciel de lit qui vous ouvre le cœur de l'Univers.

Nouvelle journée de prairie. Belle descente dans la terre rouge, tous freins serrés pour les chariots, et de nouveaux reliefs : un chapelet de petits volcans. La piste amorce une légère montée. Les attelages sont à la peine, alors Mel et Lionel déroulent leur lasso, l'arriment au timon des chariots, et leurs montures ajoutent leur force à celle des animaux de trait.

La Prairie est traversée. Demain les chariots retourneront à leur « musée ».

Des coulées de lave cordée et un relief plus bousculé annoncent la proximité du grand volcan Trumbull. La végétation est à nouveau exubérante, les cerfs-mulets remplacent les antilopes. Chênes de Gambell au tendre feuillage, opulente forêt de ponderosas, herbage abondant pour nos montures : nous sommes au pied du mont Trumbull (2 600 m), le plus haut d'une trentaine de volcans. La journée a été courte. Nous laissons les chevaux au repos pour gravir le volcan, effort récompensé par le panorama : je peux y tracer, comme sur une carte, l'itinéraire du lendemain. Il se termine en bordure même de la faille du Grand Canyon ; on devine au loin l'effondrement gigantesque.

Bruit de la hache éclatant le bois, odeur de café : c'est l'heure de faire boire les chevaux. En chemin vers le point d'eau, nous surprenons les peu farouches écureuils de Kaibab. Noir de jais, queue blanc immaculé, ils se nourrissent de jeunes pousses de pins ponderosas et sont endémiques dans cet îlot de forêt, entourée par des semi-déserts et le Grand Canyon.

Dernière journée en apothéose. Passée la descente hasardeuse dans une coulée de lave où « même les cow-boys » ont mis pied à terre, nous débouchons dans la très large vallée de Toroweap. Quelques galops pour plonger vers le paysage qui s'amplifie. Les contours bleutés et violacés de falaises monumentales se dessinent à l'horizon puis se précisent, se creusent. La piste serpente longuement dans un jardin de rocaille : agaves et yuccas aux hampes fleuries, cactus aux fleurs jaunes ou vermillon, genévriers aux racines noueuses crispées sur les concrétions baroques de grès rose.

Soudain c'est la vertigineuse cassure : le Grand Canyon ! Un précipice de 1 000 m jusqu'au ruban vert du Colorado. Sous les sabots de nos chevaux, une montagne en négatif plonge vers les abîmes. Ici s'affichent les archives géologiques de la terre : les fossiles découverts dans les couches les plus profondes ont 570 millions d'années. Le Grand Canyon se déploie en amphithéâtres colossaux multipliés à l'infini. Nous sommes sur la rive nord, à Toroweap Point, un site très peu fréquenté parce qu'aucune route ne le dessert. Pourtant c'est un des rares endroits à l'aplomb exact du fleuve. En contrebas, les plus gros rapides : des coulées de lave ont créé de véritables barrages qui entravent l'écoulement du fleuve.

Dans ce site époustouflant, nous allumons notre feu et installons le dernier bivouac, nous imprégnant de la splendeur du coucher du soleil. Le jeu des nuages anime les parois étagées à l'infini, un écran géant pour une palette mouvante où dominent les rouges, l'orange, les ocres et le rouille. L'ombre des nuages souligne les épanchements noirs et jaunes des oxydes de fer, caresse les veines blanches du gypse, avive les écoulements violacés et bleu lavande du manganèse.

L'obscurité a envahi le fond du canyon. L'ombre monte lentement le long des parois et finit par atteindre la crête des plus hautes falaises.

Il nous reste une nuit entière sous les étoiles.

Nous revenons à Las Vegas pour prendre l'avion. Tout y est artifice, extravagance et délire maximal, folie des casinos bruyants qui ruissellent de lumières agressives, ciel lacéré de fils électriques et d'enseignes tapageuses. Même Mel, rasé de près, arbore un chapeau neuf, ses bottes du dimanche et une ceinture à boucle de turquoise. Il est plus taciturne que jamais, mais son regard reste bleu comme les ciels de l'Utah.

La « Chevauchée fantastique » existe toujours. Jason, le fils de Doug, et Justin, le fils de Mel, ont pris la relève. Mel est toujours de l'aventure. Il n'y a plus de chevaux de bât, beaucoup de choses ont changé, les feux sont souvent interdits, mais les ciels sont toujours aussi vastes, les canyons éclatants de couleurs, la Prairie couverte d'armoise odorante et les chariots encore un peu plus vieux… *Wagons roll* !

Mexique, printemps 1981

Chez les Indiens Tarahumaras de la sierra Madre

Chaque lune, chaque année
Chaque jour, chaque vent
Voyage et passe
Ainsi chaque vie rejoint
le lieu de son repos.
Popol Vuh (livre de la Genèse maya)

À la fin des années 1930, Antonin Artaud s'était rendu à cheval chez les Indiens Tarahumaras pour y être initié aux rites chamaniques. Au-delà de la quête surréaliste que l'auteur évoque dans *Les Tarahumaras*, j'avais été intriguée par ce peuple étonnant et sa philosophie de vie si originale. Qu'était-il devenu, dans les sierras grandioses, isolées du monde ?

Lorsqu'en 1979 Stéphane Bigo[6] m'annonce qu'il va reprendre sa vie de cavalier nomade par une traversée du Mexique, il comprend vite mon souhait de l'accompagner pour la partie du voyage qui explorera le pays des Tarahumaras, dans la sierra Madre occidentale.

Au moment de le rejoindre au Mexique au printemps 1980, un problème de santé me rive sur une table d'opération.

Stéphane réalise son voyage et porte une attention particulière au pays tarahumara. À son retour, très fair-play, il me communique ses contacts. Nous décidons de proposer, l'un et l'autre, cette expédition à nos amis cavaliers respectifs.

Le premier voyage, réalisé en commun, nous enthousiasme au point de le renouveler l'année suivante, chacun avec son groupe de

6. Stéphane Bigo, cavalier voyageur et écrivain, auteur de récits de voyages équestres au long cours sur tous les continents : *Crinières au vent d'Asie, Crinières au vent Indien, Crinières sans frontières, Crinières d'ébène, Crinières de jade.*

cavaliers, suivant le même itinéraire mais dans des sens opposés, pour nous croiser à la grande fête indienne de Munerachi.

J'ai choisi de raconter ici le troisième voyage, à l'issue particulièrement épique.

L'aventure commence à Chihuahua, capitale des hauts plateaux au nord du Mexique, refuge de Pancho Villa, le révolutionnaire au grand cœur. Un Far West à la mexicaine. Ici, on a la dégaine affirmée et la mine pionnière de ceux qui travaillent dans les ranchs ou dans les mines. Un peu plus à l'est, c'est le Rio Grande et le Texas.

La sierra Madre occidentale est un vaste entablement de roches volcaniques, principal tronçon mexicain de la Grande Cordillère qui s'étire de l'Alaska à la Terre de Feu. Les mouvements tectoniques et l'érosion ont disséqué et sculpté cet énorme plateau de plusieurs milliers de mètres d'épaisseur, devenu un enchevêtrement de canyons et de ravins (les *barrancas*) aussi spectaculaire qu'impénétrable. La Barranca del Cobre plonge à 1 850 m, 300 m de plus que le Grand Canyon du Colorado !

Au Mexique, quand on veut expédier quelqu'un « aux cent mille diables », on lui dit : « Va donc à Chihuahua ! » Eh bien, nous y sommes. La gare résonne du sifflement strident du CHP, le train légendaire qui relie Chihuahua au Pacifique à travers les dédales montagneux de la Sierra Madre (940 km, 86 tunnels, 37 viaducs). Sur la carlingue jaune de la monstrueuse locomotive, la silhouette d'un Indien tarahumara en pleine course symbolise la vitesse.

Dernière nuit à l'hôtel Apolo aux fresques murales et moulures dorées un peu décaties, à l'ambiance de saloon chic et rococo de la belle époque. Nous quittons Chihuahua en voiture. La piste trace son sillon dans la forêt et s'arrête soudain au bord d'un colossal éventail de *barrancas* qui se succèdent à l'infini en vagues bleues. Commence une interminable descente en lacets jusqu'aux gorges, franchies sur un étroit pont de bois sans parapet, avant une remontée sur un plateau, une nouvelle dégringolade au fond d'un ravin et un parcours escarpé au-dessus du torrent. Enfin, après quinze heures de piste, des lueurs dans la nuit : un poste de péage, Batopilas, le village métis d'un millier d'âmes oublié au fond d'un lointain canyon, d'où partira notre expédition.

Je retrouve Carmen et nous tombons dans les bras l'une de l'autre pour un *abrazo* ému. J'ai laissé dans son grenier la batterie de cuisine de la dernière randonnée. Carmen est une femme épanouie et active, elle nous accueille pour la nuit dans son « hôtel ». La bâtisse est propre et rustique : sol en terre battue, dortoir à l'étage, fenêtres sans carreaux ; à quoi bon ¿ la température est douce.

Épuisés et couverts de poussière, nous éprouvons le besoin de nous dégourdir les jambes. L'air est tiède et parfumé, la lune est presque ronde, tout naturellement nous descendons vers le rio. Avec la complicité de la nuit, nous nous offrons un bain de jouvence. Requinqués, nous nous délectons de haricots et de *tortillas* (des crêpes de farine de maïs) préparées par Carmen. Belle ambiance autour de la table avant une nuit réparatrice.

Un mois plus tôt, j'avais écrit à don Erasmo Paredes Valenzuela, à Batopilas, lui demandant « de rassembler pour un départ le 30 mars à l'aube : un guide, des *arriero*s (les muletiers accompagnateurs), douze chevaux et mules en excellent état avec de bons harnachements et douze ânes avec leur bât ». Je n'ai pas eu de réponse.

Le jour dit, aux premiers rayons du soleil, ils sont tous là. Don Erasmo est une sorte de « parrain » local. Grand, la moustache et la chevelure blanches, mise soignée et sombrero de bonne facture, il dégage une autorité naturelle et bienveillante. Je suis heureuse de le revoir. Son frère Nere sera notre guide. Les cinq *arrieros,* plutôt jeunes, au visage jovial et regard franc, échangent des poignées de main avec les cavaliers.

Nos montures seront quelques chevaux et surtout des mules. Il est difficile d'expliquer à des cavaliers, dans une brochure, que l'expédition se fera « à dos de mule » ! Même s'il est prêt à s'adapter à beaucoup de situations, le cavalier qui n'a pas vécu l'expérience des terrains très accidentés admettra difficilement que la mule est, dans ces circonstances, plus performante et au moins aussi attachante qu'un cheval. J'ai dû user de toute ma force de persuasion et vanter les qualités des mules : préférées par les convoyeurs de troupeaux pour les longues distances, elles sont enrôlées dans toutes les montagnes du monde, et les vieux cow-boys sont plus attachés à leur mule qu'à leur cheval.

Par la suite, aucun ne regrettera d'avoir ainsi élargi son expérience cavalière.

Avec l'aide de Nere j'attribue chevaux et mules, règle les étrivières et ajuste les paquetages. Équipées de confortables selles mexicaines et battant le pavé de l'artère principale de Batopilas, nos fringantes montures sont très excitées d'être en nombre et talonnées par la petite troupe d'ânes de bât. La population, curieuse et amusée, nous salue. Chiens, cochons et volailles nous cèdent le passage.

Défilent les blanches maisons coloniales à l'ombre des banians, l'église radieuse et son clocher à peigne sur le bleu du ciel, sous une envolée de bougainvillées et d'épaisses frondaisons des manguiers. À la sortie du village, le chemin passe entre des jardins irrigués et des vergers où mûrissent goyaves, oranges et bananes.

Quand nous rejoignons le sentier muletier sur l'autre rive du rio Batopilas, un affluent alimente une roue à aubes ; elle tourne en plan horizontal dans une grande auge et actionne une meule de pierre qui broie du minerai aurifère. Malgré le très faible rendement actuel, les villageois poursuivent, pleins d'espoir, l'exploitation artisanale des mines de Batopilas et Urique, où étaient, de 1790 à 1820, les plus riches filons d'or et d'argent de la sierra Madre.

Très vite le sentier grimpe, la végétation devient sèche et épineuse ; souverains et altiers, de grands cactus candélabres, les *cardones*, brandissent leurs bras hérissés de piquants. Au moindre replat, une cabane avec poulailler, potager, fleurs et bananiers. Nous attachons nos animaux aux barrières d'un de ces *ranchos* pour une halte de midi négociée par Nere.

La famille tarahumara qui nous accueille semble très intimidée. Les femmes, plus avenantes, aux jupes et corsages amples et colorés, indiquent où nous installer. Se tenant à l'écart, les hommes et les jeunes garçons resplendissent, tout de blanc vêtus – large chemise plissée, pagne qui révèle longues jambes musclées. Sous d'épais cheveux noirs coupés au bol et ceints d'un bandeau, les visages aux pommettes saillantes sont graves, la peau est lisse, couleur de pain d'épice, le regard transperce. Hiératiques, ils nous observent, quasi immobiles. Nous essayons d'être discrets sans savoir qui est le plus curieux de l'autre.

Les Tarahumaras, peuple à part dans le kaléidoscope mexicain, sont environ 50 000 aujourd'hui. À l'origine, un groupe nomade venant de la côte du Pacifique s'est dispersé : vers le sud, il est à l'origine des Huicholes et des Aztèques, vers le nord ce sont les Yaquis, les Mayos et les Tarahumaras. Établis il y a environ trois mille ans sur les plateaux fertiles de Chihuahua, ils sont chassés des meilleures terres par les Espagnols au XVIe siècle et s'exilent dans la montagne pour échapper au travail forcé.

Ils s'appellent eux-mêmes *Raramuri*, « ceux qui courent vite ». La capacité à courir vite est une qualité première pour eux, qui vivent très isolés et doivent se déplacer rapidement sur de grandes distances. Ils chassent à la course, jusqu'à l'épuisement du gibier, et suivent une abeille pour trouver la ruche et le miel. J'ai ramassé, dans un sentier, une de ces boules de bois, de la dimension d'une balle de tennis, qu'ils se disputent en courant sur de très longues distances, parfois des jours durant.

Les Tarahumaras nomadisent entre deux ou trois domiciles à des altitudes différentes : une grotte aménagée, une maison d'adobe, en rondins ou en pierre, souvent en des lieux isolés. Nous verrons, en altitude surtout, de petites parcelles de maïs et de haricots, la base de leur alimentation ; le fond des vallées au climat plus tropical convient aux tomates, bananes, canne à sucre, piments ou oignons. Ils récoltent aussi une centaine de plantes sauvages pour s'alimenter, se soigner ou se stimuler pour la course. Contraints à un mode de vie spartiate, les Tarahumaras privilégient les échanges et partagent leurs ressources, mettant l'amitié au-dessus des biens matériels. Pour eux, le pire péché est de voler du maïs.

La récolte terminée, ils enferment leurs petits troupeaux de moutons et de chèvres sur les champs pour les fertiliser, mais consomment peu de viande et de lait. Ils croient que les animaux et les plantes ont une âme. Animistes, ils vivent dans le respect de la nature et de tous les êtres.

Après nous avoir longuement observés, les femmes et les enfants s'approchent des chevaux, nous échangeons des sourires et ils nous effleurent la main lorsque nous partons.

La suite de l'étape, par un chemin en corniche, nous conduit au rancho de Cerro Colorado, où vit une famille de métis. Ici l'accueil est direct et sans manières, la chaleur humaine communicative : les *arrieros* retrouvent des amis.

Les animaux de notre caravane reçoivent de bonnes rations de maïs et du fourrage de maïs. Presque au même régime, nous apprenons à confectionner des montagnes de *tortillas*, qui s'accommodent de toutes les garnitures : viandes, légumes, fruits, fromages et même confiture. Nous avons emporté de grandes quantités de viande séchée, qui se conserve parfaitement malgré la grande chaleur et peut être réhydratée à la demande.

Avant que le soleil ne disparaisse, l'ombre envahit le canyon, la terre exhale des parfums que la chaleur dissipait. Le feu éclaire le campement. On ne vient pas s'y réchauffer car l'air est doux, mais sa flamme est le lieu de ralliement ; après les soins aux animaux, après la toilette, c'est là qu'on bavarde et prépare le repas. Ce premier soir, j'offre une tournée générale de tequila pour sceller la rencontre entre les cavaliers, *arrieros* et habitants de Cerro Colorado. La communication est plus spontanée avec les métis qu'avec les Tarahumaras, d'autant que plusieurs cavaliers se débrouillent en espagnol. L'équipe locale se réjouit de ces dix jours d'expédition. Ils sont rieurs comme des enfants en vacances.

Premier bivouac, sous les silhouettes fantomatiques des *cardones* dressés vers le ciel étoilé où apparaît la lune.

Une courte étape le lendemain nous familiarise définitivement avec nos montures ; elles acquièrent la confiance de toute l'équipe dans les sentiers abrupts qui relient Cerro Colorado à Munerachi. Ce modeste village au confluent de deux rios, stratégique pour les Tarahumaras, compte une église et une école.

Un replat ombragé, proche du rio, fera un campement idéal. Nous installons au mieux les animaux et j'accompagne Nere pour acheter une bonne provision de fourrage de maïs, gardé dans des greniers de pierres sèches ; nous allons passer deux nuits à Munerachi.

Des nuées de petits perroquets verts nichent dans la falaise abrupte. Ils volettent en piaillant au-dessus des piscines naturelles vert céladon. L'autre rive, en pente plus douce, grimpe par paliers vers de lointaines falaises, draperies de roches colorées, tendues sur le ciel. Le cadre m'enchante, intime, tropical, rafraîchi par l'eau courante et, en même temps, ouvert sur des paysages grandioses.

Les cavaliers ont pris pied dans l'aventure : ils sont complètement déconnectés du reste du monde.

Depuis l'aube, le bruit sourd de tambours réveille les échos de la montagne : une importante cérémonie rituelle tarahumara va se dérouler ici, à Munerachi, durant la pleine lune, qui coïncide avec la fête de Pâques.

Une terrasse naturelle héberge quelques habitations de pierre et l'église de terre ocre rouge. Tout est paisible, seul le roulement des tambours résonne au loin. Nous montons jusqu'au minuscule village où les Tarahumaras commencent à revêtir leurs costumes de fête : une féerie de couleurs. Hommes et femmes arborent les amples blouses bouffantes resserrées au cou et aux poignets. La gamme des rouges domine, mais éclatent aussi l'orange, le vert, le rose indien, le bleu turquoise, les rayures, et même des imprimés de grandes fleurs chatoyantes. Les hommes portent un pagne de coton blanc terminé en pointe à l'avant, et à l'arrière à hauteur du pli du genou ; les femmes ont de grands jupons blancs superposés.

La chevelure (courte pour les hommes et longues tresses pour les femmes) est ceinte d'un large bandeau immaculé ou coloré, noué sur la nuque, laissant les deux extrémités pendre jusqu'à la taille. Beaucoup d'hommes sont en plus coiffés d'un panache de plumes de coqs et de dindons. Ces tenues insolites et tellement bariolées pourraient faire penser à quelque carnaval mais, ici, le rite est sacré.

Devant les maisons, des jarres de terre ventrues contiennent le précieux *tesgüino*, la bière de maïs, qui sera consommée après la fête religieuse. Il est en préparation depuis une semaine : laisser le maïs germer plusieurs jours, le broyer sur une grande pierre oblongue, le *metate*, le cuire et laisser fermenter avec des herbes avant de le filtrer. Plus qu'une boisson, c'est un liquide sacré, qui guérit et prévient les maladies. De bonnes raisons pour en consommer abondamment.

La proximité des festivités rend les Tarahumaras communicatifs et souriants. Ils approchent et essaient de nous parler, nous effleurant la main du bout des doigts ; la poignée de main est un signe de trop grande intimité. Les femmes, leurs bébés maintenus dans le dos par un grand châle, nous expliquent la recette des *tamales*, qu'elles sont en train de préparer : une pâte de tortilla mélangée de piments et de viande, roulée en épi, enveloppée de feuilles de maïs.

À la tombée du jour, une lueur irradie au sommet de la *barranca* et envahit le ciel ; la lune émerge lentement de la falaise, pleine et énorme, figeant toute la vallée dans une clarté laiteuse.

En provenance de l'église, le battement des tambours est redoublé et s'accompagne maintenant de violons et de flûtes. Nous rejoignons le parvis et assistons, médusés, à l'étrange spectacle de toute la population en tenue de fête, rassemblée devant l'église à la seule clarté de la lune. Des « soldats », qu'on reconnaît à leurs longs bâtons sculptés en torsades, montent la garde devant l'entrée de l'église ainsi qu'à l'intérieur, de chaque côté de l'autel, où sont exposées statues et images pieuses empruntées à l'iconographie catholique. Ils se relaient, non sans se signer et exécuter un tour sur eux-mêmes avant de quitter leur poste. L'air est chargé d'odeur d'encens et de bougies. À l'extérieur les hommes dansent : dans un piétinement continu et lancinant, ils forment des cercles concentriques tournant en sens inversés. Certains arborent des fusils ou des sabres de bois grossièrement sculptés.

Brusquement ils s'organisent en file indienne pour une procession à toute allure autour de l'église, puis autour de la croix en bois blanc. Avec la même précipitation, chacun s'agenouille devant les calvaires, se signe et reprend sa course. Curieuse sensation d'un film en accéléré dans une étrange clarté de « nuit américaine ».

Arrêt sur image : la procession se fige. La mélodie d'un violon invisible, répétée et lancinante, s'inscrit dans le silence : elle annonce le *gobernador*, le chef choisi par la communauté, qui va prendre la parole. Les femmes s'assoient à même le sol en grandes corolles multicolores. Si le long sermon aux accents incantatoires nous échappe complètement, l'assemblée est attentive et silencieuse. L'instituteur de Munerachi nous expliquera demain que, par cette fête, les Tarahumaras vénèrent le dieu Soleil, masculin, ainsi que la déesse-mère, la Lune, et d'autres esprits tutélaires, afin d'obtenir de la pluie pour les prochaines récoltes.

Des bébés pleurent, des enfants chahutent à voix basse et rires étouffés. L'atmosphère est mystérieuse, quasi mystique. Le temps est en suspens sur cette cérémonie sans âge.

Tandis que danses et processions reprennent, nous regagnons le camp. Les animaux mâchouillent leur fourrage de maïs. La clarté est étrange. Toute la nuit vibre des pulsations obsédantes des tambours qui nous arrivent tantôt assourdies, tantôt plus proches, répercutées par l'éventail des canyons.

Après le petit-déjeuner et l'irrésistible bienfait d'une baignade, nous rejoignons l'église. De toutes les *barrancas* environnantes arrivent en courant au son du tambour de longues colonnes de Tarahumaras, comptant chacune jusqu'à quarante petites taches de couleurs sautillantes qui serpentent de lacet en lacet et dévalent à toute vitesse les sentiers pierreux, opèrent des tours complets sur eux-mêmes et poursuivent sans ralentir. Ils convergent en plein soleil devant l'église et reprennent leurs danses circulaires : crin-crin des violons, flûtes primitives, crécelles.

Je détaille mieux leurs atours et aussi de curieux bracelets, plusieurs fois entourés autour des chevilles des danseurs, qui font un petit bruit mat de graines concassées... Ce sont, cousus les uns aux autres, des cocons de vers à soie qui contiennent encore le ver desséché, devenu grelot.

Les tambours circulaires sont suspendus à une poignée tenue d'une main, tandis que l'autre main tient un bâton à l'extrémité emmaillotée de chiffons qui produit un son assourdi. Une perle, enfilée au milieu d'une cordelette de cuir cru étirée le long de l'autre face du tambour, vibre à chaque battement. Les peaux des tambours sont décorées de motifs ocre rouge, une infinité de variations sur le thème du cercle, de l'étoile et du soleil. La foule grossit, le rythme s'accélère, les processions au pas de course reprennent avec leurs génuflexions et signes de croix hâtifs.

Les croyances des Tarahumaras mêlent allègrement les traditions animistes et les réminiscences de l'évangélisation des Jésuites. L'église leur appartient puisque leurs ancêtres l'ont construite, mais leurs vraies divinités sont dans la nature, le ciel, sous terre, dans la végétation, les sources et les rivières.

La consommation du peyotl (*jikuri*, le cactus sans épine qui contient de la mescaline hallucinogène) pour entrer en communication avec les esprits est un usage rituel pour les Amérindiens depuis plus de trois mille ans. Il est encore largement pratiqué par les Huicholes. Chez les Tarahumaras, ces cérémonies, plus rares, sont toujours secrètes et réservées aux chamans, à qui le peyotl permet de voyager dans le temps et dans l'espace.

Le soleil est au zénith et pas un souffle de vent. Le tempo des tambours s'apaise, les danseurs se dispersent pour aller se rafraîchir de *pinole*, boisson à base de maïs grillé, mais bientôt ce sera l'heure du *tesguïno* ; sa consommation honore les dieux, pourvoyeurs du maïs. Avant de le boire, on verse quelques gouttes aux quatre points cardinaux. Chacun reçoit de pleines calebasses du liquide trouble de couleur brunâtre. On nous en offre de grandes lampées. C'est légèrement pétillant et rafraîchissant, avec un lointain goût de cidre. Le *tesguïno* titre à peine trois degrés d'alcool mais les Tarahumaras en boiront jusqu'à l'épuisement des jarres.

Une partie des danseurs se dirige vers la rivière, près de gisements de terre ocre. Ils enlèvent leurs habits de fête, les roulent dans leurs foulards autour de la taille et, vêtus de leurs seuls pagnes, s'enduisent de la tête aux pieds de terre ocre, de farine de maïs ou les deux à la fois : les voilà devenus les *diablos*. Les tambours continuent à vibrer, le *tesguïno* coule à flots, les calebasses sont vidées d'un trait. Le soleil décline, les champs de maïs et l'*arroyo* sont dans l'ombre.

Commence alors le combat entre *diablos* et *fariseos* (« diables » et « pharisiens »). Ce sont des combats singuliers. La règle veut que celui qui est terrassé passe dans le camp du vainqueur. Cela tourne plutôt à des empoignades où souvent les deux belligérants, bien alcoolisés, s'écroulent ensemble dans la poussière. Ils continuent à sauter et à tourner, se poursuivent en courses désordonnées et, épuisés, reviennent vers les jarres de *tesguïno*.

Ils se sont habitués à notre présence et, désinhibés par l'alcool, ils cherchent à nous parler avec quelques mots d'espagnol : « d'où venez-vous ¿ est-ce que c'est loin ¿ c'est comment chez vous ¿ cultive-t-on du maïs ¿ avez-vous des chèvres et des moutons ¿ avez-vous déjà eu la pluie cette année ¿ » Les regards sont émouvants, avides d'un échange mais déjà vagues, empreints d'une réelle tristesse.

Lorsque la lune paraît, nous rejoignons un petit attroupement devant l'école où doivent avoir lieu les danses traditionnelles de Pâques, les *pascolas*. On nous offre du *pulque*, du suc d'agave fermenté, à l'apparence laiteuse et au goût amer. Les fêtards se remettent à danser devant un feu, les silhouettes titubent, certains s'écroulent, ivres morts. Nous comprenons qu'il n'y aura pas de *pascolas* et redescendons vers la rivière.

En selle avant que le soleil n'émerge de la falaise, nous évitons le village. La fête est finie, beaucoup auront un réveil lourd. Tambours, fusils et épées de bois, bâtons décorés désormais inutiles ont été jetés dans les ravins. On ne peut les utiliser une deuxième fois, mais d'autres seront fabriqués l'année prochaine.

Adiosiwa, kwiraba, « au revoir, que Dieu vous garde ».

Nous gagnons de l'altitude. Les cactus candélabres cèdent le terrain aux yuccas et aux agaves plantureux. Des arbres équilibristes s'agrippent aux parois, insinuant leurs racines dans la moindre fissure. La pente se cabre, des à-pics vertigineux bordent le sentier malaisé, mais quel spectacle ! Un déploiement infini de parois, de falaises et de ressauts dans un chaos de début du monde, animé par la course des nuages.

Nous nous arrêtons souvent pour laisser souffler nos montures, ressangler ou ajuster un chargement sur les ânes. Les sabots des animaux attaquent sans hésiter, escaladent les marches taillées à même le rocher et griffent les dalles lisses.

Au sommet, l'air vif nous surprend à l'orée d'une forêt de chênes aux larges feuilles parcheminées, couleur d'automne. Ce sera la halte de midi. Dessellés et déchargés, les animaux pâturent librement en bordure du précipice, ignorant le vertige. Je ne me lasse pas du spectacle des falaises en enfilade qui se multiplient jusqu'aux lointains bleutés, sous un ciel vibrant de soleil.

L'après-midi sur le plateau est reposant, les chevaux retrouvent un sol herbeux et plat dans les forêts de pins, de chênes et de sycomores, où plane le parfum balsamique des cèdres et des genévriers. Une légère descente conduit au vallon où se tapit le village métis de La Cieneguita, le camp du soir. Un lieu paradisiaque : gazon épais et ruisseau d'eau claire en serpentine sous les pins.

À Munerachi nous étions à 800 m, ici à 2 200 m. Cette nuit il va geler. Autour du feu, chacun a revêtu bonnet et veste chaude. Jupiter et Saturne brillent d'un éclat fixe et intense.

Les *arrieros* ont à nouveau retrouvé des amis. La tequila et les guitares aidant, ils nous gratifient d'un émouvant concert de *rancheras* et *corridos*. Réfugiés dans nos duvets nous entendons, tard dans la nuit, les voix chaudes et expressives moduler le récit des amours et des peines de l'âme mexicaine.

Le lendemain, très longue étape pour une descente vertigineuse avec en point de mire, au fond de la vallée, la veine bleu turquoise du rio Urique. La descente semble interminable, à pied dans des sentiers caillouteux. Pas une parole, les yeux sont rivés au sol pour éviter les pièges. Soudain, Georges hurle à tous les échos : « Les va-cances ! » Il a suffi de cet éclat pour rire, oublier la chaleur, la soif et ouvrir les yeux sur l'exceptionnelle beauté du paysage.

Nous rejoignons le rio à Guadalupe, un village à 540 m d'altitude. Jusqu'au bord de l'eau poussent des arbres couverts de délicats panaches roses, des poinsettias rouges, des hibiscus retenant sur leur corolle le vol immobile des colibris. En exploration dans le lit de la rivière, je découvre en aval un petit barrage ; sur l'eau retenue flottent des herbes coupées et de nombreux poissons, le ventre en l'air ! Une technique de pêche tarahumara à l'aide d'herbes soporifiques.

L'expédition se poursuit avec son quota d'étapes reposantes en fond de *barrancas*, passages dans des bourgades fleuries, baignades au clair de lune dans un air tiède empli de senteurs. Mais aussi des escalades ardues vers des cols suivies de descentes vertigineuses. Des veillées sur des plateaux solitaires où l'on refait le monde, bien serrés autour du feu pour conjurer le froid, et des petits matins frileux à l'orée d'un bois de pins.

Nous avons rencontré la solitude et le regard impénétrable du peuple tarahumara, nous avons connu l'accueil chaleureux des métis, visité des mines d'or à flanc de montagne et mesuré le courage des animaux qui nous ont permis d'accéder à l'univers tourmenté des *barrancas*.

Sur la piste qui revient vers Batopilas, nez au vent et faisant fi de la poussière, mules et chevaux prennent le trot, suivis des ânes, dont le paquetage s'est allégé de jour en jour : c'est au galop que notre gang de visages tannés et poussiéreux sous les sombreros, entre victorieux dans la bourgade de Batopilas. Cette nuit, ce sera la fiesta dans l'hôtel de Carmen, un bal endiablé où cavaliers, muletiers et villageois s'en donnent à cœur joie jusqu'au petit matin, au son de l'orchestre local.

Chaque année, des cavaliers sont tentés de ramener les beaux tambours abandonnés dans les ravins par les Tarahumaras. Je m'y opposais par respect des traditions, redoutant surtout un encombrement supplémentaire dans nos véhicules de location. Or cette fois-ci, je me laisse tenter : nous ramassons quelques instruments.

Alors que jusque-là le temps avait été radieux, cette dernière nuit, il pleut des trombes d'eau jusqu'aux premières lueurs de l'aube. Les dieux ont entendu les prières de Munerachi : le maïs va pousser ! Au petit matin, le ciel est limpide. Nous embarquons avec bagages et tambours dans les véhicules loués à Chihuahua et restés en attente à Batopilas : un combi et une coccinelle Volkswagen. Prudente, je décide d'engager pour nous accompagner un camion et un assistant pour le chauffeur. La piste longe à flanc de colline le rio Batopilas, sur le tronçon où des coulées de boue ont empêché toute communication pendant deux mois l'hiver dernier.

Au détour d'un virage, catastrophe ! un gigantesque glissement de boue coupe complètement la piste. Nos accompagnateurs se rendent à Batopilas, en quête d'assistance. Au bout d'une demi-heure, une quinzaine de volontaires armés de pelles s'emploient à dégager une étroite bande de circulation côté ravin.

Pendant ce temps, je pars en reconnaissance et découvre 500 m plus loin sur la piste plusieurs bulldozers sur un chantier désert. Une vieille Indienne m'explique que je suis à la mine d'or de la Bufa. « Il n'y a personne pour conduire les bulldozers, les chauffeurs sont en vacances pour Pâques ; ils ne reviendront pas avant une semaine, et encore ! S'il a plu ici, il a certainement neigé sur le plateau et ils ne pourront sans doute pas passer… »

Le seul réconfort que je trouve, c'est de lui acheter son maigre stock de boîtes de sardines et de galettes.

Retour à l'éboulement; je me garde d'évoquer la neige. Je remercie, dédommage nos sauveteurs et nous repartons, maculés de boue, tremblant de découvrir le pire à chaque détour de la piste. Nous arrivons au pont de bois qui franchit un torrent tumultueux. Il s'agit maintenant de monter sur le plateau. Dès les premiers lacets de la montée, de gros rochers tombés sur la piste nous empêchent de passer. Comme un seul homme, tous les passagers, gonflés à bloc, sortent des véhicules et poussent les rochers ; nous repartons. Le camion et ses deux occupants nous donnent un sérieux coup de main.

Alors que nous gagnons de l'altitude, nous devons abandonner la coccinelle Volkswagen, carter explosé, pour nous retrouver à douze, avec bagages et tambours, dans un combi pour neuf passagers. Le soleil se couche, la piste monte toujours. Quand la neige apparaît, Christian prend le volant. Le camion verse dans le fossé et bientôt, la neige immobilise le combi. Nous allons passer la nuit entassés dans le minibus naufragé.

Premières lueurs du jour : nous bondissons hors du véhicule comme des diables de leur boîte. Chacun s'étire, se remue, respire, secoue ses vêtements cartonnés de boue, récupère un espace vital. Derrière les nuages blancs qui galopent au-dessus de nos têtes, le ciel est bleu. Le soleil triomphe mais la progression sur des pistes enneigées et bordées de précipices est périlleuse. Spectacle insolite d'agaves et de cactus coiffés de neige.

Il faudra toute la journée pour parcourir les 60 km qui nous séparent encore de Creel. Nous arrivons affamés à la nuit tombante à l'hôtel Nuevo. En deux jours nous avons couvert 100 km, et il nous en reste 250 jusqu'à Chihuahua. Heureusement la neige a disparu.

Je termine le repas par quelques cafés bien serrés. Vers 21 heures, nous embarquons dans le combi rescapé et je prends le volant. Comble de malchance, pendant les cent premiers kilomètres, la piste principale est en réfection. Il faut emprunter des pistes secondaires, en très mauvais état. Avec deux jours de retard, dans les premières lueurs de l'aube, je m'arrête devant l'hôtel Apolo à Chihuahua. Les cavaliers vont pouvoir se reposer.

Je me rends immédiatement à l'aéroport. La semaine de Pâques est la plus haute saison touristique pour l'Amérique latine, tous les vols sont surbookés. J'apprends, effondrée, que nos réservations pour les vols intérieurs de la semaine suivante vers les sites archéologiques du Yucatán et des Chiapas ont toutes été annulées parce que nous ne nous sommes pas présentés au premier vol. J'en informe les cavaliers, mes amis. Ils refusent de comprendre et m'accablent de reproches. Je ressens soudain une infinie fatigue et une immense solitude.

Le lendemain, j'obtiens les précieuses réservations. Seul le séjour à Oaxaca sera écourté. Nouvelle page blanche.

Tout récemment, évoquant les péripéties de ce retour, je désigne le tambour tarahumara suspendu près de la porte d'entrée au mas du Pommier. Je me suis soudain demandé si ce n'était pas notre geste sacrilège qui était la cause de cet enchaînement de catastrophes ? La malédiction des tambours tarahumaras de Munerachi ! Nous les avions emportés au mépris de la tradition, qui les vouait aux ravins de la Sierra Madre.

Islande, été 1985

Houle de chevaux, déferlantes de crinières…

Chevauchons, chevauchons à travers les sables
Il commence à faire nuit sur Herdubreid
La reine des elfes bride son cheval
Il ne fait pas bon la rencontrer
Je donnerais mon meilleur cheval
Pour être déjà à Kidagil.
A Sprengisandi (folklore islandais)

Houle de chevaux, déferlantes de crinières, toupets ébouriffés, crins lavés, alezan brûlé, bai cerise, gris souris, café au lait, isabelle et pie, noir ou palomino, des pommelés, truités, louvets, marques blanches en pelotes ou balzanes… toutes les couleurs de robes et de crins se mélangent, s'entrecroisent, se font et se défont, et le tableau vivant se recompose à chaque mouvement du troupeau comme s'il était un seul être fluide offrant un visage sans cesse renouvelé.

Plus de quatre-vingts chevaux vont et viennent dans un enclos étroit ; les chevaux islandais se plaisent en troupeau compact.

Nous sommes en juillet 1985 à la ferme de Hvitárdalur, dans le Sud de l'Islande. Un colosse blond, viking athlétique au visage poupon et décidé, Einar Bollason, a rassemblé ses chevaux pour notre première randonnée islandaise, une traversée sud-nord de l'île par un itinéraire historique : le Kjölur Trail, l'expédition dont rêve chaque Islandais.

Les chevaux se regroupent, s'entremêlent, cherchent à se cacher derrière des congénères : ils savent qu'ils vont être sellés et essaient de se défiler. C'est un jeu. Einar et ses amis ont effectué une sélection précise. Efficacité et douceur : dès que ces grands gaillards de Vikings mettent la main sur l'encolure du cheval choisi, celui-ci n'offre aucune résistance, il se laisse brider et seller.

La selle, courte, légère et matelassée, est très confortable. Nous partons sur une large piste cendrée et, presque aussitôt, au *tölt*, une allure innée pour le cheval islandais. Incroyable ! nous nous déplaçons à toute vitesse avec la sensation inconnue d'être sur un tapis volant. Pas le moindre rebond dans la selle, aucun à-coup : tête relevée, nez au vent, le cheval trousse les antérieurs, sa queue ondule à l'horizontale, ses jambes s'activent, il plane. Bien sûr, on nous en avait parlé, on nous avait expliqué comment aider le cheval à maintenir cette allure (la jambe basse et la main plutôt haute, assiette au fond de la selle et le *múll*, sorte de muserolle, correctement ajusté). Nous nous regardons les uns les autres, stupéfaits et ravis. Ce pas rapide à quatre temps où le cheval a toujours un ou deux pieds posés au sol sans aucun temps de suspension est une révélation. Le *tölt* sera notre allure de croisière pour toute la randonnée.

Des entrailles de la terre nous parvient un grondement puissant et des nuages d'embruns s'élèvent au-dessus de la rivière Hvità. Le bruit devient assourdissant. Au détour de la piste, nous recevons le spectacle de plein fouet : les chutes d'Or de Gulfoss bouillonnent à nos pieds et rebondissent en cataractes impressionnantes.

L'humidité ambiante brumise une luxuriante végétation naine : bouleaux, sorbiers ou saules rampants émergent d'un tapis de fleurs : géraniums rose vif et armérias rose tendre, potentilles jaunes et gentianes bleues, mimulus or pointés de rouge. L'eau tumultueuse de la Hvitá s'engouffre dans le sombre canyon qu'elle continue de creuser.

Le troupeau de cinquante chevaux en liberté nous rejoint, encadré par des amis d'Einar. Ils ne sont pas guides professionnels mais tout Islandais est cavalier (le pays compte 80 000 chevaux pour 320 000 habitants). Nous voyagerons avec quatre-vingts chevaux pour une trentaine de cavaliers, disposant chacun de deux à trois montures. Les chevaux non montés accompagnent en liberté. Au cours des étapes, parfois très longues (plus de huit heures en selle à allures soutenues), nous changerons plusieurs fois de monture.

C'était une exigence d'Einar de constituer un groupe nombreux. J'étais très réticente mais je me rends compte rapidement que le nombre ne pèse pas. Dans cet immense espace ouvert, chevaucher au sein d'une telle horde est une expérience grisante qui s'accorde bien à cette terre primitive.

Durant la belle saison, les immenses espaces inhabités du centre de l'Islande sont livrés au vagabondage des moutons. Aux premiers signes de l'hiver, dès le mois de septembre, les bergers parcourent à cheval les vastes étendues pour rassembler leur cheptel et le convoyer vers les fermes, établies en périphérie de l'île. Pendant ce travail les éleveurs s'abritent dans des refuges équipés d'un grand enclos où ils ramènent les moutons jour après jour. Nous ferons étape dans ces cabanes traditionnelles, dont l'enclos est parfait pour les chevaux.

Quel spectacle ce troupeau de chevaux qui nous escorte à vive allure ! Une cinquantaine d'animaux, robes mélangées, crinière au vent, défilent à toute vitesse sur fond de paysage lunaire, un fin gravier de scories rouges, semé de quelques bombes volcaniques erratiques ; au loin, de sombres cônes volcaniques se découpent sur le bouclier étincelant d'un glacier. Un paysage hallucinant que je ne peux comparer à rien de connu.

Vers la mi-journée, tous les chevaux sont immobilisés dans une large combe : sans perdre une minute ils mangent l'herbe avidement. Pique-nique pour tout le monde, il fait presque chaud.

La pause terminée, un ruban de clôture électrique est déroulé de proche en proche entre les cavaliers formant une sorte de corral humain ; l'enclos improvisé enserre bientôt les quatre-vingts chevaux. Nous libérons nos montures du matin et, selle sur le bras, nous nous voyons remettre par Einar un nouveau cheval pour l'après-midi. Déjà nous repartons nez au vent vers le glacier géant découvert ce matin, le Langjökull, le deuxième glacier d'Islande, plus de 1 000 km^2.

Les cavaliers sont maintenant dans le rythme de la randonnée. Le *tölt* reste un enchantement même si certains chevaux sont moins confortables que d'autres. Plusieurs montures nous offrent aussi une autre allure inhabituelle et agréable : l'amble rapide.

Introduits dans l'île par les colons norvégiens au Xe siècle, les chevaux islandais sont d'une race très ancienne restée pure :

toute importation a été interdite dès le XIe siècle. Nos montures ressemblent étonnamment aux chevaux de la grotte ardéchoise de Chauvet, peints il y a trente-cinq mille ans !

À l'arrivée au refuge, en fin de journée, nous retrouvons le camion d'intendance. Les chevaux sont lâchés dans l'enclos et nous leur distribuons du foin en abondance, leur seul aliment avec l'herbe. Sous ces hautes latitudes proches du cercle polaire, la période végétative est trop courte pour produire des céréales, seul le foin peut être récolté. Habitués à ce régime frugal comme à la rigueur du climat, les chevaux sont énergiques et résistants. Petits (1,35 m au garrot en moyenne), beaucoup ont les signes distinctifs de races rustiques et anciennes : zébrures sur les membres, raie de mulet sur le dos ou « cap de maure », tête noire sur une robe plus claire.

Les chevaux ne sont pas pris en main avant trois ans afin que chaque animal puisse développer pleinement son tempérament propre. En réalité ils gardent toujours un côté indompté.

En Islande, on ignore le pansage, on laisse les chevaux se rouler, et le vent, ou la pluie, fait le reste. La première fois que j'ai vu une selle prête à être posée sur un dos crotté de boue, j'ai demandé : « Vous ne brossez pas le dos ? » Le guide a eu un moment d'hésitation, a soufflé sur le dos et posé la selle. Je ne me souviens pas d'avoir vu en Islande des blessures de harnachement.

À Hveravellir, nous nous baignons longuement avec délices dans une cuvette naturelle alimentée par des sources chaudes. Autour de nous, des colonnes d'eau pulvérisées par des chaudières souterraines jaillissent entre gerbes de vapeur, boues bouillonnantes et fumerolles aux sifflements de locomotive.

L'Islande est un terrain de jeux où s'affrontent, comme dans les sagas, les forces qui détruisent et les forces qui créent. La glace défie toujours le feu : Hveravellir est bordée par deux glaciers parmi les plus grands du pays, le Langjökull et le Hofsjökull. Sous leur cape d'innocence, beaucoup de glaciers couvent de redoutables volcans.

Avant de rencontrer les chevaux, nous avons découvert Geysir : au milieu des solfatares, des fumerolles et autres marmites du diable, l'œil bleu de profonds entonnoirs d'eau limpide laisse soudain gonfler en surface une énorme bulle qui crève en expulsant, jusqu'à soixante-dix mètres, un jet puissant d'eau chaude. Le mot « geyser » vient de ce lieu, Geysir. Étrange voyage dans l'ère primaire en pleine activité volcanique. Nous assistons aux soubresauts d'une terre en formation.

Laissant les fumerolles de Hrevavellir, nous traversons des lits de lave : bulles figées en plein éclatement, pâte visqueuse soudain pétrifiée avec ses plis, arabesques et craquelures.

Le terrain est difficile, les chevaux ne sont pas ferrés et avancent prudemment au pas. Parfois une minuscule tige de prêle ou la fleur d'un silène pionnier éclaire la roche sombre. Et puis, au beau milieu de l'austère plateau de lave, nous plongeons dans une longue vallée verdoyante, Thjöfadalir, la « vallée des Voleurs ».

Épopées souvent lugubres et sans espoir, les sagas rapportent que les proscrits pouvaient choisir entre la peine capitale et l'exil dans les plateaux du centre où survivre était un miracle. La peine de mort frappait ainsi quiconque volait un cheval.

C'est au refuge de Bugar, près du lac Strangakvisl, après un délicieux repas de cabillaud au lait battu et d'airelles à la crème, qu'ils nous ont raconté des légendes peuplées d'elfes et de trolls.

À l'origine, les trolls sont des enfants d'Adam et Ève. Quand Dieu a voulu les voir, Ève les a cachés parce qu'ils étaient sales, alors Dieu a dit : « Ce qui doit m'être caché sera caché aux hommes. » Depuis ce temps, les trolls mènent une existence parallèle et semblable aux hommes mais ils sont invisibles et ont des pouvoirs surnaturels. Ils habitent sous terre ou dans des chaos de rochers aux formes étranges. Nos hardis Vikings, j'en suis certaine, croient aux trolls. Aujourd'hui encore, le tracé des routes contourne les chaos rocheux susceptibles d'être habités par ces êtres invisibles.

À cause d'un mauvais sort jeté par un troll, Eyvindur et Halla sont proscrits dans les déserts le long du Kjölur Trail, vivant de rapines de moutons, de morue séchée ou de perdrix des neiges ; en hiver ils se réfugient dans des grottes près de sources chaudes. Leur présence hante les refuges où nous passons. Si un cheval nous échappe c'est qu'il est poursuivi par Eyvindur…

Le soleil s'attarde au-dessus de l'horizon, diffusant cette luminosité particulière des latitudes extrêmes, celle des ambiances intemporelles et poétiques des films d'Ingmar Bergman. Les rayons obliques allongent les ombres, mettent des reflets d'or dans les crinières et le bleu du ciel sur le lac. Le glacier devient un énorme cristal rose.

Le dîner est terminé depuis longtemps. À 22 heures passées, il fait encore grand jour. Décidant d'aller jusqu'au glacier, qui paraît si proche, nous marchons plus d'une heure dans des mousses humides envahies de linaigrettes, jusqu'à la rive d'un lac où notre irruption provoque un envol d'oies et de canards. Nous rebroussons chemin sans avoir atteint notre but. Il est minuit, la veillée se prolonge dans le clair-obscur d'une nuit qui ne vient jamais. Les guides islandais sont très joyeux. Ils aiment boire, sont d'excellents chanteurs et ont des guitares. Pour eux aussi c'est la fête : ils sont ingénieur, comédien, directeur de théâtre, journaliste, prof de fac, étudiant, mais le Kjölur Trail, c'est la première fois qu'ils ont l'occasion de le parcourir.

Nous risquons quelques couplets d'« À la claire fontaine » ou de « La Bohème », mais ils préfèrent « Chevaliers de la Table Ronde » et « La Madelon ». Ils ont des voix bien affirmées et une longue pratique du chant choral. Leur vaste répertoire parle de chevaux, bien sûr, mais aussi de nature, de montagnes, de rivières et de glaciers, de l'interminable hiver et de l'été flamboyant, de voleurs et de hors-la-loi, et d'amours contrariées. Nous apprendrons, dans le texte, leur chanson fétiche, elle a le rythme du *tölt*. On y retrouve toute l'âme inquiète de l'Islande, nourrie des sagas et de croyances en un inframonde, plus malfaisant que féerique :

Rídum rídum, rekum yfir sandinn
Rennur sól a bakvid Arnarfell…
« Chevauchons, chevauchons, à travers les sables
Le soleil disparaît derrière le mont Arnarfell.
Il y a par ici beaucoup d'esprits malfaisants
Quand la nuit descend sur le glacier Jökull
Que Dieu guide mon cheval
Dure sera la dernière partie de la marche. […] »

Indécis et rougeoyant le soleil continue à frôler l'horizon et disparaît vers une heure du matin, presque au nord. L'horizon fige les filaments pourpres du couchant. Nous sommes fatigués, et une longue étape nous attend demain. En dépit de la clarté extérieure, nous finissons par nous endormir. Les craquements lointains du glacier se répercutent dans l'air immobile. Bien avant trois heures du matin, le soleil réapparaît à peine plus loin sur l'horizon. L'aube attise les dernières lueurs du crépuscule, un nouveau jour commence.

Parce que l'Islande flirte avec le cercle polaire et que le solstice d'été est passé d'un mois à peine, nous aurons toute une randonnée sans nuit. Étrange sensation d'être au nord du Nord.

Les étapes se succèdent le long du Kjölur Trail balisé par des cairns, entassements pyramidaux de blocs volcaniques couverts de lichens orange qui nous montrent la voie du Nord. Si les forêts n'existent plus, la terre islandaise est d'une inventivité sans égale pour étaler une gamme infinie de verts : du fin velours vert nouveau qui drape les montagnes au vert antique luxuriant dans les prairies à linaigrettes ; le sol, cabossé, bosselé, rainuré par le gel, héberge ici des touffes de graminées, là des feutrines de mousse et de tourbe, ailleurs des prairies de lichens, des coulées de bronze et d'émeraude ; les ruisseaux sont galonnés de vert billard, vert pomme et de liserés fluorescents.

L'ombre des nuages qui se poursuivent fait écho à la course du troupeau, la houle souple et fluide des robes chatoyantes s'étire, se reforme, s'incurve, épouse un relief ; croupades, tentatives d'échappées, bousculades dans les engorgements, travail précis des guides. Les chevaux clairs irradient sur fond de basalte, les robes sombres se révèlent à la traversée des névés, leur poitrail fend l'écume des rivières, les sabots laissent un sillage dans la cendre, ils dansent dans des théâtres de verdure. Le spectacle est permanent.

Les grands glaciers sont dépassés, nous arrivons sur le rebord des plateaux et découvrons, en contrebas, le terrain qui nous attend. Vision aérienne des innombrables entrelacs de rivières nées des glaciers qui se rassemblent pour former de grands fleuves, la Blanda et la Svartakvisl.

Devant l'obstacle d'une rivière tumultueuse, les chevaux nous paraissent soudain bien petits, des fétus de paille face au flux violent. Einar donne brièvement les consignes : « Tenez bien vos chevaux, donnez-leur un appui dans la bouche. Il faut les stimuler pour qu'ils s'engagent et se suivent, et ensuite allez-y sans peur. Ne regardez pas l'eau, elle vous donnerait le vertige, visez un point fixe en amont sur l'autre rive. Si vous sentez votre cheval perdre pied, accrochez-vous à la crinière, il se débrouillera toujours. » Pour plus de sécurité, Einar place quelques guides en aval, d'autres escortent les cavaliers les plus apeurés. Des guides s'engagent, suivis du troupeau en liberté. Au plus fort du courant, beaucoup sont déportés puis reprennent pied sans s'affoler. À nous ! Retenant notre souffle, nous poussons nos chevaux dans les flots. Lysingur, mon vaillant alezan, s'engage sans hésiter. Le flot bouillonnant monte rapidement à mi-poitrail, les queues sont entraînées par le courant, l'eau glacée éclabousse et emplit les bottes, des chevaux perdent le contact avec le fond, ils nagent avec sang-froid, attendant de reprendre pied. La rive est proche, ils bondissent littéralement hors de l'eau et s'ébrouent avec énergie. À peine le temps d'échanger un soupir de soulagement, déjà nous partons au grand *tölt* pour nous réchauffer. Personne n'oubliera.

Au pied du plateau, un autre pays s'offre à nous : les plaines de Maelifellsdalur, fertiles et verdoyantes, riches des nutriments volcaniques, piste bordée de fleurs sauvages, ciel clair et dégagé. Pour la première fois depuis le départ, quelques signes de vie : petites fermes, prés fauchés, troupeaux de vaches et beaucoup de chevaux qui hennissent à notre passage. Nous sommes dans le district le plus réputé en Islande pour l'élevage des chevaux.

Un cavalier vient à notre rencontre, monté sur un cheval bai très nerveux, un autre cheval en main. Il a belle prestance : veste sombre, chemise blanche et chevelure de neige. C'est notre hôte de ce soir venu nous indiquer comment éviter un marécage à l'entrée de sa propriété. Il a quatre-vingt-douze ans.

Nous avons atteint le terme du Kjölur Trail, au fond du fjord de Skagafjördur. Au nord s'étale l'océan Glacial Arctique, et pourtant nous avons la sensation d'arriver dans un pays de cocagne.

Les chevaux semblent connaître la ferme de Steinsstadasköli où nous les libérons. Ils se dirigent sans hésiter vers de grands tonneaux de bois derrière les écuries. Ils y plongent la tête et la ressortent un poisson entre les dents, lèvent la tête et avalent le poisson d'un trait. Notre étonnement fait rire nos amis islandais : leurs chevaux sont très friands de hareng salé !

Sur les pistes de retour vers Reykjavik, une halte incontournable s'impose : Thingvellir, où apparaît, à ciel ouvert, la grande dorsale de l'Atlantique. La longue faille qui s'ouvre du sud au nord au fond de l'océan Atlantique n'est émergée qu'en Islande et est parfaitement visible à Thingvellir. La fracture est franche : un fossé d'effondrement au fond herbeux, bordé de deux hautes parois de basalte. C'est ici que s'est tenue, dès le Xe siècle, la première assemblée parlementaire, l'*Althing*, à laquelle toute la population de l'île était conviée et pouvait s'exprimer. On y votait des lois, prenait des décisions importantes et rendait la justice. Le Kjölur Trail, que nous venons de parcourir, est l'itinéraire par lequel les populations du Nord et du Sud ralliaient Thingvellir pour la réunion annuelle de l'Althing.

L'Islande, grande comme environ un cinquième de la France est un immense domaine naturel où nous avons exploré beaucoup d'autres itinéraires. Dès la deuxième année, nous sommes étroitement engagés dans l'accompagnement des chevaux en liberté. Peu à peu les rustiques refuges de bergers ont été remplacés par des gîtes et les accompagnateurs ont été des jeunes Islandais devenus guides professionnels.

Si chaque région a son caractère, le Landmannalaugar, la réserve naturelle au sud du pays, résume les facettes les plus contrastées et les plus fascinantes de l'île. Le volcan Hekla, le plus actif des cent trente volcans islandais, la « porte de l'enfer » au Moyen Âge, étire une longue fissure de cratères en enfilade et déploie l'éventail complet de tous les sols volcaniques : la fine poussière de lapilli soulevée comme un nuage rose par le passage des chevaux au grand *tölt*, à 20 km/h, les scories craquantes qui ramènent les chevaux au trot, les épaisses laves cordées et les chaos de basalte qui mettent nos montures au pas.

Nous passons les nuits près du majestueux lac de Frostastavatn, lové dans un cratère, ou celui d'Alftavatn (« lac des Cygnes »), dans un amphithéâtre de montagnes verdoyantes. Pas de cygnes, mais une multitude de canards, grèbes, siffleurs, chipeaux et autres fuligules.

À Mosar, près de l'enclos des chevaux, une écurie traditionnelle : soubassements et sol de pierre, murs en briques de tourbe, pignons et huisseries en bois, charpente recouverte de tourbe sur laquelle pousse une herbe drue ; on dirait une maison sortie de terre comme un champignon qui aurait gardé son chapeau herbeux.

L'écurie domine un paysage d'une amplitude inouïe déployant des reliefs aux teintes bleues et mauves de plus en plus estompées vers le lointain, où la horde de cavaliers se dilue dans un décor sans fond. Landmannahellir, le sanctuaire du parc national, offre un labyrinthe de scories aux contours fantasmagoriques, crumble pour titans ou demeures rêvées pour les trolls. Montagnes de rhyolites et palagonites aux audacieuses couleurs fauves, chamois, jaune citron ou rouges et des épanchements d'obsidienne.

Pour les cavaliers, la détente, toujours voluptueuse après une journée en selle, d'un bain chaud naturel dans une rivière fumante née sous une langue de glace ; sur les rives, à deux doigts du glacier, s'épanouissent angélique, épilobes, lupins, pavots et centaurées.

Les quatre-vingts chevaux sont dans leur grand pâturage. Le coucher de soleil suspendu s'attarde, couvrant de bronze fondu la terre, l'eau et les chevaux. Je ne me lasse jamais d'observer le troupeau et songe aux spectacles équestres où l'on offre au public, comblé par les prouesses des cavaliers, un ultime point d'orgue : le libre jeu de chevaux nus, dans toute la grâce de leurs attitudes spontanées. Ici le spectacle est permanent. Il n'y a pas de piste seulement l'immensité sauvage de l'Islande.

Ar-yorpur, mon cheval bai brun du Landmannalaugar, est un cheval volant. Ne le répétez pas !

Chine, mai 1986

Montagnes interdites du Grand Tibet

Ici c'est autre chose que loin, c'est ailleurs.
Jean Giono

Grâce à un ami italien organisateur de trekkings d'exception, j'ai obtenu de l'Association montagnarde de la province de Qinghai le précieux visa pour l'Amdo, le Grand Tibet, désormais chinois. Des fous d'aventure et passionnés de culture tibétaine ne s'y sont pas trompés : ils veulent vivre cette grande première.

Le 1er mai 1986, quinze cavaliers français, belges et suisses, étourdis par vingt-deux heures de voyage, atterrissent à Pékin.

« En ce temps-là », les attelages de chevaux transportent mille et une marchandises jusqu'au cœur de la cité ; des files de Chinois assis sur les talons attendent des bus, les voitures sont rares, les vélos pullulent, et c'est en vélo que nous décidons de visiter les ruelles des vieux quartiers, encore nombreux, autour de la Cité interdite.

Un avion à hélices nous transporte à Lanzhou, capitale de la province du Gansu. La journée se termine à la découverte de marchés, de fêtes locales et du petit musée, qui recèle parmi d'autres chefs-d'œuvre de bronze du Xe siècle ce fameux cheval volant, le pied posé sur une hirondelle, symbole de la route de la Soie.

Le train, à vapeur, longe la vallée du fleuve Jaune. C'est le « couloir de Hexi », un tronçon de la route de la Soie. À 60 km à l'heure, tout en buvant le thé qui nous est servi dans des tasses de porcelaine, nous avons le temps de voir se dévider la vie des populations riveraines, les champs en terrasses irriguées bordées de peupliers, les enceintes fermées des maisons campagnardes en pisé.

Xining, à 2 275 m d'altitude, est la capitale de la province du Qinghai : la porte du Grand Tibet. À la sortie de la gare, une sculpture géante représente un troupeau de chevaux au galop sur des vagues déferlantes : elle symbolise le fleuve Jaune, qui prend sa source dans cette province.

Réception très officielle par le président local de l'Association des montagnards : nous sommes la première expédition équestre touristique en Chine. Tapis de soie, fauteuils brodés et discours accompagnés de libations d'alcool de riz, ponctués d'innombrables *kampè* (« santé »). Les hautes terres de l'Amdo étant interdites, nous devons être accompagnés par un « officier de liaison » ; non cavalier, le préposé à notre surveillance se contentera de « survivre » aux rudes conditions de l'expédition. Li Lubo, jeune journaliste érudit et très sympathique, notre interprète depuis Pékin, sera désormais secondé par Gao Chengxue, guide de haute montagne, qui traduira le tibétain en chinois. Nous sommes enfin en terre tibétaine !

Tous lecteurs fervents d'Alexandra David Néel, nous ne voulons pas manquer, près de Xining, la visite de Kum Bum, le monastère où elle séjourna trois ans avant de partir, déguisée en mendiante, sur les chemins du Tibet jusqu'à Lhassa, qu'elle atteignit clandestinement en 1924. Kum Bum est le plus prestigieux monastère bouddhiste lamaïste de la Chine, symbole de la grande réforme de Tsong Kha-pa, le fondateur de l'ordre Gelugpa, dit « des Bonnets jaunes », dont est issu le dalaï-lama. L'actuel dalaï-lama est lui-même originaire de cette région ; fils d'un éleveur de chevaux à Tagster, près de Xining.

Les temples du monastère de Kum Bum s'étalent au creux d'une vallée paisible. Dès l'entrée, huit chortens dorés et, parmi d'autres sanctuaires, le Serdong, temple sacré qui recèle les vestiges d'un arbre de santal magique.

Offices, psalmodies, clochettes et cymbales, moulins à prières, fidèles en longues prosternations, fabrication de surprenantes sculptures en beurre de yack, pharmacie-herboristerie : l'ensemble monastique déborde d'activités. Nous avons aussi accès à la bibliothèque et à l'imprimerie, les principales richessess de ce monastère épargné par les gardes rouges. Les tablettes de bois qui servent à imprimer les livres sacrés sont au complet ; des moines s'appliquent à graver de nouvelles tablettes en bois de bouleau pour remplacer les plus usées.

Sérénité du quartier des chambres de moines, galeries et balcons finement sculptés, sobriété du bois naturel patiné. Nous sommes peut-être en Chine, mais ici bat un cœur tibétain.

Trois jours en bus et camion pour parcourir 716 km et approcher enfin le but du voyage : l'Anyemaqen, la montagne interdite et sacrée, refuge du dieu protecteur des Goloks, représenté par un cheval au galop. Six jours de piste de plus, nous arrivions à Lhassa.

Les Goloks, guerriers féroces et bandits rebelles, gardaient si farouchement leur territoire que, jusqu'en 1949, les explorateurs payèrent de leur vie toute tentative d'approche. De 1950 à 1960, montés sur leurs petits chevaux tibétains, ils ont tenu tête à l'armée d'invasion chinoise, tuant des milliers de soldats dans des embuscades. Les représailles furent épouvantables et les Goloks durent s'incliner.

Les uns après les autres, nous franchissons des cols éblouis de neige à plus de 4000 m. Jamais je n'ai vu des paysages d'une telle ampleur, le regard porte jusqu'aux plus lointains horizons sous le bleu laqué d'un ciel de cristal.

Nous dépassons d'interminables caravanes de chercheurs d'or ; convois misérables de charrettes attelées ou tirées par de petits tracteurs poussifs, plus rarement des camions, débordant de bric-à-brac : pelles, pioches et matériel d'orpailleur. Ils sont près de 80000 habitants de la région de Xining, à s'acquitter d'une redevance qui les autorise à aller, chaque printemps, tenter leur chance dans les sables aurifères du Tibet ; ils espèrent trouver assez d'or pour rembourser au moins leur mise.

Nous passons la nuit dans la petite ville de Machen, lieu de peuplement forcé en plein désert glacé, où les Chinois déportent des populations entières. Des haut-parleurs bruyants assènent sans interruption slogans et musique, dont la population han (chinoise) semble s'accommoder.

Un dernier effort. Il reste 80 km de piste, à la limite du carrossable. Nous devons abandonner le bus. Entassés sur les bagages dans un camion non bâché, nous mettrons presque une journée pour parcourir la piste étroite, traverser des gués aux eaux bouillonnantes, franchir des précipices sur de dangereux ponts en rondins, avant d'atteindre enfin Xue Shan, où nous allons trouver guides goloks, chevaux et yacks de bât.

Au confluent de deux vallées, nous nous arrêtons près d'une caravane de nomades qui campent là, entourés de chevaux et de yacks. Ils terminent leur périple autour de la montagne sacrée de l'Anyemaqen, celui-là même que nous allons entreprendre.

Des marmites mijotent sur des feux de bouses. Les femmes, portant de hauts chapeaux de feutre et des corsages colorés, ont une longue chevelure noire partagée en cent huit tresses, déployées sur les épaules et rassemblées par de lourds bijoux d'argent, corail et turquoise. Cent huit est le nombre de vertus préconisées par la religion bouddhiste.

Elles plongent des louches de cuivre dans le thé bouillant, jettent aux dieux la première « louchée » et versent ensuite le thé brûlant dans des bols de porcelaine, à moitié remplis d'orge grillée. Accueillis par des sourires engageants, nous partageons pour la première fois la *tsampa*. Orge grillée, trempée de thé, agrémentée de sel et de beurre de yack (frais à cette saison), la *tsampa* est la base de l'alimentation tibétaine. Avec les doigts, on amalgame les ingrédients dans le bol pour former des bouchées compactes. Très agréable le petit goût de céréale grillée et celui du beurre frais qui rend la pâte onctueuse.

Il fait chaud, une promesse de printemps flotte dans l'air, un grincement régulier accompagne les moulins à prières qui tournent, les chapelets se dévident, chevaux et yacks pâturent alentour... C'est sûr, ici le temps a un goût d'éternité.

À Xue Xhan, la « commune de la Montagne-Enneigée », nous dormons dans de petites chambres chauffées par des poêles diffusant l'odeur aigre du charbon mal consumé.

Un soleil radieux illumine le matin du grand départ; vingt-six chevaux et vingt et un yacks sont arrivés à l'aube, menés par six cavaliers goloks. Les guides sont indispensables dans ces espaces infinis et sauvages : nous ne disposons que de cartes aéronautiques au millionième !

Nantè, le chef golok, un colosse à l'allure guerrière, a un instant d'incrédulité quand on lui annonce que c'est moi « le chef ». Mais très vite il sourit, la glace est rompue. Tous nos Goloks se révéleront d'un naturel joyeux, voire facétieux, sous une apparence pour le moins rustique.

Les chevaux sont petits, ils ont un poil fourni, de bons aplombs, un poitrail large, une tête sympathique. Ils sont déjà sellés et couverts d'épais tapis. Je jette mon dévolu sur un cheval bai robuste, au regard franc et à la longue crinière. Je l'appellerai Gesar, songeant à Gesar de Ling, le héros de la grande geste tibétaine (sa victoire dans une course de chevaux fit de lui le souverain du royaume).

Les chevaux portent des licols joliment cloutés de cuivre. Les brides sont, le plus souvent, de simples filets, et les rênes sont en laine de yack tressée. Recouvertes d'un tapis épais, les selles se révèlent confortables et légères, pommeau et troussequin relevés, équipées de croupières de tissu coloré ou de peau d'antilope. Plusieurs gros tapis protègent le dos des chevaux. Les étriers sont lourds et ouvragés. Les étrivières sont vraiment trop courtes, et on ne peut les rallonger. Je me précipite à l'unique échoppe du village et, à tout hasard, j'achète de la cordelette.

Départ le long de gorges encaissées. Le torrent d'eau glaciaire déferle joyeusement, sur les flancs abrupts s'accrochent des genévriers et des cyprès, il fait chaud. Je découvre un accompagnateur discret : un petit chien blanc et fauve qui trottine près de son maître.

Au sommet de la falaise, un vol d'aigles et de vautours. Des drapeaux à prières qui claquent au vent signalent un cimetière à ciel ouvert : selon la tradition tibétaine, les corps démembrés sont livrés aux oiseaux de proie.

Devant nous un mur *mani*, empilement minutieux de milliers de pierres de schistes gravées de la pieuse invocation bouddhiste *Om mani padme um*, « Le joyau dans la fleur de lotus ». Des niches sont aménagées pour recevoir les offrandes à Bouddha : orge, laine de yack, écharpes de soie. Nos guides goloks mettent pied à terre et s'inclinent gravement, les mains jointes levées au-dessus de la tête, et font plusieurs fois le tour de l'édifice, de gauche à droite comme il se doit, en récitant à voix basse le mantra *Om mani padme um*.

L'itinéraire que nous allons suivre est celui emprunté par les pèlerins bouddhistes qui font le tour de leur montagne sacrée, et, comme eux, nous progresserons de gauche à droite. Ce pèlerinage est le plus important pour les bouddhistes tibétains après celui du mont Kailash, au Tibet occidental. Effectuer le pèlerinage de l'Anyemaqen fait gagner autant de mérite que dix années de méditation… Grand bien nous fasse !

Les yaks de bât nous ont rattrapés. Très impressionnante, cette masse presque compacte d'animaux à l'allure préhistorique en mouvement dans la vallée qui s'évase progressivement. Les guides goloks ont de la prestance, drapés dans la *chuba*, épais manteau de peau de mouton aux revers agrémentés d'une imitation de peau de léopard des neiges. Ils portent la manche droite non enfilée et négligemment rejetée en arrière. Leur peau est cuivrée, leur regard bridé reste impénétrable sous le couvre-chef en brocart de couleurs vives, doublé de peau de mouton ou de renard. Les Goloks, qui ne se séparent jamais de leurs armes, ont en permanence au moins un fusil en bandoulière. Atavisme guerrier, chasseur, ou protection contre les prédateurs qui attaqueraient leurs troupeaux ?

Nous établissons le premier camp à l'ouverture d'une large vallée. Les chevaux, dessellés, reçoivent une musette d'orge puis sont lâchés dans la montagne avec les yacks, qui garderont le bât pendant toute l'expédition. Ils s'en accommodent, car le bât est très léger et fixé par des cordes de laine, desserrées lorsque les animaux sont déchargés.

Ah, ces yacks ! ils m'ont plu d'emblée : de grosses vaches placides, avec tant de longs poils qui les habillent de barbe, de moustache, de mèches devant les yeux, d'une jupe mouvante, avec pattes velues et queue touffue. Noirs le plus souvent, il en est aussi des brun-roux, des blancs, des pie. Une impressionnante paire de cornes contraste avec leur doux regard philosophe. Si la plupart des animaux aiment se suivre en file indienne, les yacks, dès que le terrain le permet, marchent tous de front sur la steppe, la glace ou la neige. Les sifflements continus des guides qui les accompagnent, mêlés de vent, resteront pour moi la musique de l'Anyemaqen. Les yacks sont aussi fréquemment montés, sellés comme des chevaux et menés par une rêne passée dans un anneau de bambou, fixé dans la paroi nasale. Nous avons tenté l'expérience. Il faut une certaine pratique pour diriger l'animal… Le yack donne bien évidemment laine, lait, beurre et fromage. Quant à la viande, si elle n'est pas consommée fraîche, elle est découpée en lanières que l'on met à sécher, en automne, pour les provisions d'hiver.

Ce premier soir, nous rallongeons les étrivières au moyen de cordelettes ; il est impensable de passer de longues heures à cheval en position de jockey. Notre opération intrigue et dérange nos guides ; ces étriers qui pendent dans le vide vont effrayer les chevaux. « Cela va les faire boiter », assure Nantè.

Le deuxième jour, nous remontons une rivière, tantôt dans le lit peu profond, tantôt sur la rive escarpée. Elle collecte les innombrables torrents qui dévalent des hauts glaciers de l'Anyemaqen. Toute cette eau rejoint le fleuve Jaune, dont la source est proche. C'est également dans le Qinghai, véritable château d'eau, que naissent deux autres géants : le Yangzi Jiang et le Mékong.

Sur les pentes herbeuses, beaucoup de troupeaux de yacks noirs et des moutons ; béliers aux larges cornes torsadées, agneaux à la toison immaculée portant de petites « chaussettes » noires. Et là, pressant un peu nos chevaux sur une belle steppe rase, nous découvrons avec stupéfaction que beaucoup amblent et töltent allègrement, comme les chevaux islandais. Normal ! l'Asie centrale est le lointain berceau du cheval islandais.

Nous faisons la halte de midi près d'une grande tente noire, tissée en poil de yack. Bien que beaucoup plus haute, son architecture ressemble aux tentes bédouines ; solidement haubanée à l'extérieur par de nombreux cordages et des piquets ancrés dans le sol, elle ressemble de loin à une grosse araignée noire aux multiples pattes.

Pendant que les hommes gardent les troupeaux dans la montagne et que les redoutables molosses sont attachés, nous avons le temps de lier connaissance avec les femmes et les enfants. Leur activité principale durant la journée est de collecter les bouses de yacks déposées au cours de la nuit, de les pétrir et les mettre à sécher au soleil ; c'est l'unique combustible. Dans les tentes, le foyer central, en argile façonnée, avec une réserve de bouse qui sèche, est un modèle de simplicité et d'efficacité. La chaleur et la fumée qui s'échappent par un orifice au sommet de la tente font tourner un moulin à prières.

La langue golok ne s'apprend pas en quelques rencontres, mais de grands sourires, un jeu de regards, la récitation de quelques formules sacrées en touchant le chapelet, la comparaison de la grosse natte blonde de Chantal aux cent huit tresses noires d'une femme golok, nos arrivées à cheval avec une caravane de yacks… le lien est vite créé. Nous avons aussi en Philippe un ambassadeur irrésistible, il subjugue petits et grands par d'habiles tours de prestidigitation.

Le soleil est décidément chaud, la rivière est de plus en plus grosse, tumultueuse et boueuse ; la neige et les glaciers fondent à toute vitesse sur les sommets. Les ponts de glace que nous empruntons le cœur battant sont de plus en plus précaires ; les eaux s'engouffrent dessous pour rejaillir bouillonnantes en aval. Les chevaux sont circonspects. La glace cède sous le cheval de Christiane, et tous deux tombent à l'eau, sans mal. L'autre rive est proche, mais nous resterons là, sur une terrasse naturelle. Il serait imprudent de poursuivre. (Après cet incident, les yacks sont envoyés en éclaireurs dans les passages délicats : le sabot posé sur la glace, ils baissent le mufle et marquent une pause ; s'ils continuent, c'est qu'il n'y a pas de danger.)

Robert trouve quelques épineux, nous en faisons une bonne réserve et le feu allumé sera un réconfort toute la soirée dans l'air devenu glacial. À partir de ce jour, chaque fois que nous avons pu faire provision de ces buissons, nous les chargeons sur les yacks pour profiter d'un petit feu de veillée, même dans les endroits les plus désolés.

Toute l'expédition se déroule entre 4300 et 4600 m d'altitude avec un passage de col à 5200 m. Les nuits sont toujours très froides : il gèle à –15 ou –20° C.

Le bivouac s'endort dans le bruit assourdissant du torrent.

Au milieu de la nuit, je me réveille en sursaut avec la sensation d'un silence anormal : le torrent est muet, glacé par le gel. Au petit matin, tout est immobile : camp et animaux sont figés sous une fine couche de neige. Encapuchonnés et immobiles, nos chevaux font penser aux destriers de terre cuite de l'armée enfouie à Xi'an par l'empereur Qin, il y a dix-huit siècles.

Confiants, les oiseaux chantent, annonçant le soleil qui a tôt fait de dissoudre le plumetis. Nous pouvons traverser la rivière sans inquiétude : le gel nocturne la condamne à courir sous une épaisse couche de glace.

Aujourd'hui nous attend une lente et longue montée vers un haut plateau couvert de toundra pour découvrir enfin la haute crête enneigée de l'Anyemaqen.

Nous arrivons au lieu sacré marqué par un chorten, un amoncellement de pierres *mani* et une multitude de guirlandes de drapeaux aux prières bariolées emportées par le vent vers les dieux. Les guides ajoutent leurs drapeaux multicolores, s'absorbent en profondes dévotions et exécutent les trois cercles rituels autour du chorten.

Tout ici est vierge, vaste, hors de proportion. L'air est d'une transparence exceptionnelle, la crête souveraine irradie. Émus et recueillis, nous restons sans voix pendant de longues minutes, emplis d'un sentiment de plénitude et de certitude : nous voilà sur un des toits du monde. En de tels lieux, comment ne pas célébrer la grandeur et la beauté de l'univers ?

Nous chevauchons encore quelques heures, pensifs, subjugués. Sur la steppe, la neige a fondu et laisse de grands miroirs d'eau où se reflète toute la lumière du ciel. Les rochers qui affleurent sont couverts de beaux lichens orange, des xanthories élégantes ; quel voyage pour cette petite algue : née de l'océan, elle s'associe à un champignon et devient le végétal le plus haut du monde.

Ce soir-là, en promenade au-dessus du camp, nous avons surpris un troupeau de biches à lèvres blanches où gambadaient des petits. Quelle menace, quelle inquiétude les a fait quitter leur refuge ? Peut-être le léopard des neiges, dont c'est ici un des derniers territoires ?

Dans la nuit, bruit de grésil sur les tentes. Au matin, dix centimètres de neige donnent à notre campement l'allure d'un camp de base pour l'Everest. Chevaux et yacks sont figés, croupes au vent, couverts de neige ; le petit chien roux est blotti au creux des selles. Nous organisons le petit-déjeuner. Il neige toujours, nos guides ne sont pas sortis de leur abri, on ne voit pas à cinq mètres.

Soudain, des rires éclatent dans la tente des nomades. Le temps se lève un peu, et le départ est décidé. Dans la gaieté et les chants, l'équipe des Goloks s'active et la caravane est prête en un tournemain. Au moment de la mise en selle, il neige à nouveau. Des montagnes hérissées apparaissent derrière le rideau de flocons ; nous grimpons vers elles, les yacks font la trace. Notre cohorte fantomatique se déplace au pas lent et déterminé des yacks : tous de front, ils gravissent une moraine avec obstination et forcent la montagne.

Nous approchons des aiguilles rocheuses, la neige fouette les visages. Tout à coup, dans la tourmente, une tente blanche couverte d'un dais marron, quelques yacks, trois visages souriants : un homme occupé à se raser torse nu devant la tente, un jeune garçon et une femme qui nous tend un bol de thé fumant !

Découvrant l'importance de la troupe qui émerge de la tempête de neige, la femme retourne sous la tente et revient avec une pleine bouilloire de thé. Que diable font-ils en ce lieu si inhospitalier sous une tente d'été ?

Nous perdons peu à peu de l'altitude, laissant la neige derrière nous. La steppe reverdit, chevaux et yacks auront de quoi pâturer. Le soleil réapparaît.

Ce soir, la crête enneigée de l'Anyemaqen brille comme un diamant, presque surnaturelle, à 6282 m. Un croissant de lune apparaît dans la nuit glacée. Comme un rituel autour du feu, Philippe doit exécuter une fois encore ses tours de prestidigitation pour les Goloks, jusqu'au jour où l'un d'entre eux comprendra le truc et, à son tour, nous divertira. Leur *chuba*, retenue par une grosse ceinture, forme une sorte de poche où ils rangent une incroyable quantité d'objets : corde de secours, viande séchée, pipe en métal ou flacon d'alcool d'orge ; les minuscules accessoires de prestidigitation y trouveront place aussi.

Le « feu de bergère » ne chauffe pas assez, mes légendes tibétaines ont un auditoire intéressé pour autant qu'elles soient courtes ; comme tous les soirs nous nous réchauffons en marchant sous un ciel d'une clarté inouïe. Déjà les étoiles les plus brillantes quadrillent le ciel : Arcturus, Antarès, Vega, Altaïr sont en place, les constellations vont pouvoir s'y arrimer. Ici la Voie lactée n'est pas une lueur diffuse, mais un chemin de lumière. Les étoiles tapissent la voûte céleste à en donner le vertige, on est happé par l'espace intersidéral. J'avoue avoir profité d'insomnies pour entrouvrir ma tente et, bien au chaud dans mon duvet, avoir souvent contemplé le ciel, parfois assez tard pour voir se lever l'éclat plombé de Saturne.

Arrivés à l'extrémité du massif, il faut décider : soit nous contournons la base et l'étape sera extrêmement longue, soit nous coupons court en montant vers la crête pour redescendre sur l'autre versant. Le temps est au beau, nous choisissons de monter. Tantôt à cheval, tantôt à pied, nous grimpons, le soleil nous brûle le dos. Chaque fois que nous croyons atteindre le sommet, une autre crête plus haute se découvre, la chaleur est écrasante, le souffle court, nous continuons à nous hisser.

Laia gyalo de tamtche pam ! « Les dieux triomphent, les démons sont vaincus ! » Le cri de victoire quand un sommet est atteint.

Nous sommes au col, à 5 200 m. Une vallée s'ouvre à nos pieds. Rien n'arrête le regard : il embrasse des vagues de montagnes qui se succèdent à l'infini, le domaine des dieux, le Tibet.

Nous avons perdu la notion du temps et poursuivons notre marche de chorten en murs *mani* autour de l'Anyemaqen, nous sommes devenus le chemin.

Il y eut des rencontres avec d'autres familles en pèlerinage et d'autres cavaliers goloks gardant leurs troupeaux. Dans les rivières s'ébattent les canards casarcas à la livrée fauve et noire, et, partout, une multitude de picas, de petits rongeurs curieux qui fuient vers leur terrier. Au pied des glaciers déversant d'énormes séracs bleus, des champs de primevères et d'edelweiss, des prairies de pavots bleus et de potentilles.

C'est vers la fin de l'expédition que le cheval de Sauveur s'est mis à boiter; les guides goloks s'empressent de nous faire comprendre que c'est à cause des étrivières trop longues... Nantè, le chef, arrache une petite poignée de crins à la queue du cheval, les noue en quelques nœuds savants autour du paturon douloureux et, cinq minutes plus tard le cheval ne boite plus !

Nous n'oublierons pas cette soirée où, partageant le feu de nos guides et leur alcool d'orge, nous apprendrons à dire dans leur langue : cheval, yack, lune, neige, feu, ni cette invitation sous la tente en laine de yack pour savourer un thé, avec un peu de beurre frais déposé sur le bord de la tasse, des beignets et sucreries en abondance. Merveilleuse hospitalité tibétaine.

Le dernier soir, nous avons rejoint le village de la Montagne-Enneigée et organisé pour l'équipe un repas d'adieu dans la salle municipale mise à notre disposition. Beaucoup d'hommes sont venus, villageois et travailleurs en mission volontaire (les salaires sont plus élevés) pour la construction d'un barrage qui fournira l'électricité au village. Ils ont chanté ; des voix superbes et graves racontent la nostalgie des couples séparés qui travaillent aux quatre coins de la Chine et ne se voient que quinze jours par an, pendant les « vacances conjugales ».

Nos chevaux, toujours énergiques et valeureux malgré les difficultés de parcours et les nuits glaciales, pourront enfin se reposer. Je suis émue de quitter Gesar, mon généreux petit cheval bai au regard ardent. Serrant la main de Nantè et de ses compagnons, nous quittons des amis.

Au Salon du cheval de Paris de décembre 1986, la première expédition équestre en Chine a valu à Cheval d'Aventure l'oscar du Tourisme équestre.

L'année de notre deuxième expédition, la construction d'un pont sur le fleuve Jaune a réduit à deux jours de car (440 km au lieu de 720 km), le trajet entre Xining et Xa Dawu, le village du départ. En revanche, les conditions climatiques sont plus éprouvantes, il neigera toutes les nuits. Dès le départ la tempête de neige fait rage à Xa Dawu. Lorsque je demande au guide ses prévisions, il me répond sobrement : « Pour le temps, ce sont les dieux qui décident. » À la faveur d'une éclaircie, nous mettons en selle dans 15 cm de poudreuse ; les trente-trois yacks de la caravane font la trace. Le soleil radieux a raison de la neige, la journée se termine presque dans l'euphorie.

La nuit, nouvelle tempête de neige ! Au petit matin, le bas des tentes est enfoui. Tout est immobile, et les flocons tombent dru. Nous nous retrouvons dans la grande tente mess pour le petit-déjeuner, perplexes : est-il prudent d'aborder ce matin un col de 4 600 m ? Les guides goloks décideront ; mais leur campement ne montre pas le moindre signe de vie. Soudain, en l'espace de dix minutes, il cesse de neiger, et les nuages se déchirent sur un ciel bleu victorieux. Les Goloks bondissent hors de leurs tentes comme des coucous de leur horloge. Un quart d'heure plus tard, un concert de sifflements accompagne le troupeau de chevaux et de yacks ramenés d'un vallon abrité. Vite démonter les tentes, plier les bagages. Déjà les chevaux sont sellés et le camp est levé en un temps record.

La montée est régulière. Les Goloks font passer les yacks en tête pour ouvrir la trace. La neige est profonde et la troupe de chevaux s'étire.

En protégeant la caméra et la pellicule du froid, j'ai pu rapporter un film 16 mm de cette expédition. Prenant les devants avec un guide, je dépasse les yacks et me place en haut du col. La neige y est profonde, les chevaux y enfoncent jusqu'au-dessus des genoux. Je confie ma monture au guide et me cale dans la neige pour filmer cette scène incroyable : trente-trois yacks de front avancent résolument dans la neige, leur robe de poils flottant autour d'eux, force tranquille et inébranlable, ils brassent la poudreuse et donnent l'impression de nager dans la neige.

Depuis deux jours, nous sommes inquiets pour le responsable de l'équipe des Goloks, une force de la nature toujours prêt à rire ou chanter : il est très malade et peine à marcher. Plusieurs médecins de notre groupe l'examinent ; malgré la difficulté à communiquer, ils diagnostiquent un problème gastrique et lui administrent les médicaments appropriés.

Le soir, nous devions retrouver un grand chorten blanc et solitaire à son carrefour de vallées, mais c'est un spectacle inattendu que nous découvrons : près d'une centaine de tentes, une multitude de yacks et de chevaux, une foule de nomades, un grouillement de vie complètement insolite en ce lieu isolé. Interpellée par une immense tente de cérémonie, blanche et rehaussée de motifs noirs et rouges, j'apprends que c'est un monastère nomade : un grand lama est venu avec tout un collège de moines bénir le chorten. D'importantes célébrations religieuses ont lieu ici pendant plusieurs jours et les familles nomades se sont rassemblées pour y assister.

Nous installons notre camp et revenons vers les pèlerins. Ils ont mis leurs plus beaux vêtements, les femmes arborent des colliers de turquoise et de corail, et de lourds bijoux d'argent à la ceinture et dans le dos. Des trompes annoncent le début d'une cérémonie. À l'intérieur de la tente, doublée de soie écarlate, une chaude clarté rouge baigne la reconstitution d'un temple. Rien ne manque : bannières et dais de couleurs vives, statues pieuses et lampes à huile, bancs pour les moines et instruments de musique.

Le lama est déjà assis en lotus sur son piédestal, fait d'un empilement de grands coussins carrés ; près de lui, un très jeune moine (il a trois ans tout au plus), un *tülku*, une « réincarnation », nous dit-on. Les fidèles s'inclinent les uns après les autres devant le grand lama. Parmi nos guides goloks arrive le chef, méconnaissable tant il semble épuisé ; il échange quelques mots avec le lama et reçoit un petit paquet de papier plié. Une fois que tous les fidèles ont défilé commencent les psalmodies monocordes à l'unisson, avec une brusque chute pour marquer la fin de chaque prière. Odeurs de genévrier et de lampes à huile qui se consument, sons discordants de trompes mêlés aux tambours, cymbales et clochettes.

La cérémonie terminée, toute l'assemblée se détend. Les moines emballent leurs livres de prières dans des étoffes de soie tandis que des moinillons servent le thé et des beignets.

Nous sommes retenus par de petits groupes très curieux de notre présence : les femmes, surtout, et les fillettes, sans aucune timidité, plaisantent avec les cavalières. Le temps est à la pluie, nous nous retirons sous les tentes.

Le lendemain matin, guilleret comme un poulain, notre chef golok chante joyeusement. Miracle de la médecine ou grâce de Bouddha ?

De graves événements allaient nous fermer, quelques années plus tard, les sentiers de l'Anyemaqen. Au printemps 1989, la contestation s'étend en Chine, débouchant le 4 juin sur la dramatique répression de la place Tian'anmen. Aussitôt, le visa donnant accès aux zones de l'Anyemaqen m'est refusé.

La montagne sacrée est à nouveau interdite.

Argentine, 1987-1988

Prélude à une passion : cordillère des Andes

Il n'y a que la Patagonie, la Patagonie qui convienne
à mon immense tristesse, la Patagonie,
et un voyage dans les mers du Sud.
Je suis en route. J'ai toujours été en route.
Blaise Cendrars (*La Prose du Transsibérien*)

I. Carnet de route d'un voyage de reconnaissance (mars 1987)

Un soir, bien au sud de rio Grande, je fais route vers la Terre de Feu. À la nuit je serai à Ushuaïa. Depuis de longues heures, mon regard s'est accoutumé aux couleurs fauves et parfois bleutées de l'infinie Patagonie, aux pointillés clairs des innombrables troupeaux de moutons.

Un trottinement plus rapide au ras du sol attire mon attention, un animal, deux, trois, des chiens… puis surgit le gaucho. Souverain sur son cheval bai-brun, berger-centaure escorté d'une dizaine de chiens, il regagne l'estancia au coucher du soleil. Regard impassible sous le noir sombrero. De quelle course lointaine, de quelles immensités balayées par le vent impitoyable revient-il ?

Je suis en Argentine, en voyage de reconnaissance avec Alain, un ami de longue date, cavalier et curieux de l'Argentine, il parle espagnol. Nous avons trois semaines pour rencontrer des personnes et des chevaux, éprouver toutes les régions de ce vaste territoire, et trouver la plus belle expédition équestre possible.

Envol de l'aéroport domestique dans la ville même de Buenos Aires, enchantement du large estuaire rio de la Plata, péninsule de Valdés finement ourlée de bleu, ville pétrolière de Comodoro Rivadavia, « très étroit » détroit de Magellan pour atterrir à Rio Grande dans la gifle d'une violente bourrasque de vent. Les nuages filent, les drapeaux s'effilochent… bienvenue en Terre de Feu. L'aéroport d'Ushuaïa est en réfection, la route nous conduira au sud du Sud.

Choc des paysages immenses sous le soleil : estancias et moutons, arbres torturés, le tronc rabattu presque à l'horizontale, les fameux « arbres drapeau » de Patagonie – quelle volonté d'enracinement ! La cordillère des Andes naît ici et s'étire jusqu'à la mer des Caraïbes, le plus grand système montagneux de la planète.

C'est là que j'ai vu le gaucho et ses chiens.

Enfin Ushuaïa ! 55° latitude sud, la ville la plus australe du continent, le dernier pas avant l'Antarctique. Lapataia, la fin de la N3 bute sur le canal de Beagle, parfums d'iode et de grand large à 3 000 km de Buenos Aires.

Parque Nacional Tierra del Fuego. No hacer fuego. « Parc national de la Terre de Feu. Ne pas faire de feu », stipule le panneau. Univers austral hallucinant : des arbres d'espèces inconnues, *lengas* et *ñires*, forêt douloureuse d'arbres tordus, envahis d'épiphytes, de champignons et de guis colorés, bosselés par une grande quantité de *llaos-llaos*, nodosités provoquées par un parasite, lagunes vertes, sombres tourbières, barrages de castors sur la rivière Pipo, colonies de canards, oies cendrées et lapins.

Deux propriétaires d'estancias nous accueillent chaleureusement, ils voient si peu de monde. L'idée qu'on s'intéresse à leur vie et à leurs chevaux paraît incongrue : « Mais, que venez-vous voir, à part le vent ? »

En dépit de son âpre beauté, cette terre hirsute et tourmentée n'est peut-être pas l'endroit rêvé pour une randonnée. Nous en aurons le cœur net. Direction le parc national des Glaciers à 330 km à l'intérieur des terres, au pied de la cordillère des Andes, près de la frontière avec le Chili. El Calafate, dans le Far South, une bourgade de pionniers où les rafales de vent soulèvent en volutes la poussière des rues de terre. De vastes steppes désolées et, à l'ouest, « le » glacier Perito Moreno. Du grand spectacle : un front comme une banquise de soixante mètres de haut bute sur la rive du lac et se partage en deux falaises de glace bleue d'une pureté inouïe, bleu saphir au creux des crevasses, une consistance de sucre d'orge nacré.

Détachées des parois, des lames de glace s'écroulent dans le lac comme au ralenti, dans un vacarme assourdissant, provoquant d'énormes remous sur la surface où flottent d'autres débris du glacier.

Le lac est bleu ciel, très pâle, le bleu du drapeau argentin. Au premier plan, sur la terre ferme, les *lengas*, ces grands hêtres de l'hémisphère austral aux feuilles minuscules, dessinent leurs ramures de bronze sur le camaïeu de bleus du lac et du glacier. Des grondements longuement répercutés, des craquements et des borborygmes incessants, symphonie de forces premières : le glacier avance, la masse énorme du serpent de glace, en expansion permanente, pousse un front de cinq kilomètres de large qui s'accroche à la terre sur quelques centaines de mètres.

Nous descendons sur la rive rocheuse (en 1987, le site est peu touristique et sans barrières de sécurité). Contact glacé de la main sur le géant bleu. Tous les quatre ou cinq ans, ce verrou de glace explose en effondrement gigantesque qui rétablit les niveaux entre les deux parties du lac. Show magistral de la nature.

La calotte glaciaire de Patagonie, troisième réserve mondiale d'eau douce, s'écoule vers le Chili et l'Argentine en une cinquantaine de glaciers. Le plus grand est l'Upsala. Pour en approcher, il faut naviguer sur le lago Argentino et se faufiler entre une flottille d'icebergs bleu azur aux transparences de cristal. Cette couleur presque irréelle est due à l'absence d'air dans la glace très compressée (seuls les rayons à longueur d'onde courte, le bleu, peuvent s'y diffuser). L'Upsala s'offre en cinémascope : d'énormes pans de glace s'effondrent au hasard, comme des jets d'eau en négatif, à un rythme syncopé et en grondements sourds dans les tourbillons de bascule d'icebergs géants.

Pampa rase au retour vers Calafate. Deux gauchos au petit trot poussent un troupeau de chevaux ; leur meute de chiens déloge du rivage une bande de guanacos à la robe fauve, se précipite dans l'eau verte à la poursuite d'outardes et de cygnes à col noir. Ils disparaissent tous vers l'ouest, délayés dans le crépuscule.

Les rencontres avec des propriétaires d'estancias sont décevantes : certes, ils ont des chevaux et leurs gauchos connaissent un vaste territoire, mais accueillir des cavaliers étrangers ne les intéresse pas, ils ont trop de travail. Je n'insiste pas. Si la Patagonie fascine par son immensité, la vacuité, le dépouillement, la lumière magique des hautes latitudes, venir si loin pour tant de monotonie et d'austérité demande réflexion.

Quinze années plus tard, en 2002, les mentalités ont changé : l'offre touristique devient un complément aux activités agricoles. Estancias et gauchos sont motivés et heureux de faire découvrir leurs chevaux et leur pays. Je programmerai des randonnées en Patagonie chilienne, à cette même latitude, dans le parc national de Torres del Paine, un ensemble unique de montagnes spectaculaires, glaciers, forêts, lacs, rivières et pampas.

Comme moi, Alain a le pressentiment que nous allons trouver « notre randonnée idéale » plus au nord, dans la région de Bariloche, où nous avons beaucoup de contacts et de rencontres prévues. Tous les avis convergent : c'est « le » sanctuaire des beautés naturelles du pays et aussi un vrai pays de gauchos.

Bariloche, la « station de ski » d'Argentine, se la joue helvétique : maison de thé Heidi, hôtel Edelweiss, résidence Tyrol, des chocolateries à foison ; on peut même se faire photographier près de chiens Saint-Bernard portant tonnelet ! Mais c'est une Suisse des origines : nature vierge et grandiose, multitude de lacs et de forêts, vastes pampas, grandes estancias, et chevaux à ne savoir qu'en faire.

Pour mon projet d'expédition, j'ai échangé avec plusieurs personnes des courriers encourageants. Mais l'un est introuvable, l'autre est « absent pour longtemps », me dit le gérant de l'estancia. Enfin Gérard nous accueille à bras ouverts dans son estancia des Siete Condores. Le lendemain nous partons à cheval vers la vallée de Cuyin Manzano. Gérard et Adelio Riquelme, l'intendant qui gère toute la propriété, sont en tenue gaucho : sombrero noir, poncho, *bombacha* (confortables pantalons bouffants), large ceinture de cuir qui retient le *facón* (couteau) en travers de la ceinture, dans le dos.

Nous découvrons la selle, le *recado-vasco*, une merveille de confort pour le cheval et le cavalier. Plusieurs tapis de différentes textures sur le dos du cheval, puis deux boudins de cuir rembourré placés de chaque côté de la colonne vertébrale, sans autre armature que des courroies qui les réunissent; par-dessus vient une large pièce de cuir épais, où sont fixés les anneaux de sangle et les étrivières. Enfin une moelleuse peau de mouton maintenue par une sangle de cuir.

Nos selles portent aussi, à l'avant droit, les fameuses *boleadoras*, trois pierres rondes enrobées de cuir et réunies entre elles par de solides tresses de cuir. Une redoutable arme de chasse : en tenant une boule dans la main gauche, on imprime un mouvement tournant aux deux autres comme on ferait tournoyer un lasso puis, d'un geste précis, on lâche le tout, qui vient s'enrouler autour des pattes de la proie.

Adelio est responsable des soixante-quinze chevaux de Siete Condores ; il connaît tout le pays environnant loin à la ronde et sait aussi les vieilles légendes des Indiens Araucans. Les paysages sont grandioses et sauvages : pampa, forêt, montagnes, rivières, un paradis pour randonneur. À la pause de midi, Adelio allume un feu, embroche des quartiers de viande qu'il met à griller autour des braises. Quand l'eau pour le maté commence à bouillir, elle est versée dans une petite calebasse remplie d'herbe à maté. La *bombilla*, une paille métallique munie d'un filtre à sa base, est plantée dans la calebasse. Nous aspirons à tour de rôle le liquide amer et tonique. La calebasse à nouveau remplie, chacun boit derechef, jusqu'à ce que la viande soit prête à être dégustée sur de grandes tranches de pain frais. Je découvrirai que le rituel du maté est incontournable en Argentine comme au Brésil.

En rêve, je vois Adelio mener notre petit groupe de cavaliers l'année prochaine. Il a tout du guide idéal. Sur le chemin du retour, j'aborde plus précisément la question avec Gérard. Il me répond d'emblée que, réflexion faite, la seule personne qui puisse vraiment répondre à ma demande est Carol Jones ! (Bruit de château de cartes qui s'effondre.) C'est une vraie déception : j'étais persuadée que cet accueil et cette journée si sympathique étaient le prélude à un projet commun.

Carol Jones devient notre dernier atout. Nous devions de toute façon la rencontrer deux jours plus tard. Le temps d'assister à une *jineteada,* le rodéo à l'argentine, dont nous avons vu les affiches à Bariloche.

Un grand poteau de bois est planté au milieu du terrain pour y attacher les *cirmarrones,* des chevaux indomptés qu'enfourcheront les héros du jour. Ceux-ci devront rester à cheval douze secondes au moins !

Le spectacle est aussi dans la foule, femmes en robes colorées, gauchos en grande tenue : *bombachas* aux plis repassés, larges ceintures ornées de pièces d'argent, *facón* d'argent ciselé, courte veste noire, foulard, sombrero de feutre.

Concentrés, les concurrents chaussent avec soin des bottes souples en peau de poulain qui permettent une adhérence maximale avec les flancs du cheval. Annonce au micro, cris et applaudissements pour une vedette : Noche Obscura, « nuit obscure ». Un cheval noir de jais à l'abondante crinière, les yeux couverts d'un bandeau écarlate, est attaché très court au poteau. Sous sa robe luisante chaque muscle tressaille. Son cavalier, Hormiga Negra, « fourmi noire », saute sur le dos du rebelle tenu par plusieurs assistants. Le bandeau rouge est enlevé et le cheval libéré. Il bondit sur place en arrondissant le dos. Le cavalier se tient d'une main à une sorte de surfaix, de l'autre il brandit une cravache dont il frappe en cadence la croupe du cheval pour le propulser et enserre ses flancs. Le spectacle du cheval qui explose et du cavalier qui tient bon est superbe, mais Hormiga Negra mord la poussière avant les douze secondes de qualification. Suivent Faja Roja, El Gringo, El Perro qui se mesurent avec Lucero, El Rosado, Vasco et autres fulgurants chevaux sauvages.

Quand le gaucho est apparu au XVIe siècle, après l'arrivée des Espagnols, il était souvent un hors-la-loi, évadé, déserteur, parfois métis, homme libre et nomade parmi les Indiens. Vivant à cheval dans la pampa, habile au lasso et aux *boleadoras,* il poursuivait le bétail sauvage pour la viande et le cuir. Au début du XIXe siècle, son royaume d'infinies pampas est quadrillé de clôtures par de grandes estancias. Il ne reste au gaucho qu'à louer ses services et son savoir-faire auprès des éleveurs.

Deux œuvres gauchesques magistrales, *Martin Fierro* et *Don Segundo Sombra*, racontent la solitude du gaucho, vantent sa vie libre et sauvage dans la pampa, sa noblesse et ses qualités morales.

À l'instar du cow-boy, les gauchos sont idéalisés, auréolés d'un prestige teinté de nostalgie. Ils personnifient la symbiose entre l'homme et la nature, ils sont nobles, indépendants, courageux, capables de survivre en milieu hostile, deviennent presque des icônes et font rêver.

Nous arrivons à l'estancia Nahual Huapi. Dans les courriers échangés, Carol Jones a manifesté beaucoup d'intérêt pour mon projet. Petite, brune aux longs cheveux, souriante, allure sportive et décidée, elle nous reçoit dans la maison familiale, une construction centenaire, en rondins, construite par son grand-père, Jared Jones. Venu des États-Unis, il a été le tout premier pionnier de cette région de Patagonie. Des photos jaunies en témoignent : il a accueilli dans cette maison aussi bien Billy the Kid en cavale que Theodore Roosevelt. Tout enfant Carol a connu ce grand-père exceptionnel dompteur de chevaux : à quatre-vingt-dix ans passés il menait seul, de front et à la voix, sa *tropilla* de quatre-vingts chevaux.

Elle fait entrer ses chevaux au corral à la mode argentine : dès qu'ils passent la porte, ils se présentent tous côte à côte, bien alignés, adossés à la clôture, la tête vers nous ; c'est très commode pour choisir sa monture.

Tout en chevauchant, Carol nous désigne au loin son parcours sur les crêtes et à travers les vallées. Dans la nature luxuriante, beaucoup de troupeaux de chevaux, de moutons et de vaches, des *puestos* aussi, lieux d'habitation de gauchos. Carol salue tout le monde, elle semble très appréciée. Nous faisons une pause maté chez Crespo, son bras droit pour les randonnées. Les cartes sont déroulées et Carol détaille l'itinéraire : Cerro Colorado, arroyo La Paloma, estancia de Criado, Maillin Grande, Puesto de León, lagunes Las Mellizas, rio Nirihuán, rio Limay… Au retour, nous traversons des régions plus boisées et un secteur très accidenté. Le parc national de Nahuel Huapi, où nous évoluons, territoire des Araucans et des irréductibles Indiens Mapuches, classé au

Patrimoine mondial de l'Unesco, me paraît exceptionnellement grandiose et varié.

Le courant passe bien. J'aime le caractère décidé de Carol et son indépendance ; sa formule de bivouac et d'intendance avec chevaux de bât me convient. Et pourtant il y a des sujets d'achoppement : elle refuse d'emmener plus de huit cavaliers, j'en espérais douze, chiffre en deçà duquel l'équilibre économique de la randonnée et l'engagement d'un accompagnateur ne sont pas assurés. Son itinéraire ne dépasse pas huit jours, j'en souhaiterais au moins dix pour justifier un aussi long voyage… Nos discussions ne progressent pas, chacune restant sur ses positions. Nous nous quittons, en excellents termes, mais sans accord. Carol était ma carte maîtresse.

Maintenant il faut improviser et explorer encore deux régions emblématiques dans le Nord du pays : les provinces de Salta et de Corrientes. Avant ce voyage, j'avais cherché des contacts à Salta, sans obtenir de réponse.

Mon séjour en Argentine se termine. J'ai promis d'aller rejoindre pour une petite semaine ma sœur qui habite au Pérou avec sa famille. Alain m'offre de prospecter la région de Salta, à la frontière de la Bolivie. Il est débrouillard, parle parfaitement l'espagnol, connaît mes voyages et sait ce que je recherche. Je lui fais entière confiance.

Dès son arrivée à Salta, il contacte la presse locale. Son interview paraît le lendemain : il annonce qu'il est à l'hôtel Victoria Plaza et souhaite rencontrer toute personne susceptible d'organiser une expédition équestre dont il exprime les grands principes. Au terme de plusieurs entrevues et des visites sur le terrain, il sélectionne deux correspondants « éventuels » : Enrique, jeune et dynamique vétérinaire, aurait accompagné la cavalerie argentine en manœuvres dans toute la région, qu'il connaît « comme sa poche », vallée et montagne ; Hernán Uriburú, d'âge mûr, posé, propose un itinéraire qu'il connaît bien mais que je trouve étriqué ; il ne veut pas s'engager sur un parcours plus ambitieux sans reconnaissance sérieuse.

Pour la première expédition, en mars 1988, j'ai choisi Enrique. Je n'ai pas misé sur le bon cheval. L'organisation se révèle vite défaillante : itinéraire non reconnu, manque de muletiers et d'animaux de bât, intendance très insuffisante. Au pied levé j'embauche des guides locaux et, à chaque occasion, je complète le ravitaillement. Les cavaliers sont heureux : leur humour, la magie des Andes et la générosité des chevaux ont transcendé les aléas. Nous sommes sous le charme des vallées tropicales, des canyons spectaculaires, des sommets andins grandioses, et touchés par l'accueil d'une population métissée par la proximité de la Bolivie indienne.

C'est ici que nous ferons les prochaines expéditions.

De retour à Salta, je discute longuement avec Hernán et Ricardo. Le duo semble bien rôdé, trouve solution à tous les problèmes que nous avons connus et propose d'effectuer une reconnaissance immédiatement. Maintenant que j'ai parcouru la région, décrypter leur rapport me permettra de me rendre compte de leur approche du terrain. Je reviendrai avec un autre groupe dès novembre, dans huit mois.

II. Sous la protection de la Pachamama (novembre 1988)

Merveilleux feu, ancre essentielle des rites
quotidiens du voyageur [...] *Ses flammes,*
son odeur, le premier soir d'un nouveau voyage,
me donnent immédiatement
l'impression de me retrouver « à la maison ».
Daniel Popp (*Le Désert nu*)

Ils reviennent éblouis de grandes journées en tête à tête avec la steppe infinie et les glaciers géants de Patagonie. Après une telle entrée en matière, il va falloir que l'expédition équestre soit à la hauteur !

Je joue le tout pour le tout avec ce deuxième groupe de cavaliers à qui j'ai promis la cordillère des Andes. J'ai confiance. Hernán Uriburu et Ricardo Solá nous accueillent à l'aéroport de Salta, 1 200 m d'altitude quasi sous le tropique du Capricorne, un climat rêvé. Entre Lima et Buenos Aires, Salta était la résidence favorite des gouverneurs espagnols.

Nous rallions, séance tenante, Corralito, le point de départ de la randonnée. Premier bivouac en bordure du petit village aux maisons blanches et rencontre avec nos montures : chevaux et mules, le poil brillant et en excellent état, savourent leur luzerne. Nous serons vingt-cinq à cheval : les guides organisateurs, Hernán et Ricardo, un de leurs amis, Victor, dit « Colacho », cinq *arrieros*-gauchos, deux cuisinières, Myrta et Blanca, et notre groupe de quinze cavaliers. Onze mules ou chevaux de bât porteront les bagages. Une vraie expédition.

L'équipe d'accompagnement se montre très accueillante et impatiente de partager l'aventure. De jeunes *arrieros* (que nous appelons aussi *cargeros* ou encore gauchos) vérifient les harnachements, et les cuisinières, très complices, sont à l'aise dans ce campement improvisé. Colacho est différent : la trentaine, bel hidalgo à la moustache brune, cheveux gominés, apparence soignée, élégante même, plutôt réservé.

Le bivouac installé, un grand *asado* se prépare. C'est l'heure de l'apéritif et d'un sérieux briefing. Ricardo et Hernán expliquent l'itinéraire et l'organisation des journées, donnent leurs consignes quant aux chevaux. Ils insistent sur la sécurité et la prudence par rapport à la *puna* ou *soroche,* le mal des montagnes, car nous frôlerons souvent les 4 000 m (le mal des montagnes frappe dans les Andes à plus basse altitude que dans l'Himalaya).

Presque tous les cavaliers ont déjà randonné avec moi et, là dans la montagne au bout du monde, une nouvelle famille est en train de se former. La nuit tombe, le vin de Mendoza rassemble les deux équipes près d'un *asado* géant, grillades à l'argentine, « autour » de la braise. Vestes et ponchos ne suffisent plus. À 1 650 m, même sous le tropique, la nuit est fraîche. Nous nous rapprochons un peu plus des flammes. Demain sera un grand jour.

Le matin radieux est plein de promesses. Une boisson chaude et puis tout de suite les bagages sont regroupés et alignés pour faciliter la tâche des muletiers. Déjà ils arriment les bâts et sellent les chevaux (demain ce sera à nous de le faire). Nous prenons un solide petit-déjeuner, avant une méticuleuse attribution des chevaux.

Hernán, Ricardo et Colacho aident au réglage des étriers, à la fixation des sacoches, pull, imperméable. Beaucoup découvrent le grand confort de la selle *recado,* recouverte d'une peau de mouton.

Le départ est donné. Trois heures depuis le réveil, vraiment rapide pour un premier jour.

Nous devançons les mules. Quelques kilomètres sur une belle piste, le temps de prendre contact avec les chevaux et eux avec nous ; ils ont tous la même allure bien engagée. Habitués à vivre en troupeau, ils sont très sociables. Nous convoyons parmi les chevaux une mule chargée du matériel de première nécessité : pharmacie, bâches, de quoi faire du feu et pique-nique.

Un chemin étroit nous invite à suivre le rio Manzano, encaissé dans un couloir de végétation tropicale. Le sentier s'accroche à la paroi de la vallée creusée en canyon, s'élève parfois en à-pic au-dessus du torrent, puis le rejoint, monte à nouveau, coupe beaucoup de petits torrents affluents qui cascadent sur les pentes. Une végétation dense de bégonias arbustifs, fougères, mousses, lichens, couvre le sol et grimpe aux arbres. La montée est raide et régulière jusqu'à sortir du tunnel de chlorophylle pour déboucher dans des prairies fleuries.

Halte pique-nique au soleil : les chevaux sont débridés, légèrement dessanglés, et attachés aux arbres. La pause ne sera pas très longue, nous voulons arriver de bonne heure à El Manzano.

Répondant à notre interrogation, Ricardo explique que nos chevaux sont non seulement des criollos mais bien plus, issus de son étalon de pure race Solanet. Au début du XIXe siècle, Emilio Solanet, professeur de zootechnie, souhaitant définir les standards de la race *criolla,* a sélectionné des chevaux chez les Indiens Tehuelches, dans le Chubut. Convaincu de leurs exceptionnelles qualités d'endurance, Solanet a offert deux de ces chevaux, Mancha et Gato, au Suisse Aimé Felix Tschiffely, un aventurier, qui a décidé d'entreprendre à cheval l'incroyable voyage de 21 500 km reliant Buenos Aires à New York. Les chevaux ont accompli cet exploit en trois ans, de 1925 à 1928, et ont survécu plus de seize ans à ce défi. Nous voilà rassurés, nous pourrons aller au bout du monde avec nos criollos de la prestigieuse lignée Solanet.

Les mules arrivent et nous dépassent dans un concert de braiements et hennissements échangés. L'ascension se poursuit dans les belles prairies d'altitude jusqu'au petit hameau d'El Manzano, à 2450 m. Nous libérons au plus vite les chevaux, qui se roulent avec délectation sur l'herbe coriace.

J'aime bien mon cheval, Diablo, un hongre, noir comme la nuit. Il est puissant, sûr et régulier, doux et indépendant. Je peux m'écarter du groupe, m'arrêter, filmer, il me laisse le temps de remonter sans un mouvement d'impatience. Un cheval en or pour la montagne.

La famille de Yelasio Cruz nous accueille tout en buvant le maté ; des jeunes femmes et leurs enfants observent les chevaux au pâturage et les cavaliers qui partent en quête d'un coin de rivière et d'un emplacement de bivouac, à l'écart du bruyant troupeau de chèvres.

Lieu de tous les ralliements, le feu répand une fumée odorante, essences inconnues des branches mortes ramassées alentour. Le parfum d'un feu révèle le bois dont il est nourri, une latitude, une altitude, aucun feu ne ressemble à un autre. Le soleil disparaît derrière les montagnes et la nuit tombe brusquement.

Le fils de Yelasio nous invite au fond du jardin : il a colmaté de terre glaise une grosse pierre plate pour fermer hermétiquement un four en terre. Il descelle la pierre et sort du four : pain frais, épis de maïs grillés, pommes de terre et viande rôtie... narines et bientôt papilles frôlent l'extase. Tout le hameau est convié, Myrta avait prévu largement. La famille de Yelasio apporte du fromage de chèvre frais.

À l'heure où chacun se rapproche du feu, Colacho accorde sa guitare. Tout de suite nous sommes sous le charme de la voix chaude et des mélodies nostalgiques du folklore du *noroeste*, le Nord-Ouest argentin. Applaudissements ! la famille de Yelasio réclame ses airs favoris. Colacho s'exécute volontiers ; sous une apparente réserve, il est d'une grande gentillesse, toujours disponible pour un coup de main, pince-sans-rire et plein d'humour. Ses amis l'appellent affectueusement Colacho, surnom donné à un personnage diabolique.

À l'aube le feu est rallumé, bientôt l'eau du café et du maté est chaude. Chacun émerge et commente sa nuit, évoque des plages d'insomnie ou quelques courbatures. Hernán distribue à qui veut des poignées de feuilles de coca pour lutter contre le mal des montagnes. Il explique comment se faire une « chique » de feuilles à garder longuement dans la joue. L'effet de cette pratique millénaire dans les pays andins est encore accru si on enveloppe les feuilles autour d'une petite pierre de chaux, souvent vendue avec les feuilles sur les marchés de Bolivie et du Haut Pérou. Nous avons tous essayé la chique au goût amer : efficacité garantie, même à l'approche des 4000 m.

Aujourd'hui justement, l'altimètre va grimper, arbres et buissons cèdent le terrain à des broussailles rampantes d'où émergent de vigoureuses touffes d'herbe rousse et nous débouchons dans la *puna*, vastes alpages d'herbe rase aux couleurs fauves offrant des vues sublimes sur une multitude de crêtes.

Tous ensemble les chevaux ont dressé la tête et les oreilles : sur un sommet cavale une petite troupe de guanacos. Les silhouettes des gracieux camélidés, ancêtres du lama, se détachent avec netteté sur le ciel bleu.

Nous montons encore. De sacrés athlètes ces chevaux : l'encolure allongée reconnaît le terrain, les antérieurs accrochent fermement, l'arrière-main puissante propulse, le pas est régulier, le souffle maîtrisé. Une marche plus haute ? un raidillon ? un ahanement, un demi-saut et l'ascension continue. Le cavalier essaie d'être léger, d'exister le moins possible, veille à ne pas troubler l'équilibre naturel du cheval, lui laisse une indispensable liberté d'encolure mais garde le contact, prêt à soutenir, encourage de la voix, remercie d'une caresse.

Soudain le col, à 3800 m. Ainsi que s'ouvre un éventail, le panorama s'élargit : à perte de vue les crêtes se succèdent et s'entrecroisent en courbes douces, vertes et rousses pour les plus proches, bleutées et violacées dans les lointains. Jaillis de l'horizon, les sommets enneigés de la cordillère tous à plus de 6000 m : Nevado de Cachi, Nevado de Palermo, monts Acay, Chani, Calilegua… comme pour s'ajuster au paysage, on respire longuement et à pleins poumons, le cœur et l'esprit se dilatent jusqu'à s'étourdir. Derrière cette crête ultime sont les grands déserts de sel de l'altiplano qui annoncent la Bolivie et le désert d'Atacama au Chili.

Les animaux de bât nous rejoignent et toute l'expédition se regroupe, les ponchos rouges claquent au vent. Guides et gauchos mettent pied à terre et se dirigent vers l'*apacheta*, l'amoncellement de pierres qui signale le col. Ils enlèvent leur chapeau, ajoutent une pierre, boivent à leur gourde qui contient le vin doux local, la *mistela*, en versent une rasade sur l'*apacheta,* glissent des feuilles de coca entre les pierres : c'est leur offrande à la Pachamama, déesse Terre et déesse universelle. On lui rend grâces pour ses dons et on l'invoque pour qu'elle continue à être généreuse.

La vénération pour la Pachamama est vivace tout au long de la cordillère des Andes, une croyance et un rite vieux comme le monde, rien de suranné dans ce témoignage de respect envers notre si précieuse planète.

La descente rapide vers la *quebrada* de las Arcas abrite du vent et l'aubaine d'un cirque naturel décide de la pause de midi. La *quebrada* se creuse de plus en plus, bordée de hautes falaises de roche rouge. On se demande où va pouvoir passer le sentier et toujours il trouve un pan herbeux, une faille entre les roches, devient fil tenu dans une traversée escarpée et finit par rejoindre le lit du torrent.

Le fond de la vallée, parfois élargi de plages, peut aussi s'encaisser au point de presque se fermer. Les *arrieros* connaissent les chicanes pour arriver chez Carlos et Martina Sulco qui nous attendent dans leur *puesto* solitaire. Les modestes constructions de terre sèche et toit de paille recouverte d'argile, entourent un patio rectangulaire ; l'habitation est précédée d'une galerie à trois arches simples et harmonieuses. Des petits champs bordés de murets occupent une plaine alluviale, peupliers et cactus candélabres achèvent le décor.

Préparant l'expédition, Hernán et Ricardo ont fait livrer des provisions de luzerne, par convois de mules, aux campements où il manquerait de pâturage pour les animaux. Ici ils ont également commandé un agneau. La carcasse est prête à être découpée.

Ce soir c'est Miguel Angel qui prépare l'*asado*. D'abord il allume un très grand feu et continue à le charger de bois tout en préparant les quartiers de viande. Tandis que le bois devient braise, il va choisir au bord du rio les branches qu'il taillera en broches. La viande est longuement massée de jus de citron et de sel puis mise à reposer. Quand le feu est à point, Miguel plante autour du foyer la viande embrochée. Il surveille le feu, tourne la viande, l'arrose d'eau salée et écarte les chiens de la maison. L'*asado* est une occupation à plein-temps, ce soir Miguel Angel est dispensé de soins aux chevaux.

Vient l'heure de gloire, quand enfin tous sont réunis pour le repas, qu'il découpe de son couteau, le précieux *facón,* les quartiers de viande parfaitement grillés, et distribue à chacun côtelettes, tranches d'épaule ou de gigot.

Carlos, Martina et leurs enfants sont de la fête, quelle invasion dans leur vie paisible ! Les yeux des enfants n'en perdent pas une miette. Miguel Angel est applaudi, on se pourlèche les doigts et les chiens ont enfin leur part du festin. Hernán prélève dans ses réserves la provision de vin accordée pour ce soir. Colacho s'empare de la guitare.

La journée suivante est un festival de *quebradas* encaissées : après Las Arcas rouge et rouille, nous débouchons dans la plus ample et très spectaculaire Las Capillas, affluent de la *quebrada* del Toro, effondrement gigantesque où le socle de la cordillère des Andes se livre en strates multicolores, claires pour le calcaire, gris, bleuté ou violacé pour les schistes. Les cactus candélabres de toutes tailles dressent leurs multiples bras, seuls éléments verticaux dans cet univers de pentes extrêmes.

En sécurité sur les chevaux, agiles et prudents comme des mules, lacet après lacet, nous profitons longuement de toutes les dimensions du paysage, aimantés par le rio qui dessine un réseau échevelé de ruisselets sur le fond de la vallée. En point de mire, les méandres de jade de la rivière et une tache rouge écarlate autour d'une *finca*.

À l'arrivée, nous y découvrons un tapis de piments séchant au soleil.

Ici passe la célèbre voie ferrée *el Tren de las Nubes,* « le Train des Nuages », qui part de Salta et monte vers la Bolivie jusqu'à 4200 m.

Nos montures peuvent enfin se désaltérer dans l'eau bouillonnante qui regorge, dit-on, de truites. Le menu du soir est tout trouvé. Nous campons là, à 3125 m, dans une ancienne école de terre à patio fermé et galerie intérieure à arcades.

Les hameçons étaient prévus, ils s'y sont tous mis ; en moins d'une heure, une pêche miraculeuse est déposée sur la table du dîner : trente-quatre truites de grosse taille. Pas un souffle de vent, nous profitons du soleil et du cadre enchanteur : beaucoup de verdure, arbustes fleuris, saules pleureurs, bosquets de peupliers au feuillage doré. Dans l'échancrure des gorges on aperçoit un sommet enneigé. Demain nous regagnons les crêtes.

Nous traversons maintes fois la rivière pour choisir la rive la plus aisée quand, subitement, le cheval de Colacho semble s'effondrer ; Colacho saute à terre : son cheval est prisonnier de sables mouvants jusqu'à mi-poitrail. Hernán veut le secourir, sa monture s'enlise à son tour. Les deux chevaux restent immobiles et ne tentent rien. La cuvette de sable mouvant est très localisée, juste à côté, les hommes sont sur du gravier très ferme. Des lassos sont passés derrière les fesses et sous le ventre du premier cheval, qui n'a toujours pas bronché. À un signal, les hommes tirent énergiquement sur les lassos et le licol en poussant des cris d'encouragement, le cheval réagit et, en quelques efforts puissants, s'extrait des sables. Même scénario pour le deuxième. Les chevaux s'ébrouent et poussent un gros soupir, les hommes aussi. Il n'a même pas fallu desseller, tout s'est passé dans le calme, avec la certitude qu'on y arriverait.

Au confluent avec la *quebrada* de Junial, nous passons du schiste violacé au grès orangé. Ce sont d'abord de hautes parois verticales comme taillées d'une hache de géant et plus loin de longues draperies finement plissées. C'est trop beau, nous nous arrêtons sur un banc de sable au milieu de la rivière, adosssés à un rocher, pour profiter du spectacle de formes et de couleurs, nous remettre de nos émotions et partager un rapide pique-nique. Les chevaux somnolent au soleil.

C'est la remontée de la *quebrada* de Junial qui nous permettra de regagner la montagne. Nous nous faufilons dans le labyrinthe de plis fauves, un décor fantasmagorique de parois ciselées, de formes étranges de toutes les nuances d'ocre et d'orangé, quelques raidillons sont presque de l'escalade mais, avec de l'élan, les chevaux se hissent. L'étage minéral franchi, nous arrivons dans des prairies de hautes herbes fleuries de cosmos, marguerites, rudbeckia, lavatères : nous nageons dans un jardin parmi vaches, moutons et chèvres de petites *fincas* d'altitude profitant des riches herbages. À l'horizon la montagne de Cerro Negro nous défie de sa masse imposante.

Monter encore et toujours, nous sommes maintenant dans la *puna*, l'étage de la steppe rase. Où donc est le col qui marquera notre arrivée sur le Cerro Negro ¿ Le voilà, à 3 850 m, signalé par l'*apacheta*, l'autel à la Pachamama, où nous procédons à nos dévotions habituelles. Passé le col, nous arrivons à Corrales de Cerro Negro, la *finca* de Sebastiana et Bartolome, les parents de notre cuisinière Myrta. Une vraie fête ! Myrta et ses parents sont aux anges, si heureux de se revoir et elle si fière d'arriver en telle escorte.

Dès l'arrivée, la sœur de Myrta nous offre une décoction de coca. Bartolome nous montre le point d'eau et le pré fauché pour monter les tentes. Le repas s'organisera dans le patio entouré de bâtiments de terre crue. Toujours les arcades, de grandes jarres de terre cuite, un potager enserré de murs, des massifs de fleurs, un corral pour le troupeau de quatre cents chèvres et brebis. Pour les chevaux, un cirque naturel dans une paroi rocheuse complété par des murets de pierre qui délimitent les corrals. Ce soir les animaux mangeront de la luzerne.

Le minuscule hameau de Cerro Negro a une école et, à l'écart, une église solitaire face à l'immensité des Andes. Sa façade chaulée de blanc irradie au soleil couchant, proue de navire défiant les vallonnements ocre et des touffes d'herbe dorée.

Du fromage frais, mélange chèvre et brebis, sur de belles tartines d'un pain tout juste sorti du four, inaugure le repas. Accueil royal d'une humble famille qui nous offre ce qu'elle a de meilleur.

Le feu est allumé dans la cour de la maison. En plus de la famille de Myrta, quelques jeunes du hameau se sont approchés. C'est l'endroit rêvé pour observer enfin toutes ces constellations du sud, le ciel est d'une clarté exceptionnelle. J'emmène qui veut dans le vertige d'un voyage interstellaire.

Ils sont tous là : le grand Y des constellations australes, de Fomalhaut à l'éblouissante Canopus, la belle orangée Rigil al Kentarus, alpha du Centaure, la Grue et le Toucan en plein vol et puis les nébuleuses ouatées des Nuages de Magellan, radieux couffins d'étoiles. Retrouver un pays ce n'est pas seulement revoir des amis, reconnaître montagnes et vallées, c'est aussi saluer les étoiles qui veillent sur les nuits. Quand on dort à la belle étoile on est partout chez soi.

Quelques années plus tard, sur ce même itinéraire, j'avais, dans une valise, mon télescope portable. Je l'ai installé à Cerro Negro ; plusieurs jeunes ont été très intéressés par l'observation d'un quartier de lune. Le lendemain matin, ils voulaient le montrer à leurs parents ; en plein jour c'était compliqué, alors j'ai pointé le télescope vers un troupeau de guanacos qui se déplaçaient sur une crête lointaine. On les voyait à l'œil nu, mais au télescope ils étaient subitement à portée de main, on aurait pu les toucher. Je me rappellerai toujours l'émotion de ce vieux chasseur incrédule ; il regardait les animaux au loin sur la crête, puis, l'œil collé au télescope, avait subitement un geste de recul comme si les guanacos arrivaient sur lui.

Les journées se succèdent avec leur lot de vent et de soleil, les haltes près de familles ou des bivouacs sauvages. Parfois les nuages s'invitent dans le paysage, vont et viennent, dégagent soudain des panoramas sublimes ou, le temps d'une longue pause émerveillée sur un promontoire, nous flottons sur la mousseline d'une mer de nuages.

À l'*apacheta* de Pozo Bravo, le point le plus haut de toute l'expédition, 3 940 m, nous atteignons un croisement d'anciennes voies incaïques qui suivaient le fil des crêtes, c'est là que nous entrons dans le Parc national des *Cardones,* nom des cactus candélabres.

À cette altitude, le vent souffle sans obstacle, il faut enfiler vestes chaudes et ponchos ; tous les *Salteños*, habitants de Salta, déploient le même poncho rouge, rayé et frangé de noir. Le fameux poncho local, celui que portait la célèbre armée de gauchos et son général Güemes, le héros de Salta ; il a tenu tête à l'armée espagnole dans la *quebrada* de Humahuaca, permettant une victoire décisive pendant la guerre d'indépendance (1810-1816). Le poncho, dit-on, était rouge pour que l'ennemi ne repère pas les soldats blessés.

Malgré l'exaltation des cimes, nous sommes gagnés par une sorte de hâte à descendre pour échapper à la morsure du vent. Le soir, chez Colque, à la Ciénega, nous ne sommes plus qu'à 3 230 m ; une grande étendue humide et verte s'étend jusqu'à des affleurements de calcaire rose. Cette grande « prairie » marécageuse lui permet de nourrir ses troupeaux. La maison est aussi en terre crue mais charpentes, portes, table et jusqu'aux bancs sur lesquels nous nous asseyons sont en bois de cactus. Les candélabres ont un cœur dur et imputrescible. Il peut être débité en planches, sur lesquelles apparaît un réseau de d'orifices ovales, qui n'enlèvent rien à la solidité et sont très graphiques.

Colque sacrifie un agneau pour nous. Il recueille le sang et le verse dans un entonnoir naturel aménagé au creux d'un rocher : son offrande à la Pachamama.

Un véhicule a pu arriver ici, déposer fourrage, ravitaillement et renouveler les réserves de vin. Réjouissances ! Un grand rectangle de ciel se découpe au-dessus de la cour, un poncho semé d'étoiles.

La pelouse verte et dorée de la *puna* est déchirée de hérissements rocheux. Nous glissons dans un vallon de sable accumulé par le vent et débouchons dans la Vallée Enchantée, la bien nommée : un grand fracas de roches rouges dressées encadrant une haute vallée verdoyante où paissent vaches et chevaux. Un paradis oublié, une oasis secrète. En altitude nous n'avons fait que de petits galops par égard pour nos chevaux. Ici, c'est eux qui nous le demandent, ils doivent aimer cet endroit. Une belle galopade réveille les échos de

Valle Encantado. Réveille aussi les viscaches et les chinchillas qui courent fébrilement sur les parois rocheuses à la recherche d'un abri ; pour faire bonne mesure, plusieurs condors descendent de leurs aires, en grands vols circulaires, afin d'identifier les intrus.

Ce lieu enchanté est notre campement. Les chevaux boivent à une grande mare laissée par les pluies, puis pâturent librement jusqu'au crépuscule où ils sont rassemblés dans des corrals naturels, délimités par des parois rocheuses. Pour installer bivouacs ou tentes, c'est l'embarras du choix entre de multiples chambres rocheuses au sol tapissé de pelouse, étagères et table de nuit en roc massif, agrémentés de bouquets de verdure.

Déjà au temps des Incas, et encore au siècle dernier, les grandes caravanes de lamas qui transportaient des marchandises à travers la Cordillère faisaient étape à ce *tambo*. Des gravures rupestres représentant des colonnes de lamas ont été retrouvées dans plusieurs grottes du massif.

Un jeune couple arrive à cheval en voisins, curieux de tant d'animation en en lieu si solitaire. Ils sont métissés d'Indiens. Elle monte une jolie mule noire et lui une jument baie suitée. La selle du cavalier est équipée des *guardamontes* traditionnels de la région de Salta : deux grandes pièces de cuir, sorte de boucliers fixés sur la selle, pour protéger les jambes quand il faut travailler du bétail dans l'impénétrable maquis du *chaco*.

Ravis de la compagnie, nos visiteurs du soir passent la veillée avec nous et se joignent à l'animation. Hugo utilise un jerricane comme tambour, indispensable accompagnement pour marquer le rythme lancinant des *bagualas* et *vidalas* nostalgiques que Colacho improvise à la guitare ; il joint sa voix haut placée et plaintive à celle de toute l'équipe pour les *chacareras* et *cuecas* dansantes ou les *chamames* lascifs. Dans la nuit, Hugo et son épouse s'en retournent sur leurs montures.

Les dernières étoiles s'éteignent, le vent est tombé, la bonne odeur de feu de bois monte jusqu'aux bivouacs, bientôt le maté sera prêt. Une troupe d'ânes sauvages passe au large saluant notre manade de braiements déchirants.

Nous sommes encore à 3 000 m, l'aube est froide, ce n'est pas l'heure des aigles et des condors mais dès que le soleil apparaît, une tiédeur bienfaisante envahit la Vallée Enchantée. Descente vers des paysages désertiques aux couleurs minérales ocre et rose. Oubliées les sources, les combes verdoyantes et les *arroyos* d'eau claire pour faire boire les chevaux.

Sur la carte, les ruisseaux sont en pointillé, l'eau n'y court qu'en saison pluvieuse. Il fait chaud, l'ombre est parcimonieuse, les rares points d'eau sont portés sur la carte : agua del Guanaco, agua del Apacheta. Notre camp du soir est Agua del Puyo, petite mare alimentée par une source au milieu des cailloux. Nous y faisons boire les chevaux et cherchons pour le camp un cirque rocheux à l'abri du vent. Une combe de grès rose et ocre sera notre salle à manger, notre salon une terrasse de roche lisse adossée à une paroi chaude de soleil.

À l'arrivée à l'étape, quand les chevaux sont installés au mieux pour la nuit, nous nous offrons un répit rituel : le *maté cocido*, maté en décoction que les cuisinières préparent dès que le feu est allumé. Nos gauchos préfèrent le traditionnel maté froid, infusé dans la *matera*.

Je regarde les cavaliers encore poussiéreux, adossés, abandonnés à même la roche sur la terrasse ensoleillée, fourbus et détendus, silencieux, la peau gorgée de soleil, un sourire de bonheur, le regard un peu lointain, c'est sûr, ils ont perdu la notion du temps, ils boivent leur maté quelque part dans les Andes, je pense qu'ils sont heureux.

Les chevaux sont attachés à des buissons dans un lit d'oued à sec, la paroi érodée, de trois mètres de haut, les protégera du vent froid. Une grande longe leur permet de grappiller la végétation naturelle ; pour la nuit une attache plus courte évitera les prises de longe et ils auront de la luzerne.

Alcôves de grès, terrasses privatives, lit de sable, chacun trouve son bonheur pour la nuit. Nous ne sommes plus qu'à 2 620 m mais le vent est glacial. Les bras hérissés de toute une armée de cactus candélabres semblent défier les sommets enneigés. Hiératiques vigies du désert, ils apparaissent dans le soleil couchant enveloppés d'une trompeuse toison dorée.

Nous commençons à connaître les *best of* de Colacho et chantons avec lui le *Sapo cancionero,* le « crapaud poète ».

Sapo de la noche
Sapo cancionero
Que vive soñando a la luna
estas embrujado de amor por la luna
« Crapaud de la nuit
Crapaud chansonnier
Qui vit rêvant à la lune
Tu es ensorcelé d'amour pour la lune. »

Comme l'eau est rare, c'est sûr, les pumas, guanacos, renards et même tatous, viscaches et chinchillas viendront la nuit à notre point d'eau… il faudrait avoir la patience de se mettre à l'affût. Le vent nous décourage et la fatigue l'emporte. Au petit matin, menant boire les chevaux, nous voyons, marquées dans l'argile, les empreintes des visiteurs noctambules.

Pour la dernière étape, le vent est tombé et l'air est empli de chants d'oiseaux. Certains cactus géants se dressent à près de quatre mètres, beaucoup arborent des bouquets de fleurs blanc ivoire qui attirent les oiseaux-mouches. Tout un microcosme se développe autour de cette végétation: des pics creusent la chair entre les redoutables épines, petits hiboux et pinsons y font leur nid, beaucoup d'animaux se nourrissent du fruit, la *pasacana*. D'autres variétés de cactus prospèrent entre les cailloux, fiers de leurs grosses fleurs rouges.

Nous sommes dans le piémont de la cordillère et trouvons un timide filet d'eau courante qui va nous mener au rio Calchaqui.

Les chevaux ne résistent pas et boivent tout leur soûl. Le ruisseau en rejoint un autre, et tous deux nous conduisent au grand rio, annoncé par des rideaux de peupliers. Peu profonde, l'eau claire gazouille sur les galets. Contraste brutal avec le désert que nous quittons, une opulente allée de verdure escorte la rivière, nous marchons sous des voûtes de saules pleureurs, robiniers, faux poivriers et caroubiers, peuplés de grives, tourterelles et perroquets chicaneurs. Les pieds dans l'eau, les chevaux prennent plaisir à s'éclabousser. Des maisons d'adobe ocre, cours extérieures et patios soigneusement balayés, abritent des métiers à tisser rustiques : la plupart ont en fabrication le poncho de laine rouge de Salta.

Nous bifurquons vers un affluent, le rio Luracatao. Les maisons blanches et patios à colonnades se multiplient, bordant les rues du village de Molinos (2020 m). L'église au fronton immaculé veille sur la torpeur des heures écrasées de soleil. Les chiens assoupis dans la poussière se lèvent à contrecœur pour laisser passer les chevaux qui allongent le pas vers une ancienne demeure coloniale : ils y ont repéré la caravane de mules et compris que c'était la halte.

Le logis, aménagé en hôtellerie, sera notre gîte : murs blancs, boiseries vertes, carrelage de terre cuite, décor de tissages ou poteries d'artisanat local, une sobriété qui convient à un retour à la réalité.

Nous faisons boire les chevaux et les menons dans le corral pour les desseller. Maintenant nos vies se séparent et nous avons le cœur gros. Comme au premier jour ils n'ont d'yeux que pour la luzerne odorante. *Hasta la vista*, Diablo ! Les adieux à toute l'équipe sont plus réciproques et émouvants. Nous partageons joyeusement un dernier repas même si, au départ, douchés de frais, nous nous reconnaissons à peine. Il faudra la guitare de Colacho pour dissiper une timidité inhabituelle.

Le Valle Calchaqui est un paradis secret au cœur des Andes. Demain nous rentrons tous à Salta. D'autres groupes viendront, guidés par Hernán et Ricardo.

Pour brouiller les pistes de la nostalgie, avant de retrouver le vieux continent, nous allons nous assourdir du tumulte grandiose et hypnotique des chutes d'Iguaçu.

Argentine, 1988-1989

Corrientes, Camargue tropicale

Le gaucho est toujours attentif, courtois et hospitalier.
C'est un homme modeste, respectueux de lui-même et de sa terre
et est, en même temps, énergique et audacieux.
Charles Darwin (*Voyage d'un naturaliste autour du monde*)

I. À la recherche des gauchos (novembre 1988)

Souhaitant étoffer le programme de l'Argentine, je pars en reconnaissance avec Jacqueline, une complice de maintes aventures, pour une nouvelle approche de la cordillère des Andes et la quête de grandes *estancias* d'élevage, dans l'espoir d'y rencontrer des gauchos. Passionnée de découvertes insolites, Jacqueline a besoin de se déconnecter de la vie parisienne. Nous sommes sur la même longueur d'ondes.

En route vers Mendoza, nous mettons d'abord le cap sur Puerto Madryn. Un passage obligé : la péninsule de Valdés, une presqu'île de 70 km de long, reliée au continent par un isthme d'à peine 7 km, est classé au Patrimoine mondial de l'humanité comme un des grands sanctuaires mondiaux de la vie sauvage.

Autant les éléphants et les lions de mer offrent leurs grosses masses alanguies sur les plages de cailloux, autant les manchots de Magellan sont suractifs. Dans la colonie de Punta Tombo, ils sont cinq cent mille. Nous passons des heures à regarder ces petits personnages en frac de 50 cm de haut se dandiner, couver leurs œufs ou nourrir les poussins, se regrouper en cercle, ailes sur les épaules les uns des autres comme s'ils se concertaient, aller ensemble se baigner et pêcher. Dans l'eau ce sont des virtuoses, ils deviennent poissons, fluides et rapides comme l'éclair. En novembre, le golfe Nuevo, qui se creuse dans la péninsule, connaît une exceptionnelle concentration de baleines franches. Embarquées à Puerto Pirámides dans un petit bateau, nous approchons les grands mammifères qui jouent avec leurs baleineaux et les allaitent. Les cétacés n'hésitent pas à approcher du bateau et à passer dessous. Un spectacle inoubliable et… des émotions fortes dans notre coquille de noix.

Plutôt que de nous égarer dans les pampas désertiques de l'arrière-pays, nous retournons vers la cordillère des Andes, ambitionnant de tenter à cheval une approche de l'Aconcagua, le plus haut sommet du continent américain, à 6962 m. Puente del Inca est le point de départ des expéditions, nous y trouvons sans peine de quoi organiser une reconnaissance.

Le long du rio Horcones, sur la face sud du massif, un timide duvet vert ne couvre que les vallons humides, et les parois de roche pure ont de sombres reflets bruns, violacés et noirs, illuminés par d'audacieux découverts ocre ou roses. Les chevaux sont pleins de vaillance mais, dès 3680 m, les premiers pénitents des glaciers et les névés nous immobilisent face à la cime altière : deux sommets reliés par une crête étroite, *el hilo del Guanaco* (le « fil du guanaco »).

Je n'avais pas dit mon dernier mot : en 2008, je réaliserai, avec un groupe de cavaliers, une traversée des Andes à cheval, entre Chili et Argentine, sur le parcours historique de l'armée libératrice de San Martin : Mendoza-Chacabuco. Cette expédition passait au pied de l'Aconcagua. Notre bivouac, dans la vallée du rio Volcán, s'ouvrait sur un panorama complet de la face nord de la « sentinelle de pierre », comme on appelle en quechua l'Aconcagua.

Un rendez-vous, plus prometteur, a été pris dans la province tropicale de Corrientes, appelée aussi Esteros del Ibera, ou encore « mésopotamie », car bordée par deux très grands fleuves, le rio Paraná, frontière avec le Paraguay, et le rio Uruguay, frontière avec le Brésil et l'Uruguay. Cette immense région humide et marécageuse d'environ 13000 km^2, neuf fois la Camargue, est reconnue pour son riche éventail de végétation et l'exceptionnelle biodiversité d'une faune abondante. Et surtout on y pratique l'élevage extensif dans de vastes estancias.

Tôt le matin, nous prenons à Iguaçú un bus régulier en direction de Posadas et traversons la province de Misiones, ainsi appelée parce que, aux XVIIe et XVIIIe siècles, les Jésuites ont créé dans cette région des « missions » : de petites villes où vivaient les Indiens Guaranis qu'ils avaient convertis au catholicisme. Organisées en communautés autonomes exemplaires, les missions étaient construites et gérées par les Indiens. Ce système dérangeait les grands propriétaires, qui voyaient leur échapper une main-d'œuvre esclave. Le roi d'Espagne, Charles III, lui-même prit ombrage du succès de ces missions théocratiques ; en 1767, il prononça la dissolution des missions et l'expulsion des Jésuites. Cet épisode dramatique a été magnifiquement porté à l'écran par Roland Joffé dans le film *Mission*.

Livrées à elles-mêmes, les missions et leurs populations seront razziées et détruites. Quelques-unes ont malgré tout été occupées jusqu'en 1818. San Ignacio, que nous visitons émerveillées, est construite comme une ville en réduction.

Nous reprenons le bus sous la pluie battante et descendons à l'arrêt *cruce 111*, à l'entrée d'un chemin de terre rouge aux profondes ornières qui mène au village de Loreto, à 30 km de l'estancia de San Juan Poriahú, où nous sommes attendues par Marcos, le propriétaire. Notre bus disparaît. La pluie a cessé. Nous soupesons nos chances de parvenir à Loreto : même si la terre sèche vite, aucun véhicule ne s'engagera. C'est le milieu de l'après-midi. Nous nous asseyons sur nos sacs de voyage. Le vent tiède nous apporte des odeurs d'herbe et d'eau. Une grande portion de ciel bleu essaie de refouler les nuages gris. De gros camions circulent sur la route, indifférents à notre solitude, un héron passe, le cou soigneusement replié. Soudain, un pick-up s'engage à vive allure dans le chemin et nous fait signe. Au bout d'une centaine de mètres, ayant franchi les ornières les plus redoutables, le chauffeur s'arrête et nous invite à le rejoindre. Riant de notre bonne fortune, nous montons à l'arrière. Il va à Loreto, nous déposera à l'entrée de la propriété de Marcos.

L'épouse de Marcos vient nous accueillir et nous installe dans les vieux bâtiments de l'estancia, une ancienne mission jésuite. Je retrouve l'ambiance des *hatos* de Colombie : grandes constructions basses entourées de galeries, carrelages de terre cuite, toits de paille, beaucoup de grands arbres pour l'ombre.

Marcos Garcia Rams arrive enfin dans son pick-up en compagnie de deux naturalistes américains. Depuis trois générations, la chasse est interdite dans l'immense propriété, devenue une réserve intégrale de l'écosystème très particulier de la « mésopotamie ». Marcos et son épouse ont aménagé la maison traditionnelle en chambres d'hôtes et accueillent des naturalistes du monde entier.

Une *muchacha* sert un délicieux repas, que nous partageons avec les hôtes américains intarissables sur les questions de biodiversité. La nuit est noire et résonne de mille vies lorsque Marcos revient avec son pick-up : les Américains vont procéder à des enregistrements nocturnes des chants de grenouilles ! Comme il n'y a plus de place dans la cabine, Marcos empoigne sur la terrasse un canapé en rotin qu'il installe à l'arrière du véhicule. Nous voilà, Jacqueline et moi, installées comme des princesses dans un carrosse un peu cahotant, en pleine savane humide de Corrientes, sous un ciel rempli d'étoiles.

Pendant toute la soirée, au fil de longs arrêts d'étang en étang, guettés par le regard rouge des caïmans dans les jacinthes d'eau, nous écoutons chanter les grenouilles. C'est un opéra aux voix innombrables. Je n'aurais jamais cru que des grenouilles puissent parfois miauler comme des chats.

Réveil matinal, le soleil filtrant à travers les rideaux illumine la chambre du grand-père : lits de cuivre, plafond de bambou verni, vieilles photos de famille. Par la fenêtre, de grands étangs comme on en voit en Camargue. Une manade de chevaux pâture sur les rives.

Novembre est la période des grands travaux. En quelques bons galops, Marcos nous guide vers les gauchos qui convoient un troupeau depuis l'aube. Le rythme est lent et le bétail plus docile que celui que j'avais connu dans les Llanos de Colombie. Concert de meuglements, appels et sifflements des gauchos, cris de pluviers, gros rapaces perchés (les *caracaras* au masque rouge), odeurs aquatiques et senteurs de terre piétinée, grandes herbes ondoyantes, ciel bleu sans un nuage, crinière du cheval peignée par la brise tiède, sensation de liberté : cette découverte fera le bonheur des cavaliers au printemps prochain.

II. Estancia San Juan Poriahú (mars 1989)

Quatre mois plus tard. Des lueurs dansantes sur le mur blanc de la chambre me réveillent : les gauchos ont allumé leur feu, l'eau du maté doit frissonner dans les petites bouilloires noircies. La constellation du Scorpion se prélasse au bord du ciel, Vénus étincelle à l'est au-dessus des premières lueurs de l'aube, c'est l'heure des plus beaux chants d'oiseaux. Le soleil apparaît rouge au-dessus des étangs, puis prend de l'assurance et répand une bonne chaleur. Il va éponger l'herbe détrempée, sublimer le parfum des jasmins, déclencher le feu d'artifice des hibiscus.

Le groupe de cavaliers qui vient de terminer l'expédition dans les Andes de Salta a fait escale aux chutes d'Iguaçú et va découvrir l'estancia San Juan Poriahú.

Les gauchos nous attendent, franches poignées de mains, échanges de prénoms, humeur joyeuse. Ils ont déjà sellé les chevaux. Nous choisissons une monture, au feeling ; les gauchos nous aident à ajuster les étriers et nous partons dans la lumière du matin radieux, face à une brise d'est pleine de fraîcheur. Le travail commence toujours très tôt pour éviter la chaleur plombante du milieu du jour.

Marcos emploie douze gauchos. La propriété, de 16000 ha, dont la moitié de terres inondables, est essentiellement consacrée à l'élevage. Il possède environ six mille vaches, du bétail Santa Gertrudis et Brangus, croisé de zébu pour la résistance aux parasites des tropiques.

Nous partons vers le pâturage le plus éloigné, 30 km environ, pour en ramener un troupeau d'une quarantaine de taureaux. Les vaches ont été inséminées mais, pour plus de certitude, elles vont rencontrer aussi les taureaux. Rien ne vaut la nature.

Les gauchos sont ravis de se retrouver en compagnie cavalière, les tentatives de conversation se terminent souvent par des cascades de rires. Nous traversons beaucoup d'étangs et de marécages peuplés d'échassiers à l'air guindé qui s'écartent à peine. Les caracaras sont à leur poste de guet sur les termitières, une bande de gros chaunas huppés se réfugie dans les buissons. En terrain plus sec, les gauchos adoptent un trot assis régulier ou un galop rassemblé ; le galop rapide est réservé à la poursuite du bétail ou à des courses festives qu'ils organisent parfois entre eux.

La tenue des gauchos est adaptée à la chaleur et au travail dans les étangs. Les pantalons amples et légers sont recouverts de guêtres en solide cotonnade bayadère aux tons pastel, les *polaïnas*, complétées de demi-guêtres en cuir. Fixées au haut du mollet et à la cheville, elles protègent uniquement l'intérieur du mollet. Une simple talonnette de cuir enveloppe le talon et supporte un redoutable éperon. Le reste du pied est nu ou chaussé d'espadrilles de coton. Cet équipement a l'avantage de sécher très rapidement après les fréquents passages dans les étangs. En travers d'une large ceinture, le grand couteau et la pierre à affûter. Un tablier court en cuir souple, peau de cabiaï, le protège des frottements de lasso, des coups de pied ou de tête quand, pied à terre, il doit maintenir un animal captif qui se débat. En plus de deux lassos fixés à la selle et une cravache, le gaucho porte à la ceinture un accessoire exclusif à cette région : le *contador* ou *contaganado* ; un chapelet de cuir cru sur lequel il peut faire coulisser de petites boules en cuir tressé pour le comptage du bétail ; la valeur attribuée à chaque grain peut représenter de vingt à cinquante têtes de bétail.

En moins de trois heures nous rejoignons l'ultime pâturage et arrachons les taureaux à leurs hautes herbes : une quarantaine de bêtes magnifiques, masses impressionnantes et énorme bosse de zébu sur le garrot ; quelques-uns sont gris, la plupart brun sombre ou presque noirs. Pacifiques, ils se bornent à grogner leur mécontentement d'être dérangés et se mettent en route à contrecœur.

Invités par les gauchos à les imiter, nous nous rapprochons nos chevaux du troupeau pour bousculer les taureaux et activer le mouvement ; rien n'y fait, leur pas reste solennel.

À mi-parcours, nous les laissons souffler et marquons un temps de repos à l'ombre d'un îlot boisé pour une halte pique-nique. La chaleur est pesante. Notre arrivée sème la panique parmi une bande de gros gallinacés, les kamichis, bruyants comme un orchestre de cuivres. Les gauchos allument un feu et embrochent un *asado* d'agneau. Une petite calebasse de maté circule. La viande est savoureuse. Le soleil relâche à peine son étreinte.

Après plus de six heures de lent convoi, les taureaux approchent du pâturage où attendent les vaches qui leur sont destinées. Nous nous écartons de la troupe, imaginant le spectacle orgiaque auquel nous allons assister : sans un regard pour leurs promises, les taureaux s'écroulent, épuisés d'avoir autant marché ! Ils vont séjourner quelques jours en galante compagnie et ne manqueront pas d'honorer leurs belles, plus tard, loin des regards.

Nous dessellons, douchons et libérons les chevaux dans leur pâturage. Les cavaliers ne tarissent pas d'éloges sur l'incomparable confort des selles *recado* et la grande souplesse des chevaux au galop.

En fin de journée, Marcos nous entraîne vers un grand étang. Le soleil, bas sur l'horizon, enflamme l'eau étale, bordée de joncs. Marcos jette un hameçon et sort rapidement plusieurs piranhas, qu'il laisse se débattre à quelques mètres de la rive. Nous nous tenons en retrait. Lentement une forme écailleuse émerge et sort de l'étang en ondulant : un caïman, qui ne fait qu'une bouchée des piranhas. Les caïmans abondent dans les étangs et les rivières, ils ont tout au plus deux mètres de long et ne sont pas dangereux pour l'homme.

Le soleil disparaît, ciel et étang brûlent du même incendie immobile, les oiseaux regagnent leurs abris, c'est l'heure des grenouilles et du monde nocturne qui habite les marais. Nous rentrons à l'estancia. Les papillons de nuit s'affolent autour des lampes des vérandas, ils sont happés au sol par un énorme crapaud.

Nouvelle aurore à San Juan Poriahú. Nous arrivons aux corrals, licols en main, quand un gaucho y fait entrer une cinquantaine de chevaux. Très agités d'abord, ils se poussent les uns les autres, se rangent côte à côte, croupe contre la barrière du corral et têtes vers nous. Ils rectifient leur position jusqu'à ce que la présentation soit parfaite et s'immobilisent. Impressionnant de voir ces trente chevaux si docilement alignés. Les gauchos en choisissent un pour chacun et nous allons préparer nos montures ; ceux qui n'ont pas été sélectionnés ne se font pas prier pour retrouver la liberté.

Il s'agit, ce matin, de rassembler un troupeau d'un millier de têtes. Le terrain n'est pas inondable, la terre est plus sèche et l'herbe semble de meilleure qualité. Au départ de l'estancia, nous passons près de grands champs de riz et de maïs. Marcos m'explique que, les Argentins étant grands consommateurs de viande, celle-ci est considérée comme un produit de première nécessité et, à ce titre, vendue à un prix très bas. Le gain de l'éleveur est minime. Depuis peu il cultive riz, maïs, pastèques et un épais fourrage d'« herbe à éléphant », diversification indispensable pour assurer un revenu correct à l'estancia. L'innovation crée des problèmes au sein du personnel ; les conducteurs des énormes engins agricoles « roulent des mécaniques » et regardent avec mépris les gauchos à cheval. Cette situation chagrine Marcos, qui me dit combien notre présence le réjouit : l'intérêt que nous témoignons aux gauchos les valorise et les réhabilite comme détenteurs de la tradition.

Nous les photographions tant et plus ; ils soignent d'ailleurs particulièrement leur mise, arborant chemise propre et leur plus beau chapeau. Qui aurait l'idée de photographier un conducteur de tracteur ?

Nous avons rejoint le territoire du troupeau à rassembler. Marcos explique la manœuvre : nous allons nous scinder en petits groupes et nous disperser. La limite est la bordure forestière qui souligne une large rivière à l'extrémité nord de la propriété ; les petits groupes de cavaliers s'éclatent jusqu'à ce que chacun de nous se retrouve seul avec un gaucho. Nous nous diluons bientôt dans les hautes herbes pour opérer la manœuvre d'encerclement. Le temps passe. On ne se lasse pas du bonheur de monter un cheval qui connaît son travail et, presque sans aucune indication, sait comment débusquer, pousser et canaliser le bétail. Des moutonnements agitent la savane, dos roux, croupes blanches fendent l'océan d'herbe. Le bétail arrive de partout, cris et meuglements se mêlent aux sifflements des gauchos. Les vaches retardataires suivent en courant, elles savent que le sel sera versé en abondance dans les auges. Le concert de meuglements forme un bruit continu d'appels graves et aigus, caverneux et soutenus, mêlé de solos suppliants et de plaintes apeurées. Le vent apporte une odeur de chaleur animale et de sueur mélangée de poussière.

Marcos et ses hommes passent à cheval au milieu du bétail. Rien n'échappe au regard de lynx de ces professionnels, chaque animal est littéralement « scanné ». Brefs commentaires et rapports sur l'état du troupeau et aussitôt les lassos entrent en action. Ils dessinent de grandes boucles sur le ciel, s'élargissent, s'arrondissent et s'abattent d'un geste précis. Le captif est traîné à l'écart du troupeau pour soigner blessures ou abcès. Un feu a été allumé et des fers rougissent ; les gauchos vont procéder au marquage d'une douzaine de veaux et à la castration de plusieurs taurillons. Répondant à je ne sais quel atavisme d'ancêtres chasseurs qui croient s'approprier la vigueur de leur proie en les mangeant, les messieurs se délectent volontiers des testicules de veaux, grillés sur les braises.

Attirés par l'animation, une manade de chevaux, poulinières et poulains, crinières au vent, arrivent au galop, se campent, observent et repartent, aériens et libres dans cette savane humide et paradisiaque. Parmi les quatre cent vingt chevaux criollos de San Juan Poriahú, deux cents environ sont disponibles pour le travail et répartis en quatre manades. Ils travaillent intensément une semaine par mois. Le samedi, ils sont libérés dans un immense espace pour trois semaines de repos, tandis que les chevaux qui travailleront la semaine suivante sont rassemblés dans un pâturage proche de l'estancia. À l'époque du grand-père de Marcos, chaque manade était volontairement monochrome. Quiconque croisait un groupe de gauchos sur des chevaux tous de robe identique savait qu'ils venaient de San Juan Poriahú.

Faut-il présenter Denys Colomb de Daunant ? L'auteur du film *Crin-Blanc*, propriétaire du mas de Cacharel, aux Saintes-Maries-de-la-Mer, et plus attaché que quiconque aux traditions camarguaises. Un petit groupe de cavaliers de Cheval d'Aventure a eu le privilège, grâce aux appuis de Denys et de son fils Florian, de parcourir à cheval, plusieurs jours durant, tous les lieux les plus secrets de la Camargue authentique, avec des chevaux et selles « camargue » aussi, bien sûr.

C'était en février 1987. Même les étangs étaient gelés. Nous avons traversé les étangs du Vaccarès, du Fangassier et des Impériaux jusqu'à la Pinède et Aigues-Mortes. Magie des paysages dans les aubes givrées, la vie au ralenti mais bien présente de toute la faune des étangs et des joncheraies, ciels purs, couleurs diaphanes, mistral glacé avant de se réchauffer à la cheminée du mas.

Je connaissais Denys de longue date. Intrigué par mes récits de la vie à San Juan Poriahú, il nous y a rejoints avec son neveu Pierre Aubanel pour un de nos séjours. Enthousiaste, il m'a confié : « Tu sais, Anne, ce que nous découvrons ici, c'est la Camargue comme elle était il y a un siècle. »

Le travail est terminé, les gauchos retournent vers l'estancia. Les chevaux dessellés, les guêtres enlevées, c'est la détente, l'heure du maté qui passe de main en main.

Marcos nous emmène à cheval vers des étangs à l'écart de l'agitation des troupeaux et nous fait observer une nombreuse colonie de cabiaïs (appelés aussi *carpincho* ou *capybara*), les plus gros rongeurs au monde. Ils peuvent peser cinquante kilos et plus, ont une allure pataude de gros castor, sans queue, avec un pelage marron, une tête carrée et massive. On les trouve dans toutes les savanes marécageuses de la Guyane à l'Argentine. Longtemps chassés pour leur cuir, ils sont maintenant protégés. Ils évoluent nonchalamment entre les joncs, jacinthes et laitues d'eau, papyrus ou nénuphars, et peuvent rester immergés de longues minutes.

Partout des canards, cigognes, spatules roses, jabirus, pluviers, jacanas… En tout, deux cent quarante espèces d'oiseaux peuplent Esteros del Ibera. Marcos continue à nous expliquer l'incroyable richesse végétale et animale de cette zone sanctuaire. Les étangs sont le refuge de la solitaire loutre des marécages, de la tortue aquatique ou du grand boa des marais, le *curiyu*.

Comme le jour décline, la mosaïque de formations végétales prend des teintes cuivrées, de grands vols de hérons convergent vers les héronnières. Nous surprenons deux cerfs au pelage fauve qui nous observent longuement avant de disparaître dans les roseaux.

Les chevaux avancent sans hésiter dans tous ces terrains à la profondeur indéfinissable : étangs, marais, hautes herbes ou buissons. Dans l'atmosphère sereine du soir qui descend, nous rejoignons, sur une hauteur, un îlot de forêt tropicale : figuiers étrangleurs, ceibos à fleurs rouges, caroubiers et palmiers ; un autre univers où vivent les *carayas*, les singes hurleurs que nous entendons avant l'aube.

Marcos est diplômé en zootechnie, assesseur du ministre de l'Agriculture, membre de la Via Silvestro Argentina (le W.W.F. national), et, à ce titre, on lui confie souvent les animaux sauvages que les gens du pays ramassent blessés ou abandonnés. Ce soir-là, il nous montre, dans un enclos près de la maison, trois bêtes magnifiques et rares : des *aguará guazú*, qui lui ont été confiés chiots et à qui bientôt il pourra rendre la liberté. Ces loups à crinière noire ont un épais pelage roux, de très longues pattes noires, comme des échasses, une tête de renard avec un museau effilé et de grandes oreilles. Se nourrissant de petites proies, ils sont inoffensifs pour l'homme comme pour le bétail. Denys Colomb a été tellement touché par le destin de ce bel animal, devenu presque mythique, qu'il en a fait le héros d'un scénario écrit à son retour à Cacharel.

En 2008 je suis allée une dernière fois en Argentine avec un groupe de cavaliers, dans une estancia de travail, à Gualeguaychú, dans la province Entre Rios, environ 700 km au sud de San Juan Poriahú. Le propriétaire de l'estancia Santa Maria était un passionné de chevaux criollos et son élevage, très coté, gagnait de nombreux concours nationaux. Il avait préservé de grands pâturages et du bétail uniquement pour ses chevaux, convaincu que leur excellence était due à leur entraînement régulier au travail des troupeaux.

Le reste de la propriété était voué à un usage beaucoup plus rentable : la culture de soja transgénique. Initiée en Argentine par la firme Monsanto en 1996, cette variété, qui résiste au redoutable herbicide commercialisé par la même firme et abondamment répandu sur les champs, monopolise aujourd'hui plus de la moitié des terres agricoles du pays, entraînant un désastre social, sanitaire et écologique dont l'État, qui taxe à 35 % les exportations de soja, est largement complice.

À San Juan Poriahú, la tradition et la nature sont intactes, les naturalistes et les cavaliers sont les bienvenus, les gauchos continuent à veiller sur les troupeaux.

Mongolie, 1990-1996

Rendez-vous avec le dernier peuple cavalier

Mille chevaux à la queue flottante, la crinière envolée,
aux naseaux dilatés... Mille chevaux dont la bouche n'a jamais
connu le mors et la bride, dont les sabots n'ont jamais
chaussé le fer, dont les flancs n'ont jamais été labourés
par l'éperon ou la cravache, mais qui, dans leur liberté farouche,
sont indomptés ainsi que les flots de la mer,
accourent vers nous d'un galop de foudre.
Lord Byron (*Mazeppa*)

Il faut toujours se méfier des *a priori*. J'imaginais la Mongolie comme une steppe infinie et monotone.

Lorsque, en 1989, Pékin refuse de renouveler mon permis de chevaucher dans la province de l'Amdo, terre tibétaine politiquement sensible, je me décide enfin à me tourner vers la Mongolie que me recommandait depuis longtemps Jean-Louis Gouraud, homme de cheval aussi passionné qu'érudit. Il m'assure pouvoir obtenir une autorisation de randonner dans ce pays fermé au « tourisme à cheval ». Grâce à son intervention nous pouvons contacter Zuulchin, l'unique organisme touristique officiel, à Oulan-Bator. À l'automne 1989, le programme est prêt, et en décembre les voyages sont complets.

Fin 1989, c'est aussi la chute du mur de Berlin et, à la suite de premières élections libres, l'effondrement général des régimes communistes des pays de l'Est et de l'URSS. La république populaire de Mongolie, indépendante mais alignée sur Moscou, abandonne à son tour le communisme en février 1990. Les portes s'ouvrent, tout le monde peut désormais se rendre en Mongolie. Avec une courte longueur d'avance, nous serons la première « expédition équestre ».

I. L'ouverture des steppes (vallée de l'Orkhon, été 1990)

Après une escale sibérienne à Irkoutsk, le Tupolev de Mongolian Air Lines survole à l'aube la beauté indicible du lac Baïkal et met le cap sur la Mongolie.

Dès la sortie de l'aéroport d'Oulan-Bator c'est le choc : déjà la steppe, des chevaux, des yourtes. Dans la capitale même, on voit alors plus de cavaliers que de voitures. Presque tous les habitants portent le *deel*, long manteau enveloppant serré d'une ceinture de couleur vive, fermé par des brandebourgs sur l'épaule droite. Malgré la tristesse grise des édifices staliniens, nous sommes bien en terre inconnue.

Le lendemain, vol matinal à basse altitude : la steppe veloutée s'éveille. Reliefs doux, pans de forêts sombres, réseaux de rivières aux méandres paresseux ; ici et là, les champignons blancs de quelques yourtes et des mouvements de troupeaux. Émotion devant tant d'espace et une harmonie de début du monde.

Nous venons d'atterrir à Khujirt sur une piste herbeuse, à 425 km au sud-ouest d'Oulan-Bator. Thierry nous appelle : là, sous ses pieds, un bouquet d'edelweiss. Nous nous extasions, les Mongols ne comprennent pas… et pour cause : bientôt nous galoperons dans des prairies d'edelweiss !

Étonnante journée à Khudjirt : les chambres de l'hôtel sont des yourtes et le restaurant une yourte géante. Demain nous serons à cheval.

Un vieux camion russe, couleur bleu ciel, assure l'intendance de la randonnée et convoie l'équipe d'assistance de Zuulchin ; il accompagne notre bus par des pistes herbeuses jusqu'au point de départ de la randonnée : le campement de Lodoï.

Debout devant son troupeau de chevaux, il nous regarde venir vers lui. *Deel* et chapeau de feutre gris, bottes cavalières, visage buriné et patiné de soleil (il a cinquante-huit ans), petit bouc sous la lèvre inférieure, regard direct et souriant, chaude poignée de main, Lodoï sera notre guide. Son autorité tranquille inspire confiance. Je communique grâce à Baassankhuu, l'interprète qui nous a accueillis dès l'arrivée à Oulan-Bator.

Près de Lodoï, deux jeunes gens en veste traditionnelle de velours, coiffés d'un chapeau rigide et pointu : Daghwa et Daghwa, comme Dupont et Dupond, qui s'occuperont des chevaux.

Lodoï nous invite sous sa yourte. J'avais transmis aux cavaliers des consignes de savoir-vivre mongol (puisées dans *Les Mongols* de Jacqueline Thevenet) : enjamber le seuil sans trébucher, entrer par la gauche pour se glisser ensuite vers la droite et s'asseoir rapidement, ne pas exposer ses semelles au foyer central, qui est sacré, accepter des deux mains tout ce qu'on vous offre, etc. L'épouse de Lodoï, tout sourire et visage accueillant, nous sert de grands bols d'*aïrak*, le fameux lait de jument fermenté, la boisson noble par excellence. La louche en bois qu'elle utilise a le manche joliment sculpté en forme de tête de cheval. Lodoï d'abord, puis tous en chœur, nous formons des vœux pour la réussite de l'expédition. Le liquide est crémeux et frais, très légèrement acide et pétillant, un régal !

Dorénavant, à chacun de mes nombreux retours en terre mongole, le premier bol d'*aïrak* a toujours été le déclic gustatif lié à la prise de conscience : oui, je suis bien en Mongolie !

Nous observons le troupeau d'une trentaine de chevaux : bai et alezan dominant, quelques isabelle, pie et gris, crinières tondues, queues longues et fournies. Entravés et attachés les uns aux autres, ils sont calmes. Au lieu d'être trapus et d'avoir la tête lourde comme leur ancêtre tarpan, ils seraient plutôt cousins du cheval islandais : d'une hauteur de 1,40 m au garrot en moyenne, ils sont équilibrés, musclés, ont des membres fins, la tête expressive et le poil brillant.

Convaincue de l'inconfort des selles mongoles en bois, j'avais demandé des « selles d'armes », certaine que, dans la cavalerie, ils avaient bien dû imaginer un modèle « plus commode », et je vois avec soulagement les chevaux équipés des merveilleuses selles cosaques de cuir noir, à double sangle. Un épais coussin sur un arçon léger, idéal pour le cheval et le cavalier. Licols, filets, sangles sont des lanières de cuir cru, l'embouchure un simple mors brisé.

Soudain grave, Lodoï nous observe longuement et s'enquiert de nos aptitudes équestres, observe encore. (Quand je lui demanderai plus tard comment il a attribué les chevaux, il me dira que Bouddha l'a inspiré.) « Les Daghwa » avancent les chevaux et aident à la première mise en selle. Il faut systématiquement rallonger les étrivières ; les Mongols ne sont pas grands mais surtout ils montent très court. Les chevaux semblent craintifs à notre approche ; Baassankhuu nous explique qu'ils ne connaissent pas notre odeur ni le bruit de nos vêtements. Il est vrai qu'après quelques jours d'immersion dans la steppe et de menus locaux, notre « senteur » leur conviendra mieux.

Le cheval se dirige en rêne d'appui. Pour le faire avancer, prononcer le mot magique, « *tchou* », avec conviction, voire répétition. Nous sommes bientôt tous en selle à évoluer en grandes voltes. Je monte un hongre gris cap de maure. Panique de Lodoï quand Dominique, habituée à la vivacité des pur-sang arabes, veut faire prendre le galop à son cheval ; pourquoi est-il si inquiet ?

Gravement, il va chercher quelques braises du foyer, les dépose dans un récipient métallique, y jette de l'encens, nous fait signe de nous placer à côté des chevaux. Agitant l'encensoir improvisé qui dégage des volutes odorantes, il récite des prières et fait le tour du petit groupe de chevaux et de cavaliers, puis, se ravisant, fait entrer dans le cercle ses collaborateurs, l'équipe de Zuulchin, chauffeur et assistant, cuisinière et assistantes ; il élargit encore son parcours, toujours priant et agitant l'encensoir, pour inclure le camion et le bus ! Ses dévotions accomplies, il semble rasséréné.

Morindoo ! (« À cheval ! »)

L'épouse de Lodoï disperse dans notre direction plusieurs louchées d'*aïrak* pour attirer sur nous la bienveillance des esprits.

Départ au trot rapide, coulé, étouffé (les chevaux ne sont pas ferrés). Nous glissons sur une herbe rase et moelleuse. Les Dhagwa convoient chacun deux chevaux en longe. Lodoï se retourne fréquemment, l'air soucieux. Il chante un refrain très rythmé qui épouse exactement les mouvements de son cheval.

Jamais nous n'avions vu un terrain lisse comme le velours à perte de vue. Ah ! si on pouvait galoper... Lodoï hoche la tête et refuse, une fois, deux fois. Je ne veux pas l'offenser mais quand même ! Alors je complote avec les cavaliers, leur recommandant de bien contrôler leurs montures ; je fais une troisième demande de galop et, feignant d'avoir obtenu un accord, je lance un galop « gentil », cadencé. Les chevaux se maîtrisent sans problème, un vrai bonheur, nous sommes à l'unisson, sans souci. Lodoï, surpris, reprend la main et continue le galop. Il sourit et chante plus fort et plus vite, un autre chant au rythme du galop, accompagné en chœur par les deux palefreniers. Ils semblent tous soulagés. À la fin du dernier couplet, Lodoï s'arrête dans un éclat de rire et se met au pas.

Doutait-il de nos capacités à maîtriser ses chevaux ?

Baassankhuu nous explique qu'un haut diplomate étranger s'étant tué dans une chute de cheval, les Mongols ont conclu que seuls les Mongols pouvaient monter des chevaux mongols. En tout cas, voilà Lodoï rassuré et nous heureux. Être à cheval dans ces espaces sans limite nous plonge presque dans un état second. Jusqu'à l'horizon, nul signe de « civilisation ». De la nature et rien que de la nature ; de loin en loin quelques yourtes, beaucoup de troupeaux et des bergers à cheval. Ce paradis terrestre de la vallée de l'Orkhon a été, depuis des temps très reculés, la patrie de nombreuses tribus qui y ont établi successivement leurs capitales ; de riches pâturages, des forêts, de l'eau en abondance, un rêve de nomade.

Et un rêve de cavalier : se soûler d'espace, naviguer mettant le cap sur une colline, une vallée, un hameau de yourtes sans clôtures, ni routes, ni lignes électriques, paysage libre et toujours différent. Regarder vivre peut-être le dernier peuple de cavaliers nomades.

Loin devant, une tache bleue et deux petits points sombres : le camion et les fourneaux de notre cuisine de campagne, surmontés de leur tuyau. Étrange spectacle que cette cuisine de plein air ouverte à tous vents. L'équipe d'intendance s'active. Tsevelsuren et Oyunchimeg, les cuisinières, déposent sur une nappe à même le sol de gros thermos chinois pour le thé. Pas de pique-nique (le pain est rare) mais un repas cuisiné : carottes râpées et cornichons aigres-doux, bouillon de pâtes et morceaux de mouton, nouilles fraîches assaisonnées d'oignon sauvage, de ciboulette et de serpolet.

Les chevaux n'ont pas été dessellés, seulement dessanglés et attachés les uns aux autres ; ils ont une façon à eux d'appuyer le menton sur la croupe, la selle ou l'encolure les uns des autres, ils forment une masse compacte de chevaux au repos.

Brève sieste à humer des parfums d'herbe et de terre, à regarder la course des nuages, et nous repartons, nez au vent, guidés par un Lodoï enfin serein et les Daghwa, qui aimeraient parler français avec les jeunes cavalières.

Longue montée vers un col balisé par un *ovoo* : un gros amas de cailloux entouré de hautes perches auxquelles sont accrochées des écharpes de soie bleue qui flottent au vent. Un sommet, où la terre rencontre le ciel, est le lieu où vénérer Tengri, le ciel tout-puissant. Bien que bouddhistes, les Mongols restent imprégnés de croyances chamanistes et vénèrent les forces de la nature. Lodoï et les Daghwa font trois fois le tour de l'*ovoo,* nous leur emboîtons le pas.

Une ample vallée se déploie vers un nouvel horizon. Un semis d'animaux occupe l'espace : taches sombres, presque immobiles, des yacks, vague mouvante des moutons et des chèvres. Au bord de la rivière un bouquet de yourtes, qu'on appelle ici *gher,* pimpantes sous le soleil – toute la vallée leur appartient. Lodoï dirige sa monture vers la famille qui vient à notre rencontre et qu'il semble connaître. Ils se saluent chaleureusement. Nous attachons les chevaux à une corde haut tendue entre deux piquets. De gros molosses noirs observent silencieusement. Une quinzaine de jeunes poulains, veillés par leurs mères, sont attachés très court à une corde tendue au ras du sol.

Il faut baisser la tête pour entrer sous la yourte, microcosme circulaire accueillant, organisé autour du foyer central ; l'espace proche du poêle, réservé à la maîtresse de maison, communique directement avec le ciel par l'ouverture dans le toit.

Assis sur les lits qui entourent la pièce, ou à même le sol sur des tapis, nous observons autant que nous sommes observés. De petits tabourets, les lits, des coffres et la table basse sont de couleur orange vif, décorés d'arabesques, bleu rose et vert tendre. Motifs identiques pour deux piliers soutenant une couronne où viennent se fixer des perches, comme les baleines d'un parapluie ; elles sont l'armature du toit de feutre. Des colliers de fromages et de champignons enfilés sont suspendus entre les perches.

Lodoï et le maître de maison sont assis face à la porte, la place d'honneur, adossés à l'autel, qui rassemble objets pieux et photos de famille. Ils tirent chacun, d'une pochette de brocart cachée dans leur *deel*, un petit flacon ; d'un même geste de la main tendue, ils échangent leurs flacons qui contiennent du tabac à priser. Au bouchon qu'ils dévissent est fixée une minuscule spatule qui extrait la fine poudre de tabac. Ils prisent tout en devisant comme si rien n'existait autour d'eux puis ils récupèrent chacun leur tabatière.

À peine assis, nous avons reçu un grand bol d'*aïrak* et dégustons de l'*aaruul*, du fromage sec en petits cubes ou en copeaux qu'on trempe dans la crème. Le soleil pénètre par la porte et par la grande ouverture circulaire du toit. Il règne dans la yourte une chaude lumière bariolée rouge orangée ; la partie basse des murs de feutre est légèrement soulevée, laissant circuler un air frais. La yourte est un cocon, on s'y sent enveloppé et protégé.

L'hôtesse, ses voisines et une ribambelle de gamins, qui nous observent les yeux ronds, sont dans la « cuisine », la partie droite de la yourte. Ils nous expliquent qu'ils vont à l'école au chef-lieu de canton, le sum. Pensionnaires, ils sont hébergés chez des parents ou leurs grands-parents, qui passent souvent l'hiver dans la bourgade, dotée d'un dispensaire et d'un petit commerce. Maintenant ce sont les grandes vacances d'été, période bénie où les familles au complet sont réunies dans la steppe, sous la yourte.

Ici deux familles cohabitent. Elles ont plusieurs yourtes, qui forment un *aïl*. La plus petite sert de « laiterie », où se conserve le lait des brebis, chèvres et yacks ; on y prépare les aliments « blancs » consommés l'été : lait, yaourt, beurre, crème, caillés, fromages multiples et aussi l'*arkhi*, l'alcool de lait. De l'alcool de lait ? Certains cavaliers se montrant curieux et dubitatifs, on nous fait visiter la laiterie : un étrange assemblage fait office d'alambic et distille le lait. Pour achever de nous convaincre, le maître de maison nous sert une rasade d'*arkhi* dans de petits bols. C'est un peu fade, avec un arrière-goût de petit-lait… mais 14 degrés, quand même !

Les Daghwa connaissent les jeunes gens de cette famille et, dès que nous sortons de la yourte, dans un même élan, ils se jettent subitement l'un vers l'autre, s'empoignent par les épaules, buste penché vers l'avant, pieds bien ancrés dans le sol, et se défient à la lutte. L'assistance explose de rire quand l'un se retrouve au tapis. La lutte est un sport national et les garçons aiment se provoquer comme ailleurs on tape dans un ballon de football.

Souhaitant immortaliser les visages souriants de nos hôtes, nous demandons discrètement l'autorisation… Non seulement ils sont ravis mais les femmes mettent leur plus beau foulard, les hommes ajustent leur ceinture, ils font venir toute la famille et posent, aussi heureux d'être photographiés que nous de les fixer sur la pellicule.

Les chevaux repartent guillerets comme s'ils avaient aussi eu leur bol d'*aïrak* et d'*arkhi*. Le pas s'impose, la steppe est déchirée par le socle volcanique. Sur un promontoire, un assemblage rocheux ne paraît pas naturel; un tumulus de roches amoncelées est entouré de pierres disposées en un large cercle, de quinze mètres de diamètre environ: le tombeau d'un chef.

Nous arrivons en fin d'après-midi à Sarangol, la « source de la Lune », notre lieu de bivouac. Pied à terre au bord de la rivière Sarnai: un petit cirque de roches volcaniques, comme un enclos naturel, reçoit le soleil déjà bas sur l'horizon. Que faire des chevaux? Pas de point d'attache, pas d'enclos… Les Daghwa entravent certains chevaux (les deux antérieurs) avec des liens de cuir cru, les attachent ensuite deux par deux et les laissent en liberté; habitués, les chevaux se débrouillent parfaitement pour se déplacer et se nourrir sans pouvoir s'échapper vraiment. Le pâturage sera leur seule nourriture pour toute la durée de l'expédition.

Nous retrouvons nos réflexes de randonneur pour chercher en aval un méandre de rivière où se laver et le coin de bivouac rêvé.

Les chevaux se dispersent mais deux meneurs de troupeau restent à proximité du campement, attachés à une grande longe, fixée à un piquet enfoncé dans le sol. Sage précaution.

Le repas du soir voit réapparaître pâtes fraîches et mouton, cette fois sous forme de *buuz*, de gros raviolis frais, cuits dans du lait salé.

C'est assez savoureux. Pourtant nous comprendrons vite que l'éventail gastronomique n'est pas un fleuron de la culture mongole.

Au soleil couchant, un feu est allumé avec du bois que transporte le camion. Un halo de lumière dorée illumine les visages. Lodoï nous rejoint avec une bouteille de vodka : « Pour les cavaliers français parce qu'ils montent bien à cheval et sont doux avec les chevaux. »

Oubliées, la fatigue et l'excitation du voyage. La nuit est sereine, les constellations d'été s'inscrivent dans le ciel : la Croix du Cygne, l'Aigle, la Lyre, le Dauphin… comme chez nous. Nous sommes à la même latitude que la France. La steppe nous a offert le vertige de l'espace, le ciel y ajoute celui du temps : la plus proche de toutes ces étoiles, alpha du Centaure, est éloignée de quatre années-lumière.

Réveillée sous une abondante rosée, je vois arriver de très loin, au trot, Lodoï et les Daghwa, allure dégingandée, légèrement vrillée, particulière aux cavaliers mongols, en équilibre au-dessus de leur selle, un étrier plus long que l'autre, ils tiennent chacun sept ou huit chevaux de front, ils ont rassemblé la cavalerie.

La plaine de la rivière Sarnaï est luxuriante. Les meilleurs pâturages sont réservés aux yacks, petites taches noires, parfois blanches ou pie. À notre passage, ils lèvent à peine le mufle humide et leur regard limpide.

Nous nous arrêtons près d'un *aïl* de cinq ou six yourtes, qui offrent l'animation habituelle : va-et-vient de cavaliers, poulains attachés, chiens, fromages mis à sécher sur le toit de la yourte-cuisine. Ce qui surprend, ce sont des ruines de constructions en briques.

Lodoï nous explique que nous allons avoir le privilège d'assister à une cérémonie bouddhiste ; il nous fait entrer sur la pointe des pieds dans la plus grande des yourtes. Stupéfaction : l'intérieur, pourtant exigu, est aménagé comme un temple, avec tentures de soies colorées, bannières, *thanka*, livres sacrés, statues de Bouddha. Une douzaine de vieux moines sont en profonde dévotion : assis sur des coussins en deux rangées se faisant face, ils psalmodient, agitent clochette et foudre, gong, cymbales, trompes d'argent. Rien ne manque, pas même un enfant moine de quatre ou cinq ans près du grand lama – la réincarnation d'un grand rimpoché. Ils portent le cimier jaune d'or qui signe leur appartenance à la branche Gelukpa du bouddhisme tibétain, les « bonnets jaunes ». L'intense ferveur des moines est palpable.

Les deux plus vieux moines dénouent consciencieusement des soieries qui enveloppent deux trompes, de véritables joyaux (peut-être en or ?) ouvragées en forme de tête de dragon. Ils en jouent à pleins poumons : c'est la fin de la cérémonie.

Indifférents à notre présence jusqu'à ce moment-là, les moines ont alors des gestes de bienvenue, des sourires, et nous invitent à partager avec eux le thé au lait salé. Ils vont même jusqu'à nous proposer leurs tabatières à priser ; croyant que la politesse imposait d'accepter, je tente l'expérience et ne peux réprimer une cascade d'éternuements qui provoque leur hilarité.

Le moine qui préside l'assemblée, le Rimpoché de Shankh, nous explique qu'il y avait ici un très important monastère, fondé au XVIIe siècle par Zanabazar, grande figure du bouddhisme mongol, et qu'en 1937 il a été la proie de la folie destructrice des communistes. Les objets de culte ont été soigneusement protégés, cachés ou enterrés dans les environs. Les moines s'étaient déguisés en bergers, et quelques offices avaient lieu clandestinement, sous prétexte de « distribution d'*aïrak* ». Depuis deux mois, à la faveur du récent changement de régime, la liberté de culte est rétablie. Nous venons d'assister à une des premières cérémonies célébrées librement depuis l'abolition de la liberté de culte en 1937.

Avec une foi vibrante, le Rimpoché nous fait part de son souhait de reconstruire le monastère, dont il ne reste que ruines. Marianne tient à faire un don conséquent pour servir ce projet. Quand nous nous quittons, le lama me fait promettre de revenir l'année suivante.

J'y suis retournée, un an plus tard ; les travaux de reconstruction étaient bien en cours et, pendant la prière, les voix enfantines de toute une nuée de moinillons dominaient les voix graves des vieux moines.

L'été d'après, atteinte d'un cancer très agressif qui inquiétait mon entourage, je n'ai pu me rendre en Mongolie. C'est Claudine qui accompagne la nouvelle expédition. Le Rimpoché de Shankh s'étonne auprès d'elle de mon absence, qu'elle lui explique en quelques mots. Soudain grave, il s'enquiert de ma date de naissance et se retire pendant que les cavaliers visitent le futur monastère, dont plusieurs temples sont achevés. Au moment de reprendre les chevaux et de poursuivre l'étape, Claudine voit le lama approcher ; le visage serein, il lui fait dire : « Soyez rassurée, tout va bien se passer, vous reviendrez l'année prochaine avec Anne. »

Le bouddhisme tibétain pratiqué en Mongolie accorde une grande importance à l'astrologie. Le Rimpoché de Shan avait-il lu ma guérison dans le ciel ? L'été suivant, nous étions toutes deux en Mongolie.

Lodoï nous attire au grand trot vers une crête et s'immobilise devant un spectacle brutal. Une large piste carrossable mène à une ville hideuse : sinistres constructions industrielles autour d'une centrale thermique, épaisses fumées crachées dans le ciel bleu, forêt de pylônes à haute tension en éventail dans toutes les directions : Karakorum ! C'était ici, sur les rives de l'Orkhon, le cœur de l'Empire des steppes, déjà bien longtemps avant Gengis Khan et adopté par lui en 1222 comme centre de ravitaillement : on y cultivait des céréales et on y forgeait des armes.

En 1235, Ogodeï, fils de Gengis Khan, construit une capitale ceinturée de remparts ; dès 1260 son petit-fils, Kubilaï, lui préfère Pékin. Karakorum est détruite. Vingt-cinq ans : brève destinée pour la capitale d'un empire grand comme deux fois l'Empire romain à son apogée. Karakorum a été décrite au temps de sa splendeur par Plan Carpin et Rubrouck, des franciscains envoyés par le pape et Saint Louis pour tenter une conversion ou, au moins, une alliance avec le Grand Khan. Celui-ci les renvoie avec cette réponse : il demande au pape et au roi de lui faire allégeance et annonce l'invasion prochaine de l'Europe !

À l'écart de la ville industrielle, une vision plus apaisante : Erdene Zuu, une enceinte fortifiée, de quatre cents mètres de côté, aux remparts d'un blanc immaculé, jalonnés de cent huit stupas-reliquaires, *suburgan* en mongol, comme autant de fortins. Commencées au XVIe siècle, dès l'introduction du bouddhisme tibétain en Mongolie, et achevées au XIXe siècle, les fortifications entouraient un grand monastère. Depuis le haut de notre colline, l'enceinte paraît presque vide : sept ou huit temples occupent le nord de l'espace alors qu'il contenait au début du XXe siècle de six cents à deux mille cinq cents édifices religieux. La dernière destruction a été l'œuvre des brigades communistes en 1937.

Nous sommes attirés vers une porte monumentale au milieu de la muraille ouest ; elle est crénelée et surmontée d'un toit à la chinoise, en forme de pagode. Tous nos chevaux côte à côte trouvent place dans la largeur de l'embrasure, épaisse de six mètres. Impressionnant et solennel. Lodoï n'a pas voulu que nous pénétrions dans l'enceinte sacrée à cheval, mais l'année suivante, pour une seule et unique fois, nous avons pu passer sous cette entrée imposante et approcher des temples jusqu'aux chevaux de frise, barrières en croisillons de bois conçues pour interdire l'accès aux cavaliers (comme chez nous encore à l'époque de Vauban).

Lodoï nous fait contourner l'enceinte dans le sens cosmique qui nous associe à l'ordre du monde, de gauche à droite, jusqu'à une tortue de granite, patibulaire et le cou tendu ; elle est le seul élément intact qui subsiste de la capitale de Ogodeï, où elle servait de soubassement à une stèle.

Sauf au nord, où est la ville actuelle, tout alentour la steppe est vide. Ce pourrait être le « désert des Tartares » ; comment imaginer dans cette solitude le grouillement de milliers de cavaliers chargés d'arcs et de carquois et les multiples campements nomades qui entouraient la capitale ?

L'intérieur de l'enceinte est livré aux herbes folles. Quelques temples transformés en musées sont presque déserts : celui du dalaï-lama, les tombeaux du fondateur Abdaï Khan et trois autres temples, de style chinois, une grande stupa blanche et or, et enfin le Labrang, un temple de pur style tibétain, blanc à toit plat, où résidait le Bogdo Gegeen, le « dalaï-lama mongol » lorsqu'il venait à Erdene Zuu.

Précisément, un camion arrive dont descend un aréopage de moines. L'appel à la prière est sonné dans une conque marine depuis une plate-forme extérieure surélevée. Des fidèles se rassemblent, se prosternent, entrent pour assister à l'office.

Les chevaux mettent le cap sur le soleil couchant pour gravir une haute colline. Disparaissent derrière nous les fumées de Karakorum et l'enceinte blanche d'Erdeni Zuu. Nous plongeons vers l'univers enchanté de la vallée de l'Orkhon ; la fraîcheur a gagné les rives. Un large méandre nous guide à l'ouest, où l'équipe d'intendance a choisi d'installer le camp. Les palefreniers font traverser les chevaux vers l'autre rive où l'herbe est plus grasse ; ils provoquent l'envol de canards au plumage doré, des tardornes casarcas. Jean-François, qui avait traversé avec les chevaux, revient sur le dos d'un yack pour ne pas mouiller son deel.

Les tentes sont dressées sur des tapis d'iris sauvages à quelques mètres de l'Orkhon, et la baignade nous emporte au fil du courant.

La randonnée se poursuit comme en rêve dans les paysages bucoliques de la vallée de l'Orkhon, bordé parfois de bosquets de saules et de peupliers.

Les flancs nord des montagnes et les crêtes sont couverts de grandes forêts de mélèzes de Sibérie aux aiguilles persistantes. Les sous-bois sont fleuris d'épilobes, lupins, valérianes, aconit et delphiniums. Les lisières et les clairières sont le domaine de hautes graminées. Les groseilliers, les géraniums et les myosotis préfèrent l'humidité des vallons mais les prairies sèches accueillent asters, lys écarlates, serpolet et potentilles.

Les reliefs, sous-tendus de chaos granitiques, sont tapissés de toutes les nuances de vert selon l'exposition, l'éclairage et le passage des nuages. Des coulées de lave semblent à peine figées, bulles de magma visqueux éclaté, des torrents mugissent entre des falaises de basalte. Partout sources et rivières innombrables dessinent une calligraphie d'arabesques bleues dans le paysage mordoré.

Tant d'eau, de graminées, d'insectes et de batraciens sont un terrain de chasse rêvé pour les canards mais aussi les hérons, sternes, grues, cigogne noires et une multitude d'oiseaux migrateurs tandis que l'abondance de rongeurs, lapins et marmottes, attire aigles et rapaces de toutes tailles.

Petits écureuils terrestres, les spermophiles (qu'on ne se méprenne pas, leur nom indique qu'ils « aiment les semences ») affectionnent les sols légers où ils creusent de redoutables labyrinthes qui s'effondrent sous les pieds des chevaux.

Apparaît au loin un étrange amoncellement d'objets hétéroclites, des charrettes à deux roues pleines, des yacks, des chevaux, des personnages affairés : une famille vient d'arriver et va s'installer pour l'été dans ce vallon.

Nous laissons les Daghwa entraver les chevaux, décidés à ne pas perdre une miette d'une opération si nouvelle pour nous : l'implantation d'une yourte. Le plancher est déjà installé, la porte dressée au sud. Trois cloisons extensibles, à croisillons en lattes de saule, sont déployées pour étayer la porte et servir de « murs », puis tout le mobilier est monté et disposé sur le plancher, le fourneau au centre. Deux piliers de bois de trois mètres de haut sont dressés, ils supportent la couronne de bois, clé de voûte de la yourte, le *toono*. Quatre-vingt-une perches relient la couronne au sommet des parois murales.

Pendant que la famille s'active, Lodoï et le grand-père boivent des lampées d'*arkhi* tout en priant et psalmodiant ; égrenant leur chapelet ils invoquent Bouddha, certainement aussi Tengri (le ciel), et les esprits du lieu pour attirer leur bienveillance sur la famille qui s'installe.

On dispose une couche de feutre épais sur les murs et le toit pour terminer par une toile blanche. Le tout est solidement maintenu par trois longues cordes de crins qui enserrent l'assemblage. Un chapeau de toile épaisse couvre l'ouverture du toit ; une longue corde de crin permet de l'ouvrir ou le fermer à distance.

Le tour est joué ! Nul besoin de ficher des piquets dans la terre, car la yourte est conçue pour être posée sur un sol gelé. On peut multiplier les couches de feutre (jusqu'à six en hiver), aérer en été ; c'est une merveille d'ingéniosité et de climatisation.

Les familles se déplacent entre deux à trois campements en fonction de l'herbage. Dans les régions fertiles comme ici, ils ont un campement d'été dans la vallée et un campement d'hiver dans la montagne, éloignés d'à peine dix à quinze kilomètres.

Le pâturage est précieux, nous n'installons jamais nos bivouacs près des hameaux de yourtes et, lorsque nous nous y arrêtons, nous ne laissons pas pâturer les chevaux.

Lodoï nous explique que notre groupe ne peut s'arrêter à une yourte à moins d'y voir un minimum de douze à quinze poulains attachés. En effet, selon les règles de l'hospitalité, les hôtes se doivent d'offrir l'*aïrak*. S'ils ont peu d'animaux, leur imposer notre présence, c'est les priver ou les mettre dans l'embarras. La présence de quinze poulains signifie qu'ils ont quinze juments laitières et une quantité suffisante de lait. Traire quinze juments cinq fois par jour n'est pas une sinécure. À chaque traite, il faut approcher le poulain de sa mère, le laisser téter quelques gorgées et le tenir contre son flanc pendant toute l'opération. Le lait récolté est ajouté au lait déjà fermenté, dans une grande outre de peau, disposée dans la yourte, à gauche en entrant ; la fermentation est activée par un brassage énergique auquel tous participent à l'aide d'une grande louche de bois. Le soir, après la dernière traite, les poulains sont détachés pour pâturer librement avec leur mère dans la steppe jusqu'au matin.

Dans moins d'une semaine aura lieu la grande fête nationale du Naadam et nous voyons souvent des groupes d'enfants galoper à bride abattue pour entraîner leurs chevaux. Soudain apparaît un rassemblement inhabituel de familles accompagnant des enfants hauts comme trois pommes, de cinq à douze ans, garçons et filles, montés sur leurs chevaux de course, dont ils ont noué le toupet en forme de plumeau. Des anciens prodiguent des conseils et les enfants chantonnent en tournant sur place. Au signal, ils démarrent en trombe, cravache brandie, poussant des cris aigus.

Nos chevaux ont compris ce qui se passe : ils se sont immobilisés, attentifs, oreilles dressées vers le nuage de poussière. Pied à terre, nous posons mille questions sur la sélection, l'entraînement, la longueur de la course. En plus de l'entraînement progressif à l'endurance et à la vitesse, l'alimentation des chevaux est rationnée, ils doivent perdre toute leur graisse. Nous comprenons pourquoi nous avions vu de fiers chevaux solitaires, attachés à la longe et couverts, en plein soleil, d'une épaisse couverture de feutre.

Le nuage devenu minuscule à l'horizon grossit à nouveau. Les commentaires s'animent, des noms fusent. Est-ce celui d'un cheval ou celui d'un enfant ? Les cris deviennent audibles ; plusieurs chevaux se sont détachés et passent, triomphants. Bientôt ils sont tous arrivés, ils viennent de couvrir 5 km.

Le 11 juillet, ils prendront part au Naadam de Khujirt.

Ce soir-là Lodoï nous parle des chevaux. Après avoir été agent d'entretien sur le Transsibérien pendant quatorze ans, il déclare forfait et couvre, avec deux chevaux, 400 km en quarante-huit heures pour retrouver ses parents ; depuis, il n'a plus quitté la steppe. Éleveur de chevaux réputé, il a trois étalons et une bonne quarantaine de juments poulinières. Il cherche toujours des étalons de régions lointaines pour éviter la consanguinité, apprécie les chevaux kazakhs de l'Altaï, qui ont plus de taille, ou ceux du Khentiy, plus confortables ; les chevaux de l'Arkhangaï sont les plus rapides.

C'est l'étalon qui choisit ses juments. On lui laisse la parure de sa crinière, parfois longue jusqu'au sol. Les juments gardent aussi leur crinière, car « elles doivent être belles pour l'étalon ». Les entiers sont « rendus plus légers » à quatre ans (comprendre « castrés » et crinière taillée) et servent alors de montures. À partir de deux ans, les poulains sont montés, à cru et en douceur, par des enfants. La domestication des chevaux est minimale, car ils doivent garder assez d'instinct sauvage pour survivre dans une nature hostile et se défendre contre les loups.

C'est à l'usage qu'on détecte puis développe leurs dispositions pour le travail des troupeaux, l'*uurga*, le voyage ou la course.

Un cheval est désigné par le nom de sa robe, qui le distingue de tout autre dans un troupeau : il existe plus de trois cents noms de robes de chevaux. La préférée est l'alezan brûlé avec une étoile en tête, le *khongor*. Frapper un cheval au visage, c'est comme frapper un esprit ou Bouddha. Sous Gengis Khan, blesser un cheval était puni de mort.

Baassankhu n'a pas le temps de traduire que déjà d'autres questions arrivent en cascade. Amusé par notre curiosité, Lodoï annonce qu'il va nous montrer un grand troupeau de chevaux.

Nous y arrivons le lendemain en fin de matinée ; près de cinq cents chevaux ont été réunis par les chefs de plusieurs clans afin de sélectionner les meilleurs coursiers pour le Naadam. Depuis la colline le spectacle est unique : des étalons aux longues crinières, des hongres, des juments, des poulains, une houle de robes mouvantes à dominante baie et alezane qui brille au soleil.

Les hommes désignent des animaux, puis des jeunes gens, *uurga* coincée sous le bras droit, s'élancent au galop pour attraper le cheval. L'*uurga* est une longue perche souple de cinq à six mètres, faite de plusieurs tronçons de saule assemblés. À son extrémité : une solide boucle de cuir – pas un nœud coulant. Lorsque cavalier s'est suffisamment approché, il aligne la boucle de cuir avec la tête du cheval qu'il veut capturer puis, d'un coup sec, il envoie la boucle par-dessus la tête. Le plus souvent, le lacet de cuir enserre l'encolure mais, se sentant coincé, le cheval poursuivi accélère, et le cavalier fait de même en tenant fermement l'uurga. Il quitte le siège de sa selle et s'assied sur la croupe de son cheval pour se caler fermement derrière le troussequin ; en même temps, il imprime à la perche un rapide mouvement de torsion qui réduit l'ouverture de la boucle de cuir et finit par étrangler le cheval captif. Sa monture l'aide en s'arc-boutant jusqu'à ce que d'autres cavaliers viennent à la rescousse et passent un licol au cheval maîtrisé, lequel n'oppose aucune résistance car en général il a déjà été monté.

Nous sommes impressionnés par la dextérité et la puissance des cavaliers à l'uurga qui, d'un tumulte de croupes et d'encolures, arrivent à sortir l'animal choisi. Parfois l'*uurga* leur échappe des mains, parfois le lacet de cuir casse… Le temps ne compte pas, les chevaux du Naadam seront sélectionnés.

Un après-midi nous sommes intrigués par le manège de Lodoï : à plusieurs reprises il met subitement pied à terre, déterre des bulbes d'ail sauvage et les emporte dans son *deel* avec des poignées de serpolet. Au campement de Khatan Gol, un mouton nous attend et nous comprenons. Dès que les chevaux sont au pâturage, Lodoï retire son chapeau, enlève les manches de son *deel* qu'il noue autour de la taille, fait venir le mouton, le couche sur le dos, sort un petit couteau, s'agenouille et fait une prière – il demande pardon au mouton de le tuer. D'un geste précis, il ouvre le thorax de l'animal, introduit la main et lui arrache l'aorte. La mort est instantanée, le sang est récolté car il ne peut pas souiller la terre. Pendant ce temps les cuisinières ont fait bouillir un peu d'eau dans un grand récipient en aluminium et disposé des pierres volcaniques dans le poêle. Elles enfournent dans la marmite le mouton découpé en morceaux, les pierres chauffées à blanc, l'ail et les herbes. La marmite fermée hermétiquement est roulée énergiquement sur le sol. Au contact des pierres l'eau s'évapore, la viande est légèrement grillée et la cuisson se poursuit à la vapeur.

Un vrai régal, tout le monde s'en lèche les doigts et ronge jusqu'au dernier os. C'est la fête, et l'équipe locale ne manque pas de sortir quelques bouteilles de vodka Gengis Khan, la meilleure !

Suivent les chansons : en alternance le répertoire local aux rythmes imitant les allures des chevaux, puis les nôtres, souvent moins glorieuses mais si « exotiques » aux oreilles de nos hôtes.

Les milans s'invitent à tous nos repas, perchés sans aucune crainte aux alentours ils poussent de petits cris plaintifs et attendent les reliefs que, fins acrobates, ils capturent en plein vol.

Après une nuit de grand vent, les chevaux sont introuvables autour du campement. Nous partons à quelques-uns avec Lodoï et les palefreniers dans le camion d'intendance pour élargir la recherche à une dizaine de kilomètres. Lodoï avait son idée et, effectivement, nous trouvons les chevaux dans un vallon abrité du vent. Plusieurs se sont détachés les uns des autres. Très excités, ils ne se laissent pas attraper. Je repère mon petit cheval gris et m'approche doucement en lui disant les mots de remerciement et d'encouragement que je lui répète depuis une semaine. Il dresse les oreilles, écoute. Je m'arrête à quelques mètres, continuant à lui parler, et le miracle se produit : le petit cheval des steppes vient vers moi et se laisse caresser. Lodoi lève le pouce avec un grand sourire.

Comment ne pas être avide de galops dans l'immensité de la steppe ? Mais tout cavalier sait qu'il faut ménager sa monture, même si, pour les Mongols, un cheval n'est jamais fatigué – il est vrai qu'ils galopent peu et font essentiellement du trot. Rapidement j'ai demandé de doubler le nombre de chevaux pour que chaque cavalier puisse disposer de deux montures.

Tenir tous ces chevaux supplémentaires est une contrainte le jour du départ mais, dès le deuxième jour, le « troupeau » d'une quarantaine de têtes constitue un ensemble homogène et les chevaux non montés suivent en liberté sous la surveillance des palefreniers.

Je suis heureuse d'avoir permis à de nombreux cavaliers cette expérience grisante de chevaucher au milieu d'un troupeau de chevaux en liberté. Toutes les sensations sont exacerbées : le cavalier sent sa monture gagnée par le rythme du troupeau, emporté par lui. Au galop c'est le paroxysme : c'est toute la horde qu'il chevauche, une houle profonde qui traverse la steppe, un martèlement cadencé des sabots – souffles au diapason, balancement des encolures, odeurs mélangées d'armoise piétinée et de sueur, caresse du vent, accord primordial où l'homme, le cheval, la nature ne font plus qu'un.

Le grand angle démesuré des paysages et des ciels mongols donne une rare intensité dramatique à toutes les humeurs du temps.

En été, les pluies et orages fréquents sont bénis : c'est grâce à eux que la végétation peut exploser et assurer des réserves de fourrage pour l'hiver. Le ciel n'est jamais aussi grandiose que lorsqu'il fomente un orage : de grosses volutes blanches innocentes s'échafaudent puis s'assombrissent par la base, des bourgeonnements menaçants gagnent tout un horizon et se répandent comme une incontrôlable nuée ardente. Il arrive qu'en même temps, sur un autre horizon, le soleil tienne tête, offre un répit, étalant sur l'herbe de grands pinceaux de lumière dorée, irréelle sous le ciel anthracite. Puis le ciel s'ouvre, comme une bavure d'aquarelle trop humide ; les rideaux de pluie crèvent au loin. Il faut alors sentir le vent, observer qui, du soleil ou de l'orage, gagne du terrain, revêtir les cirés – ou pas encore ?

Être sous la pluie des jours durant, endurer la tempête, la grêle, la neige, le froid glacial ou la chaleur caniculaire d'un soleil impitoyable, subir l'agression d'insectes, être à la merci des éléments, se conditionner pour faire face, c'est plus un exercice mental que physique ; on se découvre des capacités d'endurance et d'adaptation bien au-delà de ce qu'on imaginait. Les expéditions à cheval, sont une occasion d'éprouver cette sensation rassurante, voire jubilatoire, de pouvoir faire face à l'inconfort des éléments.

Un matin, au camp de Baatrin Dawa (la « montagne du Héron »), nous voyons de gros nuages gris se masser à l'horizon. À peine sommes-nous en selle qu'un vent puissant se lève et aussitôt le ciel entier se déverse avec violence. Cavaliers et chevaux s'encapuchonnent, l'eau crépite, s'installe, des rideaux de pluie balaient la steppe en rafales. En dépit des équipements imperméables, des gouttières trouvent leur voie et bientôt nous sommes trempés. Une heure, deux heures… nous marchons, que faire d'autre ? Lodoï prend le trot et entonne une chanson qui rythme cette allure. Les cavaliers se réchauffent, oublient l'eau qui s'insinue, les conversations reprennent avec des éclats de rire. la pluie s'arrête. Au loin quelques yourtes, des troupeaux rassemblés, de la fumée. Nous y sommes bientôt… *Morinoos Bukh !* (« Pied à terre ! ») *Saïn Baïna uu !* (maintenant nous savons dire « bonjour » en mongol). Lodoï, comme il convient, prend d'abord des nouvelles des troupeaux avant de demander comment va la famille. Sous la yourte règne une bonne chaleur sèche, le poêle ronfle… Enlever les vestes trempées, ironiser sur nos mines dégoulinantes, voir des sourires accueillants et bientôt recevoir à deux mains un bol d'aïrak. Puis de l'*arkhi* et de l'*aaruul*, les cubes de fromage sec. Des enfants se taquinent ou jouent aux osselets. Lodoï et les palefreniers échangent les tabatières avec les habitants de la yourte et la tendent aussi à la maîtresse de maison, qui la prend, la porte au menton et la rend. Je comprends qu'il n'est pas « indispensable » de priser.

Bernard est sorti pour « aller voir son cheval » (dans la steppe cet euphémisme signifie satisfaire à un besoin naturel ; une fille dira qu'elle « va voir sa jument »). Il revient, annonçant un grand soleil.

En selle ! Les chevaux fument sous la chaleur, ils sont presque secs.

Lodoï semble apprécier la façon dont nous traitons ses chevaux. Très solennellement, il annonce qu'il va nous emmener en un lieu sacré où jamais aucun étranger n'a été introduit et il nous désigne Shiveet-Ilaan, un sommet boisé qui domine tout le paysage. J'observe qu'il glisse dans son *deel* du riz, une écharpe de soie bleu azur et une bouteille de vodka.

Au pied de la montagne il faut d'abord traverser de redoutables marécages. Quand s'amorce la montée, les herbes deviennent hautes, truffées de fleurs et aussi d'insectes piqueurs de tout acabit qui attaquent férocement, empêchant presque les chevaux d'avancer.

Lodoï décide une pause, regroupe les chevaux et allume une dizaine de petits feux avec de la bouse qu'il récolte sur place ; une fumée âcre se dégage et fait fuir les insectes. Les chevaux, paupières closes, viennent mettre le nez exactement dans la fumée et se calment.

Ces hauts pâturages, évités par les troupeaux l'été à cause des insectes, sont une précieuse réserve de fourrage pour l'hiver.

Nous nous remettons en route et Lodoï prévient : ici tout est sacré, pas question de cueillir une fleur ou de tuer des taons, car toute vie doit être respectée. Une brise bienvenue disperse les bataillons d'insectes. Laissant les chevaux dans une prairie de lys martagon et d'orchidées, nous suivons Lodoï vers un petit temple de bois qui abrite une source ; il y boit religieusement puis disperse une offrande de riz.

Zanabazar, le premier Bodgo Gegen, le dalaï-lama mongol, fonda cet ermitage au XVIIe siècle et le baptisa « pays de la solitude heureuse ». Sur la paroi rocheuse, un dessin reproduit le *soyombo*, la première lettre de l'alphabet mongol au XVIIe siècle, également transmis par Zanabazar. Ce caractère, qui figure sur l'actuel drapeau mongol, symbolise la liberté et l'indépendance du peuple mongol.

Nous escaladons les rochers jusqu'à une grotte très étroite, le « ventre de la mère » ; il faut y entrer en rampant et se retourner sur soi-même pour pouvoir ressortir. Les croyants assurent que ce simulacre de re-naissance est purificateur. Le sommet est coiffé d'un *ovoo* sur lequel Lodoï noue le *khadag*, l'écharpe de soie bleue cachée dans son *deel*.

Remise en selle et soulagement d'une descente sans insectes dans les fragrances mentholées de hautes graminées et toujours presque en silence. Lodoï s'arrête près d'une haute stèle de granite sculptée représentant des cervidés aux ramures enroulées – semblables aux chefs-d'œuvre d'orfèvrerie scythe – et extrait de son *deel* la bouteille de vodka. Du majeur droit, il disperse quelques gouttes aux esprits du ciel et de la terre, puis nous offre à boire, soudain rieur et jovial.

Le charisme exceptionnel de Lodoï à permis a beaucoup de cavaliers de pressentir un peu de la noblesse traditionnelle de l'homme de la steppe, sa générosité, sa vie sobre accordée au rythme de la nature.

Au terme de la première expédition j'ai demandé à Lodoï si nous aurions l'année suivante les mêmes lieux de bivouac, qui m'avaient paru idylliques. Incompréhension devant cette question incongrue : pourquoi décider un an à l'avance puisque partout il y a de l'eau, de l'herbe, du bois ? C'est cela, être nomade.

II. Fête du Naadam et courses de chevaux (Oulan-Bator, juillet 1990)

Dans les rues d'Oulan-Bator le 10 juillet, parmi de rares voitures, chevaux et cavaliers sont les rois du bitume. Venus de la steppe pour la grande fête nationale du Naadam, ils sont chez eux dans les larges avenues, entre les austères bâtiments staliniens de la place Sükhe-Baatar, où ils s'attardent un instant devant la statue équestre du héros de la révolution.

La cavalerie nationale est en train de répéter pour demain la cérémonie officielle d'ouverture des jeux ; les cavaliers sont pied à terre, au garde-à-vous face au Parlement. L'ordre est donné de la mise en selle et, pour la plus grande hilarité des passants, plusieurs selles tournent. Les nomades eux-mêmes s'esclaffent et partent au trot jusqu'aux colonnades néoclassiques jaunes et blanches du Théâtre national ; ils laissent pâturer leurs chevaux sur le tertre entourant les statues de bronze de poulains caracolant, souvent chevauchés par des enfants, ou se rendent au grand monastère de Gandan, de style mandchou, et au nouveau temple, de style tibétain ; dans un envol de pigeons ils peuvent y accéder à la pharmacie qui délivre des petits paquets de plantes médicinales pour les maux les plus divers.

J'ai vu ces cavaliers galoper sur les trottoirs et s'appliquer à emprunter les passages piétonniers pour traverser et longer l'enceinte des temples et du Palais d'hiver, une sorte de Cité interdite miniature où résidait, jusqu'en 1924, le Bogdo Khan, ou Bogdo Gegeen, le dalaï-lama mongol, et je les ai vus au trot sur le pont de l'Amitié qui enjambe la rivière Tuul, pour rejoindre le grand campement et le champ de courses.

Sous une yourte-théâtre ouverte sur la rue, un spectacle de danses traditionnelles et un étonnant orchestre de *morin khuur* ou vielle-cheval. Ce très ancien instrument de forme trapézoïdale qui se tient entre les genoux, comme la viole de gambe, adopte toutes les dimensions des instruments de l'orchestre à cordes, de l'alto à la contrebasse. Il se joue avec un archet en crins de cheval, a lui-même deux cordes en crin de cheval, et son manche se termine par une tête de cheval sculptée. Une émouvante légende, dont un cheval volant est le héros, raconte l'origine du *morin khuur*.

Le 10 juillet, veille de la fête nationale, il faut se rendre au *yarmag*, le champ de courses, la steppe entre Oulan-Bator et l'aéroport, sur la rive de la Tuul. Les jours qui précèdent la fête, les nomades arrivent de partout à cheval, encadrant les chariots à deux roues ou les chameaux qui transportent la yourte. Ils sont accompagnés de leur troupeau de juments laitières (pour l'*aïrak*) et leurs poulains, des chevaux de course et de quelques moutons, qui seront sacrifiés pour les repas de fête.

Tentes et yourtes se comptent par centaines, les chevaux par dizaines de milliers ! Ce campement gigantesque, aux portes d'Oulan-Bator, est un spectacle inouï. Partout des nomades et des chevaux, de rares Jeep ou des camions de service distribuent de l'eau.

Nous nous dispersons entre les tentes et les troupeaux au gré de notre curiosité. Depuis une haute colline je domine le vaste campement d'où monte une rumeur traversée par des centaines de hennissements. C'est la Mongolie des nomades, celle du Grand Khan, celle de toujours. Et puis, comme un décor factice, planté sur l'autre rive de la Tuul, Oulan-Bator déploie ses barres de HLM, les grands bâtiments officiels, les faubourgs de yourtes confinées entre des palissades et deux centrales thermiques, noires et monumentales, qui crachent leurs fumées dans le ciel pur des hauts plateaux.

Au campement c'est à la fois la grande fête et l'épreuve pour les chevaux et les enfants. De jeunes jockeys de cinq à dix ans participeront aux six grandes courses. Variable selon l'âge des chevaux, la distance parcourue est toujours impressionnante : 15 km pour les poulains de deux ans, 20 km pour les trois ans, 25 km pour les quatre ans, 28 km à cinq ans, 35 km pour les chevaux adultes et 40 km pour les étalons ! Pour chaque course on peut doubler la distance parcourue, car les concurrents partent de la ligne d'arrivée pour rejoindre au trot, et souvent déjà au galop, le point de départ dont ils reviennent au grand galop.

Même si la course reine est celle des *azarga*, les étalons, j'ai toujours trouvé très émouvante l'arrivée de jeunes chevaux de deux ans montés par de tout jeunes enfants, ayant parcouru 30 km au galop.

La veille de l'épreuve, les chevaux de course sont bichonnés, les crins du toupet enserrés par un lien qui les dresse à la verticale comme un panache, les crins de la queue entourés d'un ruban garni de feutrine. Après chaque entraînement ils sont brossés, passés au couteau de chaleur en bois, le *khüssur*. On leur fait même, tout en récitant des mantras, respirer des fumigations d'encens, qu'ils semblent apprécier.

En fin d'après-midi, tandis que le repas mijote sur les poêles en tôle, beaucoup d'anciens en *deel* de fête forment de petits groupes animés, buvant la vodka, échangeant les tabatières ou fumant la longue pipe de métal. Après la dernière traite des juments, tous les chevaux sont détachés. Sous le contrôle de jeunes cavaliers équipés de l'*uurga*, ils vont boire à la Tuul et pâturer dans les collines jusqu'à la tombée du jour. Comment ne pas s'émerveiller de ces grands mouvements de troupeaux qui se croisent, dans une symphonie de hennissements, en un incroyable ballet de silhouettes sauvages dessinées sur le ciel rougeoyant !

Ceux qui participeront aux courses s'élancent pour un ultime entraînement, accompagnés d'un grand frère, du père ou d'un oncle qui prodigue conseils et encouragements. Jusqu'à la nuit les enfants passent sur leurs chevaux, chantant un refrain porte-bonheur, « *guingho, guingho* », qui ne signifie rien mais les encourage autant que leur monture comme une incantation.

La statue de Lénine a été déboulonnée en février 1990. Le peuple mongol, en quête de héros, s'est mis à crier d'une seule voix : « Gengis Khan ! » Le 11 juillet, au son d'une musique martiale à donner le frisson, la cavalerie mongole, en uniforme rouge carmin et bleu roi, montée sur des chevaux de robe palomino, arrive au grand trot dans le stade d'Oulan-Bator, portant drapeaux et bannières. Ils plantent sur un podium les neuf étendards traditionnels, les *tug* en crin d'étalon blanc, surmontés d'un trident de flammes d'acier, signe de ralliement de la cavalerie du Grand Khan. (En temps de guerre ils étaient de crin noir.) C'est la première année que ces étendards sont à nouveau promus symboles de l'État mongol.

Après un interminable défilé de cavaliers casqués et aux cuirasses cloutées, arrivent au galop, sous un délire d'applaudissements, les chevaux vainqueurs du précédent Naadam. Mêmes hurlements frénétiques lorsque cinq cent douze lutteurs s'avancent dans le stade à pas comptés, bras ouverts vers le ciel, vêtus de slips et de boléros minuscules laissant voir leur puissante anatomie ; ils sont coiffés du chapeau à pointe et chaussés de lourdes bottes de cuir à bouts relevés. La lutte, très populaire en Mongolie, constitue avec le tir à l'arc et les courses de chevaux les trois « jeux virils » traditionnels, dans lesquels les meilleurs se mesurent à l'occasion du Naadam.

Les premiers combats commencent, on ne sait ou donner de la tête : une bonne cinquantaine de couples de lutteurs (et autant d'arbitres et d'assistants, qui tiennent les chapeaux des adversaires) se sont déjà empoignés, jambes écartées, penchés têtes contre épaules, prêts à surprendre l'adversaire pour le déséquilibrer et lui faire toucher terre. Tandis que le vaincu défait les cordons de son boléro et passe sous le bras du vainqueur en penchant la tête, le lutteur victorieux remet son chapeau et s'avance vers le podium où flottent les étendards de crin blanc ; jambes écartées et battant des bras, il simule d'envol de l'aigle, se tourne à droite et à gauche, se frappe les cuisses.

À la cinquième reprise, les trente-deux vainqueurs reçoivent le titre de « faucon ». Les trois dernières reprises et la finale, qui voit s'affronter deux « lions », a lieu le deuxième jour du Naadam. L'ultime vainqueur aura le titre de « titan ».

Sur un terrain proche du stade commencent les compétitions de tir à l'arc. En *deel* de velours grenat ou de soie mordorée, serré d'une ceinture orange, les meilleurs archers de Mongolie se rangent par douze sur la ligne de tir, à 75 m de la cible pour les hommes. L'arc traditionnel en mélèze est un arc réflexe, légèrement recourbé aux extrémités, pour plus de force, de rapidité et de légèreté. Vingt flèches de saule, à l'embout arrondi en os, sont déposées devant chaque concurrent. À proximité des cibles (de petits anneaux de vannerie), les juges expriment par des chants et des gestes amples vers le ciel ou des moulinets le résultat de chaque tir.

Les femmes, souvent en *deel* de soie bleue, sont à 65 m de la cible ; pour les enfants, la distance est fonction de leur âge ; j'ai vu des garçonnets et des fillettes d'à peine cinq ans se concentrer et atteindre leur cible.

Avant le départ des courses, devant les tentes de l'immense campement des nomades, chaque famille est réunie pour habiller les jeunes concurrents ; l'*aïrak* est versé sur la tête du coursier, sur sa croupe, sur l'étrier droit, l'enfant en boit une gorgée, puis c'est le départ.

Les courses d'Oulan-Bator peuvent compter chacune de trois cents à huit cents participants. Je suis sur la ligne d'arrivée, face à des tribunes désertes. Les jeunes concurrents déferlent par vagues, tels des lutins coiffés d'un bandeau pointu où figure le symbolique *soyombo* du drapeau national, vêtus de casaques colorées et de dossards numérotés. Accompagnés par un ou deux adultes, ils tournent au grand trot, de gauche à droite, autour du poteau d'arrivée, toujours en chantant avec une conviction ravivée « *guingho, guingho* », sans doute pour tromper leur émotion. Alors que d'autres arrivent encore et encore, tout à coup le mouvement circulaire du groupe se rompt et ils partent au grand trot vers un attroupement 500 m plus loin. C'est le contrôle de l'âge des chevaux : une armada de vétérinaires examine les dents pour s'assurer qu'ils sont bien engagés dans la course réservée à leur âge.

Tandis que les parents reviennent au campement, les jeunes cavaliers continuent à vive allure jusqu'à la ligne de départ, à 15 km de là (ou davantage selon les courses, jusqu'à 40 km). Dès lors, pour ces enfants livrés à eux-mêmes, c'est réellement une épreuve d'initiation : tout se passe entre eux, leur cheval et la steppe. Seuls les organisateurs et un service sanitaire peuvent escorter la course.

Au *yarmag* on attend dans un calme relatif ; traite des juments, préparation du mouton, pronostics autour d'un bol d'*aïrak*, sous les nuées des milans qui piaillent dans le ciel. On profite de l'accalmie pour mener les troupeaux boire à la rivière.

Les haut-parleurs hoquètent puis débitent des flots de musique ; se forme le long de la piste d'arrivée un attroupement de spectateurs à pied et à cheval. C'est le moment d'admirer de magnifiques harnachements, selles et brides, rehaussées d'argent, des couteaux en métal précieux en travers de la ceinture, des couteaux de chaleur en bois finement sculpté.

La télévision a ses caméras braquées sur l'horizon. La voix du haut-parleur commente, je ne comprends rien mais elle doit annoncer la proximité de l'arrivée, car les cous se tendent et les militaires ont du mal à contenir la foule ; des cavaliers arrivent de partout, on se met debout sur la selle ou à plusieurs sur une croupe pour mieux voir. Le commentaire s'emballe et égrène sans doute des numéros de dossards. La foule, au comble de l'agitation, se tait dans un murmure quand apparaît au loin un nuage de poussière enrobant de petites silhouettes. Le terrain remonte vers l'horizon de sorte que, très vite, apparaît un nombre impressionnant de cavaliers déployés en largeur, approchant à toute allure, nimbés de poussière.

En amont de la ligne d'arrivée, cinq juges à cheval tiennent chacun une tablette de bois, numérotée de un à cinq. Dès l'arrivée des premiers, ils galoperont au botte à botte pour attraper les vainqueurs par la bride et brandir la tablette qui indique leur classement. Déjà on distingue les couleurs, presque les numéros, on entend les cris, les cravaches tentent une dernière action, flanc droit, flanc gauche, flanc droit… Le premier se détache ; c'est une fillette aux longues nattes, qui passe la ligne d'arrivée sous les applaudissements ; le deuxième, le troisième, un petit peloton et deux chevaux sans cavaliers qui seront néanmoins classés (ce sont les chevaux qui courent et gagnent). D'autres pelotons arrivent par vagues, dans d'ultimes cris d'encouragement et mouvements de cravache, tous couverts de sueur et de poussière, au bord de l'épuisement. Certains sont à cru ; d'autres, en chaussettes, ont dû perdre leurs bottes. L'émotion me bouleverse devant l'effort incroyable fourni par ces enfants et leurs chevaux, des héros qui sont allés au bout d'eux-mêmes, portés par l'instinct du clan, la tradition de ce peuple cavalier. Seuls les cinquante premiers seront récompensés.

Derrière la ligne d'arrivée au milieu d'une masse compacte de chevaux, les parents prennent le jeune cavalier sur leur propre cheval et lui offrent une boisson. Pas un sourire : les visages sont épuisés et hagards. Le coursier est dessellé et promené ; le couteau de chaleur élimine la transpiration qui coule sur tout son corps. Il est rompu, a le regard aussi perdu que son maître.

Je suis noyée dans une foule de cavaliers excités qui se croisent par centaines dans tous les sens, parfois au trot ; des attroupements se forment pour toucher la sueur des chevaux victorieux, qui porte bonheur ; les concurrents continuent d'arriver par vagues, certains restent là, prostrés ; des parents vont et viennent, inquiets ; chassé-croisé de centaines de chevaux au botte à botte et pas un coup de pied. Beaucoup de tension, d'inquiétude et pas une algarade.

Je retourne à la ligne d'arrivée. L'anxiété gagne les rangs des spectateurs qui n'ont pas vu arriver leur enfant. Dès que les cinquante premiers sont passés, c'est la ruée en sens inverse : les familles vont, à cheval, à la rencontre de la course.

J'ai vu un grand frère amener au trot vers la ligne d'arrivée un petit en larmes, un grand-père encourageant sa petite-fille de cinq ans à peine, dont le cheval épuisé refuse d'avancer mais qui passera quand même entre les drapeaux, au pas. C'est sans doute un moment décisif dans l'éducation de ces jeunes nomades et de leurs chevaux : on n'abandonne pas. « Quand on a participé au Naadam, on s'en souvient toute sa vie, me dit notre interprète, qui l'a vécu à huit ans. C'est très dur parce qu'à la fin on est épuisé, on a de la poussière dans les yeux, on ne voit plus rien, on a très soif, mais on est tellement fier d'arriver ! »

Une première cérémonie immédiate, sur le champ de course, chante les louanges des chevaux victorieux. Les cinquante premiers cavaliers se rangent devant les tribunes d'honneur et l'on entonne un *magtaal*, un chant de louange à chaque cheval vainqueur, à son clan d'origine, son entraîneur et son cavalier. Le rythme est celui de l'épopée aux sonorités répétitives comme un long poème en vers. On verse de l'*aïrak* sur la croupe du cheval et la tête de l'enfant, et ils repartent au grand galop sous les applaudissements.

Quinze ans plus tard, en raison des embouteillages dus à la multiplication des 4x4, le campement et le champ de courses ont été déplacés à 50 km de la capitale. Les visiteurs ne peuvent venir librement assister au rassemblement des jeunes concurrents quittant les yourtes ni se mêler à la houle des chevaux qui déferlent sur la ligne d'arrivée, déssormais à un kilomètre des tribunes.

Un ami d'Oulan-Bator m'assurait que la seule façon de voir l'arrivée de près était de regarder la télévision ! Mais il reste des Naadam de province, où l'on peut être au plus près de l'événement et au contact de la population mongole traditionnelle. Pour les petits Mongols et leurs chevaux, le défi a gardé toute sa mesure.

On ne revient pas indemne d'une expédition en Mongolie. L'âme a pris de nouvelles marques devant l'espace infini et une nature vierge, le cavalier s'est découvert centaure sur un cheval presque sauvage, l'homme a rencontré un peuple fidèle à ses valeurs ancestrales.

Dans le vol vers Paris au terme de la toute première expédition de 1990, après l'escale à Moscou, je rencontre dans l'avion Jean-Louis Gouraud. Il vient de parcourir seul, avec deux chevaux, les 3 300 km qui séparent Paris de Moscou. Je suis heureuse de présenter aux cavaliers le héros de cette aventure unique et l'homme qui nous a ouvert les portes de la Mongolie.

III. Au pays du Grand Khan
(massif du Khentiy, été 1994)

De même qu'il n'y a qu'un dieu
invisible dans le ciel, il n'y a qu'un maître
sur la terre, c'est moi, Gengis Khan.

Le Khentiy, au nord-est d'Oulan-Bator, est le pays natal de Gengis Khan et celui où il serait enterré ; l'emplacement précis de sa sépulture donne lieu à de nombreuses légendes. Celle que je préfère affirme que le Grand Khan aurait demandé de détourner le cours d'une rivière pour s'y faire enterrer avant de rendre la rivière à son lit. Il y a tant de belles rivières dans le Khentiy qu'il est impossible de localiser la tombe ; l'esprit du Grand Khan peut être partout.

On dit aussi que Gengis Khan aurait fait enlever ses derniers-nés à son épouse Börté, pour les confier, incognito, à des familles nomades chargées de les éduquer selon les principes du Yassaq, code de conduite et code des lois mongoles. De cette façon, tout Mongol né dans une famille où le Yassaq est respecté peut imaginer être un descendant de Gengis Khan.

Ce doit être le cas de Dolgorsuren, notre guide dans le Khentiy. Il a un peu moins de cinquante ans, un visage lisse aux pommettes saillantes, le regard acéré, une joie de vivre débordante et aussi une sagesse et une bonté profondes qui émanent de toute sa personne.

Le deuxième soir, le bivouac est implanté sur la rive du lac Khökh Nuur dans de hautes herbes fleuries, un lieu historique entre tous. Presque noyée dans les graminées, une stèle discrète est ornée d'un médaillon de bronze à l'effigie de Gengis Khan. C'est ici, en l'an 1206, que Temujin, âgé d'environ quarante ans, aurait été proclamé Tchinggis-Khan, Gengis Khan, Grand Khan des Mongols, par l'assemblée des chefs de tribu, le *quriltaï*. Son dynamisme et son exceptionnel sens de l'organisation militaire nomade avaient rallié, de gré ou de force, tous les clans voisins. Sa technique de conquête, l'encerclement de l'ennemi, s'inspirait de la tactique de chasse de son ancêtre le loup (selon le mythe, le peuple mongol est né d'une biche et d'un loup bleu).

Le lac Khökh Nuur, cerné de collines boisées, n'est pas très grand, et ses berges fleuries ont quelque chose de secret et d'intime. Il est difficile d'imaginer en ce lieu solitaire le campement gigantesque de toutes les tribus assemblées pour élire leur chef.

Cette nuit-là, resplendissante, la planète Jupiter régnait dans le ciel entre le Sagittaire et la Queue du Scorpion.

Progressant vers le nord et la Sibérie, entre les rivières Kherülen et Onon, nous franchissons des montagnes de plus en plus couvertes de forêts, refuges pour de nombreux loups et ours. C'est le pays des Bouriates, une minorité ethnique mongole qui vit essentiellement autour du lac Baïkal et se regroupe aussi au nord du Khentiy. Dans un petit hameau de cabanes en rondins, un jeune couple insiste pour nous offrir chez eux un thé au lait. Leur isba est agencée exactement comme l'intérieur d'une yourte. Ils nous expliquent que, ayant peu de troupeaux, leur communauté se consacre essentiellement à la menuiserie, et ils nous montrent le travail en chantier : la fabrication de cloisons pour yourtes. Les lattes sont assemblées par de petits liens en cuir de chameau longuement assoupli, afin qu'elles puissent se replier et se déployer aisément.

Entre deux nuits sur la rive du grand lac Khangal Nuur, nous partons pour une longue chevauchée vers le monastère de Bereeven dans le *sum* d'Ömnödelger. L'approche est longue et la journée très chaude, enfin, depuis une ultime crête, le monastère apparaît, ruine pathétique entourée d'un grandiose cirque naturel de rochers et de forêts, ouvert au sud vers un lac et une vaste plaine. La chaleur est étouffante sans le moindre souffle de vent. Nous pique-niquons à l'ombre de mélèzes, assis sur les fondations de ce qui devait être le village monastique comptant trois mille moines, complètement rasé en 1940 par des commandos communistes. Subsiste un imposant édifice de pierre à deux étages de style tibétain, aux fenêtres béantes, ravagé par l'incendie. Il conserve des bribes de motifs peints sur des poutres léchées par les flammes.

Le site est trop emblématique pour être abandonné. Un jeune moine solitaire a construit, face au lac, un temple miniature en rondins, peint de couleurs vives d'un effet très kitsch : tambour à prières rouge écarlate dans un support jaune citron, toit vert d'eau, fenêtres bleu turquoise ; l'intérieur est un temple en réduction : statues de Bouddha, *thanka*, tapisseries de soie, lampes à beurre, bibliothèque de livres sacrés. Le jeune moine, très convaincu, récite un office pour nous.

Lorsque nous ressortons, c'est la fournaise : le soleil chauffe à blanc le cirque, les ruines, la steppe et le lac, mais de sombres nuages menacent. À peine sommes-nous à cheval que le ciel se plombe, presque noir ; un vent impétueux se lève, un long éclair déchire le ciel et, quelques secondes plus tard, un roulement de tonnerre de fin du monde éclate au-dessus de nos têtes. Instantanément Suren pousse un hurlement sauvage et lance son cheval au grand galop sous la pluie qui se déverse avec violence ; un autre éclair, éblouissant, aussitôt le tumulte sonore du tonnerre nous enveloppe et rebondit sur tous les horizons. Cri surhumain de Suren. La pluie redouble, nous galopons dans la tempête, cernés par les forces cosmiques déchaînées, tandis que Suren converse d'égal à égal avec les éléments, du tac au tac – il garde toujours le dernier mot. Les chevaux foncent droit devant eux sans penser au vent et à la pluie qui les fouettent de face. Le rythme s'accélère : éclair, tonnerre, hurlement, éclair, tonnerre, hurlement, le galop ne fléchit pas, les sabots soulèvent des gerbes d'eau, l'éclair succède à l'éclair, le tonnerre est un grondement permanent comme le volcan qui se gargarise avant d'exploser. Nous sommes au cœur de l'orage, la foudre doit tomber aux alentours, les chevaux électrisés gardent la cadence infernale, cavaliers de l'Apocalypse, face à face avec les éléments déchaînés.

Aussi brutalement qu'il est survenu, l'orage s'arrête, résonne encore un peu dans le lointain, Suren rit à sa victoire, interrompt le galop, le soleil surgit et offre un double arc-en-ciel sur les nuages d'arrière-garde.

La journée est si chaude qu'à midi nous faisons la sieste la tête sous le camion en quête d'ombre tandis que les insectes bourdonnent dans les hautes herbes parfumées. Le parcours est jalonné de tombes antiques entourées de grandes dalles sculptées. Comme toujours il n'y a ni sentier ni chemin, Suren nous conduit avec une précision infaillible à travers collines et forêts jusqu'à un plateau solitaire où il met pied à terre devant un *ovoo* : au milieu des centaurées, valérianes, millepertuis et edelweiss, une pierre de fin granite se dresse, entourée d'un amoncellement d'autres pierres plus grossières. Il se recueille et dépose une *khadag* de soie bleue qu'il cale avec une pierre, arrache des crins de la queue de son cheval, les noue autour de la *khadag* puis fait trois fois le tour de l'*ovoo*.

C'était vers la fin de l'expédition (nous n'étions qu'à une grosse journée de sa yourte) et il m'explique que cet *ovoo* est le lieu sacré où sa famille et son clan vénèrent les esprits de leurs ancêtres ; cet automne il y amènera ses fils adolescents.

« Et tes filles ? lui dis-je.

– Non, seuls les garçons viennent ici.

– Et nous ? il y a bien des filles dans le groupe ?

– Oui mais vous n'êtes pas des filles, vous êtes des cavalières… »

Pas si machiste pourtant, Surin.

L'expédition se termine chez lui. Derniers galops à bride abattue, les chevaux rentrent « à la maison ».

Nous sommes accueillis par son épouse, Doulmaa, et toute la famille, enfants, belle-fille et même son premier petit-fils, qui a revêtu fièrement sa tenue de coureur de Naadam. Doulmaa a de la classe, un beau visage serein et avenant, un regard déterminé. À peine entrons-nous dans la yourte, qu'elle nous offre à tous un bol d'*aïrak* tandis que Suren prend la parole : « Avant tout je veux, devant vous, remercier très chaleureusement mon épouse, qui a accepté que je vous accompagne pendant dix jours en lui laissant toute la charge du travail des troupeaux. C'est grâce à elle que j'ai pu vous faire découvrir mon pays. À vous aussi un grand merci ; j'ai bien vu que vous avez aimé mes chevaux et tous les endroits que je vous ai montrés. Vous êtes de bons cavaliers, vous êtes joyeux et vous m'avez appris beaucoup de choses. » Il rit et lève son bol : « Vous allez enfin goûter *mon aïrak*. »

IV. Aux confins de trois mondes
(massif de l'Altaï, été 1993)

Où j'allume un feu sera ma demeure,
Où j'attache mon cheval seront mes pâturages.
(dicton kazakh)

On dit que les Mongols naissent sous la yourte et meurent à cheval. Dalaïkhan est né sous un cheval en février, au plus froid de l'hiver. Comme son père emmenait sa mère, près d'accoucher, au chef-lieu de canton, l'enfant est né en pleine steppe sous le cheval, et ils sont revenus à la yourte.

Dalaïkhan est kazakh. Il nomadise à l'extrême ouest de la Mongolie, dans le massif de l'Altaï. Depuis 1993 il est notre guide pour de longues expéditions dans ce nœud de montagnes aux tréfonds de l'Asie, aux confins de la Mongolie, de la Chine, de la Russie et du Kazakhstan. Je suis toujours impatiente de retrouver sa gaieté communicative et de faire connaître à de nouveaux cavaliers un personnage aussi charismatique, ce jeune chef de clan au beau visage rayonnant et espiègle.

En 1997, après quatre heures de vol depuis Oulan-Bator et une escale à Mörön près du lac Khövsgöl, nous avons atterri à Ölgiy. Il faut encore une heure de transfert en jeep pour rejoindre dans une vallée glaciaire les méandres de l'étincelante rivière Sagsay.

Une multitude de yourtes fleurissent le long des berges et de gros troupeaux de yacks vont et viennent dans les herbes humides. Devant un impressionnant troupeau de chevaux, Dalaïkhan et son équipe nous attendent. Je les salue avec émotion. Il y a là Medukhan, Selokhan, Soweitkhan, Djanat, vêtus de leur *deel* à ceinture colorée et du calot kazakh.

Par leurs racines et leur langue, les Kazakhs appartiennent aux peuples turcs mais ils ont le type physique mongol mélangé de traits caucasiens. Ils ont émigré en Mongolie, d'abord pour échapper au régime des tsars et, plus massivement, fuyant le Kazakhstan devenu une République soviétique en 1917, ils ont été officiellement admis dans les provinces de l'Ouest mongol. Ils avaient tout pour s'entendre avec les Mongols : même culture de peuple nomade vivant sous la yourte, titre de *khan* donné aux chefs, croyances chamanistes et mythe fondateur de l'ancêtre loup. Quand le Kazakhstan a retrouvé son indépendance en 1990, de nombreuses familles sont d'abord retournées au pays et beaucoup sont finalement revenues en Mongolie. Les Kazakhs représentent actuellement 6 % de la population mongole.

Trop impatients de chevaucher dans les grands espaces entrevus d'avion et derrière les vitres des Jeep, nous décidons de terminer l'après-midi à cheval jusqu'à un premier camp, près de la yourte de Medukhan, organisateur de l'expédition avec Dalaïkhan. Après plusieurs étés dans l'Altaï, je commence à connaître les chevaux. Nous attribuons les montures aux cavaliers et, quand tout est terminé, le regard pétillant, Dalaïkhan me désigne Bor Mori, son cheval blanc, son étalon à l'abondante crinière. Une grande faveur ! J'aime vraiment ce cheval. Plein de noblesse, généreux et sûr, il n'a peur de rien ; son pas est énergique et son galop volant. Il cumule toutes les qualités des chevaux mongols ; une fois encore, ce sera une expédition bonheur.

Nous nous sommes quittés il y a un an, l'enchantement reprend là où je m'en suis arrachée. Dès le premier soir, sous la yourte de Medukhan, c'est la joie des retrouvailles. Sa famille est là, des voisins aussi, et l'*aïrak* est offert à grandes louchées. Menu de fête : le *beshpermek*, du mouton bouilli accompagné de grandes lanières de pâtes fraîches, cuites dans le bouillon parfumé d'herbes.

La yourte kazakhe est légèrement plus haute que la yourte mongole et son sommet plus conique ; l'intérieur est décoré de bandes de feutre et de grandes pièces de tissu brodées de motifs géométriques circulaires où tous les espaces vides sont comblés par des entrelacs en forme de cornes et des volutes de couleurs vives, où le rouge domine. Pas d'autel aux divinités bouddhiques. Ici on est musulman sunnite, et fidèle aussi aux croyances animistes.

Les jeunes femmes portent des foulards colorés noués sur la nuque et les femmes âgées une curieuse coiffe de coton blanc brodé qui leur encadre le visage, comme les religieuses d'autrefois.

Le repas à peine terminé, l'*arkhi* circule tandis qu'apparaissent deux *dombra* à long manche, sorte de luth à deux cordes en forme de poire. Medukhan entonne d'une puissante voix de ténor un refrain plein d'entrain, et toute l'assemblée l'accompagne. Les Kazakhs ont un vaste répertoire et des voix magnifiques, ils aiment chanter à gorge déployée et y mettent du cœur Les feutres et tissus de la yourte absorbent les sons et nous évitent d'être assourdis.

Les journées s'enchaînent par la montée sur un plateau glaciaire au pied du majestueux mont Tsengel (3943 m), couvert de neige. Nous évoluons dans les parages du parc national d'Altaï Tavan Bogd, près du point culminant de la Mongolie, à 4353 m. J'aime les grands lacs sauvages de l'Altaï qui reflètent le bleu profond du ciel : Khorgon Nuur, Oton Nuur, Tolbo Nuur…, et le sous-bois clair des forêts de mélèzes à écorce rouge, si précieux pour la fabrication des yourtes, du mobilier, d'outils divers, d'enclos et pour le chauffage. Une jolie légende explique pourquoi, en Mongolie, les mélèzes ne perdent pas leurs aiguilles en hiver.

Une hirondelle au bon cœur connaissait une source dont l'eau procurait l'immortalité. Elle en transporte quelques gouttes dans son bec pour offrir aux hommes l'éternelle jeunesse. Une abeille, mal intentionnée, la pique et l'hirondelle laisse tomber le précieux breuvage sur un mélèze, un genévrier et un buisson d'airelles : ils y ont gagné un feuillage persistant. Furieuse, l'hirondelle arrache la langue de l'abeille, qui depuis ne peut que bourdonner.

Plus encore que dans les autres provinces mongoles, chaque montée vers les sommets de l'Altaï donne une mesure palpable de l'immensité ; l'air est d'une transparence inouïe, le regard porte jusqu'à des lointains qui se succèdent en moutonnements infinis, sans aucun obstacle. C'est un pays sans écho : rien n'arrête la voix, qui se perd dans l'étendue. Même au milieu de l'océan du Pacifique je n'ai eu comme ici la perception d'un espace illimité.

Descendant des cols rocheux, il faut franchir des moraines chaotiques pour rejoindre les reliefs plus apaisés des alpages fleuris et des plaines sans fin où serpentent les puissantes rivières alimentées par les glaciers. Nos bivouacs s'appellent Chono-Kharaikh

(« Saut-du-Loup ») ou Thourgni-Khovd (« Rivière-Rapide »), ou encore « Pont-du-Serpent ». Le retour aux vallées renoue avec plus de douceur, les bosquets de saules et de peupliers envahis d'oiseaux chanteurs et les prairies humides arpentées par les grues à pieds bleus. C'est sur les rivages de l'Altaï que les chefs de guerre du premier siècle ont choisi d'être enterrés avec leur cheval, sellé et bridé, pour qu'ils les guident dans l'autre monde. Nous découvrons leurs tombes cerclées de pierres sur les contre-hauts des berges.

La vallée c'est la vie, hameaux de yourtes blanches, cavaliers convoyant les troupeaux, rencontres et échanges. Un soir sous la yourte, serrés sur les tapis et les lits, nous buvons l'*aïrak*. Nos guides s'interrogent sur la vie que nous menons : quel est notre travail, combien avons-nous de chevaux et de moutons, quel est le prix d'un cheval de course en France, pourquoi enfermons-nous les personnes âgées toutes ensemble plutôt que de les garder dans les familles ? Chez eux, le benjamin hérite de la yourte familiale et de la plus grosse part du patrimoine, mais il doit prendre soin des parents.

Comme la soirée se prolonge, je montre de petits albums de photos de nos autres expéditions. Ils sont perplexes de voir des loups mongols nourris de carcasses dans la réserve de Sainte-Lucie en Lozère et plus encore devant le troupeau de *takhis*, les chevaux de Przewalski élevés sur le causse Méjean. Comprenant que nous aimons découvrir des chevaux et la vie de tous ces pays, ils ne manquent pas de nous demander ce que nous pensons de « leurs » chevaux et de « leur » pays.

Ils racontent les longs hivers où ils mangent les aliments séchés et de la viande naturellement congelée, comment le froid conserve le levain du yaourt et de l'*aïrak*, ce qui leur permet d'ensemencer à nouveau les laitages au printemps.

Le lendemain, au campement d'été de Dalaï-Khan, nous célébrons, avec les familles de la vallée, la fête de l'*aïrak* nouveau, la première traite des juments. Tandis que le soleil évapore la rosée d'une gelée matinale, les juments et leurs poulains de quelques mois sont rassemblés près des yourtes. Capturés au lasso par les hommes et les jeunes gens, les poulains se débattent comme de beaux diables ; on leur passe un licol très doux en toile et laine de chameau puis ils sont attachés à une corde, solidement ancrée au sol.

Les femmes jettent vers le ciel de grosses poignées de friandises en papillotes que les enfants ramassent avec des cris d'excitation ; elles nous donnent des rubans de coton blanc à nouer autour de l'encolure des poulains tandis qu'elles leur appliquent, en guise de baptême, du beurre frais sur le chanfrein. Sont alors ouverts sur l'herbe, les uns à côté des autres, de grands carrés de tissu formant une longue nappe improvisée où sont offertes des nourritures diverses : beignets, gâteaux, fromages, assiettes de beurre, bols de crème, bouilloires de thé salé. Un vieil homme lève les mains et récite une prière puis nous invite, mêlés aux familles rassemblées, à faire honneur au « buffet ».

Commence alors la première traite des juments : toutes les femmes s'y prêtent, secondées par les maris, qui tiennent les poulains encore rebelles contre le flanc de la mère. Après avoir jeté quelques gouttes vers la terre et le ciel, nous dégustons le premier *aïrak* de l'année. Saveur inégalée de l'*aïrak* nouveau au parfum d'herbe fraîche et de fleurs. La joie est sur tous les visages, une sorte de communion avec le renouveau de la nature, de toutes les familles réunies pour partager les promesses de l'été, euphorie biblique où chacun est à sa juste place.

L'Altaï est bien sûr la patrie des *birkoutchi*, ces cavaliers qui pratiquent la chasse avec des faucons ou, le plus souvent, des aigles royaux dressés. Cette tradition kazakhe, combattue au Kazakhstan par le régime communiste, s'est perpétuée librement dans la province de Bayan-Ölgiy. Ici, dans une seule vallée, les aigliers sont plus nombreux que dans tout le Kazakhstan. Trois cents aigles chasseurs auraient été comptabilisés en Mongolie en 1993.

L'été n'est pas la saison de la chasse ; nous voyons les aigles captifs, coiffés de leur chaperon de cuir, attachés par une patte, réduits à sautiller près des yourtes. Ils sont soignés et nourris mais ceux qui volent dans le ciel sont les aigles sauvages.

Dalaïkhan veut nous présenter son aigle. Il revêt un épais manteau de velours noir, un chapeau de brocart rouge doublé de renard, enfile un gros gant de cuir et met en selle sur Bor Mori, son cheval blanc. Tous les chevaux n'acceptent pas la présence du grand oiseau sur le poignet du cavalier. Dalaïkhan est magnifique : la fourrure de renard fauve encadre son visage, son œil est aussi vif que le regard doré du grand rapace qu'il a décapuchonné.

Une année nous avons mis le cap vers une enfilade de lacs bordés de grandes tourbières, dangereuses pour le camion d'intendance ; nous avons opté pour trois jours d'autonomie accompagnés par des chameaux de Bactriane, les « vrais chameaux », ceux qui ont deux bosses. Ils portaient bagages et matériel, à la plus grande joie des cuisinières, qui se retrouvaient à cheval avec nous. Les chameaux et leur amble solennel s'accordent bien aux zones d'altitude où nous croisons beaucoup de leurs congénères en liberté.

Nous établissons le camp au bout du monde, au bord de Dürgüny Gol, la « rivière des Montagnes ». Chevaux et chameaux pâturent une herbe drue. La forêt de mélèzes fournit en abondance du bois mort pour le feu. Ayant accompagné les cuisinières, Hulzi et Dotchi, aux dernières yourtes où elles souhaitent se procurer *aïrak*, yaourt et fromage frais, j'invite la famille à nous rejoindre près du feu le soir.

À cette altitude (entre 1 800 et 3 000 m pour toute l'expédition) la température chute dès que le soleil disparaît. Nous élargissons le cercle pour accueillir nos voisins venus avec deux *dombra*, mais bientôt des invités surprise arrivent de partout à cheval, attirés par notre grand feu. Spontanément, ils se mettent à chanter.

Les voix puissantes et assurées des hommes donnent le ton et la cadence, les enfants s'époumonent, les voix féminines, parfois très aiguës, apportent fluidité et douceur. La langue, aux sonorités viriles et aux syllabes terminales comme en suspension, est magnifique. Grâce à mes petits carnets de chants, nous pouvons nous associer à la chanson *Berkut*, qui évoque la noblesse de l'aigle royal, ou à *Aavda*, qui glorifie la steppe et les chevaux. Attisé par le vent, le feu jette des gerbes d'étincelles. Les flammes éclairent des visages heureux.

Soudain, au moment le plus intense, un aîné lève les mains vers le feu et dit quelques paroles. Aussitôt le chant s'arrête, tous s'éclipsent. Dans la nuit sans lune, bruits de chevaux, conversations à voix basse, cliquetis d'étriers, « *tchou* » étouffés, cavaliers qui partent au galop chantant des bribes d'un refrain qui s'éteint dans le noir, d'autres traversent longuement la rivière. Surpris, nous interrogeons Nyam, notre interprète et Medukhan ; l'ancien a simplement dit : « Nous sommes bien ensemble mais maintenant chacun va rentrer chez soi ».

Une belle façon de ne pas se laisser s'étioler une fête.

Le Scorpion se déploie au sud par-dessus la haute crête qui nous sépare de la Chine.

Le lendemain matin nous traversons la rivière, large et torrentueuse, l'eau écumante monte jusqu'au poitrail des chevaux… Nos invités l'avaient traversée dans la nuit noire.

Journée d'orage. Le ciel se vide sur nous pendant la longue montée au col. Parvenus au sommet, à 2600 m, nous ajoutons notre pierre à l'*ovoo*, et le ciel s'apaise. Pendant la longue descente, la grêle martèle à nouveau les croupes des chevaux lorsque le camion d'intendance nous double et s'arrête : une famille de Tuva Uriankhai, une minorité ethnique de la région chez qui nous avions fait étape l'an dernier, a eu vent de notre passage et nous invite à son campement, à une heure de cheval.

La longue étape dans le mauvais temps a été éprouvante pour les chevaux, nous sommes trempés et fatigués, la pluie est installée, le crépuscule s'annonce précoce : je demande au chauffeur d'expliquer à la famille que nous ne pourrons pas aller chez eux.

Le camp organisé nous dressons la tente collective, à peine assez grande pour nous abriter. Une heure plus tard, le camion revient, transportant quatre Tuvas en vêtements traditionnels de soie blanche ou bleue, brodée de passementeries ; ils ont apporté des instruments de musique, et le repas de fête qu'ils nous avaient préparé. Confuse, j'essaie de caser tout ce monde sous la tente et, sans rancune, ils nous offrent une aubade, s'accompagnant au *morin khuur*, la vièle-cheval. Nous avons droit à une dédicace que notre interprète traduit en ces mots : « Pour vous les Français, grands voyageurs, descendants de Marco Polo… » Un des visiteurs fait ensuite une démonstration époustouflante de *khöömii*, un chant archaïque lié au chamanisme. Ce chant diphonique nécessite une maîtrise de virtuose pour émettre simultanément plusieurs lignes vocales différentes, par la gorge et le jeu de la langue sur le palais ; le résultat est troublant comme si plusieurs voix s'exprimaient par un même être, l'une des voix semble venir d'outre-tombe.

Entre-temps, ils ont remarqué dans le groupe deux personnes qui leur semblent plus respectables, eu égard à leurs cheveux blancs, Françoise et Marcel. Ils les font s'approcher et leur offrent, dans de larges gobelets en argent ciselé, une bolée de vodka qu'ils doivent vider d'un trait pour qu'on leur en verse à nouveau. Les Tuvas leur rendent hommage par un long chant incantatoire rimé, ponctué d'exclamations.

La réception se termine par un festin : de la queue de mouton gras, un morceau de choix d'une graisse ferme et savoureuse provenant de « moutons à queue grasse » ; leur élevage est prisé de la Turquie à la Chine, et aussi en Afrique. Marco Polo rapporte avoir vu des moutons dont la queue de quinze à vingt kilos reposait sur des roulettes !

Rien ne réjouit plus les Mongols que de poser des devinettes dont ils peuvent ne pas donner la solution pendant plusieurs jours, ils aiment aussi évoquer les étoiles. Un soir, près du lac Kharr Nuur, l'air est glacial et le ciel exceptionnellement lumineux. On distingue même la petite étoile Alcor qui semble chevaucher Mizar, cette belle étoile de la Grande Ourse.

Dalaïkhan m'explique que l'étoile polaire, la seule étoile qui paraît être l'axe immobile autour duquel semble tourner toute la voûte étoilée, est un clou d'or qui a été planté par Tengri, le Ciel. La divinité souveraine, furieuse de voir sept cavaliers fougueux s'affronter sans cesse dans la voûte céleste, a planté un clou d'or au milieu du ciel et y a attaché les chevaux, qui depuis tournent en rond autour de cet axe : ce sont les sept étoiles majeures de la Grande Ourse.

Dans la nuit le ciel se couvre, la température s'adoucit, un silence ouaté règne autour des tentes. Au réveil, dix centimètres de neige recouvrent le campement. Un bon petit-déjeuner, le coup de l'étrier (au pays de la vodka reine, on a toujours des réserves) et, vêtus de nos vêtements les plus chauds, nous découvrons en plein mois de juillet un Altaï hivernal. Près des yourtes grises les troupeaux ont l'air misérable, les animaux se pelotonnent les uns contre les autres.

Une heure plus tard, les nuages se déchirent et le soleil irradie. L'après-midi, le ciel est de plus en plus limpide et au camp du soir, au bord du lac Dayan Nuur, plus un nuage, tout a fondu, sauf les glaciers et longs névés qui tapissent les montagnes sur l'autre rive du lac. Certains se baignent. Marcel, passionné de pêche, nous assure une entrée de poissons frais. Quant à Dalaïkhan et Selokhan, ils décident de referrer plusieurs chevaux. L'Altaï est la seule région de Mongolie où il est nécessaire de ferrer les chevaux en raison du terrain plus rocailleux. Mais ceux-ci, d'humeur folâtre, s'échappent en troupeau et se jettent dans l'eau bleue du lac immense bordé de montagnes enneigées. Ils reprennent pied sur un îlot à cent mètres du rivage, caracolant et ruant vers le ciel, satisfaits de leur escapade. Les palefreniers traversent à leur tour, les ramènent vers le campement mais, à peine sur le rivage, ragaillardis par la baignade, les chevaux piquent un galop et s'éloignent sur la grève. Les guides kazakhs finiront par les regrouper au camp.

Séance inédite de ferrage à la kazakhe : les pâturons du cheval à ferrer sont enserrés par des cordes. Habitué, le cheval se laisse coucher. Une veste lui est glissée sous la tête en guise d'oreiller, l'encolure et la tête sont maintenues au sol pour l'empêcher de se relever. Il est basculé les quatre fers en l'air, au sens strict : les quatre sabots rapprochés par les liens sont présentés, comme sur un plateau, soles vers le haut, à Selokhan, promu maréchal-ferrant. L'opération terminée, celui-ci dénoue les liens qui enserrent les pâturons et libère l'encolure. Le cheval se redresse, s'ébroue, le tour est joué.

J'avais observé que les Kazakhs utilisaient des broches, forgées à la main, qui s'ajustaient mal dans les étampures. Par ailleurs leurs outils n'étaient guère pratiques : le dos d'une grosse hache servant d'enclume pour river. L'année suivante je leur ai apporté un kilo de broches et une pince à river flambant neuve, leur en expliquant l'usage. Ils ont bien compris car ils l'ont essayée. Puis ils se sont poliment partagé les broches, mais ne les ont jamais utilisées pour ferrer. La pince à river est restée sur l'herbe – la hache au moins avait plusieurs usages. Un nomade ne s'encombre pas.

Certaines zones de la steppe surpâturée risquent la désertification. C'est un des effets pervers du retour à la libre entreprise après le communisme : beaucoup de nomades laissent leurs troupeaux se multiplier à l'excès et épuisent les herbages. Après soixante-dix ans de régime communiste, ils s'affranchissent des habitudes de fauchage qui assuraient des provisions hivernales mais en même temps ont oublié la régulation qui était de mise chez leurs aïeux. Survienne – et c'est de plus en plus fréquent – un été sec où l'herbe ne pousse pas, suivi d'un hiver particulièrement rigoureux, une situation qu'on appelle *dzud*, les troupeaux affamés sont décimés. Trois millions de têtes de bétail meurent ainsi pendant l'hiver 1999-2000. Faire de l'élevage extensif dans un pays à l'amplitude thermique extrême (–40° C à +40° C), aux précipitations très irrégulières, ajoutées à brièveté de la période végétative, de mi-mai à mi-septembre, est une gageure.

Au cours de l'hiver 2000, j'apprends par notre agence à Oulan-Bator que nos amis Lodoï, Suren et bien d'autres chez qui nous avons été accueillis avaient perdu la totalité de leurs troupeaux et ne pouvaient même plus se nourrir. Une rapide chaîne de solidarité a permis de récolter auprès des cavaliers de Cheval d'Aventure une somme suffisamment importante pour offrir, à chacune des cinq familles dont nous étions plus proches, un troupeau d'une cinquantaine de brebis, quelques yacks et huit à dix chevaux, de quoi survivre dans la steppe. Le printemps a été plus humide et ils ont pu à nouveau développer leurs troupeaux.

Le contrôleur fiscal, passé peu après au mas du Pommier, n'avait sans doute jamais vu de justificatifs de dépenses sous forme de reçus rédigés et signés en mongol.

Nous avons souvent exprimé, à nos amis kazakhs, le souhait de chevaucher dans l'Altaï en hiver. C'était « trop compliqué, trop froid, les chevaux n'étaient pas en condition... » ; nous avions le sentiment que la chasse à l'aigle, chargée du symbolisme des origines, devait être réservée au peuple kazakh.

Un été, Claudine et son groupe de cavaliers s'arrêtent au pied du mont Tsengel au campement de Kassim ; un vieillard à la longue barbe blanche et au regard bleu plein de noblesse, toujours en tenue de *birkoutchi* même en été, tellement fier de chevaucher aigle au poing.

Un louveteau rescapé d'une chasse était attaché près de la yourte ; contrevenant à toute prudence, Claudine s'approche du jeune loup, lui parle, le caresse ; il accepte le jeu. Kassim, qui observait, dit à Claudine au moment du départ : « Tu peux venir en hiver avec tes amis cavaliers. »

V. Hivernale au pays des aigliers
(massif de l'Altaï, hiver 1996)

L'aigle a ses ailes
le Kazakh a son cheval.
(dicton kazakh)

Dans un halo de soleil hivernal, les silhouettes de trois cavaliers se précisent : les chevaux sont petits et bourrus, les hommes portent une chapka dont les rabats flottent au vent, leur poignet droit, ganté et posé sur un étrier de bois, supporte la masse imposante d'aigles royaux. Ils s'approchent encore : les chevaux ont une véritable fourrure, les chapkas rouges sont doublées de renard, les houppelandes de gros velours côtelé sont retenues par une ceinture d'argent où sont serties turquoises et corail, les aigles majestueux ont un plumage brun ambré. Les cavaliers nous saluent et, d'un geste théâtral, décapuchonnent les aigles ; nous ne voyons plus que les yeux d'or, perçants et inquisiteurs, en alerte maximale. Les têtes mobiles interrogent l'horizon à 360 degrés ; les becs sont redoutables, les regards cinglants, impitoyables et fiers.

Émotion devant cette image surgie des siècles anciens, lorsque l'homme s'alliait au plus noble des rapaces pour chasser. Des peintures rupestres des Tien Shan, vieilles de quatre mille ans, témoignent déjà de cette chasse.

Nous sommes huit cavaliers, quatre filles et quatre garçons, venus vers ces solitudes glacées par l'hiver, pour avoir le privilège de partager la quête des cavaliers kazakhs, aigles au poing.

Atterrissant à Oulan-Bator il y a deux jours par une matinée de février et de soleil glacial, nous étions déjà au bout du monde, au cœur de l'Asie centrale. Le vent courait dans les larges avenues et sur les immenses places désertes. Les rares passants, bottés de feutre et emmitouflés de fourrure, ne s'attardaient pas.

Un autre vol de trois heures par-dessus les immensités de la steppe nous abandonne dans les montagnes mythiques du massif de l'Altaï. Le reste de la journée se passe à rouler en jeep sur la glace transparente des lacs et sur des ponts branlants, toujours dans des paysages éblouissants. Le soleil disparaît, laissant l'horizon en feu au moment où nous rejoignons enfin les quatre yourtes blanches qui seront notre campement de base, dans la vallée de la Sagsay.

Promesse de douce chaleur, une fumée s'échappe des abris de feutre épais. Deux petites yourtes mongoles à quatre lits seront nos chambres avec coin toilette ; deux grandes yourtes kazakhes, l'une pour la cuisine et les repas, l'autre pour nos accompagnateurs. Dans chacune, un poêle à charbon répand un réel bien-être. Dehors la nuit est tombée, il gèle à pierre fendre, le thermomètre affiche – 30° C. Les toilettes sont des feuillées à cinquante mètres du camp. Voilà qui est peu engageant pour les réveils nocturnes !

Les chevaux sont « logés » à un kilomètre d'ici. Leurs corrals sont à l'abri de parois rocheuses, dans un campement d'hiver, derrière la colline. Ils sont arrivés près de nos yourtes ce matin, et chacun a déjà fait connaissance avec sa monture.

Amusés et fiers de l'impression émerveillée produite par leur arrivée, les *birkoutchi,* Dalaïkhan, Kumarkhan et Kündergen, nous invitent à les accompagner. Le rêve devient réalité.

Nous descendons d'abord à la Sagsay pour faire boire nos montures. La rivière est gelée, nous laissons les chevaux libres de leurs pas, rênes sur l'encolure ; ils longent la rive, flairent la glace, nez au sol. Dans une anse de la rivière, abritée par des buissons, le soleil a commencé à faire fondre la glace. Par quelques grattements pour tâter la résistance puis des coups de sabot experts, chaque cheval fait un trou dans la glace et aspire l'eau, lentement et à longues goulées.

Il faut reprendre de l'altitude. Devant nous les silhouettes altières des *birkoutchi* se détachent sur les crêtes, les chevaux grimpent vaillamment. La roche rouge est effritée par le gel, le ciel est d'un bleu d'acier. La neige couvre les plus hauts sommets, descend en longues coulées sur les versants et saupoudre la steppe d'un léger glacis. Cet endroit est peut-être le point le plus continental de la planète, et les précipitations qui l'atteignent sont rares.

Arrêts sur des belvédères naturels découvrant des panoramas démesurés. Les aigliers décapuchonnent les rapaces, tenant bien serrés dans leur gant les jets, lanières de cuir fixées aux *ayakbad*, ces menottes doublées de feutre que les oiseaux ont autour du tarse. L'aigle ne s'envole que si son maître l'envoie et libère les jets. Les regards conjugués des oiseaux et des cavaliers scrutent les espaces déployés ; en contrebas deux cavaliers cherchent à lever le gibier : le lapin, le renard, la marmotte, voire le loup.

Subitement un lapin détale sous les pieds des chevaux et dévale la pente. Aussitôt les aigles sont lâchés, et les *birkoutchi* les suivent à cheval dévalant la pente abrupte à toute vitesse. Hélàs pour les aigles, cette fois-ci et bien d'autres, le terrain est truffé de terriers de marmottes, autant de refuges pour lapins et renards. Les *birkoutchi* ont rejoint les aigles, posés au sol au fond de la vallée. Pied à terre, ils offrent un morceau de viande fraîche et appellent : « *kâ, kâ, kâ* ». Le rapace vient se poser en douceur et reçoit sa récompense, le poignet accuse le poids soudain de six à dix kilos. Les cavaliers recouvrent la tête de l'oiseau, mettent en selle, aigle au poing, et nous rejoignent sur la crête.

Tout à coup les voix gutturales de nos accompagnateurs explosent. Très excités, ils montrent au fond de la vallée un splendide renard roux. Sur ce terrain tellement escarpé, pourront-ils rejoindre la vallée à cheval pour récupérer les aigles ? (Ces rapaces de bas vol peuvent difficilement reprendre leur envol en fond de vallée.)

La décision est rapide : deux aigles prennent leur envol, déployant deux mètres trente d'ailes puissantes et dessinant de grands cercles. Avec l'ombre portée sur le versant qui souligne et double leur mouvement, on a l'impression de voir quatre aigles au vol parfaitement synchronisé. Ils descendent rapidement vers le renard en fuite ; les deux *birkoutchi* dévalent au galop la pente audacieuse. Subitement apparaît un troisième aigle. Est-ce un animal sauvage chassant pour son compte ? Medukhan, équipé de jumelles, reconnaît tout de suite des jets aux tarses du rapace à présent le plus proche du renard. Tombant comme une masse, serres ouvertes vers l'avant, il est le premier à empiéter le goupil, l'immobilisant par son poids sous ses ailes déployées. Les deux autres ont atterri à leur tour sur la proie. De longues minutes passent avant que les trois cavaliers n'arrivent près du renard, bien vivant. D'une serre, l'aigle musèle l'animal pour éviter les morsures, de l'autre il lui cloue la nuque au sol, tandis que le poids et les ailes l'enveloppent ; il ne faut surtout pas qu'ils déchiquettent la capture pour se nourrir, car ils endommageraient la fourrure.

Le rapace accepte de desserrer son étreinte et de rejoindre le poignet ganté uniquement en échange d'un morceau de viande fraîche, extraite du *jemkatla* porté à la ceinture par l'aiglier. Le *jemkatla* est une pochette brodée, doublée de feutre et isotherme, qui contient de la viande fraîche, uniquement de la chair de bétail domestique ou de marmotte, afin que les aigles ne prennent pas goût à la chair des animaux chassés.

Dès l'envol des aigles nous avons mis pied à terre. Inutile de fatiguer les chevaux pendant une longue station immobile. À pied, nous ajustons mieux jumelles et objectifs. Sans perdre de temps nos chevaux essaient de grignoter la maigre végétation éparse et grattent le sol pour extraire des racines, dégageant de fortes senteurs de thym ou d'armoise. Ils écrasent avec conviction ce qui ressemble à des cactées ou des chardons pour en manger le cœur, et à d'autres moments avalent de grandes bouchées de neige pour se désaltérer.

Survivants d'une impitoyable sélection, ces chevaux, adaptés aux conditions climatiques extrêmes, savent au besoin déjouer les attaques des loups. On raconte qu'au début de cet hiver, dans la région de Khovd, plus de mille moutons ont été dévorés par les loups, et qu'une jument dont le poulain avait été dévoré par un loup l'a mordu à la tête lorsqu'il est revenu le lendemain et l'a écrasé.

Nos deux chasseurs nous rejoignent, accompagnés du jeune Ömerzaq : c'est son aigle qui a empiété le renard. Ömerzaq porte l'animal, encore vivant, attaché derrière sa selle, et nous salue avec un large sourire. Désormais, il sera de tous nos départs.

Pour la halte de midi nous rejoignons la Jeep d'intendance près d'un minuscule hameau d'hivernage, dans un vallon abrité du vent et offert au soleil : deux ou trois habitations basses en rondins et torchis, un corral et des petites bergeries pour bébés yacks, agneaux et chevreaux, qui commencent à naître en cette fin de février. De précieuses poignées de foin leur sont distribuées avec parcimonie.

Nous laissons les chevaux et les aigles se reposer au soleil. Dans l'entrée de la modeste habitation, une montagne de blocs de glace (la réserve d'eau) et des carcasses de moutons gelées ou séchées témoignent de l'organisation d'une vie frugale en autarcie. Nous sommes accueillis chaleureusement avec un bol de thé au lait salé fumant, les beignets et les cubes d'*aaruul*. Une bonne douzaine de personnes composent la famille : des jeunes enfants, des adultes en pleine force de l'âge et des grands-parents.

C'est Dana, notre cuisinier, qui assure le repas pour tous et chacun de s'en réjouir : il est chef de cuisine au grand hôtel Bayan Gol, à Oulan-Bator ; comme l'hôtel n'a pas de clients en hiver, il a été tenté par cette expérience dans l'Altaï et nous sommes soignés aux petits oignons. On festoie et la conversation est animée ; il est question de l'hiver, du terrible *dzud*, de la sécheresse et du froid, de la chasse aux loups, des enfants scolarisés pensionnaires au chef-lieu de canton. Nous demandons pourquoi ils n'élèvent pas des volailles ou des lapins pour changer de l'éternel mouton bouilli ; ils opinent : « Nous en avions pendant la période communiste mais ils ont été privatisés et ils ont disparu… »

Ils nous demandent si nous avons en France des yacks et des chameaux, s'intéressent à nos professions, qu'ils ont parfois du mal à imaginer. Puis Medukhan se saisit de la *dombra* et ils se mettent tous à chanter. C'est l'heure de l'*arkhi*, on chante, on trinque et on rit beaucoup. Les femmes, qui ont retenu que Véronique est sage-femme, nous montrent leurs jeunes enfants, racontent les naissances ; elles nous expliquent aussi, crochets en main, comment elles réalisent leurs splendides broderies. Tous veulent être photographiés… mais les journées sont courtes, il est grand temps de rentrer au camp.

La Sagsay a des reflets de glacier, les ombres s'allongent, le thermomètre s'effondre, le profond silence n'est traversé que par les pépiements des aigles. Je me sens enveloppée de paix et de certitude.

Après avoir réintégré leurs corrals, les chevaux resteront sellés encore une heure (le temps de sécher), ils reçoivent du foin et une petite musette d'orge. Sous leurs très longs poils et leur sous-poil, qui leur donnent des airs d'oursons mal léchés, on cherche en vain la fine musculature des coursiers de l'été ; leur condition est certainement moins affûtée qu'à la belle saison, car tout leur organisme est absorbé par la seule nécessité de survivre.

Bien conscients de l'effort que nous leur demandons, nous ne couvrons pas de longues distances, chevauchant en étoile vers les crêtes et goûtant de longs moments d'attente et d'observation. Nous ferons un seul galop, mais quel galop ! C'était le dernier soir et à l'instigation des aigliers : le bras tendu, hurlant leur fierté, ils brandissaient leurs aigles décapuchonnés, ailes déployées dans le vent du galop. Moment inoubliable !

Le soir sous la yourte hospitalière, bulle de chaleur dans un univers polaire, insatiables, nous interrogeons les aigliers. Medukhan traduit le kazakh en mongol, et Gala, notre interprète, transpose en anglais. Tout est nouveau pour nous : la capture des aigles, leur éducation… Les *birkout* peuvent être pris au nid mais il est plus courant de les capturer adultes, lorsqu'ils savent déjà chasser. Le *birkoutchi* expose un appât, une carcasse de mouton par exemple (quand ils ont faim, il arrive que les aigles se nourrissent d'animaux morts), autour duquel est disposé au sol un filet qu'on peut relever à distance. Lorsqu'un aigle femelle vient se repaître au point de peiner à s'envoler, le filet est relevé et l'animal est captif. Les femelles sont plus grandes, plus lourdes et meilleures chasseresses. Elles ont aussitôt la tête couverte du chaperon, le *tomaga,* et les tarses entourés d'*ayakbad,* bracelets de cuir doublés de feutre auxquels sont fixées de lanières en nerf de bœuf que l'aiglier tient fermement.

L'aigle de Dalaïkhan a quatre ans, celui de Kumarkhan six ans. Le dressage, très rapide, doit être terminé en trois semaines. Après avoir affamé l'aigle, il faut lui faire comprendre que l'homme est son ami, qu'il est pourvoyeur d'une nourriture toujours fraîche, abondante et disponible dès qu'il répond à l'appel « *kâ, kâ, kâ* » ; on le caresse, on lui parle, on lui dit qu'on l'aime. « Si l'homme est un bon *birkoutchi,* l'aigle le croit. » L'aigle doit aussi apprendre à ne pas chasser les animaux domestiques et à ne pas s'échapper avec des congénères. Le chasseur veille sur lui avec beaucoup de tendresse, le nourrit, le soigne s'il est blessé et lui rend la liberté après quelques années de chasse, vers dix ans en général, sinon il le nourrit sa vie durant. Il peut vivre trente ans !

Avant la période de chasse, il faut réduire la nourriture pour que les aigles aient faim. Ils perdent alors jusqu'à 15 % de leur poids. On chasse l'hiver parce qu'on a plus de temps et que les fourrures sont les plus belles. Les proies sont les lapins et les renards ; les *birkoutchi* hésitent à envoyer leurs aigles sur les chats sauvages, dont les morsures s'infectent facilement, et sur des loups qui peuvent blesser gravement les rapaces, voire les tuer.

Cette chasse traditionnelle semble être ici réservée aux hommes ; notre petit groupe de huit compte quatre filles, mais « puisque vous montez à cheval vous êtes des nôtres », nous ont-ils d'abord assuré. Après la capture du premier renard, il n'y eut plus de doute, nous portions chance.

Chaque matin, la mise en selle dans l'air lumineux et glacé, d'une pureté totale, a quelque chose d'épique et d'intemporel. Les chevaux semblent aimer ces escapades vers les crêtes hérissées, déchiquetées comme des dentelles par le gel impitoyable ; la neige, rassemblée dans les creux, crisse sous les sabots et révèle souvent le passage d'un renard ou de loups, et même, la première année, d'un léopard des neiges.

Souverain, le mont Tsengel (3 943 m), le plus haut sommet de la région, irradie de son magnifique dôme de glaciers immaculés. En dépit du grand froid, les troupeaux continuent à chercher leur pâturage dans les fonds de vallées où subsiste une herbe sèche. Si les chevaux, moutons, chèvres et yacks ont une épaisse fourrure hivernale, ceux qui ont le plus de prestance sont les chameaux de Bactriane : une toison abondante et deux bosses dressées font penser à quelque animal préhistorique ; leur regard est d'une grande douceur et quel confort douillet, lorsqu'on est assis sur le dos moelleux, calé entre les bosses laineuses !

Il y eut ce jour de gloire où nous étions accompagnés par six aigliers dans leur tenue traditionnelle. Du plus âgé, Kumarkhan (soixante-quatorze ans), visage buriné, moustache fatiguée, regard malicieux, à Ömerzaq (à peine trente ans sans doute), athlétique et les traits juvéniles, ils dégagent tous une grande noblesse, ils ont le regard concentré et lointain de ceux qui vont accomplir un rite. Ils ouvrent la marche, avancent de front, chacun portant son aigle, le poignet reposé sur un étrier de bois appuyé à l'avant droit de la selle. Les aigles ont tous, accrochées dans le dos, quelques plumes de grand-duc, un porte-bonheur ; un plumet identique coiffe le chapeau des aigliers et les bonnets des jeunes enfants.

Ce matin-là nous sommes les rois du monde. Partis dans l'aube glaciale nous chevauchons un long moment dans l'ombre d'un versant ; les chevaux ont les poils des naseaux couverts de givre, notre haleine se cristallise en paillettes de glace. En dépit de nos équipements très étudiés, le froid mordant saisit joues et mâchoires et engourdit les doigts. Je demande à Médukhan si les *birkoutchi* ont un chant qui accompagne le départ d'une chasse. Il lance quelques mots à l'adresse de Dalaïkhan et, au moment précis où nous débouchons en plein soleil, d'un seul élan un chœur de voix mâles, graves et sonores entonnent un chant à la gloire des aigles et de la montagne.

De l'évoquer j'en ai encore des frissons. Le chant puissant, à la cadence calquée sur le pas des chevaux, est porté par l'air vif et emplit toute la montagne. Nous avons la certitude de vivre un moment exceptionnel de communion avec ces cavaliers du bout du monde et avec la nature somptueuse qui nous entoure.

De pic en promontoire, de terrasse en piton nous égrenons les crêtes. À chaque halte, les aigles décapuchonnés sondent de leur regard aiguisé les immensités minérales déployées jusqu'aux pentes neigeuses. Les *birkoutchi* s'arment de leurs jumelles, nous sommes tous en éveil. Je ne me lasse pas d'admirer, proche à pouvoir les toucher, les regards d'or de ces aigles royaux qui vous transpercent et semblent voir au-delà du réel. En les observant, on ne s'étonne plus de cette croyance qui fait d'eux les premiers des chamans.

L'envol des aigles est le moment le plus fabuleux ; à quelques mètres de l'oiseau mythique, on s'est accoutumé à cette masse de plumes de quatre-vingts centimètres de haut et tout à coup, comme au ralenti, il déploie ses ailes immenses, prend appui sur l'air et s'empare du ciel avant de devenir un missile fondant sur sa proie. Le retour confiant vers le maître est toujours émouvant ; en non-initié, on se dit : « Peut-être qu'il choisira la liberté ? » et toujours il revient – le maître, lui, n'a pas l'ombre d'un doute.

Plusieurs fois nous avons franchi le miroir bleu de la Sagsay gelée, qui dessine à travers la steppe des méandres lumineux et moirés, un camaïeu de bleus et de blancs. Chaque cheval a sa technique pour aborder cet obstacle glissant : depuis le poser précis et circonspect de chaque pied sans un faux-pas jusqu'à la perte de contrôle totale des quatre pieds, qui se récupèrent tant bien que mal. La technique la plus originale est le « poser-glisser » du cheval de Paquita : il avance prudemment chaque antérieur et rapproche ensuite les deux postérieurs d'une habile glissade contrôlée, et recommence chaque pas avec beaucoup de concentration… Derrière l'œilleton de ma caméra, je peine à ne pas éclater de rire. Les cavaliers, à pied à côté de leur monture, pour la plupart chaussés de bottes de feutre, les *valenki*, ne déméritent pas dans les figures de voltige.

Un autre jour, alors que nous devons franchir de nouveau la rivière pour rejoindre la halte de la mi-journée, un étroit sentier de cendres et de gravier jetés sur la glace a été aménagé par des bergers pour que leurs troupeaux puissent rejoindre les pâturages sans glisser.

À une halte de midi, Kumarkhan me montre son aigle, qui a un doigt blessé à la gaine de la griffe, il me demande de le désinfecter et de mettre un pansement. Je m'exécute volontiers et songe que les serres en attaque peuvent exercer une pression de cent cinquante kilos par centimètre carré ! Kumarkhan me dit que l'hiver dernier il a tué quarante-deux renards et dix loups. Devant mon étonnement, il précise : « Les renards c'est avec le *birkout,* les loups c'est avec le fusil. »

En fin d'après-midi, l'envie vient de s'attarder sur les crêtes. Il fait presque tiède. La roche, affûtée par le gel, éclatée en lames et tapissée de flamboyant lichen orange, a emmagasiné la chaleur. Après avoir rayonné toute la journée, le soleil dessine des ombres qui s'allongent au fond des vallées. Vers 18 heures, le coucher de soleil embrase les sommets enneigés, un dernier lavis mandarine souligne l'horizon et les premières étoiles s'allument.

Tiédeur ronde, douillette et calfeutrée de la yourte.

Nuit après nuit la lune grossit, sa clarté couvre d'argent glacé les montagnes enneigées. Le froid piquant ne permet pas de prolonger la rêverie, juste un clin d'œil à Orion et à Sirius.

Le dernier soir, les chants convoient les ultimes messages. Ömerzak dédie un chant à Paquita :

> « Tu es belle comme une rose, je t'aime,
> tu es aussi fragile qu'un cerf nouveau-né, je te protégerai. »

Chants d'amour, chants évoquant les chevaux, la nature, la mère, les parents, le mariage. Il y a une dédicace pour chacun : à Pierre, à Véronique et Thierry, à Daniel (« On a tous un but commun, donc on peut surmonter tous les obstacles »). Medukhan me dédie une chanson qui glorifie l'Altaï : « Dans l'Altaï les bergers vivent en harmonie avec la nature, ici sont les chevaux les plus forts, les aigles les plus rapides, ici on peut devenir amis avec les hommes les plus vaillants. »

La Mongolie restera pour moi, et pour de très nombreux cavaliers, un coup de cœur magistral. Outre l'Orkhon, le Kentij et l'Altaï nous avons exploré bien d'autres contrées autour du lac Hövsgöl, dans le Gobi ou l'Arkhangaï nord. Jamais nous n'avons été déçus, toujours nous avons eu le privilège de moments uniques et de rencontres hors du commun.

Fin d'expédition en 2002, retour vers Oulan-Bator. Nous avons remis les montres au poignet, nous connaissons le jour et l'heure. Machinalement je compose un numéro… Une sonnerie et on me répond. Je découvre qu'au fin fond de la steppe mongole, on peut maintenant se connecter. Je m'en réjouis pour les nomades et sans doute aussi pour le voyageur. Mais en même temps, ce splendide isolement au sein de la nature, si patiemment acquis, la saveur rare d'un éloignement au bout du monde – « Pas la peine de m'appeler, pendant quinze jours je suis hors d'atteinte » –, peut s'évanouir d'un distrait pianotement ?

Je veux croire qu'il y aura toujours des voyageurs qui choisiront de s'affranchir de ces laisses technologiques pour connaître le privilège d'être libre, connecté seulement à la nature.

Les Mongols avaient des bottes à pointes relevées pour ne pas blesser la terre. Quand ils démontent un campement et enlèvent les piquets qui supportent la corde d'attache des chevaux, les nomades rebouchent soigneusement les trous laissés par ces « épines » enfoncées dans la terre.

Sous la steppe il y a de l'or, du cuivre, de l'uranium, du fluor, du molybdène, du charbon, du pétrole… Des compagnies étrangères achètent et clôturent de vastes territoires, déjà on éventre la steppe, et il se prépare là-bas des terrassements gigantesques.

Les Mongols aspirent, à juste titre, à une vie qui leur donne accès aux bienfaits d'une ouverture sur le monde et ses nouvelles technologies. Mais jusqu'où ira ce changement ?

Je veux croire qu'en dépit du bouleversement de son mode de vie, le peuple des cavaliers de la steppe pourra sauvegarder la noblesse, les valeurs et les chevaux de sa culture nomade.

Népal, mai 1989 ; Mustang, avril 1993

Appel de l'Himalaya

Lho Mantang… elle était devant moi,
la forteresse mythique d'une planète perdue.
Michel Peissel (*Mustang, royaume tibétain interdit*)

Lorsque l'ethnologue aventurier Michel Peissel raconte le Mustang, les Khampas tibétains se mêlent dans mon imaginaire aux *tchopendoz* afghans des *Cavaliers* de Joseph Kessel et aux conquérants des steppes mongoles. Ces montagnes et contrées mythiques attisent ma curiosité en vain : le Mustang, petit royaume accroché au flanc nord de l'Himalaya, est fermé aux visiteurs, et le Tibet m'est interdit par les Chinois.

I. Prémices népalais

Seule solution, approcher l'Himalaya par le sud, au Népal. Nous verrons l'Everest du haut de nos chevaux.

L'atterrissage à Lukla sur un mouchoir de poche en pleine montagne est acrobatique mais nous sommes déjà près des sommets et des chevaux nous attendent.

Mise en selle ensoleillée dans une campagne très animée : jolies maisons en pierre de schiste aux huisseries ouvragées et colorées, cultures en terrasses de riz ou de bananes progressivement remplacées par les champs de pommes de terre, d'oignons et d'orge. Remontant la vallée de la Beni Khola, se succèdent les forêts de rhododendrons arborescents de quinze mètres de haut en pleine floraison, puis les forêts de chênes et de grands conifères. Au gré des montées et des descentes s'enchaînent les cols balisés de monastères, stupas ou murs mani et les ponts suspendus tanguant dangereusement au-dessus de torrents bouillonnants.

Très vite, nous avons compris qu'en pays sherpa, les chevaux sont plus souvent utilisés pour le bât que pour la selle. Nos montures ne répondant pas aux sollicitations, nous nous sommes mis à marcher dans les descentes et puis aussi dans les montées, l'expédition équestre devient presque un trekking en compagnie de chevaux ; tenus en longe, parfois livrés à eux-mêmes et surveillés par les sherpas, ils suivent et s'appliquent à contourner les sites sacrés par la gauche, selon la règle bouddhiste.

Pénétrant dans le sanctuaire de l'Everest, le parc national de Sagarmatha (Sagarmatha ou déesse du ciel, pour les Népalais, et Chomolunga, la déesse mère ou déesse de l'univers, pour les Tibétains), nous butons sur un éventail de montagnes magistrales : comme détachée de la terre, la ligne de faîte de l'Himalaya flotte en plein ciel.

Deux grandes rivières qui dévalent des sommets se rejoignent ici : la Dudh Kosi arrive de l'est et la Bhote Kosi de l'ouest ; leurs eaux atteindront finalement le Gange.

Nous explorerons l'une et l'autre vallée mais d'abord il faut gravir le fameux escalier de Namché Bazar : 4 km de long, 610 m de dénivelé. Particulièrement périlleux pour les chevaux, l'escalier est creusé dans la falaise côté gauche, et bordé, côté droit, par le précipice de la Dudh Kosi, une chute serait fatale. La paroi se rabat comme un couvercle au-dessus des marches laissant juste la hauteur du passage d'un homme.

Et voici Namché Bazar, la capitale commerciale du pays sherpa, point névralgique, départ des plus grandes escalades et des trekkings himalayens. Aucune route carrossable pour y arriver, seulement l'« escalier ».

Cap à l'est le long du torrent Dudh Kosi. Une agréable surprise nous attend : les sentiers suivant presque les courbes de niveau, nous pouvons rester en selle et profiter pleinement du paysage qui s'amplifie jusqu'au grandiose. L'obélisque de l'Ama Dablam (6 856 m) déploie de majestueux glaciers, au loin le Lhotsé (8 501 m), et enfin l'Everest (8 848 m). Nous avons en point de mire la pyramide mythique illuminée par le soleil de midi. Épaulé par deux titans – le Nuptsé et le Lhotsé –, le point le plus haut de notre planète terre nous défie.

Nous établissons le camp avec l'équipe de sherpas, nos chevaux et les yacks de bât au monastère de Thyangboche (3 867 m), sur un replat ombragé de pins de l'Himalaya. Veillé par une stupa blanche encadrée de drapeaux à prières, le lieu sacré est quasi désert : seulement quelques moines et une poignée de randonneurs. Je plante ma tente à l'écart des yacks – ils grincent des dents toute la nuit ! – et la laisse grande ouverte vers les cimes.

L'ombre a déjà envahi les vallées, les pans boisés se colorent d'airain et les sommets enneigés baignent dans une vapeur soyeuse et rose de barbe à papa. Il fait presque doux, des parfums d'humus rampent dans le sous-bois. Peu farouches, les pies à bec rouge et les chocards à bec jaune viennent picorer les miettes du repas des chevaux. Dans la nuit, la constellation de Cassiopée couronne délicatement l'Everest.

L'aube est d'une transparence de cristal, il semble qu'on pourrait toucher les sommets tant ils paraissent proches. L'Everest émerge coiffé d'une « effilochée » de nuages blancs.

Nous suivons maintenant à l'ouest la vallée du Bhote Kosi qui remonte vers le Tibet et la Chine. C'est la grande route des caravanes de yacks qui assurent le commerce traditionnel de sel et de grain entre Tibet et Népal. Le col de Nangpa La marque la frontière. De nombreux réfugiés tibétains tentent encore ce passage comme l'ont fait, au début du XVe siècle, les ancêtres des sherpas, originaires du Kham.

L'étape est courte jusqu'au monastère de Thame, qui se prépare à accueillir les fidèles affluant de tous les villages pour assister à l'apothéose de la fête du Mani Rimdu : les danses Cham. Ces représentations sacrées sont exécutées par des moines masqués, vêtus de costumes rituels ; la chorégraphie très codée symbolise le combat de la juste vérité bouddhiste contre les démons.

Nous campons au milieu des parterres d'iris et de primevères devant un panorama de sommets frôlant honorablement 7 000 m. Réveil bien avant l'aube : c'est vendredi, jour de marché à Namché Bazar et nous sommes sur la route des caravanes. Un trafic incessant et coloré de yacks lourdement chargés et de porteurs aux hottes pleines descend du col Nangpa La, en provenance du Tibet. Nous nous glissons dans le flux, au milieu d'appels et de sonnailles.

Ce fut une expédition épique à défaut d'être hippique. Le Solu Khumbu, terre des sherpas, n'est pas un pays de tradition équestre comme le Tibet, même si les chevaux ont fait preuve d'une exceptionnelle adaptation au terrain. Philosophes, les cavaliers ont arpenté les sentiers plutôt que d'y chevaucher et n'ont pas regretté l'aventure. Au retour ils sont tombés sous le charme de Katmandou, Bhaktapur et Bhagdaon, ont délogé rhinocéros et tigres du Bengale à dos d'éléphants dans la jungle du Téraï, mais rien ne pouvait effacer l'éblouissement des sommets himalayens.

II. Pionniers au Mustang

En 1992, le Népal décide enfin d'ouvrir aux visiteurs les hautes vallées interdites du Mustang. Je rencontre Michel Peissel, grand gaillard au panache grisonnant, enjoué et rusé, le regard ardent dès qu'il parle du Tibet. Nous discutons longuement. Il prépare un voyage dans le Chang Tang tibétain à la recherche de l'archaïque cheval de Riwoché. Quand je lui dis mon intention d'aller au Mustang, il me charge d'un message pour Pemba, son complice lors de son séjour clandestin en 1964. Ils avaient tous deux vingt-sept ans. Pemba est cousin du roi du Mustang[7].

Au printemps 1993, je retrouve Katmandou avec une équipe d'amis cavaliers, et ensemble nous allons enfin découvrir le royaume interdit. Première escale à Pokhara, belle tropicale lovée à 900 m d'altitude, au sud de la cime enneigée du Machhapuchhare.

Le lendemain, à la pointe de l'aube, nous embarquons dans un petit avion de la compagnie Everest Air. Il grimpe face au soleil levant par-dessus champs en terrasses et forêt de rhododendrons. Tout à coup, un éblouissement : la chaîne des Himalayas surgit des nuages, étincelante de neige et de glace, au premier plan les cimes du Dhaulagiri et de l'Annapurna. Longues minutes d'émerveillement puis un plongeon vertigineux vers un sombre abîme, la

7. La monarchie du Mustang a été abolie en octobre 2008 par la nouvelle république du Népal.

vallée de la Kali Gandaki. L'appareil est secoué par le vent violent qui monte de la faille titanesque ; virage acrobatique et atterrissage à Jomosom, à 2800 m, au milieu de pommiers et d'abricotiers en fleurs, nous sommes sur le versant nord de l'Himalaya.

Jomosom contrôle le trafic caravanier entre la Chine et l'Inde par la vallée de la Kali Gandaki, unique voie de communication avec le Mustang. Née au Tibet, la grande rivière traverse le royaume, entaille profondément l'Himalaya et court rejoindre le Gange.

Cheveux de jais en bataille, rieur et chaleureux, Indra Bista nous souhaite la bienvenue. Il est le responsable des chevaux et sera secondé par une équipe de Lobas, tous viennent du Mustang. Nos montures arrivent dans un carillon de clochettes, le poil brillant, bonnes bouilles éveillées et vraiment petits sous leurs selles rendues volumineuses par de somptueux tapis de selle. Un épais tapis aux motifs tibétains colorés, posé sur le dos, couvre la moitié de l'animal ; sur la selle, un autre tapis aux motifs assortis : dragons, oiseaux mythiques et volutes. Licols, brides, rênes et croupières, hétéroclites, comportent des éléments de couleur rouge : en terre tibétaine, cette couleur porte-bonheur est très prisée. Rubans rouges dans la crinière et dans la queue en double tresse, clochette à l'encolure. L'équipe d'Indra nous aide à rallonger les étrivières, à arrimer sacoches et paquetage. Nous rencontrons aussi Dambre Gurung, le *sirdar*, chef d'expédition, responsable de la logistique humaine. Dès les premières discussions, il révèle un esprit vif et une grande expérience.

Enfin le départ dans le décor colossal de la Kali Gandaki. Un seul regard embrasse le dénivelé vertigineux de 5400 m ! Nous évoluons à 2800 m et de chaque côté de la vallée se dressent des sommets à plus de 8000 m : Nilgiri à l'est, Dhaulagiri à l'ouest. Le lit de la rivière a plusieurs kilomètres de large. De hautes falaises ocre, marron, jaune ou ivoire montent vers les sommets irradiant de tous leurs glaciers dans un ciel d'un bleu intense. C'est non seulement grandiose mais d'une splendeur qui me bouleverse. Je n'ai pas le sentiment d'être enfermée ou écrasée par des reliefs géants, bien au contraire : j'ai la certitude grisante d'être invitée dans cet univers d'une démesure et d'une beauté indicibles. Je sais, à ce moment-là, que les chevaux ne nous emmènent pas seulement vers une terre promise mais aussi vers nous-mêmes, nous reviendrons différents d'avoir côtoyé de telles splendeurs de la nature.

L'action me ramène à la réalité : Indra éclate de rire et s'engage dans le cours principal de la Kali Gandaki, entraînant la troupe des trente-trois chevaux. L'eau coule à gros remous, chargée de limons qui empêchent d'évaluer la profondeur. Elle bouillonne autour des poitrails et nous avons les pieds mouillés, mais la rivière est sûre. Les chevaux s'ébrouent sur la rive et nous repartons. Je comprends pourquoi le chargement des animaux de bât est arrimé plus en hauteur que de coutume.

En raison des tapis volumineux, nous nous sentons « juchés » sur nos montures plutôt qu'au contact, si bien que nous inaugurons le parler local : « *tss-tss* » arrête les chevaux, un « *tchou !* » énergique avec un geste de la main leur fait accélérer l'allure. Ils sont sûrs et volontaires, avancent d'un pas court et énergique vers leurs écuries de Lho Mantang. J'ai un gentil cheval gris, plein de vaillance, et au gré du parcours je monterai un jeune alezan puis un bai, selon les souhaits de changement exprimés par certains cavaliers. Tous les chevaux ont forcé mon admiration : en dépit de leur régime spartiate, ils débordent d'énergie, sont fiables et ont cœur énorme.

Un vent violent nous enveloppe de poussière et de gravier. Il va crescendo et devient infernal, nous asphyxie et fait littéralement voler les pierres. Ce sont les vents thermiques entre les hautes pressions himalayennes et les basses pressions du plateau tibétain qui s'engouffrent dans le couloir de la Kali Gandaki. Étrange expérience de tempête violente sous un soleil radieux et un ciel sans nuage où tanguent les gypaètes en dessinant de grandes voltes.

Le vertige n'est pas seulement vers le ciel, ici, exactement sous nos pieds, dans les profondeurs telluriques, des fièvres souterraines sont en action, continuent à pousser inexorablement le continent indien sous le plateau tibétain et vers le nord. Quelques millimètres par an ont suffi pour faire surgir, en vingt-cinq millions d'années, le gigantesque arc de l'Himalaya entre l'Inde et la Chine, la ligne de suture de ces forces créatrices. Nous marchons sur une terre en train de naître.

Halte à Kagbeni, premier village du Mustang.

Panorama sud au réveil : avant plan d'arbres fruitiers en fleurs, puis le Nilgiri, ébloui de soleil à plus de 8 000 m dans un ciel limpide. Enchantement assuré pour toute la journée.

Après une toilette rapide dans les canaux d'eau claire qui coulent dans les champs et un copieux petit-déjeuner de céréales et d'œufs, nous alignons les bagages avec soin pour faciliter le travail des Lobas qui vont charger les chevaux de bât. Nous mettons en selle cap au nord vers le Tibet, tournant le dos à l'Himalaya.

Restricted area… « Zone interdite, prière de ne pas aller au-delà »…

Frisson délicieux, saveur de la transgression… Notre caravane s'engage allègrement dans la vallée de la Kali Gandaki. J'ai dans les sacoches de ma selle les précieux permis, délivrés à Katmandou et tamponnés à Jomosom.

Aux confluents de vallées adjacentes, des villages sont implantés sur les cônes d'alluvions, champs en herbe retenus par des murets de pierre, fragiles oasis d'un vert irréel au cœur du désert minéral. Tangbé et Chuusang sont précédés de grands chortens colorés à trois étages : socle carré évoquant la terre, bulbe circulaire symbolisant l'eau, coiffé d'un fuseau représentant l'éther et le feu ; « une toupie à l'envers », résume Michel Peissel. Les bannières de prières fichées sur les terrasses des maisons claquent au vent, emportant vers les dieux les mantras répétés à l'infini.

Un charivari de sonnailles, de cris et sifflements annonce une caravane d'une trentaine de mulets. Les animaux de tête, les plus majestueux, sont coiffés d'un haut panache de queues de yack, blanc ou teinté de rouge, d'un frontal décoré, des rubans colorés et des pompons de laine rouge suspendus à l'encolure et, au poitrail, un collier de cloches graves et des grelots de tous calibres qui sonnent à chaque mouvement. Ils transportent le sel et la laine du Tibet, et remonteront chargés de riz, de piments et d'épices.

En fin d'après-midi, la vallée se ferme complètement en amphithéâtre de falaises rouges, verrou rocheux infranchissable. Seule une faille étroite laisse s'écouler la Kali Gandaki.

Sur la rive droite grimpe un sentier abrupt qui nous hisse jusqu'à un replat à 3 050 m où se blottit, tel un nid d'aigle, Chaile, la halte du soir. Cubes des maisons blanches imbriquées les unes dans les autres, vert phosphorescent des champs d'orge qui ondoient sous le vent.

Tout le village nous attend. Dambre et Indra règlent rapidement l'organisation du campement et la répartition des chevaux. À défaut de comprendre, j'observe la sérénité et l'efficacité des discussions : les visages sont avenants et accueillants, les attitudes respectueuses, les poignées de mains franches. Nous sommes les bienvenus.

Vaillants, les petits chevaux du Mustang ont aussi l'intelligence de profiter du moindre répit. À peine arrêtés, ils somnolent, un pied au repos, les uns contre les autres, paisibles sous l'ombrage de jeunes feuilles de saules. Ils reçoivent une petite musette d'orge trempée puis sont emmenés par les palefreniers vers des écuries où leur sera distribuée de la paille d'orge. Les harnachements regroupés au camp sont soigneusement empilés en arc de cercle par les Lobas : ce sera leur chambre à coucher.

La nuit est douce, et le ciel un dais de lumière pour dormir à la belle étoile.

Le départ est une montée au ciel. Dans l'œilleton de ma caméra, une image d'une beauté irréelle : en contre-plongée, les silhouettes des chevaux et de cavaliers, sur le fil de la crête, se découpent tels des funambules sur les neiges étincelantes du Nilgiri. Le sentier s'obstine dans un couloir par un escalier abrupt, puis en corniche le long d'une paroi tourmentée. Les chevaux, ferrés uniquement aux antérieurs, marquent des pauses et repartent d'eux-mêmes. Nous mettons pied à terre quand les marches rocheuses sont trop hautes ou chaotiques. Les Lobas, stimulés par la difficulté, interpellent les échos des parois, échangent de longs cris joyeux qui rebondissent en cascade jusqu'au village de Gyakar, inaccessible, perché sur la rive opposée de la vallée, d'où proviennent d'autres appels. Ce dialogue haché et étrange qui fait parler la montagne nous distrait et dissipe l'anxiété que pourraient inspirer les profonds précipices.

A monter toujours, le paysage s'élargit de plus en plus. À la halte de midi, au caravansérail de Samar à 3 550 m, la face nord de l'Himalaya, visible seulement du Mustang et du Tibet, se déploie.

Une déferlante immaculée occupe tout l'horizon : la crête des Annapurnas offre les contours parfaits des quatre sommets principaux et du point culminant à 8 091 m. Sentiment de plénitude.

L'après-midi, succession de ravins et de cols jusqu'à une descente en douceur vers une large combe en éventail où se déploie Geling, ancienne « ville » princière, caressée par le soleil couchant.

Échelonnés sur une crête acérée, des monastères rouges et un ancien palais veillent sur le village. Blanchies à la chaux, massives et légèrement trapézoïdales, les maisons ont un seul étage au-dessus des étables. Les fagots de genévrier, soigneusement rangés en bordure des toits en terrasse, sont plus un signe de richesse et un élément architectural qu'un combustible ; les foyers sont alimentés par les bouses d'animaux.

À nouveau ce sentiment d'un accueil chaleureux. Les maisons s'organisent autour d'un patio, les femmes nous y invitent et nous montrent leur métier à tisser ; elles lancent la navette, font claquer le battant à chaque passage du fil et sourient de notre maladresse à répéter leurs gestes. Au rez-de-chaussée, la réserve de bouse séchée en galettes, les harnachements, diverses marchandises, les outils agricoles, des réserves d'aliment pour les animaux. À l'étage, la cuisine, pièce à vivre, un petit sanctuaire et les chambres.

Le repas du soir terminé, une fête s'organise dans le patio de nos hôtes. On nous offre du *chang*, la bière d'orge, pétillante comme du cidre. Pour accompagner les chants, notre cuisinier, Jeet, frappe avec virtuosité son petit tambour à double face, un voisin joue d'une guitare locale proche du *morin khuur* mongol. Nous dansons tous en cercle, en petits piétinements cadencés, nous tenant par la main derrière le dos, hommes et femmes, cavaliers et villageois, une danse pas très compliquée et conviviale. La pièce, pourtant spacieuse, est pleine à craquer : tous les voisins, petits et grands, debout ou accroupis, participent et ne perdent pas une miette du spectacle. Moments d'amitié sans paroles.

Les chevaux ont bénéficié d'écuries confortables et de fourrage abondant. Quand nous remettons en selle, ils sont en pleine forme pour attaquer la montée longue et éprouvante jusqu'au col de Nya la (3 950 m), frontière entre le bas et le haut Mustang, le « royaume de Lo ». Imitant les Lobas et les porteurs népalais, nous ajoutons notre caillou à l'énorme amoncellement de pierres qui enserre un mât où flottent des drapeaux à prières.

Nous pénétrons dans le haut Mustang par une longue descente vers des falaises de marnes colorées, rongées par l'érosion. Le paysage est nu et désolé, marqué de profonds ravinements. Soudain des couleurs chatoyantes : sur plusieurs centaines de mètres, un interminable mur *mani*, peint d'ocre et de jaune, surmonté d'un empilement de pierres gravées de l'invocation *Om mani padme um* ; répétée – à l'instar des *ave maria* d'un chapelet –, elle permet d'atteindre la sagesse et d'obtenir des bénédictions.

Le mur annonce le village de Gemi, halte caravanière importante, réputée pour ses excellents chevaux. Sur fond de falaises magnifiques, des agriculteurs labourent avec un araire attelé à deux *dzo* (croisement de vache et de yack). Il est temps de semer encore ; certaines variétés d'orge et une sorte de lin dont on extrait l'huile arrivent à maturité en quelques semaines, grâce aux rayons ultraviolets. Beaucoup de chevaux, à bout de corde, essaient de grignoter l'herbe rase qui borde les canaux d'irrigation. Des chortens, bariolés des couleurs du bouddhisme Sakyapa (ocre, gris, jaune et blanc), sont érigés dans la rue principale près d'un mur *mani*, où s'insèrent des moulins dont les passants font tourner les tambours gravés de prières.

Une caravane d'ânes chargés de sel fait halte sous la terrasse où nous dressons le camp. Femmes et enfants nous observent avec une curiosité amusée par-dessus le mur et éclatent de rire à nous voir monter les tentes, enlever nos chaps ou nous brosser les dents. Ils sont très intrigués par Marcel, notre doyen aux allures de père Noël avec sa taille imposante, sa chevelure blanche et ses favoris. Cris apeurés quand il s'approche du mur à les frôler et, pourtant, certains enfants audacieux se risquent à lui tirer les favoris. Aussitôt, tous tendent la main pour toucher une chose aussi incroyable ! Les Tibétains sont pratiquement imberbes.

Nous mangeons dans un caravansérail à deux étages. Le nombre d'étages est un indice de noblesse – le Potala, palais du dalaï-lama à Lhassa, compte dix-neuf étages. Notre hôtesse est une Tibétaine racée aux traits réguliers, vêtue de l'ample robe tibétaine, la *chuba*, et du tablier à rayures colorées, elle est parée de bijoux traditionnels d'argent, corail et turquoise. Elle nous prépare un thé au beurre salé dans la haute baratte cerclée de cuivre et nous le verse dans des tasses de porcelaine. Son mari et son fils aîné, de haute stature, ont le port de tête altier et le fier regard des Khampas, boucle d'oreille turquoise à l'oreille gauche, grande natte noire terminée par un flot de longs fils rouges brillants, le tout noué autour de la tête et retenu par un bijou de turquoise.

Originaires du Kham, dans le Tibet oriental, les Khampas sont des guerriers, voire des « pilleurs de caravanes » pour Marco Polo ou des « brigands gentilshommes » pour Alexandra David-Néel. Après l'invasion du Tibet par la Chine en 1950, Thundrop, le frère du dalaï-lama, partisan de la résistance, a organisé une guérilla menée par des guerriers khampas, basés au Mustang et soutenus par la CIA. Très mobiles grâce à leurs incomparables chevaux et à leur connaissance de la montagne, ils effectuaient des incursions meurtrières en territoire chinois et se repliaient au Mustang dans tous ces villages que nous parcourons où ils étaient ravitaillés par hélicoptère. Lorsque Nixon a souhaité se rapprocher de la Chine, au début des années 1970, la CIA a cessé de soutenir les Khampas, qui ont dû abandonner le combat.

Tsarang, la deuxième ville du Mustang, s'étale à 3500 m, dans une plaine luxuriante où éclatent le blanc lumineux des maisons et d'un grand palais, le rouge imposant du monastère, l'ocre orange de nombreux chortens ; trouver tant de couleur et d'eau ruisselant partout est réjouissant au cœur de ces montagnes austères. Pour célébrer cette joyeuse arrivée, nous passons dans l'ouverture d'un chorten géant, comme un arc de triomphe érigé à un kilomètre avant le village.

Nous déboulons dans les ruelles poussiéreuses au *tölt* (un pas rapide à quatre temps). Indra, les accompagnateurs Lobas et jusqu'aux chevaux se sentent ici « chez eux », nous ne sommes plus qu'à une petite étape de la capitale Lho Mantang.

Arrive une bruyante caravane de mulets empanachés et couverts de sonnailles. Pas de panique, pas de bagarre, tous les animaux cohabitent dans la cour du caravansérail, où des adultes jouent aux cartes et des enfants aux osselets, presque sous les pieds des animaux.

Nous nous dispersons au gré de notre inspiration à la découverte de ce grand village aux allures princières. Un jeune moine me propose d'entrer dans le monastère gardé par de placides molosses ; dans son sillage je gravis trois étages sur des échelles délabrées et débouche dans une salle de temple somptueusement décorée où flânent des odeurs d'encens ; des lampes à beurre éclairent faiblement les fresques de grands bouddhas au sourire immuable : Avalokiteshvara, le bouddha de la compassion, Maitreya, le bouddha du futur, et beaucoup d'autres, des mandalas, des thankas d'une rare finesse et, soigneusement emballés dans leurs tissus brodés, tous les livres sacrés. Un étage plus haut, dans sa cellule, le moine allume une lampe à beurre, frappe quelques coups sur un gong, agite rituellement *drilbu* et *vajra* et se lance dans une pieuse mélopée en duo avec un comparse. La fenêtre est l'encadrement d'un tableau où apparaissent le village, les champs verdoyants, les montagnes à l'infini : comme une peinture de primitif flamand offrant par une étroite ouverture une perspective sur des lointains lumineux.

La piste monte en direction d'un énorme chorten solitaire, au milieu d'un paysage lunaire puis traverse un petit ruisseau où nous décidons de pique-niquer, gardant les chevaux en longe pour qu'ils puissent grignoter l'herbe, si rare dans ces terres désolées. Je les observe pousser du nez les cailloux pour dénicher « un » brin d'herbe jaunie. Chevaux du Mustang, si vaillants et si sobres, j'aimerais tant vous offrir de vrais pâturages !

À ce même endroit, l'année suivante, nous avons partagé la halte avec une caravane d'une bonne soixantaine de très petits ânes qui descendaient du Tibet, portant chacun dix kilos de sel. Les caravaniers s'étaient donné la peine de les décharger le temps de la pause. Tant d'énergie humaine et animale, et de si longues semaines consacrées au transport d'une charge dérisoire et pour un gain certainement infime au regard des échanges exponentiels qui se pratiquent ailleurs dans le monde. Les deux extrêmes semblent insensés, où est la juste mesure ?

La piste devient une large artère dans un désert gris et jaune. Indra et les chevaux forcent l'allure et passent à l'amble rapide jusqu'à un col : Lho Mantang, la mystérieuse ville forteresse, surgit au milieu de la « plaine de la Prière ». La réalité dépasse ce que j'imaginais : de hauts remparts blancs étayés de tours rectangulaires encerclent la cité, la masse rouge des monastères et les cônes orange des chortens. Vision d'un autre âge, décor vivant pour épopée de chevalerie.

Soudain nos accompagnateurs lobas entonnent un chant joyeux puis poussent un cri, et Indra lance sa troupe au galop, comme à l'assaut des remparts. Les chevaux bondissent sans hésitation. C'est avec une cavalerie fougueuse que nous nous arrêtons au pied des remparts de Lho Mantang. Seul le roi a le droit de chevaucher à l'intérieur de l'enceinte. Le camp est établi pour trois nuits près d'un ruisseau d'irrigation. Nous confions nos chevaux aux palefreniers avant de visiter les lieux.

Parcourant les rues étroites, nous adressons beaucoup de sourires et de *tashi deleks* (le bonjour tibétain, dit en se courbant et joignant les mains). Je vais saluer Pemba, ami et complice de Michel Peissel ; noble et parent du roi il est aussi le père d'Indra notre guide. Sa maison, voisine du palais, compte deux étages, mais l'intérieur est modeste. J'échange avec Pemba et son épouse Nyma les *khata* de soie blanche et, grâce à Indra qui s'exprime en anglais, nous parlons longuement en buvant le thé. Nyma, jeune aristocrate tibétaine de Shigatsé, faisait partie de la suite de la reine lorsque Pemba l'a épousée. Le regard et les gestes empreints de bienveillance, ils respirent la bonté et semblent heureux d'évoquer leurs années de jeunesse.

Nous nous offrons une journée d'école buissonnière, dans les grandes prairies d'herbe rase de la haute vallée de la Kali Gandaki. Demain les chevaux ont une journée de repos. Alors, sans arrière-pensée, sur ce terrain rêvé, nous leur lâchons la bride et, sans avoir besoin d'être poussés davantage, ils prennent le *tölt* et le galop. Indra et son ami Pemma font une très belle course à l'amble, leurs chevaux magnifiques semblent voler comme les « chevaux du vent » représentés sur les drapeaux à prières.

Le lendemain, à dix heures, nous sommes attendus chez la reine – le roi est absent. Nous faisons antichambre au pied de la grande bâtisse blanche dans un hall ouvert sur l'extérieur, soutenu par des piliers de bois patiné, aux chapiteaux sculptés.

Le rez-de-chaussée est occupé par les écuries (le roi est grand amateur de chevaux). Le premier étage est celui de plusieurs molosses redoutables dont nous entendons les aboiements menaçants et que nous voyons apparaître au balcon, noir et feu, avec de gros colliers de laine rouge.

Au deuxième étage, nous sommes d'abord reçus par les jeunes femmes de l'entourage de la reine. Puis je m'incline devant elle, la *khata* blanche posée sur les avant-bras. La *rana* prend l'écharpe de soie et me la met autour du cou, s'inclinant ensuite, les mains jointes et avec un grand sourire.

Après l'avoir tous saluée, nous sommes invités à nous asseoir sur des bancs couverts de coussins qui longent deux côtés de la pièce ; on nous sert du thé au lait salé accompagné de gâteaux et de friandises. Le thé salé, au lait… et au beurre rance, n'est pas, oserai-je dire « notre tasse de thé » ; à notre grand désespoir, ces dames veillent à ce que nos tasses ne soient jamais vides ! Le salon est plutôt sombre, les murs bleu nuit sont égayés d'une frise verte et orange. Les piliers de bois sculptés et le mobilier sont peints de couleurs vives, motifs délicats en volutes. La conversation est un peu conventionnelle mais l'entretien respire la compassion, la tolérance, l'harmonie. Princesse tibétaine venue de Lhassa, la reine vit quasi cloîtrée dans son palais, contrainte à une vie austère, sous un climat rude, loin de tout.

L'année suivante, le roi Jigme Dorje Tandrul nous accueille au palais et nous propose de monter ses chevaux. Aussitôt, Indra organise une course sur le large chemin de ronde qui entoure la cité fortifiée. Il s'attribue un fougueux bai brun tandis qu'Amine, Jean-Claude, Monique et moi montons de valeureux chevaux gris pommelés, crinière abondante et poitrail éclaté ; Jean Claude emporte la course haut la main. Les chevaux étaient de bonne composition et très allants, nous avons surtout beaucoup distrait la population locale.

Au moment de partir, je prête mon cheval à Pemba ; il n'est pas peu fier de mener le groupe de chevaux et de cavaliers autour des chortens érigés à la sortie de la ville.

Pied à terre, nous entamons une descente sur une piste plus à l'est qui nous fera redescendre vers la rive gauche de la Kali Gandaki, dans une étroite cheminée entre des blocs de roches effondrées. Le sentier est terriblement raide, les chevaux glissent. Sans s'affoler, ils freinent des postérieurs, presque assis dans le sable et la poussière. Au sortir de la faille, la piste s'élargit jusqu'au village de Dri, mosaïque serrée de terrasses, entourée d'un éventail de champs d'un vert intense qui s'arrondissent en corolles comme des vagues venant s'échouer sur la berge de la Kali Gandaki retrouvée. Après l'aridité du pays de Lo, nous voilà au paradis, 500 m d'altitude en moins.

Toutes les femmes, en tenue festive, s'en vont au village voisin, où l'une d'elles fête son quarante-neuvième anniversaire, qui est pour la gent féminine la fête la plus importante après le mariage. Si quelques hommes et deux moines sont présents, c'est surtout une assemblée de femmes somptueusement vêtues de châles lie-de-vin aux épaules rebrodées de brocart et épinglés de fibules d'argent représentant deux paons, de longs colliers de turquoise et de corail. La jubilaire et les aînées arborent une coiffure inspirée du *pérak* ladakhi. Une large bande de velours rouge fixée sur le haut du front, couvre le haut de la tête jusqu'à la nuque ; sur ce velours sont incrustés des bijoux d'or et d'argent et de très grosses turquoises. Nous présentons nos vœux et des *khata* contenant quelques billets, selon la coutume. Largement abreuvés de bière artisanale, nous laissons ces dames entre elles au moment où elles entament une danse en cercle, à petits pas, s'accompagnant de chants timides dans un registre très aigu.

La nuit est claire, je laisse mon esprit vagabonder vers mes fidèles complices : le Scorpion, le Sagittaire, Vega et l'Aigle planent haut dans le ciel.

Départ pour une journée en boucle dans l'est, la région la plus sauvage du Mustang. C'est ici qu'en 1991, un journaliste et un photographe américains, P. Matthiesen et Th. Laird, ont photographié des traces très nettes de yéti, que les locaux appellent *mehti*. Nous nous hasardons vers ces vallées isolées jusqu'au village de Yara découvrant un paysage des plus surprenants : une gigantesque draperie fossilisée, aux plis réguliers et parallèles, ciselés par le vent et les intempéries, comme les tuyaux de grandes orgues cosmiques, décor hallucinant.

Plus loin, à Lori, une autre montagne ocre. Trouverons-nous dans la falaise le vieux monastère troglodyte ? Sera-t-il ouvert ? Comme matérialisé au passage d'un vent de poussière, un moine est près de nous, et il a la clé !

Confiant les chevaux à deux Lobas, nous entamons l'ascension de la paroi par un étroit sentier en corniche, où une planche remplace par endroits la roche effondrée ; la fin du parcours est vertigineuse, mais nous devons rester en attente, collés à la paroi, face au vide : avant de nous laisser entrer, le moine tient à ce que nous nous acquittions, individuellement, d'une offrande de cent roupies (moins de deux euros), pour laquelle il rédige à chacun un reçu !

Ce lieu est stupéfiant par son isolement et la splendeur exceptionnelle d'un chorten qui occupe l'une des grottes les plus sombres ; tapissé de stuc vernissé comme le plafond de la grotte, il est couvert de peintures réalisées au Xe siècle par un artiste du Cachemire. Le dessin, délicat et raffiné, les couleurs rouge et lapis-lazuli toujours vives représentent des bouddhas et les portraits des *siddha*, des êtres qui ont atteint l'état de perfection. Le détail d'un petit cheval blanc sur fond cramoisi est une pure merveille. Des pièces ont disparu dans l'érosion de la falaise ; c'est le sort qui attend la chapelle circulaire, un véritable joyau, un des plus anciens vestiges religieux du Mustang.

La chaîne des Annapurnas nous escorte tout au long de la route du retour jusqu'à la descente vers Dri, où la célébration des quarante-neuf ans joue les prolongations.

Cap au sud : nous redescendons vers le lit de la Kali Gandaki. À la halte de midi, je cherche l'ombre d'une grande paroi et trouve dans le lit de la rivière des *shaligram*, les ammonites de la mer de Téthys, sacrées pour les Tibétains. Je tiens au creux de la main un animal fossilisé, échoué il y a cinquante-cinq millions d'années au fond d'une mer disparue. Piégée derrière le bourrelet de l'Himalaya, la vieille croûte océanique s'est surélevée et les *shaligram* affleurent à 4000 m d'altitude. Nouveau télescopage spatio-temporel... Cet Himalaya est décidément le lieu de tous les vertiges métaphysiques.

Nous bifurquons dans la vallée de Tange Khola, qui nous amène pour la halte du soir à Tangya, un des plus beaux villages du Mustang. Beaucoup d'eau et d'étangs entretiennent des bosquets de peupliers et de saules au milieu du village, irriguent des vergers et des champs, qui se teintent d'émeraude au soleil couchant. Une enfilade de murs *mani* et de grands chortens fraîchement repeints surplombent le village et la vallée. Toute la population se rassemble autour de nous, observe les chevaux et nos moindres gestes. Nous finissons par organiser des rondes, entraînant dans le mouvement les enfants et les jeunes femmes, quand une grand-mère se joint aussi au manège...

À 3300 m, une nuit idéale pour le bivouac : clin d'œil à Saturne, éblouissante entre Capricorne et Gémeaux.

Surprise du matin : un petit marché s'est organisé. Indra et Pemma achètent des colliers, nous nous ravitaillons en *khata* car notre stock est épuisé, mais aussi en sachets de *jumbu*, herbes sauvages de l'Himalaya, et objets religieux un peu kitsch. Indra achète un cheval.

Départ pour une étape courte et rude, une montée progressive vers un col à plus de 4100 m. Le vent s'est levé et nous apporte en rafales le froid glacial de l'Annapurna. L'ample paysage continue à se déployer. Nous laissons les chevaux choisir le terrain et progresser à leur rythme, bien que montagnards, ils fournissent un effort intense. Nous nous donnons bonne conscience en évoquant ce proverbe tibétain : « Le cheval qui ne peut pas monter son cavalier en haut de la montagne n'est pas un cheval, le cavalier qui ne met pas pied à terre pour descendre de la montagne n'est pas un cavalier. »

Au col, nous faisons boire nos montures à une source abritée dans une combe. C'est là que s'établit le camp, un vrai bivouac en montagne, loin de tout village. Le temps d'installer les chevaux et de monter les tentes, le vent est tombé, mais l'air est glacial et l'abri de la grande tente est apprécié. Nous laissons les chevaux sellés jusqu'à ce qu'ils aient le poil sec.

Lorsque je demande à Indra pourquoi il a acheté le cheval ce matin, il commence par sourire puis explique : « Nous nous sommes regardés dans les yeux et j'ai compris qu'il voulait venir avec moi. » Il ajoute : « Je l'avais observé parmi les autres chevaux du village, c'était le plus intelligent, le plus imaginatif. Les autres le respectaient mais il n'était pas agressif avec eux. Il marchait avec énergie, sa poitrine était large, son dos était fort... Oui, j'aimais bien son regard, nous nous sommes compris tout de suite. » Il l'a appelé Khiang-ba, qui est le nom de sa robe, « bai brun ». Il avait une étoile en tête et trois balzanes. Lorsque, l'année suivante, je lui demande des nouvelles du cheval, il me dit d'un air entendu : « Tu vas le monter. » C'était un beau cadeau.

L'étape du lendemain est plus équestre : des sentiers de crête caracolent au sommet des falaises dominant de plus de 700 m la Kali Gandaki. Nous entrevoyons sur la rive opposée les villages que nous avons traversés à l'aller : Geling, Samar, Chaile. Nous sommes en plein ciel, toujours face à l'Himalaya. Puis il faut plonger, pied à terre, pour une très longue descente en lacets vers la vallée géante. Vision aérienne, insolite, des villages ramassés, ocre orangé, sertis d'écrins de verdure : Tetang et, plus bas, Chuusan, à moins de 3 000 m.

La dernière étape nous ramène à Jomosom, par le lit de la Kali Gandaki. Nous y croisons des pèlerins indiens, montés sur des chevaux, qui se dirigent vers le col de Thorong La, jusqu'à Muktinath, haut-lieu de pèlerinage pour les hindous et les bouddhistes où une eau sacrée est déversée par cent huit gargouilles de bronze. Nous y avons vu le prodige qui attire tous les croyants. Dans une grotte obscure, une source jaillit d'une faille en même temps que la flamme bleue d'une nappe de gaz naturel ; sont ainsi miraculeusement rassemblés tous les éléments : terre, eau, air et feu.

La Kali Gandaki a une couleur laiteuse et bouillonne furieusement. Les chevaux s'y jettent sans hésiter. Jusqu'au dernier moment nous nous emplissons les yeux du spectacle hallucinant de l'ample vallée et des hauts sommets étincelants.

À Jomosom, nous investissons un petit lodge. Dans leur écurie spacieuse, les chevaux se soucient plus de leur musette que de nos ultimes caresses.

Après deux semaines de toilette de chat dans l'eau glacée, une simple douche chaude est un moment d'extase. Tous réunis une dernière fois, nous faisons la fête autour de copieuses rasades de *chang*. Avoir été pendant quatorze jours une petite communauté nomade dans les hautes terres du Mustang, crée des liens.

Nous revenons d'un pays de chevaux où la terre touche au septième ciel.

Maroc, 1994-1995

Du Haut Atlas aux premières dunes du Sahara

Il vit entre le ciel et le sable. Appelez-le maintenant
arabe, barbe, turc, persan, peu importe ;
toutes ces nominations ne sont que des prénoms ;
le nom de famille est cheval d'Orient.
Général Daumas (*Les chevaux du Sahara*)

Au mois de mai 1974, je suis en reconnaissance au sud du Haut Atlas dans les vallées du Drâa et du Dadès, paysages de pure beauté, où s'inscrivent, comme autant de châteaux de légendes, les forteresses de pisé des ksours. Des contacts encourageants avec diverses autorités m'incitent à jeter mon dévolu sur un itinéraire partant des gorges du M'Goun pour remonter vers l'Atlas.
En quête de chevaux et de mules, je m'adresse alors aux villageois de ces vallées isolées. Erreur. Je comprends vite que, pour eux, il n'est pas question de discuter de tels projets avec une femme. Tout est suspendu.

Je fais part à Louis Chardon de mon enthousiasme pour les gorges du M'Goun. Nous y retournons ensemble. Sans difficulté Louis Chardon noue des contacts solides, peaufine le projet et met sur pied une expédition. Lorsque je l'accompagne, au printemps 1975, ma fascination pour le Haut Atlas se confirme. Durant de nombreuses années, Louis Chardon renouvelle cette expédition, qu'il marquera de sa forte personnalité.

En octobre 1992, le Haut-Atlas ne figure plus au programme de Louis Chardon. Je décide de retrouver ces montagnes à peine entrevues et prépare de nouveaux itinéraires avec l'aide de Kamal et Nelly, des amis de Casablanca, et celle d'Azzedine Msefer, propriétaire à Fès d'un centre équestre réputé. Poussière des pistes, douceur du soleil automnal, paysages multiples, kasbahs et ksours immuables, ambiances traditionnelles des villages et des oasis, partout l'accueil est chaleureux. Outre la splendeur du pays et l'hospitalité des habitants, c'est la qualité des chevaux et de l'organisation d'Azzedine Msefer qui ont rendu exceptionnelle une collaboration de douze années d'où émergent deux itinéraires coups de cœur : les vallées du Haut Atlas et la vallée du Ziz aux portes du Sahara.

I. Vallées secrètes de l'Atlas (printemps 1995)

Long de 800 km, le massif de l'Atlas traverse le Maroc d'Agadir à la frontière algérienne. Dévalant une dizaine de sommets qui dépassent 4 000 m, de nombreux torrents dessinent leur premier parcours dans les vallées d'altitude. Nous allons à la découverte de ces oasis coupées du monde.

C'est à Bernat, à l'est de Marrakech, sur le piémont nord de l'Atlas, que nous retrouvons Azzedine et son équipe. Les chevaux nous attendent et aussi des mules qui achemineront les bagages à plusieurs bivouacs inaccessibles pour les véhicules d'intendance.

La masse imposante d'une forteresse de pierre au profil de kasbah domine la vallée fertile. Au bord de la rivière, sous l'ombrage de pommiers, les chevaux terminent leur ration d'orge. Azzedine les présente : Masbour, Radia, Ouchen, Mimouna, Saada, Lasmar, Chaffia, El-Tisem… beaucoup de juments, des hongres, trois entiers. Tous des arabes barbes plus ou moins proches du sang arabe. Robustes et fiables, ce sont de vrais randonneurs qui ont toujours de l'énergie en réserve. Azzedine a le talent de reconnaître au premier coup d'œil un cheval de qualité. Il a acquis pour une somme dérisoire dans un souk de village un cheval dont il a fait le champion de saut du Maroc. Si on lui demande son secret, il répond : « Un cheval ne s'achète pas, c'est Dieu qui te l'offre. »

Sous le soleil de fin d'après-midi, dans la lumière tamisée par les arbres, les robes des chevaux ont des reflets cuivrés. La silhouette athlétique du maître flatte une encolure, une épaule, une croupe. Sous ses directives, les couples chevaux-cavaliers se forment. Je monterai à nouveau Masbour, un merveilleux compagnon de route à la robe grise. À douze ans, il déborde d'énergie. Confortable et sûr, à la fois docile et indépendant, cet entier garde toute sa douceur et son calme au milieu des juments. J'y suis très attachée.

Le chargement des mules de bât est arrimé fermement, les sangles et le devant de poitrail des chevaux sont ajustés. L'Atlas nous défie : nous sommes à 1 902 m et le bivouac s'établira ce soir à 2 600 m, sans voiture d'assistance. Les chevaux, contents de se mettre en route, attaquent la pente d'un pas énergique.

C'est le *talweg* d'un oued qui nous conduit vers les crêtes. Les chênes verts abandonnent vite le terrain à des coussinets épineux. La tête de vallée s'épanouit sur un haut plateau aride où, comme un mirage, une grande combe parcourue de petits ruisseaux est couverte d'une pelouse humide, des *pozzines*, qu'on appelle ici *agoudal*. L'usage de ces pâturages précieux et fragiles, arrosés par la fonte des neiges, est réglementé par le droit coutumier selon un calendrier rigoureux. Aux alentours, des *azib*, modestes bergeries de pierre, se confondent avec les pierriers.

Des bergers Aït Atta ont établi ici leur campement d'été : grandes tentes brunes, troupeau de chèvres et moutons, quelques dromadaires. Nous avons mis pied à terre et sommes interpellés par des bergères qui filent la laine tout en gardant les troupeaux. Elles se montrent dubitatives quand Azzouz, qui nous guide aujourd'hui, leur explique que nous allons passer la nuit un peu plus haut entre les cols de Tizi-n-Waouremt et Tizi-n-Tirghist, elles nous examinent comme pour nous jauger. La plupart ont des bijoux, des tatouages sur le front, le nez et le menton, des vêtements à fleurages très colorés sur fond noir, un foulard à paillettes et pompons multicolores autour de la tête. Les plus jeunes, qui ont un bébé dans le dos, sont les plus entreprenantes et les plus joyeuses. Leur regard souligné de khôl est parfois grave ; elles s'interrogent visiblement sur notre présence et, l'instant d'après, avec de grands rires, elles veulent troquer leurs foulards contre ceux que nous portons autour du cou.

Sous la crête, les silhouettes tourmentées de genévriers thurifères, presque des natures mortes tant ils sont en état de survie.

Ces arbres remarquables, d'une robustesse extrême, capables de croître dans les terrains les plus ingrats, peuvent atteindre vingt mètres de haut et vivre trois mille ans. Ils sont le plus souvent torturés, coupés à leur sommet pour produire des branches basses que les bergers font manger à leurs troupeaux. Avec ces derniers survivants d'une forêt fossile, c'est tout un écosystème qui disparaît.

Le camp de l'agoudal Tamda, à 2 800 m, est le plus haut de toute la randonnée. Les chevaux, en véritables athlètes, ont tenu toute la longue montée. Nous les entravons par un antérieur et les attachons à un piquet profondément ancré dans le sol ; suivent un pansage énergique et la distribution de l'orge. « Chaque grain d'orge donné à ton cheval te vaudra une indulgence dans l'autre monde », dit le Prophète.

Sous notre grande tente bédouine, nous partageons le thé à la menthe avec des bergers Aït Atta venus nous saluer. Les derniers rayons du soleil caressent la nudité des stries verticales du djebel Azourki et s'attardent sur sa longue croupe arrondie. Les hautes crêtes enchevêtrées basculent dans la nuit. Déjà Altaïr et Vega clignotent de chaque côté de la Voie lactée.

Les mules ont transporté le bois ramassé dans la vallée. La bonne odeur de fumée se répand. Ce soir, notre ciel de lit chevauche les hautes montagnes. La galaxie d'Andromède, l'objet céleste le plus lointain qu'on puisse voir à l'œil nu, a discrètement pris sa place entre le carré de Pégase et le W de Cassiopée. Nous la voyons telle qu'elle était il y a deux millions cinq cent mille ans. Qu'est-ce qu'une nuit ? une vie ? qu'est-ce que le temps ?

Depuis le col Tizi-n-Tirghist, un sentier caillouteux dévale à tout rompre entre les coussins d'épineux, les touffes d'herbe coriace et les genévriers, jusqu'au pied du djebel Azourki. Nous allons découvrir les hautes vallées des Aït Bouguemez et Aït Bou-Oulli, des paradis isolés du monde par les remparts montagneux.

Iglouane est un village couleur pain d'épices dont les maisons se superposent, s'imbriquent et s'accrochent en escaliers à la pente caillouteuse. Les toits en terrasse sont autant de balcons par-dessus un fond de vallée enchanteur : mosaïque soignée de champs de toutes tailles et de toutes couleurs, organisée en différents paliers de terrasses. Une famille propose pour nos chevaux, le temps du pique-nique, son champ tout juste moissonné, proche d'un taillis où passereaux et tourterelles mêlent leurs chants au bruissement de l'eau.

Autant la montagne était âpre et spartiate, autant Iglouane offre une image d'abondance et de nature généreuse. Pourtant le labeur reste rude. Les hommes moissonnent à la faucille, des colonnes de femmes courent à pas pressés, ployées en deux sous de volumineuses charges de luzerne verte ou, à pas fatigués, disparaissent sous des chargements d'orge et de blé moissonnés.

Sur une aire à battre le blé, une douzaine de grands mulets à la robe sombre, attachés flanc contre flanc, tournent inlassablement autour d'un piquet central, auquel est attaché le plus jeune des animaux : ils piétinent le blé pour extraire le grain de l'épi. Des hommes jettent la paille sous les pieds des animaux, d'autres les poursuivent pour activer leur mouvement.

Sur une autre aire, où le dépiquage est terminé, des hommes procèdent au vannage : à l'aide de larges pelles en bois, ils projettent le blé en l'air, comptant sur le vent pour emporter les poussières de paille tandis que le grain, plus lourd, retombe au sol. Des scènes d'un autre temps.

Tout le village est en pleine activité, chacun va et vient armé d'un outil, portant une charge, et souvent un enfant sur le dos pour les femmes ou les sœurs aînées. Responsables des tâches domestiques et de nombreux enfants, en plus des travaux des champs, de la traite des animaux et de la collecte de l'eau, les femmes n'ont pas la vie facile.

Des nuées de garçonnets très excités nous escortent jusqu'au torrent où les chevaux s'abreuvent à longues lampées. L'eau était rare là-haut, sur l'*agoudal*. Ils commentent en connaisseurs les chevaux, qui mangent leur ration d'orge dans un couffin. Quel avenir attend ces enfants, trop nombreux pour les ressources de la vallée ?

Si l'économie de subsistance a développé chez les Berbères du Haut Atlas un caractère dynamique et opiniâtre, elle est aussi la cause d'une importante hémorragie de jeunes, contraints de chercher fortune ailleurs ou tentés par une vie plus « moderne », qu'ils espèrent plus facile.

Depuis les années 1980, une école de guides de montagne s'est créée près d'ici, à Tabant, pour permettre, à des jeunes issus de ces villages, d'exercer une activité professionnelle liée au tourisme et, à des familles, d'héberger des randonneurs.

Le chemin qui descend la vallée des Aït Bouguemez est parfois d'une belle terre lisse et sans cailloux, mais nous renonçons à la tentation du galop en raison du trafic incessant de mulets et de troupeaux. Peu importe, le Prophète n'a-t-il pas dit : « Le pas, c'est le galop de toujours » ? Tous ceux que nous croisons et saluons semblent amusés de notre présence et sont curieux des chevaux, rares dans la montagne, où le mulet est roi.

La vallée, qui oscille entre 1 800 et 2 000 m d'altitude, paraît si bucolique qu'on l'appelle la « vallée heureuse ». Pourtant, elle est isolée par le djebel Tizal et le djebel Waougoulza, qui l'encadrent comme de véritables murailles, et plus encore en hiver quand la neige ferme les cols. Il est vital, pendant le court été, d'engranger les provisions pour humains et troupeaux.

La vallée s'étrangle soudain en canyon, entre deux parois ocre rose. Le verrou franchi, le village d'Ikhf-n-Ighir nous ramène dans le Maroc des hautes vallées : grandes maisons fortes en pisé sur des solides assises de pierre, greniers défensifs, toits en escaliers et en terrasses ourlées de paille, fenêtres fermées de moucharabiehs.

Nous retrouvons la voiture d'intendance et sommes attendus chez le *cheikh*, le chef du village. Il nous accueille avec chaleur, selon l'hospitalité traditionnelle. Quel luxe tout à coup ! les bagages, une douche, une pièce avec des tapis et des coussins pour la nuit. Le couscous est royal, suivi de noix, de fruits secs et d'un thé parfumé.

Je remercie pour l'accueil et, comme la plupart des cavaliers, je vais dormir à l'extérieur, près des chevaux, en bordure d'un champ de luzerne où nous sommes réveillés à l'aube par le pépiement joyeux des mésanges noires, des grives et des merles.

Après Abachkou, le maître village du pays, c'est l'étape de bravoure : depuis 1 820 m d'altitude, il faut gagner le col de Tizi-n-Rouguelt à 2 860 m et à nouveau plonger, 600 m plus bas, vers la vallée de la Tassaout. Une fois encore nous oublions la voiture, les mules assurent l'intendance pour deux jours. Dans tous les villages, on trouve à acheter de l'orge et du fourrage.

Tantôt à pied, tantôt en selle, nous franchissons des gorges, des plissements spectaculaires, des plaques calcaires, des parois patinées et des pierriers émiettés ; tout cet univers minéral rose et ocre se teinte des oxydes les plus extravagants violine, rouge, bronze. Territoire de chasse de grands rapaces, les hautes pentes exhibent des genévriers aux troncs gris argent.

Le col enfin ! un nœud impressionnant, un carrefour de crêtes magistrales : les djebels Wagraraz, Tazoult, Tizoula, Ichbakene et dans un lointain bleuté l'arête souveraine de l'Ighil M'Goun (4 071 m). La descente, aussi abrupte que la montée, parmi les herbes coriaces et les coussins de xérophytes, vise le fond de la vallée de la Tassaout, la plus mystérieuse et peut-être la plus belle des vallées du Haut Atlas, le clou de la randonnée. Après quelques hameaux, le sentier muletier devient piste et rejoint un important canal d'irrigation en surplomb de la rivière. Au détour de la vallée, il nous conduit au gros village d'Amezri.

Brutalement, le paysage devient minéral et s'encaisse entre de hautes parois, un verrou de chaos géants. Le niveau de la rivière monte dans le lit étroit ; de l'eau jusqu'aux genoux, les chevaux s'éclaboussent à plaisir. Au détour d'une chicane surgit Ichbbakene, le choc ! un village de plusieurs hameaux, haut perchés, situation imprenable protégée par les grandes parois de calcaire lisse des djebels.

Une épaisse végétation occupe le fond de la vallée Tassaout : grands noyers, frênes, trembles, joncs et roseaux. À chaque pas des senteurs poivrées, d'humus, de menthe, de verdure fraîche gorgée d'eau. Sur de prodigieux escarpements de grès et de basalte, dans les marnes et les schistes s'accrochent pins, thuyas et genévriers.

Parfois le tumulte minéral s'apaise et de petits villages surgissent au débouché des oueds, entourés de terrasses cultivées, de vergers et d'oliveraies.

Au village d'Aït Ali-n-Ito, des youyous résonnent dans la vallée encaissée. Nous remontons un petit affluent pour rallier le village de Megdaz, à 1 981 m. Bien avant l'arrivée, des enfants viennent à notre rencontre, sautant de rocher en rocher comme des cabris. À l'entrée du village, un rassemblement joyeux d'hommes, femmes et enfants. Nous sommes attendus : Azzedine a tenu à organiser ici une vraie fête à laquelle tout le village est convié.

Le campement occupe un replat ombragé de noyers vénérables. Nous installons les chevaux près des mules déjà libérées de leurs chargements. Bientôt ils ont tous le nez dans une brassée de fourrage.

Sous une longue tente traditionnelle, nous partageons le thé et des noix. Arrivent les musiciens en djellabas et turbans blancs, frappant vivement des tambours, *bendir* et *darbouka* ; leur chant est soutenu par des *kamanja*, sorte de violons. Bientôt un autre groupe d'hommes chante et s'incline à l'unisson face à des jeunes femmes qui chantent et frappent dans les mains ; robes de couleurs scintillantes, longues nattes sombres, foulard en turban, des bijoux d'argent garnis de pièces tintinnabulantes leur enveloppent la tête. Leurs regards bleus, verts ou de braise soulignés de khôl, elles semblent bien s'amuser, lancent des œillades complices. Pas du tout timides, les femmes berbères.

Voix aiguës et graves suivent le martèlement énergique des *bendir* : la foule alentour accompagne le mouvement et les chants, frappe des mains, les enfants se trémoussent autour des chevaux, imperturbables. Aline, très douée pour la danse orientale, est invitée par Azzouz et ils se taillent un franc succès. La fête s'interrompt dans les applaudissements quand des agneaux embrochés sont introduits dans un four de terre, hermétiquement refermé de pierres plates scellées avec de la boue, pour une cuisson traditionnelle à l'étouffée. Quelques coupes de vin et des poignées de noix comblent l'attente et, enfin, les méchouis sont partagés avec la nombreuse assemblée.

Les comparses de la fête et les nuées d'enfants s'attardent, puis retournent vers les habitations, les rires s'éteignent dans la nuit. Restent, pour emplir le silence, les bruits des chevaux qui cherchent le sommeil et le babil d'un canal d'irrigation.

Avant l'aube, des hennissements en sourdine accueillent les couffins d'orge. Le muezzin réveille les échos du cirque rocheux et les coqs embraient avec conviction. Le soleil irise les crêtes et finit par rejoindre le campement, tamisé par le feuillage des vieux noyers.

Il faut absolument « visiter » Megdaz. En dépit de la forte pente des ruelles tarabiscotées, nous y allons à cheval pour le plaisir des habitants. Ce village isolé est le plus bel exemple d'architecture traditionnelle du Haut Atlas : plusieurs hameaux s'imbriquent en éventail dans un cirque naturel ocre rouge. Les *igherm,* maisons forteresses, sont construits avec la roche locale, un gabbro vert et rouge, très isolant, chaud en hiver, frais en été. Peu de mortier : des madriers horizontaux s'encastrent entre les pierres pour éviter les lézardes verticales. Les constructions sont épaulées à chaque angle d'une tour carrée aux échauguettes en saillie. Avec une hardiesse folle, quatre ou cinq étages s'empilent jusqu'à vingt mètres de haut.

Nous reconnaissons les visages de la veille, aussi radieux mais en tenue de labeur : déjà des mulets circulent, des femmes sont en pleine activité ménagère ou traient les chèvres. Impossible d'échapper à un dernier cérémonial du thé sur une terrasse offerte au soleil. Les enfants se précipitent pour tenir les chevaux.

À Aït Ali-n-Ito, nous retrouvons la Tassaout et les youyous joyeux des femmes. Parfum de chèvrefeuille mêlé à celui de l'eau vive, envols d'oiseaux, tunnel de verdure entre les parois rocheuses et, quand la vallée s'ouvre, c'est pour s'offrir en écrin à un autre village : Fakhour ou Ifoulou, dominée par un très vieux grenier.

Le trafic muletier s'intensifie jusqu'à Toufghine, perché sur un éperon rocheux au débouché de l'Assif Tizi-n-Fedgha. Soudain, nous retrouvons la piste carrossable et nos véhicules d'intendance. Tout semble différent, les villages sont plus importants, plus opulents : grandes terrasses de luzerne, maïs ou pommes de terre, vergers d'amandiers. Insensiblement nous quittons la Tassaout pour des coteaux de pins d'Alep, de thuyas, chênes verts et genévriers, nous nous déprenons de l'Atlas et de ses vallées secrètes. Une journée encore, nous retrouverons Marrakech et d'autres sortilèges.

II. Sables du Sud
(printemps 1994)

La vallée du Ziz est moins spectaculaire que celles du Drâa et du Dadès. Moins touristique, plus confidentielle, plus saharienne, elle a toutes les couleurs du désert.

Atterrir à Fès, c'est découvrir, dans la plus ancienne des médinas du Maroc, tous les raffinements offerts autrefois aux caravaniers au terme de leur long voyage depuis le désert. Marchant vers le sud, nous allons parcourir le même chemin en sens inverse, vers Sijilmassa, la prestigieuse et prospère capitale berbère du Tafilalet où convergeaient, jusqu'au XIVe siècle, toutes les routes transsahariennes, du Soudan, du Mali, de Gao ou de Guinée, apportant le sel, l'or, l'ivoire et les esclaves.

Nous avons franchi le Moyen Atlas, où les cèdres ont encore les pieds dans la neige pour gagner les gorges du Ziz. Notre caravane s'est mise en route à Meski. Les pas des chevaux résonnent avec un bruit mat sur la terre battue des rues étroites. Les hauts murs de pisé des ksour crénelés dessinent leurs silhouettes de forteresses sur un ciel bleu immuable. Leurs portails en ogive sont ornés de motifs façonnés dans la même terre ocre. Des femmes vêtues de noir sourient dans l'entrebâillement des portes, des regards curieux nous observent depuis les terrasses ou les rares fenêtres ; un chien s'esquive la queue basse, un âne arrive de la palmeraie les paniers chargés de verdure odorante.

Nous traversons plusieurs villages. J'imagine la vie cachée à l'abri des murs, les foyers, les greniers, les cours et terrasses, les jardins arrosés et les vergers en fleurs. Si l'heure est à la sortie des classes, nous sommes noyés dans un charivari de cour de récréation : des essaims d'enfants entourent les chevaux avec force cris et rires excités.

Nous sommes à Ksar Jedid, Aoufouss ou Zaouia Jdida, un de ces petits villages présahariens qui s'égrènent avec leurs palmeraies dans les vallées parallèles du Rheris et du Ziz, deux grandes rivières nées dans l'Atlas, en descente libre vers le désert.

Au sortir des villages, les chevaux nous emmènent vers la fraîcheur des palmeraies. Se faufilant sur les petits sentiers et les digues qui séparent les parcelles de légumes, de luzerne, d'orge ou de blé, ils s'abreuvent aux *séguias*, ces canaux d'irrigation qui coulent en réseau serré à l'ombre des palmiers dattiers. Les longues palmes se referment en ogives au-dessus de nos têtes, cathédrale mouvante au gré de la brise, emplie du chant des tourterelles et des bulbuls.

L'odeur aigrelette des olives fraîchement pressées sous une grosse meule de pierre se mêle aux parfums de henné et de coriandre en fleur. La pénombre verte s'éclaire des bouquets d'amandiers, d'abricotiers ou de grenadiers en pleine floraison. Incessant trottinement des ânes et des mules transportant, dans leurs paniers de vannerie, les *chouaris*, les cargaisons les plus variées ; ils sont menés par des hommes en djellaba, outil à l'épaule, ou des femmes en voiles noirs scintillants.

Les chevaux les intéressent et notre présence les intrigue. Les explications d'Azzedine ou d'Azzouz les laissent souvent rêveurs, un sourire incrédule sur les lèvres.

Si nous aimons découvrir les villages, nous choisissons toujours de bivouaquer à l'écart des habitations, près d'un puits, sur le sable d'un oued à sec, à l'ombre d'un bouquet de palmiers, face au désert.

L'équipe d'intendance, qui dispose d'un camion et d'un véhicule 4x4, dresse souvent avant notre arrivée la grande tente « caïdale », la tente *makhzen*. De forme conique, blanche, rehaussée de motifs noirs en forme de lampe à huile, elle est spacieuse et toujours ouverte vers le désert.

Les chevaux dessellés, nous les laissons se rouler copieusement dans le sable, un plaisir et un bien-être qu'ils ne boudent pas et qu'ils prolongent avec des soupirs de satisfaction. Après le pansage, la distribution d'eau, de fourrage, d'orge arrosée de mélasse, nous enlevons enfin nos chèches et nos chaps, encore tout poussiéreux de la chevauchée. Moment de soulagement et de partage, nous dégustons un thé accompagné de dattes. Chacun commente ses impressions : Isabelle s'entend à merveille avec Mazzafil, son jeune étalon gris fer très turbulent, Daniela a trouvé une vraie complicité avec Radia, Christian se plaint : Saïs, son grand étalon noir, tire un peu trop au galop… Azzedine explique, conseille.

Dans le désert, on apprend la valeur de l'eau. Il en suffit de très peu pour une bonne toilette. Quant au couchage, chacun choisit son lit : tapis sous la tente caïdale, tente individuelle ou bivouac à la belle étoile. Pourquoi d'ailleurs dit-on « la » belle étoile ? Elles sont des centaines de milliers à briller dans les nuits claires du désert. Même en route vers le tropique du Cancer, il ne sera pas possible, en cette fin d'hiver, de voir la Croix du Sud ; c'est la constellation du Centaure qui caracole sur la ligne d'horizon.

Toute l'équipe locale guette la course du soleil. Nous sommes en plein ramadan, et ils n'ont pas mangé ni bu depuis l'aube.

Fatima s'active à la préparation du repas. Il débutera par une soupe consistante aux multiples légumes et parfumée de coriandre, la *chorba,* qui rompt le jeûne, dès la disparition du soleil. Aspiré par l'horizon, il laisse un grand rougeoiement immobile qui se fond peu à peu dans la nuit. Un feu est allumé dans un brasero devant la tente, car le vent éparpille la flamme. Azziz, le chauffeur du camion, approche de la flamme la peau de la *darbouka*, Driss accorde une sorte de luth à long manche de sa fabrication. Enfin rassasiés et désaltérés, ils veulent prolonger la soirée : ils chantent et frappent dans leurs mains, leur joie est contagieuse. Fatima est de la partie. Parfois Driss chante en solo d'une voix déchirante, presque douloureuse. La *darbouka* conclut et les rythmes syncopés repartent de plus belle jusque tard dans la nuit.

Le jour suivant, le bivouac est prévu près de Ksar Hessasna, un vieux village fortifié. Depuis le milieu de l'après-midi, un violent vent de sable souffle sans répit. Nous avons enroulé nos chèches indigo, ne laissant que la fente des yeux protégée par les lunettes solaires. Le soleil est voilé. Nous nous efforçons de rester groupés car toute trace est effacée en quelques secondes. Les chevaux s'encapuchonnent, rejettent bruyamment le sable qui leur pénètre dans les naseaux, s'énervent des bourrasques qui fouettent du sable sur leurs jambes.

D'abord indécises, des silhouettes humaines puis un camion apparaissent. Azzouz nous a menés à bon port. Impossible de dresser la moindre tente, mais Azzedine a trouvé une ruine de terre formant un angle, un abri relatif pour les chevaux, et nous serons exceptionnellement hébergés dans le ksar fortifié. Les chevaux soignés, nous arrivons avec nos bagages devant l'unique porte du village pour découvrir que toutes les maisons constituent un seul ensemble : elles communiquent par un labyrinthe d'obscurs couloirs éclairés de loin en loin par des meurtrières. L'étrangeté du lieu est encore accentuée par le silence soudain quand nous échappons aux rafales qui continuent à se déchaîner dehors. Quelques habitants discrets frôlent les murs, presque des ombres. Au bout du dédale, on nous introduit dans plusieurs pièces hautes, au sol de terre battue, aux murs blanchis à la chaux, mises à notre disposition par le chef du village et sa famille. Ils ont des gestes et des sourires accueillants.

Fatima est déjà aux fourneaux, intégrée aux femmes de la famille, et les cavalières sont invitées à participer à la préparation du repas. Azzouz et Driss rejoignent les chevaux après le dîner et veilleront sur la cavalerie durant la nuit. Le vent a beaucoup molli avec le crépuscule. Ils ont pu monter une petite tente.

L'unique porte du village fortifié est fermée pour la nuit. Étrange soirée dans les entrailles du vieux ksar : on a la sensation d'être protégé comme dans un cocon ou une grotte. Pour un peu, on parlerait à voix basse.

Je m'endors d'un sommeil profond. Mes rêves sont peuplés de mille présences, comme un voyage dans le tréfonds de la mémoire de ces murs, chuchotant, la nuit, d'antiques histoires.

Je suis réveillée en sursaut par le battement d'un gros tambour. Circulant dans les rues-couloirs, il approche puis s'éloigne, assourdi par les murs de terre. Un cauchemar ? non, le signal, pour les villageois, qu'il faut s'alimenter avant que ne pointe le jour, ramadan oblige. Les fantômes de la nuit s'évanouissent. Au petit matin, plus un souffle de vent. Les chevaux sont étendus au soleil sous un grand ciel bleu.

Au large de la vaste palmeraie d'Erfoud, nous découvrons, presque par hasard, aux portes de Rissani, les ruines de la fabuleuse Sijilmassa, la riche cité qui comptait, dit-on, cent mille habitants et était entourée de plusieurs centaines de ksour. Elle est presque entièrement dissoute dans le sable et l'argile du désert, les caravanes ne sont qu'un souvenir.

Cap à l'est, vers un liseré rose qui épouse l'horizon. Nous chevauchons dans un désert de cailloux entrecoupé de longues plages de sable où chevaux et cavaliers galopent à cœur joie. Rendez-vous au bout de l'horizon !

Après cette première explosion à bride abattue, nous renouvelons les galops chaque fois que le terrain le permet, avec une préférence pour les galops cadencés et prolongés. Les chevaux bien en équilibre, dans un rythme régulier, ne s'essoufflent pas. L'espace sans limite leur appartient, à la poursuite des mirages, à la rencontre du vent.

Le soir nous posons les selles à Amessifi, ultime point d'eau du Ziz et dernier bosquet de palmiers avant le grand désert. Les djebels tabulaires qui encadraient la vallée ont disparu. À 360 degrés, un espace ouvert, au sud du Sud une fine crête bleutée, le djebel Hajra el-Beida. À l'est le liseré rose de ce matin s'est épaissi. Illuminé par le soleil couchant, il a la couleur du corail : l'erg Chebbi, le plus grand massif de dunes du Maroc, l'avant-garde du Sahara, notre cap pour demain.

Le soleil a disparu derrière l'horizon. Azzedine et son équipe, qui ont été en activité toute la journée, boivent tranquillement un premier thé. Nous sommes tous impressionnés par leur respect du ramadam. Vers l'ouest, les bouquets de palmes et les chevaux dessinent des ombres chinoises sur le ciel incandescent. Les bûches de cèdre qui brûlent dans les braseros embaument tout le campement.

Il nous faudra toute la journée du lendemain pour arriver au pied des grandes dunes. Ici et là, les tentes brunes des campements de nomades, des troupeaux de chèvres et de brebis, quelques dromadaires. Ils s'installent près de dépressions argileuses qui retiennent parfois l'humidité des pluies hivernales et génèrent une végétation miraculeuse.

Les galops dans le sable noir soulèvent des nuages de poussière rose sous-jacente, mieux qu'un effet spécial !

Au moment ou le soleil déclinant l'embrase, nous arrivons au pied de l'erg Chebbi : océan de sable, houle des dunes qui s'entrecroisent en courbes parfaites. Nous franchissons les premières barkanes, des vaguelettes de sable, pour installer le camp sur un fond argileux où les piquets d'attache des chevaux peuvent s'ancrer solidement.

Irrésistiblement attirés, nous allons à pied à la rencontre des hautes dunes sculptées par le soleil couchant. Nous voulons gravir les grandes vagues immobiles, laisser l'empreinte de nos pas sur les lignes de crête, écouter le silence, nous rassasier d'immensité et regarder le soleil disparaître alors qu'une lune laiteuse monte à l'est dans le ciel encore bleu.

De retour au camp, le sable est déjà froid et la lune parfaitement ronde, éblouissante. Rassurés par cette clarté, les chevaux, presque tous couchés, dorment le nez dans leur provision de foin. La fumée du feu nappe le fond de la combe. Une nuit de bivouac comme on en rêve, sur un sable vierge, à écouter les ressacs de la terre.

Au petit matin, dans la tiédeur du premier soleil, il faut lire dans le sable autour du sac de bivouac la signature des visiteurs nocturnes : le trafic d'un bousier, la curiosité d'une gerboise, le tracé en éventail d'une touffe d'herbe agitée par le vent.

Les plus hautes dunes ont cent soixante-dix mètres, l'erg s'étire sur une trentaine de kilomètres pour dix kilomètres de large. Ce n'est pas un terrain pour les chevaux. Nous allons l'effleurer et le contourner en plusieurs jours, ressentir sa présence puissante et minérale, nous remplir les yeux de la pureté dépouillée de ce gigantesque château de sable et aussi, comme ce soir, nous blottir pour la nuit avec les chevaux dans une de ses combes voluptueuses, dessinées, comme à la pointe sèche, par des dunes aux courbes parfaites.

Une piste jalonnée de petites auberges longe le pied de l'erg jusqu'à Merzouga. Il est facile de franchir les premières dunes pour être seuls au monde et nous offrir des sensations de grand désert. Les chevaux font voler le sable, s'élancent dans les montées, se laissent glisser dans les descentes, où nous trouvons parfois des fonds argileux, presque des prairies d'herbes dorées. Dans un décor aussi dépouillé, les silhouettes des chevaux en mouvement s'inscrivent avec une précision de gravure : puissance des gestes, grâce des lignes, envol des queues et des crinières.

Sur la face est du massif, et toujours dans l'ombre tutélaire de l'erg Chebbi, nous continuons à jouer les Lawrence d'Arabie. Peu de voyageurs passent sur le flanc est. Nous sommes à douze kilomètres de la frontière algérienne, marquée par le rebord d'un grand relief tabulaire, la Hammada du Gui.

Ce n'est pas un mirage : les chevaux débouchent dans le lit de l'oued Talrhemt, une voie royale, croûte d'argile douce et ferme aux pieds pour des galops presque lâchés. Chacun connaît son cheval et peut doser « jusqu'où céder les rênes » avant de se faire « embarquer ». Les chevaux se défoulent autant que les cavaliers. Très large, le lit de l'oued, ponctué de bosquets de palmiers et de bouquets de graminées, nous conduit au puits de Tisserdimine, campement d'hiver de nomades, là où l'extrême nord du massif de dunes vient buter sur la rocaille du djebel Injar.

Une année, nous avons trouvé à Srjiel Dayet un véritable lac, une vaste étendue d'eau bleue où se reflétaient les grandes dunes corail, un cadeau de la nature offert par d'abondantes pluies d'hiver. Le miracle de l'eau dans le désert semble toujours irréel tels les lacs Oum el-Ma, bordés de roseaux et de palmiers, au cœur de l'immense erg Ubari, en Libye.

Tisserdimine est le dernier bivouac. Les chevaux sont attachés dans un bosquet de tamaris qui les protège un peu du froid nocturne. Le feu nous réunit. Driss et Azziz accordent le luth et la *darbouka*. Chants et vibrations se propagent dans la nuit claire, rejoignant peut-être, au cœur des dunes, le grondement mystérieux du glissement infini des grains de sable qu'on appelle « tambour des sables », frappé par les djinns.

Rajasthan, Inde, octobre-novembre 1995

Marwaris, destriers des maharadjahs

Il (le cheval) galope à la frontière indécise du règne animal et du monde des humains. Même le plus lourd des percherons porte en lui, fabuleuse, la légende de Pégase.
Jérôme Garcin (*Galops*)

Février 1995. Toute la journée, j'ai parcouru en jeep la campagne avec Khem et Hayagreev, deux jeunes Rajput. Ils ont d'excellents chevaux et organisent des randonnées. J'ai découvert les monts Arawallis, la campagne et les lacs, des forteresses et des temples, des petits villages et d'anciens palais transformés en hôtels. Toute une population en saris et bijoux, en turbans de couleurs chatoyantes, porteuses d'eau, agriculteurs et bergers au regard direct, curieux et souriant.

Khem et Hagee, fils d'anciens radjas, sont partout « reconnus » : on s'incline devant eux, on leur baise la main, on leur fait part de requêtes alors que les royaumes où régnaient leurs parents n'existent plus depuis 1949. Khem répond toujours avec patience et gentillesse, expliquant à qui s'adresser, plaisantant, demandant des nouvelles.

Après le dîner, nous sommes montés au donjon du fort Chunwa, à Luni. Nous sommes seuls. La terrasse est éclairée par la pleine lune, l'air est tiède, les parfums de fleurs montent des jardins. Maintenant c'est la détente, Khem et Hagee me parlent de leur vie. Hayagreev m'explique que son nom est celui du dieu de la Connaissance, représenté avec une tête de cheval blanc. Il évoque, avec fièvre et gestes fougueux, les guerres et les batailles de ses ancêtres, les sièges, les charges de cavalerie, les déroutes, les femmes qui se sacrifient sur le bûcher, et toujours le courage, la noblesse, le devoir, l'esprit chevaleresque des Rajput.

Je suis abasourdie. Ces jeunes gens au look moderne, qui ont fait des études en Angleterre, qui écoutaient dans la jeep des cassettes de musique country et les derniers tubes de rock, qui échangeaient sans retenue leurs impressions sur les amies de leurs sœurs, restent imprégnés de la fougue guerrière de leurs ancêtres, me font presque entendre le cliquetis des armes et m'assurent qu'ils épouseront une jeune fille choisie par leurs parents ! Ce n'était que le premier de nombreux paradoxes qui allaient me surprendre dans cette terre des princes.

J'ai longtemps hésité à programmer une randonnée en Inde. La perspective de parader à cheval dans des campagnes pauvres me mettait mal à l'aise. Pourtant, après un voyage de reconnaissance, j'ai découvert, en dehors de la misère des villes, que les campagnes du Rajasthan nourrissaient leur population. En y chevauchant, j'ai vu combien la population aimait et admirait les chevaux, omniprésents dans l'imaginaire et la ferveur populaire, dans les frises sculptées et les peintures naïves des temples. Tous étaient heureux de voir passer les chevaux et nous saluaient joyeusement.

La randonnée au Rajasthan sera très différente des autres expéditions. Pour une fois, les paysages sauvages céderont la première place à la découverte de communautés originales. La rencontre avec le cheval marwari passionnera les cavaliers. J'ajoute quelques villes mythiques qui m'ont séduite pendant mon voyage de reconnaissance. J'ai pris date en faisant le décompte des jours à partir de la pleine lune de Kartik. Cette période est celle du célèbre pèlerinage à Brahma, doublé de la grande foire de Pushkar, la plus fameuse du Rajasthan, je voulais terminer le voyage par ce feu d'artifice.

Octobre 1995. L'hôtel Shiv Niwas est aménagé dans le palais du maharadjah d'Udaipur, qui en occupe toujours une aile. Nous avons réservé des chambres peu chères aménagées dans les anciens garages, mais nous traversons jardins et galeries de marbre, arcades polylobées et salons somptueux. Depuis les hautes terrasses, la vue s'étend sur les monts Arawallis et le lac Pichola, où se prélasse, vaisseau de marbre blanc, l'hôtel Lake Palace. Le soir, la lumière devient dorée, l'air est immobile, tout n'est que douceur et enchantement.

La partie historique de l'immense palais, placé sous le signe du dieu Soleil, *sûrya,* emblème de la dynastie du Mewar, et construit au fil de trois siècles, est un incroyable musée. Austérité de forteresse et raffinements moghols : ce ne sont qu'arcades, kiosques à coupoles, consoles, bassins et galeries de marbre, abondance de mosaïques, émaux et miroirs, de cristal et verres colorés, incrustations de pierres précieuses, ivoire sculpté, miniatures délicates.

Je suis interpellée par le caparaçon de Chetak, le célèbre cheval de Rana Pratap, le plus vaillant des opposants rajput à l'envahisseur moghol (XVIe siècle). Bien que blessé à mort, l'animal héroïque a ramené son maître au campement et l'a sauvé. Il a sa statue à Udaipur et un cénotaphe en son honneur sur le champ de bataille, à Haldighati. Le caparaçon m'intrigue : sur la tête du cheval, dans le prolongement du nez, est fixé un postiche de trompe d'éléphant. Cet équipement était porté par les chevaux en première ligne de la cavalerie, quand ils devaient affronter des adversaires montés sur des éléphants ; ces derniers, se croyant face à des éléphanteaux, avaient un moment d'hésitation fatal. De nombreuses miniatures du palais représentent ces affrontements. Conjuguant la délicatesse des miniatures persanes et indiennes, les miniatures d'Udaipur sont parmi les plus raffinées.

Dans les ruelles d'Udaipur, le trafic est bruyant et incessant : bicyclettes, rickshaws et rares voitures zigzaguent entre les piétons, les écolières en uniforme et de placides vaches zébus que les vendeurs de légumes écartent de leurs étals. Il arrive qu'on doive se serrer sur le trottoir pour laisser passer, transportant diverses marchandises, des éléphants menés par leur cornac. Les bazars regorgent de boutiques de soieries, cotonnades imprimées, précieux châles de cachemire (les *pashmîna*), bijoux, miniatures et tapis.

Beaucoup de maisons blanches ont leurs portes encadrées de fresques reprenant les thèmes immuables : chevaux, cavaliers et éléphants, symboles de force et de longévité ; parfois aussi des porte-bonheur : des paons ou Ganesh, le dieu à tête d'éléphant.

Sur le rivage du lac Pichola, une floraison de saris multicolores scintille au soleil et sèche dans la brise ; ce sont les anciennes portes de la ville et les *ghats*, les escaliers qui descendent vers l'eau pour les ablutions et la lessive.

Des vendeuses de colliers de fleurs, œillets d'Inde, roses et jasmin, nous hèlent au pied d'une volée d'escaliers abrupts menant au temple de Jagdish (XVIIe siècle), dédié à Vishnu ; sa monture mythique, l'oiseau Garuda, en statue de bronze, attend son maître sous un petit porche.

Nous croisons un cheval, bracelets de grelots autour des canons, et tellement couvert de pacotille scintillante rouge et or qu'il disparaît sous les tapis, colliers et masque. Son jeune cavalier, ému et peu rassuré, est lui aussi enturbanné, décoré comme un sapin de Noël et couvert de colliers de fleurs. Ils sont escortés par un véhicule indéfinissable émettant une musique criarde accompagnée de spots lumineux clignotants : c'est un mariage traditionnel où le fiancé se rend en cette escorte chez sa promise. Le propriétaire du cheval loué pour la circonstance mène en longe la précieuse monture.

Au hasard des échoppes nous avons poussé Marcel à acheter un turban : avec sa haute stature, sa moustache et ses favoris blancs, il a tout du maharadjah. Revenu enturbanné dans les salons du Shiv Niwas, il s'empare d'une nappe rouge à pampilles et franges dorées, se la jette sur les épaules et prend un air martial devant l'immense portrait d'un maharadjah, la ressemblance troublante fait éclater de rire tout le personnel et les clients.

Deux heures de voiture nous séparent du premier camp où nous retrouverons Khem et ses chevaux. C'est la fin de l'après-midi, le soleil est bas sur l'horizon. Nous découvrons une campagne peuplée d'animaux bariolés de couleurs vives, de préférence rose fuchsia et turquoise : des vaches quadrillées, des ânes transformés en zèbres, des chèvres à la barbiche rose, des bœufs à pois roses et bleus assortis aux cornes à rayures ! C'est la fête de Diwali qui vaut aux animaux ce coloriage psychédélique. Diwali, la fête de la lumière, commence le premier jour de la nouvelle lune et dure cinq jours. On vénère Lakshmi, la déesse de la joie, de l'abondance et de la prospérité ; maisons et commerces sont rénovés et tout doit être lumineux pour attirer la générosité de la déesse. À la tombée du jour, des feux, des bougies et des lampes sont allumées, des guirlandes de fleurs déployées, des pétards et des feux d'artifice éclatent.

Au calme dans une clairière de la forêt, près d'un pavillon de chasse un peu décati, Bagha-Ka Bagh, le « jardin des Tigres », nous découvrons enfin nos montures. Dans le clair-obscur du crépuscule, on distingue nettement les oreilles en forme de lyre des chevaux marwaris, à l'attache sous de grands arbres. Paisibles, ils se laissent approcher sans sourciller. Le personnel, nombreux et affairé, rassemble le fourrage, fait passer des seaux d'eau, peaufine le pansage. Ah, la bonne odeur des chevaux, mêlée à celle d'un feu qu'on vient d'allumer, la paix de la forêt, le ciel couleur de pêche mûre.

Un camp a été dressé pour nous. Je crois à une hallucination : les tentes, à rayures bayadères, sont hautes et spacieuses, façon plages normandes 1900 ou même camp du Drap d'or. De vraies chambres avec tapis, lits de camp et matelas, des tentes toilettes, des tentes douches... J'avais choisi la formule « campement » par souci de simplicité mais je comprends qu'elle est ici beaucoup plus luxueuse et compliquée que les hôtels.

Des tapis sont déployés pour des musiciens : flûte double, le *satara*, le *kamayacha*, sorte de vièle rustique à sept cordes, guimbarde, cymbales et tambour. Précédées par un homme vénérable à longues moustaches blanches et turban rouge vif, des chanteuses et de jeunes danseuses apparaissent dans la lueur des flammes et de quelques flambeaux. Tous sont de la tribu des Garasias, l'une des plus anciennes populations de la région, qui vivaient dans la forêt. L'homme, autrefois pisteur pour les chasses au tigre du grand-père de Khem, vient saluer le descendant avec émotion.

Tout est grâce, scintillement de robes et voiles aux vives couleurs, rouge, orange, turquoise, rose, vert, lapis-lazuli, bijoux aux chevilles, au front, à la narine, boucles d'oreilles et bracelets ; sons purs et envoûtants, arabesques félines, légèreté juvénile des pieds nus qui touchent à peine le sol... Nous sommes tous sous le charme.

Selon Khem, de tels divertissements sont fréquents dans les villages à l'occasion de mariages, de naissances et aussi de crémations. Tout est prétexte à se réjouir, au Rajasthan on aime la fête.

Concert d'oiseaux dans la jungle. L'aube a un parfum de jardin d'Éden. Enfin nous allons monter à cheval. Chaque palefrenier est responsable de deux chevaux ; il n'est pas question de régler nous-mêmes les étrivières ; très fiers de leur mission, les palefreniers seraient chagrinés s'il nous arrivait d'empiéter sur leurs prérogatives.

Nous montons des chevaux de polo du club d'Udaipur et des marwaris, plutôt petits (1,40 m à 1,50 m), bien mis et assez vifs. Khem ouvre la marche sur un fringant alezan. Avec son allure de joueur de polo, calme et réservé, élégant et sobre, il séduira tous les cavaliers (et les cavalières) par son professionnalisme, sa culture et son extrême gentillesse. Les monts Arawallis sont peut-être la plus vieille formation géologique du monde, mais ce n'est plus la jungle épaisse de naguère. Les tigres ont disparu et la saison est sèche, beaucoup d'arbres perdent leurs feuilles. La piste mène à une petite route qui grimpe en lacets au-dessus de la forêt vers la forteresse de Kumbhalgarh, dont les 35 km de remparts et de tours de guet épousent les crêtes environnantes. Après avoir franchi forêt et ravins, nous sommes face à quatre portes fortifiées ; elles sont disposées en chicane pour arrêter les attaquants et empêcher les charges d'éléphants. Les jeeps de l'intendance nous attendent à l'intérieur des impressionnants remparts : leur largeur permettrait à cinq cavaliers d'y chevaucher de front.

Nos montures sont gardées par les palefreniers tandis que nous grimpons sur des rampes empierrées. La plupart des bâtiments anciens, temples et palais, sont en ruine, mais trois autres portes fortifiées gardent farouchement l'accès aux ultimes retranchements de la forteresse. Au sommet, sur les vestiges du XVe siècle, un palais a été érigé au siècle dernier, le « palais des Nuages » ; les appartements royaux désertés offrent un panorama magistral sur la chaîne des Arawallis. Kumbhalgarh communiquait par signaux de feux avec le fort de Jodhpur, éloigné de 120 km vers le nord.

Avant de remettre en selle, petite incursion dans le temple dédié au dieu de la destruction Shiva, au milieu duquel trône en majesté le phallus ou *lingam*, symbole de la création d'un monde nouveau. La monture de Shiva, une très belle sculpture du paisible taureau blanc Nandi, l'attend à la sortie du temple… comme nos chevaux.

Un vieux chemin empierré descend en lacets jusqu'au pied des Arawallis. Le palais des Nuages se profile en contre-plongée sur le ciel. Dans les replis les plus sauvages du sanctuaire vivraient encore lynx et panthères. Nous devrons attendre une incursion dans le parc national de Ranthambore, après la randonnée, pour assister, à quelques mètres de nous, à la chasse d'une tigresse rapportant une proie à ses deux petits. Ici, nous voyons surtout des singes, des écureuils palmistes, des perroquets verts et des paons peu farouches. Plus bas, dans les dernières collines, de sombres antilopes nilgaï nous observent avec curiosité.

Sur le chemin dallé et pentu, les chevaux trottinent. Oreilles couchées, ils manifestent leur mauvaise humeur et surveillent leurs congénères. Enfin le relief s'apaise, la piste devient herbeuse et longe une rivière, le sous-bois frais redonne le moral aux chevaux. Nous tentons un galop ; ils partent à la première sollicitation et se cadencent aisément. Cavaliers et montures trouvent un rythme régulier, belle détente pour tous.

Le grand-père de Khem Singh Rathore était le *thakur*, le grand chef de Ghanerao, « régnant » sur vingt-deux villages prospères ; le père de Jodh Singh était son fermier. Pour services rendus, le fermier reçoit de son *thakur* une terre, en propriété. C'était avant la création de l'État indien. En 1949, les royaumes du Rajasthan choisissent librement de rejoindre la toute jeune Union indienne indépendante, renonçant à la propriété et aux revenus de leur territoire. En contrepartie, l'État indien inscrit dans la Constitution que les princes recevront annuellement une rente correspondant à un pourcentage de l'impôt levé dans leur ancien territoire. Mais, en 1970, Indira Gandhi supprime ces privilèges, ce qui laisse nombre de princes sans ressources. C'est le cas de la famille de Khem, alors que Jodh, le fils de l'ancien fermier, dispose d'une jolie propriété où il se consacre, entre autres, à l'élevage de chevaux marwaris, ceux-là même que nous montons.

Au pied des Arawallis, le terrain plat et sablonneux est idéal pour de longs moments d'allures vives sur les chemins sinueux entre les champs. Un vrai plaisir, sauf pour les derniers cavaliers, qui doivent garder de bonnes distances pour éviter le nuage de poussière. Les cultures de lentilles, millet, sorgho, pois chiches et oléagineux comme l'arachide et la moutarde dépendent beaucoup de l'irrigation. Quand l'espace est complètement ouvert, nous galopons de front ou en slalom entre les acacias qui couvrent les terres non cultivées.

Partout, les grands arbres subissent un élagage sévère : le feuillage nourrit les troupeaux et le bois est prélevé pour cuisiner. Afin d'épargner les arbres nobles, comme le khejra qui étire ses racines jusqu'à la nappe phréatique, des graines d'acacias d'Australie ont été semées par avion. L'arbre s'est bien implanté, se renouvelle rapidement et fournit le bois pour cuisiner.

Les villageois, habillés du traditionnel *dhotî-kurta* blanc, veste et pantalon drapé, sont coiffés d'un volumineux turban, de couleur vive, noué de multiples façons. Avant la Constitution de 1947 (qui déclare que tous les Indiens sont égaux en droits), couleur et agencement du turban révélaient l'appartenance à une caste.

Ces habitudes ne sont pas vraiment oubliées : tous les forgerons que j'ai vus portaient le turban rose vif de leur caste. Au XVe siècle, ces Lohars avaient fabriqué les armes de la forteresse de Chittor, assiégée et prise par le moghol Akbar. Les survivants se sont juré de ne plus fabriquer d'armes et de ne plus dormir dans une maison ; devenus nomades et parias, ils continuent à camper en bordure des villages, fabriquent et réparent toutes sortes d'ustensiles. Leurs magnifiques chariots seraient identiques à ceux du XVe siècle, on dit qu'ils pourraient être les ancêtres des Roms.

Les hommes aiment arborer de prestigieuses moustaches, un bijou à l'oreille ou un pendentif en argent indiquant leur lignée, mais le véritable enchantement de la campagne ce sont les femmes, vêtues du traditionnel sari aux couleurs chatoyantes. Elles travaillent dans les champs, ramassent des fagots, portent sur la tête des jarres de terre ou un échafaudage de récipients de cuivre contenant de l'eau. Même dans les activités les plus banales, elles sont parées de bijoux et ont des allures de déesses. Leurs gestes et leurs attitudes ont une grâce naturelle, leurs visages sont rieurs, leurs regards, magnifiques ; elles portent au front la *tika*, point rouge qui témoigne de leur foi hindoue. Nous échangeons des *namasté*, les mains jointes. Si nous mettons pied à terre aux grands abreuvoirs au milieu du village, attendant notre tour derrière vaches, brebis ou chèvres, d'incroyables attroupements se forment. Les femmes veulent nous voir de près, nous détaillent en s'esclaffant, cherchent à nous toucher. Les chevelures frisées les intriguent. Elles veulent essayer nos gants, nous montrent leurs bijoux et les paumes de leurs mains décorées de fins motifs de henné ou, avec fierté, les bébés qu'elles portent dans le dos. Ils ont les yeux soulignés de khôl pour éloigner les insectes. Aucune timidité, pas un geste déplacé ni de mendicité, simplement une curiosité pleine de gentillesse.

En fin d'après-midi, nous approchons de Ghanerao, le village natal de Khem ; à la piste de terre succède un dallage de grandes pierres patinées. C'est l'heure animée où les troupeaux reviennent vers les étables, poussière dorée dans les rayons obliques du soleil. Déjà les lampions de Diwali s'allument, flûtes et tambours des orchestres ambulants s'accordent. Au bout de la rue principale, nous entrons sous un porche monumental : comme dans tous les palais, sa hauteur est prévue pour le passage d'un éléphant portant un palanquin. Nous mettons pied à terre à l'ombre de grands arbres, sur la pelouse de la demeure familiale de Khem, où nous allons passer la nuit. Le palais est impressionnant : un perron sous des arcades, deux étages de loggias ouvragées ; des pans de murs sont peints en ocre soutenu, mais la plupart sont blancs et révèlent, en longues traînées noires, l'humidité des moussons. Impossible pour de telles surfaces d'assurer les peintures annuelles que nécessite le climat. Faisant face au palais, des stalles de grande taille sont séparées par des colonnes : les « écuries » des éléphants, et, plus loin, celles des chevaux.

L'oncle de Khem, le maharana Ragendra Singh Rathore, maître des lieux, nous invite à prendre le thé au premier étage, sur une terrasse ensoleillée, gazon bordé de galeries autour d'un petit pavillon de marbre blanc où tout est raffinement : colonnes et chapiteaux sculptés, arcs polylobés, balcons de dentelle.

En même temps que l'indépendance, le peuple indien a gagné le droit de vote ; tous, y compris les anciens parias, peuvent désormais choisir leurs représentants, et Ragendra Singh Rathore a été élu par les siens ; qui mieux que lui connaît leurs problèmes ? Si sa famille est désargentée, il peut, grâce à sa fonction d'élu, continuer comme ses ancêtres à veiller sur les écoles, électrifier les puits, entretenir chemins et canaux d'irrigation. Ragendra Singh Rathore a le sourire serein et réservé de celui qui est en accord avec son destin.

Par un incroyable labyrinthe des couloirs et d'escaliers, nous découvrons nos chambres dans l'ancien *zenana*, les appartements des femmes. Depuis que son revenu a été supprimé par Indira Gandhi, la famille ne possède plus que le palais, dont elle loue les chambres avec un minimum d'aménagement, faute de moyens. Mobilier et décoration, tout est resté « dans son jus », comme au temps du grand-père *thakur.* Une table monumentale trône au milieu de la vaste salle à manger ; sur les murs, des armes, des portraits d'ancêtres moustachus et enturbannés, drapés de manteaux de brocart et couverts de bijoux ; des photos sépia évoquent les chasses au tigre, les éléphants portant des palanquins. Des fresques pleines d'action illustrent des chasses au sanglier où le cavalier est armé d'un long épieu. Vieilles horloges et fauteuils club à l'anglaise règnent sur un silence de Belle au bois dormant. Peut-être les fantômes de la vie passée chuchoteront-ils cette nuit dans les couloirs et les jardins ?

De longs chemins, à travers les buissons d'*anwal* à fleurs jaunes et entre des éboulis de granit patiné, nous conduisent vers la rivière Magai Nadi. Bordée d'arbres majestueux, elle descend des Arawallis et nous mène à l'exceptionnel ensemble de temples djaïns de Ranakpur.

Le temple d'Adinath est le plus extraordinaire : une cathédrale de marbre, un joyau unique érigé au XVe siècle. Adinath est le premier des *tirthankara*, les saints de la religion djaïn, qui ont atteint l'illumination et montrent le chemin aux hommes. Coiffé d'une multitude de dômes et de hautes tours, le temple repose sur une base monumentale et massive. Nous gravissons un escalier pour atteindre le premier niveau du sanctuaire, et là, c'est le choc : tout est en marbre blanc, une forêt de près de mille cinq cents piliers ciselés à l'extrême, une profusion de motifs architecturaux, coupoles, frises, consoles, encorbellements sculptés en volutes et statues innombrables. La lumière pénètre de tous côtés, dans une trentaine de salles et sur trois étages. Reflétée par le dallage et les colonnes, elle rebondit à l'infini en intensités différentes, donne vie aux dentelles de marbre et fait danser les statues, qui semblent illuminées de l'intérieur, presque translucides, couleur ivoire. Les fidèles en saris chatoyants et turbans colorés qui apparaissent entre les piliers de marbre colorent la lumière : sentiment d'harmonie intemporelle.

Contraste saisissant : les petites chapelles dédiées aux saints, les *tirthankara*, sont sobres, statues figées en position de lotus, regard fixe de nacre et d'obsidienne.

Le jaïnisme, né en même temps que le bouddhisme (vers 500 av. J.-C.), lui est très apparenté mais, plus exigeant, il enseigne l'ascétisme et le respect de toute forme de vie. Les djaïns sont végétariens au point de filtrer l'eau qu'ils boivent et l'air qu'ils respirent, portant un masque sur la bouche, pour ne pas tuer les animaux microscopiques, et balaient devant eux pour ne pas écraser les insectes. Leur communauté est riche et influente car, ne pouvant être éleveurs, ils sont surtout commerçants, banquiers ou bijoutiers.

À l'extérieur des temples, nous retrouvons les jardins, le chant flûté des bulbuls, des cascades de bougainvillées, des allées de palmiers, des colonies de singes langours et nos chevaux qui attendent patiemment à l'ombre.

Je garde un souvenir mémorable d'un campement, à Khutani, sur une très grande plage déserte de la rivière Bandi, élargie en lac entouré de vasières. Au coucher du soleil, une nuée bruyante de grands oiseaux dessine dans le ciel une calligraphie mouvante de larges courbes tantôt pleines, tantôt étirées jusqu'au trait : des centaines de grues de Sibérie en migration fondent vers nous, ralentissent leur vol, descendent leurs longues pattes et se posent sur la plage humide dans un vacarme de cris assourdissant, presque menaçant. Arrive une autre formation en V et d'autres encore, le ciel est envahi des battements d'ailes de ces grands oiseaux, dont l'envergure dépasse largement deux mètres. Ils sont des milliers à trouver place sur les bancs de vase humide qui bordent le lac, élégants sur leurs longues pattes qui les hissent à plus d'un mètre.

Aux premières lueurs de l'aube, la plage était déserte.

Aux campements « façon maharadjah » j'ai préféré la formule, beaucoup plus simple, de nuits passées, au cœur des villages, dans des palais-hôtels tantôt modestes, tantôt plus luxueux. Les familles qui nous accueillent, toutes passionnées de chevaux, ont des écuries. Nous pouvons nous promener en fin de journée dans les villages et nous mêler à l'animation des rues ou, au centre du village, assis sous le pipal sacré en compagnie de sages enturbannés, regarder la vie défiler: troupeaux s'abreuvant à l'étang, baignades des buffles, volailles et chiens vagabonds, vols criards de perruches, appels lointains des paons dans la colline, jeux d'enfants, femmes portant l'offrande du soir vers les temples.

Le modeste palais de Kotri, où nous sommes logés, appartient à un oncle de Khem; le fils de la maison, champion de polo, élève des chevaux marwaris. Le soir, dans la cour de la demeure, Jodh Singh nous offre le spectacle de son célèbre cheval Ali Baba; un magnifique marwari noir de jais, connu dans tout le Rajasthan et le Penjab, où ces représentations sont populaires. Travail monté à cru et surtout en main: subtils changements de pied et d'allures, courbettes, pirouettes, salut genou en terre, etc. Du dressage tout en douceur. Quelques bougies et flambeaux jettent des lueurs furtives sur les regards émerveillés des enfants et les visages attentifs des villageois assemblés sur les murs et dans la cour du palais.

Le village de Rawla Narlaï est un précipité de lieux de pèlerinages, un repaire de temples entourés de collines granitiques. Le palais-hôtel où nous nous arrêtons s'ouvre sur une placette qui héberge trois temples. La nuit tombe et l'air est tiède, mais Khem nous invite à nous munir d'un pull. Une surprise nous attend. Arrive un attelage de bœufs tirant un chariot rustique mené par un villageois en turban rouge, puis un deuxième, un troisième, autant que nécessaire pour le groupe ; nous montons par deux à bord de ces chariots brinquebalants et nous asseyons à même le plancher. Ils sortent du village et nous emportent dans la nuit noire. De loin en loin, une lanterne vacille. Dans le ciel triomphent les radieuses constellations d'hiver : Pléiades, Taureau, Orion.

Sur le chemin souple et sablonneux, des senteurs végétales nous arrivent par bouffées. Nous parcourons un kilomètre, peut-être deux ? Enfin des petites lumières éclairent une citerne monumentale en beaux appareillages de pierre, des escaliers, une grande roue pour puiser l'eau. Des feux sont allumés dans une clairière devant un ensemble de cénotaphes. Nous quittons nos attelages pour des sièges confortables, des musiciens nous accueillent, des chanteurs et bientôt des danseuses. Désorientés par la longue marche dans l'obscurité, nous sommes dans un petit nid de lumières au milieu de la nuit. Le ciel se couvre, une rafale de vent couche les flammes et éteint les bougies. Presque aussitôt, une pluie violente crépite. Seul refuge, les kiosques des cénotaphes. Nous voilà en tête à tête forcé avec les stèles représentant les défunts à cheval, sabre au clair. L'averse est brève, les feux sont ranimés, musique et danses reprennent, le programme s'achève sous un ciel à nouveau criblé d'étoiles.

Chevauchant toujours vers le nord en direction de Jodhpur, nous nous écartons des Arawallis et approchons du désert de Thar. Ce sont maintenant des dromadaires qui labourent, portent des charges et tractent des charrettes. Les agriculteurs font place aux bergers Rabaris, dont les moutons et les chèvres se régalent des jeunes feuillages d'acacias. Armés d'une longue perche, ils sont vêtus du *dhotî-kurta* blanc, aux pantalons parfois brodés de motifs naïfs ; turban rouge écarlate très volumineux, pendentif-amulette en argent sur la poitrine.

En dépit du sol plus aride, de grands arbres sont florissants. Nous arrivons chez les Bishnoïs, une communauté très originale dont la philosophie de vie est fondée sur la paix et l'harmonie entre les hommes et la nature. Les Bishnoïs nourrissent les animaux sauvages, tout particulièrement les gazelles chinkaras, nullement effarouchées par notre présence. La chasse et la déforestation sont interdites sur leur territoire. Végétariens, ils pratiquent l'*ahimsa*, la non-violence, qui respecte non seulement la vie animale mais aussi les arbres verts. Pour la construction ou le chauffage, ils n'utilisent que du bois mort, et ils se font enterrer à même la terre pour économiser le bois de la crémation ou du cercueil.

Nous passons dans leurs modestes villages, maisons de pisé et toits de tuiles, façades blanches et grands aplats ocre rouge. Trottoirs et cours intérieures sont d'une propreté irréprochable ; les murs en pisé façonné à la main, ont des formes arrondies très douces. Les linteaux des portes d'entrée sont supportés par deux sculptures représentant une tête de cheval ou un cheval cabré.

Il nous arrive, en pleine campagne, de trouver des modestes autels à un dieu-cavalier protecteur des pauvres et très populaire : Baba-Ramdevji, dont la statue est entourée de petits chevaux de bois ou de terre cuite.

Au fil des randonnées, nous ne montons désormais que des chevaux marwaris. Les cavaliers apprécient ces chevaux élégants et équilibrés, attentifs aux ordres, confortables à toutes les allures, ayant un excellent pas et un bon caractère. Le marwari descend d'un cheval indigène croisé d'arabe et sans doute d'akhal-téké. Sa période de gloire fut celle de la cavalerie des Rajput, à partir du XIIe siècle, où ils étaient sélectionnés sur leur mobilité pendant la bataille, la loyauté envers leur cavalier, le courage et la bravoure au combat.

Une année, je me suis vu attribuer un merveilleux cheval ambleur, un cheval volant. Il m'arrivait de rester à l'amble quand tous les autres étaient au grand galop. Robert m'a demandé s'il pouvait l'essayer. J'ai différé mon accord, imaginant trop bien la suite de l'histoire. « OK, je te le prête », lui dis-je un matin. Évidemment, Robert se régale, et quand je redemande ma monture il me répond : « Tu sais, il y a parfois des prêts à long terme. » Il l'a gardé un peu plus, puis d'autres ont voulu aussi le monter, c'était une belle expérience pour chacun et j'ai retrouvé mon ambleur volant seulement pour l'ultime étape.

Nous avons passé la nuit au bord d'un lac immense dans l'incroyable palais de Sadar Samand, construit vers 1930 par le maharadjah de Jodhpur dans un style Art déco très pur, insolite dans l'environnement traditionnel du Rajasthan. C'est dans cette ambiance intemporelle que Catherine et Vania nous ont offert un aperçu de leur talent de comédiens ; les applaudissements n'ont pas été aussi nombreux qu'au « Français », où Catherine enthousiasme le public mais nous étions transportés. Le matin, depuis une terrasse, j'ai une vision des jardins très structurés avec de loin en loin les chevaux immobiles, tenus par leurs palefreniers. *L'Année dernière à Marienbad* version Rajasthan.

L'ultime palais est celui de Rohet, sur les rives de la Reria. Les fresques qui se répondent de part et d'autre de l'entrée monumentale rappellent la précision d'une bande dessinée : chevaux et cavaliers en tenue de parade, portant oriflammes, pelotons de fantassins brandissant les insignes des armées, éléphants peints et richement harnachés soutenant de somptueuses nacelles, dromadaires, attelages de bœufs…

Nos chevaux sont en grande forme pour les dernières longues étapes sur des chemins propices aux allures vives. L'ultime journée nous offre d'inoubliables galops tout-terrain, des rencontres avec gazelles et antilopes, grues antigone à tête écarlate, outardes et perdrix des sables. Aux premières dunes du désert une expérience nouvelle nous attend dans le petit village de Chotila.

Un quatuor arborant moustaches poivre et sel et turbans imposants nous reçoit à l'intérieur d'une modeste maison dans une pièce nue, bleu lavande. Assis devant un petit matériel hétéroclite, ils nous convient à la « cérémonie de l'opium », une tradition festive pour accueillir des invités. Accompagné de ses acolytes, l'hôte souhaite la bienvenue sur un ton récitatif puis dispose, dans un petit entonnoir de toile, un concentré d'opium sur lequel il verse lentement de l'eau, qui se charge au passage de principes actifs. S'étant lavé les mains, l'hôte verse dans sa paume l'eau recueillie sous le filtre et les invités boivent, dans sa main, à trois reprises, après avoir dispersé quelques gouttes vers les dieux. Khem nous explique que le rituel traduit une confiance réciproque (il serait aisé d'empoisonner un ennemi).

Nous nous observons pour guetter l'effet de la potion... En réalité, nous nous sentons légers et euphoriques, comme après quelques coupes de champagne. Cette ébriété dissipée, nous savourons les galops soyeux que nous offrent les chevaux sur les plages vallonnées de la rivière Luni avant de nous déposer à bon port, à Fort Chunwa.

Nos montures, complices de moments inoubliables, vont repartir vers leurs écuries. Frustration « en pointillé » de ne pas avoir, comme d'habitude, soigné nous-mêmes nos chevaux.

Saluant Khem et son équipe, nous prenons congé de vrais professionnels qui nous ont introduits avec générosité dans leur univers. Une page se tourne.

Nous allons prendre, à Jodhpur, le train de nuit jusqu'à la cité de Jaisalmer. Le départ étant à 23 heures, nous avons le temps de visiter la forteresse de Mehrangarh. Monumentale citadelle ocre rouge, ses remparts prolongent le socle rocheux sur lequel elle est érigée. Comme dans toutes les forteresses rajput, sept portes en chicane défendent l'accès. Près de la porte Loha, des empreintes de mains peintes en rouge : celles de quinze *sati*, les épouses et favorites parées comme au jour de leurs noces, qui se sont immolées sur le bûcher de leur royal époux défunt. Elles apposaient la marque de leur main, en quittant la demeure, persuadées que, par leur sacrifice, elles deviendraient protectrices des lieux. En dépit des lois qui l'interdisent, Jodhpur connut un dernier grand *sati* royal en 1953.

Du haut des remparts, la vue est prodigieuse ; au loin, dans le moutonnement bleuté des Arawallis, je cherche en vain le château des Nuages de Khumbalgarh, perdu dans la brume.

Le train de nuit pour Jaisalmer est une aventure inconfortable ; la récompense, c'est arriver à Jaisalmer quand la ville s'éveille et être les premiers, au lac de Gadi Sar, à admirer la ville de grès jaune, dorée par le soleil levant. Vaisseau fortifié au sommet d'une butte, Jaisalmer domine le désert de ses doubles remparts aux multiples bastions crénelés. Au premier plan, le lac est bordé de gracieux pavillons et sanctuaires, et déjà les femmes, papillons de couleurs, viennent puiser l'eau, provoquant des envols de pigeons et de tourterelles.

À la fin du XVIe siècle, l'eau du Gadi Sar fait de la ville une étape prisée par les caravanes de chameaux, entre le Moyen-Orient et l'Asie centrale. Les taxes et péages prélevés sur les chargements d'épices, opium, musc, or, argent ou ivoire ont scellé la prospérité de la ville et de ses marchands. Ils construisent temples, palais et maisons à l'architecture d'un raffinement extrême. L'arrivée des Britanniques, avec leurs voies ferrées et le commerce maritime, change la donne et met à mal la suprématie des caravanes. Le coup de grâce, en 1947, est la création de deux États indépendants : l'État indien, hindouiste, et le Pakistan, musulman. La frontière ouest avec le Pakistan est fermée ; Jaisalmer, cul-de-sac dans le désert, s'endort dans la beauté intacte de ses années de splendeur. La ville connaît une prospérité nouvelle grâce aux touristes, qui se précipitent vers la mythique citadelle du désert où flotte une intemporalité proche du rêve.

J'aime ce rendez-vous avec la cité des sables à chaque randonnée au Rajasthan et je suis heureuse, le premier jour, de partager avec les cavaliers toutes les connivences que j'y ai devinées ; le lendemain ils navigueront seuls. Je leur fais caresser le galbe des énormes blocs de grès des remparts polis par les siècles, lisses comme du marbre, assemblés sans mortier, la magnificence des temples djaïns, la grâce de marbre des *apsaras*, musiciens et nymphes célestes ; sur la grande place des palais, je leur raconte les effroyables *johar* (quand la citadelle était prise par l'ennemi, c'est ici que les femmes et les enfants se jetaient par milliers dans de grands brasiers). Plus récentes, les *haveli*, maisons de marchands et banquiers richissimes, dont les façades ne sont que balcons, loggias, coupoles et dentelles de pierre aux motifs innombrables. Je connais les bazars aux marchandises les plus improbables, je sais où trouver tissus rebrodés de miroirs, soieries éclatantes, cotonnades imprimées à la main, et aussi les sculpteurs de pierre, les antiquaires, les cavernes d'Ali Baba où les bijoux d'argent s'achètent au poids, les cafés terrasses tranquilles dans les étages avec des vues secrètes, et les placettes où des musiciens de rue jouent, pour quelques roupies, de la vièle, du tambour et des claquettes de bois. Je les perds dans le labyrinthe des plus jolies ruelles entre des vaches patibulaires, des écoliers proprets, des marchands ambulants de fruits et légumes, les familles qui prennent le frais sur les hauts perrons de pierre patinée. Des nuées de pigeons se logent dans les nids d'abeille des moucharabiehs de pierre, ils trouvent à leur goût les niches ouvragées prévues dans les façades pour les lampes à huile.

Au milieu de l'après-midi, nous allons à Bara Bagh, à quelques kilomètres de la ville, et nous sommes seuls. C'est là que sont érigés les cénotaphes des maharadjahs de Jaisalmer, une cité fantôme. Sous chaque coupole et arcade festonnée, une stèle évoque un défunt, glaive au clair et à cheval s'il est mort au combat ; devant les pieds du cheval, au bas de la stèle, les petites effigies féminines, mains jointes, deux, trois et jusqu'à huit, représentent les femmes qui se sont immolées sur le bûcher de leur époux.

Au loin, dans le soleil de l'après-midi, Jaisalmer flamboie d'une chaude couleur fauve.

En 2002, des éoliennes géantes sont apparues parmi les cénotaphes ; elles fournissent de l'électricité à la base militaire (les tensions avec le Pakistan entraînent le maintien d'une importante garnison à Jaisalmer). Pourquoi des éoliennes dans ce site, alors qu'alentour, des milliers de kilomètres de désert grillent au soleil ? Je rejoins Jean-Christophe Rufin (*Immortelle randonnée*) qui évoque « des machines violentes, arrogantes, maléfiques. Leur présence au milieu des champs ou sur les sommets produit un étrange sentiment d'effraction, de menace, comme si ces créatures échappées du monde industriel étaient venues envahir la nature encore libre ».

Cap sur la capitale du Rajasthan, construite au XVIIIe siècle par Jai Singh II, monarque érudit et amoureux des sciences. Il n'y a que la beauté absolue du Taj Mahal d'Agra qui surpasse les constructions princières de la ville de Jaïpur, l'incomparable palais des Vents et la magnificence moghole du vieux fort d'Amber. Jaipur recèle aussi l'ensemble exceptionnel du Jantar Mantar, le plus grand des observatoires astronomiques de pierre que fit construire Jai Singh II, au XVIIIe siècle, pour attirer tout ce que le monde comptait de savants. Nous évoluons entre les constructions géantes (la taille des instruments garantit leur précision) aux formes insolites de sculptures abstraites, épurées et futuristes. On se croirait dans une peinture de Chirico parmi les escaliers en quinconce qui débouchent sur le vide pour viser l'étoile polaire et les planètes, un cadran solaire de 30 m de haut et les coupoles célestes en creux dans le sol pour connaître le parcours du soleil dans le zodiaque… Astronomie et astrologie ont un rôle déterminant dans la culture hindoue. Au cœur de Jaipur, le Jantar Mantar est un espace fascinant figé dans un silence de pierre où le seul mouvement est l'ombre portée du soleil.

C'est en octobre-novembre, à Pushkar, pour la pleine lune de Kartik, qu'a lieu l'unique pèlerinage de l'année dans le seul temple consacré à Brahma (dieu créateur dans la trinité qu'il forme avec Vishnou et Shiva). La minuscule ville connaît alors une indescriptible effervescence religieuse.

Parmi les centaines de temples et palais d'un blanc immaculé, le temple à Brahma est le plus grand. Sous un petit portique, sa monture, le cygne Hamsa, l'attend depuis des siècles. Au bas des marches, un banian vénérable est le rendez-vous de tous les *sâdhu*, couverts de cendres, au regard clair et évanescent.

La foule dense des pèlerins présente un kaléidoscope de regards, sourires et couleurs de toutes les populations de l'Inde. Même flux croisé sur les escaliers des *ghat* qui descendent vers le lac sacré pour les ablutions et offrandes rituelles.

En même temps se déploie dans le désert la foire la plus extraordinaire du Rajasthan. Deux cent mille animaux, dromadaires, chevaux, vaches et buffles, autant de pèlerins et de marchands qui bivouaquent dans les dunes blondes. Des dromadaires vedettes sont parés comme des stars : licol multicolore, colliers de perles et amulettes, tontes fantaisistes, et motifs très élaborés en peinture noire sur le corps. Les chameliers, nimbés de volumineux turbans safran ou rouges sont gens du désert, ascétiques et peu expansifs, ils parlent à voix basse, ont des regards acérés et des sourires vrais.

Hennissements à la distribution d'une luzerne appétissante. Les chevaux sont entravés par les paturons postérieurs et leur fourrage est disposé loin vers l'avant ce qui les oblige, pour y accéder, à se camper étirant encolure et antérieurs. On considère ici que cette position les met en valeur. Près d'un millier de marwaris sont exposés en licols bigarrés agrémentés de pompons, colliers de perles, grelots aux pâturons. Toutes les robes, surtout bai et alezan, et des combinaisons infinies de pie. Les chevaux clairs sont décorés de motifs au henné.

Des acquéreurs potentiels essaient les chevaux pour tester leur docilité, leur rapidité, leurs aptitudes au dressage ou à l'amble. Si un accord est trouvé, les mains se rencontrent et souvent le vendeur partage avec ses compagnons quelques bouffées d'une pipe de substance qui fait planer.

Ailleurs un éléphant placide, embijouté au maximum, se laisse peindre d'arabesques et de fleurs, des pattes à la trompe avec un grand motif couvrant le front.

Quand le soleil décline, les ombres s'allongent, le sable se teinte de rose, de grands troupeaux de dromadaires s'éloignent vers la quiétude du désert. Les contours et les couleurs s'estompent dans une atmosphère poudrée, irisée ; une myriade de petits feux s'allument pour préparer un repas, des galettes, des chapatis, les petits groupes se resserrent, discutent des affaires de la journée, préparent un bivouac spartiate enveloppé dans une couverture.

Les odeurs animales, desséchées par le désert, n'ont plus rien d'agressif, simples présences mêlées aux effluves de fumée. Les dromadaires blatèrent longuement d'une voix rauque pleine de reproches, d'autres répondent à travers la plaine, de dune en dune se propage un chœur de plaintes déchirantes. Le soleil rouge plonge vers l'horizon topaze, les silhouettes deviennent ombres chinoises. Seuls brillent les feux et les premières étoiles. Les chevaux sont couchés. Le cliquetis des armes et l'inquiétude en moins, c'est à cela que devaient ressembler les campements des armées mogholes.

Russie, février 1995

Isbas, monastères et troïka

Très loin, au plus profond du secret de notre âme,
un cheval caracole… le cheval ! Symbole de force déferlante,
de la puissance du mouvement, de l'action.
David Herbert Lawrence

Décembre 1995. Sur le stand de Cheval d'Aventure, au salon du Cheval à la porte de Versailles, je reçois la visite de Patrick Lamerie. Cet aventurier à l'allure sportive et déterminée vient me parler d'un raid qu'il a organisé en Russie pour des troïkas, un événement unique pour je ne sais quelle marque commerciale. Puisque tous les contacts sont établis, il pense que cela peut être un beau projet de randonnée. Pourquoi pas ?

Moscou au départ, Saint-Pétersbourg pour terminer : de quoi ajouter ces petites bulles de tourisme par lesquelles j'aime compléter une découverte à cheval. Ce projet offre un autre attrait : la troïka peut embarquer trois passagers en plus du meneur. Des cavaliers vont pouvoir convier amis ou conjoint non cavaliers, à partager l'expérience d'une randonnée à bord de la troïka.

Gare de Moscou, le soir. Il y a comme une ambiance d'*Anna Karénine*, les trains sifflent et crachent dans le froid glacial d'énormes panaches de fumée ; une odeur rampante de charbon en combustion ; des silhouettes se pressent sur les quais verglacés. Le contraste est vif dès que l'on pénètre dans les compartiments, où règnent chaleur et confort ; au bout du wagon, le grand samovar propose du thé chaud à volonté.

Le train glisse dans la nuit noire et gelée, je suis bercée par le roulement régulier, métal contre métal, ponctué de cliquetis. Blaise Cendrars parlait du « broun-roun-roun des roues » du Transsibérien.

Aube glacée à Vologda (500 km au nord de Moscou), où Léon Kleev, le grand orchestrateur de la randonnée, nous attend. Petites lunettes dorées à la Tchékhov, chapka sombre, la mine avenante, il parle un excellent français et nous emmène découvrir la ville.

Sur la Vologda gelée, le trafic de skieurs est dense. Les bateaux figés le long des quais ont des allures d'épaves, les fumées des usines clament blanc sur bleu pâle qu'il y a une vie sous la chappe de froid. Devant le monastère-musée, une statue équestre de Constantin Batyuchkov, un poète local du XIXe siècle, faillit à la règle du « cheval piédestal » : le cavalier est pied à terre ; détendu, il tient les rênes souples et regarde son cheval pâturer paisiblement.

Des rues entières de grandes maisons de bois aux couleurs pastel, parfois vives, vert billard ou orange citrouille, rehaussées par le blanc des balustres, balcons, dentelles de bois, colonnades en encadrements de fenêtres. La maison habitée par Pierre le Grand et les intérieurs des demeures bourgeoises plantent le décor pour héros russes du XIXe siècle – on pourrait être chez Pouchkine.

Dans un supermarché nous dévalisons le rayon *valenki*, les bottes de feutre épais dans lesquelles il est impossible d'avoir froid aux pieds. Pourrons-nous chausser les étriers ?

Départ en bus pour cent kilomètres de ligne droite jusqu'à Zakozié dans une campagne immaculée aux arbres caparaçonnés de givre sous un soleil timide. Zakozié est un beau village d'isbas multicolores, où nous allons retrouver les chevaux. Eux aussi ont voyagé de longs kilomètres en camion depuis Tcherepovets, sur la Volga. Ce sont essentiellement des chevaux orlov ; ils viennent d'un musée vivant du cheval qui dépend de la municipalité. Natacha, responsable des écuries et de l'entraînement des chevaux, accompagne ses protégés et, secondée par Pacha, veillera sur eux pendant notre randonnée. Grande et blonde, l'allure sportive, un peu intimidée, elle retrouve toute son assurance auprès des chevaux et nous les présente, Léon traduit. Quelques-uns ont du sang tersky ou kabardin mais la plupart sont des trotteurs orlov, qui ont participé à des courses. Une bonne tiédeur équine plane dans les écuries : beaucoup de chevaux sont gris, le poil d'hiver est soyeux.

Caresser les encolures, sentir la chaleur humide sous la crinière, les naseaux qui effleurent mains et vêtements, confiance, regards expressifs. Première rencontre.

À l'extérieur, dans une clarté d'orange meringuée, la troïka s'entraîne et dessine des voltes sur la neige. Créé au XVIIe siècle pour les relais de poste et mis au point par l'armée russe au XVIIIe siècle, cet attelage à trois chevaux de front, qui pouvait parcourir jusqu'à cinquante kilomètres en une heure, était plus rapide que la poste de Napoléon. Le cheval central, le limonier, donne l'allure au trot allongé, tandis que de chaque côté les bricoliers sont au galop sur le pied intérieur, encolure incurvée vers l'extérieur. C'est la théorie ! Les alezans de Nikolaï trottent de front. Plus petits que les chevaux de sport, ces chevaux rustiques, proches des *viatka* de la Baltique, ont un cœur énorme et font une confiance totale à leur meneur. L'été, ils travaillent dans les champs ou transportent des marchandises.

Zakozié, le matin. Dûment équipés pour des froids polaires (il fait – 25° C), nous nous attablons dans une isba inondée de soleil ; une babouchka nous sert un thé bouillant de son grand samovar rutilant. La table est garnie de crêpes de riz et de pommes de terre, de *pirojki* fourrés de viande, de tarte aux airelles, de gâteaux… Nous comprenons que nous ferons l'étape d'une traite.

Enfin les chevaux sortent de l'écurie : la mise en selle se fera là, dans la rue ; la neige est épaisse et la circulation nulle. Il faut à chaque cavalier deux assistants : engoncés dans plusieurs couches de vêtements, nous manquons de souplesse ; les gants épais peinent à saisir la crinière et il faut en même temps s'extraire de la neige. Au fil des jours nous ferons des progrès.

Verkhome, « en selle » !

Une *duga* (traîneau à un seul cheval), menée par Patrick, et la troïka, menée par Nikolaï, arrivent attelées. Comme dans les gravures, le grand arceau de bois qui soutient l'extrémité des brancards est relié au collier et auréole le limonier tel un arc de triomphe. Nous voyagerons, à tour de rôle, dans les traîneaux.

Les cavaliers partent d'abord, au pas. Les chevaux s'ébrouent ; certains, stimulés par le froid piquant, soulèvent la croupe avec gaieté.

Nous occupons toute la largeur de la route droite, bordée d'une forêt effeuillée. La corne crisse sur la fine couche de poudreuse, les naseaux fument comme ceux de dragons en furie. La troïka et la *duga* nous rejoignent et prennent les devants. Quelle allure ! Nous leur emboîtons le trot, veillant à ne pas entraver la progression des attelages, moins manœuvrants que les chevaux montés.

Bonheur d'un présent suspendu : l'air bleu et vif est empli de paillettes de givre qui scintillent dans le soleil ; la longue foulée des chevaux orlov soutient la cadence des traîneaux. Quand les cavaliers reprennent le pas, ils se laissent distancer par les traîneaux jusqu'à ce que les attelages, à leur tour, fassent une pause et attendent au soleil. Nouveau départ groupé dans le paysage ouaté ; quittant la route, nous nous engageons sur une piste qui se glisse dans la forêt. Elle est sinueuse, offre de petites montées, des virages et de courtes descentes où les chevaux de la troïka prennent le galop – oserais-je parler de « montagnes russes » ? Nous nous amusons beaucoup de ces fantaisies de parcours : grimper face au soleil, descendre vers l'ombre bleutée, serpentine dans les bois. Pas une glissade, les chevaux connaissent la neige.

Je monte Macha, une jument alezan brûlé, parfaite : volontaire, confortable et docile. Tous les chevaux ont des allures superbes : on ne se lasse pas de regarder Paziomba allonger sa foulée de trot, robe baie sur fond de neige, aussi beau qu'une peinture de Svertchkov. La transpiration des chevaux se cristallise en givre, robe et naseaux sont saupoudrés de nacre.

Près du lac de Silverskoié, dont la rive est dessinée par des joncs desséchés, nous nous engageons sur la glace d'une petite baie pour couper jusqu'au hameau qui nous hébergera, en bordure du gros village de Kirillov. Des skieurs traversent à grands pas glissés, une bruyante bande d'enfants fait de la luge, des pêcheurs attendent la prise autour de trous d'eau vive, et les lavandières, agenouillées sur des planches s'activent, les mains dans l'eau glacée.

Sur la rive opposée, dans un brouillard diffus, apparaît le monastère fortifié de Kirillov. D'imposantes bâtisses blanches coiffées d'innombrables bulbes et clochers sont entourées d'un grand rempart, étayé de contreforts et garni de tours de guet.

Les chevaux sont dessellés dans une grange et nous bouchonnons vigoureusement leur poil fumant avec de la paille sèche. Natacha et Pacha ont disposé des seaux d'eau, les rations sont prêtes.

Dans le hameau, des *duga* trottent au milieu d'un incroyable trafic de piétons et de luges qui transportent les enfants, le linge à rincer dans le lac, les bidons d'eau, quantité d'autres marchandises… et aussi nos bagages !

Nous nous répartissons chez l'habitant dans trois isbas. Premier geste : se déchausser et épousseter la neige collée aux bottes de feutre avant qu'elle ne fonde. Léon facilite les premiers échanges avec les hôtes puis chacun se débrouille avec gestes, mimiques et sourires. Parmi nous Doris, qui parle russe, sera souvent sollicitée. Je partage l'hébergement avec trois autres cavalières. Nos hôtes, Galina et Vladimir, en âge d'être grands-parents, sont émouvants de gentillesse. Ils nous montrent le modeste cabinet de toilette et les lieux où dérouler nos duvets : une chambre et une petite soupente accolée au poêle qui ronfle. Au lieu d'être logé dans un sas d'entrée glacé comme dans les autres isbas, chez Vladimir le siège des toilettes est érigé dans l'étable des chèvres, sur un petit carré de plancher très propre, isolé des animaux par des barrières à claire-voie : sur le support du rouleau de papier un napperon et un bouquet de fleurs en plastique. On y est au chaud sous le regard curieux des chevreaux.

Nos hôtes viennent de Mourmansk, où ils ont cédé leur appartement à leurs enfants. Depuis la fin de l'État-providence, la vie coûte cher en Russie : les jeunes couples actifs, qui ne peuvent se payer un appartement en ville, occupent celui des parents, contraignant ceux-ci à se réfugier dans l'isba de campagne où ils venaient à la belle saison.

Galina nous convie à un délicieux goûter de tartines à la confiture d'airelles, puis nos hôtes allument leurs deux télévisions et ne comprennent pas notre peu d'intérêt. Alors nous reprenons la conversation grâce à Aurelia, une jeune Française en séjour linguistique qui parle le russe. Galina nous observe, boit nos paroles et demande plusieurs fois : « Parlez-moi de votre vie de femmes libres. » Elle insiste pour connaître nos professions, essaie d'imaginer comment il est possible de décider seule de sa vie, de voyager, de ne pas avoir de mari.

Une fois de plus, je mesure le sort injuste de la plupart des femmes. Sans parler des pays qui pratiquent honteusement l'avortement sélectif ou l'infanticide si le bébé est une fille, même dans les pays dits *civilisés*, seule une minorité de femmes peuvent être indépendantes, étudier, agir et croire selon leur choix, exprimer leurs pensées librement, être soignées si elles sont malades et respectées pour elles-mêmes. Et pourtant c'est le courage et l'énergie des femmes, bien souvent, qui font avancer l'humanité.

L'isba d'Ivanovna et Vassiliy, la plus spacieuse, est le lieu de ralliement pour les repas et celle où est organisé le *banya*, le sauna à la russe. Cette tradition du bain de vapeur est une merveille !

Au fond du jardin, une petite cabane en rondins. Un sas glacial à l'entrée pour y laisser les bottes, un étroit vestiaire pour se déshabiller et, enfin, le cœur du *banya*. Dans une bonne odeur de pin, la pièce est envahie de vapeur, les volutes s'échappent d'une marmite géante posée sur un feu de bûches, l'eau bout à gros bouillons et entretient dans la pièce une température de 80° C.

Après une journée de froid polaire, prisonnier de multiples couches de vêtements, le corps respire, la peau se déride. Grâce à quelques récipients c'est la grande toilette, et quand la peau est cuite à souhait c'est le moment de plonger dans la poudreuse, de se rouler dans la neige sans la moindre sensation de froid, seulement une fraîcheur délicieuse après avoir eu trop chaud. Retour dans le *banya*... jusqu'à ce que les suivants tambourinent à la porte. Avec la complicité de la neige, un quartier de lune inonde le jardin de lumière et mouche les étoiles.

Remis à neuf, nous nous rassemblons autour de la table d'Ivanovna et Vassiliy pour partager un premier verre de vodka, nous rassasier d'un repas copieux, commenter la journée, préparer celle du lendemain. Ce sera le rituel de chaque soir et la possibilité, grâce aux interprètes, d'échanger avec nos hôtes, souvent mis en gaieté par quelques lampées d'alcool blanc ou de liqueur d'airelle de leur fabrication.

Nous effectuons un parcours de six jours et passons deux nuits successives à chaque halte. La journée intermédiaire est une étape en boucle vers des monastères et des lacs pour le seul plaisir de la chevauchée ou de la glisse dans la neige.

Coiffé de sa parka en renard roux, vêtu d'un épais manteau et de bottes de feutre, Sacha sort les chevaux un à un de l'écurie. Ils sont heureux de retrouver l'air vif et passent prudemment près du bel étalon orlov gris pommelé, déjà attelé à la *duga*. Le cheval entier manifeste volontiers son autorité et son intérêt pour les juments. Nikolaï habille les trois chevaux, les attelle, ajuste un bracelet de brancard, dispose soigneusement les guides, sa troïka est fin prête : les trois alezans, attelés de front, sont impatients d'entrer en action. Les cavaliers retrouvent leurs montures, d'autres prennent place dans les traîneaux, jambes et pieds couverts par une peau d'ours. Bientôt la neige crisse sous les patins des traîneaux et sous la corne nue des chevaux, les isbas du petit hameau défilent.

Un grand soleil orangé s'élève lentement à travers les branches nues d'un bosquet de bouleaux. En ce matin de février, le mercure annonce – 15° C. L'étape commence par une traversée, dans toute sa longueur, du lac Silverskoié. Dos au monastère, la troïka donne le rythme d'un trot allongé ; chevaux encapuchonnés, trois alezans à liste blanche. Sur le même front, la *duga* et le bel orlov aux grandes foulées souples, tête et oreilles dressées ; les pompons de laine dansent au bout des brancards. L'haleine des animaux estompe les contours des équipages. Les cavaliers alentour font gicler la neige fraîche et semblent flotter sur un nuage poudré. En toile de fond, le grand monastère, ciel bleu pâle et soleil.

Gagnés par l'euphorie, nous multiplions les galops vivifiants sur les petites routes jusqu'à des congères inattendues qui occasionnent des chutes spectaculaires. Amorties, celles-ci sont sans gravité, mais entraînent des dégâts collatéraux inattendus : à la faveur de l'arrêt, il prend à d'autres chevaux l'envie de se rouler dans la neige. La jument d'Hélène est coutumière de bains dans la poudreuse.

Quand les chevaux ont retrouvé la chaleur de l'écurie, nous partons à la découverte du monastère de Kirillov. Fondé à la fin du XIVe siècle par le moine Cyrille et transformé en forteresse au XVIe siècle par le tsar Ivan le Terrible, ce monastère inscrit au patrimoine de l'Unesco est l'un des plus imposants de la Russie du Nord.

La babouchka francophone qui nous sert de guide (nous sommes les seuls visiteurs) nous fait passer religieusement sous un porche monumental pour pénétrer à l'intérieur des remparts ; la muraille (7 m d'épaisseur et 700 m de longueur) crée une ambiance militaire à peine adoucie par la neige feutrée. Une double galerie de grandes arcades court sur plusieurs côtés des remparts. À part un moulin à vent et une très vieille église en bois, toutes les autres constructions sont en briques chaulées, presque ton sur ton avec la neige : bâtiments monastiques, grosses tours fortifiées, cathédrale de la dormition et une douzaine églises à bulbes et innombrables clochetons. Des femmes emmitouflées se pressent à petits pas. Un office se prépare. Dans l'église, le pope allume des bougies devant des icônes dorées et pensives. Le chœur est caché aux fidèles par l'iconostase couverte d'icônes (le monastère en recélerait deux mille). Les plus belles sont dans le musée parmi d'intéressants objets liturgiques orthodoxes, un univers religieux aux parfums d'Orient et de Russie médiévale.

Une nouvelle étape va nous amener vers le petit village de Priosérie. Le chemin serpente de clairière en plaine éblouissante où la neige scintille de mille paillettes, les bouleaux irradient de givre comme enveloppés de cristal, les branches des sapins ploient sous les paquets de neige. Nous traversons des hameaux d'isbas, aux cheminées fumantes et toits festonnés de stalactites glacés.

À mon tour de voyager dans la troïka. Trois crinières ébouriffées, des croupes puissantes et trois belles queues alezanes dansent au milieu du paysage. Les chevaux y vont de bon cœur : ils fendent la neige comme à l'assaut, enveloppés de leur haleine fumante. Nikolaï mène, alors juste se laisser bercer par le glissement, le chuintement régulier des patins, le regard au ras de la couche de neige, hypnotisé par tant de blancheur, irisée comme l'opale.

J'ai essayé la *duga*. Les allures relevées et les longues foulées puissantes de l'étalon orlov offrent plus d'élégance, mais peut-être moins de stabilité, car le traîneau plus étroit tangue sur les accidents du terrain; j'ai ressenti plus de complicité avec un cheval unique.

Au village de Priosérie un labyrinthe de couloirs creusés dans la neige relie les vingt-trois isbas. Le soleil presque couchant enflamme les fenêtres et fait brasiller la neige des toits. Carte postale pour Noël.

Chats et chiens connaissent les passages, les pies et les grands corbeaux savent où picorer. Un hangar a été aménagé pour les chevaux dans un kolkhoze abandonné, abri aléatoire qui risque de se dégrader encore. La troisième année, Léon résoudra le problème par l'acquisition d'« écuries mobiles » : un petit chapiteau, un cirque miniature, et des stalles qui rayonnent en étoile autour d'un espace central réservé à la sellerie, à l'aliment et aux gardiens des chevaux.

Ekaterina tricote des chaussettes à quatre aiguilles, à la clarté de la fenêtre. Elle me fait visiter sa modeste cuisine, sort de son four la *kacha*, la semoule de sarrasin grillé, me montre fièrement sa chambre et ses conserves, son trésor de survie. Ici, l'été est consacré à la mise en conserve de tous les fruits et légumes du jardin, cueillis dans les bois ou achetés à bas prix au marché. Tout en conversant grâce à Aurelia, les mains noueuses de l'aïeule caressent le chat venu ronronner sur ses genoux. Le thermomètre entre les deux vitrages affiche – 13° C. Elle a beau sourire, un regard bleu, et pas une plainte.

Un pique-nique est prévu dans une clairière bordée de bouleaux. Léon a réquisitionné son ami Pyotr pour qu'il assure l'intendance avec sa motoneige. De grosses bûches flambent sous une casserole pleine de neige suspendue à un trépied improvisé; bouillante, ce sera l'eau du thé. Dans une autre marmite, de délicieux *pelmeni*, les raviolis sibériens, réchauffent à petit feu. Nous avons attaché les chevaux alentour, ils mangent des brassées de foin. Nikolaï, Sacha et Pyotr arrosent le repas de copieuses rasades de vodka, et nous nous mettons au diapason. « *Na zdorovié !* » bringue de cavaliers au fond de la taïga.

L'après-midi, en dépit du ciel bleu, le vent d'est s'est levé glacial, cinglant, faisant voltiger la poudreuse. De longs trots arrivent à peine à nous réchauffer, le temps paraît interminable, personne ne parle, mais chacun se dit : « Qu'est-ce que je suis venu faire dans cette galère ? C'est pas des vacances ! »

Et puis le vent est tombé aussi soudainement qu'il était survenu, et nous arrivions à l'étape à Ferrapontovo, près du lac Borodaevskoié. Le monastère, toits d'ardoises et clochers à bulbes, est perché sur une éminence. Nous arrêtons pour faire silence et écouter de longues minutes la sonorité parfaite du carillon.

Bien que l'église de la Nativité de la Vierge soit en cours de restauration, nous avons pu admirer quelques-unes des exceptionnelles fresques qui ont valu au monastère d'être inscrit au patrimoine de l'Unesco. Dionysius, un des très grands maîtres de la peinture médiévale russe, émule de Roubleev, a réalisé en 1502 la base de ses fresques *a tempera*, sur le plâtre frais. Les couleurs délicates, les silhouettes épurées et longilignes des personnages sont d'une grande élégance.

Dernière soirée à Ferrapontovo. Tous nos hôtes sont venus au repas d'adieu. Les cavaliers ont définitivement adopté le style de vie local : un *banya*, suivi de quelques rasades de vodka. Le poêle en maçonnerie au centre de l'isba diffuse une chaleur bienfaisante. Les visages exposés tout le jour au soleil et au froid offrent des pommettes rubicondes. Le repas est plantureux : bortsch, salade russe, champignons, poissons du lac et *chachlik*, vin de baies, tarte au fromage blanc et un gâteau pour fêter l'anniversaire de Jacqueline. Notre hôtesse, Ivanovna, au visage poupon et à la chevelure blanche, est fan d'Yves Montand, qu'elle a vu chanter à Moscou lorsqu'elle avait seize ans ! Elle nous montre les vinyles reliques et nous chante *Les Feuilles mortes* dans le texte, avec une ferveur adolescente.

On parle toujours un peu de politique et des grands bouleversements. Était-ce mieux avant ? maintenant ? Rien n'est tranché : il semble que les personnes âgées, au fond de ces campagnes, n'ont que faire d'un certain libéralisme et regrettent plutôt la sécurité de l'État protecteur.

Ivanovna décroche l'accordéon et lance quelques notes. Vassiliy, Sacha et Nikolaï commencent à chanter avec des voix un peu éraillées qui ne peuvent atteindre les notes les plus hautes. Grâce à Pierre, George, Jean-Jacques, Nicole… nous avons une belle chorale. Ivanovna, toujours souriante, joue indéfiniment les trois mêmes accords. Vassiliy puis Alexeï se mettent à danser et finalement presque toute l'assemblée est en piste. On se couche très tard. Pas une seule étoile, clarté diffuse de la lune derrière les nuages. Il fait très doux, – 5° C.

Pour la dernière étape, il neige sans un souffle de vent, de gros flocons serrés floutent le paysage. Adieux à tous les hôtes. Nous avons partagé plus que de bons moments. Nous disparaissons, dans la neige, silhouettes fantomatiques. Il n'y a plus d'horizon, les reliefs s'estompent, les chevaux gris se diluent dans le décor et les cavaliers sont comme assis dans le vide. Nous restons au pas car il faut franchir des ponts étroits qui nécessitent de dételer un des chevaux de la troïka. L'ambiance est cotonneuse, ouatée, silencieuse, sans même l'éclair noir d'une pie ou l'escorte d'un chien. Le recueillement de la nature s'accorderait bien avec la gravité mélodieuse des vêpres orthodoxes de Rachmaninov. Les villages font le gros dos, les chevaux avancent au ralenti, comme dans un rêve, jusqu'à Zakozié.

Accueillis dans l'écurie par Natacha, ils seront au chaud dans leurs stalles. Dernier pansage avec un bouchon de paille pour ces vaillants coursiers des neiges. Nous nous reverrons encore de nombreuses années.

Nous allons à Tcherepovets prendre le train de nuit pour nous réveiller à Saint-Pétersbourg dans la capitale de Pierre le Grand.

Tous les canaux et même le rivage de la mer Baltique sont gelés. Nous ne résistons pas à une bataille de boules de neige sur la Néva entre le croiseur Aurore et le Palais d'Hiver. La Venise du Nord se décline en couleurs enluminées de neige : bleu turquoise du monastère de Smolny et de l'Ermitage, jaune andalou du palais Menchikov, vert tendre du palais Stroganov, bulbes dorés et multicolores de l'église de la Résurrection… On imagine ces rues enneigées au temps des tsars, parcourues par de fiers chevaux et des troïkas rivalisant de fougue dans le tintement des grelots.

Chili-Argentine, 1996-2002

Grande traversée des Andes et Patagonie

Je vis un rêve d'enfant, celui d'assister chaque jour au travail des arrieros [...]. *De vrais hommes de chevaux, avec juste ce qu'il faut de poésie dans le cœur.*
Homéric (*Terre sauvage*)

Le Chili est ce pays étiré depuis les Tropiques jusqu'aux portes de l'Antarctique : 4200 km de longueur, pour une largeur moyenne de 200 km. Il est adossé au plus long système montagneux de la planète jailli de la pression colossale et inexorable des plaques tectoniques : la cordillère des Andes, 7000 km de la mer des Caraïbes au cap Horn.

Le Chili est aussi un formidable terroir de chevaux *criollos*.

I. La traversée des Andes (mars 1996)

Son nom est Liliana Astorga, mais on l'appelle Gordita (« petite grosse »). En espagnol, ce surnom affectueux ne définit en rien l'aspect physique ; Gordita, la maturité épanouie, est plutôt menue, bourrée d'énergie, déesse et diablesse, main de fer et regard de velours. C'est elle, la chef d'une incroyable expédition : la traversée des Andes à cheval, du Chili vers l'Argentine.

Nous allons rejoindre les chevaux, déjà convoyés au bout de la piste carrossable à rio Yeso, le point de départ de l'expédition. Comme Darwin, parti lui aussi de rio Yeso à la conquête des Andes avec mules et *arrieros*.

Grand attroupement autour d'un corral où sont rassemblés une bonne cinquantaine d'animaux : toute notre expédition. Nous sommes quinze cavaliers, ils sont presque autant dans l'équipe accompagnatrice de Gordita, soit trente chevaux. Dix-huit mules porteront bagages et ravitaillement pour une autonomie complète de douze jours ; une mule est dévolue au seul portage du vin et du *pisco*.

Les présentations se font dans l'action : Gordita attribue les chevaux, et les *arrieros* (les muletiers) nous les avancent dans la bonne humeur, heureux aussi d'être de l'aventure. Les uns après les autres, nous sommes en selle, des selles *recado,* le summum du confort pour le cheval et le cavalier, pas d'arçon rigide mais une superposition savante de tapis et de peaux de mouton.

Sans attendre la fin du chargement des mules, nous grimpons vers les hautes vallées de Vegas Amarillas. Plus de piste, pas de sentier. Nous suivons don Oswaldo Sépulveda, qui semble connaître la moindre combe, chaque éboulis, la plus petite tourbière.

La pente se raidit, les chevaux projettent leur encolure, plantent les antérieurs, se propulsent des postérieurs. Ils sont énergiques et sûrs. Nous gagnons rapidement de l'altitude, la vallée s'infléchit vers l'est, la végétation buissonnante et fleurie se raréfie. Soudain nous sommes devant le volcan San José, face aux séracs déchiquetés de langues glaciaires qui dévalent d'une mer de glace. Le cratère, à 6070 m, laisse échapper une fumée blanche.

Un discret replat, un vallon presque abrité, pâturage d'herbe jaune et drue, un ruisseau, quelques buissons : ce sera le camp du soir, à 2975 m. Chacun personnalise sa selle à l'aide d'un lacet, d'un ruban ou d'un foulard pour la reconnaître aisément. Les chevaux, dessellés, sont laissés sans licol, en totale liberté ; ils se roulent sur une plage de fin gravier. Après quelques croupades insolentes, ils se dispersent sur les pentes herbeuses. C'est la première fois que nous les voyons nus : parfaitement proportionnés, robustes, robes moirées au soleil couchant.

Don Lionel Figueroa, plus familièrement don Leo, mène le train de mules. Prestement déchargées et débâtées, elles se roulent à leur tour : beaucoup ont la raie de mulet sur le dos et les zébrures aux membres, libérées elles rejoignent les chevaux. Pendant douze jours, chevaux et mules auront pour seul aliment l'herbage. Ils auront ensuite du temps pour récupérer, car une telle expédition n'a lieu qu'une fois l'an, pour Cheval d'Aventure.

Les cavaliers sont pour la plupart les « découvreurs d'itinéraire », des passionnés de chevaux autant que d'aventure, capables d'affronter tous les terrains, tous les temps et contretemps. Ils ont l'œil pour trouver un terrain propice au bivouac, plat, sec, abrité. Ici, il faudra souvent faire du terrassement, pour niveler et enlever les cailloux. Les plus organisés sont déjà en route vers le torrent trousse de toilette sous le bras, ils reviendront avec du bois pour le feu.

L'équipe de Gordita est au moins aussi rodée : selles et bâts rangés avec leurs brides respectives, longues cordes d'amarrage lovées, bâches pliées, le tout est érigé en rempart presque circulaire formant un nid où ils dormiront cette nuit. Cette pratique est générale à tous les pays où nous avons des expéditions avec animaux de bât.

Un premier feu de buissons secs est allumé au pied d'un gros rocher à l'abri du vent, la douzaine de caisses de bois contenant le ravitaillement sont disposées en rond. Quittant chaps et éperons, la fougueuse cavalière est devenue « femme au foyer ». Gordita organise la cuisine avec maestria et embauche parmi nous des marmitons pour éplucher et détailler les légumes. De gros quartiers de viande sont débités en lanières, légèrement salés et posés au sommet de rochers. C'est notre provision pour toute l'expédition, l'air très sec de la cordillère va les déshydrater. Ce soir il y aura aussi potage de légumes, maïs aux herbes, *asado* d'agneau, fromage de chèvre et *vino tinto* Santa Rita. Je monte vers les chevaux. Leurs silhouettes paisibles au sommet d'une butte se détachent sur les cascades de séracs éclairées par les derniers rayons du soleil. Le spectacle de la nature vierge de toute trace humaine est toujours un immense bonheur et procure un rare sentiment de plénitude.

Le soleil disparu enflamme de légers nuages à l'ouest. À près de 3 000 m le froid est immédiat, et tous se groupent, chaudement vêtus, autour du feu. Il y a de l'ambiance et des rires : Yuyo, le frère de Gordita propose l'« apéritif du pauvre » : du vin blanc versé dans un piment… le *pisco sour* fera plus d'adeptes ! Très populaire dans les pays andins, cet apéritif est à base de *pisco*, eau-de-vie de raisin, additionnée de jus citron vert, de sucre et de blanc d'œuf battu.

Dany sort sa guitare de l'étui rigide, il joue et chante, Nano l'accompagne à la flûte et Manolo, Andrès, Pancho, Luis, Miguel, Marcello… tous les Chiliens se mettent à chanter. Ils sont vraiment doués, ces Latinos, pour communiquer la gaieté. Une dernière chanson : *Arriba en la Cordillera*, de Patricio Manns. Ils la chantent avec ferveur, comme un cantique, debout à gorge déployée vers les étoiles. Bientôt nous la chanterons aussi.

Que sabes de cordillera
si tu naciste tan lejos…
« Que sais-tu de la cordillère,
Toi qui es né tellement loin ?
Il faut connaître la pierre
Qui couronne le glacier,
Il faut parcourir en se taisant
Les troupeaux du silence
Et couper par les rivages
Des lacs d'altitude. »

La nuit a été glaciale. Nous sommes plusieurs à avoir dormi à la belle étoile, au petit matin il fait – 5 °C, et le vent n'arrange rien.

Dès l'aube le feu est rallumé. Sa bonne odeur originelle et rassurante se répand dans le campement ; à moitié engourdis, les mains serrées sur le quart de boisson chaude, les plus frigorifiés et les plus matinaux se retrouvent autour du feu où fument les grandes bouilloires noires.

Elle effleure d'abord des crêtes, descend lentement, gagne du terrain sur la part d'ombre… La vague de lumière et de chaleur inonde enfin le campement.

Sur la table du petit-déjeuner, un porridge, pour les tartines du miel de montagne, des confitures de fruits et le *dulce de leche*, la confiture de lait ; un avocat écrasé remplace le beurre (intransportable en raison de la chaleur diurne). Le soleil, mieux que la fumée ou les effluves de café, sonne le réveil général.

Chacun s'active sans précipitation, personne n'a de montre, Gordita donne le tempo, plutôt *adagio*. Elle refuse que nous nous occupions de seller et de charger les mules. Il est vrai que les charges doivent être équilibrées à cent grammes près et être savamment arrimées. Il y a quelques années, une mule a dévissé, est tombée dans le rio Tunuyán, toute sa charge emportée dans le courant. Blessée, mais rescapée, la mule s'est rétablie. Le chargement commence sans précipitation. Yeux bandés et antérieurs entravés, les mules sont dociles. Nano et Dany donnent une sérénade, Socco, la sœur de Gordita, intervient à la flûte, le soleil monte gentiment… adagio.

Gordita met en selle comme on enfourche un cheval de bataille. Le sentier en lacets, à peine tracé, monte vers le volcan San José. De grands couloirs y dessinent des rides violine et rouille autour du cratère. Nous débouchons au col dans un pierrier monstrueux de roches aux arêtes vives explosées par le gel, de là il faut plonger vers la vallée. La descente est vertigineuse et malaisée, nous mettons pied à terre ; en contrebas, le torrent semble écumer… Et s'il était infranchissable ¿ jamais nous nous pourrons rebrousser chemin. L'eau bouillonne et se précipite avec fureur. Couleur céladon, elle vient tout droit du glacier. Brève concertation. Yuyo et un *arriero* entament la traversée. L'eau bat le poitrail et les flancs des chevaux.

À nous. Gordita et Oswaldo donnent le cap, toujours une oblique par rapport au courant. Les chevaux se jettent dans le tumulte sans hésiter. Calmement, les uns après les autres, ils s'engagent. Yuyo et deux *arrieros* se campent dans le courant en aval au cas où… Obstacle franchi. Personne n'a eu peur, les *criollos* inspirent totalement confiance. Nés dans les montagnes, ils grimpent comme des cabris, descendent comme des mules, sont amphibies et ont le pied sûr en toutes circonstances.

Un univers très différent nous attend sur l'autre rive : une haute crête hérissée d'aiguilles rocheuses et dessous, comme des jupes minérales, de grands aplats de graviers, presque du sable, rose violacé, chamois, brique, souffre, ocre : la palette magique de la cordillère des Andes.

La montée est longue, nous nous arrêtons pour laisser souffler les chevaux et ils repartent d'eux-mêmes. Le col de Nieves Negras est en vue : 3 838 mètres, la frontière ; au-delà, l'océan de montagnes chahutées vers l'est, c'est l'Argentine. Aucune pellicule ne peut fixer un paysage aussi vaste, la succession infinie de crêtes enneigées, leur beauté majestueuse.

Malgré le soleil, le vent transperce mais il faut résister, ne pas descendre tout de suite en quête d'abri, ce spectacle est un tel privilège !

Complètement saugrenu, un solide poteau à armature métallique brandit à six ou sept mètres de haut un vieux panneau en fonte moulée, presque Art nouveau, qui annonce aux pumas, aux guanacos et aux condors : face ouest « *CHILE* », face est « *ARGENTINA* ».

Loin derrière nous, en contrebas, arrive le train de mules. Elles gravissent à leur tour les pentes multicolores, suivant un itinéraire plus direct et plus raide encore. « *Vamos, vamos !* », s'écrie Gordita. À nous l'Argentine !

La descente longe des séracs couverts de poussière volcanique, les Nieves Negras (« neiges noires »), suit un éboulis infernal de gros cailloux à arêtes vives, calcaires, granits, basaltes, puis c'est un labyrinthe de pénitents de glace, une assemblée de fantômes gélifiés qui ont tout au plus un mètre de haut. Descendre encore jusqu'à l'ample vallée du rio Salinillas tapissée de grandes herbes drues, la stipa chrysophile, déclinée dans toute la gamme des roux, blonds, jaunes, bronze et peignées par le vent.

Oswaldo s'immobilise, Gordita extrait de ses sacoches des jumelles. Tous deux observent un petit groupe de trois cavaliers, accompagnés de mules, qui viennent dans notre direction au bord du rio : des braconniers avec des dépouilles de guanacos. Pas question de les rencontrer, ils ont la gâchette facile. Nous cheminons longuement, à bonne distance, sur la rive opposée, et les laissons s'éloigner avant de rejoindre la rivière bouillonnante, couleur café au lait.

Bonheur pour les chevaux de fouler enfin la steppe à graminées de la plaine alluviale. Oswaldo pousse son cheval jusqu'à un étranglement au fond de la vallée, une paroi en surplomb abrite du vent, il en descend en plusieurs rebonds une cascade d'eau limpide.

Ce diable d'Oswaldo savait qu'il trouverait ici l'abri du vent et de l'eau claire. Les mules arrivent, soulevant un nuage de poussière.

Comme toujours, quand elles ont repéré le camp, elles pressent l'allure et se mettent à trottiner. Je songe à ces passages chaotiques dans les rochers et à leurs charges volumineuses. Braves mules, leur courage est aussi émouvant que la vaillance des chevaux.

Le camp s'installe ; une fois l'eau prélevée pour la cuisine, les cascades deviennent la plus belle salle de bain du monde. Les feux, le *pisco,* nous commençons à prendre des habitudes.

À la veillée, je demande à Oswaldo d'où lui vient cette connaissance de la montagne. Il explique que toute sa vie il a convoyé des troupeaux de bovins, jusqu'à trois mille têtes en une saison, depuis Vista Flor, en Argentine, jusqu'à La Florida, au Chili. De là, le bétail partait en train jusqu'à Valparaiso pour être embarqué sur des bateaux à destination du Pérou. Le dernier troupeau a été convoyé en 1956. Gordita embraye avec l'évocation de la Lola, une puissance féminine, sorte de « sirène » de la cordillère. Tantôt maléfique, tantôt bienfaisante, elle appelle chacun par son prénom et imite une voix familière pour le séduire. Les *arrieros* opinent : oui, elle existe, ils connaissent des gens qui ont eu affaire à elle.

Je demande à don Leo si lui aussi a convoyé du bétail, car il a ses propres itinéraires pour faire passer les mules. Éclats de rire des *arrieros*, sourire embarrassé de don Leo, qui balbutie mais ne répond pas. Je n'insiste pas, je comprendrai plus tard.

Avant que la lune ne se lève, à l'écart du feu, nous interrogeons le ciel : la Croix du Sud est là, juste posée dans l'axe du rio Salinillas, un petit losange sans prétention pointé vers le sud. Les vedettes restent les étoiles les plus brillantes du ciel : la blanche Sirius irradie dans la constellation du Grand Chien, Canopus bleutée et l'alpha du Centaure orangée. Nous sommes bien dans l'hémisphère Sud : le bel alignement hivernal est inversé, Sirius au plus haut voit défiler sous elle Orion, Taureau et Pléiades.

Les journées se succèdent hors du temps et des sentiers, à naviguer derrière Oswaldo dans un univers de panoramas époustouflants sur les sept glaciers du Tupungato, Tres Picos de Amor ou le Marmolejo avant de redescendre vers le rio Tunuyán et toutes ces vallées accueillantes déroulées pour nous seuls. Il nous fait partager des campements où se sont arrêtés tant de convois, parce que la nature y avait prévu abri, eau, pâturage. Les caravaniers y ont érigé de modestes murs de pierres sèches pour s'abriter du vent : Real de los Chilenos, Pampa el Milico, Corales Negras. Plus d'une fois, en quête d'un coin de bivouac, j'ai découvert avec émotion un minuscule enclos de pierre, une murette appuyée contre un rocher : d'autres avaient aménagé ce lieu pour y dormir à l'abri. Toujours j'ajoute quelques pierres et relève celles qui sont tombées. Quand j'y repasse l'année suivante, là au bout du monde, je me sens chez moi.

Longue montée vers le rebord d'un plateau aride qui semble s'arrêter en plein ciel ; il surplombe un spectaculaire canyon de grès rouge qui se creuse, sous nos pieds. Décor de western, colonnades érodées et parois vermillon : Torrecillas. Nous laissons souffler les chevaux. Socco joue de sa flûte *El condor pasa*. En contrebas, un grand oiseau noir taché de blanc sur les ailes, un deuxième, un troisième, d'autres encore quittent leur aire et disparaissent dans l'ombre du défilé. Les cavaliers prennent des photos. C'est alors qu'ils arrivent au-dessus de nous en grands vols planés, une bonne quinzaine, peut-être vingt, des condors ! On distingue nettement leur collerette blanche au milieu de l'envergure dépassant trois mètres. Socco continue à jouer de la flûte, je filme le ballet majestueux au-dessus de nos têtes, les oiseaux géants nous accompagnent un long moment.

Le soir nous campons en amont, le long du rio Torrecillas. Le torrent d'eau claire bouillonne au pied d'une haute paroi de grès rouge. Lisse et inclinée vers l'ouest, elle capte la chaleur du soleil. Le lieu est paradisiaque et le rivage couvert d'une végétation exubérante : buissons de verveine, trèfles, violettes, asphodèles, gentianelles bleues, jaune tigré des calcéolaires, tache rouge sur les mimulus, pour la touche rose armerias et bouquets d'alstroemères.

Je me fais une petite révision de lichens de rochers : xanthories, physcias, rhizoplaca doré, candelaria fluorescent, vastes familles des parmelia et des lecidea... Je recommande à qui veut exercer sa mémoire de faire une collection de lichens. C'est un microcosme passionnant.

Je garde toujours à portée de main : un monoculaire pour détailler les paysages lointains, et une loupe de diamantaire pour explorer l'univers d'une fleur, d'un caillou, d'un lichen ou d'un insecte. Deux mondes d'une richesse et d'une beauté inépuisables.

Le feu, point de ralliement stratégique, nous a réunis. Dans le ciel papillonnent les belles nébuleuses des Nuages de Magellan, le ciel de lit des bivouacs dans l'hémisphère austral. Après le repas c'est l'heure des guitares et des flûtes. Les flammes ondoyantes illuminent les visages marqués par le soleil et le vent. Notre assemblée a quelque chose de primitif et d'intemporel.

Au réveil, je perçois une ambiance inhabituelle, la tête sortie du duvet : je vois le camp, immobile, sans feu, ni chevaux. Je rejoins Gordita. Les chevaux sont partis. Un peu plus haut, dans le sable au bord du ruisseau, on a trouvé des traces de puma. Quelques *arrieros* préparent selles et bâts sans conviction. Tous les autres sont dans la montagne sur les traces du troupeau fugitif, il a pris la direction de retour aux écuries. Nous nous sentons abandonnés. C'était trop beau, ces chevaux, à peine entravés, qui toujours restent près des camps.

Dans le calme inhabituel, des vies discrètes se révèlent aux abords du bivouac : petits bruants des montagnes, cailles des sierras, un lièvre, des *cureros*, petits rongeurs aux galeries redoutables qui s'effondrent sous les pas.

En fin de matinée, des cris de victoire : ils apparaissent en haut du col et commencent à dévaler vers nous, poussés par les *arrieros* à cru et en poncho. La vague de robes multicolores soulève un nuage de poussière, ondule pour contourner les obstacles, emplit le vallon, s'écoule entre les buissons et vient échouer parmi nous en soufflant bruyamment. Ils semblent ravis de leur escapade, une *vega* humide à l'herbe appétissante a heureusement interrompu leur fuite. La joie est sur tous les visages, la vie reprend son cours.

Oswaldo, en tête, tient en longe la mule chargée du pique-nique et de la pharmacie. Derrière lui, Gordita, plume de condor et bouquet de fleurs au sombrero, monte sa magnifique jument gris souris.

Tout semble différent aujourd'hui, comme si nous allions vers un sanctuaire.

Nous peinons à traverser un fond de vallée très humide. Les *llaretas*, ces coussins de végétation comme des radeaux flottants, vert épinard ou bronze, très denses, inquiètent les chevaux. Après une interminable descente en lacets dans le canyon rouge du rio Colorado, nous remontons en face sur le flanc d'une falaise vertigineuse. Une longue halte au sommet permet de nommer les crêtes et glaciers que nous avons approchés le premier jour ; sous nos pieds, le rio n'est plus qu'une résille de rubans argentés entrelacés au pied des hautes parois de roche sanglante.

Nous débarquons sur la lune, de gros blocs émiettés comme des sculptures posées au hasard dans un paysage dépouillé. Soudain, tout un pan de montagne s'anime : un important troupeau de guanacos broute paisiblement. Un mâle donne l'alerte, sauve-qui-peut instantané, les animaux disparaissent derrière la crête. Au sol, d'innombrables traces de pieds et de grandes cuvettes de poussière où ces camélidés se roulent à plaisir.

Cousins du lama domestique, les guanacos ne se plaisent qu'en altitude. Il est interdit de les chasser.

Le décor reste très minéral et lumineux, beaucoup de roches crème, camel, chamois jusqu'à Las Overas, où nous dessellons dans une oasis verdoyante, à la convergence de plusieurs ruisseaux.

Ce soir les tentes sont toutes montées, à 3 150 m la nuit sera glaciale et puis nous restons deux nuits, demain est jour de repos ; mules et chevaux pourront souffler, quartier libre pour tout le monde.

Les animaux festoient sur un pâturage abondant et dorment de tout leur long au soleil. Élevés à la dure, ils savent qu'il faut profiter de toute occasion de manger à satiété et de se reposer. Leur organisme est habitué à la frugalité, ils termineront l'expédition en pleine condition, sans accuser la fatigue.

Les guanacos, eux, sont visiblement très perturbés par la présence des chevaux dans « leur » pâturage, les silhouettes fauves s'attardent en vigie sur les crêtes environnantes, poussent des petits cris d'alerte ou de mécontentement puis disparaissent.

Les *arrieros* se sont rasés de près, ont enfilé une chemise propre, arborent un coquet foulard de coton... Ils sont prêts pour la fête ! Les jours de repos se terminent ainsi. Le repas est plus élaboré, même s'il a fallu jeter notre viande, qui s'est avariée (pour compenser nous avons de délicieux petits pains frais, pétris et façonnés chaque jour avant la cuisson dans un four démontable, enveloppé de braises).

Après les heures passées en selle, les aléas climatiques partagés, les conversations parfois limitées par méconnaissance de l'espagnol, les regards, les gestes, les sourires et les chants, viennent les fiestas autour des feux, une autre façon de se rapprocher, de se toucher, de s'accorder sur un rythme... et de se réchauffer.

Gordita et Andrès, faisant tournoyer leur foulard, exécutent la *cueca*, traditionnelle danse de séduction des *huasos*, les gauchos chiliens. Les cavalières ne sont pas insensibles au charme viril et à la gentillesse des *arrieros*, et les cavaliers cèdent au magnétisme des sœurs Astorga. Les musiciens se relaient pour danser aussi au rythme de *milongas*, *bagualas* et autres *chacareras*. On peut rire aux éclats, chanter de bon cœur, personne n'est dérangé. Seule la lune, maintenant pleine, risque un œil par-dessus la falaise, puis emplit toute la vallée de sa lumière mélancolique.

Étrange bal en ponchos et vestes de duvet, à plus de 3 000 m d'altitude, dans la lumière vibrante des feux.

Au réveil, les berges des ruisseaux sont prises par la glace, il fait – 6° C. Les guanacos surveillent la mise en route de la caravane. L'étape sera très longue jusqu'à la fameuse Laguna del Diamante, au pied du volcan Maïpo. Chevaux et cavaliers sont en grande forme, comme les mules dont la charge s'allège au fil des repas.

Montée vers des cols, crêtes et plateaux s'enchaînent, paysages minéraux dans les tonalités ocre, cannelle, crème et même blanc éclatant : Paso El Papal (3 625 m), La Yesera, Loma Blanca. L'ombre des nuages, glisse sur les flancs de montagne. Les petites troupes de *guanacos* se fondent dans le paysage, ils affectionnent les crêtes d'où leurs silhouettes graciles observent. Des oasis émeraude, presque fluorescentes, tapissent les fonds de vallées humides.

Au débouché du col Piedras Numeradas, le volcan Maïpo apparaît enfin dans toute sa splendeur, en même temps que l'immense Laguna del Diamante.

Je laisse mon cheval et prends de l'avance à pied pour filmer les cavaliers dans ce décor unique. Le chemin est très pentu et caillouteux et je regarde où je mets les pieds. Soudain, à quelques mètres, un homme en treillis me met en joue !

En fait ils sont trois, des gendarmes argentins, qui ont quitté il y a trois jours leur lointain poste-frontière à dos de mules pour contrôler nos passeports. Gordita avait dû communiquer un mois plus tôt à la gendarmerie de Mendoza les données de nos passeports et notre programme, et comme nous avons un retard de vingt-quatre heures (la journée de repos), ils sont de méchante humeur. Là, séance tenante, en pleine pente, sous la menace du fusil, ils exigent de voir nos papiers, sans nous nous autoriser un pas de plus. Gordita sait être convaincante, et nous descendons jusqu'à la plaine, au Real de Piedras Numeradas.

Le temps se couvre et la pluie menace. La mine sévère, les gendarmes déroulent de longs fils, enclenchent un poste émetteur, établissent une liaison avec Mendoza et envoient par radio les informations demandées, épellent noms et numéros, dates de validité. Beaucoup d'interruptions compliquent l'extravagante opération. À l'abri de gros rochers, nous organisons le pique-nique tout en riant sous cape devant ce zèle absurde et les prononciations fantaisistes.

Une tournée de *pisco sour* nous aide à lutter contre le froid (à 3 300 m), les nuages et la mauvaise humeur. Puis c'est salade, saucisson et *vino tinto*.

Les gendarmes remballent leur matériel, bouclent les caisses, viennent vers nous, posent les fusils qu'ils avaient gardés en bandoulière et acceptent un *pisco*. Premiers sourires, mission accomplie. Ils semblent soulagés et sortent de leur paquetage un jambon, des fruits et du vin argentin. Ils sont curieux de notre intérêt pour les Andes argentines et nous expliquent qu'ils occupent un poste avancé complètement isolé dans la cordillère ; l'été, de la mi-novembre à avril, ils patrouillent à dos de mule pour débusquer contrebandiers de bétail et braconniers de guanacos. Le reste du temps, plusieurs mètres de neige ferment complètement la montagne.

La glace est rompue. Les gendarmes décident de rester en notre compagnie ce soir ; il est trop tard pour qu'ils entament leur voyage de retour, et cette diversion dans leur vie solitaire est sans doute la bienvenue. Une violente averse de grêle nettoie le ciel ; le soleil réenchante le paysage et les cœurs.

Nous allons établir le camp au bord d'une petite lagune aux transparences d'aigue-marine. Sur la surface immobile se reflètent les paysages d'une grande beauté. Le volcan d'abord, comme un génie tutélaire, dresse son cratère à 5 268 m, flancs de scories rouge sombre et noires, lacérées parfois de névés. Un large cirque de montagnes aux crêtes déchiquetées et aux versants lisses comme du sable, gris souris, fauve, ivoire, sert d'écrin au bleu électrique de la grande Laguna del Diamante.

Elle fut le théâtre d'un épisode dramatique de l'histoire de l'aéropostale. C'est ici que Guillaumet, le 13 juin 1930, chargé du courrier Santiago-Mendoza, est surpris par la tourmente et capote en cherchant à se poser près de la lagune. Après deux jours de tempête, le pilote décide de partir à pied, plein est vers l'Argentine, à travers la haute montagne enneigée, en simple équipement de ville. Il marche jour et nuit pendant cinq jours, s'interdisant de dormir, ce qui aurait signé sa mort. À bout de forces, il atteint une cabane de berger. Évacué, d'abord à cheval, il dira à Saint-Exupéry, venu le rechercher, cette phrase restée célèbre : « Ce que j'ai fait, je te jure, jamais aucune bête ne l'aurait fait. »

Le vent se lève avec violence et nous nous serrons sous un abri de toile au plus près du feu. Découvrant notre menu sans viande, les gendarmes s'alarment. En Argentine il est courant de consommer un kilo de viande par personne et par jour. D'ailleurs, leur garnison de montagne, coupée de tout approvisionnement, a le droit exceptionnel de chasser deux guanacos par mois. Ils n'ont pas épuisé leur quota et offrent à notre groupe leur droit de chasse pour deux guanacos.

Situation surréaliste où le Chilien, don Leo (au lourd passé de braconnier, je le comprends enfin), va chasser deux *guanacos,* avec le fusil du capitaine argentin et la bénédiction de gendarmes chargés d'arrêter les braconniers !

Dans la nuit le vent est tombé, l'aube est paisible.

Sous un ciel indigo, sans un seul nuage, nous galopons sur le sable et la cendre volcanique à travers la caldera du Maïpo, vers la laguna del Diamante. Mirage horizontal et liquide dans un chaos de reliefs arides, la lagune, sept kilomètres de long, est un joyau de bleu pur. Il semble que toute la faune emplumée se soit donné rendez-vous sur les berges : mouettes et avocettes andines, poules d'eau et foulques, oies, pilets, grèbes et pluviers, sous l'œil cruel des caracaras perchés sur des rochers.

Dans une tentative de longer la rive, nous sommes rapidement bloqués par un labyrinthe de scories puis une falaise de lave expulsée par le volcan. Déjà la végétation s'incruste en coussinets, des silènes profitent de la moindre parcelle d'humus, des lichens jaunes et vert fluo tapissent les bombes volcaniques noires.

L'eau transparente est irrésistible, parenthèse balnéaire, très tonique.

Quand on vit à la belle étoile, on apprend le message des couchers de soleil. Leur splendeur fascine mais révèle aussi les intentions célestes. À ce même bivouac, l'année suivante, le coucher de soleil est un véritable incendie, la moitié du ciel est en flammes. Quel est ce présage ?

Avant l'aube, un calme étrange enveloppe le camp, une curieuse lumière éclaire la tente : il neige ! Le paysage est hivernal, méconnaissable, et les chevaux ont disparu. Grande animation autour du feu au petit-déjeuner ; les *arrieros* partent, lassos à l'épaule, nous replions le camp, le ciel s'éclaircit, le soleil vainqueur éblouit la caldera couverte de neige et le Maïpo qui se prend pour le Fuji Yama. Chevaux et mules arrivent, silhouettes à l'encre de Chine sur page blanche.

Ici plane l'esprit du *Canto General* de Pablo Neruda, cette grande ode à la nature et à l'humanité, écrite en secret. Persécuté pour son appartenance au parti communiste, l'écrivain fuit son pays à cheval avec son manuscrit : « Et c'est ainsi que je franchis la cordillère des Andes, à cheval, sans autre linge que les effets que je portais, avec dans mes fontes mon bon gros livre et deux bouteilles de vin. »

Cap à l'est pour un retour vers le Chili. Le passage muletier est sur le fil d'un paysage yin et yang. À gauche la masse noire, puissante et violente du volcan Maïpo, à droite les hautes dunes de vieux sédiments, courbes harmonieuses, ambrées et lisses.

Dans une longue descente en lacets serrés, chevaux et mules, sentant l'écurie, accélèrent dangereusement, les *arrieros* eux-mêmes poussent des cris de joie, chantent et sautent de lacet en lacet. Peu à peu la végétation devient plus abondante, apparaissent vaches et chevaux en libre pâture. Un couloir glaciaire canalise la descente et marque une pause vers 2 000 m : un barrage naturel, une moraine colmatée par des sédiments, coupe la vallée, forme un grand replat où se niche la petite lagune de Alvarado. C'est le dernier bivouac, sur un belvédère en suspension entre la haute montagne et la vallée du Maïpo. D'un côté, la paroi abrupte évidée, draperie minérale sculptée par d'antiques tourbillons, se reflète avec précision dans l'eau immobile de la lagune, créant une étrange illusion de sens dessus dessous, comme si la falaise tourmentée se prolongeait dans les profondeurs de la lagune. La baignade est délicieuse.

La dernière soirée, Gordita sort de son chapeau d'ultimes recettes savoureuses. Demain, la mule « caviste » voyagera à vide. Nous allons aussi déguster nos dernières grillades de guanaco. En territoire chilien, nous sommes doublement en infraction avec du guanaco de contrebande. Qui croirait à un cadeau des gendarmes argentins !

Le bois abonde et il fait presque doux, les flammes partent en étincelles qui vont rejoindre les étoiles. Les animaux sont paisibles mais, à la nuit tombante, si près de l'écurie, beaucoup ont été attachés ou entravés.

Dans les dernières lueurs du crépuscule, sur la rive opposée de la lagune, arrivent deux cavaliers, qui installent leur bivouac. Ils sont vite identifiés : une patrouille de *carabinieri* chiliens chargés de surveiller la frontière et les braconniers. Attirés par l'excitation qui règne autour de notre feu, ils ne sont pas longs à nous rejoindre. Se laissent inviter au repas et, sans commentaires, s'occupent des grillades.

Les refrains sont repris en chœur : *Cuando para Chile me voy* et *Si vas para Chile, Cajón verde del Maïpo* et le désormais classique :

Arriba en la cordillera
no nos vió pasar ni el viento.
« Là-haut dans la cordillère
Le vent ne nous a même pas vus passer. »

Quand je regarde les « photos souvenirs » prises le dernier matin avant l'ultime étape, nous avons tous l'allure d'aventuriers, hâlés et patinés par le vent, le sable, le froid, le soleil. En même temps, dans les attitudes et le regard, une amitié, une liberté et une joie profondes.

Je suis souvent revenue pour cette traversée, retrouver ma jument, Brujita, et retourner au pied du volcan Maïpo comme d'autres retournent à Florence voir les Offices.

Une fois encore, en 2008, nous avons franchi la cordillère plus au nord. C'était (en sens inverse) le parcours victorieux qu'avait effectué San Martin, avec son armée, depuis Mendoza, pour libérer le Chili de l'emprise espagnole à Chacubco en 1818.

Depuis plusieurs années, une maladie bovine contagieuse s'étant déclarée en Argentine, le Chili interdisait que les chevaux passent la frontière.

Il a fallu mettre en place une logistique très lourde : partis du Chili avec chevaux, mules, guides et *arrieros*, nous avons quitté toute l'équipe cent mètres avant le col frontalier. Nous avons porté nos sacs jusqu'au-delà de la frontière, où nous attendait une équipe argentine avec chevaux, mules, guides et *arrieros* qui venaient d'effectuer cinq jours de haute montagne pour nous rejoindre ; il nous restait à parcourir la même distance pour gagner Mendoza. C'était épuisant, même pour des mules et des chevaux *criollos*. La Cordillère était toujours époustouflante de beauté et, parmi d'autres, un camp sublime au pied de l'Aconcagua, le plus haut sommet de l'Amérique du Sud (6 962 m).

II. Torres del Paine, en Patagonie (1996-2002)

Après une expédition dans les Andes de Salta, en 1996, nous avions voulu connaître la Patagonie argentine : des espaces à suffoquer d'un trop-plein de liberté et de grand air, comment ne pas rêver d'y revenir encore ? Au retour du Maïpo, nous partons à quelques cavaliers vers la Patagonie chilienne. De Santiago à Punta Arenas, l'avion survole toute la cordillère des Andes, par temps clair, c'est le gros lot. Quand on arrive au sud du Sud, apparaissent la flèche géante et lisse du Fitz Roy et les grands fleuves de glace de la calotte glacière. On aimerait que chaque seconde dure, ne serait-ce qu'une minute.

Voici le détroit de Magellan, bleu outremer, sur l'autre rive c'est la Terre de Feu, le pays des Alacalufes, décimés comme tous les Indiens de Patagonie.

Punta Arenas et la lumière de Patagonie. Cette clarté des hautes latitudes a quelque chose d'irréel et de fragile, rayons obliques d'un soleil d'hiver qui n'accède jamais au zénith mais frappe de plein fouet, enveloppe, joue d'une infinité de nuances, révèle des dimensions invisibles.

À la sortie de l'aéroport, une statue de Saint-Exupéry, qui avait ouvert en 1929 la ligne aéropostale de Patagonie reliant Comodoro Rivadavia en Argentine et Punta Arenas au Chili. Il est sympathique de découvrir cet hommage à 12 500 km de la France.

Une bonne route vers Puerto Natales, 250 km de pure Patagonie pour longer d'abord le détroit de Magellan. Sur l'eau si bleue courent des vagues écumantes soulevées par le vent fou de Patagonie, sculpteur de paysages, celui-là qui étire les arbres tels des drapeaux et tord les branches effeuillées. Des forêts tourmentées comme après un cataclysme, plantes épiphytes et troncs squelettes (on se croirait en Terre de Feu), et enfin la pampa, ou plutôt la steppe patagone, des moutons par milliers, des guanacos, des étangs bleus comme des morceaux de ciel, une multitude d'oies, de canards et de flamants. À quelques kilomètres de la frontière argentine, de grandes fermes pionnières, solitaires à l'abri d'un piton rocheux ou d'un repli de terrain, signalées par les flammes jaunes de rangées de peupliers et les *huasos*, les gauchos chevauchant la pampa escortés de leurs chiens.

Une odeur marine : nous sommes à Puerto Natales. La petite ville étale l'éventail bariolé de ses maisons de bois peint aux couleurs claires, autour des eaux sombres du port, seule porte de sortie de cette province d'Última Esperanza (« dernière espérance »), tout un programme.

Des cygnes à col noir, croches sur une portée de vagues, dansent au milieu de mouettes, goélands et vieux bateaux trapus. Dans les jardins, des lupins, des rosiers, des sorbiers… un petit air d'Islande ou d'Ushuaia.

De la route encore, sous la pluie, pour arriver à Torres del Paine, réserve de la biosphère mondiale (250 000 ha). Le paysage est sinistre entre deux passages d'essuie-glace, éclaboussures, boue, terre écorchée par des éboulements.

L'hôtel se trouve sur une île du lac Pehoe, reliée à la terre par un long embarcadère. La pluie a cessé, impatience. De sombres nuages masquent encore la merveille des merveilles, les Torres del Paine, des aiguilles rocheuses et tout un massif aux formes spectaculaires.

Les gardes du centre administratif du parc sont très disponibles, nous voyons une écurie de chevaux robustes. Je pressens qu'il faut faire vite : Torres del Paine a beau être au bout du monde, l'endroit est trop extraordinaire pour échapper à un déferlement touristique imminent.

Nous explorons la grande pampa dorée et buissonnante, assez accidentée, espaces et sols souples, parfaits pour les chevaux. Autant la Patagonie argentine est austère et désolée, autant la Patagonie chilienne, offerte aux pluies du Pacifique, est un paradis végétal : touffes d'herbe dorée ébouriffée, haute steppe à graminées, un *matorral,* maquis touffu d'innombrables buissons fleuris de toutes tailles et enfin de véritables forêts de hêtres à feuilles minuscules, qui commencent à prendre des couleurs automnales. Pour compléter la palette des fauves, orangés, pourpres et verts iridescents, les rivières torrentueuses alimentent des lacs d'un bleu turquoise pur, même sous un ciel ennuagé. Ils galopent, les nuages, cravachés par le vent du Pacifique. L'air est à vif, empli de parfums, d'eau et d'humus.

Les troupeaux de guanacos aiment les prairies naturelles et se laissent observer sans crainte, tout à leurs jeux de rivalités, au repos, en pleines roulades. Pelisses rousses, ventre et encolure crème, élégante tête gris souris.

Si les lacs font le bonheur d'innombrables oies et canards, foulques noirs et grèbes « à belles joues », flamants roses et cygnes à col noir, vanneaux et pluviers… les nandous préfèrent la pampa et ont toujours cet air immature d'autruches qui auraient arrêté de grandir. L'étage supérieur appartient aux caracaras, aux aigles et aux condors qui déploient leurs vols majestueux dans d'invisibles ascendances. Toute cette vie animale peu farouche est un enchantement, mais quand Betty et Simone, égarées dans la nuit, tarderont à rentrer, nous penserons aussi aux nombreux pumas.

En fin d'après-midi, les nuages perdent de leur épaisseur et s'effilochent ; avec une dramaturgie parfaite ils se déchirent et dégagent une large fenêtre sur les Torres del Paine, pics emblématiques, crête magistrale éclairée par le soleil du soir, apparition nimbée de nuages rosés comme une illustration de contes fantastiques. C'est l'ultime sursaut de la cordillère des Andes, une apothéose.

En route pour le glacier Grey, le plus grand du parc national, sous un soleil vainqueur ; des nuages blancs flottent dans un grand ciel bleu. Les Torres del Paine sont au faîte du paysage, roche pure de granit gris clair coiffée d'une ultime couche sombre de sédiments. Sentiers escarpés dans le granit à travers la forêt « magellanique » de *lenguas, ñires et coïgues*, les hêtres de Patagonie ; arbres bonsaïs, écartelés par le vent, accrochés de toutes leurs racines à des rochers. En sous-bois, d'épais tapis de mousses et de lichens, des baies rouges, des buissons épineux ; une branche survit sur un tronc argenté et se découpe sur le bleu opalescent du lac Grey. Les icebergs y dérivent lentement, vaisseaux bleu azur, formes extravagantes et transparences irisées.

Au terme de trois heures de marche, la forêt bute sur le lac. En face de nous, le puissant glacier : le front bleu céruléen est lacéré de failles verticales qui préparent les décrochages d'icebergs. Le fleuve de glace, de cette même couleur d'un bleu intense, s'écoule entre les rives rocheuses, charriant les séracs émiettés. On imagine la poussée invisible et phénoménale jusqu'au craquement fatal, l'effondrement d'un pan entier de glace qui plonge dans un fracas d'éclaboussures colossales.

À même la roche, usée jusqu'à l'os par les glaces anciennes, un sentier en corniche permet d'approcher au plus près. La paroi est douce, polie comme du marbre, à nu les filons de quartz, les veines violines, le rouille ou malachite.

Après ce voyage de reconnaissance en 1996, j'attendrai 2002 pour programmer officiellement les expéditions.

Les chevaux *criollos* de Torres del Paine se révèlent extraordinaires, puissants et sûrs, en excellente condition et généreux, infatigables. Avec les gauchos, qu'on appelle ici *baqueanos*, ils apporteront le bonheur des galops, le parfum des crinières et des feux de bois, le partage avec des hommes de terrain.

Le guide organisateur, Alec, un Équatorien bourlingueur et excellent cavalier, a fort à faire pour mettre sur pied l'intendance (mi-véhicules, mi-animaux de bât) mais aussi gérer le groupe des cavaliers et de *baqueanos* qui emprunte à vive allure un parcours ample et sauvage. Le petit trot assis est ici l'allure de base. Il permet de couvrir de longues distances sans fatigue si on adopte la monte *huaso* : assis au fond de la selle confortable, jambes légèrement en avant. La deuxième allure est le galop, souvent très prolongé. Habitués à ces rythmes, revers de la médaille, les chevaux sont lents au pas.

L'expédition prend le départ au refuge de Laguna Verde, une des entrées du parc (à peine 450 m d'altitude) : au premier plan la lagune, et en toile de fond le massif des Torres, qui se dresse d'un seul élan jusqu'à 2 850 mètres. Presque toute la chevauchée de huit jours se déroule dans cette pampa cabossée et verdoyante, où la moindre cuvette devient lac et lagune, déclinant tous les bleus des mers du Sud. Nous pourrons voir et détailler le massif de Paine sous tous les angles.

Cap à l'ouest pour deux jours. La montée au flanc de la Sierra del Toro élargit le paysage sur des panoramas en cinémascope. Le rio Grey conduit au lac du même nom : au bout de l'horizon, le front du glacier, sur le lac des régates d'icebergs.

Sentier difficile dans une ancienne forêt, vues spectaculaires sur la face ouest de Paine Grande. Remontée du rio Pingo entrecoupé de grandes cascades, jusqu'au *refugio* Zapata, dans une clairière au cœur de la forêt.

Un bivouac comme on en rêve, personne d'autre que nous et nos chevaux. Une vieille cabane de *huasos*, refuge rustique en cas de mauvais temps ; accrochés à la cabane, des crânes de bovins à longues cornes. C'était un *puesto*, un « pied à terre » pour les *huasos* qui y gardaient les troupeaux avant d'en être écartés par la création du parc. En Patagonie, il est toujours prudent de monter sa tente pour la nuit ; le vent violent et la pluie obligent souvent à renoncer à la « belle étoile ». Les chevaux de selle et de bât pâturent autour du *refugio*. Les *baqueanos* préparent un repas traditionnel : des quartiers de viande, gigots et épaules, sont embrochés sur de longues branches, posées sur des supports improvisés avec des fourches de bois, devant un grand feu tout en longueur. Pendant l'attente, de bonnes rasades de vin et d'interminables tournées de *maté* amer et tonique que les *baqueanos* affectionnent en infusion.

Beaucoup travaillent encore dans les estancias en dehors du parc. Ces hommes de cheval peu loquaces respirent la force tranquille ; grosses bottes et vestes chaudes, ponchos le soir, seule note de fantaisie : un béret basque de laine rouge, parfois multicolore.

Le brasier rayonne tard dans la nuit.

Une autre journée grandiose, le long du lac Sarmiento, suffisamment en hauteur pour admirer les contours turquoise d'une multitude de baies et de golfes s'inscrire dans une tapisserie végétale de toutes les nuances de verts. En enfilade : Laguna Amarga puis Laguna Azul, c'est une journée sauvage aux innombrables troupeaux de guanacos.

Après une chevauchée aussi enchanteresse et sauvage : déception d'un « camping obligatoire » imposé par le règlement du parc ;

un refuge, un repas à l'intérieur avec d'autres touristes, en général sympathiques car ce sont des marcheurs sportifs, mais les chevaux sont « ailleurs », dans un enclos. On se sent fantassin.

La randonnée se poursuit et contourne le massif mythique par l'est puis le nord, jusqu'au Lago Paine et son déversoir dans le rio Paine. Les cavaliers auront approché sous toutes ses faces Torres del Paine, la merveille de la Patagonie chilienne !

Île de Pâques, Chili, mars 1997

Sous le regard des moaïs

Rêver un impossible rêve
Porter le chagrin des départs
Brûler d'une impossible fièvre
Partir où personne ne part
Jacques Brel (*L'Homme de La Mancha*)

Hanga Roa. Robinson nous passe autour du cou un collier de fleurs de tiaré. Parfum suave des pétales pulpeux. Nous venons d'atterrir à l'île de Pâques. Robinson, un prénom bien choisi pour habiter dans une île minuscule (un triangle dont le plus long côté fait 23 km) naufragée au milieu du Pacifique Sud, à mi-chemin entre le Chili et Tahiti, à 4000 km de l'un et de l'autre.

Métissé de Polynésien et de Chilien, Robinson Tepano, allure sportive, sourire futé, un brin timide, organise pour nous la première randonnée équestre dans l'île de Pâques. Dès le briefing, dans le jardin odorant du petit hôtel familial, je comprends qu'il est un passionné. Il a mille choses à nous raconter sur son île mystérieuse et ses habitants, les Pascuans, ou plutôt les Rapa Nui. Si l'île doit son nom au navigateur hollandais Roggeveen, qui y accosta en 1722, le dimanche de Pâques, les insulaires appellent leur île et eux-mêmes Rapa Nui.

Avant l'aube nous sommes réveillés par un concert de coqs. Nous rencontrons les chevaux et Robinson à la sortie d'Hanga Roa, capitale et unique bourgade. Nos futures montures sont de petite taille (1,30 m à 1,40 m), bais et alezans, en condition, l'air espiègle et effarouché. On devine des animaux habitués à vivre en troupeau, ils se collent les uns aux autres. Descendant de quelques sujets *criollos* venus du Chili, ils se sont reproduits librement dans l'île. En 1997, on en dénombre environ cinq cents.

Aussitôt en selle, nous emboîtons le pas à Robinson vers un des trois grands volcans de l'île, celui de l'extrémité sud : le Rano Kau.

Le chemin de terre rouge dessine quelques lacets sur le flanc du volcan au milieu d'une végétation arbustive, surtout des goyaviers sauvages à fruits jaunes. Les chevaux montent à leur rythme, répondant assez peu aux sollicitations ; si leur dressage n'est pas affiné, ils font néanmoins preuve de beaucoup de bonne volonté.

À 310 m d'altitude, nous avons atteint la rive du cratère du Rano Kau, un entonnoir parfaitement circulaire d'un bon kilomètre de diamètre ; deux cents mètres en contrebas, la *caldera*, un lac d'eau douce envahi de plantes aquatiques, montre une mosaïque chamarrée de vert, bronze, jaune, rouille et rouge. La paroi régulière est égueulée à la pointe sud de l'île vers un îlot battu par les vagues : Motu Nui.

Nous confions les chevaux au jeune Pôo pour découvrir, sur le flanc qui descend vers l'océan, le village cérémoniel d'Orongo : de petites constructions basses en pierres sèches où il n'est possible d'entrer qu'en rampant. Ici vivaient reclus les héros de la cérémonie de l'Homme-Oiseau, un culte adopté probablement à partir du XVIIe siècle.

En juillet, saison de la migration des sternes, un représentant de chaque clan (il y en avait une douzaine) désignait son champion qui devait rallier l'îlot de Moto Nui, à la nage ou sur un radeau de roseaux, à travers un détroit infesté de requins. Il devait alors s'emparer d'un œuf de sterne et le ramener intact, après une escalade de 180 m. Le vainqueur devenait Tangata Matu, « Homme-Oiseau ». Il avait gagné pour son clan le droit de régner de façon absolue sur l'île pendant une année et de présider à la répartition des ressources.

Sur les rochers autour du site d'Orongo, beaucoup de gravures représentent des sternes aux ailes déployées, des hommes ailés à tête d'oiseau, bec entrouvert, tenant un œuf dans la main. Apparaît également, parmi les pétroglyphes, le regard obsédant de deux grands yeux, masque du dieu créateur, Maké Maké, associé à ce rite qui s'est perpétué jusqu'en 1862.

Cette funeste année, des bateaux péruviens, à la recherche d'esclaves, ont capturé ou massacré une grande partie de la population. En 1877 il ne restait sur l'île de Pâques que cent onze habitants. Intégrée au Chili en 1888, elle s'est repeuplée d'apports chiliens, polynésiens et maoris (en 2012, elle compte 5 800 habitants).

Lorsque je me penche sur les rochers pour déchiffrer le tracé des pétroglyphes mangés par les lichens, Roberto enlève sa chemise et nous montre ce même motif tatoué dans sa peau à la mode maorie. J'ai l'impression de voir là, campé dans le soleil et le vent sur fond d'océan outremer, un de ces champions qui concouraient pour le titre de l'Homme-Oiseau.

Descente vers la côte sud-est, dans les effluves odorants des bois d'eucalyptus et de cyprès, prémices d'un programme de reboisement. Sur le rivage nous voyons les premiers ahus, des plates-formes de pierre contenant les tombes des ancêtres sur lesquelles ont été érigées, beaucoup plus tardivement, les statues géantes. À Vaihu et Akahanga, les statues sont écroulées face contre terre ou à moitié enterrées. Une petite statue assez primitive, d'un mètre de haut, copie conforme des tikis des Marquises, témoigne de l'origine probablement marquisienne des habitants de l'île de Pâques. Habiles navigateurs, les Polynésiens naviguaient sur des wakkas, grandes pirogues catamarans transportant, sur le ponton entre les deux coques, nourriture, eau potable, outils, semences et volailles.

Alors que l'île est entourée de hautes falaises basaltiques, la côte sud, relativement basse, s'émiette en une multitude de sombres récifs où viennent exploser les gros rouleaux bleus du Pacifique. L'écume jaillit en geysers et bouillonnements géants qui recouvrent les récifs volcaniques puis s'en écoulent pendant le reflux en mille cascades blanches sur la roche noire, un nouvel assaut, une autre expiration, infinie pulsation de l'océan.

Un long galop sur la piste nous rapproche du volcan Poïke, l'extrémité est de l'île, lorsque surgit soudain l'alignement extraordinaire des statues géantes de Tongariki. Je ressens une vive émotion. Depuis le temps que je rêvais des statues de l'île de Pâques !

Elles sont là, mystérieuses et monumentales, surgies d'un autre monde. Plus nous approchons, plus elles sont inquiétantes. Quinze moaïs de 5 à 10 m, sur un promontoire long de 200 m, adossées à l'océan. Nous défilons devant les mégalithes au garde-à-vous. Têtes massives, d'un modèle identique, corps esquissés jusqu'au nombril, bras à peine ébauchés. Ce qui frappe c'est le gigantisme, la répétition de l'attitude hiératique et solennelle, le regard vide tourné vers le ciel. Le site Tongariki dépasse en majesté et étrangeté tout ce qu'on peut imaginer. Très impressionnés, nous nous attardons pour apprivoiser ces présences.

Jadis, les moaïs représentaient le pouvoir surnaturel des ancêtres, le *mana*, qui veille sur le clan, assure la prospérité, commande au monde végétal et animal. Le territoire de l'île était partagé, comme des parts de gâteau, entre douze clans ; chacun avait un tronçon de côte où étaient érigés ahus et moaïs, et son prolongement vers l'intérieur, pour les cultures.

Archéologues et ethnologues expliquent que les clans vivaient en relative harmonie sous la houlette probable d'une poignée de prêtres exerçant un pouvoir magique. L'étude des pollens révèle une déforestation progressive, un appauvrissement des sols, une longue sécheresse, des ressources vivrières réduites alors que la population se multiplie et que les statues gagnent en taille. Peut-être les prêtres exigeaient-ils d'ériger des moaïs de plus en plus grands pour invoquer l'aide des ancêtres ? Cette frénésie épuise la population et sacrifie les derniers arbres, palmiers et toromiros, sur lesquels on faisait probablement rouler les statues, parfois sur vingt kilomètres, pour les acheminer jusqu'aux ahus. L'étude des restes alimentaires révèle un régime à base de poissons qui s'arrête brutalement au XVIe siècle. Sans doute n'avaient-ils plus d'arbres pour fabriquer des pirogues permettant la pêche en haute mer ? En 1680, c'est la fin du pouvoir des prêtres. Un dramatique appauvrissement de l'environnement provoque la révolte violente d'une population affamée au point de pratiquer l'anthropophagie. Une guerre impitoyable est livrée entre clans. Les moaïs des ennemis sont renversés et le culte des ancêtres abandonné. La culture des moaïs aura duré du XIIe au XVIIe siècle.

Quand Roggeveen découvre l'île en 1722, il constate une grande pauvreté, mais beaucoup de statues sont encore dressées. Lorsque James Cook aborde en 1774, puis La Pérouse en 1786, les moaïs sont presque tous écroulés et la population est affamée. C'est le règne cruel de l'ordre militaire avec le culte de l'Homme-Oiseau.

L'arrivée d'un troupeau de chevaux en liberté interrompt les explications de Robinson : une quinzaine de têtes, quatre poulains, tous bais avec une longue liste blanche sur le chanfrein, des crinières échevelées. Suivant leur galopade du regard, nous faisons volte-face et découvrons, dans l'axe du regard des moaïs, le flanc abrupt du volcan Rano Raraku. C'est de ce volcan que proviennent les six cents moaïs de l'île, la moitié seulement ont été dressés sur des ahus. Les autres sont là, sur les pentes extérieures du volcan ou à l'intérieur du cratère, abandonnés, plus ou moins achevés, armée figée de statues géantes interrogeant les étoiles.

À cheval, seuls dans ce site exceptionnel, nous passons de l'une à l'autre, touchant avec émotion le tuf basaltique rugueux, lissé par le travail du tailleur de pierre. La base enfouie, seules émergent les têtes et les épaules, cinq à six mètres de haut, le cou lisse, le menton vers l'avant ; la lèvre inférieure remontée fait une sorte de moue qui abaisse les commissures des lèvres, nez long et pointu, orbites creuses sous une arcade sourcillaire rectiligne, lobes des oreilles très allongés, front haut et fuyant. Le plus grand moaï, encore solidaire de la roche où il a été taillé, mesure 24 m. Les statues sont toutes semblables. Ni menaçantes ni bienveillantes, elles dégagent une indiscutable sensation de puissance.

Nous allons bivouaquer là, au pied du volcan, dans un petit bois d'eucalyptus près d'un refuge forestier. Le crépuscule s'attarde. Impossible de trouver un terrain plat pour installer les tentes. Sous l'herbe opulente, le sol n'est que scories et cailloux volcaniques.

Je surprends Roberto, assis sur un rocher, à jouer de la guitare et à chanter pour ses chevaux une mélopée polynésienne, douce et mélancolique.

Dans un demi-sommeil, je revois les yeux hagards des pétroglyphes de Maké Maké, le regard vide des statues géantes. Ils sont là près de moi sur les flancs du Rano Raraku, les bataillons de moaïs dans leur marche immobile. Destins inaccomplis, ils n'ont pas été chargés de l'énergie des ancêtres, le mana. Étrange nuit des moaïs peuplée de présences imaginées.

L'île ne compte que deux plages. Cernée de falaises, la crique de sable rose d'Ovahé où les chevaux se rafraîchissent dans l'eau cristalline et, derrière une futaie de cocotiers, Anakena, une large plage évasée, où le sable est aussi blanc que la mer est turquoise et que la prairie est verte sous les palmes. C'est ici qu'aurait débarqué au Xe siècle le roi Hotu Matua, en provenance des Marquises.

L'ahu Nau Nau adossé à la plage est exceptionnel; il supporte sept moaïs, dont quatre de belle taille et parfaitement conservés, finement sculptés et polis dans un basalte gris clair, coiffés de l'épais *pukao* (couronne ou chignon). Ce chapeau, qui pèse près d'une tonne et demie, est taillé dans une pierre volcanique rouge extraite du volcan Puna Pau.

En retrait de la plage, un bois d'eucalyptus et une maison de pierre habitée par le gardien du site. Les chevaux se régalent d'une herbe haute et juteuse après s'y être roulés avec bonheur. Pôo nous enseigne le pansage des chevaux à l'aide d'une pierre ponce – il suffit de se baisser pour trouver l'outil.

La baignade est un délice, l'air est doux. Assis sous les eucalyptus, nous dégustons un repas de thon cru au citron, relevé d'épices. Le feu crépite. Viennent les guitares et les chansons, mélodies mélancoliques, presque langoureuses, en cascade de voyelles :

Etahi ragi atu kia koé
kaï garoa kaï garoa no atu
Ki moé koé ka
Tuu atu ena te varua…

Un croissant de lune s'installe dans le ciel clair; nous vérifions les attaches des chevaux et allons écouter sur la plage le bruit des vagues et quelques ultimes chansons.

La constellation du Scorpion se déploie au zénith dans toute l'ampleur de ses courbes (en France elle rampe au ras de l'horizon) ; la Croix du Sud palpite sur la crête des vagues. La brise océane a des parfums de grand large : depuis quatre mille kilomètres elle n'a pas touché terre.

Sur la côte ouest, le volcan Rano Aroï, sommet de l'île (509 m), est couvert de prairie luxuriante. Les chevaux en liberté le savent bien, car c'est ici qu'ils sont les plus nombreux : ils viennent fanfaronner autour de nous avant de s'éclipser, la queue en chandelle. Nous longeons les falaises, extraordinaire balcon sur l'immensité de l'océan intensément bleu marine.

Robinson nous fait descendre dans un tunnel de lave qui débouche dans une grotte en pleine falaise, un site sacré ouvert sur le Pacifique grondant au pied de la falaise. Nous parcourons plusieurs centaines de mètres dans un autre tunnel de lave qui servit d'habitation ; sous le faisceau de nos lampes de poche apparaissent des pétroglyphes de Maké Maké.

Ailleurs, des soubassements de pierre de formes oblongues sont les fondations de pierres des « maisons bateau », habitations basses construites en branchages et végétaux. Près de tous les vestiges de lieux habités, on trouve immanquablement de petits abris de pierre faisant office de poulaillers et de minuscules jardins clos de murs pour quelques bananiers et plantes à racines.

À l'occasion du pique-nique, près de grandes dalles de basalte, Robinson attire notre attention sur des gravures figurant des lézards, des poissons, peut-être des thons et des dauphins ? Une tour en bordure de la falaise servait-elle à guetter l'arrivée des bancs de thons ? Hanga Roa est proche. Nous lâchons les chevaux sur une piste de terre rouge pour de longs galops en slaloms et montagnes russes, ils sont heureux de rentrer.

Un jour encore dans l'île mystérieuse, à pied et en voiture. La visite du musée est décevante : uniquement des photos de *kavakana*, ces sculptures de bois représentant lézards ou poupées rituelles, sont disséminées dans les musées du monde et chez les collectionneurs. Pas même une tablette de bois gravée de la mystérieuse écriture *rongorongo* reproduisant les psalmodies rituelles et que plus personne ne peut déchiffrer.

La rue principale d'Hanga Roa se termine devant l'église catholique. En entrant dans le sanctuaire, je reste stupéfaite : les statues pieuses sont en bois blond patiné et tous les saints, y compris le Christ et la Vierge, ont très précisément le faciès et la moue boudeuse des moaïs, le regard fixe d'os et d'obsidienne, et sont coiffés d'une sorte de tiare. À y regarder de plus près, celle-ci représente l'Homme-Oiseau, qui se retrouve aussi en motif décoratif sur les revers des vêtements des saints. Le summum est une statue au corps de moaï, dont les bras ouverts en prédication sont des ailes, la tête au long bec celle de l'Homme-Oiseau. Gravé dans la pierre qui supporte l'autel, le masque de Maké Maké !

L'ultime soir nous nous réunissons avec tous nos accompagnateurs pour un dernier repas festif, une longue veillée de guitare et tamouré dans l'auberge familiale où nous sommes logés. Quelques coupures de courant ont compliqué les douches sans que nous y prêtions grande attention.

À l'heure dite, nous nous retrouvons dans le jardin autour d'une magnifique table décorée de fruits et de fleurs : bouquets de bougainvillées et d'hibiscus, parfum enivrant du tiaré et autres gardénias. Un *curanto* est en train de cuire à l'étouffée sous de grosses pierres chauffées au feu de bois.

Nous attendons Robinson plus d'une heure sans comprendre son retard. Il arrive enfin, très embarrassé de son retard, et nous explique qu'il a été réquisitionné, comme la cinquantaine d'autres propriétaires de voiture à Hanga Roa, pour aligner son véhicule, tous phares allumés, de part et d'autre de la piste d'atterrissage de Mataveri : l'éclairage de la piste était en panne et l'avion de Lan Chile, en provenance de Santiago, annoncé ! Ne pas pouvoir atterrir à l'endroit prévu quand on est à 4 000 km de tout autre aéroport peut être problématique. Cette piste stratégique a été financée par la NASA pour accueillir, le cas échéant, une navette spatiale.

Le lendemain, c'était à notre tour de nous envoler loin du regard étrange du moaïs. En quelques secondes l'île était devenue minuscule, un confetti dans l'océan.

Peu après ma découverte de l'île de Pâques, je visite au Louvre la section, peu fréquentée, Océanie-Pacifique. Dans une grande salle trône une énorme tête de moaï, les vitrines d'une pièce annexe exposent des statues *kavakana* – il n'en reste aucune à l'île de Pâques. Je me penche pour observer cette curieuse statuette d'une trentaine de centimètres représentant un personnage décharné en bois rouge sombre et poli. Dans la culture de l'île de Pâques, c'était une poupée sacrée que l'on protégeait d'étoffes d'écorces. Les *kavakana* étaient vénérées, bercées, exhibées pour les fêtes et les récoltes ; on leur chantait des poèmes, on dansait avec elles, et je me surprends à penser : « Quel dommage qu'elle soit ici dans cette vitrine, si loin de son île. » À ce moment précis, je vois que la statuette se met à trembler. Je me ressaisis, observe à nouveau : le tremblement est réel. Très troublée, je m'éloigne, retourne vers le grand moaï, respire profondément, regarde passer deux visiteurs, et m'approche à nouveau du *kavakana* : le tremblement reprend.

Au bout de longues secondes, je comprends que la statuette est fixée par une seule tige dans le dos et que, prenant appui sur le socle de la vitrine pour la voir de plus près, c'est moi qui induis le tremblement. La raison est sauve.

Ladakh, Inde, printemps 1998

Au pays de Lungta, le Cheval du Vent

Le cheval qui ne peut pas monter son cavalier
en haut de la montagne n'est pas un cheval.
Le cavalier qui ne met pas pied à terre pour descendre
de la montagne n'est pas un cavalier.
(proverbe tibétain)

Le pont sur l'Indus est en fête. Des milliers de drapeaux à prières chamarrés ondoient dans le soleil et claquent au vent. Sur chacun d'eux Lungta, le Cheval du Vent, emplit l'espace de bénédictions. Nos chevaux ne s'effraient pas des eaux tumultueuses chargées d'alluvions qui déferlent avec violence sous les planches disjointes. Ils avancent résolument sur la piste qui s'élève au-dessus de la grande vallée verdoyante de Leh où mûrissent, à perte de vue, les champs d'orge.

« *Djoulé ! Djoulé !* » Nous retournons ce salut à ceux qui croisent notre chemin : une vieille bergère, hotte sur le dos, poussant quelques chèvres, un paysan la bêche à l'épaule, un convoyeur d'animaux bâtés… La piste, encore large, sinue en surplomb d'un affluent de l'Indus. Au détour d'un lacet, la vallée fertile disparaît ; effacés le fleuve, la ville de Leh, les grandes fermes, les monastères perchés. Une petite rivière devient notre chemin vers les forteresses de l'Himalaya.

Tel fut notre départ à cheval.

Nous étions arrivés depuis quelques jours à Leh, la capitale du Ladakh, où nous avons pris le temps de nous acclimater à l'altitude. Si Leh est à 3 500 m, nous aurons à gravir en cours d'expédition un col à 5 150 m. La ville est dominée par un monumental palais royal et d'impressionnants monastères échelonnés sur une crête escarpée dans un envol de drapeaux à prières. Nous déambulons dans les rues avec lenteur, au moindre effort le souffle est court. Au cœur de la vieille ville, parmi les couleurs et les senteurs des étals de fruits et légumes du marché traditionnel, les cybercafés où l'on sert du thé à la cardamone côtoient les boutiques d'artisanat. Des femmes en haut-de-forme s'attardent aux échoppes de bijoux : turquoises, perles fines, corail et argent ruissellent dans leurs mains rugueuses. Monastère bouddhiste, mosquée et église catholique cohabitent dans un mouchoir de poche. Des moines drapés de toges safran ou grenat ont envahi les rues tels des collégiens en goguette : c'est jour de soldes en l'honneur de l'anniversaire du dalaï-lama !

Le Ladakh, ancien royaume tibétain intégré à l'état indien, compte 270 000 habitants de culture tibétaine.

Le lendemain, nous découvrons dans la vallée autour de Leh des monastères du XVIIe siècle, qui, tels des forteresses imprenables, enchâssent le sommet de hautes collines. Cette position stratégique des *gompa* permettait de défendre leurs richesses, convoitées par les envahisseurs non croyants. Dressés vers le ciel, les temples et les étages nobles, aux larges fenêtres colorées. Depuis les toits, la vue s'étend sur toute la plaine alluviale de l'Indus occupée par des champs d'orge, de blé et de luzerne, d'un vert presque phosphorescent entre les montagnes purement minérales.

Les monastères sont en pleine activité et les recrues nombreuses. Sur une terrasse ensoleillée du monastère de Tiktsé, nous assistons au cours d'anglais donné à des moines d'une dizaine d'années ; ils reçoivent non seulement une initiation religieuse, mais aussi une formation générale qui leur permet une autre orientation que la vie monastique.

Au dernier lacet de la piste qui grimpe vers le monastère de Spituk, nous tombons nez à nez avec une batterie antiaérienne. Leh est une ville garnison à l'arrière de la ligne de front, à 200 km, sur les plus hautes crêtes, frontière entre l'Inde et le Pakistan. Des soldats se mêlent parfois aux fidèles qui se pressent dans le temple du Gonkhang. On les voit en grande dévotion devant la statue d'Ajrabaivera, qu'ils identifient à leur très populaire déesse hindoue Kali, mère et guerrière féroce. Leur ferveur est à la mesure de leur angoisse ; ils viennent, parfois, de régions tropicales et vont devoir défendre une frontière à près de 6 000 m d'altitude.

Dans le clair-obscur des temples où plane toujours le parfum mystérieux des lampes à beurre, nous découvrons des peintures didactiques et les grandes figures emblématiques du bouddhisme. Menaçantes ou souriantes, éclairées par le pinceau de nos lampes torches, ces déités sortent de l'ombre voguant sur les nuages, assises sur un lotus, chevauchant qui un cheval qui une mule, avatars innombrables arborant une infinité d'attributs, représentations toujours colorées et exubérantes, très imaginatives, comme des bandes dessinées foisonnantes auxquelles il manquerait, pour nos esprits occidentaux, quelques phylactères explicatifs.

Dernière journée à Leh et pas des moindres : nous assistons au festival de Hémis, le plus grand monastère du Ladakh, à 44 km de Leh. Les moines vont y exécuter les danses rituelles du bouddhisme tantrique, les danses *cham*, destinées à vaincre les obstacles à la doctrine de Bouddha. Le spectacle est autant dans la foule bariolée et dense qui se regroupe autour de la grande cour centrale, occupant sur trois étages les longs balcons, fenêtres, toits et terrasses, ainsi que la double galerie qui ferme la cour. Sur la haute façade blanche, habillée de toiles décoratives rouge et or, une *thanka* géante, brodée et rehaussée de perles, est déroulée tous les douze ans. Elle représente Padmasambhava, le fondateur du bouddhisme tibétain, à qui est dédié le monastère de Hémis.

Les Ladakhis portent le costume traditionnel noir ou grenat, retenu par une ceinture de couleur vive ; les femmes ont les épaules couvertes d'une peau de chèvre, deux longues nattes, des boucles d'oreilles, de grands colliers, et sont coiffées du surprenant chapeau bicorne haut de forme, agrémenté d'astrakan. Les élégantes arborent le pérak, coiffe noire à deux ailes portant, du front à la nuque, une large bande incrustée de très grosses turquoises et pièces d'argent.

Une explosion de trompettes, tambours et cymbales annonce le début de la cérémonie. Les moines danseurs descendent par un escalier d'honneur vers le centre de la cour. Ils portent des vêtements amples et fastueux : brocarts scintillants de couleurs vives, chapeaux ou masques très élaborés, bottes de feutre à pointes relevées.

L'orchestre et le chœur de moines chantent d'une voix grave presque monocorde, scandée par les tambours ; les gongs et les cymbales soulignent les pas des danseurs. De jeunes moines escortent les spectaculaires *dungchen*, trompes longues de trois mètres. Leur sonorité aiguë mêlée à l'étrange spectacle donne la chair de poule.

Pour la danse des « chapeaux noirs », les moines brandissent un glaive et une boîte crânienne ; leurs tabliers sont brodés de têtes de mort. Ceux de la « danse des héros » ont des masques de cuivre repoussé qui rappellent *La Guerre des étoiles*. Enfin apparaît la procession de Padamasambhava. Celui qui, à la fin de sa vie, s'est élevé dans le ciel sur un cheval magique, arbore un masque doré et est accompagné de ses huit « manifestations » aux grands masques de papier mâché très expressifs. Des personnages portant un masque à la mine ahurie font diversion à la façon de clowns ; ils feignent de menacer les spectateurs ou miment satiriquement les danses liturgiques.

La foule observe avidement et, en même temps, égrène le chapelet, brûle des bâtons d'encens ou active un moulin à prières. J'ai l'impression d'un cérémonial à la fois sacré et naturel.

Après les danses *cham*, le pique-nique au bord du ruisseau dans les prairies sous le monastère est un moment convivial : beaucoup viennent vers nous, bienveillants, et s'étonnent de notre intérêt pour leurs cérémonies.

Le grand départ, enfin ! Les chevaux nous attendent sur la rive de l'Indus, à l'entrée du pont qui enjambe le fleuve puissant et bouillonnant. Oreilles dressées, ils nous observent. Regard vif, croupe ronde et luisante, modèle du cheval tibétain : petit, bons aplombs, tête expressive, encolure courte ; ils sont déjà sellés et portent un collier muni d'une clochette.

Je fais la connaissance du responsable des chevaux et de l'expédition, un réfugié tibétain du nom de Tamdin. Il a sélectionné lui-même les chevaux et les amis qui vont l'aider. Sans se départir d'un léger sourire, il observe les messieurs de soixante-dix kilos ou plus et leur attribue des montures, puis marque une pause ; impatient, chacun se dirige vers tel ou tel cheval, le caresse, lui parle. Tamdin me désigne Tchuutin, un hongre gris à la croupe pommelée et, finalement, il attribue à chaque cavalier le cheval vers lequel il était allé spontanément. Le choix s'avérera judicieux. Lui-même monte une jument, suitée d'un jeune mulet de deux mois qui gambade autour de sa mère.

Nous nous regardons, heureux, et, sans l'exprimer, d'accord avec Montaigne : « La meilleure façon de voyager est à cheval » !

Le chemin remonte un petit affluent de l'Indus alimenté par les hauts glaciers ; à tout moment la piste passe d'une rive à l'autre par des ponts étroits, d'une bonne facture mais sans parapets. Nos montures ont le pied sûr et inspirent confiance, ils marchent à pas réguliers et répondent aux sollicitations. Mais à cette altitude et dans ces terrains escarpés, on ne pratique pas l'équitation, on fait équipe avec un compagnon de route qui connaît le terrain.

Le fond de l'étroite vallée, souvent très rocailleux, est ici semé de langues herbeuses, bosquets de tamaris, saules et peupliers, massifs d'églantiers en fleurs. Tamdin décide d'y installer le premier bivouac, à 3 410 m d'altitude. Chevaux dessellés et selles rangées, nous tenons nos montures en longe pendant le déchargement des animaux de bât : les gestes précis et rapides sont rythmés par un chant qui scande chaque mouvement et que reprend en chœur toute l'équipe tibétaine. Sur la même cadence rapide et chantée, le camp s'organise et les paquetages sont défaits. Les palefreniers troquent la clochette des chevaux pour un large collier de tissu porteur d'une grosse cloche au son grave. Les chevaux reçoivent du fourrage et une musette d'orge, certains seront attachés et d'autres resteront libres de pâturer. Dans la vallée encaissée, le soleil disparaît de bonne heure. Malgré la douceur, nous allumons un feu. Ce premier soir d'expédition, nous nous sentons plus proches autour des flammes qu'après les trois soirées passées à Leh. À quelques mètres, l'équipe locale discute joyeusement. La petite portion de voûte céleste qui nous est accordée dans la vallée encaissée est pleine de promesses.

Au matin, Namgyal lance un joyeux « *Djoulé!* » et dépose près de la tente ou du bivouac une tasse de thé pour chacun. Personne ne se plaint de cette tradition britannique. C'est la chanson de chargement des animaux de bât, reprise en chœur (la cadence est un peu moins rapide que celle de l'arrivée au camp), qui nous annoncera ensuite la fin du petit-déjeuner. Nous peaufinons la longueur des étriers – cette manie des Tibétains de monter très court ! Tamdin vérifie le sanglage.

En selle ! Toujours à contre-courant des torrents, nous abordons vraiment la montagne : des paysages minéraux dressent autour de nous leurs hautes murailles veinées d'ocre, de violet, de vert bronze ; les couleurs des hautes vallées himalayennes sont les mêmes que celles la cordillère de Andes.

Les animaux de bât quittent le camp après nous et ne font pas de pause à midi. Seul nous accompagne le cheval portant la pharmacie, la bonbonne d'oxygène et le pique-nique.

Quelques chortens immaculés annoncent le joli village de Yurutsé. Ici ils sont aussi appelés « stupas » et évoquent toujours, par leur forme, les quatre éléments du cosmos : terre, eau, feu, air.

Une longue montée dans une vallée glaciaire nous mène au camp de base du Ganda-La, à 4650 m, notre deuxième halte. Depuis la grande terrasse naturelle du camp, le panorama découvre les crêtes dentelées et enneigées de la chaîne de Stock.

Les cavaliers semblent bien supporter l'altitude. Ils respectent les consignes de ne pas se presser, d'éviter tout effort violent et de boire beaucoup de thé. Les chevaux, eux, familiers de ces hauteurs, ont une capacité respiratoire très développée ; à peine dessellés, ils se roulent et s'égaillent dans les vallons ; mêlés à un troupeau de yacks, ils dégustent l'herbe printanière sans se préoccuper des nombreuses marmottes qui se hasardent à leurs premières cabrioles.

Le lendemain est une journée test : nous devons franchir notre premier grand col, le Ganda-La, à 4900 m. Le paysage s'élargit au fil de la lente progression. Nous laissons nos chevaux avancer à leur rythme. Ils s'arrêtent de temps à autre pour reprendre leur souffle et repartent de leur propre initiative. Ténacité et vaillance de ces petits chevaux, au pied de chèvre et au cœur d'athlète. Par défi personnel ou pour soulager sa monture, plus d'un cavalier met pied à terre.

Le col est signalé par de grands enchevêtrements de drapeaux à prières, nous y voilà ! L'horizon déploie un panorama grandiose de sommets enneigés et hérissés : l'Himalaya Occidental. Nous sommes plus haut que le mont Blanc !

Un grand col, par beau temps comme aujourd'hui, est toujours un endroit surnaturel : envie de s'enivrer d'air pur, de se soûler de l'immensité des paysages, de s'imprégner de leur beauté et de leur grandeur. J'ajoute notre banderole de prières multicolores à l'incroyable accumulation d'offrandes diverses, de pierres gravées, de guirlandes emmêlées de drapeaux pieux.

Un névé devient un champ de bataille de boules de neige : à près de 5 000 m, toute l'équipe a visiblement bien supporté l'altitude.

En dépit du soleil, l'air est glacé. Il ne faudrait pas que les chevaux prennent froid. Après avoir échangé avec Tamdin un signe de tête, j'invite à reprendre la marche vers la grande vallée qui se creuse devant nous où coule la rivière Markha. L'interminable sentier, en lacets bien tracés, plonge littéralement dans un paysage nu, sans végétation. À Shingo, nous avons perdu près de 900 m et nous hésitons devant une prairie fleurie, traversée par un ruisseau et protégée de murets. Ce serait idéal pour le pique-nique... Le cheval de bât n'a pas d'état d'âme : il saute allègrement le mur, aussitôt suivi par tous les autres. Tamdin connaît le propriétaire, qui approche avec sa famille. Ils sont heureux de partager notre compagnie et d'échanger les nouvelles avec nos accompagnateurs.

Longue descente encore, gorges tourmentées, étroits canyons violacés déjà plongés dans l'ombre, effondrements, entrelacs de synclinaux et anticlinaux torturés, terrain rêvé pour les barhals (une variété de bouquetin), nullement inquiétés par notre passage.

Comme au sortir d'un tunnel, la vallée de la Markha émerge en pleine lumière, terre promise annoncée par de grands genévriers et une enfilade de chortens blancs dominés par un monastère. Après tant de paysages minéraux, la vallée est une oasis.

Notre caravane s'arrête à Skiu, à 3 410 m. L'air est tiède. Chacun part en quête d'une douche privée, dans les bosquets de saules, au bord de la rivière. Près du feu, le soir, Roger nous fera bien rire quand il nous expliquera avec force gestes et mimiques, plus explicites que des paroles (il est sourd et muet), la curiosité des moines qui, du haut de leurs terrasses, observaient aux jumelles les dames au bain.

Toute la vallée est un miracle de la générosité de la nature et du labeur humain conjugués. Entre deux versants montagneux se prélasse une plaine alluviale, tantôt large d'un kilomètre, parfois étranglée dans un verrou rocheux ; il faut alors escalader la paroi par des sentiers escarpés sur des vires étroites et, l'obstacle franchi, redescendre vers la vallée à nouveau épanouie. Tamaris, bambous, saules et peupliers hébergent des colonies de pigeons et de tourterelles ; les champs de céréales abritent des compagnies de perdrix chukar. Le vert tendre des rivages et des cultures offre un contrepoint à la roche ocre clair qui se décline depuis le blanc crémeux, au lever du soleil, jusqu'au jaune orangé, le soir.

Les cultures sont le fruit d'une ingénieuse irrigation et de la construction de murs pour retenir les terres. Les sols plus instables des pentes nourrissent les *dzo* (croisement de vache et de yack) et les troupeaux de chèvres pashmina et de moutons gardés par de jeunes bergers frondeurs. Les vieilles bergères, le dos protégé d'une peau de chèvre, portent une hotte en vannerie et y entassent bois mort et bouses sèches pour le feu.

« *Djoulé ! Djoulé !* » On n'en finit pas de saluer. Que de vie dans ce repli perdu de la planète ! Les étapes plutôt courtes nous laissent du temps pour explorer les abords des lieux de bivouac, observer les systèmes d'irrigation ou les moulins. Les enfants nous montrent leur école, où nous pouvons converser en anglais avec l'instituteur. Les constructions sont en pisé ou en briques crues blanchies à la chaux, terrasses et toits sont damés jusqu'à les rendre imperméables. Dans le village de Markha, les femmes nous invitent à boire le thé dans leurs cuisines aux vaisseliers garnis d'ustensiles de cuivre, la baratte à thé toujours près du foyer. Dans une sorte de sas, chaque maison a une meule de pierre pour moudre l'orge et un métier pour tisser les vêtements de laine. Une femme nous montre une pièce de tissu baignant dans un jus de racines et de fleurs de rhubarbe, le secret de la teinte lie-de-vin des vêtements ladakhis.

À l'étape, Dawa et son équipe cuisinent sur un réchaud et achètent parfois un agneau ou un chevreau. Des poules blanches, un fil à la patte, picorent autour du campement ; ce sont nos pourvoyeuses d'œufs frais, qui voyagent dans un grand panier sur le dos d'un jeune cheval alezan. La provision de légumes frais vient de Leh.

Les soirées sont douces en dépit de l'altitude, les parois rocheuses renvoient la chaleur emmagasinée, la lune grossit chaque jour.

Si des chants accompagnent les préparatifs des chevaux et leur déchargement, une mélopée plus douce les calme au moment de la distribution des musettes. Cette ritournelle qui nous berce le soir nous réveille aussi le matin quand les chevaux sont nourris à la pointe du jour.

Grâce à Dawa, le cuisinier originaire du Sikkim et qui parle anglais, nous pouvons échanger avec l'équipe ladakhie. Un matin où nous sommes moins pressés, ils ont choisi leur cheval préféré et nous les avons photographiés en selle. Ils ont reçu leur photo Polaroïd et des tirages papier leur ont été remis l'année suivante, par un nouveau groupe de cavaliers.

Ils sont très intrigués, comme les villageois, par nos motivations à venir dans la montagne hostile. Je leur montre mes petits carnets de photos qui décrivent en images chacune de nos destinations. Ils tournent les pages, interrogent : ils aiment beaucoup la Mongolie, sont impressionnés par les grands animaux du Kenya, reconnaissent les chevaux du Mustang et d'Islande, mais ont du mal à imaginer la végétation mexicaine ou les immenses troupeaux menés par gauchos et cow-boys.

Et puis un midi, la Markha n'est plus qu'un petit torrent et la vallée se dresse, abrupte, vers l'est. Nous ne pouvons plus reculer, il faut se lancer à l'assaut du plus haut col, le Kongmaru La, à 5 150 m. Nous montons dans une cheminée par un sentier en lacets très serrés pour déboucher sur le village blanc de Tachuntsé.

Le passage des chevaux sous un grand chorten provoque les aboiements des chiens qui alertent la population.

Gravir, escalader, grimper encore… La végétation de genêts épineux et de genévriers est devenue rampante et resserrée en coussinets, un petit lac offre le reflet étincelant de la pyramide blanche du Kang Yatsé qui culmine à 6410 m, la pente s'adoucit, les asters fleurissent au pied des gros blocs de granite tapissés de lichens mordorés. Enfin le plateau de Nimaling, à 4700 m, un des plus beaux pâturages du Ladakh. Une vaste étendue d'herbage cernée de hautes montagnes, une sorte de belvédère végétal en plein ciel, déjà occupé par de nombreux yacks. Avec ses cornes élégantes, ses poils longs et soyeux, sa frange gavroche au-dessus des yeux, cet animal des hautes altitudes paraît débonnaire mais peut être agressif.

Le camp s'installe près de la Markha, jeune rivière sous les sommets enneigés. Arrivé avant nous, Dawa a préparé le thé, que nous prenons le temps de déguster devant un spectacle à graver dans la mémoire : au premier plan, nos chevaux parmi les yacks et, tout autour, un paysage grandiose souligné à l'ouest par les cimes lointaines du Karakorum.

La base du Kang Yatsé nous est cachée par un « petit » talus. Échange de sourires… On y va ? La transparence de l'air nous trompe, le talus n'est ni proche ni petit. Un pas suivant l'autre, nous nous hissons à peine au-dessus du camp. Seuls les plus aguerris approcheront les premiers névés.

Au fil des jours, la charge des chevaux de bât s'étant allégée, nous n'avons pas hésité à ramasser, ce matin dans la vallée, un peu de bois mort pour nous offrir un feu dans le cadre unique de Nimaling. Le cuisinier aussi, pour ce dernier soir en altitude, a préparé un repas de fête : une soupe de légumes à la coriandre, un curry d'agneau parfumé au safran, des crêpes dentelle. À part quelques maux de tête, tous se sont bien acclimatés.

Après le repas sous la grande tente, nous nous serrons autour du feu. Pas un souffle de vent, pourtant l'air est glacé. Nous dégustons chaque moment de ce début de nuit claire : une pluie d'étoiles filantes griffe l'espace comme un feu d'artifice, une lueur diffuse s'affirme à l'est, la pleine lune apparaît et fait scintiller les clapotis de la rivière.

Les responsables des chevaux attendaient cette clarté pour entonner la mélopée, prélude à la distribution d'orge. Déjà dans un premier sommeil, les chevaux se relèvent, soudain attentifs, répondent par des hennissements légers. La montée a été rude pour eux. Leur musette terminée, ils se couchent, veillés toute la nuit par la lune.

Namgyal fait la tournée des tentes avec le thé, beaucoup ont mal dormi, maux de tête et insomnies. Un peu plus tard, au petit-déjeuner sous le soleil, c'est l'ambiance des grands jours. L'excitation gagne toute l'équipe d'accompagnement, car le passage du col marque le retour à la vallée de l'Indus et « à la maison ».

Départ en douceur pour une première grimpette. Les chevaux assurent, un replat permet de reprendre souffle avant l'ultime raidillon. Des cavaliers se sentant en bonne condition décident de gagner le col à pied. Fatigué, les pieds douloureux, le jeune mulet de deux mois, mis à la rude école de la montagne, suit vaillamment sa mère. Pas à pas, hommes et chevaux gagnent du terrain et de l'altitude.

La gyalo ! « Les démons sont vaincus ! » Nous avons atteint le col de Kongmaru La, à 5 150 m, voué aux dieux et aux esprits. Pour signer notre passage en ce haut-lieu nous ajoutons une pierre à l'amoncellement sacré. Grande émotion et congratulations entre tous, au milieu des murs de pierres votives et du pêle-mêle de drapeaux à prières. Emportant les litanies de compassion imprimées sur les drapeaux, le vent propage une énergie bénéfique. Nos accompagnateurs accomplissent leurs dévotions. Tchuutin apprécie la pause. Yeux mi-clos, crinière au vent, rêve-t-il de s'envoler comme Lung Ta ? Au-dessus des prairies de Nimaling, la pyramide du Kang Yatsé scintille de tous ses glaciers comme un pur diamant.

La descente qui nous attend vers Chohot, à 3 700 m, est une vraie dégringolade. Pas de sentiers escarpés, seulement une pente très raide que nous dévalons à pied au milieu de rhubarbes sauvages, primevères, genévriers et pierres qui roulent. Les cavaliers, qui se sentent plus assurés sans avoir à tenir leurs chevaux, fixent rênes et longe à la selle et laissent leur monture en liberté. Est-ce la chanson du retour, que nos guides viennent d'entonner ?

À mi-descente, la montagne éclate en oxydes multicolores, explose en gorges chaotiques, en pleine anarchie tellurique. Allons-nous être ensevelis dans les entrailles de la terre ? Les chevaux trouvent à se désaltérer dans un petit torrent qui nous montre la voie. L'accès est malaisé et les dalles sont glissantes. Il faut passer un à un, lâcher parfois les chevaux sur quelques mètres d'un raidillon abrupt pour qu'ils puissent prendre leur élan et progresser par bonds. Le relief s'apaise, notre torrent apocalyptique rejoint le ruisseau tranquille du hameau de Chohot : quelques maisons, des champs paisibles, une *gompa*. Derrière nous les sombres rochers : la montagne protège ses mystères et ses splendeurs.

Après l'expédition équestre, nous avons voulu voir de nos yeux, au fin fond du Ladakh, un lieu emblématique entre tous : le monastère de Lamayuru, où avait lieu un festival monastique.

La route pour Lamayuru est d'abord celle de Srinagar. Peu après le col de Fatu, le paysage devient stupéfiant : un cirque de montagnes hérissées enserre les dépôts sédimentaires d'un ancien océan, une vaste étendue de roches d'un jaune flamboyant en forme de vagues, comme une marmite bouillonnante qui se serait figée.

Et Lamayuru apparaît, vision irréelle d'une forteresse blanche coiffant un sommet escarpé, des constructions étalées en cascade sur le flanc ouest du piton jusqu'au village, tapi au pied de la montagne. La cour centrale est plus modeste qu'à Hémis, les constructions plus rustiques et l'ambiance moins solennelle, mais l'animation est authentique. Le public rural en fête s'installe pour assister aux danses sacrées.

On ne voit que des tenues traditionnelles et beaucoup de ces surprenants chapeaux buses. Le vêtement révèle aussi des ethnies particulières : ainsi cette élégante Darde au visage occidental et aux yeux clairs qui porte une coiffure baroque où se mêlent fleurs et rubans. Les Dardes, une minorité indo-aryenne habitant la région de Lamayuru, seraient les descendants des soldats d'Alexandre le Grand.

Des grappes humaines couvrent murs, terrasses et toits. Trompettes et cymbales éclatent, les moines dansants apparaissent vêtus de costumes de brocarts multicolores qui scintillent au soleil. Ils exécutent leur rôle avec emphase, et dans de grands tours sur eux-mêmes viennent frôler les enfants aux premiers rangs de l'assistance, faisant mine de les effrayer avec leurs masques grimaçants.

Accompagnée par les grandes trompettes, une procession de moines dépose au centre de la cour une dépouille factice qui représente le mal. Des danseurs portant des masques d'animaux entrent en scène, et, après une longue chorégraphie, un des cerfs brandit sa dague et exécute le mal. Un ballet final réunit tous les protagonistes, masques colorés et brocarts dans une sorte d'apothéose de mouvements rapides soutenus par cuivres, gongs et cymbales dans un scherzo déchaîné où tous les sons se fondent dans un unisson assourdissant.

Nous sommes l'objet de toutes les curiosités autant que nous nous remplissons les yeux du spectacle bigarré des fidèles. La cérémonie terminée, ils actionnent des moulins à prières et vont s'incliner, dans la pénombre des temples, devant les statues vénérées et les déités rayonnantes.

Pendant la longue route du retour, nous épiloguons sur ces moments rares et sur ce que nous a apporté cette expérience. Combien de temps subsisteront ces traditions religieuses qui semblent si profondément ancrées ? Déjà disparaissent les *amchis*, les médecins traditionnels qui connaissent les plantes médicinales. Combien de temps subsistera aussi la polyandrie répandue dans les hautes vallées ? Cette organisation sociale est imposée par la rareté des terres cultivables ; la moindre parcelle d'orge est si précieuse à la survie de chaque famille qu'il n'est pas imaginable de diviser la propriété familiale entre les frères et sœurs à chaque génération. Seul le frère aîné se marie et son épouse devient l'épouse des autres frères, les enfants sont les enfants de tous.

Cette pratique évite la multiplication des foyers et la dispersion des terres. Les frères peuvent aussi choisir de devenir moines ou d'exercer une profession qui ne soit pas liée à la possession de la terre.

En route, nous ne voulons pas manquer Alchi, le plus vieux monastère du Ladakh, construit à partir du IXe siècle. À la différence des autres *gompa* du pays, Alchi s'étale en fond de vallée, entouré de champs, et dégage la même ambiance sereine qu'un monastère roman.

Près d'Alchi, je m'étonne de découvrir de grands champs de glaïeuls occupant des terres si précieuses pour l'orge nourricière. On m'explique que ces glaïeuls, comme toutes les fleurs de montagne, développent une couleur particulièrement dense pour se protéger des rayons ultraviolets, intenses en altitude. La vente des glaïeuls, expédiés par avion à New Delhi, permet d'acheter trois fois la quantité d'orge qu'aurait produit le champ. Les temps changent. L'agriculture de subsistance ferait-elle place à l'économie de marché ? Peut-être les frères cadets pourront-ils se marier et faire du commerce ?

Je pense que la foi restera longtemps encore le ciment de la société tibétaine et Lung Ta, le cheval messager des dieux, portant fièrement sur le dos le Précieux Joyau qui exauce tous les désirs, continuera à réaliser nos souhaits, galopant dans le vent des drapeaux à prières avec son petit air de caracoleur ébouriffé.

Botswana, septembre 1997 et 1998

Delta de l'Okavango, éden aquatique

Á l'échelle cosmique, l'eau est plus rare que l'or.
Hubert Reeves

Le Botswana, quand il était sous protectorat britannique, s'appelait le Bechuanaland. Ce pays, un des plus pauvres d'Afrique, obtient l'indépendance en 1966. Un an et demi plus tard, on y découvre d'exceptionnels gisements de diamants, et le Botswana en devient le premier producteur mondial. Gouverné par un président respectueux de la Constitution, ce pays de moins de deux millions d'habitants est stable et démocratique. Champion de la croissance, il peut jouer la carte d'un tourisme de qualité et éviter les déferlements dévastateurs.

Cela commence par des bosquets disséminés, quelques coulées vertes le long de rivières qui deviennent tentaculaires. Le vert s'affirme, s'épaissit. Le réseau de cours d'eau et d'étangs s'étoffe, luit au soleil comme du vif-argent, et voici le delta : une opulente toison végétale de forêts, de savanes blondes et rousses, de marécages iridescents, de lacs et de rivières, un luxe inouï dans le désert.

L'Okavango naît des pluies torrentielles qui s'abattent sur les hauts-plateaux de l'Angola d'octobre à avril. Lorsque le fleuve impétueux arrive à la frontière du Botswana, il a parcouru 1 300 km. C'est le troisième plus grand fleuve d'Afrique australe, mais il ignore son destin tragique : les mouvements tectoniques qui ont creusé le Grand Rift lui ferment la voie vers l'océan Indien, et la faille de Gomare le contraint à s'étaler. Il cherche la mer en vain et déverse ses milliards de mètres cubes d'eau dans le désert du Kalahari, déposant de colossales quantités d'alluvions en un immense delta de 15 000 km^2.

Les animaux ne s'y sont pas trompés : ce paradis terrestre, aquatique et végétal, est le royaume des poissons et des oiseaux, celui des petits et grands mammifères et de leurs prédateurs. Le cheval va nous permettre l'approche la plus intime et la plus complice du delta : parfois amphibie, il franchit les étangs et les savanes, s'insinue dans la forêt, est presque chez lui parmi les troupeaux d'animaux sauvages.

Sur la piste d'atterrissage de brousse à Xudum, John attend notre groupe avec des Land Cruiser pour rallier le camp. Macatoo et ses tentes vertes apparaissent au dernier moment sous une lisière d'arbres somptueux au bord d'une grande lagune.

Sarah Jane vient à notre rencontre : une jeune femme mince, naturelle et spontanée, à la longue chevelure en queue-de-cheval, tenue kaki, chapeau de brousse, regard amical et poignée de main ferme. Elle nous présente le staff. Une grande complicité semble régner entre tous. Le raffinement du camp de toile est inattendu mais, pour Sarah Jane, le confort est annoncé « en filigrane » ; le plus important, ce sont les chevaux, la découverte du delta à cheval.

Mais où sont les chevaux ? On nous désigne un grand hangar à une centaine de mètres du camp. Les chevaux y sont au frais, à l'abri des insectes et des prédateurs. La journée, quand ils ne sont pas montés, ils pâturent librement, sous bonne garde, dans de grands enclos.

En fin d'après-midi nous sommes aux écuries : le hangar spacieux et aéré comporte boxes, stalles, grange et sellerie. La cavalerie, d'une trentaine de têtes, est hétéroclite : de grands hanovriens de Namibie et des trakheners, des boerperds d'Afrique du Sud proches du poney Basuto, des anglo-arabes et des arabes-barbes. Sarah Jane explique que nous changerons de monture pour chaque sortie ; le responsable de l'écurie jugera en fonction de l'état des chevaux. Nous voilà déconcertés, car tous nous aimons associer une aventure avec un compagnon découvert jour après jour. Eh bien, ici ce sera différent.

Une fois en selle, l'enchantement est immédiat : longeant la lagune, nous provoquons un envol de rolliers turquoise et une panique feinte pour une bande de babouins qui s'égaillent avec force cris. Les chevaux sont imperturbables, ils ont un pas allongé et décidé. Les abondantes frondaisons des arbres du rivage sont autant de tours de Babel peuplées d'oiseaux qui chantent chacun leur partition. Dans l'air immobile se mélangent de fortes odeurs animales, des fumées lointaines, des parfums d'herbe sèche et de remous aquatiques.

De la savane verdoyante émergent de grandes herbes rousses. L'espace est ouvert – un bon endroit pour les antilopes, me dis-je. Gagné ! au détour d'un bosquet, nous découvrons un troupeau de plusieurs centaines de gnous bleus et de zèbres. Entre herbivores, on cohabite d'autant mieux que les gnous aiment l'herbe haute et les zèbres la préfèrent courte. Ils nous ont vus, dressent la tête, jaugent notre approche et s'échappent dans un galop tranquille, suivis par une petite troupe de damalisques. Leur fuite déclenche l'alerte : des phacochères filent sans demander leur reste, la queue dressée comme une antenne. Plus loin, des impalas qui se confondaient avec les herbes rousses s'éclipsent en bonds aériens.

C'est avec un bonheur profond que je retrouve l'Afrique sauvage, un éden où les traces des animaux effacent encore les pas de l'homme.

Sous le tropique du Capricorne, dès 18 heures, le soleil est happé par l'horizon. La savane s'empourpre. Dans le silence immobile, pur comme l'airain, le moindre envol, froissement, chant ou appel est ciselé, perceptible dans toutes ses modulations ; même les pas des chevaux sont étouffés par le sable ou l'herbe rase.

Deux heures de chevauchée déjà. Nous allons traverser la lagune pour rallier le camp que Sarah Jane nous désigne au loin. Nous laissons boire les chevaux. Brusquement, ils lèvent la tête au tumulte d'un bouillonnement énorme : un troupeau d'antilopes aquatiques traverse l'étang en bonds prodigieux, remous gigantesques, gerbes d'eau. Le spectacle devient éblouissant lorsque, passant en ombres chinoises devant le soleil couchant, elles ne sont plus que silhouettes bondissantes dans une dentelle de gouttelettes argentées. Ces cobes lechwes, explique Sarah Jane, sont des antilopes qui affectionnent les zones humides. Leur arrière-train surélevé leur donne beaucoup de puissance et d'agilité en terrain aquatique, où elles sont plus rapides que sur la terre ferme.

La nuit s'est installée rapidement ; nous sommes dans les fauteuils de toile kaki, autour du feu. Cascade de questions vers Sarah Jane et son adjoint, John Sobey. Tous deux sont passionnants et glissent dans leurs commentaires les consignes de sécurité : comment réagir à une charge de buffles ou d'éléphants, savoir qu'un cheval peut tomber dans l'eau, que l'eau cache hippopotames et crocodiles, qu'il faut sans cesse être au contact avec son cheval, prêt à s'éloigner au galop.

Ils nous expliquent aussi le double miracle de l'eau dans l'Okavango. Les pluies locales, de novembre à mars, entretiennent rivières et étangs ; avec la chaleur le niveau baisse, les îles s'agrandissent, des lagunes s'assèchent. La nature attend le flux des eaux tombées sur l'Angola. La crue arrive en mai-juin. L'eau ne déferle pas mais elle gonfle les rivières, monte lentement, inexorablement, remplit les cuvettes, les plaines inondables, La nature exulte devant l'afflux d'eau et de limon. L'Okavango féconde chaque année 15 000 à 20 000 km² de désert. Ce miracle renouvelé chaque année pourrait être en sursis. Avant d'atteindre le Botswana, l'Okavango traverse une étroite bande de territoire namibien. La Namibie est un grand désert, cette eau y serait bienvenue.

Ballet de chauves-souris sous le kigelia aux longs fruits en forme de saucisses géantes. Une table dressée près du feu et éclairée de bougies nous attend. Le repas est simple et savoureux, à base de produits frais, acheminés en avion depuis Gaborone, la capitale. Il n'y a pas de cultures dans le delta. L'activité traditionnelle de la population locale, peu nombreuse, est uniquement la pêche. Les Tswana, éleveurs réputés dans le reste du pays, ont toujours fui le secteur du delta, longtemps infesté par la mouche tsé-tsé, mortelle pour les troupeaux.

Nous terminons la soirée autour du feu.

Pendant la nuit, la colonie de babouins chicaneurs installée près du camp a été bruyante, un éléphant aussi s'est beaucoup approché : dans le silence nocturne, le moindre bruit est très impressionnant.

Petit-déjeuner rapide pour être en selle au lever du soleil, vers 6h30. Nous nous réchauffons les mains au bol de thé ou de café.

La lagune est enveloppée de brume, les oiseaux chantent à mille voix ce premier matin du monde. Nous glissons dans la mousse ouatée de l'aube. Les échassiers sont en quête, ibis et avocettes fouillent méticuleusement les rives. Les grands yeux étonnés des impalas nous interrogent et le mâle nous toise, dressant fièrement la lyre de ses cornes, frou-frou d'une bande de pintades sous un couvert de feuilles mortes et voilà le soleil ! Rouge d'abord, il se réchauffe d'orange et dessine avec délicatesse la silhouette d'arbres en majesté.

L'architecture d'un arbre répond à des lois différentes selon les espèces, mais les arbres isolés dans la savane sont des œuvres d'art : les grands ébéniers, au sombre panache et au tronc épais divisé en deux branches maîtresses, les sycomores massifs à l'écorce orange où s'accrochent directement les grappes de fruits roses, les marulas ont l'écorce effeuillée comme celle des eucalyptus, des fleurs violettes parfumées tapissent le pied des grands *raintrees*, élégance des mokolane, ces palmiers éventail dont les pêcheurs font leurs *mokoro*, les pirogues traditionnelles du delta.

Entrée en scène d'un troupeau de girafes, élégantes et nonchalantes. Détachés du troupeau, deux mâles se font face. D'un large mouvement spiralé ils enlacent leurs longs cous, s'écartent, se donnent à nouveau l'accolade, comme un « bras de fer », pour jauger qui sera dominant. Pendant ce temps, de longues langues gourmandes s'intéressent aux jeunes pousses d'acacias.

John nous entraîne vers un grand étang d'eau claire à fond sableux, puis nous invite à ranger jumelles et appareils photos. C'est parti. Les chevaux n'hésitent pas : ils aiment frapper l'eau de leurs sabots, éclaboussent par plaisir. Galopant en quinconce, nous montons les chevaux de Neptune : le peloton n'est qu'un immense remous où l'eau gicle de toutes parts. Chacun, penché sur l'encolure, en légère suspension, rênes au contact, règle la cadence, fait confiance à sa monture. Les plus avisés se sont écartés et suivent sur les ailes. Les gerbes d'eau emportent joncs et nénuphars, un raz-de-marée pour le petit peuple des eaux. L'étang n'a pas de fin, l'eau est douce et tiède, on pourrait galoper encore et encore. Remontés sur la berge, les chevaux s'ébrouent, rejettent l'eau des naseaux. Leur robe est luisante. Nous sommes complètement trempés et rions aux éclats, enivrés par ce long galop aquatique, un bain de jouvence !

Nous en parlons encore tandis que l'eau s'égoutte sur les flancs des chevaux, quand John, soudain grave, nous arrête d'un geste péremptoire, faisant signe de se taire : nous ne voyons qu'une plaine pétrie de chaleur, écrasée de soleil, une lisière clairsemée et l'ombre d'un grand arbre projetée devant nous, et puis, dans cette ombre, à une cinquantaine de mètres face à nous, nous distinguons une famille de lions couchés dans l'herbe.

John les observe aux jumelles et semble rassuré : ils ne sont pas en chasse ; l'air repu, ils font la sieste. Deux lionnes nous observent, tête dressée ; des lionceaux batifolent paresseusement. Quelques minutes encore puis nous nous esquivons prudemment par la tangente d'un grand détour qui nous ramène au camp.

Après la sieste, nous foulons une armoise odorante à fleurs mauves au bord des larges méandres de la rivière Matesebe. Dans le jour qui décline, l'ambiance est paisible. Nous voyons au loin des buffles et leur escorte de hérons pique-bœufs, plus près des zèbres et des gnous, des girafes aussi. Sans les approcher, nous entamons un petit galop tranquille. Surprise ! Ils nous accompagnent en parallèle, sans affolement ni fuite éperdue, comme un exercice de santé : zèbres, buffles, girafes et d'autres silhouettes, toute la plaine fait un petit galop d'honneur en notre compagnie.

Arrivés au bord d'une lagune, presque tous de front, les chevaux poursuivent le galop, déferlent comme une vague ; l'eau gicle en gerbes d'éclaboussures, les cavaliers passent, yeux mi-clos, rênes ajustées, trempés. Des cris à l'arrière : un cheval a trébuché ! Tous s'arrêtent, cherchent à décoder ce qui se passe. Un cheval arrive sans son cavalier. John a compris. Pieds dans l'eau, le fusil en main, il court vers le lieu de la chute. C'est Marcel, notre patriarche de quatre-vingt-deux ans. Assis sur le fond sableux, il émerge lentement de l'eau, tel Poséidon, jacinthes d'eau et nénuphars accrochés à sa chevelure et à sa barbe blanches. Il s'exclame en riant : « Ah ! je suis content, cela ne m'était jamais arrivé de tomber de cheval dans l'eau. »

Au soleil couchant, l'herbe rousse devient rouge, les hautes termitières sont des forteresses en flammes, la lumière oblique met des reflets fauves sur les robes des chevaux et sur les visages.

C'est dans l'après-midi que nous voyons les seigneurs du règne animal. Ils sont une douzaine. Les éléphants aussi nous ont repérés et ne semblent pas inquiets : ils continuent à se nourrir, mettant à mal un bosquet d'acacias. Nous approchons petit à petit, marquant des pauses. Deux éléphanteaux essaient gauchement de cueillir de la nourriture sur les arbres s'aidant de la trompe, puis ils trouvent plus simple d'arracher des touffes d'herbes. Les adultes ont des gestes lents et précis, les défenses lacèrent les écorces, les pieds écrasent, la trompe arrache puis dépose dans la bouche. Parfois, délice extrême, ils déterrent des bulbes. Les chevaux ne bronchent pas. Immobiles, oreilles pointées, ils savent qu'il faut être discret.

Un éléphant que nous n'avions pas vu émerge brutalement d'un couvert très proche. Panique ! les chevaux font un écart. John nous signifie de rester calmes et nous éloigne sans précipitation. Le pachyderme mécontent soulève la poussière du pied et de la trompe, fait quelques pas rapides et chaloupés dans notre direction, agite ses énormes oreilles, dresse la trompe et lance un barrissement sonore. C'est une charge d'intimidation, nous expliquera John un peu plus tard. Dans une vraie charge, l'éléphant a les oreilles plaquées, la trompe basse posée repliée sur ses défenses, et il fonce à 40 km/h !

Nous avons trié les bagages ramenés à un strict minimum pour passer une nuit dans la brousse en *flying camp*.

La piste nous mène à une forêt touffue d'ébéniers et de sycomores, de garcinias majestueux, de marulas aux fruits juteux dont raffolent tous les animaux, d'albizias aux longues gousses et puis, meurtriers sournois, des figuiers étrangleurs. Ils germent innocemment à la fourche d'un arbre, envoient des racines vers la terre, se développent et finissent par étouffer l'arbre qui les a hébergés.

Dans le règne végétal comme le règne animal, ou les deux en interaction, l'énergie vitale déploie une imagination obstinée pour élaborer toutes les stratégies : cohabitation, entraide, protection, partage ou parasitage, pièges, chasse et mise à mort dans le seul but de survivre et se multiplier.

La forêt s'ouvre sur la savane boisée. La densité d'animaux est exceptionnelle et pourtant on ne se lasse jamais. Si l'excitation submerge lors de galops parmi les animaux, les rencontres plus discrètes sont aussi émouvantes : hyènes ou chacals trottinant vers les reliefs d'un repas de fauves, phacochères apeurés, cobes indignés ou grands koudous dans une forêt de mopanes.

Vigie immobile des étangs et lagunes, l'aigle pêcheur, tête et plastron immaculés, guette ; son amerrissage toutes serres dehors est imparable, le poisson est bientôt emporté dans les airs. Blanches comme neige, les gracieuses aigrettes forment le soir de grands vols vers leurs dortoirs. Depuis un perchoir de branches basses, le martin-pêcheur, éclair turquoise ou malachite, plus rapide qu'une flèche décochée, assomme sa victime. Circonspects les hérons, querelleurs les pluviers, funambules les jacanas colorés aux longs doigts qui courent sur les tapis de nénuphars, empruntés les jabirus au long cou et nœud papillon rouge, très précieuses grues de Wattle dont le delta est l'unique lieu de reproduction.

Nous sommes les spectateurs en direct du grand théâtre de la vie et de la mort. Toumaï, le plus vieil hominidé fossile connu à ce jour, vivait peut-être il y a sept millions d'années dans un Tchad luxuriant comme l'Okavango.

L'arrivée au camp volant de Mantis Eden est surprenante, comme un rêve de Robinson. Des plateformes, abritées par un toit de toile, sont érigées à plusieurs mètres du sol sous un grand arbre. On y monte par une échelle. Une rambarde à claire-voie entoure le plancher, où deux lits bénéficient d'une vision panoramique sur une vaste lagune. Une chambre ouverte dans les ramures. Au pied de l'arbre, une « salle de bains » dans un enclos de roseaux et la douche dispensée par un seau suspendu à une branche.

Loin des écuries et des palefreniers, il nous appartient enfin de nous occuper des chevaux attachés aux arbres, de les abreuver, les panser et les nourrir. Nous collectons le bois pour le feu : le mopane, riche en résine, fait de belles flammes ; le motswiri, bois de plomb, tiendra toute la nuit, sa braise très chaude se consume lentement. Soudain le cri déchirant du galago, petit primate arboricole aux mœurs nocturnes. On jurerait des pleurs de bébé.

Nous organisons les quarts pour participer, deux par deux, à une équipe de veille, le troisième étant membre du staff. Dans cette nuit habitée de tant de présences inconnues, les sens sont en perpétuelle alerte, tout devient menace. Il suffit de l'envol lourd d'un rapace nocturne, du cri lugubre d'une hyène au loin ; le plus petit froissement d'eau, c'est peut-être un hippo en vadrouille, un remue-ménage chez les chevaux, que se passe-t-il ?

Souvenirs épars de ces jours qui nous offrent rencontres et retrouvailles imprévisibles avec les animaux, qui nous tolèrent dans leur territoire.

Sur un petit tertre, à l'ombre d'un acacia, dort une famille de guépards. Le mâle, qui nous a repérés, se redresse sur les antérieurs et observe. La femelle, couchée sur le flanc, tourne la tête dans notre direction avec des grâces d'odalisque. Deux petits poursuivent leurs jeux. Les adultes se lèvent, font quelques mètres sur leurs longues pattes de coursiers et se recouchent avec nonchalance. La matinée est avancée, ce n'est pas l'heure de la chasse. Mélange de noblesse et d'arrogance, d'indifférence feinte. Les marques noires qui s'écoulent des yeux jusqu'aux lèvres leur donnent un visage d'une infinie tristesse ; le regard doré est acéré. Nous restons à une cinquantaine de mètres et observons aux jumelles. Les chevaux se sont mis à pâturer.

Jour après jour notre peau a été brûlée par le soleil, rafraîchie par la brise du soir ou les galops débridés dont nous rentrons trempés et heureux. Nous avons vu la course aquatique des lechwes, celle des impalas et des zèbres, et le vol acrobatique du geai à gorge lilas. Nous avons humé les odeurs de bêtes fauves, d'herbe sèche, du jasmin et de l'acacia, et le parfum profond des eaux vertes. Le delta nous a offert ses infinies variations chromatiques et sonores.

Le delta de l'Okavango est un lieu de pure beauté, de nature vierge, d'animaux libres.

Le final se doit d'être grandiose : le Zambèze nous l'offre, se précipitant dans une gigantesque faille de basalte avec le plein jeu de grandes orgues, aux chutes Victoria, au Zimbawe voisin. En plus du spectacle fantastique découvert par Livingstone et son tumulte d'apocalypse, nous voulons de l'action. Stimulés par le défi nous décidons ensemble de nous engager dans une vertigineuse descente du Zambèze, un festival de rapides classe IV et V, où le raft nous fait chevaucher des vagues déchaînées.

Ils sont fous ces cavaliers.

Guatemala 1978, 1999-2000

Sierra de Cuchumatanes, terre maya

Je ne connais pas cet homme qui s'arrête au bord du fleuve
et sourit en reconnaissant les arômes qui flottent dans l'air.
Je ne le connais pas, mais je sais que cet homme est mon frère.
Luis Sepulveda (*Les Roses d'Atacama*)

Le Guatemala a donné à sa monnaie nationale, chose si banale et terre-à-terre, le nom de *quetzal*, l'oiseau fabuleux, au plumage rouge et vert iridescent, sacré pour les Mayas, symbole de liberté.

Tout est surprenant dans ce petit pays d'Amérique centrale haut en couleurs : nature tropicale généreuse autour d'un chapelet de volcans, mosaïque de populations indiennes attachées à leurs traditions, vieilles cités espagnoles intemporelles, site maya de Tikal, enfoui dans le mystère de la jungle.

I. Une destination qui se refuse (printemps 1978)

Monter une expédition équestre en 1978 au Guatemala n'est pas une mince affaire, car tout est à défricher sur place. Il faudra chercher, provoquer des rencontres, avoir de la chance et du flair, savoir convaincre. Un voyage de reconnaissance s'impose. Je le partage avec Michel, présence complice, affectueuse et apaisante, toujours lucide et positive face aux situations les plus inédites. Dès le premier jour à Antigua, l'ancienne capitale coloniale, on nous parle de la sierra de Cuchumatanes, une région montagneuse et magnifique, sanctuaire de l'âme indienne. Nous y trouverons des chevaux… mais c'est un repaire de guerilleros !

Quand les paysans ont voulu, dans les années 1960, se réapproprier leurs terres confisquées par les grandes compagnies américaines, la riposte a été foudroyante : le pouvoir militaire guatémaltèque, soutenu par le financement de la CIA dès 1966, a exercé une répression cruelle, proche du génocide. Même si Jimmy Carter met fin en 1977 au massacre organisé, à notre arrivée, un an plus tard, les tensions sont encore très vives dans les zones rurales isolées.

Nous mettons le cap sur les montagnes, séduits par les paysages luxuriants et le charme des bourgades colorées qui bordent le lac Atitlán dans son écrin de volcans. Les vêtements traditionnels chatoyants affichent des couleurs et des motifs différents pour chaque communauté. Sur les marchés, derrière les brassées de fleurs ou les empilements de fruits et légumes, chacun annonce, par sa tenue vestimentaire, son village d'origine. On se croirait dans un pays de cocagne. Les « hippies » ne s'y sont pas trompés : ils sont nombreux à hanter le beau village de Panajachel, sur la rive du lac Atitlán.

En dépit de son charme, cette région est trop peuplée et escarpée pour une randonnée, et surtout manque de bons chevaux. Des villageois nous parlent d'un Allemand, qui en posséderait beaucoup... À l'énoncé de notre projet, la mairie de Quetzaltenango refuse catégoriquement de nous communiquer son nom et son adresse. Nous découvrons une boucherie « allemande » qui vend du saucisson et du jambon de la Forêt-Noire. L'homme que nous cherchons ne peut qu'être client. Le magasin étant fermé, je sonne à la porte voisine. Une femme l'entrouvre et me répond précipitamment : « Ce monsieur n'est plus ici. Il vit dans une *finca* loin dans la montagne. » Pourquoi tant de mystère ?

Sur la carte au 1/250 000e que j'ai achetée à l'Institut géographique de Guatemala Ciudad, la sierra de Cuchumatanes culmine à plus de 3 800 m. C'est le massif montagneux le plus haut de l'Amérique centrale. Au-delà de Huehuetenango, les routes deviennent des pistes et les villages se raréfient. Vers où aller ? On nous parle du village de Todos Los Santos, où des missionnaires belges utilisent des chevaux pour se déplacer.

L'altimètre annonce 2 000 m puis 2 500 m. La végétation tropicale disparaît, l'horizon s'élargit sur une succession de crêtes, le paysage est comme épuré, structuré par des affleurements calcaires où s'enracinent des arbres tourmentés et de spectaculaires agaves géants aux feuilles charnues, serrées comme des écailles d'artichaut. Autour de hameaux aux toits de chaume, des bergers gardent des troupeaux de moutons, des mulets disparaissent sous leur charge de paille, sur une butte en plein vent on vanne l'orge. Nous nous arrêtons souvent pour admirer le paysage et parler aux habitants. Le chemin devient impraticable. Il nous faudrait un 4x4 plutôt qu'un simple voiture, nous devons renoncer à Todos Los Santos.

Dans l'abri de fortune qui nous est proposé, nous allumons un feu de genévrier qui embaume et, le casse-croûte avalé, nous cherchons la chaleur de nos duvets.

À l'aube le ciel est d'un bleu intense, la gelée blanche qui scintille sur tout le paysage commence à fondre sous la chaleur du soleil. Une piste montant vers le plateau de Chancol m'enchante : on dirait un grand jardin de rocaille, un de ces chefs-d'œuvre dont la nature a le secret, nous trouvons des moutons mais pas trace de chevaux.

Descente vers la vallée du rio Negro, plus à l'est, au pied des derniers rebonds des Cuchumatanes, la sierra de Verapaz. À la *posada* de Cobán, Arturo Morales, un vieil homme distingué et affable, pense qu'il pourra nous aider à trouver des chevaux et nous donne rendez-vous chez lui, *casa* Dusseldorf, demain à onze heures. Nous y sommes à l'heure dite mais don Arturo souffre d'une épouvantable rage de dents. Plus tard, par une lettre dactylographiée très soignée, il nous prie de l'excuser mais ne donne aucune information sur les chevaux.

Devant notre dépit, l'élégante propriétaire de la *posada*, une pension aménagée autour du patio d'une ancienne demeure coloniale, nous oriente vers le Dr Guttierez, un chirurgien passionné de chevaux, qui a élevé des pur-sang arabes.

Le Dr Guttierez nous invite à dîner. Prudents, nous parlons d'abord de la situation politique, de l'espoir porté par le nouveau président récemment élu, originaire de Cobán. Nous parlons enfin de chevaux et du projet de randonnée. Le courant passe bien avec Michel, lui-même médecin, et l'ambiance amicale rend le Dr Miguel Angel Guttierez bavard ; il nous explique qu'il a vendu ses chevaux au colonel Estrada Sanabria, propriétaire d'une grande *finca* à Santa Rosa. Approchons-nous enfin du but ?

Je demande distraitement comment aller à Santa Rosa et il me dit : « Venez demain à dix heures, je vous expliquerai sur la carte. » Méfiante, j'insiste et obtiens le nom de la commune où est située la *finca* : Purulhá, à une cinquantaine de kilomètres.

Le lendemain, dix heures : le Dr Guttierez, appelé en urgence, est absent. Nul ne sait quand il reviendra. Cette loi du silence autour des propriétaires de chevaux commence vraiment à nous interpeller.

À Purulhá, on nous explique comment rejoindre la *finca* Santa Rosa. Après une interminable montée, la piste plonge en douceur dans une très large vallée herbeuse, entourée de montagnes, un véritable refuge naturel. Nous sommes accueillis par Jacintho, le fils du colonel. J'explique le projet. Intéressé, Jacintho tient à nous montrer les chevaux en liberté dans les pâturages, ils sont une cinquantaine, magnifiques et en excellent état, nous n'en croyons pas nos yeux. Rendez-vous le surlendemain à sept heures pour effectuer une balade de deux jours, essayer les chevaux et découvrir la région. Cette ultime tentative serait-elle la bonne ? Le temps se met à la pluie. Un proverbe dit qu'à Cobán il pleut treize mois par an.

Finca Santa Rosa, sept heures. Le colonel et Jacintho nous attendent. Comme ils ne peuvent nous accompagner, c'est un *muchacho*, Miguel, qui nous guidera. Départ sous la pluie : Michel monte un bai brun aux belles allures (peut-être a-t-il du sang andalou ?) et moi une jument noire, proche du *criollo*. Les chevaux sont bien mis et avancent d'un bon pas. Le pied sûr, ils grimpent avec énergie vers le col de Tzalam.

Montées, descentes, plaines, forêt, traversée de rivières, petits villages, beaucoup de pas, du trot, quelques galops : un parcours de cinq heures en selle. Les chevaux accusent la fatigue, ils ne doivent pas avoir l'habitude de travailler.

Le soir, le colonel nous accueille chaleureusement, impatient d'entendre nos impressions. Propriétaire de *criollos* mais aussi de pur-sang arabes, d'andalous et même des quarter-horses, il laisse tous ces chevaux de races diverses se croiser allègrement. Son projet : recréer une cavalerie guatémaltèque qui conjugue les qualités de toutes les grandes races de chevaux ! Échange de regards avec

Michel : nous avons affaire à un doux utopiste. En même temps il est très précis lorsque nous parlons de la randonnée que je souhaite organiser ; il a des idées sur les bivouacs, les lieux d'étape, déploie des cartes pour définir l'itinéraire. Il semble heureux que ses chevaux nous plaisent et puissent servir à quelque chose.

Entre-temps nous avons rencontré ses trois filles et son épouse, une solide matrone germanique. Après le dîner, le colonel nous propose de rester dormir. Jacintho est absent, sa chambre est à notre disposition. Nous acceptons avec plaisir car la journée a été longue. En entrant dans la chambre, nous sommes abasourdis : en tête de lit, un grand drapeau nazi, aux murs ceinturons, oriflammes, casques, poignards, photos et autres objets proclamant sans équivoque l'allégeance nazie. Nous peinons à trouver le sommeil : tous ces propriétaires de chevaux seraient-ils de près ou de loin d'anciens nazis qui ont tissé un rempart de silence autour de leur existence ? La fatigue a raison de nos interrogations.

Le colonel Estrada Sanabria, lui, ancien officier de cavalerie, est bien guatémaltèque. Nous bouclons les discussions le lendemain matin. Reste en suspens le prix de location des chevaux, il m'écrira.

À peine rentrée en France, je reçois un courrier du colonel Estrada : il demande quinze quetzals (quinze dollars) par jour et par cheval et me confirmera l'itinéraire dans une quinzaine de jours. La semaine suivante, je reçois un télégramme de l'épouse du colonel : il est décédé, tous les chevaux ont été vendus. Je dois oublier le projet de randonnée.

Est-ce la vérité ou veut-on éviter d'introduire des étrangers dans cette vallée perdue ? Était-il écrit que cette expédition n'aurait pas lieu ?

Entre 1981 et 1996, ce sont les événements politiques qui nous ferment les portes du Guatemala. La guerre civile fait rage à nouveau. Ronald Reagan puis George Bush renouvellent leur soutien à l'armée guatémaltèque, qui fait raser quatre cents villages Ixil de la sierra de Cuchumatanes sous prétexte qu'ils ravitaillent les guérilleros. Les documents top-secret de ce massacre soutenu par Washington sont rendus publics par Bill Clinton en 1996, lorsque la paix est signée entre l'État guatémaltèque et la guérilla.

II. À nous le Guatemala !
(novembre 1999 et printemps 2000)

En 1997 je suis contactée par une jeune Française, Pauline Décamps. Au terme d'engagements humanitaires en Afrique et en Amérique Centrale, Pauline rêve d'organiser des randonnées au Guatemala avec Fernando, son compagnon guatémaltèque, originaire de la sierra des Cuchumatanes. Pauline a une formation de tourisme équestre, son projet semble minutieusement préparé et solide. Sa base est Chancol, la région qui m'avait tant séduite. L'itinéraire passe à Todos Los Santos et parcourt le pays des ethnies Mam et Ixil, d'origine maya, celles qui ont le plus souffert de la répression et ont été coupées de tout contact extérieur pendant plus d'une génération.

La première expédition a lieu après la saison des pluies, en novembre 1999, et la seconde au printemps 2000. J'ai voulu que chacune soit accompagnée d'un prélude *andante* : Antigua, la belle coloniale, et le lac Atitlán, serti de volcans, et qu'elle se termine en final triomphant dans la jungle à Tikal.

Antigua, l'ancienne capitale ravagée au XVIIIe siècle par plusieurs tremblements de terre nous offre un soleil tropical adouci par une altitude de 1 500 m, un lieu parfait pour diluer le décalage horaire de sept heures, musarder dans les patios fleuris des demeures coloniales annoblies de blasons, sous les arcades de la Plaza Mayor, celles des innombrables églises et couvents à demi écroulés où des anges baroques jouent de la trompette vers le ciel béant. Effervescence au cimetière : les familles s'activent à repeindre les tombes et à les fleurir d'abondance : dans deux jours c'est la Toussaint. Les volcans Agua et Acatenango s'inscrivent en génies tutélaires sur le ciel où monte la fumée innocente du volcan Fuego. Chacun a pris le tempo latino, les cavaliers ouvrent les yeux sur le monde guatémaltèque.

C'est dans la caldera d'un autre volcan, celui-là effondré, que se loge le lac Atitlán. Entre les roseaux, on n'entend plus que le clapotis des foulques et un incroyable concert d'oiseaux ; la faune invisible des grandes herbes aquatiques salue le soleil couchant. Le vent du sud-est, le xocomil, ride à peine la surface où les pêcheurs tracent le sillon de leurs longues barques étroites vers le rivage où s'activent les lavandières.

Nous accostons dans la baie dominée par un trio de volcans, nous sommes chez les Tzutuhiles, une ethnie maya. Le matin de la Toussaint, nous rejoignons les fidèles qui se rassemblent sur la grand-place, les hautes marches de l'église et ses longues galeries couvertes. Ici les églises sont toujours juchées au sommet d'un escalier monumental. Est-ce une réminiscence des temples mayas, érigés à la cime de pyramides ?

Les tenues traditionnelles chatoient sous le soleil : les femmes portent des jupes dans les tons bleu, lilas ou parme, et les corsages, qu'on appelle *huipiles,* sont blancs, rebrodés de fleurs et d'oiseaux. Les hommes, en sombreros de paille, façon cow-boy, et chemises claires, portent tous (grand chic local) des bermudas blancs à fines rayures mauves, rebrodés de motifs d'oiseaux.

Dans l'église, les odeurs de cierges et les fumées d'encens enveloppent le Christ crucifié et les statues naïves de saints parfois montés sur des chevaux ; parmi eux, le dieu maya du maïs, Yun Kaax. Depuis les Mayas, et Miguel Ángel Asturias, prix Nobel de littérature (1967), on sait que l'homme « est né » du maïs... Nous retrouverons partout le mélange de pratiques anciennes et chrétiennes, que l'on résume par la « coutume ». La confrérie bien catholique de Sainte-Croix vénère Maximón, divinité locale, à la fois image de dieu maya, de conquistador et de Judas.

Ce soir de Toussaint, nous allons enfin rencontrer les chevaux. En route, à San Lucas Tolimán, le ciel est soudain envahi de cerfs-volants qui nous guident vers le cimetière ; dans une ambiance festive et musicale, une foule joyeuse se bouscule entre les tombes repeintes de blanc, parfois de rose vif ou de turquoise, ruisselantes de guirlandes et de couronnes colorées, couvertes de fleurs, de drapeaux et d'herbes fraîchement coupées. Les familles, dans leurs plus beaux atours, pique-niquent et boivent joyeusement à la santé des défunts. Les enfants, perchés sur les plus hautes tombes, envoient leurs cerfs-volants, les *barriletes,* auxquels ils ont attaché des messages pour communiquer avec les ancêtres. C'est à qui fera voler au plus haut le plus grand *barrilete*.

Il est 18 h 30 et déjà il fait nuit quand nous arrivons à Chancol, chez Pauline et Fernando, à 3 000 m d'altitude.

Dans le matin, froid et radieux, nous découvrons des constructions de style traditionnel, murs blancs et toits de tuiles rondes. Tout a été reconstruit à l'emplacement d'une hacienda coloniale du XVIIe siècle.

Fernando et Genaro donnent un coup de main pour la première mise en selle puis, à bord d'un véhicule 4x4, ils assureront l'intendance, le transport des bagages et du ravitaillement.

Quelques foulées dans une prairie pour prendre nos marques et les douze chevaux s'engagent sur un chemin herbeux bordé de murs de pierres sèches, coiffés des hampes flamboyantes de kniphofias rouge écarlate et jaune d'or qu'on appelle ici « tisons de satan ».

Pauline ouvre la marche sur un étalon bai brun, Partisano, pendant que Chico veille sur l'arrière-garde monté sur Uxmal, un hongre isabelle.

Je monte Usmaïa, une jeune jument baie, calme au montoir et sociable avec les autres chevaux.

À l'heure des chaudes lumières de fin d'après-midi qui dorent les toisons des moutons, nous arrivons à Siete Pinos, entre deux rangées d'agaves de plusieurs mètres de haut, les *magueyes*, aux hampes fleuries. La communauté, une vingtaine d'Indiens Mam « ladinisés », c'est-à-dire métissés, nous accueille devant la maison où nous allons passer la nuit. Leur chef, Juan Pascal Lopez, nous dit des paroles de bienvenue. Dans une petite construction attenante, un feu déjà bien chaud nous attend : à 3 200 m, il gèle la nuit. Après la musette de granulés, les chevaux reçoivent de grandes brassées de paille d'avoine et nous leur mettons des couvertures.

À notre invitation, une bonne partie de la communauté est revenue le soir. Juan Pascal accorde sa guitare et nous chante un classique, *El caballo ensillado*, dont il adapte les paroles au récit de notre expédition, où « Guatemala » rime avec « Francia ». Nous partageons notre dessert. Les chants font alterner un répertoire de *corridos* et *rancheras* mexicaines avec des chansons françaises.

Juan Pascal nous raconte sa vie et ses dix enfants, puis nous interroge à notre tour. Chacun mesure combien il serait indécent de dire la vérité et édulcore ses réponses, mais la différence n'en est pas moins brutale. Juan évoque son modeste projet de développement touristique du plateau et songe d'abord à une auberge, qu'en pensons-nous ?

Les enfants, yeux écarquillés, ne perdent pas une miette de la veillée.

Dans le ciel, c'est la grande valse des planètes : Saturne est sur les talons de Jupiter qui règne entre le Taureau, Andromède et Pégase, Mars campe près du Sagittaire et commence à s'éclipser vers l'ouest. Un timide croissant de lune se lève à l'est, dans quelques jours il emplira le ciel de sa lumière blafarde et fera la nique à Jupiter.

Un vent glacial s'est levé dans la nuit. Au matin les chevaux dévorent de bon cœur leur musette d'orge. À la table du petit-déjeuner, dressée au soleil, au milieu des chevaux, l'appétit aussi est aiguisé après une nuit à frissonner, les boutades fusent.

Comme nous terminons le repas, don Juan et son épouse, doña Vicenta, nous apportent une pleine marmite de pommes de terre chaudes, leur seule richesse. Bien que rassasiés, nous y faisons honneur et en gardons pour le soir. Ils sont émouvants de gentillesse et de générosité.

Au printemps de l'année suivante, lorsque je fais halte à Siete Pinos avec un nouveau groupe de cavaliers, les habitants ont convenu avec Pauline de préparer notre repas du soir : un *pepian de chompipe* dont nous nous régalons, fricassée de dindon avec tomates, ail et sésame, coloré au roucou. Ce plat est pour eux « le » repas de fête.

Je leur ai donné les photos prises quelques mois plus tôt quand ils s'étaient prêtés de bonne grâce aux objectifs. Ils rient aux éclats en se voyant sur les clichés. Silence soudain, les visages se figent : un grand-père, souriant sur la photo, est décédé depuis notre passage.

Dans un paysage chaotique où s'enracinent des pins et des genévriers, une allée royale bordée d'agaves géants débouche sur un col à plus de 3000 m, l'entrée du plateau de Tzajualá.

Toute la journée nous croisons des caravanes de mules et d'ânes chargés de longues planches, transportées aussi à dos d'homme. Si le bois est une vraie ressource des hauts-plateaux, son exploitation semble mal maîtrisée. Beaucoup d'arbres sont sciés à deux mètres du sol et nombreux sont les chantiers abandonnés où le bois coupé se dégrade. La forêt du Guatemala est en péril, les tronçonneuses opèrent un vrai massacre. Triste constat pour un pays dont le nom en nahuatl, la langue aztèque, signifie « lieu de beaucoup d'arbres ».

Pique-nique bucolique au soleil de midi au bord d'un ruisseau. Les chevaux dessellés pâturent, longe traînant au sol, ou entravés parmi quelques vaches et moutons.

En fin d'après-midi survient le brouillard, la bruine, la pluie… scénario d'autant plus décourageant que notre chemin, boueux et glissant, qui traverse des ruisseaux et se creuse d'ornières, est celui que doit emprunter le véhicule d'intendance. Nous arrivons trempés et crottés au hameau de La Magdalena. Près d'une école flambant neuve, en matériaux préfabriqués, l'ancienne école tout en bois sera notre refuge pour la nuit. Dans une modeste maison adjacente, Chico allume un grand feu. Nous nous occupons des chevaux et les bouchonnons énergiquement avant de venir nous réchauffer aux flammes. La nuit tombe, toujours pas de nouvelles de Fernando et du véhicule. Nous gardons le moral, mais la fatigue marque tous les visages, l'étape a été longue.

Une femme et deux jeunes filles nous apportent timidement du café et du pain brioché encore tiède. Cela ressemble à un miracle, suivi d'un autre : Fernando apparaît ! Il est embourbé à un kilomètre. Bientôt arrivent Chico et Genaro, chargés d'une lourde cantine, qui contient l'aliment des chevaux, du vin et de quoi nous préparer une soupe.

Si nous voulons nos bagages, il faut agir. Après une bonne rasade de vin nous enfilons bottes, chaps, imperméables et, à tâtons, nous tenant aux clôtures pour ne pas glisser dans la boue, nous suivons la lampe de Fernando jusqu'au véhicule, mais là, impossible de l'extraire de son bourbier. Enfin la pluie cesse. Décision est prise de décharger les sacs. Une longue chenille humaine, crottée et couronnée de lampes frontales, alourdie par les kilos à l'épaule, reprend le cheminement dans la boue et s'accroche aux clôtures en poussant rires et jurons quand l'un ou l'autre dérape. Tant et si bien que nous nous égarons… et retrouvons notre cabane deux heures plus tard. En dépit d'un repas reconstituant, nous oscillons tous autour du feu. Chacun a épuisé ses réserves d'énergie, mais ensemble nous avons tenu.

Lorsque je repasse à La Magdalena au printemps suivant, nous y arrivons dans la lumière ambrée du couchant et la poussière des troupeaux ramenés aux enclos, les lavandières rincent leur lessive dans l'eau claire du ruisseau où la voiture s'était embourbée, les barrières de bois quadrillent l'espace autour des maisons, des fumées de bon aloi s'échappent des toits de bardeaux dans un ciel saumoné. Je raconte aux cavaliers la pluie, la boue, le cheminement dans la nuit avec les sacs… je pense qu'ils ont du mal à imaginer. Le hameau perdu de la Magdalena est enchanteur comme les chaumières d'un conte de fées.

La nuit a été réparatrice, les nuages blancs galopent dans le ciel et disparaissent, laissant triompher le soleil. Pour nous dégourdir les jambes et réchauffer nos muscles fatigués, nous descendons à la lagune de Magdalena : une eau émeraude, un rivage comme une tapisserie de mille végétaux couleur fauve, une enclave préservée dans la montagne.

Au retour, surprise : les villageois ont libéré la voiture. Le terrain s'est bien asséché aussi, l'humeur est joyeuse. Remerciements très sincères à tous ceux qui nous ont secourus, réchauffés, nourris. Nous partons sous le soleil entre de longues barrières de bois, des lices de belles planches qui quadrillent le pays Mam à perte de vue.

C'en est fini des hauts plateaux calcaires. Bientôt nous chevauchons dans une forêt pluviale d'altitude où survivent quelques chênes et kapokiers parmi de grands arbres envahis de lichens, d'orchidées et de broméliacées. Le sol est tapissé de fougères et de buissons aux fleurs orange et amarante.

C'est à Chajul, foyer de la guérilla, que nous vivons la journée historique des premières élections générales en pays Ixil après trente ans de guerre civile. Le temps est encore à la pluie mais la communauté est en fête. Une marée humaine, joyeuse et colorée, afflue de tous les villages environnants. Près des lieux de vote (école, municipalité et presbytère) s'organisent d'interminables queues en zigzags d'hommes et de femmes. Stoïque et déterminé, chacun attend son tour sous la pluie. Après tant d'années de dictature militaire, aucun ne voudrait manquer l'occasion de choisir son représentant.

Rigorberta Menchú, voix de la révolution et prix Nobel de la paix en 1992, est née près de Chajul. Pour cause d'insécurité, pendant plus d'une génération, le « triangle ixil » était banni des guides touristiques. Aujourd'hui encore, avec les observateurs de l'ONU, nous sommes les seuls étrangers ici. Nous ne ressentons aucune méfiance ni timidité. Au contraire, la population est bienveillante. Les enfants s'amusent à nous toucher puis se sauvent ; les femmes sont très fières de nous montrer leurs tenues, qu'elles tissent elles-mêmes : une jupe rouge vif, ceinture rouge nouée sur les reins en bouquet de pompons. Un *huipil* à dominante bleu roi et violet avec zébrures jaunes, orange, rouge, vert et turquoise. Autour de la tête, un bandeau tissé sert de support à de très gros pompons multicolores sur le front et la nuque. L'ensemble est gai et seyant. Le regard coquin, elles aiment se laisser photographier et nous invitent chez elles pour nous montrer le métier à tisser et des pièces terminées.

La chaude sonorité des contrebasses et les percussions des *marimbas* (le xylophone, instrument national) se répondent de bar en restaurant populaire. Les claviers en lames de bois sont si larges qu'il faut trois à quatre musiciens pour couvrir tout le registre du xylophone.

Après le vote, la foule nous entraîne vers un lieu improbable où règne une semi-pénombre – de grandes toiles imperméables ont été tendues pour protéger de la pluie. Sur des brasiers à même le sol, d'innombrables marmites géantes en poterie ou en métal sont pleines à ras bord de soupes gargantuesques, odorantes et fumantes. C'est le cadeau d'un des candidats : des bols de terre cuite vernissée sont remplis et distribués aux mains qui se tendent. Cantine électorale dans une ambiance de cuisine médiévale ou de monastère tibétain ! Cacophonie d'appels et de rires, visages auréolés de pompons et du scintillement de pièces d'argent en boucles d'oreilles, brouillard de fumée et de vapeur, enfants excités ou en pleurs dans les jupes maternelles. Des bouteilles de Pepsi, cadeau d'un autre candidat, sont bues avidement comme un nectar. L'alcool est interdit aujourd'hui.

Dans un minuscule hameau du col de la Ventosa est accourue la foule des habitants de Todos Los Santos de Cuchumatanes. Cette ethnie Mam parle un dialecte maya et se réfère encore, pour certaines activités, au calendrier rituel de deux cent soixante jours, le *tzolkin.*

C'est le jour des courses de chevaux et le rêve de chaque habitant du village est d'y participer. S'ils connaissent bien les mules et les ânes qu'ils utilisent comme animaux de bât, ils ne possèdent pas de chevaux qui sont pour eux symbole de richesse et de pouvoir. Monter à cheval sans peur est une revanche inconsciente sur le conquistador, arrivé en vainqueur sur ces montures. Pour se donner du cœur au ventre, les futurs cavaliers ont passé la nuit à boire et à danser au son des *marimbas,* et ils n'ont pas fini lorsque nous arrivons.

Le plus étonnant dans ce rassemblement est l'extraordinaire vêtement des Todossanteros : du plus jeune garçonnet jusqu'au grand-père, ils portent un pantalon rouge vif à rayures blanches, et tous ont une chemise rayée dans les tons violet et rose vif au large col rebrodé ; leur chapeau melon en paille est garni d'un galon rose et bleu et ils portent en bandoulière un sac tissé assorti. Femmes et fillettes ont également jupe et *huipil* brodés de rose et de violet, souvent le chapeau melon et le sac.

Nous nous mêlons aux spectateurs répartis le long des barrières qui limitent la piste (environ 200 m de long et 7 m de large). Ils se massent surtout à chaque extrémité de la piste fermée par un tronc suffisamment solide pour arrêter les chevaux et néanmoins mobile pour laisser entrer et sortir montures et cavaliers.

Des *ladinos* ont monté à la Ventosa plusieurs camions de chevaux. En une journée, ils récupéreront parfois la valeur du cheval car, pour chaque parcours, le cavalier va payer le prix fort. Les *ladinos,* descendants d'Espagnols ou métis assimilés, ont la peau claire et parlent l'espagnol. Ils occupent les meilleures terres laissant aux communautés indiennes (60 % de la population) les versants plus ingrats, les parcelles plus petites ou en altitude.

Pour les courses il n'y a pas de classement mais des départs successifs de différents groupes. Au signal du sifflet, sept chevaux partent au galop. On comprend tout de suite que les cavaliers ne savent pas monter : pantins ivres, ils tiennent tant bien que mal, se cramponnent au pommeau ou à la crinière, écartent les bras pour retrouver l'équilibre, calent leurs pieds au fond des étriers ; d'autres, aux jambes trop courtes, n'ont pas pu les chausser ; certains sont brinquebalés, se penchent en avant sur l'encolure ou sont à moitié couchés vers l'arrière. Ils passent la langue, ferment les yeux, s'accrochent aux rênes, perdent leur chapeau. Au bout de la piste, des *ladinos* veillent pour obliger les chevaux à faire demi-tour. Ce qui importe c'est de tenir, de rester en selle, de se laisser griser par la vitesse. Les chevaux, très doux, n'ont aucune défense ; leurs propriétaires, qui sont cavaliers, veillent à limiter les dégâts ; ils changent souvent les montures et fixent les rênes de chaque côté du licol. Ainsi, les chevaux n'ont rien en bouche.

Il ne faut sans doute pas juger les traditions dont on ne connaît pas tous les tenants, mais cette fête, imprégnée d'alcool où le cheval est une machine galoper m'a mise mal à l'aise.

Au printemps 2000, nous sommes au même endroit, à la Ventosa, cherchant l'ombre des vieux cyprès pour le pique-nique. Le lieu est désert, si ce n'est un jeune berger gardant ses moutons. Arrivent plusieurs jeunes gens et jeunes femmes, des enfants aussi, jupes bleu marine, pantalons rouges à rayures blanches… Ils viennent de Todos Los Santos. Souriants et curieux, ils engagent la conversation. Yves, qui joue parfois de la guitare, leur demande pourquoi ils ont cet instrument. Ils nous expliquent qu'ils reviennent d'une fête et nous proposent de chanter. « *Por favor !* »

Un jeune homme nous donne l'aubade, modifiant au pied levé les paroles de sa chanson pour les adapter à notre présence ici, chez eux. Quelques joyeux drilles ne veulent pas être en reste, Yves emprunte la guitare et tous de chanter en chœur. Nos amis de rencontre ont beaucoup aimé participer aux chœurs.

Au départ des vallées chaudes et luxuriantes du pays Ixil, nous grimpons par paliers pour atteindre des d'alpages d'herbe grasse, où abondent les points d'eau et des bosquets d'hortensias. La vue s'élargit sur des lointains roses et violacés : le moutonnement des Cuchumatanes. Au nord c'est déjà le Mexique, les Chiapas.

Le morceau de bravoure de la journée est une grimpette dans la forêt primaire, la pente est particulièrement raide. Nous sommes à pied car le sol n'est qu'un enchevêtrement de grosses racines moussues propres à faire trébucher les chevaux. Suant et soufflant, nous finissons par déboucher sur un causse d'altitude, où une large voie tracée par le passage des troupeaux nous mène à bon port : le hameau de Chuatuj, à 3 200 m, un grandiose promontoire naturel de la sierra.

L'école est mise à notre disposition pour ranger le matériel et dormir (plus une annexe, le tribunal, pour les ronfleurs !). Nous sortons les bancs sur la galerie offerte au soleil couchant : peau brûlée de soleil, chaps avachies, chapeaux cabossés, les cavaliers poussiéreux et affalés sur les bancs ont l'allure d'aventuriers fatigués. Nos montures sont attachées à des barrières sur un gazon ras et moelleux où nous leur avons distribué du fourrage. Pour les abreuver, nous puisons l'eau d'une grande citerne. La population nous observe, très réservée. C'est par les enfants que commencent souvent les premiers échanges. Une fillette avec qui Chantal a conversé revient lui offrir des pommes de terre. Secondés par les villageois, nous allumons un grand feu au pied d'un rocher pour prendre le relais du soleil disparu. Ambiance joyeuse et parfois recueillie. Nous voulons profiter du privilège de ce dernier soir dans la nature, et du bonheur d'être ensemble.

Le matin est radieux, je me lève aux aurores pour monter sur un donjon naturel de gros rochers qui domine le village de Chuatuj.

À cette heure matinale, un panorama immense se déploie dégagé de toute brume. De la ligne d'horizon au sud-ouest, je vois poindre une enfilade de volcans : la ceinture de feu du Pacifique, trente-trois volcans jaillis de la terre guatémaltèque.

L'avion survole la jungle épaisse du nord-est du Guatemala où s'effilochent les brumes matinales et nous dépose à Tikal.

Le long d'une piste ténue dans la forêt, le guide nous désigne l'arbre à quinine dont l'écorce infusée soigne la malaria, le poivrier antidote des piqûres de serpent, le précieux sapotillier utilisé par les Mayas pour tailler des linteaux, le copalier, arbre à encens ; nous caressons la douce écorce de grands fromagers sacrés et leurs racines plissées, acajou, kapokiers, arbres à pain, palmiers de toutes tailles et lianes : la forêt se présente. Nos pas effraient à peine les familles de coatis au museau pointu en quête de graines et de fruits (ces mammifères, de la taille d'un petit renard fauve, ont une queue annelée et dressée). Les cris stridents des singes araignées en alerte n'arrivent pas à troubler le concert des oiseaux dans la canopée.

Des taches blanches apparaissent entre les frondaisons, des murs, des édifices... Nous avançons encore et nous voilà devant la splendeur de Tikal : un ensemble majestueux de pyramides, de temples et de palais sur des plates-formes superposées, des volées d'escaliers, impressionnantes par leur ampleur. Un ensemble cérémoniel autour d'une place rectangulaire jalonnée d'autels et de stèles, dominée par le temple du grand jaguar, érigé au sommet d'une pyramide à neuf terrasses. Le jaguar, symbole de prestige et de force, est l'animal emblématique des Mayas.

D'abord subjugués et muets devant cette merveille enchâssée dans la jungle, nous sommes attirés par la crête du temple dressée vers le ciel. D'un même élan nous entamons l'ascension. Quarante-cinq mètres, ce n'est pas très haut, mais les marches sont raides, extrêmement étroites. Ne pas penser au vertige. Du sommet, là où les prêtres officiaient, nous dominons la cité antique, découvrant d'autres places et patios, acropoles et palais, chaussées sacrées, digues et réservoirs, et nous devinons, émergeant de la forêt, d'autres ensembles de pyramides et de temples.

Le guide nous raconte l'empire de Tikal, qui dura mille cinq cents ans, jusqu'à son effondrement, au Xe siècle de notre ère, après un apogée démographique et un épuisement des ressources aggravé par des sécheresses et des guerres fratricides. L'extinction s'est étalée sur plusieurs siècles jusqu'à l'arrivée des Espagnols. Il nous montre les glyphes de l'écriture, des stèles et leurs sculptures raffinées en haut-relief; elles représentent des dignitaires portant sceptres et couvre-chefs emplumés du baroque de plus extravagant. Ici des masques, des voûtes et des linteaux sculptés, des jeux de pelote et bains de vapeur, ailleurs des escaliers dérobés, des résidences, des canalisations qui dirigeaient l'eau de pluie vers les citernes, ou encore les traces de pigments rouges sur les stucs : toute la ville noble était peinte de couleurs éclatantes. Maintenant la pierre blanche est rongée par l'érosion et noircie de taches d'humidité mais les édifices ne perdent rien de leur splendeur.

Il faut imaginer une population industrieuse de dix mille habitants et, dans ce centre, les cérémonies fastueuses avec prêtres, notables, devins, astronomes et sacrifiés.

La majorité des visiteurs désertent le site dans l'après-midi pour le vol du soir. Nous voulons passer la nuit à Tikal. Chacun élargit la découverte à son gré vers d'autres édifices laissés à moitié enfouis, disloqués par le travail des racines dans la forêt livrée à nouveau aux singes et aux coatis. Avant le coucher du soleil, nous nous retrouvons pour escalader la grande pyramide du Monde Perdu. Isolée dans la jungle, elle était un observatoire astronomique à l'époque maya, et reste un lieu chargé d'énergie.

En ce début novembre, la lune est presque pleine. Une bande d'oropendolas, des oiseaux à queue jaune vif et au chant mélodieux, se régale goulûment des fruits d'un palmier à quelques mètres de nous. Le soleil descend vers l'horizon, la canopée ondoie à l'infini en grandes vagues vertes qui se diluent de bleu, les tulipiers et les broméliacées font des taches rouges, les frontons des plus hauts temples émergent de la masse végétale, les chants s'apaisent, seul le cri des toucans résonne sourdement, très loin les singes hurleurs jettent leurs premiers appels rauques.

Canada, montagnes Rocheuses, été 2000

Kananaskis, un autre Far West

Si l'on ne marche pas du même pas
que ses compagnons, peut-être est-ce parce qu'on entend
battre un autre tambour. Marchons au rythme
de la musique que nous entendons.
Henry David Thoreau
(*Walden ou La Vie dans les bois*)

La rivière Saskatchewan roule des eaux de fonte de glacier bleu tendre et céladon ; elle dessine de grands méandres clairs doublés de plages, embrasse des îles, caresse la lisière de forêts qui grimpent à l'assaut des montagnes enneigées. Avec Daniel, compagnon de nombreuses expéditions et découvertes, nous avons décidé ce voyage d'exploration dans les Rocheuses pour le mois de juin, le printemps sous ces latitudes.

Sur les traces des premiers explorateurs et prospecteurs de l'Ouest canadien, sont arrivés les trappeurs et les pionniers, mais c'est la voie ferrée Canadian Pacific, rejoignant Calgary en 1883, qui ouvre à l'engouement général cette ultime frontière sauvage.

Au départ de Calgary, la porte d'entrée vers les grands sanctuaires naturels est Banff, un Chamonix local où règne l'ambiance rétro de vieux hôtels du début du XIXe siècle.

Sur une liste exhaustive d'*outfitters,* organisateurs de randonnées à cheval, j'ai sélectionné six adresses qui proposent des itinéraires de sept jours au moins en formule bivouac dans le parc national de Banff. Nous sommes attendus, il suffira de tester et choisir, une reconnaissance de tout repos.

Progressant par les routes et chemins de traverse, nous nous voyons déjà à cheval dans ces décors sur mesure pour la vie de pleine nature. L'eau turquoise des lacs Louise et Moraine reflètent les montagnes taillées à vif, les épicéas effilés et les glaciers.

Dans les ranchs de rondins, entourés de corrals aux traverses de bois, l'accueil est direct et chaleureux. Ici des chevaux sellés et bridés, menés par trois, sont chargés dans des camions pour être acheminés au point de départ d'une randonnée. Ils sont dociles, confiants et en magnifique état. Ailleurs ils sont ramenés du pâturage pour être ferrés et on profite d'un grand soleil pour réviser la sellerie. Selles, brides et lassos sont posés sur les barrières. Odeurs de cheval, de cuir, de corne brûlée et de charbon, hennissements, bruit de la mailloche sur le fer, bruissement de rivière le long des corrals, on est en plein western et le look cow-boy n'est pas du cinéma.

Sans perdre de temps, nous nous mettons au travail : cartes topographiques déployées, je découvre les itinéraires que me proposent les *outfitters* : la longueur des étapes, les lieux de camp, le matériel d'intendance, l'organisation des journées.

Chez les McKenzie, nous partons à cheval avec Bryan, un de leurs guides, pour une promenade en file indienne dans un sentier étroit, à travers un bois de trembles longeant la rivière. Lorsque le sentier s'élargit dans une grande prairie, je m'approche du guide pour bavarder. Soudain inquiet, il me demande impérativement de rester derrière lui ; j'apprends que les chevaux sont strictement habitués à rester en file indienne, sécurité oblige. Chez les Vinson et les Brauer, même topo.

Pas très positifs, ces premiers contacts, et pourtant les bons chevaux existent, les organisateurs sont compétents, les paysages sont sublimes et la vie sauvage partout présente. J'en discute longuement avec Daniel sans vraiment voir d'issue. Je veux croire à ma bonne étoile.

Icefield Parkway, « la Promenade des Glaciers », est une autoroute nord-sud à travers les Rocheuses. Au col de Sunwapta, à plus de 2000 m d'altitude, elle longe le front du glacier Columbia avant de plonger vers la grande rivière Athabasaca. La vallée, large et toujours bordée de montagnes spectaculaires, rejoint Jasper, le deuxième pôle du vaste territoire des parcs nationaux des Rocheuses canadiennes.

Coup de cœur : ici l'ambiance est montagnarde, sympathique et plus sportive qu'à Banff. Toutes les constructions sont en bois, et des totems grimaçants et colorés interpellent le Grand Manitou.

Peut-être que Dave et Chris auront une conception plus décontractée de la randonnée ? Je m'enquiers des allures : « Est-ce qu'on trotte, fait-on des galops ? » Je lis plus que de la surprise sur les visages : l'inquiétude. Je découvre les directives (dérives ?) sécuritaires des parcs nationaux ; les assurances sont hors de prix, et, en cas de faute, l'*outfitter* risque de perdre sa licence. La réglementation est rigoureuse aussi en ce qui concerne les itinéraires, les lieux de camp, l'emplacement précis du feu et celui réservé au couchage, les horaires d'occupation, le nombre de chevaux autorisés ; il faut ramasser les crottins et les disperser dans les sous-bois, collecter le fourrage non consommé, qui pourrait attirer les ours. Il y a des taxes de pâturage, par jour et par cavalier. Il faut « réserver » son passage à cheval dans le parc, car des quotas évitent une fréquentation excessive, perturbatrice pour la faune.

Je suis atterrée de comprendre : ces espaces sauvages sont si densément visités et parcourus qu'une discipline draconienne doit être appliquée, et, bien sûr, il faut payer pour les préserver. Plus les espaces naturels seront rares, réduits comme peau de chagrin, plus ils seront vitaux et recherchés par la population citadine, plus ils seront réglementés et payants. La nature sauvage deviendrait-elle un marché ? Je n'ose y croire. Plutôt que ces paysages exceptionnels, je me mets à rêver à d'une rivière anonyme, au pied d'une colline sans prétention où je peux laisser mon cheval pâturer à loisir et m'attarder aussi longtemps qu'il me plaira.

Nous mettons en selle pour une promenade en file indienne, vers le plus grand lac des Rocheuses canadiennes, le lac Maligne, une pure merveille, la photo de tous les calendriers, miroir turquoise entouré de montagnes aux sommets enneigés et versants couverts de pins tordus et d'épinette. Le sentier est chaotique, les selles sont confortables et les chevaux connaissent le parcours par cœur. Tout est silence, si ce n'est le chant des oiseaux et les pas des chevaux, parfums d'eau lorsque des colverts s'envolent où que plongent des canards arlequins. Au milieu du lac, l'île aux Esprits, un radeau et son équipage d'épicéas noirs navigue doublé d'un fidèle reflet.

Nous nous attardons encore en longues marches vers des lacs isolés de Jasper où les timides élans se repaissent de roseaux, ou vers les sommets des Whistlers Mountains. Les marmottes s'éveillent, les lagopèdes blancs se fondent sur les plaques neigeuses et risquent déjà quelques plumes grises.

Je dois me rendre à l'évidence : la randonnée comme je la rêve, en liberté dans la nature, semble impossible dans les parcs nationaux, mais peut-être dans cette autre région préservée, prolongement du parc national de Banff sans avoir le « statut de parc », les Kananaskis ?

Soucieux de bien trouver le ranch Anchor D et de ne pas manquer le rendez-vous, nous arrivons trop tôt. Ils sont en train de préparer pharmacie et ravitaillement pour une randonnée qui part demain. Haut chapeau de feutre, chemise bleue, jeans, bottes et chaps courtes en tablier, à la mode canadienne, dégaine chaloupée, Dewey Matthews nous accueille cependant avec un bon rire : « Puisque vous êtes déjà là, on va commencer par faire un petit tour à cheval. »

Dans un grand corral, une centaine de chevaux mangent du foin. Dewey attrape au hasard les trois chevaux les plus proches de la barrière. Nous sommes en selle depuis dix minutes, deux chiens sur les talons. Sans prévenir, Dewey prend le galop, nos chevaux suivent spontanément. Daniel et moi nous regardons, surpris et heureux. Quand nous repassons au pas, je pousse un grand soupir d'aise. Dewey nous observe du coin de l'œil et repart aussitôt au galop sur un chemin qui monte légèrement à travers bois. Dans la foulée, nous sautons un tronc au sol, un deuxième plus haut, un troisième. Enfin de l'action et des chevaux vivants !

Comme la pente se raidit, nous repassons au pas, et là, en se retournant, Dewey rit aux éclats dans sa moustache, content de lui. Il nous a bien eus. S'il savait que c'est ce que nous attendions ! Le sentier devient abrupt jusqu'à une clairière d'altitude, un champ de fleurs sauvages. Dewey explique les montagnes qui se succèdent au loin, puis désigne la vallée qu'on devine en contrebas. C'est parti pour une descente impressionnante en sous-bois, hors de toute piste. Les chevaux sont assis sur les talons et descendent prudemment jusqu'à un talus. Un saut en contrebas nous fait atterrir dans la rivière Sheep Creek. Le courant est puissant, les chevaux ont de l'eau jusqu'au poitrail ; nous les laissons boire, puis passons sur l'autre rive pour rentrer par des prairies paisibles.

Je ne sais qui a testé l'autre, mais je crois que la satisfaction est réciproque. Cette fois, je poursuis de bon cœur les discussions sur le projet de randonnée. Les échanges sont directs. Tout m'emballe.

Dewey étant le seul à avoir une licence dans le vaste secteur des Kananaskis, où il évolue, nous ne risquons pas de voir les touristes aussi nombreux que dans les parcs nationaux. Il peut aller où il veut et établir des bivouacs où bon lui semble. Son intendance est assurée par des chariots bâchés attelés à des chevaux de trait ; les véhicules motorisés sont interdits dans cette zone préservée, de mieux en mieux ! Je ne les avais pas remarqués mais ils sont là, parmi les autres chevaux, des paires de percherons et d'ardennais, quelques mules de belle taille aussi.

À l'extérieur de la sellerie en rondins dorés sont accrochés trophées d'élans, de caribous ou de wapitis. L'intérieur est une caverne d'Ali Baba bien ordonnée qui regorge de selles et de brides, de longes et de licols, mais on découvre aussi bâts, harnais et accessoires d'attelage.

Des dates sont arrêtées pour juillet 2000, au moment du Stampede de Calgary, le spectacle de rodéo le plus fameux de tout l'Ouest américain. J'ai connu les Frontier Days de Cheyenne dans le Wyoming et j'aimerais que les cavaliers aient l'occasion de voir cet événement majeur de la tradition western.

Après l'expédition dans les Kananaskis, nous irons à la grande finale des compétitions de rodéos de Calgary où se mesurent les champions de monte de *broncos* (les chevaux indomptés) et toutes les épreuves traditionnelles révélant l'adresse du cow-boy ; la capture de veaux ou de chevaux au lasso, la mise au sol de taurillons en sautant du cheval, la monte de taureaux et, pour les cavalières, le *barrel racing,* parcours en trèfle autour de tonneaux à couvrir le plus vite possible.

Au Stampede de Calgary se donnent rendez-vous les meilleurs cow-boys et les plus beaux quarter-horses, dans une ambiance hot-dogs et musique country.

À la tombée du jour se déroule la très spectaculaire course des *chuck-wagons,* les chariots bâchés attelés à quatre chevaux et accompagnés d'une escorte de cavaliers. Tous les concurrents sont pied à terre jusqu'au signal, simulant une alerte extérieure. Chaque équipe feint alors de lever le camp en catastrophe, charge prestement plusieurs objets encombrants dans son *chuck-wagon,* saute dans le chariot ou à cheval, et la course-poursuite démarre, effrénée ; plusieurs passages devant le public en délire jusqu'à l'arrivée où le vainqueur doit non seulement être le premier mais avoir son escorte de cavaliers au complet.

Le ciel rougeoyant et le soleil couchant ajoutent à l'intensité dramatique, enflammant l'arène, la robe des chevaux, la poussière et l'enthousiasme des spectateurs.

L'empreinte du grizzly sur la terre humide est grande comme deux mains. Dans sa promenade nocturne, l'ours est passé à cent mètres du camp ! Les chiens, Chubb et Bear, ont aboyé férocement mais les chevaux n'ont pas bronché.

Petit matin au camp de McPhail Creek. Le feuillage des bouleaux filtre le soleil, qui dessine des taches de lumière sur la croupe des chevaux, sur les tentes et les bâches des chariots.

C'est l'heure des musettes matinales pour les animaux et d'un premier café brûlant au coin du feu pour les cavaliers. Trois cafetières fument, odeur de pain grillé, de feu de bois, de terre humide. Les cavaliers arrivent les uns après les autres, encore tout chiffonnés de sommeil. Les commentaires vont bon train : « Et si le grizzly était venu dans le camp ? » Dewey se veut rassurant : « Les grizzlys sont timides et ont très peur des chiens, c'est pour ça que nous avons toujours plusieurs chiens avec nous. »

Hier les chevaux, entravés et clochette à l'encolure, ont paturé jusqu'à la tombée de la nuit dans une grande prairie sauvage qui descend vers la rivière McPhail, coupée d'une succession de barrages de castors. À perte de vue, forêts et prairies tapissent la montagne puis, à la limite des forêts, jaillit le calcaire gris clair, l'épine dorsale des Rocheuses.

Nous sommes partis depuis trois jours d'Etherington Creek (1725 m d'altitude), là où les prairies du plus grand et plus vieux ranch du Sud-Ouest de l'Alberta viennent buter sur les Rocheuses. Cavaliers « européens » et équipe d'accompagnement, nous sommes une vingtaine de cavaliers.

Au départ, il faut se familiariser avec le matériel local : pas facile de régler les étrivières d'une selle américaine. Dewey explique les principes de la monte western adaptée à la montagne : rêne d'appui, main légère, assiette adaptée à la pente, classique. Le double sanglage et le collier de chasse maintiennent bien la selle en terrain très accidenté. Les conseils de sécurité sont simples : toujours transmettre de proche en proche commentaires et consignes. Face aux animaux sauvages : prudence et respect, et, pour l'accompagnement des chariots, ne pas gêner leur progression.

Bain de nature immédiat : chemins herbeux, épicéas élancés et touffus, des fleurs partout : ancolies, anémones, potentilles. Montée raide dans un sous-bois en jeu de mikado, fouillis d'arbres cassés effondrés les uns sur les autres, abattus par la neige, la tempête ou l'incendie. Deux gros troncs barrent le chemin. Dewey détache la cognée fixée à sa selle et entreprend de dégager la voie : précision et vigueur du geste, le problème est vite résolu. Des heures de pas, trot et galop dans les terrains variés d'Elk Range pour arriver au camp de Baril Creek, où les chariots nous ont précédés. Le feu est allumé et le café est prêt. Après plusieurs heures en selle, il faut renouer avec la position de « bipède ». Détente. Les visages rayonnent, on parle peu à cheval, mais pied à terre les conversations s'entremêlent.

Tandis que nous parcourons à cheval des itinéraires tout-terrain, les chariots empruntent de vieux chemins d'exploitation forestière ou de prospection qui suivent plus ou moins les courbes de niveau.

Les camps sont installés pour deux nuits successives. Le deuxième jour, les cavaliers font une étape en boucle, explorant les plus hautes crêtes, pendant que les chevaux de trait se reposent, et le lendemain tous progressent vers le nouveau bivouac.

Le camp est toujours une vraie installation. Dresser les tentes (Dewy nous interdit le bivouac à la belle étoile à cause des ours et des couguars), collecter du bois, nourrir les chevaux. Christine, une retraitée alerte aimant la vie au grand air, règne dans la tente de la cuisine, particulièrement spacieuse. Les jeunes stagiaires, Heather, Cleve, Lauren et Shane, meneurs des chariots et apprentis *wranglers* (responsables de chevaux), lui assurent une bonne provision de bois pour le fourneau.

Chili con carne, pommes de terre au lard, gâteau à la noix de coco : pour la cuisine de campagne, Christine est championne. Elle a le sourire d'une grand-mère gâteau aux cheveux blancs et accompagne les chariots à cheval.

Les paupières sont lourdes pourtant la fascination du feu nous retient, nous sommes bien ensemble, il y a deux jours nous ne nous connaissions pas.

J'aime Diamond, ma jument palomino, couleur miel et crins lavés. Jeune mais déjà très consciencieuse, elle est confiante et énergique. Elle s'entend bien avec Buckskin, le hongre bai ou le gris Jolly Jumper, les chevaux que monte Dewey ; nous pouvons discuter à loisir quand le chemin est assez large pour marcher au botte à botte.

Vers 2500 m, la limite des arbres est dépassée : les genévriers rampent et les épicéas sont devenus bonsaïs, la végétation s'adapte et se raréfie, le jaune délicat des lys de glaciers festonne les névés, la roche calcaire est à nu en grandes dalles lisses polies par de vieux glaciers. Et voilà le col, Fording River Pass, belvédère vers les amples paysages de Colombie-Britannique enfumés au loin par un feu de forêt. Nous sommes sur le Continental Divide, la ligne de partage des eaux entre Atlantique et Pacifique, frontière également entre l'Alberta et la Colombie-Britannique, les provinces les plus occidentales du Canada. Parce que nous sommes très au nord, dès 2600 m d'altitude, les sensations et les paysages sont ceux de la haute montagne : roche brute et abrupte, éclatée, hérissée, vêtue de névés, lichens et toundra.

Une longue descente à pied sur le versant ouest nous mène au pique-nique sur les rives d'un lac paisible au pied du mont Bolton. Une large boucle par un autre col nous ramène au camp de Barril Creek.

Une autre journée, nous avons en ligne de mire le lac glaciaire de Carnavon. Depuis le matin, nous chevauchons vers une lointaine paroi rocheuse qui semble fermer la tête de vallée. Plus nous approchons, plus elle semble infranchissable : pas d'issue, c'est un cul-de-sac. Deux cent cinquante mètres de dénivelé nous séparent du lac Carnavon. Il faut laisser les chevaux à la limite des arbres, sous la garde de Shane, et monter à pied jusqu'au bas de la grande dalle polie où ruisselle une cascade. Escalade ardue dans les rochers, en parallèle de la cascade. Cleve a emporté un lasso pour assurer les plus hésitants, Claudette, sujette au vertige, n'est pas à la fête, et moins encore quand se présente un tronçon d'une trentaine de mètres de paroi lisse, équipée d'une chaîne pour se retenir. Au sommet, pour récompenser l'effort : le lac bleu marine, retenu par un verrou rocheux. Tel un saphir, il est serti sur trois quarts de cercle par un amphithéâtre de roche abrupte, échancré seulement au niveau du débordement, là où s'écoule la cascade, le trop-plein du lac Carnavon. Dans l'ouverture apparaît au loin la crête acérée des monts Highwood. Les plus courageux se jettent dans l'eau glaciale.

Les chevaux paraissent tout petits, loin en contrebas. Il faut des jumelles pour les distinguer, taches fauves, grises et noires. Je découvre aussi, en arrière-plan, une bande de wapitis qui traverse un névé et deux grands rapaces en chasse à la limite des bois.

Quelques jours plus tard nous marchons vers le lac glaciaire de Horns, sous un ciel couvert et un vent glacial. Le lac a la couleur du plomb et nous nous terrons à l'abri d'un bosquet de buissons rabougris pour le pique-nique. Vite, se réchauffer les mains sous la crinière des chevaux et perdre de l'altitude de lacet en lacet, marcher et rêver à la chaleur du feu.

J'aime l'aube des départs. Le réveil musical dans les trilles et les vocalises des oiseaux, la rivière assure le bruissement de fond, léger et cristallin, la fumée d'un feu tout neuf déploie ses volutes dans les rayons de soleil tamisés par les arbres. Le bonjour aux chevaux, les emmener boire avant la distribution des rations, on s'interpelle : « Est-ce que Fat Jack et Ginger ont déjà bu ? et Rocky ? »

Ah, les petits-déjeuners western ! À chaque jour son menu : saucisse et *hash brown* (julienne de pommes de terre grillées) ou œufs au bacon, pancakes au sirop d'érable, un fruit, des crêpes, des beignets.

Lever le camp : plier serré les tentes et les bagages, les bâches de protection des selles, approcher tout le matériel des chariots, ranger le bois, éteindre le feu. Arriver à caser tout le matériel à l'intérieur des chariots en équilibrant parfaitement les poids, mission délicate que se réserve Dewey. Refroidir le fourneau et l'arrimer à l'extérieur d'un chariot. Préparer les chevaux, panser et habiller les chevaux d'attelage, les faire boire une dernière fois, les approcher des chariots, les brider, accrocher le palonnier avant sous les colliers et attacher les palonniers arrière au chariot. Dès lors le meneur prend place sur son banc, guides en mains, il ne faudrait pas qu'il prenne aux chevaux la fantaisie de partir seuls.

Lever le camp, c'est quitter un lieu devenu familier, on y a déjà des habitudes et des repères, nous le rendons à la nature, ne laissant que des cendres froides et un peu de foin au pied des arbres.

Souvent nous escortons les chariots sur un tronçon de vieille piste, formant une seule caravane comme au temps des pionniers. Grincements des roues et des ressorts, tressautements du harnachement, cliquetis des chaînes, appels d'encouragement, claquements du fouet – juste pour le bruit ! il ne touche pas les croupes. Les chevaux aiment l'excitation des départs avec les chariots qui commandent l'allure au trot : ils s'encapuchonnent, se prennent à danser, comme s'ils escortaient un carrosse.

Ces vieux chemins, abandonnés depuis les années 1950, peuvent être hasardeux. Il faut toute la puissance des chevaux et le savoir-faire des meneurs pour prendre certains virages ou franchir un affaissement sans verser. À la suite des chevaux montés, nos quatre athlètes ont fièrement traversé le grand gué de la rivière Highwood, prenant plaisir à soulever des panaches d'éclaboussures.

Les cavaliers qui souhaitent connaître les frissons de l'attelage s'assoient à côté du meneur, leur cheval, attaché à la ridelle du chariot, suit en trottinant.

J'ai aimé cette étape avec en premier plan les croupes musclées et les crinières blondes dansant sur le chemin herbeux, bercée par la musique métallique des ressorts et des chaînettes, l'autre chariot en ligne de mire se faufilait dans un tunnel de verdure printanière.

La carte épèle des noms aussi poétiques que Strawberry Ridge, Hill of Flowers, Sheep Creek, Misty Range ou Cougar Mountain, nous y passons les matinées, à traverser les rivières, franchir d'épaisses forêts souvent encombrées de bois mort, à nous improviser de petits parcours d'obstacles quand l'espace est assez dégagé et à monter vers les clairières fleuries. Les matinées sont parfois longues mais Dewey ne cède pas : « Aucun pique-nique à moins de 7 000… » (comprendre 7 000 pieds, environ 2 300 m).

Bien sûr il y a des matins de pluie, les cirés enfilés dès le lever, il faut prendre sur soi et se résoudre à plier le matériel mouillé. Tout est plus compliqué – sortir les selles au dernier moment de dessous leur bâche après avoir épongé le dos des chevaux. Le départ est une délivrance, enfin en mouvement. À cheval la pluie est plus supportable ; bientôt le soleil brillera.

Pour les deux derniers jours il a fallu improviser, faire venir les camions et nous transporter trente kilomètres plus au nord, sur un autre versant, à Mist Basin. Les rangers venaient de condamner tout le territoire où nous devions chevaucher. Les grizzlys y sont nombreux et l'un d'eux, blessé, a été signalé particulièrement dangereux.

Sur cette rive gauche de la rivière Highwood, la forêt est vigoureuse et parfois impénétrable. La seule issue est souvent de suivre une arête rocheuse où ne poussent que les fleurs de rocaille : silènes, fuschias et asters mauves à cœur d'or.

Dewey n'est pas familier de ce secteur mais il flaire le terrain et connaît ses chevaux. Nous sommes engagés sur une crête médiane entre deux décors prodigieux : les grands plissements des monts Highwood, sur notre droite, et le Continental Divide enneigé, sur notre gauche. La confortable crête herbeuse s'affine jusqu'à se réduire bientôt à une lame rocheuse. Nous sommes en file indienne sur l'étroit passage entre deux versants vertigineux. Il faut faire confiance aux chevaux, le vide ne les impressionne pas. Longues minutes à retenir son souffle, le temps de rejoindre le replat du prochain col.

Le bonheur, aujourd'hui, est d'avoir réussi une magnifique prise de vues d'un galop en plein ciel : les chevaux galopent vers moi dans une légère montée. Bouillonnants d'énergie, ils me frôlent, ma caméra les suit. Gros plans de flancs et de bottes sur fond de montagnes enneigées. Ils sont maintenant de dos, bien plus haut que moi et s'envolent vers le ciel.

Il a vraiment raison, Dewey, d'attendre les alpages fleuris, à la limite de l'étage forestier, pour la pause de midi face à des panoramas d'une ampleur exceptionnelle, souvent à 360 degrés. Glaciers et névés suspendus emplissent les combes et soulignent les fractures de leurs traînées lumineuses.

Le soleil est au plus haut. Les chevaux dessanglés, débridés et attachés aux derniers arbres grignotent un peu d'herbe, ensuite ils récupèrent, yeux mi-clos, lèvre abandonnée, ils mettent au repos successivement chacun de leurs pieds ou se couchent. Les chiens aussi halètent longuement avant de s'assoupir dans un rêve profond, les ours n'attaqueront pas dans la journée.

L'estomac dans les talons, nous savourons enfin le pique-nique, assis, sur un rocher, une souche, ou à même l'herbe épaisse. Les jumelles révèlent toujours la présence de *wapitis*, les grands cerfs d'Amérique, dispersés dans une prairie, se déplaçant sur un sommet où même un combat de mâles, plus rarement des caribous, les rennes du Canada, qui préfèrent les sous-bois. Les nombreux mouflons se fondent tellement dans le décor qu'il faut guetter avec obstination le moindre mouvement pour déceler leur présence. En revanche, les chèvres sont trahies par le blanc étincelant de leur longue fourrure, de vraies acrobates sur les rochers escarpés ;

comme les mouflons, elles affectionnent les pentes inaccessibles à leurs prédateurs.

Je suis toujours fascinée par l'environnement immédiat, la texture et le grain des roches, les figures extravagantes de bois morts, lisses et argentés ou parés d'une infinie variété de lichens chevelus, moussus, incrustés, jaunes, gris, verts, ou bleutés. S'il existe un paradis des fleurs, il ressemble aux prairies alpines des Rocheuses. Densité exceptionnelle et couleurs éclatantes, impossible de nommer toutes les fleurs et pourtant, j'aime dire les « noms » des fleurs, ceux des étoiles, des chevaux, des humains que je rencontre, des lieux que je découvre, ils me semblent exister davantage. Dans beaucoup de cosmogonies, celles des Dogons du Mali ou des Aborigènes d'Australie, pour ne citer que celles-là, c'est en nommant les choses que les Ancêtres ont créé l'univers.

La gloire des jardins sauvages des Rocheuses est le bouquet rouge feu des castilléjies, les *Indian Paintbrush*, mêlés aux grandes marguerites blanches, au jaune orangé lumineux des gaillardes et de l'arnica ; velours des pulsatilles et silènes, capitules blanc rosé des achillées, jaune brillant du séneçon adonis et du millepertuis, de la potentille et du bouton-d'or, l'élégant asphodèle, les précieux sabots-de-vénus et orchis innombrables, épis roses des renouées et des épilobes, lys des montagnes, parfum rose tendre de la valériane, clochettes bleues des campanules, cardamine et pulmonaire violacées, scabieuses, trèfles, géraniums, lupin, jasiones, asters... gerbe infinie de couleurs et d'arômes délicats.

Grâce au grizzly qui nous a imposé le changement de programme, nous inaugurons le camp de Cat Creek. Dewey n'y est jamais venu, le site est vierge.

Il faut choisir des emplacements bien plats autour d'un arbre pour y attacher les chevaux, enlever les cailloux, supprimer les branches basses. Il faut s'inventer une chambre, une salle de bains, trouver dans la rivière l'endroit commode où puiser l'eau pour la cuisine, la rive bien dégagée pour faire boire les chevaux et puis décider de l'emplacement du feu, en fonction de l'espace et de la direction du vent pour que la fumée n'envahisse pas la tente cuisine, rassembler de grosses pierres pour le mur de protection, des troncs morts pour les sièges. Allumer le feu, c'est comme pendre la crémaillère.

Avant le repas, il y a du bois à collecter et à fendre, et des chevaux à referrer. Les chiens guettent les copeaux de corne qui tombent sous le couteau de Dewey. Coups secs et précis de la mailloche qui enfonce la broche, une chanson pour rassurer le cheval.

S'initier au lancer de lasso est toujours épique. Dewey démontre et décompose le geste précis. Certains cavaliers ont des aptitudes, malheur à celles qui sont prises pour cible !

Si le repas est un moment attendu et convivial, la parenthèse enchantée est toujours la veillée, l'heure est à la détente, aux chansons, au partage. Des épisodes de la journée reviennent sur la scène. Dewey, lui, nous raconte des histoires de trappeurs et de chercheurs d'or, mais surtout de grizzly : en un seul jour, sur le trajet de notre étape vers la Colombie-Britannique, Dewey en a vu six, une autre fois quatre. Selon lui, on a plus de tracas administratifs et d'enquêtes à subir pour un ours abattu que si on tuait un officier de la police montée !

Près d'une prairie humide, fermée par un cul-de-sac rocheux, où souvent des loups viennent piéger leur proie, il nous a montré dans la boue des traces d'orignaux, les élans du Canada.

Cette région des Kananaskis a la plus forte densité de couguars de l'Amérique du Nord. Appelés aussi pumas ou lions de montagne, ils sont craintifs et évitent l'homme, mais ils sont bien là : près de la haute cascade de Burns Creek, nous avons vu une biche à demi dévorée par un de ces félins.

Léger croissant au début de la randonnée, la lune prend de l'embonpoint et apparaît de plus en plus tard, à l'heure où Dewey sort de sa panoplie la carte la plus inattendue.

Cet homme qui sectionne un tronc à la cognée, ferre des chevaux, renverse un chariot, sait aussi jouer de l'accordéon. Quand il a déployé l'instrument pour la première fois, la mélodie était si allègre que cavaliers et *wranglers* se sont mis spontanément à danser autour du feu. Presque tous les soirs, la séquence musicale s'est répétée : de vieux classiques de la musique country à fredonner à l'unisson, parfois joyeux, tendres et, le plus souvent, définitivement mélancoliques : le cow-boy solitaire convoyant un troupeau par tous les temps, loin de sa bien-aimée, le *hobo*, l'éternel vagabond, pauvre hère sans le sou qui n'a pour lui que la liberté de toujours partir. On chante beaucoup la solitude, le cheval, seul compagnon fidèle, le travail des troupeaux, la rigueur de l'hiver, la Prairie, les montagnes.

Dewey nous avait précisé au début de l'expédition : *I'm not a cow-boy, I'm a horseman* (« Je ne suis pas un cow-boy, je suis un homme de cheval »).

Notre horseman et homme des bois, l'oreille penchée vers son instrument, le visage caché par son chapeau de feutre cabossé, est un grand romantique. Il tire de son accordéon des accents d'une profonde nostalgie que je continue à entendre en sourdine en voyant défiler les paysages grandioses de la chevauchée dans les Canadian Rockies.

Australie, octobre 2000

Queensland, la « pépite » des antipodes

J'avais un cheval dans un champ de ciel
Et je m'enfonçais dans le jour ardent.
Rien ne m'arrêtait.
Jules Supervielle (*Plein ciel*)

Une envie d'aller voir de l'autre côté de la Terre ? de découvrir les antipodes et de monter le stock-horse australien ? Des contacts par mails débrouillent suffisamment le terrain pour tenter l'aventure avec un groupe de « défricheurs ». Le problème, dans cette « île-continent », est de trouver une région qui offre des paysages variés pour les quelques centaines de kilomètres d'un parcours équestre. Cet éventail est souvent offert dans les montagnes, où les différences d'altitude entraînent des changements de climat et de végétation. Or, sur le vieux continent usé et raboté, l'unique chaîne de montagnes, le Great Dividing Range, dépasse à peine 2 200 m. J'opte pour le Queensland tropical, sur la côte Est, et choisis de travailler avec un duo : Peter Brown et Stretch Boyd, qui semblent avoir une vraie connaissance des chevaux et une bonne expérience de la randonnée.

Notre point de départ, loin des grandes métropoles, est Port Douglas, au nord de Cairns. Cette petite ville côtière tranquille, décontractée, pleine de charme et de palmiers, offre une plage de six kilomètres de sable blanc face à la Grande Barrière de Corail, qui est ici au plus près de la côte. Une journée pour nous acclimater au paradis terrestre, demain nous serons à cheval.

Dans une clairière au pied de montagnes boisées, nous rencontrons la petite équipe qui a conçu notre expédition : Peter Brown, le cerveau, discret et efficace, souriant dans sa barbe de chercheur d'or ; Stretch, le propriétaire d'une bonne partie des chevaux, grand gaillard dégingandé aux gestes précis et à la voix qui porte ; Steely, yeux charmeurs, sourire imperturbable et *total look* de *jackaroo* (cow-boy nomade). Ils ont la cinquantaine imprécise, les traits marqués par la vie au grand air et un goût certain pour la bière. Karryn, une jolie jeune femme, dynamique et gaie, excellente cavalière, s'avérera aussi cuisinière accomplie. Bob a la tâche délicate d'acheminer en camion aux différents camps matériel et ravitaillement.

Une rapide attribution des chevaux, quelques consignes et en selle. Peter ouvre la marche. À peine le temps de prendre contact avec nos montures et d'apprécier leur pas énergique que, déjà, grimpant sur les flancs du mont Lewis, nous baignons dans la forêt tropicale, la *rainforest*. C'est une très vieille forêt pluviale et la plus grande forêt tropicale de l'Australie. Elle recueille les abondantes pluies de mousson arrêtées par le Great Dividing Range, la chaîne montagneuse qui longe toute la côte orientale.

La piste de terre est large et permet de mesurer la hauteur impressionnante des deux parois de verdure. Stretch nomme les végétaux que nous frôlons : les altières fougères arborescentes, le perfide figuier étrangleur, le précieux gingembre, les bambous, palmiers et cycas de toutes tailles, ficus et pandanus, entrelacements de plantes épiphytes. Karryn nous signale la liane *wait-a-while* qui se balance innocemment au bord de la piste. « Attention, elle vous arracherait de votre cheval ! » crie Peter. Trop tard, Claude, prisonnière de la liane armée d'une multitude de hameçons végétaux, a le chemisier lacéré. La piste se rétrécit en sentier et la brume nous attend en altitude ; les gouttelettes perlent à l'extrémité des feuilles. Nous devons nous glisser sous les arbres à moitié écroulés, enjamber ceux qui pourrissent au sol, les contourner à travers de grands écrasements végétaux. Une puissante odeur de terre tiède se mêle à d'indéfinissables senteurs de sève, de laurier camphre, de jasmin et de mimosa. La canopée tamise la lumière et résonne des appels d'oiseaux. Tout est luxuriance, les troncs sont envahis par les lichens et les orchidées, les fougères nids d'oiseaux se balancent, suspendues aux branches maîtresses. Montée à travers la masse végétale jusqu'à un col à près de mille mètres pour franchir la ligne de partage des eaux. Le changement est spectaculaire : derrière nous la forêt humide dans la brume, devant nous, sous un ciel limpide, les forêts d'eucalyptus, un lavis bleuté d'amples paysages moutonnants et boisés. Au-delà de l'horizon sont les infinis déserts du centre, le mythique *outback*, où bat le cœur rouge de l'Australie.

Les chevaux se jouent de plusieurs chaos granitiques et des arbres nouveaux apparaissent : le majestueux eucalyptus *blue gum*, les casuarinas au feuillage de fines brindilles souples. Plus étranges, les très décoratifs *black boys* : un tronc noir d'un mètre environ, surmonté d'un panache touffu de graminée vert tendre. Cette plante, résistante au feu, existait déjà sur le supercontinent du Gondwana il y a 400 millions d'années.

Des kangourous détalent à l'arrivée au camp du soir, sur la rive de Mary Creek. Ils disparaissent en quelques bonds, seuls les premiers cavaliers ont pu les voir.

Attachés à de longues cordes tendues entre les arbres, les chevaux dévorent leur musette. Ce sont des stock-horses, nous explique Stretch, destinés surtout au travail des bovins dans les stations d'élevage. Leurs origines sont un large cocktail : cheval hollandais (d'Afrique du Sud), andalou et arabe-barbe mâtiné de pur-sang anglais, quarter-horse et même percheron ! Le résultat : un animal équilibré, agile et rapide au travail, exceptionnellement endurant et coopérant avec son cavalier. En tout cas, nos montures ont toutes les qualités d'un parfait cheval de randonnée et la *stock saddle*, selle de travail australienne, est un vrai fauteuil.

Luzerne pour les chevaux et grillades pour les cavaliers. Il y a du monde autour du feu. Trois guitares s'accordent, des drums sont réchauffés, en chœur nos guides nous chantent *Waltzing Matilda*, l'hymne national « non officiel » ; leur plus célèbre ballade folklorique au ton libertaire raconte comment un sympathique vagabond, qui a volé un mouton, plonge dans un *billabong* (un trou d'eau) pour éviter d'être arrêté et se noie.

Comme le Far West ou la Patagonie, l'Australie est une terre de pionniers, souvent marginaux, parfois rebelles, où les vagabonds et les insoumis inspirent spontanément l'empathie.

Ils déclament ensuite avec une ferveur unanime *Man of the Snowy River*, un long poème qui exalte le courage et les chevaux.

Un son insolite et sourd prend le relais des guitares : Pete et Bob jouent du *didgeridoo*, l'étonnant instrument rituel des Aborigènes, un long tube d'un peu moins de deux mètres. On y souffle comme dans un cor ; le son de bourdon continu, aux très légères variations, est étrange et lancinant. Steely enchaîne à la guitare avec quelques blues d'une voix grave et chaude, parfois rauque.

C'est en début de matinée surtout que nous surprenons les grands kangourous gris et les petits wallabys ; ils aiment les pâturages tendres en lisière de la forêt claire où poussent de hautes graminées. Vifs comme l'éclair, ils s'évanouissent en quelques bonds. Ce sont vraiment des animaux insolites : les pattes antérieures, très petites, sont plutôt utilisées comme des mains alors que la queue et les pattes postérieures puissantes les propulsent en bonds impressionnants.

S'il fallait choisir une espèce d'eucalyptus, je nommerais le superbe gommier spectre au feuillage vert éclatant et tronc blanc argenté, lisse et doux comme la soie. Tous ces troncs blancs donnent au sous-bois une allure de forêt enchantée. Les feuilles coriaces, écrasées sous les pieds des chevaux, répandent des parfums de térébenthine, cannelle et citron. Stretch attire notre attention sur de jeunes eucalyptus aux troncs évidés par les termites : le bois dont on fait traditionnellement les *didgeridoos*.

Les heures chaudes conviennent aux aigles audacieux, les plus grands rapaces d'Australie (2,30 m d'envergure). Ils enroulent leurs cercles majestueux autour des colonnes de chaleur, et guettent lapins, agneaux ou jeunes kangourous.

Plus volubiles, les cacatoès de toutes les couleurs ou les bandes criardes d'oiseaux apôtres, mais le plus étonnant est l'oiseau berceau ; nous avons vu plusieurs de ces « berceaux » aménagés par des mâles pour séduire les femelles. À l'entrée d'un long tunnel de soixante centimètres, fait de brindilles entrelacées, ils disposent plumes, cailloux, morceaux de verre, tissu, plastic, aluminium. Les objets les plus brillants et les plus colorés sont au centre du tunnel avec une préférence pour la couleur bleue. Dans un de ces tunnels, le lit nuptial était un amoncellement de capsules de plastic bleu ! Une fois fécondée, la femelle s'envole au loin, construit un nid et élève seule ses petits. Le mâle continue d'entretenir son « berceau » dans l'attente d'autres femelles à séduire car il doit, en plus, parader, émettre des bruits qui imitent des chants d'oiseaux, des aboiements de chiens et même des chevaux au galop. Nous n'avons pas eu la chance de voir cet oiseau phénoménal, seulement ses « pièges à filles ».

Notre arrivée aux points d'eau provoque la fuite de dingos, les chiens sauvages, et l'envol de jabirus, d'aigrettes ou de loriquets multicolores, mais les rencontres les plus émouvantes sont les apparitions fugaces de petits troupeaux de *brumbies*, les chevaux sauvages d'Australie. Comme les mustangs d'Amérique du Nord, ils sont issus de chevaux échappés ou perdus par les colons du siècle dernier, qui se sont reproduits en liberté. Leur nom viendrait de *baroomby*, qui signifie « sauvage » en aborigène. Ils apparaissent dans les bois et guettent nos chevaux, oreilles dressées, immobiles. Souvent ils nous escortent en parallèle, très intrigués. L'étalon se détache parfois du groupe et s'approche pour mieux nous observer, naseaux dilatés, dans une attitude fière, plus de curiosité que de défi, avant de s'évanouir dans le sous-bois à la suite de ses juments et poulains.

Alors que nous galopons sur le territoire de la station d'élevage de Brooklyn, nous levons un petit troupeau de zébus ; nos chevaux, soudain très excités, n'attendent qu'un geste pour les pousser.

L'année suivante j'ai inclus dans la randonnée trois jours de *mustering*, le rassemblement de troupeaux. Daisy, qui accompagnait ce voyage, m'a confirmé les dispositions instinctives de nos chevaux de randonnée pour le travail du bétail.

Un moment de bien-être dans ces journées de grand soleil sont les baignades quotidiennes. La Mitchell River serpente paresseusement dans le *bush*, escortée d'une forêt-galerie. Les larges méandres d'eau profonde forment des piscines naturelles où l'eau est tiède. J'aime y entraîner mon cheval, Buddy, un jeune hongre bai. Les chevaux sont aussi friands que les cavaliers de baignades prolongées où nous les emmenons à cru, sous le regard impassible des milans et des cormorans. Tant d'agitation dans la rivière déclenche parfois les rires inextinguibles des kookaburras. Ces grands martins-chasseurs, peu farouches, émettent un cri moqueur et rauque comme un fou rire humain.

Les camps au bord de la rivière Mitchell ou de la rivière Hodgkinson sont paradisiaques. Nous y avons toujours des « dîners spectacle ». Les grands arbres aux opulentes frondaisons qui ombragent les rives hébergent une multitude d'oiseaux chanteurs, siffleurs et crieurs qui croisent leurs vols au-dessus de l'eau. Après le bain les chevaux se reposent, beaucoup se couchent. Le temps est suspendu, la brise du soir se lève, l'air brûlant se fait plus doux, la lumière décline lentement, les chants des oiseaux sont purs et flûtés, c'est le moment de tout simplement savourer le présent, d'écouter, contempler, rêver.

Après le festival de la première soirée, les veillées sont plus intimistes autour du feu où le bois odorant ne manque jamais. Nous nous retrouvons à parler du pays, de la vie des uns et des autres. Il a fallu s'adapter au redoutable accent des « *aussies* », appellation familière des Australiens.

Steely chante de sa voix pleine les classiques folks et des blues bien syncopés et nous livre quelques-unes de ses compositions. Il a fait partie d'un groupe folk mais son goût de l'indépendance l'a remis sur la route, *on the road again*. Peter prend le *didgeridoo*, quand il est en souffle, car, pour obtenir un son continu et le moduler, il faut maîtriser la respiration circulaire, inspirer et souffler simultanément, jouer des lèvres, de la langue, du diaphragme, afin de produire cet étrange frémissement de bourdon, musique venue d'ailleurs, presque une vibration cosmique.

L'air est tellement sec et pur que le ciel nocturne est d'une grande luminosité. Dans le sillon effervescent de la Voie lactée, précédé par les Pléiades – que les Aborigènes appellent Makara, les Sept Sœurs –, Orion explose dans toute sa gloire avec Sirius en point d'orgue. Et pourtant c'est une constellation plus discrète que j'aime désigner aux cavaliers dans le ciel de cet hémisphère : un petit losange dont la pointe effilée indique le pôle Sud, la Croix du Sud. Elle figure sur le drapeau australien comme sur le drapeau néo-zélandais et celui de quelques îles australes.

Que dire de l'aube, ce temps béni de délicieuse fraîcheur, du grand concert à gosiers déployés et du rire du kookaburra auquel Bayame, le dieu créateur des Aborigènes, donna l'ordre de réveiller l'humanité pour qu'elle assiste au tout premier lever du soleil.

Un soir, après une longue journée de savane rousse, hérissée de termitières et ombragée de jeunes eucalyptus, nous découvrons comme un mirage le lac de Kondaparinga, créé par un grand barrage de terre sur la rivière Hodgkinson. Les squelettes gris des eucalyptus noyés émergent à demi des eaux bleues, tandis qu'au loin la grande falaise du mont Mulligan rougeoie au soleil couchant. Les Aborigènes appellent Nagarrabullgan cette montagne tabulaire et monolithique qui jaillit, solitaire et arrogante, de la forêt vert tendre. Elle était un lieu traditionnel de rencontre de tribus pour de secrètes cérémonies d'initiation.

Nous sommes sur la terre de la tribu des Kuku Djungan, occupants de ce territoire depuis quarante mille ans. On ne sait s'ils étaient trois cent mille ou un million à l'arrivée des colons britanniques. Ces derniers ont considéré alors que la terre était « vierge » puisque la société des cueilleurs-chasseurs qui y vivaient était en continuel déplacement et n'occupaient aucun site de façon permanente. Il faudra attendre la loi Mabo, en 1992, pour que les Aborigènes puissent revendiquer la propriété du sol ancestral.

Les animaux domestiques introduits par les colons ont rapidement détruit l'équilibre naturel, dévoré les plantes nourricières, chassé la faune sauvage, provoqué la disparition de nombreuses espèces, souillé les points d'eau qui étaient des lieux sacrés. Ils ont rompu la relation mystique et vitale du peuple aborigène avec la nature et ont brisé la chaîne de transmission orale des rites et du savoir des ancêtres.

Les Kuku Djungan nous ont autorisés à camper chez eux et nous espérons les rencontrer autour du feu. En vain. « Ils sont très timides », nous explique Peter. « Ils sont toujours soûls », ajoute Stretch. Souvent, un fossé d'incompréhension sépare encore les deux communautés. Les éleveurs blancs ne comprennent pas qu'on laisse à l'abandon une grande propriété où les Aborigènes se contentent d'être chez eux, apparemment insensibles à l'idée de travail et de profit. À verser au débat : une récente étude démontre qu'arrêter l'exploitation de ces terres fragiles est la meilleure façon de les protéger.

Une journée entière, nous chevauchons en parallèle du grandiose monolithe de grès rouge de Nagarrabullgan, foulant une savane de hautes herbes couleur caramel, parfois rouille aux reflets de miel. Quand la brise du soir rafraîchit enfin l'air surchauffé, nous rejoignons, à Mont Mulligan Station, notre campement installé sur la rive d'un lac qui réfléchit la grande falaise violacée par le crépuscule. Toute soif étanchée, nous refaisons le monde autour du feu, dans l'ombre de la montagne sacrée, haut-lieu des pérégrinations aborigènes au « Temps du Rêve ».

De la ruée vers l'or qui vit surgir près de trois cents mines dans la vallée de Hodgkinson, entre 1873 et 1942, ne subsistent que quelques installations fantômes et cimetières.

La mine d'or de Kingsborough est abandonnée. Nous allons nous y attarder pour une journée de repos dans une minuscule oasis créée autour d'une source permanente et d'une retenue d'eau : bananeraie, arbres fruitiers tropicaux, ombrages, opulents massifs de fleurs, multitude d'oiseaux colorés et de papillons ; le contraste avec le bush sec et surchauffé est saisissant. L'artisan de ce miracle est Ike, un Suédois sans âge, peut-être déjà une légende, au regard d'acier, à la peau parcheminée par le soleil, filiforme comme un Giacometti ; il est venu chercher de l'or et n'est plus reparti. Étrange, timide et attachant, il nous accorde un beau terrain plat où les chevaux se roulent avec délices et où nous cuisinons à l'ombre des orangers.

Ike nous a montré hier quelques belles pépites, proposant de nous initier à l'orpaillage. Pioche et bêche à l'épaule, batée sous le bras, nous allons jusqu'au lit d'une mince rivière. Notre chercheur d'or indique où piocher, comment manier la batée. Certains abandonnent vite, d'autres croient à leur bonne étoile. Simone et Jean-Baptise, les plus déterminés, impriment à la batée le juste mouvement circulaire qui élimine progressivement l'eau et les graviers pour garder, au fond de la cuvette de caoutchouc noir, les paillettes d'or.

Je glisse à Catherine la pépite que j'ai achetée hier soir discrètement à Ike (une façon de le remercier pour son accueil). Avec une jubilation « sincère », Catherine explose soudain : « Regardez ce que j'ai trouvé », et exhibe la pépite. Tout le monde veut voir, tout le monde y croit. La fièvre monte, on demande à Catherine où elle a pris son gravier, et chacun de piocher de plus belle puis, les pieds dans l'eau, de faire tourner la batée. La fièvre monte et le soleil décline, la lumière devient rasante, seul le crépuscule arrive à faire abandonner la partie aux plus acharnés.

Près du feu, le soir, lorsque Catherine est priée d'offrir à boire pour fêter sa bonne fortune, il est temps d'avouer la mise en scène et c'est moi qui ai dû me faire pardonner. Certains s'interrogent sur la frénésie incontrôlable qui s'était emparée d'eux après la découverte de la pépite. La fièvre de l'or !

Sur le parcours qui nous ramène vers l'Est et Port Douglas, la *Bump Track*, la vieille piste, raconte l'épopée des charrois tirés par chevaux mules et bœufs, incroyables convois à travers la forêt tropicale et la montagne pour amener les chercheurs d'or, depuis la côte vers les mines, ou pour les ravitailler en vivres et matériel. Comme les voyageurs de ces temps héroïques, nous allons d'un point d'eau à l'autre, du torrent bouillonnant de Rifle Creek à la paisible rivière de Dora Creek, puis aux belles lagunes forestières de Mossman, ou au *billabong* de chez Peter à Mount Molloy.

La *Bump Track* grimpe dans la grande cordillère qui arrête notre progression vers la mer de Corail et l'océan. Le col franchi, nous retrouvons l'exubérance végétale de la *rainforest*, empire de la chlorophylle et des sèves ardentes. Chaque végétal se hisse en quête de lumière dans l'étroit couloir de verdure qui débouche soudain sur le vide d'un canyon abrupt ; sur l'autre rive, en pleine jungle, la superbe cascade de la rivière Mowbray se déploie dans des chaos de rochers, se divise en chevelure infinie et rebondit jusqu'au fond de la gorge.

Retour à la plaine côtière entre les champs de canne à sucre jusqu'au ranch des parents de Karryn, où des chevaux saluent nos montures en hennissements joyeux. Même si c'est un adieu, un cavalier est toujours heureux de rendre la liberté à son cheval au terme d'une randonnée, le desseller, le panser et lui donner une dernière musette.

Chez Karryn, l'accueil familial est chaleureux et le buffet somptueux. La voix de Steely se fait âpre. Tout errant qu'il soit, je crois qu'il était bien en notre compagnie.

> *Mothers, don't let your babies grow up to be cow-boys...*
> *'cos they'll never stay home and they're always alone.*
> « Mères, ne laissez pas grandir vos enfants pour devenir cow-boys...
> Parce qu'ils ne resteront jamais à la maison et sont toujours seuls. »

Être aux antipodes n'étant pas si fréquent, j'ai prévu quelques jours « sans programme » pour que chacun puisse explorer selon son choix d'autres facettes du continent. Découvrir Sydney ou gravir Ayers's Rock, la montagne sacrée rebaptisée par les Aborigènes de son nom d'origine, Uluru. Nous avons aussi plongé sur la Grande Barrière de corail, la plus grande structure vivante de la planète, 2 600 km de long.

Ce bon géant de Stretch nous a guidés dans le parc national de Daintree, « Amazonie » australienne, où le capitaine Cook a planté le drapeau britannique en 1770. Dans un parc animalier nous nous sommes promenés parmi kangourous, casoars ou koalas et avons observé, dans leur aquarium, les allées et venues agitées des ornithorynques. Véritable phénomène de la faune australienne ce mammifère, semi-aquatique et couvert de fourrure, mesure à peine cinquante centimètres, a un bec de canard, une queue de castor, des pattes palmées, il pond des œufs et a des glandes mammaires sous-cutanées !

À défaut de rencontrer les Kuku Djungan en randonnée, quelques-uns d'entre nous ont assisté à une présentation de la culture aborigène proposée par les Tjapukaï. Des membres de la tribu nous ont raconté leur cosmogonie, leurs croyances, les animaux totems, leur mode de vie traditionnel, la médecine et l'expression artistique, jusqu'à la technique du *didgeridoo* et du lancer de boomerang.

Le « Temps du Rêve », le *dreamtime* des Aborigènes, n'est pas seulement le temps passé de la création du monde par les Ancêtres, mais un temps éternel, un temps cosmique sans commencement ni fin où le passé, le présent et le futur coexistent. La vie est un voyage, un *walkabout*, sur un parcours initiatique où l'homme accomplit des rites et chante des airs adaptés à chaque lieu sacré. Les rituels sont des passerelles entre le *dreamtime*, temps des ancêtres, et le présent.

Pour rencontrer des Aborigènes contemporains qui perpétuent les traditions et les croyances ancestrales, il faut aller au Nord, en terre d'Arnhem. Une bonne centaine de clans aborigènes y ont retrouvé la propriété foncière de la terre de leurs ancêtres. Quel sera le poids de la « propriété foncière inaliénable » accordée aux Aborigènes Gagandju, quand le gouvernement de Canberra sera tenté d'exploiter les importants gisements d'uranium de la terre d'Arnhem ?

La religion polythéiste et animiste des Aborigènes affirme qu'une relation spirituelle lie les humains aux montagnes, rivières, points d'eau, espèces végétales et animales, astres et sites sacrés, et qu'« il est obligatoire de les préserver pour maintenir l'ordre ». Il est intéressant d'observer que les principes millénaires des peuples aborigènes rejoignent des questionnements actuels sur la nécessaire protection de l'environnement et de la biodiversité.

Mali, février 2004

Botte à botte avec les cavaliers dogons

Le printemps devrait nous faire comprendre
une bonne fois pour toutes
que rien n'est jamais perdu.
Sylvain Tesson (*Aphorismes sous la lune*)

Lundi, jour de marché. Le sel gemme de Tombouctou est échangé contre du mil, le poisson séché de Gao pour la noix de kola ; étoffes et chapeaux, savon, henné, épices, vanneries et poteries, moutons et volailles, fruits, légumes, céréales, calebasses, outillage, bois de chauffage ; réparateurs de chaussures et de bicyclettes, forgerons et virtuoses de la machine à coudre ; tout se fabrique, s'échange et se vend depuis des siècles entre artisans et marchands Soninkés, pêcheurs Bozos, éleveurs Peuls et agriculteurs Bambaras, Toucouleurs et Touaregs, sédentaires et nomades, dans le chatoiement des boubous, de chèches et de chapeaux coniques, dans les odeurs de poisson frit, de brochettes grillées et de beignets.

Les femmes ont le verbe haut, le rire clair et des bijoux d'argent. C'est lundi, jour de marché, à l'ombre de l'imposante mosquée en pisé. Nous sommes à Djenné, cité médiévale, joyau de l'architecture soudanaise et carrefour du commerce transsaharien, au creux d'une boucle de la rivière Bani, dans le sud-ouest du Mali.

Le soleil décline. Chevaux, ânes et bœufs, attelés à des charrettes, circulent à travers la foule grouillante aux alentours du marché pour ramener chez eux humains et marchandises. Après d'ultimes tractations, les femmes emportent leur étal sur la tête, un enfant dans le dos et un autre à la main. La place du marché se vide.

En les regardant passer sous la grande arche de pisé, je suis sous le charme. J'avais tant rêvé de Djenné.

Nous sommes arrivés ici, une douzaine de cavaliers, après deux jours et 600 km de route, de piste surtout, depuis Bamako. Nous allons randonner à cheval, plus à l'est, le long de la falaise de Bandiagara, qui s'étire sur 200 km, à une hauteur moyenne de 300 m. L'initiateur du projet est Alain Poisot. Passionné de chevaux, il renoue avec le pays dogon, qu'il avait connu dans sa jeunesse, et y propose des voyages équestres.

La nuit est tombée, nous la passons dans un campement-hôtel, des images plein la tête.

Au matin, dans la ville presque déserte, la mosquée est encore plus majestueuse. Impressionnante par sa taille et son architecture saharienne, construite en briques d'argile et crépie de banco – un mélange d'argile et de paille entretenu chaque année – elle est le plus grand monument de terre crue au monde. Sous les murs, une classe coranique se donne à même le sol. Quelques enfants, assis sur des bouts de tapis, serrent des tablettes de bois où sont peintes des sourates. Ils récitent à la demande du maître, sans se soucier des « éboueurs » qui ramassent les vestiges du marché, collectés dans une charrette attelée à un beau cheval noir. D'autres enfants jouent au foot dans les ruelles étroites, chèvres et brebis mâchouillent à l'ombre d'une cour. Les hautes façades des grandes maisons sont aveugles et lisses, les portes d'entrée, encadrées de contreforts à motifs décoratifs sobres, sont surmontées d'un auvent ; il est particulièrement bas pour les maisons des Toucouleurs afin d'éviter, nous explique Brahim, que les cavaliers en quête d'esclaves entrent à cheval dans les cours intérieures. Étendage du linge, séchage des poissons, gardiennage des enfants, cuisine, toute la vie s'organise dans le secret des cours et sur les terrasses. Nous y grimpons par d'étroits escaliers.

Au-delà des créneaux de banco se déploie le panorama de la ville couleur argile, rafraîchie de rares îlots de verdure. La rivière Bani se dilue dans un halo de poussière soulevée par l'harmattan, l'alizé du Sahara. Le mystère convient à l'ambiance intemporelle de Djenné.

De longues heures de piste encore jusqu'au village de Teli au pied de la grande falaise. À une centaine de mètres de haut, sous un surplomb rouge, s'étire le vieux village de pisé en partie ruiné. Il me fait étonnamment penser aux pueblos Anasazis sous les surplombs de grès jaune, au Nouveau-Mexique. Même environnement géologique, même nécessité défensive.

La soirée se passe en échanges avec l'équipe d'intendance : Allaye, Adama, Moussa, initiation au savoir-vivre traditionnel, briefing détaillé et révision des nœuds d'attache des chevaux.

Réveil aux aurores. Des chevaux commencent à arriver, montés ou menés par leurs propriétaires. Tout va se passer entre ceux-ci et Alain. Le choix sera délicat : la location d'un cheval peut nourrir une famille de vingt personnes pendant presque trois mois. Alain connaît les chevaux mais en fait venir plus que nécessaire pour les choisir en fonction de leur état. De toute façon, chacun aura une rétribution pour s'être déplacé le jour de la sélection.

Alain attribue les chevaux sous le regard inquiet des propriétaires. Pour la famille qui le possède, l'animal est un bien précieux, signe d'aisance, car il faut pouvoir le nourrir. Il est aussi signe d'autorité, symbole lointain du pouvoir guerrier et, plus encore, assimilé à la figure du Nommo, le génie ancestral. Introduits par la conquête arabe, les chevaux ont été croisés de sang espagnol et d'apports coloniaux depuis plusieurs siècles.

Les cavaliers devront parfois être persévérants pour obtenir un pas allongé ; ici on aime « faire danser » sa monture par goût de la parade. Mais nos chevaux sont adaptés à l'impitoyable climat sahélien, à une alimentation spartiate, et connaissent leur terrain. Ils se révéleront dociles, vaillants et généreux.

Les propriétaires observent les préparatifs : ils semblent approuver le pansage et la distribution d'une bonne ration de mil trempé avec du sel, nos moindres gestes sont épiés.

Nous sommes bien en selle, le sol est uni et souple. Les chevaux (des juments et quatre entiers) ne se connaissant pas, il faut garder les distances. Les entiers envoient des hennissements déchirants à l'adresse du plus petit bourricot rencontré. De longs trots détendent cavaliers et montures, un galop en terrain ouvert rassure et dissout les craintes.

Pause appréciée au village d'Ende, dont les terrasses se superposent au pied de la falaise. Les greniers aux toits coniques et pointus font penser à un village de conte de fées. Autrefois érigés dans la falaise pour déjouer les attaques d'agresseurs – tels les cavaliers peuls, propagateurs de l'islam – les villages se construisent maintenant au pied de l'escarpement, près de l'eau, des pacages, des champs et des arbres, dans les derniers éboulis, la plaine est réservée aux cultures.

Nous terminons la journée sous les ombrages. L'implantation clairsemée des arbres donne l'illusion d'un grand parc paysagé où chacun fait valoir sa silhouette : majestueuse et touffue pour le manguier, délicate et très ramifiée pour l'acacia, arrondie pour le karité, arbre sacré qui peut vivre trois siècles, étrange pour le baobab, dont la ramure et le feuillage paraissent chétifs au sommet d'un tronc pachydermique. Les baobabs, qui peuvent vivre un millénaire, sont sacrés ; chaque arbre a son propriétaire qui en utilise l'écorce, le feuillage, le fruit, et dispose des ruches dans ses branches.

Pendant qu'Adama et Allaye veillent sur les chevaux, nous partons en excursion vers la falaise. Alors que nous peinons sur un sentier caillouteux aux dalles parfois glissantes, des villageoises qui reviennent du marché de Doundiourou nous dépassent allègrement, une lourde charge sur la tête. Nous atteignons enfin un replat, couvert de carrés de légumes et de cultures luxuriantes. Miracle d'une source ! Du sommet de l'escarpement au coucher de soleil, notre campement paraît lilliputien, en lisière de la plaine immense diluée dans la brume.

Nous sommes à Bénimatou. Sur le rebord du plateau de Bandiagara, ancienne falaise d'un front côtier, cohabitent trois villages : l'un chrétien, l'autre musulman et le troisième animiste. Des chèvres, moutons, cochons et volailles divaguent en liberté sur les grandes dalles de grès sombre. Des enfants jouent, une femme trie du coton, un homme sculpte à l'herminette. Daniel, le chef du village chrétien, est aussi reconnu par les autres communautés. Il nous attend avec sa famille et des amis, nous offre une bière de mil très fraîche et nous explique la vie des différentes communautés ; les distinctions de croyances ne posent aucun problème, au contraire, se réjouit-il : « Ainsi nous avons beaucoup de fêtes : Noël et Pâques, l'Aïd-el-kébir, la fête des semailles, celle des moissons, la prière pour l'eau. » Heureuse communauté qui se réjouit des différences !

Le crépuscule sombre dans la nuit. Au rythme d'un petit tambour, Daniel et ses amis se mettent à chanter avec ardeur et gaieté. Retour au camp à la lueur de notre lampe frontale, le cœur léger et fredonnant.

Beaucoup de chevaux sont couchés, Adama et Allaye les ont nourris et abreuvés, pour nous c'est la douche de brousse, parcimonieuse en eau et si bienfaisante. Le couscous préparé par Adama est savoureux. Le rythme est pris, celui des journées sous les tropiques où il fait nuit dès 18 heures.

À peine en selle, nous débouchons dans un véritable pays de cocagne : subitement tout est vert, arbres, champs et jardins. La nappe phréatique est proche du sol et l'eau apparaît dans des canaux profonds de quelques mètres. Des palissades, faites de tiges de mil entrelacées d'épineux, protègent les cultures. Tomates, piments, salades, oseille, oignons, haricots, aubergines, choux, carottes, ignames et pommes de terre prospèrent à l'ombre de baobabs et karités couverts de feuilles : miracle du soleil, de l'eau et du labeur. Ils sont nombreux à effectuer un va-et-vient incessant entre les canaux, où ils remplissent de grandes calebasses rondes, et les champs, où elles sont déversées.

L'oignon est « la » grande production du pays dogon et l'objet d'un commerce prospère. Après la récolte, les bulbes sont pilés jusqu'à former une pâte dont on fait des boules ; elles seront séchées au soleil, conservées dans les greniers et vendues sur les marchés de Mopti et de Bamako. Les villages se succèdent nombreux dans cette étroite zone fertile ; en selle nous avons, par-dessus les enclos, la vision d'un paradis terrestre, nous pénétrons même une « forêt » de baobabs.

La température frôle les 35° C sans un souffle de vent, l'accès aux profonds canaux est impossible pour les chevaux, il faut attendre le puits de Tirelli pour qu'ils puissent se désaltérer.

Rude montée dans le sable profond vers le bivouac. Au sommet de la dune, nous sommes les rois du monde : panorama grandiose, sable vierge couleur corail sous le ciel enfin limpide, des arbres pour attacher les chevaux et un espace illimité pour se trouver une chambre sous les étoiles.

Dès que les chevaux sont installés, nous redescendons vers le point d'eau pour gagner, par d'étroits sentiers, le cœur du village de Tirelli : une grande terrasse de terre, éblouie de soleil, entourée de chaos de rochers et de quelques baobabs.

Alain a négocié avec Wassolou, le chef du village, que nous assistions à la fameuse « danse des masques ». Très ritualisée et exécutée par les membres d'une société plus ou moins secrète, cette danse était réservée à des initiés en de rares occasions, comme les funérailles de notables. Maintenant, l'intérêt des visiteurs est tel que la « troupe » se produit plus régulièrement au bénéfice de la communauté ; la « prestation » est accomplie avec la même rigueur que dans son contexte traditionnel et tout le monde en profite : notre petit groupe est noyé dans l'assemblée des villageois, ardents spectateurs.

Les porteurs de masques sont vêtus de pantalons bouffants indigo ou de jupes en raphia rose, jaune, rouge et turquoise ; leur torse est ceint d'un boléro de cuir couvert de cauris.

Sous un baobab, un groupe d'hommes âgés, vêtus d'indigo et coiffés de chapeaux traditionnels, dirige la cérémonie et chante ; cloches oblongues et tambours donnent la cadence.

Les masques s'élancent en une ronde collective au rythme soutenu ; pas et sauts élaborés sont soulignés par les flots de raphia. Marée colorée d'où émergent les plus grands masques. Le tempo s'apaise, les danseurs s'adossent en cercle autour de la terrasse, laissant la piste aux exécutions en solo, car chaque masque a une symbolique, une chorégraphie et un rythme propres, scandés par chants et percussions.

Sur de hautes échasses, les masques de jeunes filles *yagoul* ; des demi-fruits de baobab simulent les seins, la danse est très acrobatique. Les masques *sirigé* (masque arbre), les plus prestigieux, de près de trois mètres de haut, comportent huit étages qui représentent les huit ancêtres jumeaux ; les danseurs balancent la tête, touchant le sol avec l'extrémité du masque alternativement en avant et en arrière, pour mettre en communication le ciel et la terre, ce qui suppose une force herculéenne dans la nuque. Viennent les masques blancs, *kanaga* : les branches vers le haut et le bas désignent le ciel et la terre et évoquent le créateur. Les animaux ne sont pas absents de cet inventaire fantasmagorique et coloré : bovidés, lièvre, antilope, singe blanc, cigogne, défilent les uns après les autres, mimant par la danse l'attitude de l'animal totem. Enfin les masques *satimbe* représentent Yasiguine, la sœur des masques, seule présence féminine évoquée, même si le masque est porté par un homme ; les bras levés vers le ciel, elle implore les esprits pour obtenir la pluie.

Le rythme s'accélère, devient obsédant. Tous les danseurs se retrouvent en piste, frappant le sol avec force, agitant les bras, possédés par une énergie née du mouvement proche de la transe, attisée en une sorte de compétition précipitée par l'accélération des tambours. Tout est mouvement, tourbillon de couleurs et de masques.

Le soleil décline, les rayons n'éclairent plus que les toits coniques des greniers. Les percussions se taisent. Le chef des anciens pose alors des questions auxquelles les danseurs répondent en chœur, en *sigui so*, la langue secrète des initiés, avant de disparaître en farandole derrière un chaos de rochers.

Wassolou nous offre une grande calebasse de bière de mil, fraîche et délicieuse. Je demande si cela ne pose pas de problème de répéter cette danse secrète devant des étrangers. Il rassure : « Les ancêtres et les esprits sont contents, cela porte bonheur au village. » Dans un contexte d'islamisation, Tirelli est un des derniers villages animistes. C'est Wassolou qui a décidé que la société des masques pouvait se produire pour les touristes ; grâce à l'argent gagné, ils ont creusé des puits, construit des écoles et une maison de la femme ; ils ont créé des œuvres sociales, lutté contre le sida, la prostitution et l'exode rural.

Sous les premières étoiles, nous regagnons le camp au sommet de la haute dune. Une brise fraîche chasse la chaleur, les bruits des chevaux sont étouffés. Nuit de rêve entre ciel et sable, veillée par

Sirius. Cette étoile la plus lumineuse est celle de la naissance du monde dans la cosmogonie des Dogons.

Une promenade matinale m'emmène à plusieurs centaines de mètres du camp. Intriguée par un enclos d'épineux de forme oblongue, je découvre avec stupéfaction qu'il entoure des dessins de divination pareils à ceux que j'avais vus dans les livres sur les traditions des Dogons. Je n'aurais jamais imaginé que ce rituel perdure !

En fin de journée, le devin dessine dans le sable deux rectangles d'une dizaine de mètres de long et deux mètres de large. Ils sont découpés en cases où le devin plante des bâtonnets, creuse de petits cratères, dresse des monticules et dépose des cailloux avant d'y disperser des graines d'arachide. La nuit, Yourougou, le Renard Pâle (ou le Chacal), messager des dieux, vient manger les graines et laisse des traces que le devin va interpréter, chaque case correspondant à une question qui lui a été posée.

Le parcours continue à longer la falaise de Bandiagara, où nous faisons d'autres incursions à pied vers les très vieux villages perchés.

À l'occasion d'un pique-nique de midi dans l'étonnant village troglodytique de Banani, nous montons vers l'ancien hameau regroupé autour d'un *toguna* exceptionnel. Au centre de chaque groupe de familles, le *toguna* est le lieu faisant office de tribunal et de lieu de palabres où les hommes se réunissent. Cet édifice étrange repose sur huit gros piliers de bois recouverts d'un toit de huit couches de chaume, selon le nombre symbolique des huit jumeaux originels. Le toit est très bas pour garantir ombre et fraîcheur mais aussi, dit-on, pour éviter que les hommes puissent se lever et se battre si les discussions s'enveniment. Les sculptures sur les piliers représentent des animaux mythiques, des masques, des scènes du quotidien, des cavaliers armés d'une lance et des ancêtres aux attributs sexuels exacerbés, parfois hermaphrodites. Couverte de peintures rituelles, la maison du *hogon*, le chef du village et haute autorité morale, domine l'ensemble.

C'est en début de matinée ou en fin d'après-midi, quand le soleil relâche son carcan, que nous aimons allonger les allures dans les savanes ouvertes d'herbe dorée, des trots et des galops prolongés qui réveillent les chevaux et couvrent du terrain. Un soir, dans la belle lumière du couchant, nous arrivons au puits solitaire de Youga Na. Autour du point d'eau, de grands arbres et beaucoup d'animation.

Nous sommes au pied d'une haute butte témoin, comme une île détachée de l'escarpement où se situent trois des plus vieux villages dogons : Youga Duguru, Youga Piri et Youga Na. Ici vivaient les premiers habitants, les Tellems, des cueilleurs-chasseurs installés dans la falaise depuis le XIe siècle. Ils ont été chassés au XIVe siècle par les Dogons fuyant l'islamisation de l'empire Manding.

Le lendemain, dès l'aube, nous partons à pied à la découverte des villages antiques. L'ascension est éprouvante même si la première escalade se fait dans l'ombre. Youga Duguru, premier village ocre orangé, est construit dans un éboulis titanesque à la sortie d'un étroit canyon et dominé par de curieuses constructions coniques tronquées, les greniers érigés par les Tellems. Une autre escalade dans une faille étroite nous conduit à une citerne naturelle puis à une échelle rudimentaire (des marches évidées dans un tronc d'arbre) pour déboucher sur le plateau de roche noire, poli par les vents. Ambiance minérale et lunaire, inquiétante : des crevasses sans fond entaillent la roche, on les franchit d'un saut ou par d'étroits ponts de branchages et de pierres superposées. La plaine en contrebas expose les plaies ouvertes de l'érosion, réseau de ravinements couleur latérite. Sous le rebord de la falaise, Youga Piri, un autre magnifique ensemble de maisons, de greniers et de sépultures tellems, domine le village habité. La boucle se referme par une longue descente vers le troisième village, Youga Na.

Après cette longue marche matinale, nous mettons en selle et, tournant le dos à la falaise, nous avançons plein est, en direction du Burkina Faso, dans une savane sahélienne où nous croisons des troupeaux de zébus à longues cornes et leurs bergers peuls. Le terrain léger et largement ouvert est parfait pour des galops où nous pouvons chevaucher tous de front. Awallaye, ma petite jument baie, volontaire et si douce, y tient tête aux chevaux les plus fringants.

Depuis l'école de Madougou, un village de plaine, des flots d'enfants nous accompagnent jusqu'au point d'eau, près du *toguna* et de la maison de Guindo, qui nous héberge ce soir au cœur du village. (Alain a judicieusement alterné les bivouacs sauvages, où nous retrouvons le silence de la nature, avec des camps dans les villages au cœur de l'animation quotidienne de communautés d'agriculteurs éleveurs.)

Nous déposons les selles dans une pièce, au fond de la cour de Guindo, puis faute d'arbres et de crochets au mur, nous attachons les chevaux aux socles des greniers ; ils sont pleins à craquer de la dernière récolte de mil, terminée en janvier ; beaucoup de portes sont scellées avec du banco pour éviter l'intrusion de rongeurs.

Nous campons chez Guindo dans l'espace privé de la cour familiale : deux tentes sont montées sur les toits terrasses, les autres côte à côte près des greniers à mil, un vrai HLM. La vie devient très communautaire : la douche est installée dans un recoin, à l'autre bout de la cour. Des jeunes femmes font frire des beignets, près de l'étable de l'âne et du bœuf, devant une splendide porte sculptée ; d'autres pilent les épis de mil dans de profonds mortiers de bois.

Bruit mat dans une cadence à trois temps parfaitement synchronisés, les corps se plient, les bras brandissent, les pilons écrasent, elles plaisantent malgré l'effort. Le mil est la base de l'alimentation avec le sorgho, le riz et la minuscule graine de fonio.

Si le travail des champs concerne tous les membres de la famille, piler le mil est une contrainte quotidienne pour les femmes et les fillettes, qui assument aussi chaque jour la quête de l'eau et du bois, la gestion de la maison et de la famille. La femme ne participe pas aux décisions de la communauté mais a tous les droits dans sa maison. Elle possède un grenier personnel où elle range ses vêtements ; elle peut vendre, à son seul profit, du fil de coton, de la bière de mil, de la poterie. Elle peut être infidèle, et l'homme également, sans grandes conséquences.

Aux hommes revient la garde des troupeaux, le commerce, les palabres et l'artisanat, en particulier le travail du bois. En pays dogon, pas une seule surface n'échappe au ciseau du sculpteur : piliers, volets de greniers et portes. Les plus grandes surfaces rendent hommage aux ancêtres primordiaux créés par Amma, le dieu unique : quatre couples de jumeaux mixtes, chacun étant associé à un des éléments, air, terre, eau et feu.

Les chevaux soignés, nous nous dispersons dans le village. Il y a deux petites mosquées en banco ; chaque quartier a son puits et son *toguna*. Sous l'un d'eux, des hommes discutent paisiblement en fumant la pipe et assemblent des tiges de mil en forme de parasol pointu, un nouveau toit pour un grenier. Après cette promenade escortée d'enfants bruyants, nous apprécions l'intimité relative de la cour de Guindo et une soirée conviviale.

Au départ, le matin, nous quittons avec émotion cette famille qui nous a accueillis sans réserve dans son espace vital.

Il fait une chaleur torride à Youdiou, la halte de midi. Nous trouvons la meilleure ombre possible pour les chevaux et nous nous réfugions dans une longue sieste, observés à distance par des masses d'enfants assis dans le sable au soleil. Leur nombre, leur regard avide, leur attente me mettent mal à l'aise. Comment communiquer, et de quoi parler ? Quel est leur avenir ? Que faisons-nous ici, à nous « promener à cheval » ? J'aurais envie de partir mais nous attendons de mystérieux cavaliers qui vont nous escorter jusqu'à Berelli, leur village.

Ils arrivent comme des cavaliers de légende, dans une superbe tenue maure, sarouels bouffants, longs boubous blancs et chèches noirs, chevaux fringants et brillamment harnachés. Ils sont une douzaine. L'un d'eux s'accompagne du battement d'un « tambour d'aisselle » – le musicien cale sous l'aisselle un tambour en forme de diabolo. Leurs selles ont un pommeau très surélevé et un troussequin d'au moins 30 cm de haut, auquel ils s'adossent comme dans un fauteuil ; les tapis de selle ouvragés se terminent en longues franges de cuir coloré à la mode touareg. Les brides sont rutilantes d'ornementations de cuivre et de métal coloré. Des flots de cuir, accrochés à la bride, aux rênes ou au collier de chasse, accompagnent tous les mouvements des chevaux.

Ils se mettent au botte à botte avec chacun de nous au trot allongé, à la grande joie de nos montures. Nous soulevons un nuage de poussière face au soleil de fin d'après-midi, dans un « fondu au doré » digne d'une épopée cinématographique; allons-nous à l'assaut de quelque village ennemi ?

À l'approche de Berelli, nous marquons une pause. Alain nous explique que tout le village nous attend et qu'il faut faire le spectacle « selon la coutume ». Comme nos cavaliers maures, nous nous mettons par deux, étrier contre étrier, pour déferler devant la foule... Deux tambours donnent la cadence effrénée d'un galop endiablé vers le soleil couchant. Les chevaux aiment, les cavaliers aussi, la foule crie et applaudit. Certains repartent, pour mieux revenir, une deuxième, une troisième fois !

Nous avons mis pied à terre et enlevé les selles, mais la foule ne se disperse pas. Le spectacle n'est pas fini : les cavaliers « maures » vont exhiber leurs prouesses équestres, chacun à tour de rôle : changement d'allures, tentatives de piaffer, de pirouettes, le *nec plus ultra* étant de faire se cabrer le cheval, essais de croupade et cabriole. Les figures sont très approximatives, les aides parfois brutales et le mors à palette impitoyable, mais la foule y trouve son content et l'œil des cavaliers et des chevaux brille de fierté (ou de crainte).

Fin d'après-midi à Yawa. Nous retrouvons le silence des massifs de dunes couleur corail qui viennent s'échouer contre la falaise, minéral fluide contre rocher abrupt, juste ce qu'il faut de buissons pour attacher les chevaux. Pas d'éboulis rocheux, pas de village, pas de point d'eau. Les véhicules d'intendance ont rempli tous les jerricanes. C'est dans ce havre de nature et de silence que nous passerons la dernière nuit de randonnée. Demain nous rejoignons Teli.

Les cavaliers sont partis à pied avec Alain vers un cirque de jardins, et un très beau village enchâssé dans un creux du plateau de Yawa.

Je suis restée seule au camp avec les intendants. J'ai passé du temps auprès de chaque cheval et j'ai souhaité une belle vie à ma gentille jument, j'ai écouté la dune et le vent, j'ai observé la plaine infinie et la falaise, j'ai suivi le vol d'un milan et souri de la gourmandise des traquets picorant les graines des chevaux. Ils avaient ce soir-là un fourrage de choix, des fanes de haricots.

Le temps et le silence, l'espace et la solitude n'ont pas de prix.

Une escale s'impose pour couper le long retour vers Bamako. Ce sera Mopti, le port stratégique et cosmopolite au confluent du Bani avec le fleuve Niger, la grande artère de vie qui traverse plusieurs pays d'Afrique occidentale.

Le port n'a pas de quai, les grandes pinasses aux lignes effilées s'échouent côte à côte, à même la grève, dans une activité incessante ; les marchandises sont chargées et déchargées à dos d'hommes qui marchent en équilibre sur des planches reliant les bateaux à la terre. Autour du port, un improbable marché étale les marchandises hétéroclites d'ethnies multiples dans une odeur âpre de poisson séché.

Les vieux quartiers de style soudano-sahélien où se vend un artisanat florissant débordent de couleurs, de musique et d'une foule agitée.

À Mopti, il faut surtout naviguer en pinasse, la grande pirogue du Niger. Nous embarquons. Après tant d'aridité, le bruissement continu de l'eau, les clapotis et les éclaboussures tiennent du miracle. Un troupeau de vaches nagent vers une île ; des pêcheurs Bozos jettent leurs filets, l'eau relie deux horizons.

. Brésil, septembre 2004

Le Pantanal, sous le règne du jaguar

Le plus beau voyage
est celui qu'on n'a pas encore fait.
Loïk Peron

Paradis sauvage au cœur de l'Amérique du sud et aux confins de l'Amazonie, le Pantanal est une vaste zone humide, une éponge géante, un sanctuaire écologique grand comme un tiers de la France ; il chevauche le Brésil, le Paraguay et la Bolivie.

Les premiers hommes à y pénétrer, après les *bandeirantes* en quête de richesses minérales ou d'esclaves, sont, à la fin du XIXe siècle, des éleveurs qui débarquent avec bétail et chevaux. Ils veulent profiter des terres émergées où les troupeaux peuvent se réfugier en périodes d'inondations et construisent, sur ces îles, de grands domaines agricoles, les *fazendas*.

En septembre 2004, j'embarque à São Paulo, avec un premier groupe de dix cavaliers, sur un vol à destination de la petite ville de Campo Grande, aux portes du Pantanal. De là, un avion-taxi nous conduit, en basse altitude, jusqu'à la *fazenda* Santa Sophia, propriété de Beatriz Rondon. Dans les petits bimoteurs, insectes bourdonnant au-dessus d'immensités inconnues, nous sentons déjà le frisson de l'aventure. Passée une cordillère, c'est le plongeon vers une mer de verdure, de lagunes et de rivières, la mythique mer de Xaraés, aquarelle de verts et de bleus entremêlés miroitant au soleil. Atterrissage sur la piste herbeuse de Santa Sophia. Beatriz vient à notre rencontre dans une vieille jeep peinte en camouflage jaguar : le temps des salutations, les avions sont déjà repartis.

La cinquantaine souriante et décidée, allure sportive, brune et coiffée d'un élégant chapeau de paille, Beatriz nous invite à charger les bagages dans son véhicule et à la rejoindre à pied à la *fazenda*. La chaleur, torride et pesante, nous fait presque défaillir. L'ombre des grands manguiers est aussi bienvenue que la limonade fraîche à pleines rasades.

Quand le soleil a décroché du zénith nous allons vers les chevaux. Le personnel attaché au travail de la cavalerie et du bétail, les *peões,* nous accueille. Impossible de faire plus authentique : mines basanées, chapeaux cabossés, grandes chaps de cuir, couteau et pistolet à la ceinture, dégaine nonchalante, ils sont aussi très affables et même charmants. Ils ont déjà sellé nos montures ; des quarter-horses, en excellente condition ; une fois encore, il faudra s'habituer à voir crinières et toupet rasés selon les habitudes locales. Le geste sûr, les *peões* nous aident à choisir un cheval et à régler les étrivières. Séance tenante nous partons.

Au premier bosquet de palmiers, le passage des chevaux provoque l'envol d'une bande d'araras hyacinthes, ces splendides perroquets bleu cobalt, tellement rares, les plus grands des perroquets, un mètre de long ; d'autres perroquets quittent leurs refuges : des bleu et jaune, des rouge et bleu, des rouge, vert et bleu : un générique de conte de fées.

Le terrain surélevé où nous chevauchons, une *cordilheira,* est craquelé, c'est la fin de la saison sèche. Les étangs, en contrebas, sont peuplés de colonies d'aigrettes blanches de toutes tailles, de vanneaux huppés aux pattes cramoisies et de jabirus au col cravaté de rouge.

Nous faisons connaissance avec les chevaux, très paisibles, le pied sûr, sociables et dociles, ils manquent de vivacité, à notre goût.

Le soleil tourne à l'orange et disparaît dans la forêt. La clarté s'éteint vite sous les tropiques, vers 18 heures il fait nuit. Entrent en scène les lucioles. Leur ballet enchanté nous accompagne dans le noir, un croissant de lune s'inscrit dans le ciel, un peu de fraîcheur enfin, des parfums de terre humide se mêlent d'herbe sèche froissée, nous rentrons à Santa Sophia.

Ce soir-là, Beatriz nous parle avec passion de « son » Pantanal. Les eaux de faible profondeur grouillent de plancton d'eau douce, qui nourrit une faune innombrable où chacun est proie et prédateur, jusqu'au jaguar, seigneur du règne animal. Notre hôtesse est fascinée par ce plus grand félin des Amériques, très présent sur sa propriété.

Dès cinq heures du matin, une simple promesse de clarté sur l'horizon déclenche un concert d'oiseaux.

Longue matinée de chevauchée à travers une savane d'herbes hautes, de prairies et de marécages ; piaillement des pluviers, envols d'ibis, hérons, spatules roses, moins craintif le jabiru, l'oiseau fétiche du Pantanal, familièrement appelé *tuyuyu*. Nous longeons des zones boisées d'où émergent les panaches des palmiers de toutes tailles et des ipés, grands arbres aux opulentes floraisons roses ou jaunes.

Tasso, un jeune guide naturaliste, ami de Beatriz et excellent cavalier, nous accompagnera pendant tout le séjour. Carlos, un *peõe*, gai luron mais sérieux au travail, est en charge des chevaux et de l'itinéraire.

Pause à l'ombre d'un *capão*, un îlot de grands arbres et sous-bois touffu. Nous nous désaltérons d'un maté froid, le *tééré*. Cette boisson tonique, consommée en infusion ou décoction, est très populaire au Brésil et dans tous les pays voisins. En Argentine on le boit chaud, ici il est consommé froid.

Tasso nous initie au rituel : former un cercle et se passer de l'un à l'autre la calebasse ou plonge la *bombilha*, chalumeau métallique qui sert à aspirer le liquide. Tasso se charge de rajouter de l'eau jusqu'à plus soif tandis qu'on bavarde de choses et d'autres. Beatriz nous montre le pistolet qu'elle porte à la ceinture comme tous les *peões*, mais la discussion est interrompue par un bruit de trompe, grave et prolongé, le *berrante*, qui annonce l'arrivée du troupeau.

Les *peões* ont déjà rassemblé le troupeau et le poussent vers l'*invernada* da Maiada, un endroit jamais inondé, à peine surélevé, où souffle la brise et où le sel est distribué.

Urbano, l'intendant ou *capataz*, Beatriz et les *peões* passent en revue le troupeau. Brève concertation. Aussitôt les lassos se déploient pour capturer les animaux et soigner une blessure, crever un abcès, marquer les veaux. Improvisation constante, suspense, rires aussi et taquineries quand les lassos s'emmêlent ou qu'un veau s'échappe.

Sur la route de retour, nous pique-niquons près d'une modeste cabane, la maison d'un des *peões*. Dans nos sacoches, d'un côté des réserves d'eau et de l'autre un hamac ; pas question de faire la sieste dans l'herbe, qui héberge une multitude d'insectes. Nous apprenons à suspendre nos hamacs pour profiter de la brise terrestre.

De grands espaces ouverts, sans étangs ni végétation arbustive, permettent au retour de magnifiques galops, les chevaux s'en donnent à cœur joie, la journée est finie.

À Santa Sophia, nous sommes accueillis par les cris rauques des aras bleus ; ils sont friands des fruits de palmiers acuri dont plusieurs bosquets entourent la *fazenda*. Boissons fraîches, douche, et une *caïpirihna* : l'irrésistible apéritif brésilien à base de *cachaça*, eau-de-vie de canne à sucre.

Pendant le repas Beatriz annonce le programme du lendemain : en selle toute la journée pour déplacer un troupeau de mille deux cents têtes. Une dernière *pinga*, jus de fruit et alcool local, et au lit.

Nous sommes nombreux en selle lorsque le soleil apparaît sur la ligne de l'horizon. Aux *peões* de Santa Sophia se sont joints ceux de la *fazenda* voisine. Le bétail que nous allons déplacer appartient à cette *fazenda*. Il a passé la saison sèche dans les marécages permanents de Santa Sophia et va rentrer au bercail avant d'être prisonnier des inondations, car la saison des pluies est imminente.

En prévision de la grosse journée de travail, beaucoup de *peões* ont choisi de monter des mules. Le cuisinier et deux mules bâtées, chargées du pique-nique et de gros sacs de sel, nous accompagnent.

La végétation est luxuriante : beaucoup d'arbres et de palmiers, une savane d'herbes hautes, des rivières, des marécages... comment trouver du bétail dans un tel maquis ?

Nos chevaux avancent sans hésitation dans ces terrains les plus variés et les plus imprévisibles, sans transition nous débouchons dans un grand espace découvert envahi de bétail. Les *peões* ont pris de l'avance, au trot soutenu, et ont pratiquement terminé de rassembler le troupeau. L'appel du *berrante* résonne longuement,

Nene, le « sonneur », souffle à pleins poumons et se déplace lentement vers l'*invernada* San Domingo, le point le plus élevé de cette immense savane. Adriano, le *capataz* de la *fazenda* voisine, passe et repasse avec ses hommes au milieu du troupeau.

Comme un signal, le *berrante* réveille tous les échos, Nene prend la tête du convoi, deux cavaliers l'accompagnent et impriment l'allure ; aux côtés des *peões* nous accompagnons la marche du bétail, l'escortant sur les flancs le rabattant par l'arrière ; les récalcitrants sont vite repérés et ramenés dans les rangs jusqu'à obtenir un océan de cornes et d'échines qui se déplacent comme une masse compacte et mugissante, grands froissements de végétation et, de temps en temps, la voix grave du *berrante*.

La scène occupe un vaste espace panoramique, nous avançons à contre-jour, la lumière dissout les contours dans un halo diffus. Moments d'euphorie et d'harmonie.

Une large porte a été ouverte dans la clôture de la *fazenda* voisine, nous laissons le bétail s'écouler petit à petit comme le sable dans un sablier. Opération terminée.

Le cuisinier nous attend à l'ombre d'un sous-bois. Odeur de viande grillée : le *churrasco* est prêt. Nous faisons boire les chevaux et les dessellons ; les *peões* font circuler plusieurs *térérés* puis, sans nous faire prier, nous approchons de la table de service improvisée sur les caisses de bât : riz, manioc, et épaisses tranches de viande juteuse, découpées à même la broche, sucreries. Un festin.

Sur la route du retour, un vol de vautours intrigue Carlos et Beatriz : nous découvrons les cadavres de deux vaches à demi dévorées par des jaguars. Carlos les photographie et les localise avec un GPS. Beatriz communiquera ces données au service de protection des jaguars et sera modestement dédommagée. Elle nous dit perdre chaque année entre trente et quarante bêtes, victimes de ces félins. Cependant, le territoire de Santa Sophia étant connu pour sa concentration de jaguars, Beatriz héberge en hôtes payants, parfois pour de longues périodes, naturalistes, photographes animaliers ou équipes de cinéastes. La compensation n'est pas négligeable.

Départ décontracté au soleil levant, après un petit-déjeuner sur la terrasse. Slalom entre les marécages, mesclun d'herbacées géantes d'où émergent seulement les bustes des cavaliers, les encolures de chevaux et les petits groupes de cerfs que nous délogeons involontairement. De bons galops sur une piste dans la forêt claire et nous débouchons sur le rio Negro.

Le paradis terrestre doit ressembler à cela : une large rivière aux eaux presque immobiles qui serpente dans une forêt galerie. Éclairs d'argent des poissons, bondissant hors de l'eau, innombrables vols d'oiseaux croisant au-dessus de la rivière ou suivant le fil du faible courant. Sur le sable humide de la plage, nous découvrons des traces fraîches de tapir et de jaguar.

De petits bateaux nous attendent. Nous enlevons les selles, attachons les chevaux à l'ombre et les confions à Carlos.

Le plus discrètement possible nous descendons la rivière ; Tasso nous explique les oiseaux et les arbres, des arrêts permettent d'observer un chauna qui fouille les berges, des perroquets se gavant de fruits ou les éclairs colorés des martins-pêcheurs. Le courant est quasi inexistant : 70 m de dénivelé pour 1 500 km. La forêt se reflète sur l'eau tranquille : rideaux de lianes et *novateiros* aux fleurs carmin. Des radeaux de jacinthes et laitues d'eau vagabondes dérivent lentement sur leurs coussins d'air. D'élégants becs-en-ciseaux noirs écopent la surface de l'eau en plein vol. Nous échouons sur une plage pour un bain de fraîcheur en eau peu profonde et claire, là où il n'y a ni piranhas ni caïmans.

Une bifurcation vers un affluent nous fait sortir du couvert forestier. Les berges sont bordées de grands roseaux et de savane, territoire des colonies de cabiaïs, de gros rongeurs patauds qui vivent sur les rives. Prêts à s'immerger en cas de menace, ils semblent peu s'inquiéter des nombreux caïmans qui somnolent sur les plages, gueule ouverte. Des arbres morts, écroulés dans l'eau, deviennent perchoirs pour jabirus, aigrettes et tout un inventaire de hérons : vert, tigre, bihorneau, bleu, siffleur.

Dans la pénombre de bosquets aux branches basses, des loutres géantes folâtrent avant de plonger et de disparaître en longues ondulations sous des tapis de jacinthes flottantes.

Nous revenons près des chevaux et retrouvons Marcel et Bertrand; partis de leur côté en bateau avec l'intention de pêcher ils sont plutôt fiers de leurs prises: un *pintado* et un *dourado*.

Repas *pantaneiro*: riz et viande séchée, poulet enrobé de farine de manioc, sucre de canne et maté de téréré. Le poisson fraîchement pêché est découpé en lanières, roulé dans la farine de manioc avec des épices et frit: un régal!

Les oiseaux du Rio Negro l'avaient annoncé. La nuit durant, il a plu violemment, au matin tout est différent: de grandes nappes de brumes flottent sur les étangs, terminé la terre craquelée, le sol des *cordilheiras* est souple pour les pieds des chevaux, évanouie la chaleur pesante, le ciel est lavé, les couleurs sont éclatantes.

La vocation de terre d'élevage du Pantanal aura duré seulement trois générations. Ciriáco da Costa Rondon, le grand-père de Beatriz, est arrivé dans le Pantanal en 1879, où il a fondé la *fazenda* de Cerro Negro, sur 300 000 ha. Cinq familles occupaient alors l'entièreté du Pantanal. Un siècle plus tard, Antonio da Costa Rondon, le père de Beatriz, n'a plus que 100 000 ha, qu'il partage entre ses trois enfants. Santa Sophia échoit à Beatriz, avec 34 500 ha, la limite de la rentabilité. Or, à partir des années 2000, la situation se complique. Six mois par an, d'octobre à mars, le Pantanal est inondé par les crues du fleuve Paraguay et de ses affluents qui n'arrivent pas à évacuer toute l'eau des abondantes pluies tropicales. Le personnel attaché aux exploitations et leurs familles sont alors complètement piégés. Ils n'ont pas les moyens, comme les patrons, de s'échapper en avion.

Beatriz et sa famille ont organisé une école pour les enfants de leurs employés, et dès qu'il y a un problème de santé sérieux, ils les emmènent à l'hôpital en avion, mais il devient difficile de garder du personnel dans ces conditions d'isolement.

De façon inattendue, le succès d'un feuilleton télévisé allait sceller le sort du Pantanal. Plus que n'importe où dans le monde, les feuilletons télévisés, les *telenovelas*, génèrent au Brésil un intérêt passionnel. *Pantanal*, dont l'action se situait dans la vieille *fazenda* familiale de Cerro Negro, a connu pendant plusieurs années un succès tellement phénoménal que tous les Brésiliens ont voulu découvrir la région.

Sollicitées pour l'hébergement de visiteurs, les *fazendas* ont imaginé se transformer en hôtels, auberges, chambres d'hôtes. Mais la vie, sans électricité, y était trop rustique. Comment développer le tourisme sans réfrigérateurs, éclairage ou climatisation ? L'État refuse d'électrifier un territoire démesuré, à l'habitat si dispersé. Alors, la plupart des éleveurs de bétail, dont les propriétés, morcelées par les héritages, étaient à peine rentables, ont fait le choix décisif de vendre la moitié de leurs terres pour financer l'installation de l'électricité. Ces *fazendas* renonçaient ainsi définitivement à vivre de l'élevage pour se consacrer à des activités touristiques.

Après un long passage en forêt jusqu'au Rio Negro, puis au-delà sur l'autre rive, nous rejoignons la *fazenda* Cerro Negro, la maison des origines, celle du grand-père de Sophia où fut filmé le feuilleton *Pantanal*. La grande maison coloniale traditionnelle, sans ostentation, a un étage, balcon et vérandas, murs blancs, boiseries vertes et toits de tuiles. Elle appartient maintenant à une organisation internationale qui protège les écosystèmes en danger (Conservação Internacional, CI-Brasil) et peut héberger chercheurs et touristes.

Beatriz nous rejoint en jeep et nous introduit avec émotion dans la chambre de ses grands-parents, meublée comme à l'époque de son enfance. Elle nous montre la chapelle, commente les photos de famille, évoque les jeux avec les cousins. Nous avons l'impression d'être des hôtes privilégiés et sommes un peu émus de prendre notre repas de midi dans la « salle à manger » des pionniers du Pantanal.

Laissant les chevaux au repos, nous grimpons à bord d'un imposant véhicule tout-terrain aux allures de tank amphibie pour pénétrer cette portion de Pantanal qu'on appelle Nheocolándia.

Sa particularité est la présence de nombreuses lagunes parfaitement circulaires qui occupent des dépressions au milieu de la forêt primaire. Les unes sont d'eau douce renouvelée chaque année par les inondations, les autres ont une eau saumâtre que des *cordilheiras* coupent des inondations. Elles ne sont alimentées que par les pluies.

Nous nous arrêtons près d'une lagune d'eau douce. Les berges sont envahies de roseaux, des loutres s'en donnent à cœur joie, signe que le poisson abonde. La vie foisonne, des colonies de dendrocygnes et une multitude d'autres canards, près du rivage chevaliers, échasses, jacanas, et puis aussi nos amis les cabiais. Moteur arrêté, nous observons longuement.

La forêt est aussi belle autour d'une lagune d'eau saumâtre, mais la clairière est presque silencieuse, pas de vie, pas de poissons, le rivage est une herbe rase. Longue pause pendant le coucher du soleil à observer les derniers mouvements des animaux diurnes et l'éveil de la nuit, chauves-souris, cri de l'engoulevent, yeux rouges de caïmans, un renard qui passe en catimini.

Le soir à Cerro Negro, c'est la fête. Beatriz connaît les musiciens du petit orchestre, des compagnons d'enfance. On danse le chamamé, la musique populaire du Paraguay, de Corrientes et du Pantanal. Beatriz se saisit de l'accordéon et se joint à l'orchestre. Elle est « chez elle ».

Aux toutes premières clartés de l'aube, à l'heure des singes hurleurs qui nous narguent du haut de leurs branches, yeux ronds et bouche ouverte, nous quittons Cerro Negro pour une très longue étape. Beaux galops autour des lagunes, parcours dans la fraîcheur de la forêt primaire et tous ses univers végétaux : depuis les bois pourrissants et mousses humides jusqu'aux épiphytes les plus aériens, c'est le Pantanal des origines avant l'arrivée de l'homme.

En fin de journée, Carlos nous conduit vers une large voie tracée dans la forêt, le *corredor*, chemin de transhumance emprunté par de grands troupeaux en convoi. Les chevaux apprécient cette voie débroussaillée, qui permet une progression rapide jusqu'à l'étape du soir, la *fazenda* Barra Mansa.

Le ciel offre une voie lactée éblouissante, la croix du Cygne, Pégase et même la nébuleuse d'Andromède en toupie céleste.

Nos quarter-horses repartent vers Santa Sophia, nous allons passer une dernière journée en selle avec des chevaux pantaneiros, un très ancien croisement de criollos et lusitaniens. Leur légèreté et leur vivacité nous enchantent lorsque nous les sollicitons pour des allures vives, dans une grande plaine inondable, au-delà des abords boisés de la *fazenda*.

Chevauchant longuement sur les berges du rio, nous découvrons l'univers enchanté de chaque méandre : des oiseaux, des papillons et un tamanoir, nez effilé, très gracieux, long pelage ondoyant gris et noir, les pattes avant très robustes, un peu intimidé il voudrait passer inaperçu et s'esquive avec élégance.

Sur le chemin de retour à Barra Mansa, dans un grand tintamarre, un important troupeau de bovins traverse le rio Negro et marque une pause dans le *corredor*. Montés sur des mules, six *peões* convoient onze cents têtes de bétail pour sept jours de transhumance. Ils ont des mules de bât et une manade de seize mules de rechange.

Du haut de la digue, nous dominons le spectacle de l'immense troupeau s'écoulant d'une rive à l'autre. Ce sera notre adieu au Pantanal.

Les avions taxis arrivent demain à l'aube.

Costa Rica, avril 2006

Des volcans au Pacifique, « pura vida ! »

Un arbre qui s'abat fait beaucoup de bruit,
une forêt qui germe on ne l'entend pas.
Gandhi

La grande forêt résonne d'un bourdonnement continu, froissements de feuilles, présences multiples, parfois un cri strident, un appel lointain, un envol au-dessus de nos têtes. Nous marchons à pas de loup, silencieux, aux aguets, tous sens en éveil comme Yvan, notre guide naturaliste. Le sous-bois humide est éclairé par de grandes trouées de ciel où s'attarde la lumière du crépuscule. Nous sommes maintenant sous des *aguacatillos*, des avocatiers sauvages, sa nourriture favorite ; aurons-nous la chance de surprendre l'oiseau mystérieux, le joyau de la forêt tropicale ? Ils arrivent : un couple de quetzals se pose tranquillement sur une haute branche, bientôt rejoint par un autre couple et une femelle solitaire. Quelle splendeur ! De gros pigeons à la poitrine rouge écarlate, tête, collerette et dos vert émeraude mêlé de turquoise. Les mâles ont une longue queue, soixante centimètres de plumes émeraude ; l'œil rond très noir et une petite huppe leur donnent un air étonné et ébouriffé. Ils picorent les fruits et volent d'une branche à l'autre, ballet magique souligné par les arabesques des longues queues. Soudain, ils s'abattent, à quelques mètres de nous, sur des massifs de ronces pour un régal de mûres. Nous ne perdons pas une miette de ces instants privilégiés. Après un long moment, les oiseaux sacrés des Mayas disparaissent dans les frondaisons gagnées par l'obscurité. Escortés par des nuées de lucioles, nous retournons vers les chevaux, tranquilles dans une petite clairière, au pied du lodge Tucanet.

C'était le premier soir de randonnée au Costa Rica.

En juin 2005, au mas du Pommier, Karin et Yvan déploient des cartes topographiques au 1/50 000e du Nicaragua. Surlignées en jaune fluo, les journées de randonnée défilent, des sentiers en pointillés glissent sur des dénivelés impressionnants aux courbes de niveau très rapprochées, les cartes me parlent ; j'entends déjà les cailloux sous les pas et l'eau qui dévale à torrents dans les *rios, cataratas, quebrada, barranco*, j'imagine les visions panoramiques depuis les *sabanas, paramo, alto, cerro, fila* ; des zones entières de forêt vert sombre sans routes, ni villages, pas même de maisons ; j'imagine un empire végétal peuplé de myriades d'oiseaux ; ailleurs, de petits villages entourés sans doute de plantations de café en altitude et de bananeraies sur les basses terres. Je suis intriguée par un motif qui se répète : des taches vert pâle aux contours festonnés vides de toute indication sinon la mention « *nubes*, nuages » : les photographies aériennes, prises en 1956 pour tracer ces cartes, n'ont pu percer les nuages. Ces zones sont restées *terra incognita* pour le cartographe.

Karin est française, la trentaine, elle prépare des diplômes de tourisme équestre et rêve de voyages, elle a été séduite simultanément par le Costa Rica et par Yvan. La quarantaine sportive et joviale, Yvan est costaricien. Une courte barbe sombre lui donne un air de guérillero sympathique, il aime les chevaux et parle un excellent français. Guide naturaliste, il a été garde dans les parcs nationaux jusqu'au jour où, menacé de mort par des braconniers, il a renoncé à son emploi pour organiser des voyages à l'intention des passionnés de nature.

Pour rejoindre la *finca* Coyote, point de départ de la randonnée, il faut quitter le climat idéal de la capitale, San José, dans l'hospitalière et très peuplée Meseta Central, à 1 150 m, prendre de l'altitude sur le Cerro de la Muerte (2 200 m), balcon de la *meseta*, traverser la brume épaisse des nuages, les fantomatiques bruyères arborescentes de l'étrange *paramó*, en émerger soudainement sous un grand ciel bleu, immuable tout au long de la descente vers le sud et le versant Pacifique jusqu'à la *finca* Coyote, à 1 850 m.

Karin et Yvan ont sélectionné pour la randonnée leurs propres chevaux et d'autres appartenant à des amis. L'un d'eux, Chema, nous accompagnera. Personnage haut en couleurs, la soixantaine extravagante et cultivée, Chema est espagnol ; venu des États-Unis pour un mémoire d'anthropologie, il n'a plus quitté le Costa Rica.

Pour compléter l'équipage : Macho, propriétaire d'un petit camion, assure l'intendance, tandis que son fils, Melvin, nous accompagne en selle pour donner un coup de main à la surveillance des chevaux. Une étape est prévue chez eux, dans la montagne, à La Lira.

Nous sommes dix cavaliers, bien décidés à faire équipe avec nos chevaux pour pénétrer au cœur du Costa Rica.

Nos futures montures somnolent dans un corral. La palette de leurs robes brille sous le soleil, de beaux modèles de *criollos*. Beaucoup ont la crinière en brosse, à part une touffe laissée au garrot, une mode très répandue en Amérique latine que je n'apprécie guère. Seuls les étalons gardent leur crinière.

Karin nous présente les chevaux, tous gentils et bien entraînés, puis propose à chacun de choisir sa monture. Beau moment de rencontre, chacun y va à l'instinct, au coup de cœur, pour une robe, une prestance, un mouvement d'encolure, un regard. Je fais la connaissance de Canela, une jeune jument alezane, petite étoile blanche au front. Elle flaire l'odeur de mes vêtements, des sacoches, ma main, elle se laisse flatter l'épaule et l'encolure.

La *finca* Coyote élève des chevaux *de paso* et l'un d'eux, un rutilant bai brun, nous ouvre la marche ; très nerveux, il ne peut exprimer son talent dans l'excitation du départ ni sur le chemin caillouteux. Les *paso* péruviens sont réputés pour un amble rapide et confortable, pour l'allure élégante et relevée des antérieurs, qu'ils font pivoter vers l'extérieur afin de « s'arracher », m'avait-on expliqué dans un élevage péruvien, au sable profond des *fincas* péruviennes où cette aptitude a été mise en valeur.

Au moment de nous souhaiter bon voyage à l'entrée du premier village, le propriétaire de la *finca* Coyote profite d'un espace plat pour nous montrer avec brio les allures amples de son cheval. Nos montures au long cours ne se fatiguent pas à trousser les antérieurs. Ils vont leur train, d'un pas alerte, dans les petits chemins de la campagne costaricienne qui semblent ne pas connaître le plat. Montées et descentes s'enchaînent sans répit. Le chemin trace son sillon dans une houle de verdure luxuriante. Depuis les points hauts, on voit les crêtes moutonner à l'infini tandis qu'au creux des vallons les pans de forêt se dressent, impénétrables, fougères géantes, arbustes et arbres de toutes tailles, surchargés d'épiphytes et entrelacés de lianes, charpentés par des troncs clairs érigés comme les piliers d'un temple végétal. Anacardiers et tamariniers, tulipiers opulents, cèdres et chênes de 40 m, cyprès qui se prennent pour des séquoias. Dès ce premier jour, la forêt me frappe par sa vitalité.

Comme son voisin, le Nicaragua, le Costa Rica devient indépendant de l'Espagne en 1821. Bénéficiant d'atouts identiques au départ, le Nicaragua s'est enlisé dans les troubles politiques et la déforestation tandis que le Costa Rica, grâce à un enchaînement de choix politiques, est devenu le pays le plus prospère de l'Amérique Centrale.

La peine de mort y est abolie dès 1887. En 1949, José Figueres, vainqueur d'une guerre civile, adopte une constitution qui accorde le droit de vote aux femmes et aux Noirs, limite la présidence à deux mandats consécutifs et abolit définitivement l'armée. Ce choix, unique dans l'Histoire, écarte le risque d'un coup d'État. Le budget autrefois alloué à l'armée est consacré à l'éducation et à la santé : l'État paie des professeurs et des médecins plutôt que des généraux et des armes.

Champion mondial de la biodiversité grâce à l'exceptionnelle variété des habitats naturels, ce petit pays ne représente que 0,03 % des terres émergées mais 5 % de la biodiversité mondiale. En 1960, les écosystèmes les plus exceptionnels sont sanctuarisés en parcs nationaux et réserves qui couvrent aujourd'hui plus d'un quart du territoire.

Après trois générations de déboisement catastrophique, la déforestation est enrayée de façon originale : les propriétaires terriens qui reboisent en essences natives sont dispensés d'impôts ; quant aux plus pauvres, s'ils conservent leurs parcelles forestières, ils sont rétribués grâce à une taxe carbone de 3,5 % perçue sur la consommation d'énergie fossile, dès 1996.

En 2009, Oscar Arias, président de la République et prix Nobel de la paix, a « déclaré la paix à la nature » et a refusé d'ouvrir le pays à l'exploration pétrolière. La forêt couvre maintenant 50 % du pays.

En même temps, la géographie montagneuse du pays permet de développer l'électricité hydraulique, et le volcanisme fournit en abondance une énergie géothermique (dans les puits de forage, la température dépasse 220° C dès 3 000 m de profondeur).

Si l'économie dépend encore de la production de café, de bananes, et autres cultures tropicales, le tourisme assure un revenu majeur.

Cependant tout n'est pas vertueux : ce pays est aussi un paradis fiscal, et la prospérité nouvelle comme le rapide développement touristique créent des nuisances environnementales.

Après une nuit au Lodge Tucanet, la deuxième journée de randonnée se déroule entre le rio Pirris (à 1 800 m) et Alto Roble, Alto Cañazo et Cruce Chinchilla (à 2 600 m) par de petites pistes au cœur de la forêt pluviale d'altitude, un vrai bain de chlorophylle. Karin et Yvan annoncent une étape longue et difficile. Nous sommes prêts.

Le départ est enchanteur : il surplombe le torrentueux rio Brujo, encaissé dans un canyon jusqu'à Sitio Piedra. Le chemin s'amenuise, devient herbeux et rejoint, dans un large méandre, le rio apaisé. Pied à terre, nous vérifions arrimages et sanglages. Garder les distances entre les chevaux est la consigne impérative. Qu'est-ce qui nous attend ?

Traversée à gué. Sur l'autre rive, le chemin fait place à un étroit sentier qui bondit dans le talus et disparaît sous la végétation ; les chevaux semblent avoir compris et prennent leur élan pour gravir la pente raide et glissante d'humidité. Les selles Mc Lellan sont heureusement équipées de colliers de chasse et de croupières. Touffe de crins serrée dans la main, fesses décollées de la selle, nous nous concentrons sur l'effort du cheval, pour le gêner le moins possible. Canela se propulse avec énergie, encolure tendue. Les sabots essaient d'accrocher dans la glaise qui se dérobe. Il faut rester dans le mouvement, surtout ne pas s'arrêter, monter régulièrement. Plus rapide, Canela a déjà le nez sur la croupe de Cumbia, le cheval de Peggy, qui marque un temps d'arrêt; les autres chevaux approchent. Vite, repartir d'un effort redoublé pour éviter de patiner, régler la progression pour ne plus rejoindre Cumbia, difficile de garder un rythme régulier quand on gagne du terrain par à-coups. Le sentier n'est qu'une profonde ornière de la largeur des pieds des chevaux, les étriers frôlent le sol de chaque côté. La pente faiblit. Nous arrivons sur un replat, où nous reprenons appui sur une terre ferme. Pied à terre pour laisser souffler les chevaux, qui évacuent leur nervosité, arrachent de la verdure et se mettent à mâcher.

Nous aussi nous regardons enfin la forêt primaire humide qui nous entoure, masse végétale tellement touffue qu'elle paraît compacte, d'une inventivité inouïe : frondes élégantes des fougères, éventails gracieux des palmiers, draperies de lianes et racines aériennes emmêlées, squelettes noircis d'arbres cassés, toisons de mousses et de lichens, bouquets aériens des broméliacées, bambous, philodendrons et aristoloches, du vert et encore du vert. Annick, éminent professeur de sciences naturelles, nous explique la montée de la sève, le triomphe de la photosynthèse, passionnants cours *in situ* !

Faire silence pour écouter la forêt palpiter de toutes les vies minuscules qui grouillent; battements, vibrations, bourdonnements et stridulations étouffées, chuintements infimes, cheminements lilliputiens.

Nous remettons en selle, tous d'accord pour garder encore plus de distance entre les chevaux sans pour autant se perdre de vue : éloigné de dix mètres, un cavalier et son cheval disparaissent, comme digérés par le végétal.

Un nouveau raidillon. Cumbia perd les sacoches, qui glissent sur la croupe, Peggy s'arrête, mon cheval s'arrête, les chevaux patinent, glissent vers l'arrière et, comme un mouvement de dominos, c'est toute la colonne de chevaux qui perd pied et glisse lentement à reculons dans la boue ; le redémarrage est épique.

Aux montées gluantes de boue succèdent les descentes toboggans et les marécages, dont les chevaux s'arrachent avec de grands bruits de succion. Un arbre déraciné dans un talus abrupt oblige à un contournement périlleux, des chevaux dérapent et chutent, la selle d'Odile glisse sur l'encolure (son cheval ne supporte pas la croupière), des guêpes attaquent, sans compter les ravins masqués par la végétation, des trous comme des effondrements. L'avertissement passe de proche en proche. Rester calme et faire confiance aux chevaux, ne pas les gêner, les encourager. Ils voient et sentent ce que nous ne percevons pas.

Galère ? Peut-être, mais aussi une expérience qui met à l'épreuve le sang-froid des cavaliers et force notre admiration pour les chevaux.

Il faut dire aussi l'enchantement des couloirs de verdure baignés de la lumière féérique distillée par les frondaisons, les bouquets bleus des hortensias sauvages, les cascades d'orchidées, la caresse des feuillages frôlés, les profondes odeurs d'humus à l'état brut, les envols colorés d'oiseaux et de papillons, et tant d'émotions indicibles.

À la fin de l'étape, les nuages deviennent menaçants ; vers 2 200 m, une douche magistrale s'abat sur nous. Inutile de chercher un abri, alors autant se prêter à la *drache* qui lavera de la boue, se désaltérer par tous les pores, songer aux déserts, et la pluie devient bénédiction.

Le bruit de l'averse masque notre arrivée à des coatis qui vaquent à leurs affaires, queue dressée en sémaphore, seuls dans leur monde sauvage au bord d'une clairière.

Une longue descente sous la pluie battante dans une prairie défrichée nous dépose à La Lira, la *finca* de Macho et Mel. Nous sommes accueillis par de larges sourires et de grands verres de jus de mûres frais. Viendront les grillades accompagnées de salades, de manioc et le national *gallo pinto*, riz et haricots rouges.

La pluie déserte, le soleil victorieux illumine des avalanches de bougainvillées et des buissons parfumés où festoient papillons et colibris. La crête de la cordillère de Talamanca, la plus haute du pays, à 3 820 m, se découpe sur l'horizon.

Le lendemain, nous franchissons Quebrado Pepe et rejoignons Angeles puis, au flanc de la montagne Zapotales, découvrons de petits villages consacrés à la culture du café, où travaille une main-d'œuvre saisonnière d'Indiens du Panamá. La main-d'œuvre immigrée d'un pays voisin plus pauvre, le prolétariat mondial, reste la solution universelle des plus nantis qui ne veulent pas accomplir les tâches pénibles.

Depuis le départ nous suivons le « tracé historique » emprunté de tout temps par les Indiens puis les colons et contrebandiers pour relier la Meseta Central, la plus hospitalière, au sud du pays ; le tracé coupe au plus court à travers la montagne et nous mène au rio Savegre, gonflé par les pluies.

Nous allons passer la nuit dispersés dans plusieurs familles du petit village de Savegre Abajo, à seulement 560 m d'altitude. Ils ont tous des chevaux pour travailler ou se déplacer et cela les amuse beaucoup de recevoir des cavaliers étrangers. Certains d'entre nous parlent espagnol, beaucoup de jeunes Costariciens se débrouillent en anglais, nos cultures ne sont pas très différentes, nous sommes très vite sur la même longueur d'ondes.

Apprenant dès l'enfance à respecter l'environnement, les Costariciens sont très fiers de leur modèle de société. Dans la famille de Flory où je suis hébergée, Emilio m'explique avec passion pourquoi il prépare une licence en protection de l'environnement. Il croit au rôle fondateur de son pays, qui va servir de modèle à la planète.

Nous nous retrouvons tous réunis dans une sorte de hall communal pour un grand repas collectif auquel toutes les familles ont collaboré. Elles s'attablent avec nous. L'ambiance joyeuse est celle d'une fête villageoise. Les étudiants sont revenus dans leur famille pour les vacances de Pâques. Ils se retrouvent entre eux, cherchent à discuter avec nous et mettent de la musique pour prolonger la soirée. L'occasion d'utiliser l'expression typiquement costaricienne *pura vida*, un faux-ami qui ne signifie pas « vie pure » mais est l'équivalent de notre « super » ou « génial ».

Le matin, bien avant cinq heures, les premiers oiseaux lancent leurs trilles, petites gorges tremblantes de quelques grammes ils emplissent l'espace de chants très purs, comme un signal ; alors, de tous les nids, des cimes, des frondaisons les plus touffues, chacun lance sa mélodie ou son cri, pour exister avant l'aube et unir sa voix aux autres jusqu'à un final triomphant. C'est le moment de soigner les chevaux avant de prendre le petit-déjeuner et de plier bagages.

Loger chez l'habitant semble plus simple qu'un bivouac mais les départs ne sont pas plus rapides. Tandis que dans toutes les maisons, on couvre de fleurs et de décorations une croix de bois qui sera apportée à l'église pour la procession du Vendredi saint, les discussions de la veille se poursuivent. Il reste tant de choses à se dire, de questions à poser, des photos à prendre. Les familles viennent assister à notre départ : *a la proxima vez*, « à la prochaine », *nos vemos*, « on se voit bientôt ». Comme une promesse de retour avec un autre groupe.

De Savegre, à 560 m, nous montons en lacets jusqu'à 1 210 m ; le chemin longe souvent la grande forêt, qui résonne du cri puissant des singes hurleurs. Le nez vers la cime des arbres, nous cherchons à retrouver une bande de singes capucins qui l'instant d'avant sautaient de branche en branche. Peu après nous observons un paresseux. Sorte d'ourson au long pelage brun gris mal peigné, et très longues griffes ; le front barré d'une bande de pelage clair, surmontée d'une frange sombre, un cercle noir autour des yeux et un large sourire lui font une bouille ahurie et sympathique. Ses gestes d'une lenteur extrême sont un excellent camouflage, tout comme les mousses verdâtres qui se développent dans son pelage et le cachent aux regards de ses prédateurs, jaguar, aigle ou serpent. Il est surtout vulnérable au sol mais son métabolisme très particulier lui permet de ne descendre au sol qu'une fois par semaine pour faire ses besoins.

Nous quittons la forêt des nuages pour descendre vers le rio Pacuar à travers les plantations de tabac et de canne à sucre. Il fait très chaud et l'arrivée à la *finca* Bajo Mora est un soulagement. Les chevaux, douchés et abreuvés, sont installés à l'ombre. Mel va dormir chez ses amis de Bajo Mora et veillera sur eux ce soir.

Nous descendons quelques centaines de mètres encore jusqu'à une plage, dans un méandre du rio Pacuar. Enfin un vrai bivouac sauvage à seulement 500 m d'altitude.

Baignade splendide dans de profondes piscines naturelles et massage sous les cascades, face à une rive abrupte tapissée de palmiers, de fougères arborescentes et de tabebuias en fleurs.

Repas et longue veillée autour du feu. La lune se fait attendre puis soudain illumine tout le méandre de la rivière. Nuit sous les étoiles, bercée par l'eau lustrant les rochers.

Petit-déjeuner en pays de cocagne, à savourer melon, pastèque, ananas, mangues puis tortillas, fromages et café à l'ombre fraîche de la falaise. La chaleur finit par nous déloger et nous ramène vers les chevaux.

Nous montons à Esperanzas et Alto Ceibo qui nous ouvre, depuis la crête de Jilguero, une première vision de l'océan Pacifique. Le chemin suit le fil de la crête offrant sur chaque versant des paysages grandioses : à l'est, un océan de verdure jusqu'à la haute Cordillère, à l'ouest l'océan Pacifique jusqu'à la courbe de l'horizon.

Sur une grosse branche de *guaramo* un paresseux, suspendu tête en bas, progresse avec extrême circonspection : particulièrement friand des ultimes rameaux de branche, il n'a plus que quelques mètres à franchir. Nous l'abandonnons, pressés d'arriver à la maison de Chema.

La casa Tordesillas est une très étonnante construction de bois et d'adobe qui correspond bien au personnage excentrique : Chema l'a conçue octogonale, forme magique pour lui. Des chambres d'hôtes s'ouvrent vers une pièce centrale organisée autour d'une grande cheminée. Ambiance *New Age* pour l'étage en coupole, vitrée comme une tour de contrôle et vue à 360 degrés. Les fondations sont des pneus de camion, « pour résister aux fréquentes secousses sismiques ». Il est vrai que le Costa Rica, sur la ceinture de feu du Pacifique, est à la jonction de trois plaques tectoniques : la plaque des Cocos, celle de Nazca et celle des Caraïbes.

Ni électricité ni voiture à la casa Tordesillas : on s'éclaire à la bougie et on se déplace à cheval. Belle philosophie sans doute, mais ne demandez pas ce qu'elle en pense à l'épouse de Chema, Margarita, qui s'acquitte manuellement de toutes les tâches ménagères dans ce logis qui peut accueillir douze hôtes en pension complète.

Rêverie sur les marches du perron ; avant-plan végétal où s'active tout un bestiaire d'oiseaux, papillons et insectes. Un extraordinaire scarabée arlequin de 15 cm (sans compter les antennes) laisse longtemps admirer sa livrée de motifs noir et orange.

Chema nous présente Galán, son étalon arabe-andalou, puis nous entraîne à pied dans la parcelle de forêt humide qui coiffe sa propriété. Il connaît chaque plante et chaque animal de cet univers : singes capucins à collerette crème, grenouilles vert fluo aux yeux rouges, lézards furtifs et iguanes méditatifs, trogons et toucans au plumage resplendissant. Ah, le plumage vermillon du tangara !

La lisière de forêt découvre une vue panoramique de la côte d'où se détache un isthme épanoui en forme de queue de baleine : la Uvita, notre point de chute demain, fin de la randonnée, altitude zéro.

Au départ de casa Tordesillas, Chema monte Galán. Nous empruntons le dernier tronçon parcouru la veille et retrouvons le paresseux sur sa branche. Les feuilles de l'extrémité du rameau ont été mangées, il a couvert quelques mètres en vingt-quatre heures.

Depuis la falaise de Faralla, nous rejoignons une croupe montagneuse puis un chemin qui serpente en innombrables lacets jusqu'au Pacifique. Au fil de la descente, la végétation devient de plus en plus tropicale, l'air bouillant se charge d'humidité. Longue traversée de l'estuaire caillouteux du rio Uvita, joli galop dans une forêt de cyprès et d'eucalyptus bordant une plage déserte où les vagues viennent mourir sur le sable noir. Elle est interdite aux chevaux. Yvan est inflexible : nous sommes dans la réserve Marine Ballena, pas de galop sur la plage.

Pied à terre au bout de la piste, chez Mauricio et Shirley, ils nous hébergent dans de modestes cottages. Nous dessellons les chevaux une dernière fois dans un pâturage ombragé. Douchés copieusement, ils se roulent à plaisir.

La terrasse où nous buvons du jus de carambole jusqu'à plus soif serait banale si la nature ne lui offrait un écrin d'une luxuriance prodigue : héliconias, balisiers, roses porcelaine, épis de gingembre, poinsettias, hibiscus, asclépiades, bégonias géants, amaryllis, arums, orchidées et cattleyas.

Il suffit de traverser le rideau d'arbres pour retrouver la plage sauvage ; royaume des tortues en saison de ponte, elle est maintenant le territoire des crabes, dans un enchevêtrement anarchique de bois échoués.

Après d'incessants dénivelés, l'univers horizontal de la côte est apaisant. Bruissements légers des envols d'ibis sur la lagune d'un petit estuaire. Baignade dans l'eau à 26 °C. Tout est paisible, même les vagues déferlent à voix basse. Le coucher de soleil bascule dans une débauche théâtrale de mauves et de pourpres reflétés par l'estran nappé de vagues mourantes.

Nous avons rejoint la cordillère de Talamanca pour gravir, avec d'autres chevaux, les flancs du volcan Turrialba et son jumeau, le géant Irazú. Depuis les prairies d'alpage de Buenos Aires del Volcán, il faut traverser tous les étages de végétation jusqu'à la plus haute lèvre du cratère, à 3328 m. Le ciel reste clair, le paysage s'élargit. Aurons-nous la chance d'embrasser de là-haut d'un seul regard circulaire la côte Caraïbe à l'est et la côte Pacifique à l'ouest ? À un kilomètre à peine du sommet, nous entrons dans une brume épaisse pour en émerger peu après, au-dessus des nuages, et dominer un océan de ouate.

Pourquoi faut-il que tant de hauts lieux de rencontre entre terre et ciel soient enlaidis et profanés par des antennes et autres paraboles venant relayer dans l'espace une circulation d'ondes pléthoriques ? Le volcan Turrialba n'y échappe pas.

Confiant nos chevaux au guide, nous descendons à pied dans le cratère à travers une exubérante végétation de *páramo* puis sous les feuilles géantes de gunneras et les osmondes royales. Progressivement le paysage devient minéral : traînées de cendres, dunes de lapilli, amoncellements de scories, dépôts de soufre, odeur fétide des fumerolles. La terre est chaude lorsque nous cherchons à nous asseoir pour le pique-nique. Sensation insolite de se savoir si près du magma originel.

Dernière journée sur les flancs du volcan Irazú pour une ultime immersion dans le fouillis végétal de la jungle tropicale.

Le soir, nous partageons avec nos compagnons du jour un généreux barbecue au son d'un karaoké local et de *rancheras* dont les chevaux sont les héros.

Su noble jinete le quitó la rienda,
le quitó la silla y se fué a puro pelo,
cruzó come rayo tierras nayaritas
entre cerros verdes y lo azul del cielo.
« Son noble cavalier lui enleva les rênes,
lui enleva la selle et partit à cru,
traversa comme l'éclair les terres du Nayarit
entre les montagnes vertes et le bleu du ciel. »
Ranchera mexicaine (*La Ballade du cheval blanc*)

Éthiopie, novembre 2006

En pays Oromo, sur la piste des origines

Le voyage est un remède idéal pour vaincre la dispersion qui menace nos vies urbaines. Il offre de revenir à la simplicité de journées tout entières consacrées à s'orienter, se nourrir et entretenir une conversation légère avec la Nature et les hommes. [...] La vie redevient simple. L'énergie retrouve sa voie.
Sylvain Tesson (*Éloge de l'énergie vagabonde*)

Plaine de Changiti, à 2400 m d'altitude. Un groupe de cavaliers arrive à vive allure, le galop est souple. Grands, minces, la peau ambrée, les cavaliers sont des Oromos. Ils vont nous confier leurs chevaux pour la journée, le temps de gagner le haut plateau de Balé à 3800 m. Là, au camp de Mololicho, d'autres Oromos nous proposeront leurs chevaux jusqu'à un nouveau relais, trois jours plus tard, à Morobawa, et ainsi de suite. De cette façon, plusieurs groupes d'éleveurs bénéficieront du petit revenu que représente la location de leurs chevaux, et nous aurons régulièrement des montures fraîches. Le transport des bagages et du ravitaillement sera assuré par une caravane de chevaux de bât. Cette chevauchée en Éthiopie est une grande première.

Les cavaliers mettent pied à terre au milieu d'un attroupement de femmes et d'enfants qui nous entourent. Tous sont curieux de rencontrer ces étrangers qui veulent parcourir à cheval le parc national de Balé.

Vivant sur les hautes terres d'Abyssinie, les Oromos sont agriculteurs et éleveurs semi-nomades. De tout temps, ils ont partagé leur quotidien avec les chevaux : ils les utilisent pour se déplacer, porter des charges, labourer, faire la fête et autrefois guerroyer.

Les harnachements de cuir coloré et surtout les parures de deux chevaux nous intriguent : de larges colliers de pompons de laine rouge entourent l'encolure, le poitrail et la croupe. Ces ornements, destinés autrefois à impressionner l'ennemi, sont exhibés à l'occasion des fêtes équestres et des mariages. C'est nous faire honneur que de nous proposer des chevaux ainsi décorés, les Oromos s'amusent de notre surprise.

De taille moyenne, les chevaux ont des robes variées, de jolies têtes expressives, de grands yeux. Le front large et le rein court trahissent leur lointaine origine arabe. Ils sont en état, semblent doux et calmes. La selle, en bois léger, pommeau et troussequin relevés, est recouverte d'un tapis matelassé de couleurs vives.

Nous ajoutons un second tapis sur chaque selle. Cette précaution m'avait été vivement recommandée par Fulvio Cinquini[8] et Paul Perrier, voyageur-aventurier savoyard, qui avaient testé la selle oromo quelques années auparavant. Nous avons acheté tout un lot de tapis de selle (et aussi de bonnes longueurs de sangles pour adapter la longueur des étrivières) dans l'indescriptible cohue du *mercato* d'Addis-Abeba, un des plus grands marchés à ciel ouvert d'Afrique, où les objets les plus incroyables sont recyclés pour une deuxième, troisième, énième vie.

L'embouchure des chevaux est surprenante : pas de mors, une simple corde passée autour de la mâchoire inférieure au niveau des barres, ajustée mais pas serrée, sort du côté droit de la bouche et fait office de rêne unique ; utilisée en appui, en ouverture ou ajustée, elle est simple et efficace, les chevaux y répondent docilement.

Autre particularité de cette monte, que Fulvio appelle « à la sémite » : la mise en selle du côté droit du cheval. Il faut réfléchir au début, mais il est préférable de s'habituer à cette nouvelle convention, car, abordés par la gauche, les chevaux paniquent et c'est la chute assurée.

Le responsable de l'expédition, un citadin d'Addis-Abeba, sera efficacement secondé par Shebru et son aide Ramato, originaires du haut plateau. Grand gaillard élancé, d'humeur joyeuse, visage

8. Sans doute le meilleur photographe de chevaux à travers toutes les cultures équestres du monde, auteur de *Centaure* (Seuil).

aux traits fins, peau couleur pain d'épice, Shebru aide chacun à choisir une monture, allonger les étrivières, fixer les sacoches et mettre en selle. Les gestes sont précis, tout se passe sereinement dans la décontraction.

Gilbert et moi sommes invités à monter un des élégants « chevaux de mariage » couverts de pompons rouges. Nous devons accepter et ouvrons la marche fièrement, copieusement moqués par les autres cavaliers ; ils ne se doutent pas que leur tour viendra !

Départ dans la plaine, par un chemin bordé d'euphorbes candélabres, au large d'un hameau de *toukouls*, huttes de pisé aux toits de paille. À l'approche de la forêt, le terrain devient pentu, tapissé d'un herbage fourni ; des zébus ruminent au pied de genévriers chenus à l'écorce ridée, de jeunes bergers gardent leurs troupeaux de chèvres et de moutons. L'irruption des chevaux met en fuite une famille de singes colobes au long pelage noir et blanc, qui disparaissent dans les frondaisons. Nous pénétrons dans un reliquaire : la forêt primaire de montagne. Bambous et rosiers d'Abyssinie entourent genévriers, millepertuis et conifères géants, et aussi les « seigneurs », les imposants hagenias aux grosses branches moussues étalées comme les bras multiples d'une divinité tutélaire. Pour ajouter au mystère, de longs lichens argentés et des mousses épaisses envahissent les arbres et le sous-bois.

Non ferrés, les chevaux font preuve d'une habileté exceptionnelle à évoluer en terrain accidenté : montées raides, parfois rocailleuses et glissantes, traversées de la rivière Leliso souvent encaissée. Ni hésitation, ni faux-pas, le cavalier se sent en confiance.

Au sortir de la forêt, nous débouchons dans la prairie afro-alpine et, au col de Tulu Tute, à 3700 m, l'espace s'ouvre sur des crêtes qui s'enfuient à l'infini vers tous les horizons. Nous chevauchons maintenant sur une vraie pelouse, éclairée du jaune ardent de massifs de kniphofias et ponctuée des silhouettes insolites de lobélias géants : une haute tige ligneuse en guise de tronc est coiffée, parfois à plusieurs mètres de haut, d'un panache de grandes feuilles lancéolées comme celle de yuccas.

Le refuge d'Angafu est en vue sur un éperon. À travers la brume qui monte de la plaine, il semble hors d'atteinte. Angafu signifie « chardon géant ». Ici les chardons aussi ont plusieurs mètres de haut et leurs fleurs, en pompons roses, ont la taille de choux-fleurs. Rien ne nous est familier : nous débarquons sur une autre planète végétale, celle de la forêt primaire et de la prairie africaines d'altitude.

Quelques ravins à franchir encore jusqu'au refuge. Les chevaux de bât ont pris un raccourci, ils sont déchargés et pâturent entravés.

Sortis d'on ne sait où, de petits groupes d'Oromos, en habits colorés, attendent notre arrivée. On se salue. Ils sont un peu intimidés mais aussi très intrigués ; femmes et jeunes filles rient sous cape, nous devons leur paraître bien insolites.

Les Oromos représentent près de 40 % de la population éthiopienne, c'est l'ethnie la plus nombreuse ; ils ont l'apparence physique d'un peuple nilotique : élancés et longilignes, le visage ovale aux traits fins, de grands yeux noirs, le teint caramel foncé. Monothéistes, ils vénèrent Waqa, une divinité suprême qui habite le ciel, les points d'eau, les montagnes, certains arbres.

Traditionnellement guerriers, les Oromos n'ont jamais vraiment déposé les armes. Ils sont volontiers rebelles au pouvoir et s'engagent dans des guerres fratricides avec leurs voisins de Somalie ou d'Érythrée.

Éclats d'histoire :

L'Éthiopie est le pays de tous les mythes et mystères. Probablement le berceau de l'humanité autour de la faille de la Rift Valley, où vécut Lucy, il y a 3,5 millions d'années. J'ai découvert, tout émue, au Museum national d'Addis-Abeba, la reconstitution du squelette (qui semble esquisser un pas de danse) de cette petite australopithèque de 1,20 m morte à vingt ans. Si Toumaï, découvert sur la rive ouest du Rift, lui dame le pion avec ses 7 millions d'années, il n'est probablement qu'un « primate », ancêtre des hominidés.

L'Éthiopie était le mystérieux pays de Kouch, qui fournissait l'encens, la myrrhe, l'or, l'ivoire à l'Égypte ancienne. Sous le nom de Nubie, elle domina l'Égypte et fit monter des pharaons noirs sur le trône.

Selon la légende, les rois d'Éthiopie seraient les descendants de la reine de Saba, éthiopienne, et du roi Salomon. Leur fils, Ménélik Ier, éduqué à Jérusalem près de son père, y aurait dérobé l'Arche d'Alliance (contenant les tables de la Loi) pour la rapporter en Éthiopie où elle serait toujours, dans l'église Sainte-Marie de Sion.

Entre-temps l'Éthiopie, devenue royaume et même empire d'Abyssinie, est un des rares pays d'Afrique à avoir préservé son indépendance ; une victoire éclatante sur l'Italie, en 1896, lui permet d'échapper à la vague de colonisation qui frappe le continent.

Traversée au fil de son histoire par de multiples influences orientales et européennes, l'Éthiopie connaît, de 1977 à 1991, le sombre règne Mengistu, soutenu par l'Union soviétique ; il a profité de la terrible famine de 1984-1985 pour déporter et affamer 2,5 millions de paysans et abattre une répression épouvantable sur les Oromos.

Christianisée dès le IVe siècle, l'Éthiopie est la deuxième plus ancienne nation chrétienne du monde, après l'Arménie. Mais au VIIIe siècle, elle se retrouva coupée du reste de la chrétienté par les conquêtes arabes. Harar, qu'Arthur Rimbaud a rejoint à cheval à travers le désert somali en 1880, est une ville sainte de l'Islam.

Au XIIIe siècle, le roi Lalibela a voulu fonder en terre africaine une « Jérusalem noire », où la foi orthodoxe, livrée à elle-même, perpétue aujourd'hui encore des rites de l'Ancien Testament.

Avant d'aborder la chevauchée, nous avons voulu connaître cette ville mythique et survoler, à basse altitude, les spectaculaires chutes du Nil Bleu et le lac Tana, où il prend sa source.

Sur la route sinueuse qui mène à Lalibela, une foule dense se rend au marché du samedi. Marché grouillant et sans opulence, sous de grands parapluies noirs qui protègent du soleil les modestes étals où chacun vend sa production de pommes de terre ou d'oignons, lentilles, miel et tissus locaux, de laine ou de coton. Parmi les céréales, le teff rouge ou blanc, une graminée aux graines minuscules, parfaitement adaptée à l'altitude et aux conditions climatiques de l'Éthiopie : sécheresse ou excès d'eau ; le teff se sème à la main et se récolte à la faucille. Il est l'ingrédient essentiel de l'*injera*, base de l'alimentation éthiopienne : une crêpe sur laquelle on étale le *wat*, un ragoût de légumes et de viande ou poisson.

Ce qu'on vient admirer à Lalibela, ce sont les églises monolithiques, creusées et taillées à même le tuf volcanique rouge, certaines solidaires de la roche uniquement par leur base, d'autres enterrées au fond du trou où elles ont été excavées. Leur toit affleure au niveau du sol, et l'on y descend par des escaliers taillés dans la roche. Plusieurs de ces onze églises communiquent entre elles par d'obscurs tunnels et d'étroits dédales. Les ouvertures et portiques ciselés, les moulures, nefs, voûtes, colonnades et chapiteaux tout est d'un seul bloc, strictement monolithique, rien n'est construit. La plus célèbre, en forme de croix grecque, Betha Ghiorhis, est dédiée à saint Georges, patron de l'Éthiopie. À l'intérieur, portes patinées, tentures fatiguées et poussiéreuses, chromos criards à l'effigie des saints voisinent avec des fresques et des objets sacrés multiséculaires.

Je me laisse gagner par l'étrangeté primitive des églises. Chacune recèle dans une chapelle interdite un *tabot*, fac-similé de l'arche d'Alliance ; de mystérieux prêtres sortent de la pénombre par une porte entrebâillée pour brandir, en échange d'une donation de quelques birrs (1 birr équivaut à 10 cents), de grandes croix processionnelles, véritables dentelles d'argent.

Le soir, nous revenons à Betha Marya. La nuit durant, des cérémonies se déroulent au fond des fosses, autour des églises. Les prêtres et diacres enturbannés, parés de vêtements liturgiques précieux, protégés par des ombrelles cérémonielles de brocarts colorés, effectuent une lente chorégraphie sacrée et psalmodient au son des tambours et des sistres. Les nombreux fidèles de tous âges, drapés d'un grand vêtement blanc, la *shanna*, assis sur les gradins ou les marches qui entourent l'église jusqu'au rebord supérieur de la fosse, participent aux prières.

Les prêtres prennent appui sur une haute canne ouvragée ou agitent des sistres comme ceux qu'on voit reproduits sur les frises de Karnak ou de Louqsor. Fidèles fantomatiques, étrange écho des tambours, parfums d'encens et de bougies, scintillement des chasubles d'or sous quelques néons blafards. Les percussions réveillent d'antiques croyances africaines, la lune pleine évoque l'univers des astrologues et devins. On a le sentiment d'assister à un mélange de cérémonie biblique secrète et de rituel de l'Égypte ancienne.

Réveil à Angafu sous un ciel clair et lumineux, et départ joyeux dans les prairies à lobélias, en gros bouquets au ras du sol. Les nouveaux chevaux qui nous ont été proposés sont très dynamiques.

Montée en douceur vers une petite crête entre les massifs de bruyères, d'immortelles argentées et de buissons à fleurs jaunes. Shebru se fige et, pointant le doigt vers des buissons, nous fait signe de nous arrêter. Là, devant nous, une famille de loups d'Abyssinie marche d'un pas élastique, silhouettes fauves, gorge, poitrine et chaussettes blanches, du noir dans la queue. Ils semblent indifférents à notre présence.

Tenant du renard par son pelage roux et son museau allongé, le loup d'Abyssinie, est le loup le plus rare et le plus menacé de la planète. Il en reste cinq cents environ, dont la moitié ici, dans le parc national de Balé. Même s'il n'y a pas encore de routes pour fragmenter l'étendue sauvage, son espace vital se réduit : l'accroissement de la population humaine entraîne la multiplication du bétail, qui détruit les terriers des rats-taupes géants, leur gibier préféré.

Après de longues minutes à découvert, ils disparaissent dans les buissons, provoquant l'envol d'une grande buse augur, à la queue rousse et au plastron blanc immaculé, qui guette aussi les rongeurs.

La lande est devenue vaste prairie. De bons galops libèrent l'émotion de la rencontre avec les loups, les chevaux sont heureux de se défouler. Nous sommes les rois du monde. Bercée par la cadence du galop, j'oublie tout et ne pense qu'au bonheur d'être avec des amis, ici maintenant, en symbiose avec la nature, les animaux, le vent, la prairie sans limite ; je suis en apesanteur, dans les nuages, au milieu d'une troupe de chevaux.

À peine arrivés au refuge, nous essuyons une pluie torrentielle, une heure durant, puis le temps se lève, permet de monter les tentes et d'explorer les alentours.

Les membres de la famille gardienne du refuge, sont particulièrement chaleureux. Ils traient leurs chèvres dans un petit corral puis nous montrent l'*ensete*, une variété de bananier dont ils consomment la tige et le bulbe réduits en pâte, le *korcho*, qu'ils laissent fermenter enveloppé de feuilles. Assafa, lui, nous a mijoté une soupe aux lentilles, de l'agneau en sauce accompagné de pommes de terre et de chou-fleur.

La lisière de la forêt nous fournit du bois mort en quantité et la soirée se termine sous les étoiles, en musique et chansons autour d'un grand feu. Ils sont au moins une vingtaine, hommes, femmes, enfants et même vieillards, à rire et frapper des mains tout en dansant joyeusement avec nous au son des tambours.

Le soir à Mololicho, seul campement à être proche d'un hameau, sera l'unique veillée vraiment partagée avec la population locale.

Chaque changement de monture suscite la curiosité et les chevaux « de mariage » apportent toujours un air de fête qui interpelle les troupeaux de chevaux en liberté que nous rencontrons dans les plaines humides.

Nous croisons des petits groupes d'Oromos à cheval. Ce sont des bergers gardant leurs troupeaux ou en route pour un marché éloigné, et des familles transhumant vers un campement d'été avec chevaux de bât et troupeau. Shebru engage volontiers la conversation et ils nous saluent comme si nous étions des leurs ou faisions partie du paysage.

La journée du profond canyon de basalte de Ajenje est celle des chutes de cheval : Sylvie, Christiane, Francis et même Shebru ; en dépit de notre vigilance, la cause est toujours un problème de sangle. À mon tour je tombe violemment sur un rocher, ma selle a tourné au galop. Épaule très douloureuse. Au retour, le diagnostic de rupture de plusieurs tendons m'obligera à une opération et à une longue convalescence.

Mais pour le moment la beauté des paysages est le meilleur des anesthésiques, surtout la spectaculaire arrivée à Morobawa.

Au passage d'un col, le paysage prend soudain une amplitude inouïe : la Web Valley semble s'ouvrir sur l'infini. Sous le ciel clair, les horizons s'écartent et déclinent une succession de reliefs tabulaires, falaises basaltiques, crêtes lointaines hérissées comme une échine de monstre préhistorique. Que d'espace !

C'est aussi le premier jour sans pluie vespérale et nous ne verrons plus la grande forêt. L'une ne va pas sans l'autre. Derrière nous, la forêt, la pluie nocturne et les refuges ; dorénavant, bivouac pur et dur, et modeste feu de broussailles sous les étoiles.

Une nouvelle équipe de trente chevaux arrive du quartier général du parc national, menée par Tilaoun, garde officiel. Le camp est installé près d'une grande hutte inoccupée, entourée d'un mur de pierres sèches. Il nous abritera du vent qui s'amplifie après le coucher du soleil. À plus de 3000 m, il fait un froid de loup.

Nous poursuivons à travers les paysages grandioses et très « western » de la Web Valley. Dans le ciel transparent, milans royaux et gypaètes barbus, aigles de Verreaux, balbuzards, buses et faucons s'entrecroisent : leur « garde-manger sur pattes » pullule, truffe le sol de galeries traîtresses qui s'écroulent sous les pieds des chevaux.

Eu égard à mon épaule douloureuse, Tilaoun me donne son cheval : un grand bai aux foulées souples, cheval de tête, rapide, sûr et confortable, une étincelle à ajouter à la féerie du plateau de Balé. Pique-nique sur une rive tapissée de fleurs. Les chevaux se sont roulés dans l'herbe épaisse et pâturent à bout de longe ; l'air est tiède, des nuages blancs naviguent haut dans le ciel. Béatitude. Tout est silencieux. Nous faisons la sieste, bercés par le bruissement de l'eau ; une escadrille de bernaches à ailes bleues vient atterrir à quelques mètres et chasse un couple d'oies d'Égypte.

Pas un oiseau dont Tilaoun ne connaisse le nom parmi la multitude de canards, vanneaux, mouettes à poitrine tachetée ou francolins, minuscules traquets et passereaux, sans compter la flotte des rapaces. Aucun loup n'échappe à son regard (nous en verrons une vingtaine pendant l'expédition), ni le plus petit damman trottinant dans la falaise, ni l'antilope oréotrague bondissant dans les chaos rocheux, ou encore cette famille de singes géladas jouant sur l'herbe au bord d'un ruisseau. De loin j'ai cru à des babouins, mais le pelage des géladas est une vraie fourrure pour affronter le gel nocturne. Ils n'existent plus qu'à l'état endémique sur les hauts plateaux éthiopiens. Quand nous sourions de la posture de quatre adultes assis en rond comme en discussion, Tilaoun nous confirme qu'ils ont un langage articulé rappelant la parole humaine…

Au-dessus des fonds herbeux où la rivière Web trace notre route, le plateau déroule un infini tapis argenté. On pourrait croire à une toundra de lichens, à la cendre fraîche d'un volcan ou à de la gelée blanche, mais il s'agit bien d'un camaïeu de fleurs et de feuillages argentés : immortelles, alchémilles, helichrysums. L'écosystème menacé de la prairie afro-alpine trouve sa plus grande extension ici, sur le plateau de Balé.

Le bivouac s'abrite au fond d'un cirque tapissé de lobélias géants, face à une belle prairie humide, idéale pour les chevaux. La longe du licol, nouée autour du jarret, est une entrave douce qui leur permet d'évoluer naturellement sans permettre une fuite au galop.

Le froid du soir est cinglant et le ciel irradie ; je salue Andromède, qui enroule sa belle spirale sous Cassiopée. Côté couchant, les constellations du Dauphin et du Petit Cheval dansent un improbable ballet avec le Capricorne et le Verseau, rejoints par le Phoenix et le Poisson Austral ; le spectacle terminé, ils sont tous happés inexorablement par l'horizon ouest, tandis qu'entre lentement en scène à l'est, théâtral et paré de nébuleuses, une vieille connaissance, le diabolo d'Orion. Il fait vraiment trop froid, je me réfugie dans mon duvet au fond de la tente.

Au lever du jour, toutes les tentes craquent sous le gel ; le paysage est blanc de givre et scintille sous le soleil matinal. Pas d'inquiétude, bientôt il fera chaud. Nous sortons de la Web Valley par un labyrinthe de couloirs herbeux entre les éboulis de roches multicolores et la prairie nacrée. Une fois encore, rien ici ne ressemble à quelque chose de connu : nous nageons dans la bruyère fleurie aux effluves de miel. Dans la paroi d'un amphithéâtre basaltique aux murailles déchiquetées. Un canyon encaissé nous hisse au sommet de la falaise volcanique. Les chevaux grimpent sans faiblir.

Sur ce plateau désolé, les silhouettes des lobélias n'en sont que plus spectaculaires. Des hampes de un à deux mètres d'inflorescences bleu violacé jaillissent du cœur de la plante, qui ne survivra pas à cette explosion florale ; avant de mourir, elle produit une profusion de graines pour assurer la survie de l'espèce. Les étoiles supernovae explosent aussi avant de mourir, libérant dans l'espace une partie de leur matière ; l'onde de choc est si phénoménale qu'elle peut favoriser la formation de nouvelles étoiles.

Sur les plus hautes terres du parc de Balé (4200 m), on croit toucher le ciel, atteindre l'infini, et pourtant nos chevaux de montagne n'hésitent pas à trotter et galoper. L'étape longue et le ciel menaçant ne nous empêchent pas de faire un détour par Gebre Guracha, le lac Noir, lové au fond d'un cratère volcanique. Une échancrure, obstruée par un barrage naturel, retient les eaux d'un sombre miroir où se plaisent une multitude d'oiseaux ; les chaos de rochers, estampillés de rosaces de lichens multicolores, abritent dans leurs replis des jardins de sedums et de joubarbes. Les chevaux apprécient la pause avant la dernière ligne droite jusqu'au refuge.

Le plateau se termine abruptement par l'escarpement Herenna, un à-pic de 2000 m plongeant vers une invisible forêt tropicale. L'humidité dense de la forêt reflue le long de l'escarpement et se condense en altitude en bruine glacée. C'est une caravane fantomatique qui desselle et décharge les chevaux de bât autour du refuge.

Il faut négocier avec le gardien l'accès à l'abri équipé d'un poêle : il est réservé aux seuls scientifiques. Nous aurons l'abri mais pas le bois. Nous passons quand même une soirée sympathique, emmitouflés dans nos doudounes, à chanter avec toute l'équipe d'accompagnement. Sous leurs bonnets de laine, ils ont de bons sourires, des regards chaleureux et contents. Il a fallu les longues journées, les émotions partagées, la joie au soleil, les soirs glacés, pour que leur timidité et leur réserve se transforment en une complicité amicale.

La dernière image des chevaux floutée par la brume est celle d'un troupeau paisible se reflétant dans une lagune. Demain ils auront retrouvé les pâturages ensoleillés autour des quartiers généraux du parc national, et nous une chaleur d'étuve au fond de la Rift Valley.

Dès que nous ne sommes plus à cheval, tout est plus compliqué. Les véhicules qui doivent nous descendre tardent à venir, et ils sont moins nombreux que prévu : les chauffeurs redoutent le brouillard humide et les mauvaises pistes de ce plateau du bout du monde qu'on dit être la plus haute piste du continent africain.

Nous finissons par rejoindre Goba, à 2700 m, dépassant tout au long de la piste des convois de chevaux, mules et ânes chargés de bois : la forêt débitée en allumettes. En un demi-siècle, l'Éthiopie a perdu 98 % de ses forêts pour le bois de chauffage et par besoin de terres agricoles. Deuxième pays le plus peuplé d'Afrique, l'Éthiopie nourrit le plus grand cheptel bovin du continent : 40 millions de vaches et aussi 30 millions de chèvres et moutons. Ces troupeaux dont on consomme surtout le lait sont un compte en banque sur pattes qui grossit au gré de la fortune du propriétaire.

Les pressions locales sur la forêt primaire paraissent pourtant relatives en regard de l'appropriation massive des meilleures terres agricoles du pays par des investisseurs étrangers, pour produire, à grande échelle denrées alimentaires ou biocarburant. Souvent au seul bénéfice des investisseurs, sans indemnité pour les agriculteurs spoliés. Puisque la terre lui appartient, l'État éthiopien cède d'immenses territoires, par des baux emphytéotiques de 30 à 99 ans ; trop souvent, les contrats font des promesses sans clauses précises de garantie. L'introduction de semences OGM non reproductibles met en danger le patrimoine génétique local, les nappes phréatiques sont surexploitées, sans parler de la pollution due à la production intensive. En même temps, les besoins alimentaires croissants ne peuvent être comblés par les systèmes de production traditionnels, qui ont besoin d'être dynamisés par de nouvelles pratiques et d'importants investissements. La quadrature du cercle.

Pause à Dinsho, le quartier général du parc national, pour tenter de voir les nyalas des montagnes ; on les trouve uniquement à Balé. Comme nous n'avons pas eu la chance de rencontrer ces antilopes à cheval, nous allons tenter de voir un troupeau sédentarisé près d'ici. Grimpette ardue dans la savane boisée, mise en fuite d'une bande de phacochères et les voilà, étendues au soleil. Le mâle aux belles cornes torsadées se dresse immédiatement, mélange de puissance et d'élégance, gris fer avec quelques marques blanches. Les femelles, couleur fauve, restent couchées, entourées des petits. Qui a fait un geste de trop ? La troupe d'une douzaine de têtes se ressaisit et disparaît derrière la crête.

La piste descend, entrecoupée de nouvelles ascensions, se poursuit face au soleil déclinant qui cisèle les paysages somptueux des crêtes environnantes hérissées de dykes, caresse les champs d'orge mûrissants, les prairies et labours, les silhouettes magnifiques d'arbres rescapés, les villages de cases rondes. Sur les bas-côtés de la piste, des enfants et des écoliers en uniforme font des signes de la main, des ânes chargés de fourrage ou de céréales moissonnées, des troupeaux interminables et toujours des convois porteurs de bois.

Après un dernier col à 3500 m, c'est la plongée définitive vers le fond de la Rift Valley. Il nous reste trois heures de route, la dernière demi-heure est goudronnée, jusqu'au lac de Langano à 1585 m d'altitude.

Plus puissant que le Rhône, l'Omo court dans une vallée isolée, la plus reculée du pays, frontalière avec le Kenya. Elle héberge aujourd'hui une bonne douzaine de tribus d'une grande diversité ethnique et linguistique, fidèles à leurs traditions d'agriculteurs et d'éleveurs semi-nomades, inchangées depuis des siècles, peut-être des millénaires.

La pratique coutumière de vol de bétail entre les différents groupes entretient les rivalités et provoque encore de fréquents règlements de comptes meurtriers. Ils gardent tous un fond guerrier.

Nous avons convié Francis à la randonnée équestre. Il va partager avec nous sa connaissance des peuples de l'Omo, Konsos, Hamers et Karos, chez qui il a séjourné longuement, où il a des amis et dont il parle les langues.

Passionné par ces peuples, Francis est surtout d'une discrétion et d'une humilité exemplaires ; nous nous sommes engagés, dans le même état d'esprit, à prendre le temps de vrais échanges, à renoncer aux photos lorsqu'il nous y invitera, pour privilégier la rencontre.

Longue route vers le sud. Dans les petits restaurants de plein air on brûle la résine aromatique du *boswellia sacra*, la myrrhe, que l'Éthiopie fournissait déjà aux pharaons. Nous y partageons plusieurs fois la cérémonie du café, aussi codifiée qu'ailleurs celle du thé. Dans une poêle, mise à chauffer sur un brasero, on jette des grains verts pour les torréfier. Quand ils sont grillés à point, la maîtresse de maison jette un peu d'encens sur la braise et passe la poêle sous le nez des invités pour qu'ils apprécient les arômes, il convient d'attirer vers soi la fumée d'un geste de la main. Les grains sont alors finement pilés dans un mortier tandis que la cafetière de terre cuite est posée sur la braise. Moulu, le café est plongé quelques minutes dans l'eau bouillante. Après un temps de repos, on le verse dans de petites tasses disposées sur une tablette de bois.

Les caféiers, originaires de Kaffa, en Éthiopie, y croissent encore à l'état sauvage. De Kaffa, le café a migré vers Mokha, au Yémen; sa consommation, bénéficiant de la prohibition de l'alcool, a été largement répandue en Arabie par les pèlerins revenant de La Mecque.

Sur la route du Sud, dans l'après-midi, on trouve à acheter des bouquets aromatiques de qat dont il faut mâcher longuement les feuilles fraîches et amères pour obtenir un léger effet stimulant.

Vêtus de la façon la plus neutre possible, nous partons en 4x4 pour le village hamer de Dimeka. Arrêtant nos véhicules sur la piste, à plus d'un kilomètre du village, nous nous mêlons à pied à ceux qui se rendent au marché. Francis engage la conversation avec un garçonnet et lui achète la grande calebasse de lait qu'il allait vendre au marché. L'enfant est ravi de l'aubaine et le lait est consommé aussitôt à l'ombre d'un grand sycomore. Plusieurs femmes amusées ont assisté à la scène. Elles portent de petites nattes rastas enduites de beurre et d'ocre qui entourent leur visage de reflets ambrés. Beaucoup de bijoux de perles et de métal autour du cou, aux bras, aux poignets, aux chevilles; jupe et corsage en peaux de chèvres décorées de perles et de cauris, longues jambes fuselées, allure déliée. Sur la place du marché, assises à même le sol, elles proposent quelques légumes, miel, lait, beurre, céréales, tabac, bijoux, poteries, calebasses gravées. On paie deux *birr* (20 cents) pour les photos, c'est de bonne guerre, car la photo doit rapporter bien plus que leur petit commerce ; tout se passe dans la bonne humeur. Elles prennent un air sévère pour examiner les billets, qui doivent être en parfait état, puis rient aux éclats.

Je sympathise avec Arri ; à vingt-trois ans, elle est une « première épouse », comme l'indique son gros collier de métal et de cuir. Ses *dreadlocks* lui donnent un air espiègle, elle décide de m'accompagner.

Le marché aux animaux est surtout fréquenté par les hommes, au moins aussi coquets que les femmes ; la même allure longiligne et déliée, les attaches fines, ils portent bagues, colliers, boucles d'oreilles. Leurs cheveux, parfois piqués de quelques plumes, sont collés et modelés avec des argiles de différentes couleurs, formant un casque rigide qui peut se conserver plusieurs mois et les oblige à dormir le cou posé sur un chevet de tête, le *borkoto*. Ce support en bois sculpté surmonté d'une surface arrondie les suit partout comme, souvent, une cartouchière en guise de ceinture, et une kalachnikov en bandoulière. Les guerres du Soudan et de Somalie en facilitent l'acquisition : une kalachnikov s'échange contre quatre zébus. Ils se défient à la kalachnikov mais allument des feux avec deux bouts de bois.

Francis apprend qu'en aval de la rivière Kaezeka se déroule une fête d'initiation qui clôt les moissons. Elle se termine ce soir par le fameux *ukuli-bula*, le saut des taureaux.

Francis a négocié avec son ami hamer, un vieux sage à moustache blanche et casque d'argile ; moyennant une donation pour les frais de la cérémonie et la consommation de bière de sorgho, nous pourrons nous mêler discrètement aux Hamers. Dans nos cultures, ne fait-on pas un cadeau aux hôtes quand on participe à une fête ?

Nous suivons la rivière jusqu'à rejoindre un campement temporaire. Chaque adolescent devant être initié a choisi un parrain parmi la classe des *maaz,* un groupe d'âge avec ses rites que je suis tentée d'associer aux moranes, les guerriers masaïs ; comme eux en pleine force de l'âge, ils sont élancés et souples, un brin arrogants, sûrs de leur force et de leur beauté.

Selon une croyance des peuples de l'Omo, « Chacun – même les animaux, la nature, les étoiles – possède l'énergie créatrice du *bardjo* ; c'est en participant à la création qu'il réussit son destin. »

Le visage peint de marques blanches et les cheveux rasés selon des motifs rituels, les *maaz* portent un pagne court en tissu écossais, une cartouchière garnie en guise de ceinture ; ils ne se séparent jamais de leur chevet de tête – qui sert aussi de siège – et tiennent, aujourd'hui, un faisceau de longues baguettes de bois souple. Le groupe des *maaz* commence par préparer des pigments, puis peint avec grand soin sur le futur initié un « masque de léopard » qui entoure le visage d'une large bande ocre soulignée d'un pointillé très précis de taches blanches (du kaolin). Le résultat, magnifique, donne aux traits une expression féline.

Sous une tonnelle, où nous sommes invités à nous asseoir à côté d'eux, commence un cérémonial où le parrain et la mère de l'initié entourent celui-ci, qui porte toute la journée un bâton, le *boko*, symbolisant le phallus. Quand il sera initié, il aura le droit de prendre épouse. On lui présente une calebasse de *buno,* décoction d'écorces de café, puis du *farsi*, la bière de sorgho ; nous en recevons aussi.

Arri, assise à côté de moi, m'explique, grâce à Francis, ce qui se passe. Un groupe de jeunes filles très excitées font des rondes, soufflent dans des trompettes, chantent, dansent, les mollets entourés de grelots, brandissent des fusils mitrailleurs garnis de fleurs. Elles sont vêtues d'une courte jupe de peau de chèvre ; un corsage étroit protège les seins et un bandeau orné de fleurs roses couronne la tête. Chez les Hamers, les filles ne sont pas excisées. Voulant manifester leur courage et leur sympathie pour l'initié, elles provoquent les *maaz* porteurs de baguettes, réclamant d'être fouettées. Ils refusent d'abord puis s'exécutent. Les filles ne bronchent pas, stoïques sous le coup réel qui laisse une estafilade sanglante dans le dos. Un seul coup, puis la tige est jetée au sol, mais chaque *maaz* en a une dizaine… Dans une transe entretenue par la danse, le chant et la bière de sorgho, les jeunes filles réclament à nouveau le fouet, dressées, bras tendu vers un maaz, le regard plein de défi. Après le coup, elles reprennent leur ronde, certaines ont le dos lacéré mais elles en sont fières.

Puis tout s'interrompt et il y a comme un flottement. On boit du *buno*, les mères étendent du beurre et des onguents sur les plaies des jeunes filles. C'est le moment du saut des bœufs. Il doit se dérouler près du village de huttes, de l'autre côté de la rivière qui roule de grosses vagues boueuses suite à un orage.

Francis nous explique : « Les Hamers sont l'archétype des peuples de l'Omo. Ils ont un savoir-faire et un savoir-penser qui ont permis aux générations successives de survivre, en milieu hostile. Aujourd'hui, les traditions sont ébranlées par les contacts avec le monde extérieur, les projets gouvernementaux, l'achat des terres de pacage par des multinationales, la construction d'un immense barrage sur l'Omo. »

Branle-bas : une agitation soudaine gagne de proche en proche ; tout le monde se précipite pour traverser la rivière. Nous nous joignons au mouvement, de l'eau jusqu'aux genoux. Une centaine de personnes en pleine effervescence grimpent en courant jusqu'au village où reprennent chants, danses, rituels de fertilité. Puis de jeunes initiés encerclent le bétail et lui jettent des fleurs d'ipomée (interdiction d'utiliser chiens ou bâtons pour les rassembler) ; ils maintiennent, alignées flanc contre flanc, dix bêtes qu'ils sélectionnent parmi les favorites et les plus nobles, ornées de larges colliers de perles. Complètement nu, le futur initié s'élance. Le temps d'un éclair, il effectue deux allers-retours sur les dos des animaux maintenus par des *baaz* et tombe dans les bras de son parrain. C'est gagné : le voilà Ukuli ! S'il avait chuté, il devait recommencer jusqu'à effectuer un double parcours sans faute. La fête explose dans les chants et les danses, la bière coule à flots.

Nous traversons la rivière dans la nuit noire et remontons vers le marché désert où nous attendent les voitures. Les échos des réjouissances sont de plus en plus lointains.

Chili, octobre 2005
La caravane de l'Atacama

Que sait du désert celui qui ne regarde
qu'un grain de sable.
Éric Orsenna (*Madame Bâ*)

Une allure de pionnier, regard clair et confiant, une longue chevelure comme aiment la porter les jeunes Chiliens, Esteban passe dans les allées du Salon du cheval. En arrêt devant le planisphère du stand de Cheval d'Aventure, où sont épinglées toutes les destinations, il me demande : « Vous n'allez pas dans le désert d'Atacama ? » Je comprends tout de suite qu'il est « de là-bas » et lui réponds en toute sincérité que je rêve d'y monter une expédition. Les yeux pétillent, le sourire s'élargit : « Je crois que j'ai ce que vous cherchez. »

C'est aussi simple que cela. Esteban propose vraiment ce que je cherche : une grande expédition dans les espaces les plus emblématiques du désert, avec volcans, canyons, cactus, chevaux *criollos*, le tout mené par trois frères qui ne demandent qu'à en découdre avec une vraie aventure. Sûrs d'eux et expérimentés, ils connaissent le pays, ont des chevaux et fréquentent les gens du cru.

Atterrissage dans le grand nord chilien, à Calama, l'aéroport qui dessert la colossale exploitation minière de Chuquicamata, la plus gigantesque mine de cuivre à ciel ouvert au monde. Ambiance de Far West, à 2 260 m, en plein désert, atmosphère populaire et festive d'une ville-dortoir et ville-plaisir pour les travailleurs des mines.

Il faut attendre le lendemain matin et le transfert au petit village de Chiu-Chiu, dans la vallée du rio Loa, pour une plongée dans un autre espace-temps. Nous marchons dans l'unique rue de terre bordée de maisons d'adobe, parfois blanchies. Peu d'animation, la vie somnole, tout le monde se salue ; ils savent qui nous sommes, les chevaux sont arrivés depuis deux jours. Des odeurs de désert, sol surchauffé, air calciné, pas un atome d'humidité; les ombres de l'après-midi commencent à museler la chaleur, à créer des refuges qui échappent à la fournaise. L'église blanche et trapue, aux épais murs d'adobe, fondée par les conquistadores, est sans doute la plus vieille église du Chili; la charpente et le portail en bois de cactus sont assemblés par des liens de cuir, une technique des Indiens Atacameños, implantés dans cette région depuis onze mille ans: passé et présent se superposent. Nous touchons, regardons, visitons, sans précipitation, déjà contaminés par le rythme ambiant.

Nous passons la nuit dans une petite hôtellerie et partageons la soirée avec l'équipe des accompagnateurs. À cheval, trois frères: Sebastián, Esteban, Alonso, et à l'intendance leurs compagnes Helen, Macarena et Saga. Simon et Mike, intendants-musiciens, complètent la bande. Ils sont sympathiques et débordent tous d'une énergie joyeuse et communicative.

Matin de départ. Après les présentations d'usage, montures et selles sont minutieusement attribuées. Sur un large siège de selle façon western, couvert d'une peau de mouton, pas de quartiers, la jambe est au contact du cheval à travers un épais tapis, l'étrier traditionnel en bois ou en cuir chausse presque entièrement le pied: du grand confort. Je fais la connaissance d'Acantilado, un entier à la robe noire, curieux, presque enjoué et rassurant.

Sébastián, l'aîné des Lara, à la chevelure de Samson sous un sombrero de paille, nous emmène dans la vallée du rio Loa. Les trois frères Lara sont de vrais centaures. Ils ont une maîtrise totale de leurs montures, qui semblent très vives.

En action, les chevaux sont tout de suite engagés et dynamiques, le pied sûr en terrain rocailleux, partant au quart de tour pour les galops, sages et dociles, sociables: des compagnons de route sans souci.

Le temps est aussi gris que le paysage est monochrome, poussiéreux, caillouteux, venté, et pourtant éblouissant comme une photo surexposée; chapeau à larges bords et lunettes solaires indispensables. Les galops soulèvent des nuages de poussière. Par chance, l'espace illimité permet de garder de grandes distances entre les chevaux. Pas un soupçon de végétation. Désert des déserts, l'Atacama s'étire sur 1000 km au nord du Chili, entre la cordillère des Andes et le Pacifique ; on dit qu'il n'a pas plu depuis l'époque des conquistadores. L'eau des maigres rivières provient de la neige des Andes.

Nous chevauchons à 2500 m d'altitude, cap à l'est vers la crête bleutée et indécise où se découpent les volcans de la cordillère, frontière avec la Bolivie ; en ligne de mire, les volcans San Pedro et San Pablo, qui dépassent 6000 m.

Sebastián marque un arrêt. Nous le rejoignons sur le bord d'un canyon inattendu, comme taillé à la hache dans la croûte de tuf gris : le rio Salado. « Rio » est un nom prétentieux pour l'étroite rivière d'eau salée qui paresse en contrebas, mais, dans le désert, toute eau est précieuse ; la végétation explose sur les rives, grosses touffes vertes ébouriffées, étendues marécageuses de joncs et graminées couleur bronze, rouille et or, il y a même des taillis et des buissons, quelle opulence ! Un sentier à flanc de falaise nous descend jusqu'à la rive, où les chevaux se désaltèrent sans rechigner sur la salinité de l'eau.

Le véhicule d'intendance, un gros 4x4 tractant une remorque, nous attend à l'aplomb d'une grande boucle de la rivière, la Quebrada del Diablo. Nous allons installer le camp en contrebas sur le rivage.

Couleurs chatoyantes des mousses, algues et roseaux, eau ruisselante ou en cascades, ballets de libellules, envols de canards et chants d'oiseaux : entre les paravents des deux falaises le désert est oublié. Nous installons les chevaux sur la rive opposée, plus spacieuse, et essayons de dresser quelques tentes sur le plateau. Il faut s'y mettre à plusieurs, lester les tentes à l'aide de rochers et enterrer les rives sous des masses de sable, sinon elles sont arrachées par le vent ; certains craquent, d'autres en rient et viennent en renfort. Finalement tous rassemblés autour du feu, nous trinquons au *pisco* ; les musiciens sortent guitare et djembe, on chante, on rit ; oubliés la poussière, le vent et aussi le froid qui s'est brutalement invité au coucher du soleil.

Gros remous dans la rivière : un cheval semble empêtré dans des sables mouvants ; comme un seul homme, les trois frères se déchaussent, enlèvent leurs vêtements et plongent à la rescousse du cheval, vite sorti d'affaire. Il ne doit faire que quelques degrés. Sans plus de commentaires, ils se rhabillent, viennent près du feu et les chansons reprennent, agrémentées d'une tournée d'excellent vin. La soirée se prolonge, la constellation du Taureau apparaît en haut de la falaise, chevauchée par la radieuse planète Mars, le vent est tombé.

La première nuit de bivouac nous fait définitivement basculer dans l'aventure.

Le lendemain, une large plaine alluviale en U nous permet enfin un beau galop sur un terrain mi-herbe mi-sable, d'où nous délogeons une bande d'ânes sauvages. Mais la vallée se révèle être un cul-de-sac, dont nous nous extrayons par un passage rocailleux et abrupt où nous mettons pied à terre ; à plus de 3 000 m, le souffle est court. La roche, en couches friables empilées comme des galettes, se délite ; ce sont des terrains sédimentaires mêlés de détritus volcaniques, gypses et andésites.

Au sortir du chaotique verrou rocheux, le canyon devient plus praticable, et surgissent, proches à pouvoir les toucher, les volcans San Pedro et San Pablo ; cratères festonnés de neige, cônes accolés comme siamois. Nous débouchons sans transition dans une large plaine, verdoyante à perte de vue, peuplée d'innombrables troupeaux de lamas, de chèvres et de brebis : la *vega* de Turi. Telles les pozzines de haute Corse, la pelouse très spongieuse est parcourue de ruisselets. L'abord marécageux des points d'eau ne rebute pas les chevaux, qui sont heureux d'y trouver de l'eau claire. Nous nous essayons à approcher les lamas. Certains ont les oreilles décorées de laines colorées porte-bonheur ; ils ne sont pas vraiment farouches mais gardent leurs distances et s'écartent à l'amble chaloupé, l'air hautain.

Près de cette *vega* hospitalière, nous rencontrons pour la première fois quelques habitants, un modeste hameau dominé par une *pukara*, une forteresse atacaménienne. Ce devait être un lieu stratégique, sur la grande route commerciale qui longeait le flanc ouest de la cordillère des Andes, et certainement un *tambo,* un relais pour les longues caravanes de lamas chargées de denrées d'échanges qui empruntaient un passage naturel, devenu plus tard la « route de l'Inca ». Le campement est établi près d'une lande odorante de buissons de *rica rica*.

Le ciel austral fourmille d'étoiles autour des belles galaxies des Nuages de Magellan. On croirait des fragments de Voie lactée : le Petit Nuage renfermerait trois milliards d'étoiles et le Grand Nuage, une véritable pouponnière d'étoiles, près de trente milliards !

Matin glorieux, sans un souffle de vent. Les volcans tutélaires sont là, bien campés sur leurs socles arrondis. Il nous faudra la journée pour rejoindre Paniri, notre lieu de bivouac, à 3 600 m, au pied du volcan du même nom. Un filet d'eau, bordé de hauts peupliers, tamarugals et caroubiers, dévale de la crête volcanique, irrigue des cultures de maïs et de quinoa, pommes de terre, oignons et tomates, fèves et courges, avant d'arroser les vergers où mûrissent grenades, abricots et poires. Miracle de l'eau.

Les Atacaméniens, ensuite les Incas et aujourd'hui leurs descendants sont des maîtres de l'irrigation : dans un désert aussi âpre, c'est une question de survie ; près de tous les lieux habités, nous verrons des trésors d'ingéniosité appliqués à la répartition de l'eau. Longuement abreuvés, les chevaux sont nourris et libérés dans un grand corral ; ils ont pour voisins, dans un enclos adjacent, des lamas très intrigués, lainés comme des peluches. Sur le plateau une forêt de cactus candélabres, grandes silhouettes immobiles bras tendus vers le volcan empourpré de soleil couchant.

Leur journée terminée, les travailleurs qui ont réparé les canaux d'irrigation viennent proposer un match de football à notre groupe. Défi relevé : les trois frères Lara, deux de leurs amis qui nous accompagnent depuis ce matin, Mike et Simon, les intendants, et Christophe font face à l'équipe locale. « Notre » équipe se défend si bien qu'elle marque l'unique goal de la rencontre !

On peut célébrer la victoire : la famille Lara a prévu un repas de fête. Les garçons ont découpé un agneau et surveillent les grillades de gigots, côtelettes et autres morceaux de choix pendant que s'accommodent potage, légumes et desserts.

À la fin du repas, les villageois, qui ont aussi festoyé, nous rejoignent. Simon et Mike, remontés par quelques *piscos*, chauffent l'ambiance ; guitare, flûte et djembe accompagnent les chansons traditionnelles des Jaïvas, suivies de *cuecas*, et bientôt tout le monde danse. Enfin, surtout la population locale, dont on ne voit que les yeux rieurs et les joues couleur de pain d'épice, emmitouflés qu'ils sont de vêtements chauds. Il faut du souffle pour suivre la cadence ! Manal, Sarah, Macarena, Christophe soutiennent le rythme, un grand moment de fraternité sous un ciel incandescent, dans l'aura du volcan.

Le vent est tombé, l'univers minéral est figé, tout est immobile. Quelle illusion ! Nous sommes embarqués dans une hallucinante danse cosmique ; ici, sous le tropique, la Terre tourne sur son axe à 1 500 km/h et voyage en même temps autour du Soleil à 30 km/s ! Le Soleil nous emporte avec son cortège de planètes autour de la Voie lactée à 250 km/s, la Voie lactée, à son tour, nous précipite vers sa cousine Andromède à 90 km/s. Tout ce petit monde, Voie lactée, Andromède et quelques autres galaxies que les astronomes appellent groupe « local » filent à 600 km/s vers un amas d'un millier de galaxies, l'Amas de la Vierge, etc. Vertige ? Si l'homme n'était pas là pour étudier l'Univers, qui saurait apprécier cette époustouflante chorégraphie ?

Après Paniri, nous mettons cap au sud vers San Pedro, dans la forêt de cactus candélabres, dont certains atteignent vingt mètres. C'est là, au plus près de la cordillère et des grands volcans, que le désert déploie sa plus belle palette de couleurs minérales.

Oasis au confluent de deux vallées, Caspana est un vieux village d'adobe autour d'une très belle église, auquel sont venues s'ajouter des constructions nouvelles en pierre volcanique poreuse, la liparite. Nous faisons souvent étape à proximité des villages car nous avons besoin d'eau et, dans un désert sans pitié, c'est l'eau qui retient les petits groupes de populations. À force de travail et d'irrigation, ils cultivent, élèvent des animaux et arrivent à vivre presque en autarcie alimentaire. Caspana, fond de vallée large et verdoyant, est l'endroit rêvé pour marquer une pause et accorder du repos aux chevaux ; les étapes ne sont pas exagérément longues mais le terrain est difficile, souvent accidenté et rocailleux.

Nous partons en voiture dans la nuit pour arriver à l'aube dans le site grandiose des geysers du Tatio. Par une multitude de failles, de cheminées et d'entonnoirs, eau bouillante et boues multiples gargouillent, s'échappent de la croûte terrestre fissurée ou explosent en geysers. À 4300 m d'altitude, l'eau bout dès 86° C ; dans le froid glacial du petit matin, de volumineux et spectaculaires panaches de vapeur composent, avec le soleil levant, des visions de début du monde. Comme dans tous les sites de volcanisme actif, on a la sensation physique que seule une fragile couche d'écorce terrestre nous sépare du remous des laves profondes.

Dès que l'atmosphère se réchauffe, les volutes de vapeur se réduisent à d'insignifiantes fumerolles. Les touristes venus de San Pedro de Atacama sont repartis. Moment de baignade dans un grand bassin d'eau chaude. Nous nous attardons encore. De la *puna* (steppe d'altitude) à nouveau silencieuse, arrivent plusieurs petits troupeaux de vigognes, un mètre au garrot tout au plus. Élégantes, graciles et gracieuses, elles ont de très jolies têtes et sont peu farouches si on les approche à pied. La vigogne, le plus petit des camélidés, vit à une altitude de 3500 à 6000 m où sa laine fauve clair, aussi fine que la soie, est d'une discrétion totale parmi les herbes rousses de la *puna*.

Nous progressons dans une steppe buissonnante, le soleil décline, les ombres s'allongent et soulignent les replis des montagnes. Où peut être le camp ? Aucun signe du véhicule d'intendance, voilà des heures que nous n'avons vu la moindre piste. Sebastián entame une descente impressionnante dans une sorte de cirque rocheux vers le village abandonné de Lari, des maisons sans toit, des corrals vides.

Le soleil est couché, la nuit est proche, il faut s'organiser. Le véhicule devrait être sur le plateau, à quelques centaines de mètres, mais il faut d'abord desseller les chevaux et les mener boire : au fond du vallon le sable est à peine humide, il n'y a pas d'eau. Les frères Lara grimpent comme des vizaches[9] vers le plateau à la rencontre de l'intendance. J'engage les cavaliers à collecter un maximum de bois mort tant qu'il subsiste un peu de clarté, car je pressens un problème. En effet, l'intendance n'est pas au rendez-vous. Heureusement, nous emportons toujours à cheval nos vêtements chauds. Nous nous serrons autour du feu entretenu à l'économie, sans savoir combien de temps il faudra attendre. Un petit groupe monte sur le plateau et allume aussi un foyer pour guider le véhicule dans la nuit noire. Les chevaux manifestent leur mauvaise humeur et s'échappent des corrals ; nous espérons qu'ils trouvent de quoi se nourrir aux alentours.

Nous nous racontons des histoires d'attente d'intendance égarée, de chevaux échappés et autres mésaventures qui se sont toujours bien terminées. Les heures passent, les sujets s'épuisent, le temps est long, il fait de plus en plus froid, moins cinq degrés. Un feu est allumé dans une ruine, pour être à l'abri du vent. C'est peu après, il était trois heures du matin, qu'ils sont arrivés lourdement chargés de tentes, duvets, bottes de fourrage et ravitaillement, les héros de la nuit : Manal, Marc, Christophe, les frères Lara, Macarena et Helen. L'attelage entre 4x4 et remorque a rendu l'âme en plein désert ; les intendants ont dû faire des miracles pour nous retrouver dans la nuit avec matériel et ravitaillement d'urgence.

Les chevaux reviennent, attirés par le fourrage ; ils s'étaient à peine éloignés, peut-être juste abrités du vent. Collation rapide et boisson chaude. Le camp sombre dans le sommeil.

Au petit-déjeuner chacun s'exprime. L'autonomie dans le désert exige une logistique infaillible et l'organisation de cette étape tenait de l'improvisation. Si la halte de Lari avait été « reconnue », ils auraient constaté l'absence d'eau, si indispensable pour les chevaux. La famille Lara est sincèrement contrite mais nous en restons là, ils sont aussi tellement généreux et infatigables à la tâche. La page est tournée, nous gravissons le plateau, tous unis comme les doigts de la main, plus proches encore sans doute après cette mésaventure.

9. De la famille des chinchillas, la vizache a un pelage gris chiné, une tête et des oreilles de lapin, une queue d'écureuil et les pattes avant très courtes comme la gerboise.

Cette nouvelle journée est la plus haute, notre cap est sans bavure. Nous sommes sur le *camino del Inca*, itinéraire multiséculaire emprunté par les caravanes le long de la cordillère des Andes. Nous montons insensiblement jusqu'à 3800 m dans un paysage de *puna*, soumise à une forte insolation et au gel impitoyable, végétation coriace de grosses touffes éparses d'*ichu*, une graminée jaune d'or, peignée par le vent. Sur le ciel, d'un bleu immuable, le contour des volcans est aussi net qu'une épure. Sentiment d'euphorie.

À son extrémité, le plateau s'effondre en une large vallée : les versants sont érodés en draperies minérales vertes, violines, ocres, noires : les couleurs des Andes chantent sous le soleil, la roche est vivante. Et la descente ardue ! véritable plongée de près de 600 m, le *camino* est un sentier encombré de gros rochers éboulés. Ils ne nous ralentissent même pas car, au fur et à mesure, Sebastián et Alonso, en tête, dégagent le terrain et exigent que nous restions en selle. Dans ce passage acrobatique, ils font plus confiance à leurs chevaux qu'aux cavaliers.

Enfin le rio Turicapo, de l'eau pour les chevaux. Cela fait vingt-quatre heures qu'ils n'ont pas pu étancher leur soif. Nous nous attardons longtemps dans le lit de la rivière.

Brève escale chez un personnage solitaire, extravagant et délicieux, qui nous accueille fort civilement dans la grotte où il a élu domicile : Filemon le bienheureux.

Plus bas dans la vallée, nous établissons le bivouac près d'une vieille maison où vit seule Isadora, avec son troupeau de mille cinq cents chèvres et chevreaux. Isadora a un berger qui en garde autant dans la montagne, elle possède aussi des lamas. Elle vit comme une pauvresse. Solitaire et farouche, elle reste longtemps sur le qui-vive. L'intendance fait défaut, à nouveau, mais ici coule la rivière qui génère un pâturage touffu dont les chevaux sont friands. Sebastián trouve les mots pour apprivoiser Isadora : nous lui achetons une chèvre, sacrifiée et consommée presque dans la foulée ; un peu coriace… pour être honnête, plus que coriace. Isadora nous offre une compotée de poires et abricots.

Pendant la veillée les chevaux du corral hennissent… ils ont entendu Esteban. Il a fait la jonction avec l'intendance, encore en difficulté, et arrive avec un cheval de bât porteur de vivres.

Le Camino del Inca continue obstinément à l'assaut d'un plateau caillouteux, une voie royale lissée et nettoyée par des siècles de passage. Longue pause près des quelques ruines et d'une construction magnifique : un immense corral parfaitement circulaire cerné d'un haut mur de pierres sèches en parfait état, un lieu d'étape pour caravaniers et animaux.

Nous nous laissons descendre jusqu'au village de rio Grande, à 2 950 m. Jamais nous n'avons été à une si faible altitude. Le soleil est déjà bas sur l'horizon. Nous soulevons une poussière rouge dans les rues de terre bordées de maisons ocre. L'église blanche et trapue est couverte de chaume. Nous continuons au-delà du village jusqu'au fond de la vallée ; la rivière est claire, les chevaux ont des corrals de pierre tandis que des terrasses, épierrées et ameublies pour des cultures, sont un sol tout confort pour les tentes.

L'intendance a enfin été totalement reconstituée et nous retrouvons avec bonheur l'équipe au complet. Les chevaux sont gratifiés de copieuses rations car l'étape de demain est très longue, pas loin de huit à neuf heures pour arriver à San Pedro de Atacama.

Dernière nuit avec les chevaux dans le désert. La soirée est douce, pas de vent glacial, un *pisco* bien tassé dilue la fatigue et toute tentation de spleen. Nous nous attardons très longtemps autour du feu. Mike et Simon sont déchaînés. Nous connaissons maintenant les classiques de leur répertoire et reprenons en chœur les refrains de *Todos Juntos, Aconcagua* ou du trépidant *Mambo de Machaguay*. Ils évoquent les mêmes thèmes d'universalité, de force de la nature et de la nécessaire solidarité de l'humanité que le *Canto General* de Neruda, amplifiés par une mélodie et des rythmes tellement porteurs de l'âme de ce continent. C'est un soir où, coupés de tout, nous ressentons entre nous une totale empathie, nous voyageons ensemble depuis la nuit des temps.

La dernière journée nous offre le désert à satiété, un parcours minéral à l'extrême, nu, dépouillé et grandiose ; en ligne d'horizon, tracé à la pointe sèche, l'enchaînement graphique des volcans où s'affirme maintenant le Licancabur. Le volcan sacré dresse son cône sans bavure à près de 6000 m.

Nous naviguons sur d'anciennes plates-formes sédimentaires ponctuées de décrochements ocre ou roses, d'affleurement laiteux, de falaises fauves, parfois des coulées d'andésite. Les seules traces de présence humaine sont de vieux abris et enclos de pierres. Il fait 40 °C, pas un souffle de vent, pas l'ombre d'une ombre ; après cinq heures de marche, les chevaux ne sont plus motivés, le groupe s'étire. La réflexion du soleil produit au-dessus du sol l'illusion d'une nappe d'eau palpitante, et l'onde de chaleur se matérialise en un voile transparent distordu. Éblouissement maximum. Le soleil aveugle, la chaleur fait battre les tempes, notre caravane est muette.

Vers le milieu du parcours, on croit d'abord à un mirage, puis un vaste espace clair se précise loin en contrebas, précédé d'une tache sombre : le Salar d'Atacama et, devant lui, l'oasis de San Pedro de Atacama, le but du voyage !

L'après-midi est bien avancé lorsque nous nous arrêtons enfin à la première ombre au fond de la vallée du rio Grande, rejoint par le rio Catarpe. Eau et verdure ne sont pas une illusion, les parois de grès offrent un peu de fraîcheur. Même les chevaux, après avoir bu, viennent s'y réfugier. Sur les falaises, des pétroglyphes représentent des lamas, des personnages, oiseaux et figures abstraites.

Il nous reste à suivre le chemin de l'eau, les touffes de graminées parfois plus hautes que nos chevaux, des buissons, des arbres même et, bientôt, des cultures dans la vallée élargie. Le contraste violent de verdure fraîche près du rouge corail de la roche illuminée par le soleil couchant semble être un décor de carton peint.

Les lumières de San Pedro sont de plus en plus proches, bientôt les fers des chevaux résonnent sur le goudron au milieu d'un trafic de bus aux klaxons sonores. Sentiment brutal d'agression et d'insécurité, et pourtant San Pedro n'est qu'un gros village. Nous mettons pied à terre dans un petit ranch où les chevaux seront hébergés. La fin du voyage.

San Pedro de Atacama est un de ces bouts du monde perdus sur la planète, lieux de convergence, où règne une étrange intemporalité, une douceur de vivre et une nécessaire connivence. Pour trouver sa place dans l'oasis au cœur du désert, carrefour entre les mondes atacaménien, inca, latino, et la vague de touristes au profil de globe-trotter universel, il faut se déconnecter, faire le vide pour être réceptif, s'arrêter, regarder, écouter, s'imprégner, prendre le tempo jusqu'à ressentir une indicible sérénité. Le désert nous y avait préparés.

Nous passons une journée paisible à découvrir le grand *salar*, monde d'eau et de sel à la surface chahutée comme une banquise, et la vallée de la Lune, poème de roche et de sable fluide.

À être si près de la Bolivie, nous avons prévu, à quelques-uns, d'aller jusqu'au grand Salar de Uyuni. Nous basculons dans un vaste désert à plus de 4 000 m, parfaitement lisse et aride, sans vallées ni effondrements. Un altiplano sans fin où se succèdent les silhouettes épurées des volcans drapés d'audacieuses coulées minérales, et les grandes lagunes aux couleurs insolites. Algues, gypse, soufre ou arsenic, contenus dans l'eau, créent une palette de turquoise fluorescent, rose profond ou vert émeraude. Laguna Blanca, Laguna Verde, Laguna Colorada ou Laguna Honda, frangées de plages de nitrates ou de carbonates de chaux, attirent des nuées de flamants roses, les mouettes à tête noires, grèbes et canards.

À 4 800 m, les geysers, marmites et boues bouillonnantes de Sol de la Mañana, dégagent des montagnes de vapeur, gargouillent, explosent, empestent le souffre, on se croirait dans les forges de l'enfer, si ce n'est qu'à près de 5 000 m le froid est mordant.

Après deux jours sur un fil entre terre et ciel, nous atteignons l'extraterrestre : le soleil couchant sur le Salar de Uyuni. Des vigognes s'éloignent vers l'immensité.

En route dès l'aube pour une journée entière dans le grand salar, nous explorons et traversons, de part en part, la plus vaste étendue salée au monde, vestige d'un lac préhistorique géant, plus de 10 000 km^2, 190 km par 130 km. Des chiffres encore : une couche de sel, de 10 cm à plusieurs mètres d'épaisseur, recouvre une saumure saturée de sodium, magnésium, potassium et lithium.

Tôt le matin, nous roulons sur la banquise de sel, les cristaux scintillent comme neige étale et nous y marchons, escortés de nos ombres, démesurées au lever du soleil ; le sel crisse, s'écrase, consistance inconnue, indéfinissable, nous sommes dans un univers immaculé de science-fiction, le spectacle est éblouissant au propre comme au figuré. Tantôt la surface est uniforme, tantôt elle est minutieusement cloisonnée en polygones cristallisés, une résille d'alvéoles multipliées à l'infini. Nous nous méfions des redoutables *ojos de agua*, des trous bleutés, où, dit-on, des véhicules peuvent disparaître ; nous y plongeons la main dans la saumure.

À 3 653 m d'altitude, le ciel est limpide, les rares cirrus captent les reflets du Salar et s'irisent de toutes les couleurs de l'arc-en-ciel. La sensation d'étrangeté et de beauté est permanente.

La voie ferrée La Paz-Antofagasta par Uyuni – rectiligne d'un horizon à l'autre – relie la capitale de la Bolivie à Antofagasta, port chilien sur le Pacifique. Unique ouverture de la Bolivie sur l'océan. Nous la croisons à la frontière au retour vers le Chili.

Bivouac dans la vallée du rio Loa, au lieu-dit Santa Barbara : un feu de camp sous la garde de personnages énigmatiques, peints sur la paroi d'un surplomb rocheux.

En route dès l'aube, nous marchons une bonne partie de la matinée et ne sommes pas déçus : ce que nous découvrons gravé sous des surplombs de grès rose et ocre à Alero de Los Escudos et à Taïra est stupéfiant. Des gravures d'une qualité graphique exceptionnelle, des contours lisses et précis représentant des petits personnages, un puma, des oiseaux, un lézard mais surtout, en très grande quantité, des lamas de toutes tailles, jeunes et adultes, des femelles pleines, le fœtus dans le ventre ou mettant bas. Comme à Matkhendush, au Sahara libyen, l'intérieur des figures est patiné, lui donnant une couleur rouge sombre qui contraste avec la roche rose. Je suis subjuguée. Je n'ai pas retenu l'âge de ces gravures atacaméniennes de la vallée de Loa, moins anciennes sans doute que celles du Sahara, mais d'égale qualité.

Revenant vers les voitures, nous croisons plusieurs petits troupeaux de lamas, les mêmes pattes fines et puissantes, la même silhouette altière que sur les gravures. J'imagine les caravanes qui ont sillonné les voies de l'Atacama : le décor n'a pas changé depuis des siècles, depuis des millénaires.

Chevaux, cavaliers et équitation de randonnée

Dresser un cheval, ce n'est pas lui faire acquérir
des automatismes, c'est d'abord
se construire avec lui un vocabulaire commun,
puis une grammaire commune,
puis, s'il le veut bien, finir par dire des poèmes ensemble.
Bartabas (*Manifeste pour la vie d'artiste*)

« Tout le monde est prêt ? En selle ! »

C'est le signal du départ, au début de chaque étape, de milliers d'étapes, ensemble nous larguons les amarres pour naviguer vers la liberté, entre terre et ciel, pour des rendez-vous avec des paysages et des amis encore inconnus. Le cheval est un buveur d'espace, tant qu'il avance, son moral est inébranlable, toute son énergie est tendue vers le cap, chaque pas le rapproche de la halte du soir. Les montres sont au fond des sacs, désormais le temps et l'espace se mesurent au pas des chevaux, entre lever et coucher du soleil, d'un horizon à l'autre.

Le cheval est la clé de voûte de toute chevauchée. Il faut lire les récits de voyageurs au long cours, Jean-François Ballereau, Stéphane Bigo et tant d'autres, pour observer le soin qu'ils mettent à choisir leurs compagnons de route pour de longs mois à cheval.

Lorsque je prends des contacts pour organiser des randonnées, je cherche toujours à avoir les meilleurs chevaux possibles. La barre peut être très haute dans les pays où le choix est vaste. J'ai souvent remarqué que, dès le deuxième voyage, nous avions réellement les « meilleurs chevaux possible » ; les propriétaires s'étant rendu compte du niveau des cavaliers et du respect qu'ils avaient pour leurs montures.

Depuis la nuit des temps, le cheval a élu domicile dans les steppes et les savanes. L'Asie Centrale a été le berceau de grands troupeaux de chevaux sauvages; ils y trouvaient la nourriture, et l'espace qui leur permettait d'échapper aux prédateurs. Cependant, peut-être mené par l'homme, le cheval a élargi son territoire. Il s'accommode de la proximité des déserts au Proche-Orient ou en Afrique du Nord, il grimpe sans problème à 5 000 m dans les Andes ou l'Himalaya, il supporte les froids du cercle Polaire ou la chaleur du cœur de l'Afrique. Il est des chevaux retournés à l'état sauvage qui ont choisi les déserts de Namibie, la forêt claire d'eucalyptus pour les *brumbies* australiens ou les steppes désertiques du Nevada pour les mustangs. Les seuls territoires qui semblent ne pas lui convenir sont le cœur des déserts de sable, la forêt tropicale ou les ultimes crêtes montagneuses.

Quelle image est plus porteuse de rêve qu'un troupeau de chevaux sauvages? Ce cheval, incarnation de la liberté, s'est même habitué à être enfermé, seul, dans un box!

Souvent on me demande quels sont les meilleurs chevaux pour la grande randonnée. J'avoue avoir connu des émotions inoubliables avec les chevaux arabes du désert, élevés en pleine nature: les arabes du domaine de l'Habitarelle en Lozère (origines tunisienne et syrienne) et aussi ceux que j'ai montés au Maroc, en Tunisie ou en Jordanie. Généreux et francs, ils sont très attentifs à leur cavalier et recherchent la connivence avec l'homme. Ils ont un mental d'exception, une sûreté de pied sans faille. Ils sont sobres, endurants et équilibrés, leurs allures sont légères, ils effleurent à peine le sol: au galop ils volent!

Objectivement, en toutes circonstances, le meilleur cheval est celui du pays où on va randonner. Qu'il soit de race ou pas, il est parfaitement adapté à l'environnement, au terrain, au climat, au pâturage naturel… et aux microbes locaux: le *criollo* pour franchir les Andes, le cheval tibétain dans les hauts plateaux du Tibet et de l'Himalaya, l'islandais pour chevaucher dans les frimas nordiques, le camargue… en Camargue.

Les bons chevaux de randonnée sont souvent de taille moyenne ou petite, modèle court et compact, ils ont des aplombs solides et une poitrine large, le mental calme et équilibré, le pied sûr, idéalement ils sont sociables entre eux ; quant aux allures, on leur demande avant tout un bon pas, énergique et engagé.

Les caractères et les capacités des chevaux sont multiples, ils varient d'un sujet à l'autre et aussi d'une race à l'autre. Le cavalier de nos contrées découvre l'étonnante endurance du cheval des steppes, la sûreté de pied stupéfiante du cheval de montagne, la docilité du cheval qui travaille avec les troupeaux, la légèreté du cheval arabe, la puissance du cheval de chasse, les allures insolites et si confortables du cheval islandais ou du cheval de paso, etc. – chaque race, chaque cheval est une découverte.

Entre hommes et chevaux, l'éventail des rencontres et des échanges est inépuisable. Pour cette raison, l'attribution des chevaux, au départ d'une randonnée, est cruciale. Avant de constituer le duo cheval-cavalier, j'ai toujours été très attentive à l'attente du cavalier et à la description que fait le propriétaire des chevaux, de leur caractère et de leurs habitudes. Le choix reste cependant un coup de poker et, pour le cavalier, la découverte de son cheval de randonnée est toujours une gageure. Deux sensibilités apprennent à se connaître, établissent un langage puis des accords, des échanges pour atteindre la bonne entente et souvent la complicité. On n'est pas là pour se mesurer mais pour être heureux ensemble.

Le dialogue à trouver est un mélange de savoir-faire, d'écoute, d'autorité, de respect, de patience, dont le dosage peut varier à l'infini. Lorsqu'il y a connivence (les coups de foudre existent et c'est parfois le cheval qui choisit), le bonheur de la randonnée est décuplé. De la lune de miel à la bonne camaraderie, tous les couples cheval-cavalier trouvent un terrain d'entente.

La toute première approche est capitale. Avant même de toucher une future monture, l'attitude corporelle, les gestes, le ton de la voix sont très importants. Il faut laisser le cheval reconnaître l'odeur du cavalier, de ses vêtements, de son équipement. Je me rappelle la déception de notre petit groupe de cavaliers bien intentionnés, approchant en douceur le premier piquet de chevaux mongols, le sursaut des chevaux, leur recul, presque une répulsion à notre odeur, au bruit de nos vêtements. Il a fallu nous imprégner des parfums d'herbe, nous enfumer aux feux des veillées et boire de l'aïrak pour exhaler une odeur acceptable pour nos petits coursiers de la steppe.

À la différence des autres pratiques équestres, la randonnée impose au cavalier et à sa monture une communication presque immédiate, nécessairement intuitive, quasi instinctive : ils disposent de peu de temps pour faire connaissance. L'échange est d'autant plus réussi que le cavalier est réellement à l'écoute, a une bonne pratique équestre et l'expérience de nombreux chevaux.

Celui qui veut voyager à cheval doit d'abord être un cavalier à l'aise aux trois allures dans tous les terrains. J'ai rencontré beaucoup de candidats aux expéditions qui avaient fait du manège uniquement dans l'intention de découvrir à cheval le pays de leurs rêves.

Il faut savoir que le cheval proposé au cavalier en Patagonie, en Islande ou au Mali ne connaît pas le vocabulaire des traités d'équitation : les effets de rênes ou d'assiette, le vent de la botte et autres raffinements des équitations élaborées leur sont inconnus. Il est toujours prudent de se faire expliquer le language auquel le cheval est habitué. En Éthiopie, la mise en selle s'effectue par la droite et le cavalier dispose d'une seule rêne ; attention à l'effet levier du hackamore ou à la brutalité du mors arabe ; en Mongolie, le galop se demande à la voix par un « *tchou !* » énergique, impossible d'avoir un contact du mollet avec les selles kazakhes ou western, etc.

À voyager à cheval par le monde, on se rend compte qu'en matière de pratique équestre et de soins aux chevaux, on fait là-bas presque le contraire de ce qui se pratique ici et que cela fonctionne aussi bien partout ! À ce petit jeu, une fois encore, les chevaux font preuve d'une sacrée dose de bonne volonté et d'adaptabilité.

Les chevaux de pleine nature, ceux qui ignorent le box et la paille jusqu'au ventre, conduiront leur cavalier avec énergie et en toute sécurité jusqu'à la prochaine étape. Ils connaissent le terrain, inutile de leur indiquer comment contourner un obstacle, car ils savent choisir le meilleur endroit où poser les pieds ; au cavalier d'adopter une position légère, de comprendre quand sa monture a besoin d'allonger l'encolure, à lui de trouver la juste tension de rênes, d'indiquer la direction et de régler l'allure. La voix pour stimuler ou remercier, la caresse, tous les chevaux comprennent ce langage, même s'ils sont à peine débourrés, comme en Mongolie ou en Islande, pays où ils sont délibérément laissés proches de l'état sauvage pour qu'ils gardent leur instinct de survie face aux conditions climatiques extrêmes ou aux prédateurs. Lorsqu'ils se sentent en confiance, ces chevaux élevés en pleine nature font preuve d'une générosité sans réserve, d'une endurance sans faille, d'une sûreté de pied de chèvre, ils sont sociables entre eux et respectent le cavalier qui marche à leur côté. Il faut parfois beaucoup de patience pour les éloigner du troupeau qui est leur gage de survie et comprendre leur impatience à être libérés au plus vite, une fois l'étape parcourue.

Si j'ai choisi de randonner en compagnie d'amis cavaliers, c'est parce que j'éprouve toujours un grand bonheur à partager, mais aussi parce que les chevaux se sentent tellement mieux, sont plus motivés et dynamisés au milieu de congénères, l'ardeur est communicative. Un tel entrain est plus difficile à obtenir lorsque le cheval est confiné à la seule relation avec son cavalier.

Le troupeau en liberté, le soir, quand les animaux se retrouvent au pâturage, est un inépuisable et passionnant sujet d'observation dont les cavaliers ne se lassent jamais. Là se révèlent les caractères et les comportements, toute une vie sociale avec ses hiérarchies, règlements de compte, alliances et affinités.

Des officiers de cavalerie, des cavaliers de compétition, un champion olympique, venus en randonnée, ont bien voulu me dire combien les petits chevaux mongols les avaient émus par leur courage, leur endurance et leur autonomie.

Comme tout être animé, le cheval a une sensibilité, des élans, des humeurs, bref, une personnalité qui nécessite écoute, compréhension et bienveillance.

Le cavalier n'hésite pas à mettre pied à terre dans un terrain trop rocailleux ou une descente éprouvante, cherche toujours l'eau claire qui désaltère, le pâturage abrité du vent et de l'humidité. Quelle que soit sa fatigue, à l'étape, c'est son cheval qui est le premier servi, dessellé, abreuvé, installé au mieux pour la nuit. Le cheval comprend les paroles et les gestes qui soignent et remercient. Prendre soin de lui, le panser, le nourrir n'est jamais une charge mais un échange qui entretient une confiance réciproque.

On le sait, le cheval est un animal fabuleux, qui incarne la noblesse, la beauté, la liberté. Les cavaliers savent qu'ils reçoivent en partage un peu de cette fougue, de cette fierté et de cette indépendance.

Le cheval est un « médium », un capteur de sensations, un révélateur. Non seulement il ressent les émotions et les humeurs de celui qui le monte, mais il s'en imprègne et les restitue. À cheval, impossible de déguiser son cœur : si le cavalier veut trouver l'harmonie avec sa monture, s'il veut avoir un cheval calme et détendu, à lui de maîtriser ses émotions et d'être en paix avec lui-même.

La vraie complicité avec un cheval exalte, intensifie tous les bonheurs du voyage. Il nous *transporte* au propre comme au figuré.

Grâce à sa force et à sa générosité, il nous permet de franchir tous les obstacles : rivières, déserts, montagnes, et de parcourir d'incroyables distances.

Sous toutes les latitudes, le cheval est un passeport infaillible pour des rencontres immédiates. À sa vue, les visages s'illuminent, les activités s'interrompent, les enfants accourent, les portes s'ouvrent.

Il communique au cavalier sa perception plus aiguisée du terrain, des présences animales ou humaines. Bien avant celui qui le monte, le cheval voit les bouquetins dans la montagne, le berger à l'ombre d'un arbre, il entend un infime craquement de branches, pressent un sol qui va se dérober.

Le cheminement au pas du cheval impose un rythme naturel. Le cavalier, par osmose, retrouve aussi une perception naturelle, sa capacité à observer, la « pleine conscience » de ce qui l'entoure ; il capte les détails du paysage, effluves, messages sonores, jeux de lumière, course des nuages. Le cheval aide à lâcher prise, réveille des voix intérieures, « relativise toute chose », dira Montaigne après dix-sept mois passés en selle.

Libéré de la marche, tous sens en éveil, le cavalier est en symbiose avec les flux apaisants de la nature. Son esprit peut imaginer, méditer, rêver, son âme grandir et s'amplifier… entrer en résonance avec l'univers. Et surtout, quand il a mis pied à terre, ce n'est pas une parenthèse heureuse qui se referme pour le voyageur à cheval : le bienfait d'une remise à niveau avec la nature l'a transformé.

L'esprit et les coulisses de Cheval d'Aventure

Devenir dans l'espace et dans le temps
« les gens du voyage à cheval ».
Partir avec quelques compagnons à la rencontre
des peuples cavaliers et d'autres cultures.
Naviguer à cheval à la découverte des beautés
préservées de la planète.
« Vous êtes un enfant de l'univers pas moins que les arbres
et les étoiles. Allez tranquillement ici et là. Soyez heureux. »
(auteur inconnu, Baltimore, 1692)
(*Passeport de Cheval d'Aventure,*
édité à partir de 1997)

Ma première vraie découverte du cheval était mêlée de nature sauvage et de rencontres passionnantes. Ces éléments sont restés pour moi indissociables, s'exaltant les uns les autres : si le cheval est une source de grands bonheurs, il est aussi un *medium* rêvé pour un contact privilégié avec la nature et les compagnons de chevauchée ou de rencontre.

Le postulat était clair : pour découvrir des régions sauvages et rencontrer des peuples différents, les expéditions équestres devaient s'éloigner de ce qu'on appelle la « civilisation ». Tout serait prévu et organisé le mieux possible, l'accompagnateur ferait face aux aléas mais, dans des lieux si éloignés des villes, il était impossible de « sécuriser » au maximum ; l'inconfort et les impondérables s'inviteraient à coup sûr.

Ainsi est né Cheval d'Aventure.

Brochures et fiches techniques décrivaient le voyage avec le plus de vérité possible, sans oublier les conditions de vie, spartiates aux yeux de certains : logement en bivouac, absence d'abri, climat parfois imprévisible, froid ou chaleur, altitude, cuisine locale sur feux de bois, toilette dans les rivières, participation aux tâches du camp et soins aux chevaux, éloignement des secours. Tout était clairement exprimé comme condition préalable à une inscription. Ceux qui ne souhaitaient pas adhérer, voulaient une douche et l'électricité le soir, mettre les pieds sous la table à l'étape ou avaient envie d'utiliser les chevaux à leur guise « puisqu'ils avaient payé pour » choisiraient d'autres départs.

S'inscrire à un voyage de Cheval d'Aventure signifiait souscrire à une sincère solidarité entre cavaliers, accepter les choix de l'accompagnateur pour les allures à cheval, respecter les modes de vie, les animaux, pâturages et points d'eau, être courtois envers les personnes rencontrées et les équipes d'assistance. Nous étions « chez eux » ; pas question de nous immiscer dans les lieux où ils ne nous inviteraient pas, de faire les gestes que leurs traditions réprouvent, de les photographier sans leur accord.

Une seule dérogation : quand il est arrivé (rarement) qu'on nous propose des animaux blessés ou boiteux, je refusais qu'ils soient montés. Le message était compris : l'année suivante, nous n'avions que des chevaux en état.

En revanche, face aux traditions multiples et parfois contradictoires sur la façon de seller, sangler, brider, attacher, nourrir, abreuver, nous avons toujours respecté la pratique locale à laquelle nos montures étaient habituées. Tout au plus demandions-nous un tapis de selle plus épais (ils ont tellement de feutres en Mongolie !), des étrivières plus longues (au Tibet ils montent comme des jockeys), ou prenions l'initiative d'un pansage en Islande.

Un briefing le premier soir rappelait toutes les facettes de la randonnée. Les moments exaltants et exceptionnels qui nous attendaient, mais aussi les « galères » : un rendez-vous manqué avec l'intendance, une étape différée parce que les chevaux se sont échappés, etc. Chasse-croisé de questions et réponses : les rêves prenaient forme.

Je savais la magie des espaces libres, des rencontres, des feux de bois, des nuits sous les étoiles. Je savais que l'expérience serait très forte, que l'empathie était contagieuse, qu'il suffisait du ferment d'un accompagnateur et de quelques « anciens » pour que, entraînés par le groupe, tous se surpassent. Ainsi, en plus de monter des chevaux généreux, de connaître une nature intacte et des rencontres humaines hors du commun, les cavaliers se découvriraient des talents incouçonnés. Cette expérience humaine était pour moi le plus important. C'est sur ce critère que j'estimais une randonnée réussie : que les cavaliers aient été *plus heureux*. Je dis cela sans prétention car, ce bonheur-là, ils le devaient à eux seuls. Je me contentais de leur proposer les conditions de le trouver.

Voyager en groupe ?

Si je respecte et comprends les voyageurs solitaires, mon choix personnel est le groupe. De même que le cheval exalte le bonheur d'un voyage, partager une découverte avec d'autres qui sont au même diapason décuple les joies de l'aventure. Nous formions souvent des groupes de dix à quinze cavaliers, d'horizons multiples et de tous âges, le dénominateur commun était l'adhésion à la formule de Cheval d'Aventure.

Il me semble qu'un tout petit groupe de quelques personnes réunies par le hasard pour partager quinze jours de randonnée est un quitte ou double. En revanche, un groupe plus important s'enrichit des multiples personnalités, surtout si, au départ, le choix de partir avec Cheval d'Aventure présage de réels terrains d'entente.

En randonnée, on ne décline pas son âge ou sa profession. Nous sommes tous cavaliers, des femmes et des hommes, des célibataires, des couples, un parent avec un enfant, des amis, des jeunes et des plus âgés qui redeviennent des enfants, des curieux, des dénicheurs, des férus de botanique ou de géologie, ceux qui ont des histoires ou une vie entière à raconter et ceux qui aiment écouter, ceux qui ont le talent de faire rire, ceux qui sont toujours prêts à aider, les actifs, les imaginatifs et puis les rêveurs, les discrets, les contemplatifs… Un beau cru d'humanité avec qui goûter la solitude sans être isolé.

C'est pourtant une école de vérité : loin des faux-semblants et des marquages sociaux, les personnalités sont mises à nu face à des situations inhabituelles. En dépit de coups de fatigue, parfois d'épuisement, de malentendus, de grogne passagère, d'altercations, surviennent d'irremplaçables moments de plénitude, de fraternité, de joie collective.

La randonnée est une parenthèse – on ne se reverra peut-être plus jamais – mais pour dix jours, quinze jours ou trois semaines, il est possible de donner le meilleur de soi. Des couples se sont formés ou dénoués, beaucoup d'amitiés indéfectibles sont nées. Certains ne sont jamais revenus mais beaucoup ont convié des amis cavaliers à les accompagner pour un voyage à venir.

Cheval d'Aventure c'était, sans forcer le trait, une famille où beaucoup se connaissaient et créaient des liens. L'accompagnateur apportait le maximum et pouvait compter sur les cavaliers. C'était loin d'être parfait. À vrai dire, je n'ai jamais été entièrement satisfaite d'une expédition, il y avait toujours ceci ou cela que j'aurais pu mieux faire. Chaque départ était une nouvelle page blanche.

Les coulisses d'un artisanat

Organiser une chevauchée, c'est un métier : il faut prendre des contacts, sélectionner une région et une saison adaptées, un itinéraire, une équipe locale, des chevaux, s'assurer de la fiabilité... Ce long travail en amont permet au cavalier qui ne dispose que de quelques semaines de vacances d'entrer immédiatement dans le vif d'une randonnée qui tient la route.

Les voyages avaient un prix qui couvrait les frais et me permettait de vivre. Mais je n'ai jamais voulu être une « marchande » de voyages à cheval. Je voulais partager, avec les cavaliers qui acceptaient de jouer le jeu, cette triple passion du cheval, de la grande nature, des vraies rencontres. Je n'ai jamais « ciblé une clientèle », mots bannis de mon vocabulaire et de mon esprit. Je n'ai jamais songé à un voyage pour le seul motif qu'« il se vendrait bien ». Si des cavaliers avaient envie d'autres départs, ils pouvaient aisément s'adresser à des collègues, de plus en plus nombreux, qui avaient leurs propres choix de destinations et de formules, et c'était bien pour tout le monde. Je me contentais de proposer les voyages dont j'avais personnellement envie et les ai construits avec les extensions qui me plaisaient. À cette condition, j'étais certaine de pouvoir les partager de bon cœur.

Pendant plus de dix ans, j'ai accompagné personnellement toutes les expéditions et, pendant trente-cinq ans, ouvert la majorité des nouveaux itinéraires. J'ai eu la chance que des cavaliers me fassent confiance, choisissent de partager les aventures que je proposais et me permettent ainsi de continuer des explorations. Tout s'est organisé sur le tas et développé, pendant longtemps sans plan élaboré.

Le mas du Pommier, la base arrière

Vivre au milieu des bois, devant les cascades et l'étang aux canards, voir les ébats d'un troupeau de lamas et d'alpacas et pouvoir discuter avec le monde entier… c'est le bureau que je souhaite à tous. Une grande maison rustique dans un vallon sauvage de la montagne ardéchoise, au nord des Cévennes et aux portes de la Lozère, à 1 100 m d'altitude, si isolée qu'on y échappe aux ondes du téléphone portable et d'Internet. Seule une liaison par satellite nous relie aux cavaliers et correspondants du monde entier.

Des sources vives, des prairies, des bois, une échappée vers les crêtes de Trépaloup et le sommet des Trois Seigneurs, des hivers rudes, des étés lumineux, un refuge idéal. Les murs de pierre sont épais et rassurants. Petit à petit, j'ai apprivoisé le vieux mas et l'ai aménagé pour accueillir les groupes d'amis cavaliers. On vient ici pour le repas de fin des randonnées en Lozère, on s'y retrouve après des expéditions lointaines ou encore pour préparer, en longs week-ends de « bûcheronnage », la provision de bois pour l'hiver. C'est un havre de paix pour qui veut réfléchir, écrire un livre, soigner une déprime ou passer une lune de miel, travailler à un mémoire, réviser des examens, etc. J'invitais amis, proches et cavaliers qui avaient besoin d'un lieu de tranquillité.

Ceux qui le souhaitent y choisissent et adoptent un arbre, un chemin, une source. Quand je me promène dans les bois, je pense à chacun d'eux : le hêtre de Corinne, celui de Jean-Baptiste, la pinède de Christiane, l'alisier d'André, les mélèzes de Chantal, le chemin d'Yves, la source de Jacques… En 1980, le mas du Pommier devient le quartier général de Cheval d'Aventure.

Fin 1986 y arrive Claudine. Elle a fait des études de chimie, de journalisme et de marketing, a quelques années de moins que moi, a pris part à beaucoup de randonnées en Lozère et à presque toutes les expéditions de Cheval d'Aventure. Elle vient de quitter Bruxelles et a besoin de se poser pour réorganiser sa vie.

Au printemps 1987, j'accompagne dans le Grand Tibet la deuxième expédition autour de l'Anyemaqen et confie le mas à Claudine, lui donnant quelques consignes pour le courrier, car mai est toujours une période de grande activité. À mon retour, prête à affronter un écrasant travail de bureau, je trouve le courrier trié et mis à jour, les appels téléphoniques inventoriés et même le jardin désherbé. Je reviens d'expédition et peux me reposer : situation inédite.

Préparant en septembre le programme de 1988, je réalise que les dates de l'expédition en Chine coïncident avec l'ouverture d'un nouvel itinéraire dans l'Ouest américain. Insoluble : je ne peux être sur les deux continents à la fois. Claudine (qui avait participé à la première expédition en Chine) me propose d'encadrer le voyage. Jusqu'à ce jour, je n'avais confié un groupe qu'à deux occasions exceptionnelles à Jacques Boudon, issu comme moi du « chaudron » de l'Habitarelle. Je n'avais même pas envisagé que quelqu'un d'autre puisse accompagner mes voyages et soudain cela me paraît évident. C'est Claudine qui ira en Chine. Parlant anglais et connaissant ma façon de travailler, elle peut accompagner efficacement l'expédition. Voilà résolue l'impossible ubiquité.

La multiplication des destinations compliquait les accompagnements. Je passais de la Colombie au Kenya, des États-Unis à la Corse, à l'Espagne, à l'Islande ou l'Italie… sans compter les randonnées d'été en Lozère, le travail de secrétariat plus conséquent, les articles à écrire, les reconnaissances à préparer, les brochures à rédiger.

Le mas du Pommier est bien assez grand pour plusieurs appartements. Claudine y trouve un port d'attache et partagera toutes les tâches du travail en coulisses. Cheval d'Aventure devient une activité à quatre mains.

Se faire connaître et communiquer

Devant une photo des chevaux au bord du Grand Canyon ou à vingt mètres d'un troupeau d'éléphants au Kenya, comme certains parlaient de « truquage », j'ai décidé de rapporter des images de nos aventures. Sur le terrain, j'assumais d'abord ma responsabilité de guide et, lorsque c'était possible, je filmais sur le vif sans « faire de cinéma », sans recommencer une séquence. Tout au plus je demandais aux cavaliers de s'arrêter quelques minutes, le temps de me positionner pour un bon angle de prise de vues.

Certains hivers, avec l'aide d'amis cavaliers, de grands centres équestres ou de maisons de la culture, j'ai organisé des projections de mes films 16 mm en France, en Belgique, en Suisse, et les cavaliers ont compris que ces aventures, ils pouvaient les vivre.

En 1988, il est urgent d'adopter l'informatique, le cheval de bataille de Claudine. Le fichier dépasse cinq mille adresses. Les rédiger à la main pour envoyer la brochure annuelle représente de longues heures de travail fastidieux.

Nous peaufinons la présence de Cheval d'Aventure au Salon du cheval de Paris, dix jours incontournables, notre seule vitrine publique. Depuis sa création, en 1972, jusque dans les années 2000, c'était la grande époque du Salon du cheval à la porte de Versailles, le rendez-vous réel, début décembre, de tous les passionnés de chevaux dans toutes les disciplines. Heureux de se revoir, on buvait des (bons) coups ; il y avait beaucoup de chevaux, le championnat du pur-sang arabe, les sculptures de Victor, les spectacles de Jean-Yves Bonnet et d'innombrables démonstrations dans les carrières, des baptêmes du cheval, des hennissements, des odeurs de cuir et de crottin ; on allait ensemble voir le « nouveau » Bartabas. C'était au siècle dernier.

Avant que ne se multiplient les titres de magazines consacrés aux chevaux, des pionniers tels que *Plaisirs équestres* et *Cheval magazine* (même âge que Cheval d'Aventure) affichaient leur philosophie et leurs exigences propres. Ils diffusaient dans leurs colonnes les récits des nouveaux voyages à cheval, témoignant de l'ouverture d'esprit de leurs directeurs respectifs, Anne Raymond-Henry et Bernard Chéhu, à cette nouvelle équitation d'extérieur que certains, méprisants, qualifiaient de « cow-boyades ». Il a fallu la détermination de Raymond Henry, fondateur de l'Association nationale du tourisme équestre, l'action persévérante des instances qui en ont pris le relais et la qualité des randonnées proposées par des maîtres randonneurs et guides diplômés, pour que le « tourisme équestre » gagne ses lettres de noblesse en face de disciplines plus élitistes.

Les contacts avec les équipes locales

Au cours des voyages de reconnaissance comme en randonnée, je communiquais cartes sur table avec les correspondants et les équipes locales. Les prix étaient discutés, décortiqués et finalement adoptés au mieux des intérêts de tous, jamais au chantage ni à l'arraché. Ensuite, tout était payé en temps et en heure.

Cheval d'Aventure n'étant pas une « agence de voyage », je travaillais sous la licence de plusieurs agences qui encaissaient l'argent des cavaliers et payaient les correspondants. J'avais d'excellentes relations de confiance avec ces agences même si, l'ultime année, l'une d'entre elles a failli à certains engagements.

Pour les expéditions à l'étranger, à la différence des randonnées en Lozère, c'était une équipe locale qui guidait et organisait l'intendance. Je participais aux décisions, rectifiais les choix d'itinéraire, de campements, etc. Ma mission était d'introduire, dans de nouveaux univers de chevaux et de nature, des cavaliers qui me demandaient de vivre tout cela le plus intensément et le plus activement possible. Je leur faisais rencontrer mes amis d'ailleurs, j'étais à la disposition des uns et des autres pour traduire tant qu'il s'agissait d'anglais ou d'espagnol. Ensuite, avec le tibétain ou le mongol, c'est devenu plus compliqué mais nous avions de bons interprètes.

J'entretenais avec les équipes locales, les familles que nous rencontrions ou qui nous accueillaient, des échanges sincèrement amicaux, et, spontanément, les cavaliers adoptaient la même attitude. Pas de grands discours, du simple savoir-vivre : se présenter les uns aux autres en début de randonnée, les interroger sur leurs chevaux, leur vie, leur famille, répondre à leurs questions aussi, leur donner les photos prises par les cavaliers du voyage précédent, féliciter le cuisinier quand il a préparé un extra, remercier officiellement chacun en particulier pour le rôle qu'il a joué au moment de remettre les pourboires avant de se quitter.

J'avais un rituel. Aussi important que la pharmacie ou l'oxygène des randonnées en altitude : mes bagages, et plus tard ceux des accompagnateurs, comportaient toujours de petits albums de photos illustrant chaque destination et des carnets de chants (un kilo dans les bagages !). À travers les photos, les équipes locales découvraient les chevaux, les cavaliers et les paysages de contrées étrangères. Souvent fascinés ou stupéfaits, ils posaient des questions surréalistes. Le Bédouin qui devait arroser sa palmeraie s'interrogeait devant les forêts lozériennes : « Mais qui arrose tous ces arbres ? » Le Mongol s'étonnait de retrouver en Lozère le *takhi*, le cheval de Prjewalski, élevé dans une zone sauvage du Causse Méjean. L'Islandais reconnaissait sans hésiter la parenté entre ses chevaux et ceux d'Asie centrale. Tous s'étonnaient de la pratique des Masaïs de prélever du sang de la jugulaire des vaches pour se nourrir, d'autres de la traite des juments dans les steppes asiatiques. Ils examinaient les chevaux et en discutaient entre eux, s'interrogeant sur les selles, les troupeaux, le pâturage, les habitats. Intrigués, ils posaient beaucoup de questions et comprenaient peut-être mieux ce qui nous motivait à voyager à cheval. Souvent, ils redemandaient à voir les photos pour les montrer à des amis chez qui nous passions et étaient très fiers de figurer sur certains clichés.

Quant aux carnets de chants (les plus légers possible), ils reprenaient les textes des chansons fétiches de tous les pays où nous allions et évidemment des chansons françaises de feux de camp, ou autres, plus récentes, faciles à chanter, refrains pouvant être repris en chœur même par les Kazakhs ou les Guatémaltèques, le soir autour du feu, quand la langue nous sépare et qu'on veut encore « être proches et ensemble ».

Une équipe d'accompagnateurs

J'ai toujours été convaincue que l'accompagnement de bout en bout est la meilleure façon d'assurer le bon déroulement d'une expédition. C'est la condition indispensable pour que les accords sur le programme soient respectés, que se rencontrent vraiment cavaliers et équipes locales, que chacun se sente d'emblée dans une même bulle de complicité et de camaraderie sans perdre de temps en préambules, que chacun ait sa place et la parole.

L'accompagnateur favorise l'expression de toutes les potentialités et enrichit les échanges.

On m'a expliqué depuis qu'il était plus raisonnable (et plus économique) de se passer d'accompagnateur et de faire confiance au seul guide local, que viser l'excellence coûtait trop cher en temps, en énergie, en argent. Heureusement, beaucoup de guides locaux ont aussi le souci de fédérer et d'apporter le maximum.

Les cavaliers me pressaient d'ouvrir de nouveaux itinéraires et j'étais toujours avide d'horizons inconnus; la tentation était grande de multiplier les départs. Or, si je voulais rester fidèle à mon credo initial: chaque voyage devait être encadré par un accompagnateur. Il aurait fallu pour cela beaucoup de guides en périodes de vacances, quand beaucoup de départs sont simultanés, et peu le reste de l'année. Ce constat a défini le profil de nouveaux accompagnateurs: ils avaient tous une profession qui leur permettait de vivre et, pendant leurs vacances, ils participaient gratuitement à une expédition dont ils rêvaient, en échange de prestations bénévoles d'encadrement.

Je les choisissais parmi les cavaliers dont j'avais pu apprécier les qualités en randonnée. Sans être des « professionnels », ils étaient bons cavaliers et avaient un savoir-faire certain quant à la gestion des chevaux et l'organisation d'un camp. C'était une question de confiance plutôt que de diplômes. Je privilégiais le sens des responsabilités et du partage, l'autorité naturelle et le souci des autres, le sang-froid, la capacité de gérer des situations imprévues. Ils parlaient au moins l'anglais ou l'espagnol s'il s'agissait d'accompagnement dans des pays de cette expression. Je donnais comme critère de connaissance suffisante de la langue: « être capable de s'indigner en anglais ou en espagnol, sans bafouiller et en trouvant les mots justes, pour se faire respecter en cas de discussion sérieuse ou de conflit. » Ils potassaient guides et bouquins sur la destination pour en savoir plus que les cavaliers et leur raconter le pays à la veillée ou interroger à bon escient les guides locaux. Je leur donnais des briefings très détaillés (vingt pages parfois) sur tout le voyage, des cartes topographiques, une carte du ciel actualisée au mois et au lieu, une flore locale, etc., et ils revenaient avec des notes pour mettre à jour le briefing des futurs voyages. Ils avaient des copies de cartes topographiques de la région parcourue à remettre aux cavaliers qui aiment y cocher itinéraire et lieux de bivouac. En résumé, le charisme et l'expérience des accompagnateurs tranquillisaient les cavaliers qui pouvaient être vraiment « en vacances ».

Des êtres d'exception ? ils existaient ! La famille de Cheval d'Aventure s'est étoffée d'une bonne dizaine d'accompagnateurs. Ils ont été une formidable équipe, ils seront toujours mes amis.

Daisy, diplômée de tourisme équestre et passionnée d'attelage, était infirmière. L'Australie étant sa seconde patrie, elle avait une excellente maîtrise de l'anglais et avait mis un point d'honneur à apprendre le swahili pour communiquer avec l'équipe locale au Kenya.

Yolande, parfaite anglophone pour avoir vécu au Canada, enthousiaste et généreuse à tous crins, particulièrement organisée, débrouillarde et douée pour la communication, a partagé de très nombreux voyages vers presque toutes les destinations.

Jacques, professeur d'anglais à la Martinique, est un fidèle des randonnées de Lozère. Ayant le verbe facile et l'humeur joyeuse, il aime transmettre et se passionne pour les destinations anglophones.

Annie, productrice de voyages, parle l'anglais, le russe et se débrouille en chinois. Elle est un puits de connaissances sur le bouddhisme, le Tibet et toute la sphère asiatique. Voyager avec elle dans ces contrées c'est aussi bénéficier d'un rare sens du contact assorti d'une belle égalité d'humeur.

Mathieu, journaliste, a participé à sa première randonnée en Lozère à l'âge de neuf ans. Sous une apparente désinvolture, il assure et rassure, veille sur chacun et n'hésite pas à emporter sa guitare dans ses bagages.

Une randonnée est parfois le déclic qui pousse à réorienter sa vie. Bouleversée par une traversée des Andes au Chili, Stéphanie, artisan en ébénisterie, n'a de cesse d'entreprendre une formation de tourisme équestre et accompagnera quelques années plus tard avec passion des expéditions pour Cheval d'Aventure. Dominique, formée dans une école de commerce et de stratégie internationale, communique aux groupes qu'elle accompagne son dynamisme, son esprit positif et sa gaieté à toute épreuve. Antoine a conquis tout le monde, jusqu'à l'équipe des correspondants au Ladakh qui voulaient l'embaucher pour tous leurs autres voyages.

Carole et Jérôme parlaient portugais, Francis, Martin… Les « candidats » étaient nombreux, tous ont assuré le mieux possible, et je pense qu'au-delà de la découverte à cheval de pays dont ils rêvaient, leur plus belle récompense a été la satisfaction des cavaliers et les liens d'amitié noués avec eux.

En 1994 arrive Laetitia, l'étincelle de jeunesse des dix dernières années que j'ai consacrées à Cheval d'Aventure. Son père, un ami qui participait aux plus aventureuses de nos expéditions, lui offre l'expédition en Équateur pour couronner une maîtrise en psycho. Laetitia prolonge son séjour vers la Colombie et apprend à mieux maîtriser l'espagnol. Elle a alors vingt-deux ans, l'âge de Cheval d'Aventure, est partante pour se joindre à notre équipe et décroche rapidement les diplômes de monitorat d'équitation et de guide de tourisme équestre. Laetitia adhère complètement à l'esprit de Cheval d'Aventure, surenchérit dans des domaines comme le respect des chevaux ou l'authenticité des rencontres, et enthousiasme tous les cavaliers.

De son côté, Claudine, conquise par un voyage en Antarctique, affiche une prédilection pour les climats extrêmes et accompagne maintes expéditions dans les hautes Andes péruviennes et vers les volcans de la lointaine péninsule du Kamtchatka, ou encore en Sibérie, sur la rive est du lac Baïkal, et au mont Kaïlash, au Tibet occidental, jusqu'au col le plus élevé que nous ayons atteint avec des chevaux : 5 670 m.

C'est grâce à l'affection de mon entourage, à Claudine et à l'équipe des accompagnateurs et que j'ai pu affronter l'esprit tranquille deux cancers, en 1992 et en 2000. Durant la parenthèse qu'ont été ces années-là (les chimios et radiothérapies me privaient de randonnée), tous ensemble ont tenu les rênes de Cheval d'Aventure. J'ai traversé ces épreuves en restant dans l'action, faisant des projets, gardant confiance. Quand les traitements m'en laissaient le répit, je prenais en marche le travail de bureau, assurant au maximum courrier et comptabilité. Au téléphone, je jouais le rôle de *quelqu'un qui allait tout à fait bien*. « Faire comme si », c'était déjà être un peu guérie. En même temps, je planchais sur les nouveaux itinéraires, imaginant ceux que j'allais accompagner. Ces voyages, j'ai pu tous les réaliser.

Transmettre les rênes

En 2005, le temps était venu de transmettre les rênes de Cheval d'Aventure. J'ai choisi de les confier à un groupe de cavaliers passionnés, issus de l'agence de trekking Atalante, codirigée par Christophe Leservoisier. La marche était leur manière de découvrir le monde. Christophe, qui avait guidé de nombreux groupes au sommet du Kilimandjaro, au Sahara et ailleurs, était aussi cavalier. Depuis longtemps nous savions que l'état d'esprit de nos voyages était très semblable.

La « passation » des rênes de Cheval d'Aventure s'est faite à cheval, au sein d'un groupe d'amis cavaliers, au cours de la première expédition dans le désert d'Atacama, au Chili à l'automne 2005. Nous étions d'accord sur tout. Il restait seulement à s'entendre sur la façon de gérer les galops...

Cheval d'Aventure garde son nom et son indépendance, et poursuit son essor, animé avec talent par Christophe et ses collaborateurs. Les accompagnateurs qui m'ont secondée continuent à inventer leur chemin et à allumer des étoiles sur leur passage. Je me sens toujours très proche d'eux et des cavaliers qui ont partagé les évasions de Cheval d'Aventure. Les difficultés et bonheurs vécus ensemble ont changé notre vie, et rien ni personne ne peut nous les enlever : ils appartiennent à un temps immuable qui dure toujours.

> *Le rêve n'a pas de fin*
> *ce qui s'est passé se déroule encore et encore.*
> (parole aborigène papunya)

Le jour se lève

LE FEU QUE NOUS AVONS ALLUMÉ AU DÉBUT DE CETTE HISTOIRE S'ÉTEINT ET JE N'AI PAS EU LE TEMPS DE VOUS RACONTER...

... les chevauchées fleuries en ITALIE, le printemps du pays étrusque aux portes de la Toscane, les chevaux d'Angelo et nos rencontres avec les *butteri,* « cousins » des gardians de Camargue.

J'aurais voulu vous dire combien les chevaux d'Éric aimaient se baigner dans la mer Égée, les plages aux galets de marbre blanc et les chemins muletiers de la lointaine péninsule du Pélion en GRÈCE.

Et l'ESPAGNE ! une des grandes patries du cheval ! Tout a commencé pour nous en Aragon dans les canyons de la SIERRA DE GUARA grâce chevaux exceptionnels de Pablo Hermoso de Mendoza. Rafael nous attendait à Grenade, dans cette ANDALOUSIE où l'Europe a des parfums d'Afrique, pour nous emmener depuis la Sierra Nevada jusqu'à la Méditerranée à travers Las Alpujarras. Après le ROCIO, fiévreuse chevauchée de pèlerinage en compagnie des cavaliers de Triana depuis Séville jusqu'à l'embouchure du Guadalquivir, nous gravirons la SIERRA DE GREDOS, confidentielle et sauvage aux portes d'Avila. Aux accents du fado nous avons découvert au PORTUGAL le Ribatejo, terroir des lusitaniens, race prestigieuse entre toutes ; les chevaux de Mario Duarte et ceux de la Garde républicaine de Tomar nous ont emportés des rives du Tage aux vagues de l'Atlantique. Nous avons aimé la CORSE, passionnément, parfums de maquis, montagnes et plages sauvages, guidés par Francis et ses chevaux qui rêvaient de liberté. Les embruns nous ont attirés en IRLANDE dans les landes du Connemara, de Dingle et du Donegal, un terreau d'excellents chevaux aux confins de l'Europe. C'est la lumière qui nous a séduits en LAPONIE, au nord du cercle polaire, pour des randonnées sans nuit dans la fulgurance de l'été finlandais.

Il était tout naturel que ce soit le cheval, omniprésent dans les campagnes de ROUMANIE, qui nous introduise au cœur des grands paysages de Transylvanie et des forêts des Carpathes encore peuplées d'ours et de loups.

Je n'ai pas eu le temps de vous dire combien les chevaux arabes ajoutaient à la magie du désert à Adrar en ALGÉRIE, et aussi en TUNISIE, dans le grand sud, entre le Chott Djerid et les oasis sahariennes de Nefta, Chebika ou Midès. Sur les traces de Lawrence d'Arabie ou des mystérieux Nabatéens de Petra, ce sont encore des chevaux arabes qui ont dénoué pour nous les labyrinthes spectaculaires et multicolores du Wadi Rum en JORDANIE.

Au carrefour de plusieurs mondes la TURQUIE nous a offert en Cappadoce un millefeuille de civilisations, des paysages époustouflants et la vision du cheval akhal-téké.

Tout au long de ces années Cheval d'Aventure a permis à de nombreux cavaliers de réaliser un rêve d'enfant : partager la vie des gauchos en Patagonie ou celle des cow-boys dans d'authentiques estancias ou ranchs d'élevage en pleine activité.

L'Afrique nous taraudait. Nous avons rencontré à nouveau la grande faune africaine dans la vallée du Limpopo entre AFRIQUE DU SUD et Botswana mais la NAMIBIE restait une énigme : comment découvrir de tels espaces illimités ? Des chevaux entraînés pour l'endurance, ont emporté les cavaliers en longues étapes et à vive allure, à travers savanes et montagnes fauves jusqu'à l'océan. Il fallait bien les chevaux paisibles du SÉNÉGAL, le dédale aquatique du Sine Saloum, la brousse, les palmiers et les baobabs pour retrouver le rythme du rêve sous la caresse des alizés, dans les transparences du delta.

Nous étions allés en Australie, et la NOUVELLE-ZÉLANDE nous tentait aussi. En expédition autonome, dans l'île de Jade, la plus sauvage, des pur-sang néo-zélandais et des chevaux de bât nous ont ouvert les paysages préservés du Nord Canterbury.

Autonomie totale aussi pour de nombreuses expéditions au PÉROU, dans la fastueuse Cordillère des Andes, au sud-est de Cuzco ; des criollos à toute épreuve pour passer les cols entre 3 000 et 4 600 m vers l'altiplano, les glaciers et lagunes de l'Ausangate et la majestueuse cordillère de Vilcanota, à la rencontre des Indiens Queros, un pied dans la montagne et l'autre aux portes de l'Amazonie.

L'Amérique latine, un coup de cœur définitif, ne devait laisser aucun pays inexploré. En ÉQUATEUR ce sont les *chagras*, les cowboys du haut *paramó,* qui nous ont introduits dans le vertige de leur univers à 4 000 m d'altitude, entre les volcans Cotopaxi et Chimborazo. Au large du continent, revenus au niveau de la mer, les îles GALAPAGOS nous ont livré tous leurs sortilèges.

Nous avons été gagnés par la gaieté de l'île heureuse de SAINT-DOMINGUE où les chevaux de Frank grimpaient dans les cordillères et défiaient les vagues en interminables galops sur des plages désertes. Nous avons chevauché entre les étonnants pains de sucre de Viñales à CUBA et cherché en vain des chevaux dans la Sierra Maestra, refuge des guérilleros.

La guerre civile s'achevait au NICARAGUA, Rigoberto a voulu nous montrer son pays de lacs innombrables et volcans magnifiques entre mer des Caraïbes et Pacifique, chaque jour une nouvelle mésaventure, il a même fait naviguer nos chevaux sur le lac Nicaragua vers l'île d'Ometepe.

Toujours nous revenions aux origines, au berceau du cheval, au cœur de l'Asie. Jailli de l'infini plateau tibétain de Chang Tang, le MONT KAILASH, montagne sacrée pour les hindous, bouddhistes et autres religions, nous hypnotisait, les chevaux ont emporté les cavaliers vers le sommet de l'ultime pèlerinage à 5 670 m d'altitude.

Sur la côte est du LAC BAÏKAL, en Bouriatie, l'expédition devait être autonome pour accéder aux montagnes, lacs et rivières de la réserve de Dzherginsky ; et surtout se laisser envelopper et ensorceler par la taïga, la grande forêt sibérienne, avant d'échouer sur les bords du lac Baïkal à Barguzin.

Lorsque j'ai enfin rencontré un djiguite, le cavalier kirghiz par excellence, j'ai emmené les cavaliers au KIRGHIZSTAN, sur les rivages du lac Issyk-Kul où passe la Route de la Soie et jusqu'au pied des monts Célestes, aux sources de l'impétueux Syr Daria. Kashgar était derrière les montagnes, nous sommes allés voir si la ville caravanière ressemblait à celle qu'avait connue Marco Polo.

J'aurai aimé vous parler de la randonnée des neiges au QUÉBEC et de la chevauchée dans la haute vallée du Nil en ÉGYPTE et même évoquer ces passionnants voyages de reconnaissance au sultanat d'OMAN et dans la vallée de l'Euphrate en SYRIE, sur les rives de l'Irrawady en BIRMANIE ou entre rizières et temples à BALI, ils n'ont pu alors se concrétiser par une randonnée.

Il y aurait tant à dire enfin du KAMTCHATKA, péninsule grandiose et indomptée, à l'extrémité est de la Sibérie, entre mer d'Okhotsk et mer de Béring, pays des superlatifs au climat violent et imprévisible, vingt-neuf volcans actifs (sur deux cent soixante-dix), caldera d'Uzon et vallée des geysers. Pendant plusieurs années des chevaux tout-terrain y ont entraîné les cavaliers de Cheval d'Aventure vers les volcans Gorely, Moutnovski et Asatcha, paysages de début du monde dans le flamboiement automnal de la toundra.

J'aurais aimé vous raconter mais le jour est levé, le temps n'est plus aux histoires, le moment est venu de seller les chevaux et de partir.

conclusion

Peut-on se tenir pour quitte
d'avoir seulement consigné des bribes
de ce qu'on a cru vivre ou entendre ?
François Cheng (*Le Dit de Tian-yi*)

Toutes ces années à chevaucher par le monde, ces milliers de veillées autour d'un feu de bois avec des amis et autant de nuits à dormir à la belle étoile ont surtout été du pur bonheur. Les guides et les cavaliers qui ont partagé ces chevauchées ont connu la joie d'être immergés, jour après jour jusqu'à en oublier le temps, dans une nature sauvage, souvent luxuriante et magnifique, parfois austère et rude. Pour beaucoup de citadins c'était une expérience inédite qui bousculait les repères et en proposait de nouveaux, touchant à la beauté et à l'harmonie du monde, à l'acceptation sereine d'impondérables. Une liberté, un apaisement.

Nous étions, le temps de l'expédition, une famille isolée dans l'espace mais unie par un but identique, un même goût du défi et une nécessaire solidarité. La vie en commun créait des liens très forts et des moments de grâce où certains se sont découverts et ont appris autant à donner qu'à recevoir.

Nous avons monté beaucoup de chevaux généreux. À vivre au quotidien le compagnonnage avec un cheval, on ne peut pas tricher ; la règle du cavalier est la maîtrise de soi, le respect et la complicité dans l'échange avec sa monture.

Nous avons été proches de multiples petites communautés, de cultures et d'intelligences différentes ; elles nous ont touchés et nous ont éclairés sur notre propre vie. Nous avons rencontré des hommes qui mènent une existence frugale, respectent les ressources et les rythmes de la terre ; ils nous ont souvent donné l'exemple de l'essentiel, de la solidarité, de la sobriété, de l'hospitalité et de la joie. La diversité du monde fait sa richesse.

Nous sommes interdépendants et semblables. Partout sur terre les humains se réjouissent, souffrent et ont une même attente du bonheur.

Le monde que nous avons connu subit aujourd'hui des bouleversements profonds et rapides. Les nouvelles technologies ont aboli l'espace et le temps. Le Masaï peut être instantanément en contact avec le reste de la planète, en voir les images, accéder à tous les savoirs. Le nomade qui a goûté à la vie sédentaire retourne rarement à son errance spartiate et incertaine ; tous ceux que j'ai rencontrés souhaitaient pour leurs enfants une vie meilleure. Sans regret pour la poésie et l'exotisme des modes de vie traditionnels, je rêve que toutes les personnes que nous avons connues restent maîtres de leur destin, qu'elles accèdent au changement dans des conditions de progrès et ne grossissent pas les bidonvilles, plus misérables qu'avant. Le meilleur des traditions et le meilleur des techniques nouvelles peuvent coexister.

Les bouleversements frappent la planète entière, elle est menacée par une exploitation intensive des terres, du sous-sol et des océans. Qu'une région soit décrétée parc naturel ou patrimoine mondial de la biosphère n'est plus une garantie ultime. Spoliations de terres, épuisement des ressources, ravages écologiques, dérèglements majeurs des pratiques sociales et disparités annoncent peut-être d'âpres conflits.

Pourtant, toutes ces années passées au contact de la nature et de nos semblables fondent mon intime conviction qu'il n'y a rien d'inéluctable dans la course à la dégradation de notre terre. Je refuse la fatalité et le pessimisme, et ces mêmes technologies qui détruisent peuvent aussi sauver. Les mutations qui s'imposent sont en marche, elles exigent de ceux qui sont aux commandes des décisions hardies et courageuses, la conscience d'une nécessaire solidarité planétaire.

Dès maintenant, chacun de nous peut, avec conviction et optimisme, contribuer à « enchanter le monde ». Chaque génération nouvelle n'est-elle pas la promesse d'un destin unique, l'aube d'une histoire originale à écrire ?

Pour le bonheur brut de l'aventure, il restera toujours des espaces libres à découvrir et des hommes à rencontrer dans leur univers différent.

Il y aura toujours des chevaux nés à la belle étoile pour s'évader, contempler la beauté de la nature et s'y ressourcer.

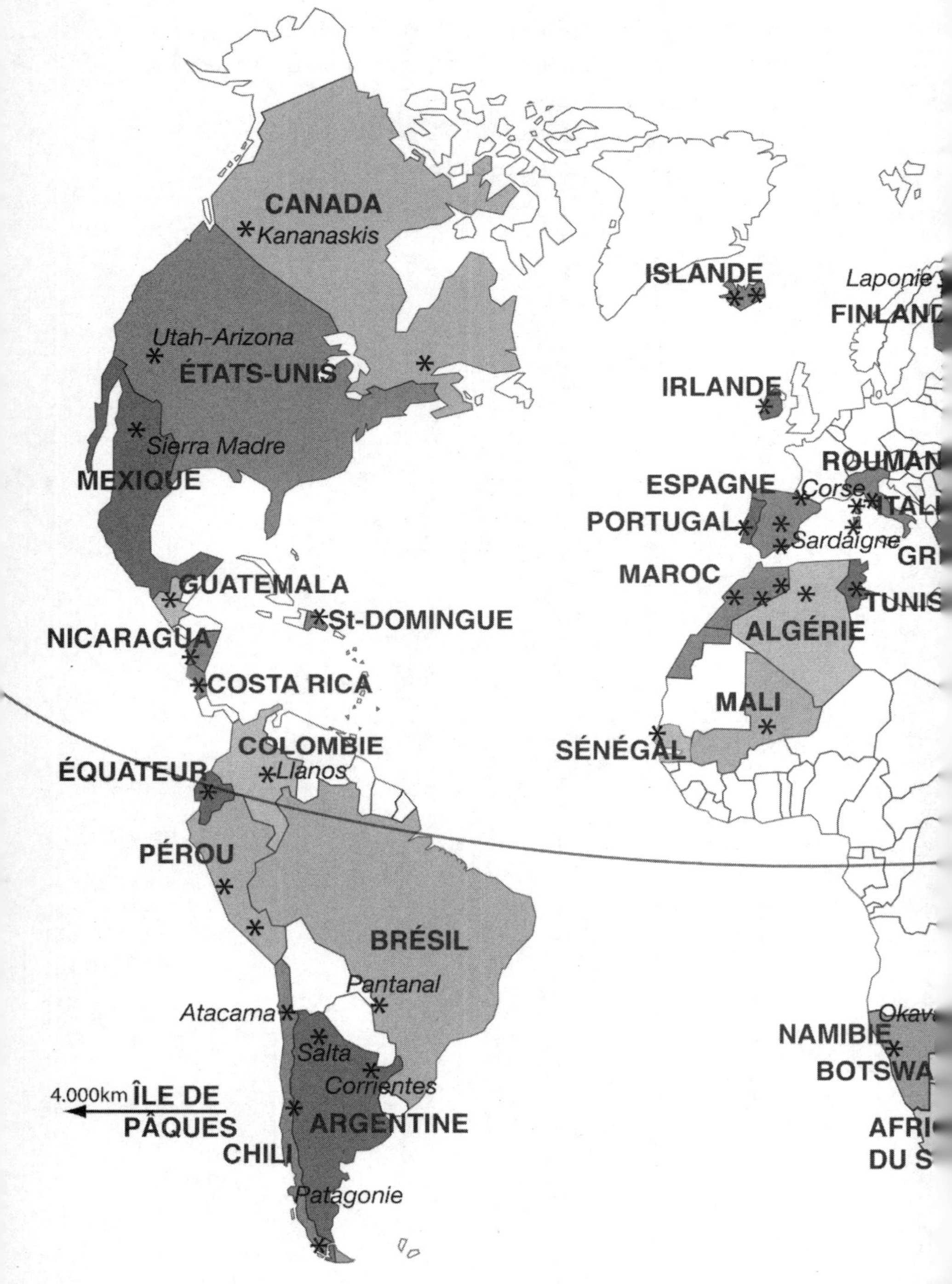

CANADA
Kananaskis
Utah-Arizona
ÉTATS-UNIS
Sierra Madre
MEXIQUE
GUATEMALA
St-DOMINGUE
NICARAGUA
COSTA RICA
COLOMBIE
Llanos
ÉQUATEUR
PÉROU
BRÉSIL
Pantanal
Atacama
Salta
Corrientes
4.000km ÎLE DE PÂQUES
ARGENTINE
CHILI
Patagonie
ISLANDE
Laponie
IRLANDE
ESPAGNE
Corse
PORTUGAL
Sardaigne
MAROC
ALGÉRIE
MALI
SÉNÉGAL
NAMIBIE

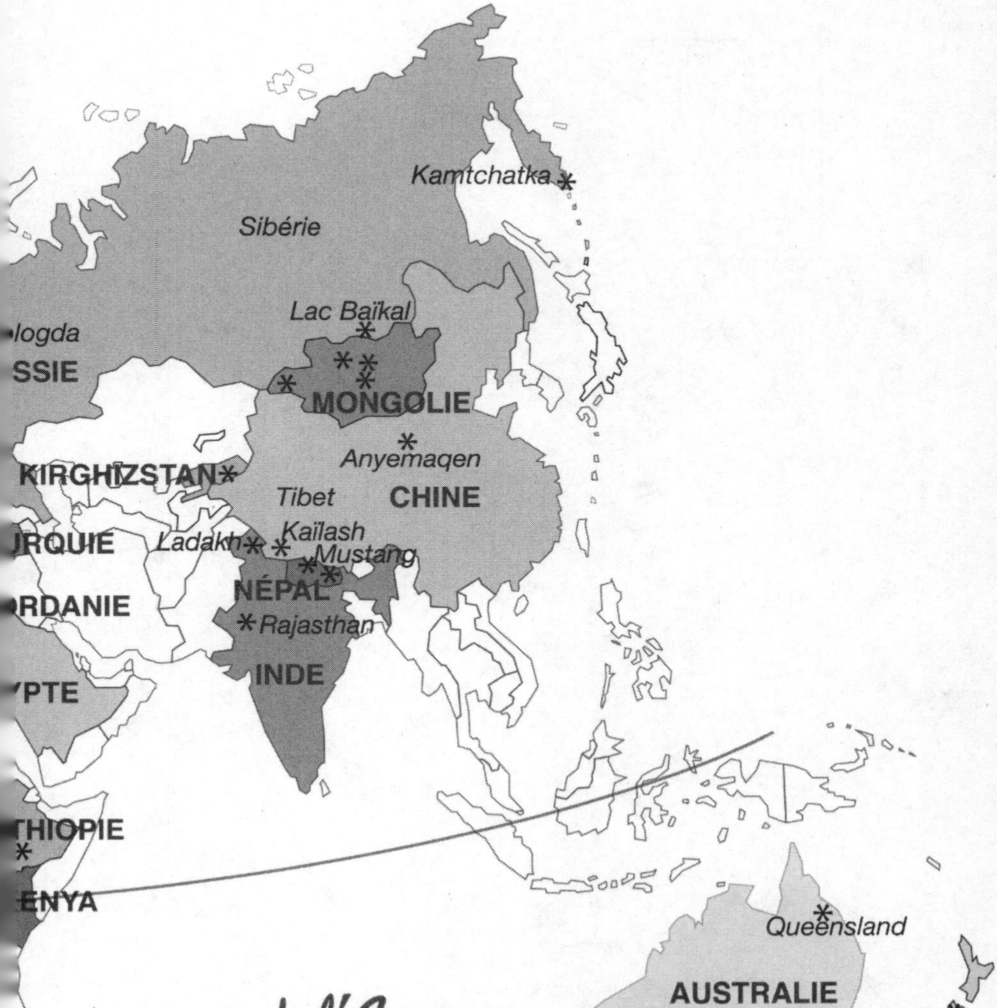

Planisphère des chevauchées

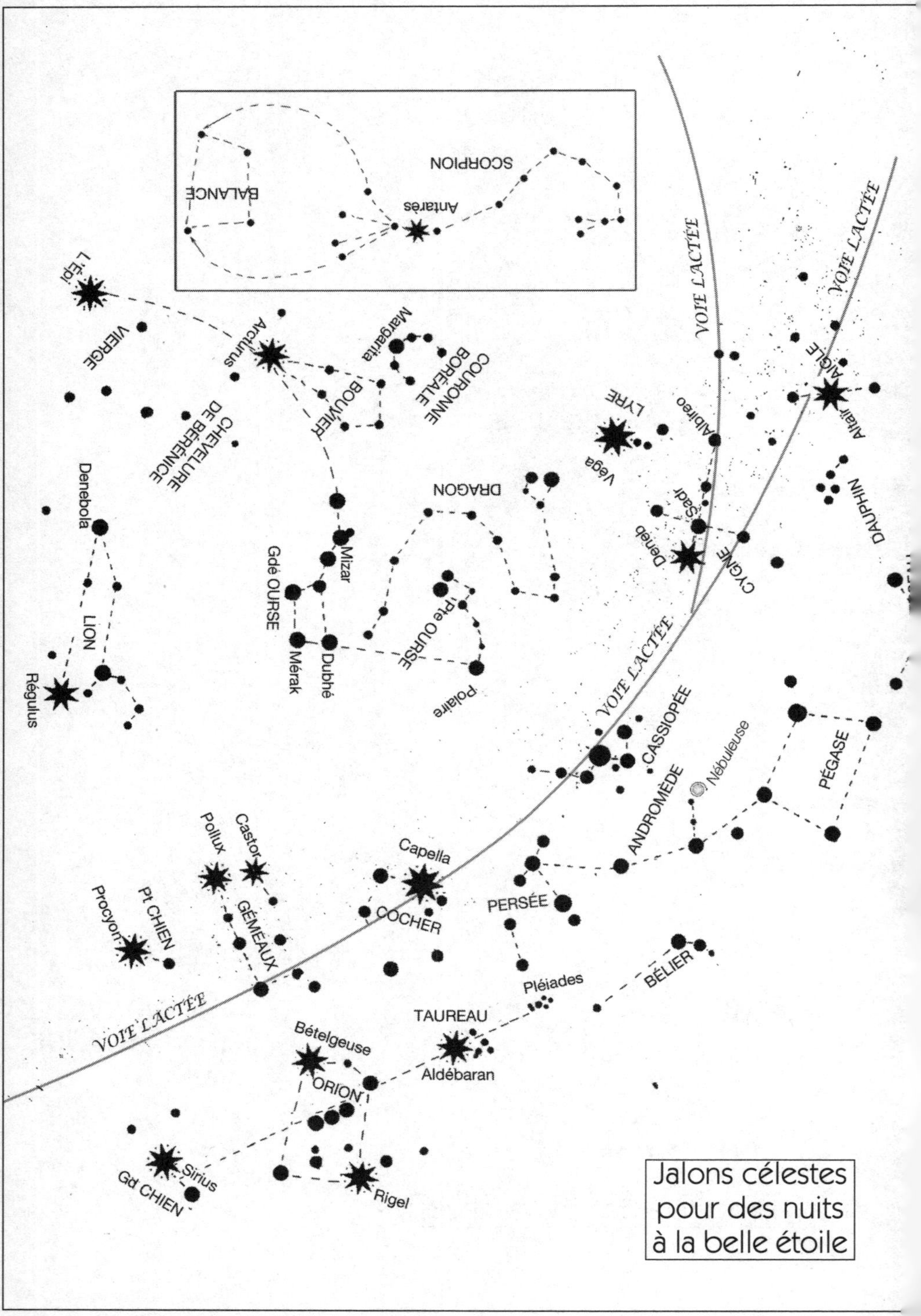

Jalons célestes pour des nuits à la belle étoile

Bonus : vingt chapitres inédits (et plus de soixante photos) * à découvrir en ligne

– Premiers pas dans le Haut Atlas (Maroc, 1975)
– Convoi de troupeau de Californie au Nevada (États-Unis, 1978)
– Où les chevaux rêvent d'indépendance (Corse, 1982)
– Canyons de la Sierra de Guara (Aragon, Espagne, juin 1985)
– Andes de Salta, mésaventure d'une première expédition (Argentine, mars 1988)
– Ribatejo, terroir des chevaux lusitaniens (Portugal, septembre 1988)
– Oasis et chevaux du désert (Tunisie, 1974-1990-Algérie, 1988)
  I. De Nefta à Tozeur (avril 1974)
  II. Retour en Tunisie (printemps 1990)
  III. Au sud d'Adrar (Algérie, février 1989)
– Un « fiasco » magnifique ! (Nicaragua, février 1993)
– Andalousie, royaume de Grenade (Espagne, Las Alpujarras, printemps 1993)
– Rencontres avec les *chagras* du *paramó* (Équateur, 1994)
– Massif de l'Arkhangaï, joyau de la steppe mongole (à partir de 1996)
– La Lozère de toujours. Anecdoctes à bâtons rompus (de 1972 à 1996)
– El Rocio, de Séville au Guadalquivir (Espagne, printemps 1997)
– Le vrai visage d'une île heureuse (Saint-Domingue, février 1998)
– Wadi Rum, vision équestre d'un mythe (Jordanie, avril 1998)
– En quête d'une nouvelle destination caraïbe (Voyage de reconnaissance à Cuba, février 1999)
– Kailash, la montagne sacrée (Chine, Tibet, mai 2001)
– Lumières du cercle polaire (Laponie, Finlande, août 2002)
– Millefeuille de civilisations (Cappadoce, Turquie, mai 2003)
– Printemps dans la Sierra de Gredos (Ávila, Espagne, juin 2004)
– « Chevaux célestes » d'Asie centrale (Kirghizstan, été 2005)

* Et d'autres photos sur : www.annemariage.fr

arts équestres

série dirigée par Jean-Louis Gouraud

DANS LA MÊME COLLECTION

Étienne Beudant
EXTÉRIEUR ET HAUTE ÉCOLE

Général Pierre Durand
L'ÉQUITATION FRANÇAISE

Émir Abd el-Kader / Général Daumas
DIALOGUES SUR L'HIPPOLOGIE ARABE

Karl Wilhelm Ammon
CHEVAUX DES ARABES ET CHEVAUX ARABES

Jean de La Varende
LE CHEVAL ROI

André Monteilhet
LES MAÎTRES DE L'ŒUVRE ÉQUESTRE

Paul Morand
ANTHOLOGIE DE LA LITTÉRATURE ÉQUESTRE

Pascal Liévaux / Patrice Franchet d'Espèrey
ARCHITECTURE ÉQUESTRE

Xénophon
L'INTÉGRALE DE L'ŒUVRE ÉQUESTRE

Jean-Louis Gouraud
– LE PÉRÉGRIN ÉMERVEILLÉ
– LA BRIDE SUR LE COU

Henry L de Bussigny
FRENCH EQUITATION

Christophe Donner
READY CASH, «tous derrière et lui devant»

Les Cahiers Arts équestres
LE CHEVAL UN DIEU ? et l'équitation : une religion ?

Achevé d'imprimer en mars 2014
par Normandie Roto Impression s.a.s,
61250 Lonrai (France)
Dépôt légal : avril 2014
Numéro d'impression : 1400902
Imprimé en France